U0541166

本书出版得到河南大学历史文化学院经费资助,谨致谢忱!

Essays on the History of Chinese Thoughts and Culture

中国思想文化史论集

李振宏 著

中国社会科学出版社

图书在版编目（CIP）数据

中国思想文化史论集 / 李振宏著 . —北京：中国社会科学出版社，2021.9
ISBN 978-7-5203-8902-0

Ⅰ.①中… Ⅱ.①李… Ⅲ.①思想史—中国—文集 ②文化史—中国—文集
Ⅳ.①B2-53 ②K203-53

中国版本图书馆CIP数据核字（2021）第162797号

出 版 人	赵剑英
责任编辑	宋燕鹏
责任校对	李　硕
责任印制	李寡寡

出　　版	中国社会科学出版社
社　　址	北京鼓楼西大街甲158号
邮　　编	100720
网　　址	http://www.csspw.cn
发 行 部	010-84083685
门 市 部	010-84029450
经　　销	新华书店及其他书店

印刷装订	北京市十月印刷有限公司
版　　次	2021年9月第1版
印　　次	2021年9月第1次印刷

开　　本	710×1000　1/16
印　　张	41
插　　页	2
字　　数	571千字
定　　价	198.00元

凡购买中国社会科学出版社图书，如有质量问题请与本社营销中心联系调换
电话：010-84083683
版权所有　侵权必究

目　录

论"先秦学术体系"的汉代生成 …………………………（1）
先秦圣王治国论的理论盲点 ……………………………（31）
论战国思想界"禅让说"之勃兴 ………………………（59）
《论语》"四十而不惑，五十而知天命"章献疑 ………（84）
"天下为天下人之天下"说辨析 ………………………（121）
汉代儒学的经学化进程 …………………………………（146）

关于秦始皇统治思想属性的判断问题……………………（203）
陆贾《新语》的思想内涵及其学术个性 ………………（231）
陆贾"因世而权行"的方法论思想 ……………………（296）
桓谭的学术立场与政治个性 ……………………………（321）
朱熹"絜矩"思想研究 …………………………………（363）
关于中国思想史研究方法论的思考 ……………………（384）

谈"中华经典" …………………………………………（402）
秦至清皇权专制社会说的思想史论证 …………………（406）
两汉社会观念研究
　　——一种基于数据统计的考察 ……………………（484）
东汉社会教育中的"孝行"问题 ………………………（540）

絜矩：一个已消亡的文化概念 …………………………………（558）
黄河文化论纲 …………………………………………………（583）

谈黄河文明的变革精神 …………………………………………（600）
富贵之畏人，不如贫贱之肆志
　　——四皓文化性格中最可宝贵的精神 ………………………（606）
倡优畜之：从东方朔之身份定位看钱穆的"士人政府"说 ……（615）
地域文化研究需要重视学理性思考 ……………………………（624）
中国古代社会思潮研究应引起重视 ……………………………（628）

附录　让学术执行批判的使命 …………………………………（637）

后　　记 …………………………………………………………（650）

论"先秦学术体系"的汉代生成

两千年来，关于先秦学术，我们已经有了一个固定的理解模式，儒、道、墨、法、名、阴阳是其基本图景，而且，学派之间有着那么明确的学术分野，思想主张，泾渭分明，以至于对于每一个有名姓的人都可以明确地划归于某一学派。对这样一个传统的先秦学术体系，学界不断有人提出质疑。比如老庄的异同问题，把他们归入一个统一的道家学派是否合适；以老子为代表的道家与以孔子为代表的儒家的关系问题，是不是像人们理解的那样水火不容等，此类问题的讨论不绝于耳。但人们却很少思考一个与此有关的更为根本的问题，这样的学派划分体系是如何产生的，是什么时代的什么人强加给我们的，还是本来就是如此，具有不可质疑的天然性质？其实，先秦时代的诸子学究竟是什么样子，是一个什么样的学术体系，学术派别的分布究竟如何，是一个需要重新认识、重新研究的问题。最近看到熊铁基先生的大作《汉代学术的历史地位》，很受启发。熊先生说："后世流传至今的群经诸子，都是汉代的东西，是汉人传授、整理过，甚至重新编定的东西……现在可以肯定，先秦的群经诸子，决不是我们今天看到的这个样子。越来越多的出土资料，在这方面提供了越来越多、越来越有力的证据。"[1] 熊先生这话很有见

---

[1] 熊铁基：《汉代学术的历史地位》，载熊铁基、赵国华主编《秦汉思想文化研究》，希望出版社2005年版。

地，本文实际上就是对熊先生论断的进一步展开。①

一 "先秦学术体系"生成的过程性考察

在先秦时代，人们并没有按照学派划分的思维模式认识当时的学术。

《庄子·天下》篇是迄今我们可以看到的最早的先秦学术史著作，作者评论天下学术，先后讲到了墨翟、禽滑厘、宋钘、尹文、彭蒙、田骈、慎到、关尹、老聃、庄周、惠施等十多位学者。为方便后文分析，我们将《天下》篇对诸子的评论，尽可能详尽地摘录、征引出来：

> 不侈于后世，不靡于万物，不晖于数度，以绳墨自矫，而备世之急；古之道术有在于是者。墨翟、禽滑厘闻其风而说之。
>
> 不累于俗，不饰于物，不苟于人，不忮于众，愿天下之安宁以活民命，人我之养毕足而止，以此白心，古之道术有在于是者。宋钘、尹文闻其风而悦之。
>
> 公而不党，易而无私，决然无主，趣物而不两，不顾于虑，不谋于知，于物无择，与之俱往，古之道术有在于是者。彭蒙、田骈、慎到闻其风而悦之。
>
> 以本为精，以物为粗，以有积为不足，澹然独与神明居，古之道术有在于是者。关尹、老聃闻其风而悦之。
>
> 芴漠无形，变化无常，死与生与，天地并与，神明往与！芒乎何之，忽乎何适，万物毕罗，莫足以归，古之道术有在于是者。庄

---

① 笔者曾在2007年12月7日的《光明日报》发表题为"汉代文化研究需要引起新的重视"一文，受熊铁基先生启发，文中第二部分"汉代划分的先秦学术体系需要重新认识"就提出了本文的论题。但由于报纸文章篇幅简短，只能提出问题而无法解决问题，所以在那篇文章中提出的"先秦学术体系汉代生成说"也只能是一个历史假说；而本文就是对这个假说的初步论证。笔者相信，在有了本文对这一假说的展开性论证之后，"先秦学术体系汉代生成说"就不再是一种假说，而是一个有一定事实根据的判断了。

周闻其风而悦之。

惠施多方，其书五车，其道舛驳，其言也不中……辩者以此与惠施相应，终身无穷。桓团、公孙龙辩者之徒，饰人之心，易人之意，能胜人之口，不能服人之心，辩者之囿也。①

《天下》篇的作者把天下道术分为六类，显示出一定的学派意识，但却没有提出学派观念，没有使用道家、儒家、墨家一类概念。在《天下》篇的学术分类中，关尹、老聃与庄周分属于不同的类别，绝然不是后来《汉书·艺文志》所说的同属于道家，庄周与老聃有明确的思想分野。《天下》篇所指出的思想精髓是"公而不党，易而无私，决然无主，趣物而不两，不顾于虑，不谋于知，于物无择，与之俱往"，这和人们所理解的后世看作是法家代表人物之一的慎到的"术"的思想似乎也连不起来，而事实上更接近于老子的道家思想。《汉书·艺文志》把尹文归入名家，而《天下》篇所揭示的尹文思想是"不累于俗，不饰于物，不苟于人，不忮于众，愿天下之安宁以活民命，人我之养毕足而止"，尹文似乎也难以与名家相关。总之，《天下》篇所描述的学术体系，和后世人们对先秦诸子学术的理解大相径庭。

紧接《天下》篇之后的学术史名篇，是《荀子·非十二子》。是篇中，荀子分别批评了它嚣和魏牟、陈仲和史䲡、墨翟和宋钘、慎到和田骈、惠施和邓析、子思和孟轲六说十二位代表人物，他对于六说的区分，只是有着若隐若现的学派意识，与后世所理解的先秦学派又截然不同。是篇曰：

假今之世，饰邪说，文奸言，以枭乱天下，矞宇嵬琐，使天下混然不知是非治乱之所存者，有人矣。纵情性，安恣睢，禽兽行，不足以合文通治；然而其持之有故，其言之成理，足以欺惑愚众，

---

① 陈鼓应：《庄子今注今译》，中华书局1983年版，第862—896页。

是它嚣、魏牟也。忍情性，綦谿利跂，苟以分异人为高，不足以合大众，明大分；然而其持之有故，其言之成理，足以欺惑愚众，是陈仲、史䲡也。不知壹天下、建国家之权称，上功用、大俭约而僈差等，曾不足以容辨异、县君臣；然而其持之有故，其言之成理，足以欺惑愚众，是墨翟、宋钘也。尚法而无法，下修而好作，上则取听于上，下则取从于俗，终日言成文典，反纠察之，则倜然无所归宿，不可以经国定分；然而其持之有故，其言之成理，足以欺惑愚众，是慎到、田骈也。不法先王，不是礼义，而好治怪说，玩琦辞，甚察而不惠，辩而无用，多事而寡功，不可以为治纲纪；然而其持之有故，其言之成理，足以欺惑愚众，是惠施、邓析也。略法先王而不知其统，犹然而材剧志大，闻见杂博。案往旧造说，谓之五行，甚僻违而无类，幽隐而无说，闭约而无解。案饰其辞而祗敬之曰：此真先君子之言也。子思唱之，孟轲和之，世俗之沟犹瞀儒，嚾嚾然不知其所非也，遂受而传之，以为仲尼、子游（此处子游疑为"子弓"之误）为兹厚于后世，是则子思、孟轲之罪也。若夫总方略，齐言行，一统类，而群天下之英杰，而告之以太古，教之以至顺，奥窔之间，簟席之上，敛然圣王之文章具焉，佛然平世之俗起焉，六说者不能入也，十二子者不能亲也，无置锥之地，而王公不能与之争名，在一大夫之位，则一君不能独畜，一国不能独容，成名况乎诸侯，莫不愿以为臣，是圣人之不得势者也，仲尼、子弓是也。[1]

很显然，荀子把子思和孟轲排斥出了孔子和子弓所代表的学派之外，更没有把孟轲看作和自己一样是同出于孔门的后学，这与后人以孔、孟、荀来代表儒家学派是很不相同的。《汉书·艺文志》中有《田子》二十五篇，归于"道家者流"，而《非十二子》则批评田骈是

---

[1] 王先谦：《荀子集解》，中华书局1988年版，第89—97页。

"尚法而无法，下修而好作，上则取听于上，下则取从于俗，终日言成文典，反纠察之，则倜然无所归宿，不可以经国定分"，这和道家似无牵连。《非十二子》把田骈和慎到归为一类，与《天下》篇对他们的描述颇相一致。是篇中把宋钘和墨子列为一类，和《天下》篇中对宋钘的评论是一致的。《天下》篇说他"不累于俗，不饰于物，不苟于人，不忮于众，愿天下之安宁以活民命，人我之养毕足而止"，确实符合墨学的思想原则。而后来的《汉书·艺文志》则把《宋子》十八篇归入了"小说家者流"。还应该指出的是，是篇中批评它嚣和魏牟、陈仲和史鳅，似乎不是批评他们学术思想的内涵，而是批评他们学术思想的性质，批评他们的学术个性，不符合学派划分的内在逻辑。这说明，《非十二子》篇中对天下学术的评论，不是以学派为根据，而是因人设论。

《吕氏春秋·不二》篇评论天下学术，曰："老聃贵柔，孔子贵仁，墨翟贵廉，关尹贵清，子列子贵虚，陈（田）骈贵齐，阳生（杨朱）贵己，孙膑贵势，王廖贵先，兒良贵后。"这篇成书于战国晚期的文字，没有明确的学派意识，没有像后世那样把孙膑、王廖、兒良等都看作是兵家而归入一类，也没有把关尹、老聃、列子等都归入道家。

《韩非子·显学》篇首次提出学派的划分：

> 世之显学，儒、墨也。儒之所至，孔丘也。墨之所至，墨翟也。自孔子之死也，有子张之儒，有子思之儒，有颜氏之儒，有孟氏之儒，有漆雕氏之儒，有仲良氏之儒，有孙氏之儒，有乐正氏之儒。自墨子之死也，有相里氏之墨，有相夫氏之墨，有邓陵氏之墨。故孔、墨之后，儒分为八，墨离为三，取舍相反、不同，而皆自谓真孔、墨，孔、墨不可复生，将谁使定世之学乎？孔子、墨子俱道尧、舜，而取舍不同，皆自谓真尧、舜，尧、舜不复生，将谁

使定儒、墨之诚乎？①

这段文字中关于儒墨两家的论述，其学派观念已很明确，各自描述出一个详细的系统。但这只是一个显学的格局，至于天下学术的整体面貌，作者并没有论及。

事实证明，先秦时代人论学术，大多是因人设论，学派意识并不明确。他们并没有给后人指出当时学术分野的大体图景。

西汉初期的《淮南子·要略》中，谈及先秦学术，分别论述了儒者之学、墨家之学、管子之学、刑名之学、商鞅之学和纵横之学，作者的本意在于探讨诸子学说的背景条件，而不是讨论他们的学术分野。所以，这篇出自汉初的作品，仍然没有表现出明确的学派意识，没有给后人划定一个先秦学术的基本图景。我们现在所接受的先秦学术的学派体系，首见于司马迁《史记·太史公自序》中的《论六家要旨》：

> 夫阴阳、儒、墨、名、法、道德，此务为治者也，直所从言之异路，有省不省耳。尝窃观阴阳之术，大祥而众忌讳，使人拘而多所畏；然其序四时之大顺，不可失也。儒者博而寡要，劳而少功，是以其事难尽从，然其序君臣父子之礼，列夫妇长幼之别，不可易也。墨者俭而难遵，是以其事不可徧循；然其强本节用，不可废也。法家严而少恩；然其正君臣上下之分，不可改矣。名家使人俭而善失真；然其正名实，不可不察也。道家使人精神专一，动合无形，赡足万物。其为术也，因阴阳之大顺，采儒、墨之善，撮名、法之要，与时迁移，应物变化，立俗施事，无所不宜，指约而易操，事少而功多。

《论六家要旨》划分了我们今天所知的先秦学术的基本框架，不仅

---

① 陈奇猷：《韩非子集释》下，上海人民出版社1974年版，第1080页。

六家之说明确，而且各家学说的要旨与短长，也都跃然纸上。所缺乏的，只是对各家代表人物的确定，以及所有先秦学人的归类排队。而这个任务是由后来的刘向、刘歆父子来完成的。

《汉书·艺文志》记："成帝时，以书颇散亡，使谒者陈农求遗书于天下。诏光禄大夫刘向校经传诸子诗赋，步兵校尉任宏校兵书，太史令尹咸校数术，侍医李柱国校方技。每一书已，向辄条其篇目，撮其指意，录而奏之。会向卒，哀帝复使向子侍中奉车都尉歆卒父业。歆于是总群书而奏其《七略》，故有《辑略》，有《六艺略》，有《诸子略》，有《诗赋略》，有《兵书略》，有《术数略》，有《方技略》。"正是这次图书整理，完成了对先秦学术体系的构造过程。

《汉书·艺文志》保留了刘向、刘歆父子整理典籍的理论成果。他们把司马谈、司马迁父子提出的六家之说，发展为"十家九流"。为方便分析，我们把《艺文志》中的有关序文摘引出来：

儒家者流，盖出于司徒之官，助人君顺阴阳明教化者也。游文于六经之中，留意于仁义之际，祖述尧舜，宪章文武，宗师仲尼，以重其言，于道最为高。孔子曰："如有所誉，其有所试。"唐虞之隆，殷周之盛，仲尼之业，已试之效者也。然惑者既失精微，而辟者又随时抑扬，违离道本，苟以哗众取宠。后进循之，是以五经乖析，儒学渐衰，此辟儒之患。

道家者流，盖出于史官，历记成败存亡祸福古今之道，然后知秉要执本，清虚以自守，卑弱以自持，此君人南面之术也。合于尧之克攘，《易》之嗛嗛，一谦而四益，此其所长也。及放者为之，则欲绝去礼学，兼弃仁义，曰独任清虚可以为治。

阴阳家者流，盖出于羲和之官，敬顺昊天，历象日月星辰，敬授民时，此其所长也。及拘者为之，则牵于禁忌，泥于小数，舍人事而任鬼神。

法家者流，盖出于理官，信赏必罚，以辅礼制。《易》曰：

"先王以明罚饬法",此其所长也。及刻者为之,则无教化,去仁爱,专任刑法而欲以致治,至于残害至亲,伤恩薄厚。

名家者流,盖出于礼官。古者名位不同,礼亦异数。孔子曰:"必也正名乎!名不正则言不顺,言不顺则事不成。"此其所长也。及謷者为之,则苟钩〔鈲〕析乱而已。

墨家者流,盖出于清庙之守。茅屋采椽,是以贵俭;养三老五更,是以兼爱;选士大射,是以上贤;宗祀严父,是以右鬼;顺四时而行,是以非命;以孝视天下,是以上同;此其所长也。及蔽者为之,见俭之利,因以非礼,推兼爱之意,而不知别亲疏。①

《艺文志》明确地划分了诸子百家的思想分野,并按照一定的逻辑对先秦诸子进行排队归位,将他们一个个对号入座,塞入某一确定的学派序列。从他们这里,先秦诸子开始有了一个"某家""某家"的固定称谓。在《汉书·艺文志》中,我们第一次看到,孟轲和荀子被一齐归入儒家,尽管荀子在《非十二子》中对孟轲有过极为严厉的批评;老子、庄子、列子、文子、公子牟等一齐被归入道家,尽管庄子和老子在思想属性上是如此之不同;李悝、商鞅、申不害、慎到等一齐被归入法家,尽管他们的学术也是那样的千差万别,《天下》篇中的慎到更接近于老子所代表的道家学派。这种"六家"或"十家九流"的学派划分,是否符合先秦学术的历史实际,后人很少去质疑,就这么传延下来。这种人为的学派划分,一方面是出于整理图书的实际需要,另一方面也是对先秦学术进行整体性概括的学术性需要,原本无可厚非;问题在于,后人应该明了在这种整理、划分或概括中,贯穿着一种立意或意图,而正是这种立意或意图,有意无意地改变了先秦学术的本来面貌。

---

① 《汉书·艺文志》对所谓"十家九流"都有简短的序文,为避免引文过长,仅根据下文讨论之需要摘引其中的数家,其余与本文讨论无关的纵横家、杂家、农家、小说家、兵家等序文不再征引。

二　汉代对先秦诸子真实面貌的扭曲

现在我们就来分析，这种对先秦诸子的排队归位，在多大程度上改变了诸子学派的真实面貌。

首先我们来辨尹文非名家，而是兼具墨家、道家不同的思想倾向。尹文，齐宣王时人，与宋钘、彭蒙、田骈、慎到等一起论学于齐国稷下学宫。《汉书·艺文志》中有"尹文子一篇"，列于"名家者流"。关于尹文的思想属性，论述最直接的是《庄子·天下》篇：

> 不累于俗，不饰于物，不苟于人，不忮于众，愿天下之安宁以活民命，人我之养毕足而止，以此白心，古之道术有在于是者。宋钘、尹文闻其风而悦之。作为华山之冠以自表，接万物以别宥为始；语心之容，命之曰心之行，以聏合欢，以调海内，请欲置之以为主。见侮不辱，救民之斗，禁攻寝兵，救世之战。以此周行天下，上说下教，虽天下不取，强聒而不舍者也，故曰上下见厌而强见也。
>
> 虽然，其为人太多，其自为太少；曰："请欲固置五升之饭足矣。"先生恐不得饱，弟子虽饥，不忘天下。日夜不休，曰："我必得活哉！"图傲乎救世之士哉！曰："君子不为苛察，不以身假物。"以为无益于天下者，明之不如已也。以禁攻寝兵为外，以情欲寡浅为内，其小大精粗，其行适至是而止。

先秦文献中，直接评论尹文思想的地方很少，但既然《天下》篇把他与宋钘归于一类，那我们就可以从时人对宋钘思想的评论中，来了解尹文的思想。关于宋钘，《孟子·告子下》有这样的记载：

> 宋牼（即宋钘——本文注）将之楚，孟子遇于石丘，曰："先

生将何之？"曰："吾闻秦楚构兵，我将见楚王说而罢之。楚王不悦，我将见秦王说而罢之。二王我将有所遇焉。"曰："轲也请无问其详，愿闻其指。说之将何如？"曰："我将言其不利也。"

《庄子·逍遥游》中说：

故夫知效一官，行比一乡，德合一君而征一国者，其自视也亦若此矣。而宋荣子犹然笑之。且举世而誉之而不加劝，举世而非之而不加沮，定乎内外之分，辩乎荣辱之境，斯已矣。彼其于世未数数然也。虽然，犹有未树也。

《荀子·正论》记载：

子宋子曰："见侮不辱。"
子宋子曰："人之情，欲寡，而皆以己之情欲为多，是过也。"故率其群徒，辨其谈说，明其譬称，将使人知情欲之寡也。

从以上引文考察宋钘、尹文的思想倾向，有两点比较鲜明。首先，从"愿天下之安宁以活民命，人我之养毕足而止"，"救民之斗，禁攻寝兵"，"先生恐不得饱，弟子虽饥，不忘天下"，"以禁攻寝兵为外"，"吾闻秦楚构兵，我将见楚王说而罢之。楚王不悦，我将见秦王说而罢之"等言论和行为看，尹文似乎是一个地地道道的墨家，和后世人们所了解的墨翟的形象没有什么两样。《荀子·非十二子》中把墨翟和宋钘划为一类进行批评，和宋钘持有相同思想主张的尹文，自然也应归入墨家学派了。

其次，从他"见侮不辱"，"举世而誉之而不加劝，举世而非之而不加沮，定乎内外之分，辩乎荣辱之境，斯已矣"，"以情欲寡浅为内"，"人之情，欲寡，而皆以己之情欲为多，是过也"等言论和行为看，这个尹文又像是道家。"情欲寡浅"是对老子"见素少朴，少私寡欲"思想的继承；《逍遥游》说宋钘、尹文这样的人，整个世界都夸赞他们也不会感到劝勉，整个世界都非议他们也不会感到沮丧，对于世俗的声誉从来不汲汲去追求。这样的人是不是有点庄子的影子呢？

像宋钘、尹文这样的人，如果一定要按后世所理解的诸子百家去判断，他们的思想既有墨家的成分，又有道家的要素。而《汉书·艺文志》则把他们一个归为名家，一个归到了小说家。

其次，我们再来分析慎到的思想倾向。《汉书·艺文志》把"《慎子》四十二篇"列入"法家者流"；而按照《庄子·天下》篇的分类，慎到同彭蒙、田骈归入一类。是篇揭示了三人的思想属性，如下文：

> 公而不党，易而无私，决然无主，趣物而不两，不顾于虑，不谋于知，于物无择，与之俱往，古之道术有在于是者。彭蒙、田骈、慎到闻其风而悦之。齐万物以为首，曰："天能覆之而不能载之，地能载之而不能覆之，大道能包之而不能辩之。"知万物皆有所可，有所不可，故曰："选则不遍，教则不至，道则无遗者矣。"
>
> 是故慎到弃知去己，而缘不得已，泠汰于物，以为道理，曰："知不知，将薄知而后邻伤之者也。"謑髁无任，而笑天下之尚贤也；纵脱无行，而非天下之大圣。椎拍輐断，与物宛转，舍是与非，苟可以免。不师知虑，不知前后，魏然而已矣。推而后行，曳而后往，若飘风之还，若落羽之旋，若磨石之隧，全而无非，动静无过，未尝有罪。是何故？夫无知之物，无建己之患；无用知之累，动静不离于理，是以终身无誉。故曰："至于若无知之物而已，无用贤圣，夫块不失道。"豪杰相与笑之曰："慎到之道，非生人之行而至死人之理，适得怪焉。"
>
> 田骈亦然，学于彭蒙，得不教焉。彭蒙之师曰："古之道人，至于莫之是莫之非而已矣。其风窢然，恶可而言？"常反人，不见观，而不免于䰇断。其所谓道非道，而所言之韪不免于非。彭蒙、

田骈、慎到不知道。虽然，概乎皆尝有闻者也。

慎到的这些思想，似乎和庄子是非常的吻合。"椎拍辊断，与物宛转，舍是与非，苟可以免……若飘风之还，若落羽之旋，若磨石之隧，全而无非，动静无过，未尝有罪。"他提倡顺随旋转，与物推移，舍去是非，免于牵累，保全生命，不受责难，简直就是庄子思想的翻版。慎到的某些提法，甚至可以和《庄子·知北游》中的文字直接对应。《知北游》曰：

> 东郭子问于庄子曰："所谓道，恶乎在？"庄子曰："无所不在。"东郭子曰："期而后可。"庄子曰："在蝼蚁。"曰："何其下耶？"曰："在稊稗。"曰："何其愈下耶？"曰："在瓦甓。"曰："何其愈甚耶？"曰："在屎溺。"

庄子认为，道无所不在，一切事物无不体现着道的精神，所以道可以在蝼蚁，在稊稗，在瓦甓，在屎溺；而这不就是慎到的"块不失道"吗？

《史记·孟子荀卿列传》曰："慎到，赵人。田骈、接子，齐人。环渊，楚人。皆学黄老道德之术，因发明序其指意。故慎到著十二论，环渊著上下篇，而田骈、接子皆有所论焉。"司马迁也把慎到归入道家一派，应该说是和《庄子》一书保持了一致。

《艺文志》把慎到归于法家，似乎是受荀子的影响。《荀子·非十二子》说慎到是"尚法而无法，下修而好作，上则取听于上，下则取从于俗，终日言成文典"；《荀子·解蔽》篇说慎到"蔽于法而不知贤"。但这里的"法"是否可以理解为法家也还是可以讨论的。王先谦的《荀子集解》中，在"慎子蔽于法而不知贤"下注曰："慎子本黄老，归刑名。"慎子之法是黄老之学说中的刑名之学，不可视为后世所谓法家学说。

最后，我们来谈谈关于庄子学派的归属问题。汉代先秦学术体系划分中留下的最大疑问，是关于道家学派。《艺文志》把老子和庄子一起列入道家，勾画了道家学术的基本图景。而学术史的真实图景是否如此，是令人怀疑的。这个问题，我们可以从以下四个方面来谈。

第一，从学术史上看，先秦时代学者从没有把庄子和老子联系在一起，庄子是独立于老子思想、有着自我学术个性的单独学派；庄子归属于老子道家学派，是汉代人的学术分野。前引《庄子·天下》篇中，庄周是独立学派显而易见，根本不涉及他和老子的关系。《荀子·非十二子》中没有提到庄子。《荀子·解蔽》篇批评当时的六家学术："墨子蔽于用而不知文，宋子蔽于欲而不知得，慎子蔽于法而不知贤，申子蔽于势而不知知，惠子蔽于辞而不知实，庄子蔽于天而不知人。"①荀子也是把庄子作为独立学派看待的。《吕氏春秋·不二》篇评论天下学术，关于所谓道家，只提到"老聃贵柔"，而没有关于庄子的只言片语。把庄子和老子联系在一起的学术史事件，发生在汉代。

《淮南子·要略》中第一次把老庄并列串联，曰："《道应》者，揽掇遂事之踪，追观往古之迹，察祸福利害之反，考验乎老庄之术，而以合得失之势者也。"接着有《史记》把庄子的思想归宗于老子的判断。《史记·老子韩非列传》中说："庄子者……其学无所不窥，然其要本归于老子之言。故其著书十余万言，大抵率寓言也。作《渔父》、《盗跖》、《胠箧》，以诋訾孔子之徒，以明老子之术。"司马迁第一次明确指出庄子的思想来源，说庄子为学无所不窥，众采百家，而其根本点则贵本于老子。到《汉书·艺文志》最后将庄子的归属定了下来，《庄子》五十二篇被列入"道家者流"的序列之中。

第二，庄子思想无法纳入从司马迁到班固所划定的道家思想范畴。从司马迁到班固，他们对道家思想的阐释，都只是对老子学说的理论抽象，而不涉及庄子的思想属性，无法把庄子思想纳入老子的思想框

---

① 王先谦：《荀子集解》下册，中华书局1988年版，第329页。

架。司马迁的《论六家要旨》中说"道家使人精神专一，动合无形，赡足万物。其为术也，因阴阳之大顺，采儒、墨之善，撮名、法之要，与时迁移，应物变化，立俗施事，无所不宜，指约而易操，事少而功多"。这段话中，无论是"精神专一，动合无形，赡足万物"的道家思想本质，还是其"指约而易操"的学术个性和"事少而功多"的学术功能性特征，都和庄子学说没有什么关系。《汉书·艺文志》说"道家者流……知秉要执本，清虚以自守，卑弱以自持，此君人南面之术也……欲绝去礼学，兼弃仁义，曰独任清虚可以为治"，这无一不是老子学说的特征，而几乎看不到庄子思想的影子。

第三，老子与庄子的思想属性有实质性差异。从根本点上说，老子哲学是一种政治哲学，而庄子哲学则是一种生命哲学；老子关注的是社会政治，庄子关注的是个体生命。

老子哲学是一种政治哲学几乎无须论证。《老子》全书都是在讲取天下之道和治国、用兵之术，国君、王侯在老子的心中具有崇高的地位，正所谓"道大，天大，地大，王亦大，域中有四大，而王居其一焉"[1]。《汉书·艺文志》说"道家者流"是"君人南面之术也"，就是对老子哲学本质的最好概括。20世纪90年代出土的郭店楚简《老子》甲、乙、丙三组[2]，是对《老子》学说这一属性的很好证明：

> 江海所以为百谷王，以其能为百谷下，是以能为百谷王。圣人之在民前也，以身后之；其在民上也，以言下之。其在民上也，民弗厚也；其在民前也，民弗害也。天下乐进而弗厌。以其不争也，故天下莫能与之争。罪莫重乎贪欲，咎莫险乎欲得，祸莫大乎不知

---

[1] 《老子道德经》第25章，《诸子集成》本，中华书局1986年版。
[2] 郭店楚简《老子》三组，原文见《郭店楚墓竹简》，文物出版社1998年版。竹简公布之后，引起学术界广泛关注，学者们在文句编联、文字释读方面做了很多研究，提出了千差万别的研究成果。本文征引楚简文字，为了排印和读者阅读的方便，以李零先生的《郭店楚简校读记》（北京大学出版社2002年版）为据，以下关于郭店楚简的引文，都取自李零先生的研究成果。

足。知足之为足，此恒足矣。①

为之者败之，执之者失之。是以圣人无为故无败，无执故无失。临事之纪，慎终如始，此无败事矣。圣人欲不欲，不贵难得之货；教不教，复众之所过。是故圣人能辅万物之自然，而弗能为。道恒无为也，侯王能守之，而万物将自化。②

以正治邦，以奇用兵，以无事取天下。吾何以知其然也？夫天多忌讳，而民弥叛；民多利器，而邦滋昏；人多智，而奇物滋起，乏物滋章，盗贼多有。是以圣人之言曰：我无事而民自富，我无为而民自化，我好静而民自正，我欲不欲而民自朴。③

治人事天莫若啬。夫唯啬，是以早服，是谓【重积德。重积德则无不克，无】不克则莫知其极，莫知其极可以有国。有国之母，可以长【久，是谓深根固柢之法】，长生久视之道也。④

"以其不争也，故天下莫能与之争。""道恒无为也，侯王能守之，而万物将自化。""以正治邦，以奇用兵，以无事取天下。""莫知其极可以有国"等，此类论述，简直就是地地道道的帝王术，《艺文志》谓其"君人南面之术"可谓一语破的。而老子哲学的这种特性，在庄子学说中，则找不到一丝影子。

庄子哲学对人的生命问题的特别关注，已为学界所瞩目，论述庄子人生观的著作或论文，多不胜数，并且已经有人直接将庄子哲学的主要课题归之于"生命问题"。⑤《庄子·人间世》中楚狂接舆过孔子之门时的高歌，是庄子生命哲学的集中体现。歌曰：

---

① 李零：《郭店楚简校读记》，北京大学出版社2002年版，第4页。
② 李零：《郭店楚简校读记》，北京大学出版社2002年版，第5页。
③ 李零：《郭店楚简校读记》，北京大学出版社2002年版，第5—6页。
④ 李零：《郭店楚简校读记》，北京大学出版社2002年版，第21页。
⑤ 王博：《庄子哲学中最重要的问题就是生命问题》，王博《庄子哲学》，北京大学出版社2004年版，第23页。

> 凤兮！凤兮！何如德之衰也！来世不可待，往世不可追也。天下有道，圣人成焉；天下无道，圣人生焉。方今之时，仅免刑焉。福轻乎羽，莫之知载；祸重乎地，莫之知避。已乎已乎！临人以德！殆乎！殆乎！画地而趋！迷阳迷阳！无伤吾行！郤曲郤曲，无伤吾足！

在庄子看来，天下无道之时，圣人所关注的首要问题即是生命问题，更何况"方今之时，仅免刑焉"，如何保存生命，安顿生命，自然是最为突出的课题。生命哲学成为庄子学说的核心课题，是时代使然。

安顿生命是庄子正视"人间世"的现实境遇提出的课题，而这个课题就不仅是"人间世"篇的主题，而且是《庄子》全书的主题。《庄子》内七篇无一不是围绕这个主题而展开。虽身处"仅免刑焉"的悲苦世道，庄子也要尽可能去追求生命的质量，追寻生命的至高境界。"逍遥游"篇所崇尚的大鹏振翅的自由翱翔，所向往的"乘云气，御飞龙，而游乎四海之外"的无限自由，都是对生命质量的期待，是安顿生命的较高境界。然而，庄子并不是空想家，他知道这样的自由在现实的"人间世"是不可能的，然而自由又不能放弃，生命的自由之境只有到人的精神世界里去寻找。于是有《齐物论》篇的产生。精神自由需要有一定的绝对性，需要无待、无累、无患，而如何才能做到呢？现实世界不给予这些，就必须调整主观的自我，通过自我调节去创造这样的自由之境。"齐物"就是庄子找到的调节自己主观世界的途径或手段；通过"齐物"，使自己以超越的心态对待必然性的束缚，而翱翔于无待、无累的心灵世界，从而安顿了生命的至高境界。[①]

[①] 阐述庄子哲学"安顿生命"的宏大主题，需要一篇大文章，本文这里只能非常提纲性地提一下。笔者的研究生徐莹正在作《庄子学说独立性之考察》的学位论文，她也是将庄子思想的主题定为"安顿生命"，在和她讨论选题的过程中，笔者也受其启发。当然，这方面也有一些类似的论文可以参考。如崔大华《庄子的人生哲学及其在中国文化中的作用》，《哲学研究》1986年第1期；梁银林《论庄子的生命意识》，《西南民族大学学报》2005年第6期；何江南《论庄子的齐物和逍遥》，《社会科学研究》2000年第3期；朱松美《〈庄子〉对个体生命的张扬》，《济南大学学报》2006年第3期；刁生虎《生命的困境与心灵的自由——庄子的人生哲学》，《南都学刊》2002年第2期；等等。

第四，老子学说几次大的发展中，都看不到庄学的影子，也可以作为庄学不入老学的佐证。

我们首先来看老子的传延系统。从现有文献材料看，老子学说的第一代传人，是战国中期齐国稷下的黄老学派。《史记·孟子荀卿列传》载："自邹衍于齐之稷下先生，如淳于髡、慎到、环渊、接子、田骈、邹奭之徒，各著书言治乱事，以干世主，岂可胜道哉！""慎到，赵人。田骈、接子、齐人。环渊，楚人。皆学黄、老道德之术，因发明序其指意。故慎到著十二论，环渊著上下篇，而田骈、接子皆有所论焉。"这段话中指出的慎到、环渊、田骈、接子等人，就是老子之学的第一代传人。司马迁说他们皆学黄老道德之术，实际上是学老子之学。因为"黄帝书"是战国时期托名黄帝的伪书，这是学界所公认的。慎到、环渊、田骈、接子等，对老子之学"因发明序其指意"，各有著书，并通过聚徒讲学扩大其学说的影响。① 由此，老子学说以黄老之学的名义产生了他的第一次广泛性影响。

老子学说的第二代影响，是由他所影响而产生的申、韩刑名法术之学。申不害、韩非受老子的影响，是现代人所不好理解的。但司马迁确实是把他们归之于老子的余脉。《史记·老子韩非列传》太史公曰："老子所贵道，虚无，因应变化于无为，故书辞称微妙难识。庄子散道德，放论，要亦归之自然。申子卑卑，施之于名实。韩子引绳墨，切事情，明是非，其极惨礉少恩。皆原于道德之意，而老子深远矣。"该传还记曰："申子之学本于黄老，而主刑名。""（韩非）喜刑名法术之学，而归本于黄老。"这些记载或评论是言之凿凿的。当然我们也不能完全相信司马迁的评论，就像关于庄子，我们就没有采纳他的看法。除此之外，就韩非自己的著作看，其受老子的影响也是确定无疑的。《韩非子》中的《解老》《喻老》两篇所阐释的黄老思想，与老子思想

---

① 《战国策·齐策四》："齐人见田骈，曰：……今先生设为不宦，訾养千钟，徒百人。"刘向集：《战国策》，齐鲁书社2005年版，第127页。

保持了相当的一致性。

汉初由黄老思想而造就的政治实践，可以看作是老子思想的第三代影响。黄老无为而治的政治实践，对汉初的社会经济恢复，对汉王朝的最终强盛，起了重要的政治保障作用。这也可以作为"老子哲学是政治哲学"的现实佐证。这些情况为人们所熟知，此不赘述。

以上我们简要地谈到了老子学说的传延系统，而这其中则看不到一点庄子的影子。庄子学说，与稷下黄老学派，与申韩刑名法术之学，与汉初的黄老政治，都可以说是毫无共同之处。如果庄子可以归入老子一派的话，这是不可想象的。

以上我们从四个方面论证了将庄子划入老子学派的不合理性。其实，近代以来的诸子学研究中，许多学者都注意到了老、庄的差异，并也多看到了二者哲学倾向上的不同，但囿于传统的学派分野观念，大多都含糊其辞地说，他们是一个学派内部的学术分别，而不敢正视其质的差异。既然有着明显的属性差异，为什么还要一定去寻找二者之间的某些共性，而把他们归入一个学派呢？很多人都在反复讲述《庄子》中的道论思想和老子如何如何地有相似之处，而不去设想，在一个共同的文化土壤上生存的诸子各家，怎么可能没有任何思想的关联呢？《韩非子》中也用了很大的篇幅来讲道的问题，并且和老子之道有着非常大的关联性，以至于司马迁把他说成是"归本于黄老"，而人们为什么却不以此为据而把韩非也归之于老子的道家学派呢？

通过以上对《汉书·艺文志》中尹文、慎到、庄子学派归属问题的辨析，可以看出，这种划分是不符合先秦学术体系的基本面貌的。而它已经沿袭了两千多年，形成了强大的学术史传统，现在是到了改变这种学术史观念的时候了。

三　汉代奠定了阐释先秦学术的思想方向

以上，我们提出了一个先秦学术体系的汉代生成说，现在还需要进一步提出，汉人对先秦诸子学的解释和改造，已经先行给予了我们一个理解先秦诸子的思想文化平台，使我们只能在他们给定的思想牢笼之内来理解诸子思想。可以说，我们现在对先秦诸子的诸多看法，实际上是汉人所设定的。

此说的历史根据是，我们所能见到的先秦诸子，大都是由汉人整理或由他们重新写定而流传下来的。在先秦战乱及秦火之后，汉代大规模地搜求、整理文化典籍，是值得称道的文化盛事，但这里却隐含着一个不容忽视的问题，这个重新整理与写定先秦典籍的过程，实际上也是按照汉代观念重新改造先秦学术思想的过程。而后人，则把汉人改造过的先秦诸子当成了先秦诸子本身，忽略了它们被改造的事实。所以，在今天提出重新认识先秦诸子学，通过剔除汉人在先秦诸子学说上附加的思想文化要素，也是汉代文化研究中一个不容忽视的大课题。而且，随着越来越多的战国简牍材料的发现，这种恢复先秦诸子真实面目的理想追求，也将逐步成为现实。

我们首先以《论语》所反映的孔子形象为例，来谈这个问题。

这要从《论语》的传本说起。今本《论语》定本于汉儒之手，前人已有很多研究。朱维铮先生的《〈论语〉结集脞说》[①]一文，对《论语》的结集过程，有详细的考证，可为参考。大体说，《论语》在秦汉以前就有成书是没有问题的，秦汉之际人，叔孙通、陆贾、贾谊、韩婴等，在他们的著作中都称引过《论语》中的话。在中国书籍的简册时代，传播方式赖于手抄，再加上师承系统不同，同一本书就会有不少传本，不同的本子差异很大，篇目竟有不同。到西汉中期，流传最广的《论语》本子有三种：第一，鲁《论语》，20篇，篇目与现在读本相同。该本在鲁国旧地流传，汉代的传人有夏侯胜、韦贤、萧望之等，都是鲁人。第二，齐《论语》，22篇，比鲁《论语》多《知道》《问王》两篇。该本在齐国旧地流传，传人有王吉、贡禹、

---

① 朱维铮：《〈论语〉结集脞说》，《孔子研究》1986年第1期。

王卿、庸生等，都是齐人。第三，古《论语》，21篇，无齐《论语》中的《知道》《问王》两篇，而将鲁《论语》中的《尧曰》一分为二，所以基本内容同于鲁《论语》，只是编次不同。古《论语》是在汉景帝时发现的。景帝的儿子余由淮阳王改封鲁王，为了扩大宫室，拆除孔宅旧壁，遂得《尚书》《论语》，字像蝌蚪状，故称古《论语》。西汉晚期，汉成帝的师傅张禹，以鲁《论语》为根据，兼采齐《论语》，将二者融合，成《张侯论》。因为张禹影响大，地位高，当时出现了"欲为《论》，念张文"的局面，学者多从张氏，其他本子渐被淘汰。《张侯论》主要是保留了鲁《论语》的面貌。东汉末年，郑玄又以《张侯论》为本，参考齐《论语》、古《论语》作《论语注》。从此《论语》有了最后的定本，传习至今。这就是汉代传抄、整理、改编《论语》的基本过程。经过这样一个复杂的改造过程，汉儒传达给我们的《论语》面貌，就和真实的《论语》原貌有了很大的改变，这个《论语》传本，基本上传达给我们的是汉儒对《论语》和孔子的理解。那么，这个传本《论语》的孔子形象，和真实的孔子有多大的区别呢？

《论语》中的孔子形象有可能与真实的孔子相对照的，是孔子对待《诗》的态度。传世《论语》有很多孔子论诗说诗的地方，而这些地方，则无例外地体现着一个思想方向，那就是从社会伦理和社会政治的角度去讲诗说诗。譬如：

子曰："《诗》三百，一言以蔽之，曰'思无邪'。"(《论语·为政》)

子曰："《关雎》乐而不淫，哀而不伤。"(《论语·八佾》)

子曰："诵《诗》三百，授之以政，不达；使于四方，不能专对。虽多，亦奚以为？"(《论语·子路》)

不学《诗》，无以言。(《论语·季氏》)

子谓伯鱼曰："女为《周南》、《召南》矣乎？人而不为《周

南》、《召南》，其犹正墙面而立也与？"（《论语·阳货》）

子曰："小子何莫学夫《诗》？《诗》可以兴，可以观，可以群，可以怨。迩之事父，远之事君，多识于鸟兽草木之名。"（《论语·阳货》）

对于这些人们耳熟能详的子曰诗云，我们已经没有必要去做文字上的解释，它的社会伦理和社会政治的诗学思想指向是非常明确的，而孔子唯一没有提到的是诗的情感因素。"诗"是什么，它是人的情感的产物，是人性的张扬，是感情的喷发，而像孔夫子这样的思想家，怎么可能不懂得这个最简单最基本的诗学道理呢？最使人不能理解的，是一些明显的关于人物亮丽容貌的描写，也被孔夫子扯到了社会的"礼"的问题上。如（《论语·八佾》）载：

子夏问曰："'巧笑倩兮，美目盼兮，素以为绚兮'，何谓也？"子曰："绘事后素。"曰："礼后乎？"子曰："起予者商也！始可与言《诗》已矣。"

这个"巧笑倩兮，美目盼兮"明明是对女子姣好妩媚容貌的描写，而在孔子的引导下，子夏则悟出了一个"礼后乎"的道理，并且深得孔子赞扬。孔子赞扬子夏悟出了《诗》的真谛，可以与之言《诗》了。为什么一定要把人们对美好容貌的欣赏，这样一个出自自然人性的感性表达，拉扯到礼的问题上去呢？孔子真的是一个没有真情实感，只知道仁义道德的腐儒吗？

事实并非如此，是汉儒改变了孔子的形象，现在我们看到的《论语》是通过汉儒的手留给我们的。他们对《论语》的编纂、整理和解释，给我们传达了这样一个孔子形象。有幸的是，20 世纪 90 年代上博楚简的公布，使我们看到了孔子诗学思想的真实面貌。《上海博物馆藏战国楚竹书》(一)《孔子诗论》①中,孔子论诗,很多情况下都重视一个"情"字,注重诗中所流露的人的自然情感,真情实感。如下简:

> 第一简 ……孔子曰:"诗亡隐志,乐亡隐情,文亡隐言。"
> 第十简 《关雎》之妖、《樛木》之时、《汉广》之智、《雀巢》之归、《甘棠》之报、《绿衣》之思、《燕燕》之情,害(曷)?曰:重而皆贤于其初也。
> 第十一简 情,爱也。《关雎》之妖,则其思益矣。
> 第十六简 ……《燕燕》之情,以其独也。
> 第十八简 ……《杕杜》,则情喜其至矣。
> 第二十二简 《宛丘》曰:"洵有情,而无望。"吾善之。②

《论语》中的孔子说诗,没有一处提到这个"情"字,而在这篇成书于战国中期的《孔子诗论》中,则不断提到它,这是后人改造孔子形象的一个明证。在上述诗论中,孔子不仅以情论诗,而且是深入了人的情感世界。《杕杜》是《诗·小雅》中的一篇,描述一位民间妇女思念自己服役逾期而不归的丈夫。该诗几个段落层层递进,描述民妇的思夫之情。"日月阳止,女心伤止,征夫遑止!"丈夫服役已满十月,女子满心忧伤地思念夫君;既然已经期满,为何还不还乡?"卉木萋止,女心悲止,征夫归止!"草木青青,春天又到,而征夫还未归来,

---

① 《上海博物馆藏藏战国楚竹书·孔子诗论》的作者,学术界颇有争议。战国楚竹书论《诗》的竹简,本身并没有书名和作者,"《孔子诗论》"这一名称,是竹书整理者加上去的。竹书出土面世以后,《诗论》的作者问题成为学者关注的焦点。就目前相关研究文章来看,主要有孔子说、子夏说、子羔说、子上说和未定说等几种观点,成为一个很难说清的问题。笔者认为,既然可以判定《诗论》是早期儒家作品,而又大量地出现"孔子曰",认为它主要反映了孔子的诗学思想应该没有问题,至于它是不是出自孔子之手,对我们就不再重要。正像《论语》并非出自孔子之手,却并不影响我们把它当作孔子思想的真实资料一样。基于此种考虑,本文将《孔子诗论》作为孔子的作品看待。另,竹书《孔子诗论》公布以后,学界在文字释读方面有许多不同的见解。本文引用《孔子诗论》中的文字,采用了周凤五先生的研究成果。

② 周凤五:《〈孔子诗论〉新释文及注解》,载《上博馆藏战国楚竹书研究》,上海书店出版社2002年版,第122—155页。

女子忧愁断肠，不知何日是归期！"期逝不至，而多为恤。卜筮偕止，会言近止，征夫迩止！"服役期过而不归，最是让人忧愁惆怅。忽然想到占卜，卜的结果是聚会之期不会太长，征人很快就会回乡，真是大喜若狂。孔子评其"情喜其至"四字，可谓深入了思妇欣喜若狂的情感世界。孔子对《国风·燕燕》一诗的评说"《燕燕》之情，以其独也"，一个"独"字，又是何其好也，评论卫君远送心爱的妹妹出嫁时情到深处的复杂感情，是对卫君用情之深的揭示。从这些诗论中，我们的确看到了孔子诗说的懂情和动情。《孔子诗论》中的"情喜其至""以其独也"，无论如何也是无法与《论语》中的"《关雎》乐而不淫，哀而不伤"相联系的，这是两种截然不同的诗学思想。

　　汉人对孔子诗学思想的改造，是受他们自己的诗学观支配的。从现有的资料看，汉人对"诗"的理解，就已经主要侧重于诗的伦理性和政治性等社会属性方面。譬如，司马迁的《史记·孔子世家》载："孔子之时，周室微而礼乐废，《诗》《书》缺。追迹三代之礼，序《书传》，上纪唐、虞之际……故《书传》《礼记》自孔氏。""古者《诗》三千余篇，及至孔子，去其重，取可施于礼义……三百五篇孔子皆弦歌之，以求合《韶》《武》《雅》《颂》之音。礼乐自此可得而述，以备王道，成六艺。"[①] 这是司马迁对孔子整理《诗》的记述和理解，在他看来，孔子删诗的主要指导思想，就是"取可施于礼义"，"以备王道，成六艺"。这究竟是孔子的诗学观，还是司马迁所理解的孔子诗学观呢？在笔者看来，更靠得住的只怕是后者而不是前者。

　　汉人从社会伦理、社会政治的角度说诗，到了非常极端的程度。我们都知道《诗·关雎》是一篇描述一个贵族青年热恋采集荇菜女子的诗篇，诗句"窈窕淑女，寤寐求之。求之不得，寤寐思服；悠哉悠哉，辗转反侧"，把一个青年男性的相思之情，刻画得淋漓尽致，这是一篇真正的言情诗。而这样的诗篇，到了汉人的笔下，则被完全地改变了

---

① （汉）司马迁：《史记》，中华书局1982年标点本，第1935—1937页。

面貌。汉人卫宏的《毛诗序》解释《关雎》篇的旨意为："是以《关雎》乐得淑女以配君子，爱在进贤，不淫其色。哀［衷］窈窕，思贤才，而无伤善之心焉，是《关雎》之义也。"① 这样的解释对于《关雎》一诗完全是强加上去的。

从司马迁到卫宏，汉人的诗学观无不如此。从这样的诗学思想出发，在整理、解释孔子诗学思想的时候，怎么可能不去改铸孔子之面貌呢？

以上，我们是以《论语》中孔子的诗学思想被扭曲为例，谈了汉人对孔子诗学的改造，这是我们以楚竹书《孔子诗论》为根据做出的阐释；而对于《论语》其他方面的被改造，暂时还没有参照物可以说明。但可以肯定的一点是，汉人传达给我们的孔子信息，绝不是真实的孔子，准确一点说，他只是汉人所理解的孔子，我们对孔子的认识，一直被汉人所蒙蔽。

还能以传世文献与简牍文字、原始版本相对照的，是关于老子的认识。

通行本《老子》，是晋人王弼的《老子道德经注》。② 王弼的版本依据已经无法考据，但来自汉人已经无疑。20世纪70年代，长沙马王堆汉墓出土的帛书《老子》甲乙本，与王弼本相较，除了某些文字方面的差异之外，在基本内容上并无不同，学界判定为一个传本系统。帛书《老子》甲本是秦汉之际抄本，乙本是汉初抄本，而在整个汉代，研究、传注《老子》的不可胜数。《汉书·艺文志》所载的注本有：

《老子邻氏经传》四篇。姓李，名耳，邻氏传其学。
《老子傅氏经说》三十七篇。述老子学。

---

① （唐）孔颖达等：《毛诗正义》卷一，十三经注疏整理本，中华书局1980年版。
② 在中国学术史上，有关《老子》的注释版本很多，唯有《论语》可与比肩。但流行最广的也只有两种，一是《老子河上公章句》，一是王弼的《老子道德经注》。《老子河上公章句》，作者河上公无考，且主要为道教徒所重视；而王弼本则流传于文人学士之间，为学界所重。因此，在老学史研究中，一般谈到《老子》的通行本或传世本，都指王弼本，本文沿袭此种做法。

《老子徐氏经说》六篇。字少季，临淮人，传《老子》。
　　刘向《说老子》四篇。

　　这仅是《艺文志》所载，而在刘向、刘歆或班固之前已经失传的西汉注本，和东汉人的注本，还有许多。《后汉书·马融传》载："融才高博洽，为世通儒，教养诸生，常有千数……注《孝经》、《论语》、《诗》、《易》、《三礼》、《尚书》、《列女传》、《老子》、《淮南子》、《离骚》，所著赋、颂、碑、诔、书、记、表、奏、七言、琴歌、对策、遗令，凡二十一篇。"这里又有一个马融的《老子》注本。《隋书·经籍志》在《老子道德经》二卷下注曰："周柱下史李耳撰。汉文帝时，河上公注。梁有战国时河上丈人注《老子经》二卷，汉长陵三老毋丘望之注《老子》二卷，汉征士严遵注《老子》二卷，虞翻注《老子》二卷，亡。"此又揭示出毋丘望之、严遵、虞翻三个注本。总之，汉代的《老子》注本很多，汉人是对《老子》做出了自己的解释的，是对《老子》有所改造的。王弼注本所本，应是来自汉人。

　　而根据这个王弼本所形成的老子形象和老子思想，与先秦时期真实的老子其人，是有很大差距的，也是郭店楚简的问世使我们看到了这一点。

　　例如，根据王弼本所透露的文化信息，老子所代表的道家思想与孔子所代表的儒家思想，有着很大差异，通行本《老子》有着强烈的反儒倾向。传统研究中人们最为关注的是老子对儒家仁义道德观的非议，《老子》说：

　　天地不仁，以万物为刍狗。圣人不仁，以百姓为刍狗。（第5章）
　　大道废，有仁义；智慧出，有大伪；六亲不和，有孝慈；国家昏乱，有忠臣。（第18章）
　　故失道而后德，失德而后仁，失仁而后义，失义而后礼。夫礼

者，忠信之薄，而乱为首。(第38章)

绝圣弃智，民利百倍。绝仁弃义，民复孝慈。绝巧弃利，盗贼无有。此三者以为文不足，故令之有所属。见素抱朴，少私寡欲。(第19章)

以上是人们经常引用的老子贬损儒家仁义道德观念的论据，如果从这些论据出发，儒道两家的势不两立就是一个无可辩驳的事实。再加上汉人对道家思想阐释的误导（前引《汉书·艺文志》"欲绝去礼学，兼弃仁义，曰独任清虚可以为治"），我们对儒道对立的认识就更是确信无疑了。然而，郭店楚简的发现，使上边的材料本身受到了质疑，儒道势不两立的事实也化为乌有。郭店楚简曰：

绝智弃辩，民利百倍。绝巧弃利，盗贼无有。绝伪弃诈，民复孝慈。三言以为使不足，或令之有乎属：视素抱朴，少私寡欲。①
太上下知有之，其次亲誉之，其次畏之，其次侮之。信不足，焉有不信，犹乎其贵言也。成事遂功，而百姓曰我自然也。故大道废，焉有仁义。六亲不和，焉有孝慈。邦家昏乱，焉有贞臣。②

在楚简中，"绝圣弃智"变作了"绝智弃辩"，"绝仁弃义"变作了"绝伪弃诈"，不仅对圣人观念和"仁义"观念的否定不见了，而且"民复孝慈"一语，也说明老子和孔子一样有着明确的"孝"的思想。还有，通行本中的"天地不仁，以万物为刍狗。圣人不仁，以百姓为刍狗"和"故失道而后德，失德而后仁，失仁而后义，失义而后礼。夫礼者，忠信之薄，而乱为首"二章，根本就不见于郭店楚简；"大道废，有仁义；智慧出，有大伪；六亲不和，有孝慈；国家昏乱，有忠

---

① 李零：《郭店楚简校读记》，北京大学出版社2002年版，第4页。
② 李零：《郭店楚简校读记》，北京大学出版社2002年版，第26页。

臣"一章，其文字在历史上就早有争议。唐代傅奕《道德经古本篇》该章在"有"字前都多一"焉"字，冯达甫据此整理的文字是："大道废，焉有仁义；智慧出，焉有大伪；六亲不和，焉有孝慈；国家昏乱，焉有忠臣。"① 傅奕本文字的古本性质，在上引郭店楚简中得到证实："故大道废，焉有仁义。六亲不和，焉有孝慈。邦家昏乱，焉有贞臣。"笔者想象，如果这个"焉"字可以理解为疑问代词，则通行本该章则变成了反问句，其意义不就全变了吗？② 如此一来，以上通行本中的几条证明老子贬损儒家仁义思想的根据，则都变成了和儒家思想相通融的证明。

以往，在儒道对立的思维模式中，通行本中第 54 章的意义或价值也没有引起人们足够的重视。该章内容也见于郭店楚简《老子》乙组，具体文字和通行本稍有出入，而其思想内容基本一致：

> 燥胜寒，静胜热，清静为天下正。善建者不拔，善抱者不脱，子孙以其祭祀不辍。修之身，其德乃真。修之家，其德有余。修之乡，其德乃长。修之邦，其德乃丰。修之天下，【其德乃溥。以家观】家，以乡观乡，以邦观邦，以天下观天下。吾何以知天【下然？以此。】③

这段话可以说是老子的修身理论。善于建德抱德的人，可以保守他

---

① 冯达甫：《老子译注》，上海古籍出版社 1991 年版，第 43 页。
② 通行本《老子》第 18 章这段话，王弼本、傅奕本、帛书本、楚简本等，不同版本的文字都有差异，注释者也有着千差万别的理解。帛书《老子》甲本中，"焉"为"案"，谓"故大道废，案有仁义……"；帛书《老子》乙本中"焉"为"安"，谓"故大道废，安有仁义……"。但不管是"案"还是"安"，人们都解为"于是"。（参见尹振环《帛书老子释析》，贵州人民出版社 1998 年版，第 318 页）包括冯达甫先生的《老子译注》，他在郭店楚简还没有出土的情况下，根据傅奕本厘定《老子》此章文字为"故大道废，焉有仁义……"，也仍是将"焉"解为"于是"。于是，尽管此章文字有各种版本的不同，但在释义上，都和通行本保持了一致。其实，"安"或"案"释为"于是"，是有些文理不通的。"安"或"案"都是疑问代词，都表示反问，与"焉"同。本文提出从反问句的角度理解这个"焉"字，完全改变了通行本的意义，似乎也可以备为一说。
③ 李零：《郭店楚简校读记》，北京大学出版社 2002 年版，第 22 页。

的宗庙永不绝祀。如果善于建德抱德，把所建所抱之道贯彻到一身，他的德就纯真；贯彻到一家，他的德就宽余；贯彻到一乡，他的德就久长；贯彻到一邦，他的德就丰满；贯彻到天下，他的德就普及。这段话，很容易使我们想到《礼记·大学》的"修齐治平"之道。《大学》中说："古之欲明明德于天下者，先治其国；欲治其国者，先齐其家；欲齐其家者，先修其身……自天子以至于庶人，壹是皆以修身为本。"强调修身在治理国家天下中的重要性，两者的精神是一致的，从身到天下的思维路线也是一致的。可以说，他们有着大体相似的修养理论，我们看不到那种传统理解的水火不容的儒道对立。

以上，我们只是列举了汉人改铸孔子和老子思想的两个例子，要全面说明这个问题，全面揭示汉人阐释先秦诸子的思维路径，是一个浩大的文化研究工程，非个人之力所能完成，更非一篇论文所能胜任。

四　余论

从先秦文献的定本到其解释路径，我们看到，汉代是中国学术史上先秦诸子学体系的定型时期，后世人们对先秦诸子的认识，基本上是被框架在汉人的思想藩篱之内。真实的先秦诸子学体系，需要得到新的清理，以恢复我国早期文化思想的真实面貌。这个工作，一方面需要我们下大力气去正本清源，另一方面，也确实需要有更多新材料的出土，为我们提供充实而丰富的事实论据。本文只是依据有限的资料和浅薄的学识，初步提出这个问题，更深入的研究俟之来日。

研究这个问题，意义何在？

首先，真实的先秦思想状况需要澄清。我们知道，秦汉是个专制主义皇权统治确立的时代，也是皇权主义意识形态产生形成的时期。该时期意识形态建设的主要任务，就是围绕皇权的确立去构造时代思想体系。而这种时代思想体系的构造，不可能离开已有的思想文化基础，只能通过改铸先秦思想去完成。从这个角度说，汉代大规模地搜求图书、整理图书也并不是某几个皇帝的特别嗜好，而是时代使然，他们在自觉不自觉地进行着文化改造的工作。正是这样的意识形态要求，一方面使汉人通过大规模的图书搜集和整理，保存和传延了系统的先秦文化典籍，建立了值得称道的文化功业；另一方面，他们也根据新的意识形态的需要，在很大程度上改变了先秦文化的思想面貌，规定了后世认识先秦思想文化的思维路径。汉人的历史时代早已过去，皇权专制也已成为历史的陈迹，在新的历史条件下，剥去汉人强加于先秦思想的专制主义印痕，恢复先秦思想文化的真实面貌，就成为一个迫不及待的历史任务。

其次，恢复先秦学术的真实面貌，也是今天进行思想文化建设的需要。依据汉人给我们规定的思维路径，中国自先秦时代起，就奠定了中国传统文化的社会伦理属性，就极端忽视对个体性的研究，忽视对个体人的感性生命、个性情感的研究，以至于有人断言中国文化中就不存在关于个体论的思想。在这样的思想文化土壤上，缺乏健全的人学思想，以至于讲到中国的人学理论，只有人的社会性、伦理性的论述，只有社会的人、群体的人或民的论述，而没有关于个体的人、感性的人的论述。在中国传统文化中，只有民而没有"人"。而事实却并非如此。对人的思考，是任何民族文化的基本内容，任何一个民族都不可能不关注人的个体生命，不关注人的感性生命，在民族文化的源头之处，都会有这方面思想的原初萌动，中国民族也不例外。已经出土的楚简文字中，我们已经看到了比较丰富的内容，如上文提到的上博简《孔子诗论》，以及上博简中的《性情论》和郭店楚简中的《性自命出》等。而这些思想内容，在经过汉人改造过的先秦学术思想体系中，却极其贫乏。只有恢复先秦学术的真实面貌，我们才能挖掘祖国文化中健全的人学思想，为我们今天的思想文化建设提供借鉴。

最后，目前的先秦学派划分体系，存在着极大的弊端。按照学派的划分去认识先秦思想，容易造成的弊端是，对于某一学派内部，重其共性而忽视个性，而学派内部的差异是显而易见的；对于不同学派之间的个性说，又造成重视个性而忽视共性，忽视各学派共同的思想文化前提，忽视三代文化对于先秦学术的奠基意义。其实，先秦时期留下来的可以名家的学者并不很多，分别称为某学某学即可，如老学、孔学、庄学、孟学、荀学等，是完全可以讲清问题的。如果，我们不采诸子百家之划分，不分家分派而以子学称之，先秦诸子学研究，则完全可以呈现更加丰富多彩的认识成果。

在本文结束的时候，还有两句话需要交待。一是本文指出汉人关于先秦学术思想的改造，仅仅是一种事实性的研究或陈述，并不是对汉人的批评。任何一个时代的人们，在继承前代思想的同时，也都在某种程度上改造着前代的思想，这是思想发展的正常途径，而思想唯此才有发展，才有历史。二是汉人对先秦思想的改造，不一定都是错误的，没有道理的，而是有他的合理性之处，是有他的时代根据的，有些改造在今天看来也还是有可取之处的，不能一概否定。至于对这种改造的更具体更深入的考察，已非本文所可以胜任，只能俟之于来日。我们所要强调的只有一句话，汉人传延给我们的先秦学术体系，需要重新认识。

原载《河南大学学报》2008年第2期

先秦圣王治国论的理论盲点

圣王治国是中国古代诸子百家、文人学士、治国能臣、普罗大众共同憧憬的政治理想，在两千多年的传统政治话语中，很少有人对之提出质疑。历史进入近代，随着民主政治思想的传入，以皇权专制为内核的圣王治国论受到普遍性的质疑和批判，但批判大多限于人治与法治、专制与民主的政治范畴，很少深入这种理论的内部进行窥探，以发现它的内在矛盾。所以，这些批判虽然深刻犀利、振聋发聩，但还不足以揭示其荒谬性，不足以从根本上打消某些抱有特定政治企图或抱有文化保守主义情感的人们对它的深情眷恋。最近一个时期，惊世骇俗的"贤能政治"论提出，就可以看作是早已被历史唾弃的圣王治国论的死灰复燃或沉渣泛起。关于近代以来对圣王治国论的批判分析，以及最近一些年来关于"贤能政治"的讨论，学界有许多集中的成果[①]，本文不再涉及；笔者仅从圣王治国论的内在逻辑矛盾出发，考察

[①] 关于中国历史上的圣人圣王及其圣王治国方面的研究，是近代以来思想史讨论的主要论域，新时期以来出版的专题论著有：王文亮《中国圣人论》，中国社会科学出版社1993年版；刘刚、李冬君《中国圣人文化论纲》，山西教育出版社2014年版；张星久《"圣王"的想象与实践：古代中国的君权合法性研究》，上海人民出版社2018年版；相关的研究论文不计其数。在对中国古代圣王观念和圣王治国论的批判性研究中，以刘泽华先生的政治思想史论著影响最巨。最近几年关于"贤能政治"的讨论，也可谓连篇累牍。集中的代表性论著有：贝淡宁《贤能政治》，中信出版社2016年版；黄玉顺《"贤能政治"将走向何方？——与贝淡宁教授商榷》，《文史哲》2017年第5期；黄玉顺《"贤能政治"是一个反民主的纲领》，《学术界》2017年第11期；刘京希《尚贤制抑或民主制？——"贤能政治"论争述评》，《文史哲》2018年第3期；其他论著不再胪列。而这些论著，即使是批判性的论著，也很少将圣王治国论的内在矛盾作为研究的主要目标，以致使这种论调即使在今天仍然很有市场。揭示其内在的逻辑矛盾，阐释其理论盲点，是传统思想史研究不可回避的新课题。

当初制造这一理论时被遮蔽的理论盲点，以期引起对这一传统理论的深入思考。

一　问题的提出

中国古代的圣王治国论发端于先秦诸子时代的圣王思潮。此时之百家诸子，虽然政治主张不同，对圣王的期盼不同，但期盼圣王治国则毫无二致。关于这一时期的圣王思潮，笔者在以前的文章中有所描述，此不赘述。①

的确，先秦时代的诸子百家，都对他们理想的圣王治国充满了期待。笔者统计，《墨子》中"圣"字出现191次，其中"圣人"50次，"圣王"122次；《荀子》中"圣"字出现157次，其中"圣人"83次，"圣王"39次；《管子》中"圣"字出现179次，其中"圣人"94次，"圣王"46次；《礼记》中"圣"字出现75次，其中"圣人"43次，"圣王"10次；《文子》中"圣"字出现165次，其中"圣人"143次，"圣王"7次；《韩非子》中"圣"字出现108次，其中"圣人"73次，"圣王"8次；《吕氏春秋》中"圣"字出现116次，其中"圣人"69次，"圣王"27次。这些数字给人的感觉是，在先秦时代，百家言圣人，人人思圣王，他们所造就的圣王思潮，达到了狂热的程度。

热切地盼望圣王，表现最甚者莫过于荀子和《吕氏春秋》的作者。《荀子·正论》篇说："天下者，至重也，非至强莫之能任；至大也，非至辨莫之能分；至众也，非至明莫之能和。此三至者，非圣人莫之能尽。故圣人备道全美者也，是县天下之权称也。"荀子认为，治理天下，"非圣人莫之能王"。他期待的圣人是十全十美的道德完人，他就像悬挂在天下的一杆秤，既是权威也是准则。而《吕氏春秋》的作者，

---

① 可参阅拙文《秦至清皇权专制社会说的思想史论证》，《清华大学学报》2016年第4期。

则把对圣王治国的期盼心理，表达到了非常极端的程度。《吕氏春秋·有始览》曰："今天下弥衰，圣王之道废绝……乱世之民，其去圣王亦久矣。其愿见之，日夜无间。"人们对圣王之思念，可谓是寤寐思之、朝思暮想，不见圣王就心神不安。《吕氏春秋》所表达的思圣心切之状，大概是有点夸张了。

思想的发展，根源于现实的历史运动。春秋战国时期的这场圣王思潮，自然是当时社会历史运动的产物。渴望圣王治国，是当时"高岸为谷，深谷为陵"的历史巨变，造成了人们的无所适从；是"争地以战，杀人盈野；争城以战，杀人盈城"的残酷现实，给人们带来了前途无望的恐惧；是人们面对乱世而束手无策，催发了对超越世俗的救世力量的殷切期待。从当时人们的言谈中，我们可以感受到他们对历史变革的不解、无奈和深层忧虑。

《左传·昭公三年》载有齐晏婴与晋叔向的一段著名对话：

> 叔向曰："齐其何如？"晏子曰："此季世也，吾弗知齐其为陈氏矣！公弃其民而归于陈氏……"叔向曰："然。虽吾公室，今亦季世也。戎马不驾，卿无军行，公乘无人，卒列无长。庶民罢敝，而宫室滋侈。道殣相望，而女富溢尤。民闻公命，如逃寇仇。栾、郤、胥、原、狐、续、庆、伯，降在皂隶。政在家门，民无所依。君日不悛，以乐慆忧。公室之卑，其何日之有？"[①]

"虽吾公室，亦季世也"，这可以说是两位政治家的末世之叹。叔向的话，描绘了一派社会政治的混乱景象。当时的晋国，百姓穷困疲惫，公室奢侈滋长；道路上饿殍相望，而国君之宠臣则财富满盈；老百姓听到国君的命令，就像逃避仇敌一样，唯恐避之不及。那些传统

---

① （晋）杜预注，（唐）孔颖达疏：《春秋左传正义》，十三经注疏整理本，北京大学出版社2000年版，第1359—1362页。

的贵族之家，地位一落千丈，多已降为贱役。政事出于私门，百姓无所归依，而国君则不思悔改而以欢乐掩盖其忧愁。如此这般，晋国公室的衰败，就近在眼前了。其实，不仅是晋国，其他诸侯国也大抵如此。在这样的状况下，像晏婴、叔向这些有识之士，都对未来无不充满深深的忧虑。

及至战国，世事之衰败似乎更甚。《孟子·滕文公下》说这个时代"世衰道微，邪说暴行有作，臣弑其君者有之，子弑其父者有之"。《荀子·尧问篇》描述这个时代："孙卿迫于乱世，鳎于严刑，上无贤主，下遇暴秦，礼义不行，教化不成，仁者绌约，天下冥冥，行全刺之，诸侯大倾。当是时也，知者不得虑，能者不得治，贤者不得使，故君上蔽而无睹，贤人距而不受。"于是，呼唤天下秩序，改变衰败之世，就成了全社会人们的共同期待。而如何改变呢？靠什么力量、依赖什么路径改变，去达到一个理想的社会而救人民于水火、挽大厦之将倾呢？当时的诸子百家，不约而同地把期待的目光，投向了他们理想中的圣人。于是：

  孔子说："故圣人之制富贵也，使民富不足以骄，贫不至于约，贵不慊于上，故乱益亡。"①

  文子说："圣人之牧民也，使各便其性，安其居……万物一齐，无由相过。"②

  管子说："圣君任法而不任智，任数而不任说，任公而不任私，任大道而不任小物，然后身佚而天下治。"③

  墨子说："圣王甚尊尚贤而任使能，不党父兄，不偏贵富，不嬖颜色……是以民皆劝其赏，畏其罚，相率而为贤。"④

---

① （汉）郑玄注，（唐）孔颖达疏：《礼记正义》，十三经注疏整理本，北京大学出版社2000年版，第1635页。
② 王利器：《文子疏义》，中华书局2000年版，第351页。
③ （清）黎翔凤撰，梁运华整理：《管子校注》，中华书局2004年版，第900页。
④ 吴毓江撰，孙启治点校：《墨子校注》，中华书局2006年版，第73页。

商鞅说:"圣王者不贵义而贵法,法必明,令必行,则已矣。"①

孟子说:"圣人治天下,使有菽粟如水火。菽粟如水火,而民焉有不仁者乎?"②

荀子说:"圣也者,尽伦者也;王也者,尽制者也。两尽者,足以为天下极矣。"③

在时人看来,只有圣人圣王才是救世之主体。他们眼中的圣人和圣王也的确是法力无边的。刘泽华先生曾总结先秦圣人圣王概念的思想内涵,大体有如下五点:

第一,天降圣人,圣人法天,圣人通天,圣人如天。

第二,圣、神相通。

第三,圣人是"气"之精……是由"精气""和气""清气"等等超常之气凝结而成的。

第四,圣人过"性"。孟子说,圣人是出乎其类,拔乎其萃者。荀子认为圣人最伟大的功能和奇异之处就在于能"化性起伪"。圣人过"性",同一般人不能同日而语,属于超人。

第五,圣人是先觉者,穷尽了一切真理,是认识的终结。④

如果真的有这样的圣人或圣王,真的有这样先知先觉、神通天庭的超人,人们倒是可以寄托自己的理想。但经验的事实证明,人世间从来不会有所谓超人的存在。先秦诸子们也是过于天真了,竟然以睿哲之思,寄望于一种虚无缥缈的幻想。他们从来也没有想过,即使有所

---

① 蒋礼鸿撰:《商君书锥指》,中华书局1986年版,第113页。
② 杨伯峻:《孟子译注》,中华书局2005年版,第311页。
③ (清)王先谦撰,沈啸寰点校:《荀子集解》,中华书局1988年版,第407页。
④ 刘泽华:《王、圣相对二分与合而为一——中国传统社会与思想特点的考察之一》,《天津社会科学》1998年第5期。此处是摘引,不是照录原文,有兴趣的读者请查阅原文。

谓真的圣人或圣王，也解决不了天下混乱的问题。即使他们崇尚的这种圣王治国理论本身，也存在着重大的理论缺陷，有着众多且重大的理论盲点。

二 主张圣贤治国而忽视圣贤产生途径

中国古代思想家思维品质方面的一个重大缺陷，是不顾及理论主张的逻辑自洽性，很少考虑理论的完整性与可行性。比如，墨子主张选天下之贤者立以为天子，说：

> 选天下之贤可者，立以为天子。
> 民之无正长以一同天下之义，而天下乱也，是故选择天下贤良圣知辩慧之人，立以为天子，使从事乎一同天下之义。①

这种主张听起来很美妙，但选天下之贤者，如何选，通过什么途径，墨子却并不回答。其他诸家也是这样，大家都在欢呼圣王，就是不去讨论圣王从哪里来，如何去把它选拔出来的问题。于是，所谓选贤者立为天子的问题就悬在了空中，圣王治国的理想也成了空中楼阁。

圣贤治国论就是这样一种缺乏逻辑自洽性的理论。只讲圣人圣王治国，而不去研究圣人或圣王何以产生的问题。就像后世《白虎通义》卷六"圣人"所说：

> 何以言文、武、周公皆圣人？《诗》曰："文王受命。"非圣不能受命。②

---

① 吴毓江撰，孙启治点校：《墨子校注》，中华书局2006年版，第107、114页。
② （清）陈立撰，吴则虞点校：《白虎通疏证》，中华书局1994年版，第336页。

《白虎通义》的逻辑是，所以说文王、武王、周公是圣人，是因为"非圣不能受命"，即根据他们已经受命有了天下的事实。他们既用坐天下的事实来证明文王、武王是圣人，又用圣人才能坐天下的道理，回答文王、武王拥有天下的合法性。说来说去，就是一个没有任何逻辑根据的循环论证。

先秦时代的思想家们，也不是丝毫没有意识到理论的自洽性问题，他们大概也感觉到了"天命"说的虚幻，于是，提出了一个略带经验性的问题，那就是，把天命换算成民意，而民意是可以感知的存在。这种做法大概始于西周时期。武王伐纣而代立，根据何在呢？你需要获得天命的授予或认可呀，而你有没有天命，应不应该对纣王的天下取而代之，如何证明呢？要证明获得天命是很困难的事情。于是，聪明的西周统治者把目光转向民间。他们认为殷纣王已经失去民心，而如果以民心来代替天命，就可以为自己的合法性做出论证。于是，用民心民意取代天命的逻辑就形成了。《国语·周语上》载，周穆王准备征伐犬戎时，祭公谋父劝谏穆王不要用兵，讲了一段话：

> 至于文王、武王，昭前之光明，而加之以慈和，事神保民，莫弗欣喜。商王帝辛大恶于民，庶民不忍，欣戴武王，以致戎于商牧。是先王非务武也，勤恤民隐而除其害也。①

祭公谋父解释武王"致戎于商牧"，取代殷纣王的天命而有天下，是因为商王"大恶于民"，失去了民心，而使民心拥戴武王，武王的用兵应乎民心之举。按照祭公谋父的说法，武王之有天下，本质上讲并不是通过用兵夺过来的，而是殷纣王失去了民心，从而失去了天命，才发生了天命转移的历史变局。于是，祭公谋父就发明了这个用民心替换天命的逻辑，使天命说这个过于非经验性的解释，变成了可以感

---

① 徐元诰撰，王树民、沈长云点校：《国语集释》，中华书局2002年版，第5—6页。

知到的是否赢得民心的问题。

祭公谋父的解释，是符合当时人的经验论思维的。《尚书·康诰》中，周公告诫康叔说："天畏棐忱，民情大可见，小人难保。"① 周公认为，上天是辅助诚信的人的，而民情则是可以直接观察的，天的意愿可以通过民情反映出来。大概在周人的观念中，天是喜欢倾听百姓的心声的，只要是老百姓所希望的，天就会去满足。反过来也可以理解为，民心也就是天意，从民心可以体察天意。在该时期的文献中，可以看到不少这方面的说法：

> 天聪明，自我民聪明。天明畏，自我民明威。②
> 天矜于民，民之所欲，天必从之。③
> 天视自我民视，天听自我民听。④

迨至战国，《周易》革卦《彖传》所言"汤武革命，顺乎天而应乎人"，将这一观念上升到理论层面，顺天应人获得了逻辑上的一致性。这一逻辑说明，天意是要有人心来表现或反映的。即能否得天命，表现为是否赢得民意或人心。自此，用民意来表征天命，成为一种无须论证的天经地义的观念。战国时期儒家相互对立的两个思想派别，都在这一点上达成共识。

孟子答万章问舜之得天下，是尧予之还是天予之的问题，有这样一段对话：

---

① （汉）孔安国撰，（唐）孔颖达疏：《尚书正义》，十三经注疏整理本，北京大学出版社2000年版，第428页。
② （汉）孔安国撰，（唐）孔颖达疏：《尚书正义》，十三经注疏整理本，北京大学出版社2000年版，第131页。
③ （汉）孔安国撰，（唐）孔颖达疏：《尚书正义》，十三经注疏整理本，北京大学出版社2000年版，第325页。
④ （汉）孔安国撰，（唐）孔颖达疏：《尚书正义》，十三经注疏整理本，北京大学出版社2000年版，第329页。

万章曰："尧以天下与舜，有诸？"孟子曰："否。天子不能以天下与人。""然则舜有天下也，孰与之？"曰："天与之。"……"使之主祭，而百神享之，是天受之；使之主事，而事治，百姓安之，是民受之也。天与之，人与之，故曰，天子不能以天下与人。舜相尧二十有八载，非人之所能为也，天也。尧崩，三年之丧毕，舜避尧之子于南河之南，天下诸侯朝觐者，不之尧之子而之舜；讼狱者，不之尧之子而之舜；讴歌者，不讴歌尧之子而讴歌舜，故曰，天也。夫然后之中国，践天子位焉……《太誓》曰，'天视自我民视，天听自我民听'，此之谓也。"①

孟子反复强调，舜之得天下，并不是尧的私人相予，是天予之，人予之。但天予之是以人予之为根据的。天没有眼睛，没有耳朵，或者说经验并不能证明天有没有眼睛或耳朵。孟子相信《尚书·泰誓》所言，百姓的眼睛就是天的眼睛，百姓的耳朵就是天的耳朵。这就是说，所谓天意，其实就是民心民意。只要你能得民心，你就会有天下，你拿到的天下就是天之所授，就具有完全的正当性、合法性。

荀子在很多问题上都不赞成孟子的看法，甚至骂孟子是"瞀儒"②，但在"天与之"这个判断政权合法性的问题上，则与孟子保持了一致。荀子曰：

世俗之为说者曰："桀、纣有天下，汤、武篡而夺之。"是不然……汤、武非取天下也，修其道，行其义，兴天下之同利，除天下之同害，而天下归之也。桀、纣非去天下也，反禹、汤之德，乱礼义之分，禽兽之行，积其凶，全其恶，而天下去之也。天下归之

---

① 杨伯峻：《孟子译注》，中华书局 2005 年版，第 219 页。
② 《荀子·非十二子》中说："世俗之沟犹瞀儒，嚾嚾然不知其所非也，遂受而传之，以为仲尼、子游为兹厚于后世，是则子思、孟轲之罪也。"（清）王先谦撰，沈啸寰点校：《荀子集解》，中华书局 1988 年版，第 94 页。

之谓王，天下去之之谓亡。故桀、纣无天下而汤、武不弑君，由此效之也。汤、武者，民之父母也；桀、纣者，民之怨贼也。今世俗之为说者，以桀、纣为君而以汤、武为弑，然则是诛民之父母而师民之怨贼也，不祥莫大焉。①

荀子所谓"天下归之""天下去之"，就是民心民意的得失问题。荀子和孟子一样认为，是否获得民心民意，是判断政权合法性的唯一根据。得民心者得天下，由此成为中国人坚定的政治信仰。

以民心民意代表天命，使天命说多了一点经验性的色彩，似乎使其具有了某些可信性。而且，得民心者得天下，也具有历史的正义性。天下原本就是由人民组成的，用人民的意愿来判断政权的合法性，是没有任何问题的。但问题是，在现实的实际政治生活中，用获得民意民心说决定其圣王及其执政的合法性本身，又是如何验证或实现的呢？

比如说，秦始皇是不是圣王，他的获得天下，如何用他已经获得了民意或民心来证明呢？民意民心本身的判断尺度是什么？尺度如何掌握？由谁来判断一个帝王是否到了失去民心民意从而应该剥夺其天命的地步？由谁来判断某个个体已经具备了民心民意而应该获得天命？民心民意说依然悬在空中！

以民心民意表达天命，仍然没有解决天命说的逻辑自洽性问题！天命说是虚幻的，不解决民心民意表达方式的民心民意说也是虚幻的！于是，判断一个帝王是否是圣王，是否拥有君临天下的合法性，就只剩下了一个根据，就是他已经拥有天下这个事实本身。于是，说到底，谁坐了天子之位，谁就获得了天命。无论是天命说，还是民心民意说，都只是对占有天下这种事实的无可奈何的认可。至于这个得了天下的人本身是不是"圣人"，是否具有人们所期望的圣人的品格和美德，那就是一个说不清甚至也不允许说的问题了。于是，圣王治国导致的实

---

① （清）王先谦撰，沈啸寰点校：《荀子集解》，中华书局1988年版，第322—324页。

际后果,就是现世的治国者就是圣王!这大概是圣王治国论者所没有想到的一个逻辑结果。

有枪就是草头王,夺了王位就圣明,夺取天下的事实本身,是证明其圣明并具有合法性的唯一根据。天命论没有解决圣王产生的途径问题,夺取天下的方式就不为这一理论所关注。于是,这种理论的实际后果,就是鼓励武力夺取天下,用暴力去取得天命。中国历史上王位继承中的篡弑、血腥与肮脏,改朝换代过程中的暴力、杀戮之残酷,可以说就是古代圣王治国论的实践成果!

三 个体有限性和社会事务无限性的矛盾

圣王无论如何贤圣,却毕竟是一个个体,个体的有限性是任何人也无法回避的问题。后世一些诚实的帝王,也承认自身的局限性问题。如唐太宗就说过:"一日万机,一人听断,虽复忧劳,安能尽善?"[1] 个体的智力、能力与体力都是有限的,有限性是个体无可逃遁的性质,而社会事物的复杂性则是无限的。于是,以个体的有限性面对社会事物的无限性,便成为圣王治国所无法回避的第一个矛盾,也是古代圣王治国论没有从根本上给予回答的理论盲点。

古人也不是都没有意识到这个问题,比如《尹文子·大道上》写道:

> 天下万事,不可备能,责其备能于一人,则贤圣其犹病诸。设一人能备天下之事能,则左右前后之宜,远近迟疾之间,必有不兼者焉……所贵圣人之治,不贵其独治,贵其能与众共治;贵工倕之巧,不贵其独巧,贵其能与众共巧也……是以圣人任道以夷通其险,立法以理其差,使贤愚不相弃,能鄙不相遗。能鄙不相遗,则

---

[1] (唐)吴兢著,腾帅、李明译注:《贞观政要》,岳麓书社2014年版,第70页。

能鄙齐功；贤愚不相弃，则贤愚等虑，此至治之术也。①

尹文子看到了人不能独胜其事的问题，这一认识如果能发展拓展到观照圣王治国如何克服其"独"的局限性问题，继而深入探讨能不能克服其局限性问题，则有可能产生重要的政治智慧。遗憾的是，文子的话锋一转，这个圣人的局限性问题就被抹过去了，变成了圣人可以不被局限。其道理是，圣人能够做到"贤愚不相弃"，可以使天下之人，无论贤愚，人尽其能。这就克服了"独治"的局限。至于圣人如何可以做到"贤愚不相弃"，如何保证圣人有这样的理念与举措，文子就不管了，反正他相信圣人。于是，尹文子对圣人没有局限性的相信，也只是一个信念问题，或者说是一个空洞的期待，并没有从理论上或者经验上解决这个问题。而且，尹文子的问题意识，仍然是落在了圣王这个个体主体之上。

先秦之后的政治家们，也涉及过圣王治国的个体有限性问题。比如司马光在一封奏议中讲道：

> 臣闻为政有体，治事有要。自古圣帝明王，垂拱无为而天下大治者，凡用此道也。何谓为政有体？君为元首，臣为股肱，上下相维，内外相制，若网之有纲，丝之有纪……尊卑有叙，若身之使臂，臂之使指，莫不率从。此为政之体也。何谓治事有要？夫人智有分而力有涯，以一人之智力，兼天下之众务，欲物物而知之，日亦不给矣。是故尊者治众，卑者治寡。治众者事不得不约，治寡者事不得不详。约则举其大，详则尽其细，此自然之势也。②

司马光认为，古代关于官僚制度的设计，就在于解决君主制下国君

---

① （战国）尹文：《尹文子》，《百子全书》三，岳麓书社1993年版，第2532—2533页。
② （宋）司马光：《上神宗之体要》，赵汝愚《宋名臣奏议》卷八，文渊阁四库全书本。

或帝王的个体有限性问题。他不认为帝王具有超人的神性，帝王可以圣力无边，而是和普通人一样"智有分而力有涯，以一人之智力兼天下之众务"，并不可能。但他同时认为，官僚制度的设计，就可以解决这个帝王的个体有限性问题。而从司马光对帝王与官僚制度之间的关系看，这个问题并没有解决。因为他认为，在官僚制度中，帝王和臣僚之间只是"身之使臂，臂之使指，莫不率从"之依附关系，是单向性的臣属关系，臣僚只能服从帝王的决策而不能制约或改变帝王的个人意志，不能从根本上改善帝王的个体性因素，所以，官僚制度的设计，并没有解决圣王治国的个体有限性问题，特别是决策的有限性。于是，中国古代政治哲学面临的核心问题，便是"如何将一个有限的个体塑造成为一个无限的政治主体"[1]，即将圣王变成一个无所不能的个体，没有局限性的个体。

其实，在君主专制政体下，人们对这个问题是无能为力的。因为从根本上说，个体的智慧与能力是不可能无限的，甚至其德性与修养也是无法靠其自律来保障的；而其局限性又不能依靠外在因素使其改善或受到制约。大概也是有感于这个问题，所以，古代思想家们大多在君道上做文章，竭力论证一个圣明的国君应该如何做如何做，力求帮助国君提升其精神境界，从国君主体的角度来保障天子圣明，尽量少做错事以最大限度地扩展其主体能力。在《管子》《文子》《吕氏春秋》诸子书中，都可以看到关于君道论的思想。特别是《荀子》一书，谈论君道的地方很多，为君主的修养问题提出了许多建议和要求，甚至还专门写了一篇《君道》篇，来谈君主如何作为的问题。关于国君帝王应该如何修为，荀子确实讲出了丰富的君道论思想。荀子认为：圣君明主最重要的是要发现人才，能"得其人"。是否能得其人，关乎着社稷之安危。他说："有乱君，无乱国；有治人，无治法……故明主急得其人，而闇主急得其埶。急得其人，则身佚而国治，功大而名美，

---

[1] 参见林存光主编《先秦诸子政治哲学研究》，辽海出版社2006年版，第237—239页。

上可以王，下可以霸；不急得其人而急得其埶，则身劳而国乱，功废而名辱，社稷必危。"①

圣君明主治国要加强自身的思想修养，以自身的行为表率，给国人以好礼仪、尚贤能的明确导向，以培育国人的诚信公正信念。他说："故上好礼义，尚贤使能，无贪利之心，则下亦将綦辞让、致忠信而谨于臣子矣。如是则虽在小民，不待合符节、别契券而信，不待探筹、投钩而公，不待衡石、称县而平，不待斗、斛、敦、概而啧。故赏不用而民劝，罚不用而民服，有司不劳而事治，政令不烦而俗美，百姓莫敢不顺上之法，象上之志，而劝上之事，而安乐之矣。故藉敛忘费，事业忘劳，寇难忘死，城郭不待饰而固，兵刃不待陵而劲，敌国不待服而诎，四海之民不待令而一。夫是之谓至平。"②

圣君明主最重要的两个思想素质是爱民与好士。"故有社稷者而不能爱民，不能利民，而求民之亲爱己，不可得也。民不亲不爱，而求为己用，为己死，不可得也。民不为己用，不为己死，而求兵之劲，城之固，不可得也。兵不劲，城不固，而求敌之不至，不可得也。敌至而求无危削，不灭亡，不可得也……故君人者爱民而安，好士而荣，两者无一焉而亡。"③

圣君明主最重要的素质是会区分不同的才能而用人，要能够分辨三种不同的才能而区别用之，即一般官吏与差役、士大夫和群臣百官、卿相辅佐之才。这是三种不同的才能，圣君明主要能够因才任官，把他们放到适合的位置上。荀子说："能论官此三材者而无失其次，是谓人主之道也。若是，则身佚而国治，功大而名美，上可以王，下可以霸，是人主之要守也。"④

圣君明主要从根本上摆正自己和天下百姓的关系。"天之生民，非

---

① （清）王先谦撰，沈啸寰点校：《荀子集解》，中华书局1988年版，第230页。
② （清）王先谦撰，沈啸寰点校：《荀子集解》，中华书局1988年版，第232页。
③ （清）王先谦撰，沈啸寰点校：《荀子集解》，中华书局1988年版，第234—236页。
④ （清）王先谦撰，沈啸寰点校：《荀子集解》，中华书局1988年版，第246页。

为君也。天之立君，以为民也。"①《荀子·大略》篇的这一认识或观念最为重要。圣君明主的一切公心、公平、公正都出于此，君道论的一切理念也都根源于此。

荀子论君道，在政治思想史上是个常识问题，不宜多言。我们的问题是，如何把这些东西真正变成专制国君的观念呢？那些所谓的明君圣主，是否认可或愿意听从荀子的建议呢？如果他们的言行作为违背了这些东西，该如何纠错？社会或国家权力运转机制中有没有关于国君行为的纠错机制？经验的事实告诉我们，在中国古代政治体制下，从制度性的安排说，是不存在关于国君行为的纠错机制的，一切思想家谈论君道或呼吁君道的努力，在专制权力面前都无能为力。人们只能寄希望于国君的自律，而能否自律，或自律到什么程度，就只能视国君个人的修养而言了。

举例来说吧。春秋时期的卫灵公，是个曾经被孔子称为"次之贤"的贤君②，也的确是个很有作为且以善纳谏、任贤而闻名的明君。《战国策·卫灵公近雍疽弥子瑕》篇载：

> 卫灵公近雍疽、弥子瑕。二人者，专君之势以蔽左右。复涂侦谓君曰："昔日臣梦见君。"君曰："子何梦？"曰："梦见灶君。"君忿然作色曰："吾闻梦见人君者，梦见日。今子曰梦见灶君而言君也，有说则可，无说则死。"对曰："日，并烛天下者也，一物不能蔽也。若灶则不然，前之人炀，则后之人无从见也。今臣疑人

---

① （清）王先谦撰，沈啸寰点校：《荀子集解》，中华书局1988年版，第504页。
② 《孔子家语·贤君》篇载：哀公问于孔子曰："当今之君，孰为最贤？"孔子对曰："丘未之见也，抑有卫灵公乎？"公曰："吾闻其闺门之内无别，而子次之贤，何也？"孔子曰："臣语其朝廷行事，不论其私家之际也。"公曰："其事何如？"孔子对曰："灵公之弟曰公子渠牟，其智足以治千乘，其信足以守之，灵公爱而任之。又有士林国者，见贤必进之，而退与分其禄，是以灵公无游放之士，灵公贤而尊之。又有士曰庆足者，卫国有大事则必起而治之，国无事则退而容贤，灵公悦而敬之。又有大夫史鳅，以道去卫，而灵公郊舍三日，琴瑟不御，必待史鳅之入，而后敢入。臣以此取之，虽次之贤，不亦可乎？"（杨朝明注说：《孔子家语》，河南大学出版社2008年版，第159—160页）

之有炀于君者也,是以梦见灶君。"君曰:"善。"于是因废雍疽、弥子瑕而立司空狗。①

这个例子,本来是说明卫灵公善于纳谏的。他被佞臣雍疽、弥子瑕所蒙蔽,后来在复涂侦的劝说下认识到问题,废去了雍疽和弥子瑕的权势。但这里有几个问题可以分析:第一,卫灵公曾经被佞臣蒙蔽,这说明贤君的自身素质并不一定可靠。第二,当卫灵公被佞臣蒙蔽的时候,并没有强有力的纠错机制,复涂侦的劝说,是拐弯抹角、旁敲侧击的提醒,并不能直言其过。第三,卫灵公最初对复涂侦的态度极其蛮横,甚至要因言治罪,如果复涂侦不能对自己的梦境自圆其说,就有可能罹患死罪,付出生命代价。第四,卫灵公最后在复涂侦的解说下幡然醒悟,废去雍疽和弥子瑕的权势,反映了卫灵公的个人素质,而并不是制度的作用,专制体制下对最高权力的纠错,不存在制度机制,完全赖国君的素质和性格来决定。这是一个深得孔子赞扬的贤君的情况,而在大多数国君那里,这样的纠错则几乎毫无可能!

思想家们提出的君道问题,是靠国君提升精神境界来避免局限性之过,通过扩展明君圣王的个体能力而解决个体局限性问题,实际上是行不通的。在经验的历史中,我们还看不到完全靠自律而能够解决问题的例子。在没有制度性安排来弥补国君个体性局限的情况下,圣王治国理论中所存在的个体有限性和社会事务无限性的矛盾,是永远无法解决的。

于是,古代的圣王治国论者,就只剩下了一条途径,那就是在圣王的神性上做文章,把圣王说成是无所不能、无所不通、圣力无边的通天神人,是上帝意志的代表,是天意的化身。就像汉代《白虎通义》卷六"圣人"中说:"圣人者何?圣者,通也,道也,声也。道无所不

---

① (汉)刘向编集,贺伟、侯仰军点校:《战国策·赵策三》,齐鲁书社2005年版,第225页。

通，明无所不照，闻声知情，与天地合德，日月合明，四时合序，鬼神合吉凶。"[1] 但是，圣人如此的神通广大，能够被经验的事实证明吗？有谁见过这样的圣人呢？所以，古代的圣王治国论，的确是有理论盲点的。

四　言官、谏官权力行使与权力来源的矛盾性

圣王治国论的理论自信，除了对圣王品格与能力的虚幻待望之外，还确实有一定的制度设计，那就是以补救圣王之失的言官谏官制度。对这一制度设计，古人有着相当的自信，今人则给予了很高甚至是盲目的赞颂。而这一理论自信，其实是有着很大的理论盲点的。而且，几千年的历史实践，也没有给它提供多少可靠的历史支撑。

根据《周礼》记载，西周时期就有专门的谏官设置。"保氏，掌谏王恶。"[2] 保氏就是专门的司谏之官。秦汉时期的谏官之设有给事中、谏大夫、谏议大夫等，其后，特别是唐宋时期，谏官的设置更是体系化、制度化。谏议制度的确构成中国古代皇权专制制度设计中的一大特色。谏官设置的指向就是帝王，是专门来向皇帝进谏的，是针对皇帝违背礼法、有害于国家正常秩序之行为进行劝诫的，意在防止皇帝独断性权力的过于放纵和随意性。这是在皇权专制体制中，唯一有可能限制皇权随意性的制度设计，是在不影响皇权权威的基础上对最高权力的合法性批评。

应该说，谏官制度在中国政治史上是起到一些积极作用的。在王朝之初，开国帝王在刚刚走出改朝换代的历史动荡、如履薄冰的执政实践中，在某些具有虚心纳谏之美德的帝王那里，纳谏可以发挥弥补帝王个体局限性之失，把帝王的某些错误消灭在决策过程中。这样的情

---

[1]（清）陈立撰，吴则虞点校：《白虎通疏证》，中华书局1994年版，第334页。
[2]（汉）郑玄注，（唐）贾公彦疏：《周礼注疏》，北京大学出版社1999年版，第415页。

况，在历史上也不乏其例，这的确可以成为圣王治国论具有可行性一面的根据。我们并不否定这一问题。但是，谏官制度是否真的可以达成初衷，起到作用，则不是由这一制度本身决定的，而是由帝王的自身素质和品质决定的，决定其能否起作用的主要因素，不是制度。因为，在君主专制时代，任何制度都是围绕着巩固专制王权来设置的；作为巩固王权的制度设计，则不可能在本质上具有否定王权的作用；相反，相对于最高权力的绝对性，它们都是无能为力的。

正是因为是君主专制制度的组成部分，所以，谏议制度的实施在大部分情况下都并不顺畅，谏官在朝廷百官中命运也最为悲惨。无论是政治家和思想家，都在那里喋喋不休地强调"文死谏，武死战"（《红楼梦》中语），"进谏必忠，不辟死亡"[1]，鼓励谏臣言官为匡正君恶而不避杀身之祸，却没有人去把解决问题的矛头对准事实上的君恶，让真正的当事人君主承担罪或错的责任。正义的承担者谏官，永远处于被动、被贬甚至被杀头的险境之中。于是，历史上的那些思想家们，都把相当的精力用到如何"谏"的艺术层面，讨论如何进谏能便于国君接受，且能保住自己的性命。《白虎通义》中就讲了进谏的五种类型：

> 人怀五常，故知谏有五：其一曰谓讽谏，二曰顺谏，三曰窥谏，四曰指谏，五曰陷谏。讽谏者，智也。知患祸之萌，深睹其事，未彰而讽告焉。此智之性也。顺谏者，仁也。出词逊顺，不逆君心。此仁之性也。窥谏者，礼也。视君颜色不悦，且却，悦则复前，以礼进退。此礼之性也。指谏者，信也。指质，质也。质相其事而谏。此信之性也。陷谏者，义也。恻隐发于中，直言国之害，励志忘生，为君不避丧身。此义之性也。孔子曰："谏有五，吾从

---

[1] 许维遹撰，梁运华整理：《吕氏春秋集释》，中华书局2009年版，第452页。

讽之谏。"事君进思尽忠，退思补过，去而不讪，谏而不露。①

谏官者真是悲哀，正常地履行职务责任，指正君主过错，需要看君主的脸色，要讲究语言艺术，要小心谨慎地注意措辞，不要伤了君主的面子，"不逆君心"。要察言观色，看国君的脸色决定如何进谏；国君不高兴的时候，不要说，找国君高兴的时候，"悦则复前"。最好是按孔子的主张，学会讽谏。"讽也者，谓君父有阙而难言之，或托兴诗赋以见于辞，或假托他事以陈其意，冀有所悟而迁于善。"② 就是说，对于君王过失，不能直截了当地指出，而要托兴诗赋，旁敲侧击，促使他慢慢感悟。否则，你就有可能冒犯龙颜，逆了龙鳞。谏官尽其职责，坚持正义，就有可能罹患杀身之祸。天底下怎么会有这么蛮不讲理的制度！这样的谏议制度，还能指望它发挥规谏帝王的作用吗？

《白虎通义》讲的"陷谏"，竟然是被作为一种正常的进谏之类型提炼出来，可见其并不罕见，是进谏的如常情景。这种进谏是谏官陷自身于绝境。谏者"直言国之害，励志忘生，为君不避丧身"，为匡正国君之失而不避杀身之祸，付出生命代价。当一个国君有了过失需要谏官以死进谏的话，而你又拿什么去保障这种进谏的效果呢？如果真的圣王，还需要死谏吗？如果不是圣王，他会顾及你的死吗？果如此，这种制度可以信赖吗？

说来说去，这种制度设计本身是有缺陷的。其缺陷就是，谏议制度不具有限制错误主体的强制性约束力。言官谏官的进谏，能不能起作用，全凭帝王之好恶，仅仅靠权力主体的自律来保障。而这如何能靠得住呢？于是，我们看到，历史上那些具有较高道德修养，或者对自己的权力有着深深忧患意识的国君，往往能做得较好，成为千古传颂的典范，像春秋晚期的卫灵公，战国时期的齐威王，汉初的汉高祖，

---

① （清）陈立撰，吴则虞点校：《白虎通疏证》，中华书局1994年版，第234—236页。
② （清）陈立撰，吴则虞点校：《白虎通疏证》，中华书局1994年版，第236页。

唐朝初年的唐太宗，而这样好的典型少之又少。大部分帝王是做不到的。所以，我们在历史上看到谏官的命运，多是悲惨的。就史书上看，因谏升迁者几希，直谏而殒命者多有。试略举几例：

汉哀帝时，丞相王嘉因谏哀帝赏赐幸臣董贤被下狱致死。"丞相王嘉内疑东平事冤，甚恶躬等，数谏争，以贤为乱国制度，嘉竟坐言事下狱死。"①

唐僖宗时，谏官侯昌业因谏被赐死。"左拾遗侯昌业以盗贼满关东，而上不亲政事，专务游戏，赏赐无度，田令孜专权无上，天文变异，社稷将危，上疏极谏。上大怒，召昌业至内侍省，赐死。"②

明太祖时，谏官王朴因直谏罢官，后出任御史又因谏言与皇帝争辩惨遭杀身之祸。"除吏科给事中，以直谏忤旨罢。旋起御史，陈时事千余言。性鲠直，数与帝辨是非，不肯屈。一日，遇事争之强。帝怒，命戮之……趣命行刑。"③

这样的例子不胜枚举。谏官以生命代价犯颜直谏，也挡不住帝王的随意性决断，谏议制度只是赋予谏官以悲剧性命运，而并不能补救最高权力决策之缺失，不能达成制度设计者之初衷。

进谏而献出生命，当然是谏议制度下的极端状态。谏官最普遍的状态是不作为。刘泽华、王连升的研究，把古代谏官的进谏态度分为三种情形：

> 第一种可称之为忠死之谏。其基本态度是：进谏者或出于为国，或出于忠君，或为了道义而置个人生死于不顾。
> 第二种可称之为谏而不争的折衷态度。折衷态度的特点是，君主听谏就谏，不听就算，根本犯不上为进谏而舍命。在先秦政治家与思想家中持此态度的人在少数。

---

① （汉）班固：《汉书》，中华书局1962年标点本，第3735页。
② （宋）司马光：《资治通鉴》，中华书局1956年版，第8220页。
③ （清）张廷玉等：《明史》，中华书局1974年标点本，第3999页。

第三种态度可称之为顺谏。这种态度的特点是，在向君主进谏时，要善于寻找机会，察言观色，忖度君主的心理，委婉曲折地把自己的意见表达出来。

纵观历史上所有的进谏者，人们不难发现，以死争谏者是极少数，多数属于第二、第三类。①

笔者认可刘泽华、王连升先生的分析。可以判断，在谏议制度下，大多数谏官是不作为的。这怨不得他们，作为就是送死，不作为是可以理解的，这是制度使然。不光是一般的谏官，即使号称圣人者做谏官也大抵如此。孔夫子不是多次表示过"以道事君，不可则止""有道则现，无道则隐"的态度吗？这种普遍的不作为状态，就是对谏议制度作用最客观的否定性评价。

刘泽华、王连升论文中反复强调了一个观点："在进谏与纳谏的关系上，君主居于主导地位，臣不管怎样积极，除极个别的例子外，臣不能改变君主的决断。""臣子没有必要以死进谏，也不必以死为忠，因为事情的决定权并不在臣子手中。"刘泽华、王连升的文章中引了《战国策》中燕人蔡泽的一段话，很是经典，我们也征引于此：

主圣臣贤，天下之福也；君明臣忠，国之福也；父慈子孝，夫信妇贞，家之福也。故比干忠，不能存殷；子胥知，不能存吴；申生孝而晋惑乱。是有忠臣孝子，国家灭乱，何也？无明君贤父以听之。故天下以其君父为戮辱，怜其臣子。夫待死而后可以立忠成名，是微子不足仁，孔子不足圣，管仲不足大也。②

蔡泽才是把问题看透了。说什么忠臣孝子，于国于家都不是最重要

---

① 刘泽华、王连升：《先秦时代的谏议理论与君主专制主义》，《南开学报》1982年第1期。此处引文不是原文照录，而是摘要性征引。
② （汉）刘向编集，贺伟、侯仰军点校：《战国策》，齐鲁书社2005年版，第62页。

的因素。以比干之忠诚，并不能保存殷商之社稷；以伍子胥之智慧，也不能灭越存吴；申生那么孝顺，挡不住晋国内乱不止。关键的问题就是没有明君贤父来听从他们忠言。国之存亡，要在君王！谏议制度不能从根本上起到匡正国君的作用，要害就在于国君掌握着超越一切的绝对权力。从制度的设计，到进谏劝谏实践，谏官者始终都只能处于无可奈何的弱势地位，他们非但不能强制性地要求君王听取他们的忠心建言，而且他们本身的进谏权力就是君王授予的！

其实，问题的本质即在于言官谏官的权力来源问题！这也是圣人治国论有意无意回避的问题。毫无疑问，谏官只是一个被授予的权力，他所以有权向君王建言，是皇权给予他们这样的权力。没有君王的青睐，他们便不可能站立到皇家的庙堂之上。而一个被授予的权力，要去限制授予它权力的授予者，不是滑稽可笑的事情吗？所有谏官可以起作用的例子，也都只是证明了皇权的主体意愿，是皇帝本身愿意听从你的劝告。谏官制度起作用是靠皇帝本身的修养，而不是制度本身；而在皇帝不愿意听取谏官规谏的地方，谏官本身是无能为力的。谏官的作用完全视皇帝本身而定，而不是制度的作用。所以，靠言官谏官制度来补救皇权、圣王的缺失，在逻辑上是不成立的。让一种被授予的权力，去监督制约它的授予者，就是这种制度设计者最大的理论盲点！

五　圣王治心与心之本性"极自由而不可方物"的矛盾

面对圣王个体有限性与社会事务无限性的矛盾，政治家和思想家们找到的另一条路径，是通过治心或曰控制社会公众的思想，而达到无限放大圣王个体能力的目的。这是一条符合一般思维逻辑的路径。因为社会公众事物，都是人的活动，而人的一切活动都是从头脑从心理出发的，如果能够控制人的头脑，也就等于控制了整个社会事务。

通过控制人心而控制人们的一切社会行为，社会管理就会变得单一而便捷；控制人心对于控制人的行为来说，具有一劳永逸的意义。于是，圣王治国所选择的治国路径，便是治理人心，管理思想。在他们看来，这是一条最经济最便捷的社会治理之路，亦即思想专制之路。

这绝不是笔者演绎出来的结论，先秦思想家们就是这样讲的。《管子·法禁》曰：

> 昔者，圣王之治人也，不贵其人博学也，欲其人之和同以听令也。《泰誓》曰："纣有臣亿万人，亦有亿万之心。武王有臣三千而一心。"故纣以亿万之心亡，武王以一心存。故有国之君，苟不能同人心，一国威，齐士义，通上之治，以为下法，则虽有广地众民，犹不能以为安也。①

圣王之治人，就是治其心，希望达到天下百姓对于王命都能够"和同以听令"，在思想上和心里深处，和王之政令保持一致。而且这是周武王从自己以蕞尔小邦战胜强大的殷王朝的历史中总结的经验。《尚书·泰誓上》："受有臣亿万，惟亿万心；予有臣三千，惟一心。"这是武王伐商誓词中的话。就其本意，武王是在强调他们能够战胜殷王朝的重要条件，鼓舞士气，而并不是在阐述一种治国理念。但是到了《管子》作者这里，《泰誓》中的话，便被解释为一种治国的指导思想了。他认为，武王所以能够获得成功，是奉行了一条以统一人心为指向的治国理念。纣王因为亿万之众有亿万之心，思想不统一，人心混乱导致了灭亡，而武王则是靠着统一思想，达到了国民"一心"的境界而存国，而兴盛。所以，《管子》就总结出了一条圣王的治国之道：国民统一人心，士人没有异议，国君的行为为全体国民所效法，把全体国人的言行都统一到明王圣主的思想上来，这样的国家就可以

---

① （清）黎翔凤撰，梁运华整理：《管子校注》，中华书局2004年版，第275页。

兴，可以存。

圣王治国的这一治国路径，被各家所认同。

墨子是这一治国路径的坚定拥趸。他说：

> 闻善而不善，必以告天子。天子之所是皆是之，天子之所非皆非之。去若不善言，学天子之善言；去若不善行，学天子之善行。则天下何说以乱哉！察天下之所以治者，何也？天子唯能一同天下之义，是以天下以治也。①

墨子要求天下所有人的言行上同于天子。他认为，天子"一同天下之义"，消除"一人一义，十人十义，百人百义"的思想混乱局面，用天子一人之思想统一天下人之思想，是圣王治国唯一的路径选择。"是故子墨子曰：今天下之王公大人士君子，请将欲富其国家，众其人民，治其刑政，定其社稷，当若尚同之不可不察，此之本也。"②

《管子》对统一思想提出了严苛的要求，并要求采取强硬的甚至是法律的手段，对付异端思想，风俗、礼仪、思想、舆论，必须绝对统一。他说："明君在上位，民毋敢立私议自贵者。国毋怪严，毋杂俗，毋异礼，士毋私议。倨傲易令，错仪画制，作议者尽诛。故强者折，锐者挫，坚者破。引之以绳墨，绳之以诛僇，故万民之心皆服而从上。"③

《庄子》中也保存了这样的圣王治国论。《外篇·天地》中，季彻曰："大圣之治天下也，摇荡民心，使之成教易俗，举灭其贼心而皆进其独志，若性之自为，而民不知其所由然。若然者，岂兄尧、舜之教民，溟涬然弟之哉？欲同乎德而心居矣。"季彻虽然没有明确说统一思想的问题，但他讲的大圣教化，成教易俗，灭其贼心，其实也是统一

---

① 吴毓江撰，孙启治点校：《墨子校注》，中华书局2006年版，第108页。
② 吴毓江撰，孙启治点校：《墨子校注》，中华书局2006年版，第119页。
③ （清）黎翔凤撰，梁云华整理：《管子校注》，中华书局2004年版，第295页。

人心的问题，是要造成民心之淳朴，与大圣"同乎德"的局面。这是他的"大圣之治天下"的理想。

荀子在统一思想的问题上，可以说并不善良。他是要坚定地禁止一切"邪说辟言之离正道"者，不承认有任何不同见解的正当性。他说：

> 凡邪说辟言之离正道而擅作者，无不类于三惑者矣。故明君知其分而不与辨也。夫民易一以道而不可与共故，故明君临之以势，道之以道，申之以命，章之以论，禁之以刑。故其民之化道也如神，辨势恶用矣哉！今圣王没，天下乱，奸言起，君子无势以临之，无刑以禁之，故辨说也。①

荀子所主张的"息奸言"，是依仗权势与刑罚，要用强制性的手段，对付所谓的异端邪说，要戕灭一切不同于王道政治的异端思想。他把禁止所谓邪说辟言，消除不同声音，实现思想统一，看作是圣王们必须动用强权去实现的神圣使命。在这一点上，他的学生韩非，和他保持了高度的一致性，并且讲得更加直接和露骨："禁奸之法，太上禁其心，其次禁其言，其次禁其事。"②

选择以控制人心为基本途径的圣王治国之道，最终反映到政治制度的设计上。从《周礼》看，周代的国家机构设置中，就有机构专司教化之职，负责教化民众，统一思想。《周礼·地官·司徒》："惟王建国，辨方正位，体国经野，设官分职，以为民极。乃立地官司徒，使帅其属而掌邦教，以佐王安扰邦国。"③ "以为民极"，说明它设立官职的原因是为百姓树立榜样，确定百姓行为的准则，实为民之师；司徒"帅其属而掌邦教"，就是专职掌管天下教育。秦统一之后明确规定"以吏为师，以法为教"。两汉以后关于地方官的职责规定，都少不了

---

① （清）王先谦：《荀子集解》，中华书局1988年版，第422页。
② 陈奇猷：《韩非子集释》，上海人民出版社1974年版，第913页。
③ （汉）郑玄注，（唐）贾公彦疏：《周礼注疏》，北京大学出版社1999年版，第263页。

教化民众这一条。

从世界历史上看，国家的职能就是公共管理，处理公众事物，并不担负教育民众的责任，不负有教会民众如何去思考问题的责任。思想的领域，具体到每一个个人，都是隐秘的属于隐私而不容侵犯的领地，作为一个公共职能机构，有什么理由、有什么权力要去管理人家的思想呢？无论是经验的欧洲历史上的国家，还是理论范畴里马克思谈论到的国家，都不负担这样的职能。而中国的历史就是这么特殊，国家从一开始出现，就把教育教化民众，作为自己义不容辞的责任。

从逻辑上讲，国家是不能侵入个体的隐秘领地的；干涉人们的思想领域，从国家职能的公共性上讲，是没有道理的，不正常的。而中国历史上的那些圣王们，为着他们控制社会的便利，就在这个本不应该涉足的领地，施展着这种毫无道理的权力。如果他们真的能够实现了对人的思想的绝对的控制，的确也就可以达成他们管理人们行为的最终目的。这样做，的确可以无限放大明君圣主的个体能力而克服其局限，有助于克服他们无法解决的个体有限性与社会事务无限性的矛盾。但是，人的思想真的可以控制吗？这样的路径选择是不是也存在着理论盲点呢？

笔者以为，至少有两点，圣王治国论者是没有认真考虑的。或者说这一理论，至少有两个盲点。

其一，思想自由是人的天然权利，每个个体思考的权利是任何人无法剥夺的。圣王想要按照自己的意志去教化民众，剥夺民众自由思考的权利，事实上是无法做到的。近代学者梁启超讲过："历史为人类心力所造成，而人类心力之动，乃极自由而不可方物。"[①] 这句话讲出了人类个体心理活动的两个很重要的特征。一是"极自由"，自由就不好规范；二是"不可方物"，就是不好窥探。一个人的真实心理，别人是不好窥见的。当圣王去教诲别人如何如何，当国家要求民众都把思想统一到什么高度的时候，怎么检验你真的做到了对思想的控制呢？老百姓畏惧于你

---

① 梁启超：《中国历史研究法》，商务印书馆1933年版，第167页。

的政治强权，会说被你统一了思想，会说拥护你的什么主张，但他的心里究竟怎么想的，你如何知道呢？作为社会上的大多数，芸芸众生，被愚昧愚化是完全可能的，但真正有头脑有个性的人，是不可能被愚昧或愚化的。他们可以把真实的心理掩盖起来，伪装起来。这就是为什么历史上的中国人，大多都养成说谎或虚伪的习性。国家要求统一思想，要求都和帝王意志保持一致，要么他们做不到，要么他们不愿做，但又迫于政治压力，就不能不说谎，不能不虚伪，不能不伪装。靠强权去统一人心，实现教化，控制思想，真正收获的只是人性的虚伪，而不是统一了的思想，控制了的人心。中国历史上高层政治生活中，歌功颂德、虚伪矫饰、逢迎谄媚、天王圣明的一派颂圣文化中，掩饰着虎视眈眈、觊觎大鼎、取而代之、禅位改元的篡位野心。教化的结果，是连身边的俯首忠良都没有能被改变。中国历史上围绕最高权力的厮杀、篡逆、政变，不就是对这种教化最大的讽刺吗？

其二是控制人心、统一思想只能是扼杀民族的创造力。期盼圣王治国的初衷，是唯有圣王才能实现最理想的治理，不仅是造就稳定的社会秩序，而且还能带来民富国强。就像《墨子》认为的，只有圣人治国，才可能"兴利多矣"[①]。圣人治国可以使社会效益倍增，富国强兵。但当圣王治国选取了控制人心、统一思想的路径之后，则很难实现这样的初衷。国家的富强，有赖于国民强大的创造力。历史的辉煌是人们的创造，不是上帝的恩赐，更不是圣王的恩泽！但当人心被控制、被捆缚的时候，创造力从哪里来呢？创造力来自思想的活力，以思想的充分自由为根基。当人们被剥夺了思考的权利、失去伸展自己思想的能力的时候，还能去创造什么呢？站在今天的历史高度，我们似乎有理由发问，中国历史上科学的不发展，是不是与这样的治国路径有关呢？

回溯历史，中国古代历史的没落，是从明清开始的。而这个时期恰

[①] 《墨子·节用上》："圣人为政一国，一国可倍也；大之为政天下，天下可倍也……是故用财不费，民德不劳，其兴利多矣。"（吴毓江撰，孙启治点校：《墨子校注》，中华书局2006年版，第242页）

恰是控制人心最为严苛的时期。我们知道,自从宋代理学形成,中国民众的心理就开始变得特别的不能平静。过去是被统一于皇家提倡的"四书五经",现在又发展到彻底的泯灭欲望,不光是思想的问题,连基本的人性欲望都要遭受清理。朱熹有名言曰:"圣贤千言万语,只是教人明天理,灭人欲。"① 由戕灭思想到清除欲望,统一思想又大大深化了一步。及至明代,理学发展到阳明心学阶段,又干脆明确指向人们的心理本身。王阳明不满足于宋人的天理人欲之辨,强调知行合一,就是要把天理人欲之辨真正地落实到对人心私欲的绞杀。他说:"天理、人欲,其精微必时时用力,省察克治,方日渐有见。如今一说话之间,虽只讲天理,不知心中倏忽之间,已有其多少私欲。"② 他是多么地担心人们有一点点私欲的空间,多么地想把人们思想的改造提升到完全彻底之纯粹境界,甚至不无遗憾地徒叹"破山中贼易,破心中贼难"③。我们的思想家们,真是为圣王的控制人心绞尽脑汁,殚精竭虑!大概正是这样对思想包括人欲的彻底绞杀,彻底泯灭了人们的创造力。一个不能思考的民族,一个被扼杀了心灵活力的民族,一个连倏忽之间的欲望都不允许萌发的民族,还能看到什么生机和活力吗?一个民族走到了这般地步,不没落还能如何!如此的圣王治国,是不可能实现墨子所言"生利多矣"之初衷的!

看来,圣王治国论所选择的控制人心、统一思想之治国路径是行不通的。因为它在拓展圣王个体能力、克服其社会管理局限性的同时,既造成了国人虚伪矫饰的秉性,又极大地扼杀了民族的创造力。在这一路径下埋藏着的理论盲点,不可轻忽!

原载《河南师范大学学报》2019 年第 6 期

---

① (宋) 黎靖德编, 王星贤点校:《朱子语类》, 中华书局 1986 年版, 第 207 页。
② (明) 王阳明著, 叶圣陶点校:《传习录》卷上 "陆澄录", 北京联合出版公司 2018 年版, 第 63 页。
③ (明) 王守仁:《王文成公全书》卷四 "与杨仕德薛尚诚", 文渊阁四库全书本。

论战国思想界"禅让说"之勃兴

关于中国历史上是否存在"禅让"这种帝王传位制度或朝代更替方式,前人见仁见智,论之多矣。① 本文主旨不在于论其事实性之有无,而在于考察禅让说作为一种思潮,何以会在一个特定的历史时期陡然崛起。因为,这种思潮在一个特定时期的勃兴,的确是一个确凿无疑的事实,考察这种文化现象,似乎比论证其事实性之有无,更有意义。

一 "禅让说"始于春秋战国之际

不论中国远古时代是否存在禅让制,关于禅让制的传说,则在春秋以前的典籍中难觅踪影。

顾颉刚先生在《古史辨·自序》中说:"《诗经》和《尚书》(除首数篇)中全没有说到尧舜,似乎不曾知道有他们似的;《论语》中有他们了,但还没有清楚的事实;到《尧典》中,他们的德行政事才灿

---

① 关于在中国远古时代存在过禅让制,唐以前的人们信之不疑。自从刘知幾在《史通·疑古》篇中提出质疑之后,疑其伪者代有其人,近代以来渐占上风。自马克思主义传入中国,学界为论证中国原始时代的军事民主制之需要,又将其奉为信史,尧舜禅让遂成为人们论证部落联盟时代实行民主选举的代表性事件。持这样观点的著作或教材比比皆是,故无须举例。但是,从现有的文献资料出发,禅让制的存在与否,的确是一个无法确凿说明的问题。郑杰文先生的《禅让学说的历史演化及其原因》(《中国文化研究》2002年春之卷)一文,提出"将禅让史实与禅让学说区分开来"的观点,是为卓识。

然大备了。因为得到了这一个指示,所以在我的意思中觉得禹是西周时就有的,尧舜是到春秋末年才起来的。"① 此说确然可信。春秋时期及其以前的文献中,的确看不到有尧舜禅让的影子,比如学界一般认为比较可靠的反映春秋及其以前史事的《诗经》《尚书》《左传》《国语》《论语》等文献,都基本上没有提供禅让说的根据。

《诗经》中根本没有提到过尧舜之事,我们的考察就从《左传》和《国语》说起。《左传》中,关于帝尧的记载仅有两处,关于帝舜的记载有三处,均不见谈论禅让之事。而与后世人们所谈禅让有关而容易引起误解的有两处:

第一处是《文公十八年》:"舜臣尧,宾于四门,流四凶族浑敦、穷奇、梼杌、饕餮,投诸四裔,以御螭魅。是以尧崩而天下如一,同心戴舜以为天子,以其举十六相,去四凶也……舜有大功二十而为天子。"② 这段话常被人们引为尧舜禅让的根据,实则与禅让没有关系。文中明明说的是舜因为"举十六相,去四凶""有大功二十"而被拥戴为天子,并且是在帝尧驾崩之后。这些文字在理解上是本不该引起歧义的,拥戴而非禅让。

第二处是《僖公三十三年》谈到"舜之罪也殛鲧,其举也兴禹"的话,反映出舜举禹的事实,而这个"举"则被理解成了禅让,成为舜禅位于禹的根据。其实,这个"举"也就是一般意义的举荐、重用、提拔之义,绝非帝位之禅让。就像《文公十八年》中谈到舜的功绩,说"舜臣尧,举八恺","举八元",这个"举"无论如何也不可能和帝位问题牵连到一起。同样的例子也见于《论语·颜渊》篇:子夏曰:"富哉言乎!舜有天下,选于众,举皋陶,不仁者远矣。汤有天下,选于众,举伊尹,不仁者远矣。"这里的"举皋陶""举伊尹",都是选用贤才的意思。春秋战国文献中,举贤才的思想非常普遍,"举"字出现

---

① 顾颉刚编著:《古史辨》第一册,上海古籍出版社1982年版,第52页。
② 李梦生:《左传译注》,上海古籍出版社2004年版,第419页。

的频率很高，字义明确，不可能和"禅让"相混淆。

《国语》中帝尧之事六见，分别是《周语上》《周语下》《鲁语上》《郑语》《楚语》《楚语下》；帝舜之事五见，分别是《鲁语上》《晋语五》《郑语》《楚语上》《吴语》等篇。只有《晋语五》中论及舜和禹的关系，和《左传·僖公三十三年》所记大体相同。

另一尧舜禅让说的早期证据出自《论语·尧曰》篇。是篇载："尧曰：'咨！尔舜！天之历数在尔躬，允执其中。四海困穷，天禄永终。'舜亦以命禹。"① 这段话禅位的意思比较明显，帝尧说要禅让帝位于虞舜，其理由是"天之历数在尔躬"，由舜来继承帝位是天数、天命、天意，并非是帝尧个人的决定；而后来舜也以同样方式传位于大禹。如果这段话出自春秋时期，那将是关于禅让说的最早文献，遗憾的是，这段文字的时代问题颇值得怀疑。

对"尧曰"首章的这段文字，学术史上早有质疑。元代陈天祥的《四书辨疑》就有评说："自'尧曰'至'公则说'，语皆零杂而无伦序，又无主名，不知果谁所言。古今解者不为少矣，终不见有皎然明白可通之说，亦不见有公心肯言不可通解者，惟东坡谓此章杂取《禹谟》、《汤诰》、《泰誓》成之文，颠倒失次不可复考。"②

顾颉刚先生在20世纪30年代所写的《禅让传说起于墨家考》③一文中，认为《论语·尧曰》篇出自阴阳家之口，来源于邹衍之徒，证其为战国人所作。其实，否定《尧曰》为孔子时代作品者大有人在。钱穆先生的《论语新解》中有较详细介绍。有人认为《尧曰》是荀子之徒所为，有人认为是战国末年所作，钱穆认为是更晚出的《论语》后序。④ 这些都表达了《尧曰》不出于春秋时期的共同看法。

笔者认为，"尧曰"篇反映的可能是孔子之孙子思的思想。"天之

---

① 杨伯峻：《论语译注》，中华书局1980年版。
② （元）陈天祥：《四书辨疑》卷八，文渊阁四库全书，台北商务印书馆1986年影印本。
③ 顾颉刚：《禅让传说起于墨家考》，载吕思勉、童书业编著《古史辨》第七册（下），开明书店1941年版。
④ 参见钱穆《论语新解》，生活·读书·新知三联书店2002年版，第506—507页。

历数在尔躬"这种以天命、天运或天意来作为传位依据的思想，和后来孟子的禅让理论极其相似，或曰即是孟子思想的直接来源。孟子认可禅让的事实性存在，但不承认是尧舜个人意志的表现，无论是尧禅舜，还是舜禅禹，都是天的意志，是天要把帝位传于舜或禹的问题，即"天与之"。《孟子·万章上》曰：

> 万章曰："尧以天下与舜，有诸？"孟子曰："否；天子不能以天下与人。""然则舜有天下也，孰与之？"曰："天与之。"……"使之主祭，而百神享之，是天受之；使之主事，而事治，百姓安之，是民受之也。天与之，人与之，故曰，天子不能以天下与人。舜相尧二十有八载，非人之所能为也，天也。尧崩，三年之丧毕，舜避尧之子于南河之南，天下诸侯朝觐者，不之尧之子而之舜；讼狱者，不之尧之子而之舜；讴歌者，不讴歌尧之子而讴歌舜，故曰，天也。夫然后之中国，践天子位焉。"①

孟子的这种思想，和"天之历数在尔躬"何其相似乃尔，从思想属性上说完全同出一辙。如果按顾颉刚先生的说法"天之历数在尔躬"是邹衍之徒所为，则出于孟子之后；而按照思想的逻辑说，孟子的"天与之"显然比"天之历数在尔躬"完整和细密，是对"尧曰"篇的发挥，应是"尧曰"在前。如果"尧曰"确是孔子之后所出，又在孟子之前，是孟子思想的启迪者，那么，"尧曰"也就只能出于孟子学说的思想源头子思了。因为按照《史记·孟子荀卿列传》，孟子乃"受业子思之门人"。

在有关禅让制问题研究中，认定中国历史上有禅让制存在的学者，引述最多、最可靠的依据是《尚书》中的《尧典》《舜典》篇，然而，《舜典》属《伪古文尚书》晚出无疑，《尧典》的时代问题也大为可

---

① 杨伯峻：《孟子译注》，中华书局2005年版，第219页。

疑，学界多不认可为春秋以前的作品。顾颉刚先生明确否定了《尧典》成书于春秋的可能性，蒋善国先生断定《尧典》编定于秦统一之后，陈梦家先生认为《尧典》是"战国时代的著作"①。根据几位先贤的判断，《尧典》是战国时代的作品确定无疑，而我们还可以通过与《墨子》的比较来说明。《墨子》中关于尧舜禅让的描述如下：

> 古者舜耕历山，陶河濒，渔雷泽，尧得之服泽之阳，举以为天子，与接天下之政，治天下之民。②
> 是故古之圣王之治天下也，其所富，其所贵，未必王公大人骨肉之亲、无故富贵、面目美好者也。是故昔者舜耕于历山，陶于河濒，渔于雷泽，灰于常阳，尧得之服泽之阳，立为天子，使接天下之政，而治天下之民。③

从墨子这里，我们得到的舜的信息非常简单，也只知道"舜耕于历山，陶于河濒，渔于雷泽，灰于常阳"，关于尧禅位于舜的记载也极其简单，只有"尧得之服泽之阳，立为天子"一句话，没有任何细节或情节。而到了《尚书》之《尧典》《舜典》中，尧舜禅让的故事则变得丰满起来，完全故事化、戏剧化了。《尚书》之《尧典》《舜典》云：

> 帝曰："咨！四岳。朕在位七十载，汝能庸命巽朕位？"岳曰："否德忝帝位。"曰："明明扬侧陋。"师锡帝曰："有鳏在下，曰虞舜。"帝曰："俞？予闻，如何？"岳曰："瞽子，父顽，母嚚，象傲，克谐，以孝烝烝，乂不格奸。"帝曰："我其试哉！"女于时，

---

① 参见顾颉刚《古史辨·自序》第一册，上海古籍出版社1982年版，第52页；蒋善国《尚书综述》，上海古籍出版社1988年版，第18页；陈梦家《尚书通论》，中华书局2005年版，第108页。
② 吴毓江：《墨子校注》上，中华书局2006年版，第77页。
③ 吴毓江：《墨子校注》上，中华书局2006年版，第97页。

观厥刑于二女。厘降二女于妫汭，嫔于虞。帝曰："钦哉！"①

曰若稽古，帝舜曰重华，协于帝。濬哲文明，温恭允塞，玄德升闻，乃命以位。

慎徽五典，五典克从。纳于百揆，百揆时叙。宾于四门，四门穆穆。纳于大麓，烈风雷雨弗迷。帝曰："格！汝舜。询事考言，乃言底可绩，三载。汝陟帝位。"②

这个故事大致分为几个层次：（1）尧主动提出来禅位的问题，邀请四大部落首领来讨论他的接班人问题。（2）四岳推辞，自谦难承帝位，而在帝尧的启发之下，将虞舜推举出来，并对虞舜的孝行和美德进行了具体描述：舜的父亲心术不正，继母强悍不诚，弟弟傲慢不善，而舜则能同他们和谐相处，以孝行感化他们而不自流于邪行。（3）在听取四岳意见的基础上，帝尧对虞舜实施考察，把两个女儿嫁给他，从女儿那里观察舜的实际德行。（4）在对舜有了基本信任之后，进一步委以重任，进行行政实践的考察。先是让其"慎徽五典"掌管教化之事，结果"五典克从"，大有成效，人们都能顺从父义、母慈、兄友、弟恭、子孝这五种美德；接着又让其"纳于百揆"，总理一切事务，结果"百揆时叙"，他将一切都处理得井然有条；又让其"宾于四门"，接待四方宾客，结果四方来朝的宾客都肃然起敬；最后又让其管理山林，舜"烈风雷雨弗迷"，任凭再恶劣的天气也不迷误。（5）在经过三年间一系列政事实践的考察之后，尧最后将帝位禅让给虞舜。这样一个情节丰富、合情入理、逻辑缜密的禅让故事，比起墨子那几句话，人们会做何感想呢？《尧典》《舜典》的禅让故事，远远后出于《墨子》应该是无可置疑的。

不论是证《论语·尧曰》出自子思，还是证《墨子》的禅让说早

---

① 李民、王健：《尚书译注》，上海古籍出版社2004年版，第9页。
② 李民、王健：《尚书译注》，上海古籍出版社2004年版，第12—13页。

于《尚书》的《尧典》《舜典》，都把禅让说产生的时代指向了春秋战国之际。

二 战国时期"禅让说"之勃兴

"禅让说"在春秋战国之际一经产生，便迅速风靡开来，使得随后竞起的诸子百家无不服膺，遂成燎原之势，思潮汹涌。

始作俑者墨家的论说已见前引，《孟子》中的有关记载，除了前引关于禅让"天与之"的论述外，还见于《万章下》篇。《商君书》中也有相关论说：

> 故尧、舜之位天下也，非私天下之利也，为天下位天下也。论贤举能而传焉，非疏父子亲越［远］人也，明于治乱之道也。故三王以义亲，五伯以法正诸侯，皆非私天下之利也，为天下治天下。①

《尸子》中云：

> 古者明王之求贤也，不避远近，不论贵贱，卑爵以下贤，轻身以先士，故尧从舜于畎亩之中，北面而见之，不争礼貌。②

《礼记》中的论说：

> 尧授舜，舜授禹。汤放桀，武王伐纣。时也。③
> 孔子曰："……大道之行也，天下为公，选贤与能，讲信修

---

① 蒋礼鸿：《商君书锥指》，中华书局1986年版，第84页。
② 《百子全书》二，岳麓书社1993年版，第1599页。
③ 杨天宇：《礼记译注》，上海古籍出版社2004年版，第285页。

睦。故人不独亲其亲，不独子其子……是故，谋闭而不兴，盗窃乱贼而不作，故户外而不闭，是谓大同。今大道既隐，天下为家，各亲其亲，各子其子，货力为己，大人世及以为礼……故谋用是作，而兵由此起。禹、汤、文、武、成王、周公，由此其选也。此六君子者，未有不谨于礼者也。以著其义，以考其信，著有过，刑仁讲让，示民有常。如有不由此者，在埶者去，众以为殃，是谓小康。"①

这个《礼运》篇所讲，虽然未及"禅让"二字，但它以禹划界，之前为"选贤与能""天下为公"的"大同"之世，禹汤文武为"天下为家"的"小康"时代，这样的时代划分，与当时流行的禅让传说也是相互呼应。这段借孔子之口阐发的社会理想，也可以看作是对禅让说的肯定性表达。

《荀子》中对禅让说既有认可、肯定与向往，也有怀疑和反驳。我们先来看他对禅让说的驳论：

世俗之为说者曰："尧、舜擅让。"是不然。天子者，势位至尊，无敌于天下，夫有谁与让矣？道德纯备，智慧甚明，南面而听，天下生民之属，莫不振动从服以化顺之。天下无隐士，无遗善，同焉者是也，异焉者非也，夫有恶擅天下矣？曰："死而擅之。"是又不然……天子生，则天下一隆，致顺而治，论德而定次；死，则能任天下者，必有之矣。夫礼义之分尽矣，擅让恶用矣哉？曰："老衰而擅。"是又不然……诸侯有老，天子无老，有擅国，无擅天下，古今一也。夫曰"尧、舜擅让"，是虚言也，是浅者之传，陋者之说也。②

---

① 《礼记·礼运》，杨天宇《礼记译注》，上海古籍出版社 2004 年版，第 265—266 页。
② （清）王先谦：《荀子集解》，诸子集成本，上海书店 1986 年版，第 221—224 页。

这段话的开头"世俗之为说者"一句,透露出在荀子之世,禅让说广为传播,已经成为世俗之见。而荀子不以为然。他一层层驳论,认为禅让不可能,"死而擅之"不可能,"老衰而擅"也不可能,实际上表达的是怀疑禅让事实的存在,认为禅让之说都"是虚言也,是浅者之传,陋者之说也";而这些论述,并没有明确表示出对禅让之正当性或正义性的赞成或反对。但在《成相》篇中,作者赞颂禅让的态度则十分鲜明:

> 请成相,道圣王,尧、舜尚贤身辞让。许由、善卷,重义轻利行显明。尧让贤,以为民,氾利兼爱德施均。辨治上下,贵贱有等明君臣。尧授能,舜遇时,尚贤推德天下治。虽有贤圣适不遇世孰知之?尧不德,舜不辞,妻以二女任以事。大人哉舜!南面而立万物备。舜授禹,以天下,尚得推贤不失序。外不避仇,内不阿亲贤者予。禹劳心力尧有德,干戈不用三苗服。举舜甽亩,任之天下身休息。

顾颉刚先生因为认定禅让起于墨家,并因为《孟子》《荀子》中有不同于墨子禅让说的文字,而判定孟荀反对禅让,因而否定《成相》篇为荀子的思想,他无法理解《成相》篇与《正论》篇的冲突。他在《禅让传说起于墨家考》中说:

> 《成相》篇与《正论》篇的思想太冲突,恐非荀子之书。《汉书·艺文志》载:"孙卿赋十篇",《成相》篇或即其一部,则《成相》篇本另为一书。《艺文志》又载"成相杂辞十一篇"。列在杂赋之末;《成相》篇杨注云:"《汉书·艺文志》谓之《成相杂辞》;王应麟《汉书艺文志考证》云:淮南王亦有《成相》篇,见《艺文类聚》",则《成相》篇或出汉代他家之手,也未可知。这篇里采取当时的传说,而以墨家的主义为骨干,这更可证明禅让

说是出于墨家的了。

很显然，顾颉刚先生是先有了禅让说归于墨家的先入为主之见，再来寻找《成相》篇的主人。其实，即使禅让说是墨家的首创，也不能证明它仅仅是墨家的思想，前引的商君，下文还要谈到的韩非、吕氏以及庄子，几乎那个时代所有的思想家都在讨论禅让的问题。其次，顾先生找到的《汉书·艺文志》中记载的"孙卿赋"、《成相杂辞》之说，也都无法否定思想的主体仍然是荀子的结论，只能证明它另为一书，而谁又能说杂辞或赋就不能成为思想的载体呢？至于《成相》与《正论》的思想冲突，第一，如前所说，《正论》并没有直接反对禅让之思想；第二，《荀子》一书，像那个时代的其他个人著作集一样，并非写于一时，不同时期写作并经后人收集整理的著作集，有些前后矛盾或冲突是完全正常的。《成相》可以看作是荀子的思想，或荀子后学的思想，对于本文来说，作品的确切主人是谁并不重要，因为它反映战国时期思想的属性并不受到影响。

其实，关于孟子和荀子对于禅让说不同程度的变通或怀疑，已有学者做过考察，并有结论说："两人并非真的完全否定'禅让'说，只是有所变通而已。"[1]

荀子的学生韩非是个极端君权主义者，禅让说与之相左，因此他从根本上说是反对禅让说的。《韩非子·忠孝》篇曰："尧、舜、汤、武或反君臣之义，乱后世之教者也。尧为人君而君其臣，舜为人臣而臣其君，汤、武为人臣而弑其主、刑其尸，而天下誉之，此天下所以至今不治者也。"禅让说在韩非看来是"反君臣之义，乱后世之教"。但韩非在不少场合则是认可历史上有过禅让制的存在[2]，如《韩非子·十

---

[1] 彭邦本：《楚简〈唐虞之道〉与古代禅让传说》，《学术月刊》2003年第1期。
[2] 《韩非子》中也有关于尧舜禅让的相反记载，这是战国时期流传的关于尧舜嬗替的另一种说法。如《韩非子·说疑》篇："舜偪尧，禹偪舜，汤放桀，武王伐纣，此四王者，人臣弑其君者也。"陈奇猷：《韩非子集释》下，上海人民出版社1974年版，第925页。

过》篇曰:"尧禅天下,虞舜受之。"《外储说右上》中还说尧为了传天下于舜,两次举兵诛杀和流放了反对其禅让的鲧和共工,以显示尧帝禅让的坚定性。

尽管韩非反对禅让,但他感到无力否认历史上有过禅让的事实,于是,就设法对何以会有禅让之产生做出自己的解释。他说:"尧之王天下也,茅茨不翦,采椽不斫,粝粢之食,藜藿之羹,冬日麑裘,夏日葛衣,虽监门之服养,不亏于此矣。禹之王天下也,身执耒臿以为民先,股无胈,胫不生毛,虽臣虏之劳不苦于此矣。以是言之,夫古之让天子者,是去监门之养而离臣虏之劳也,古传天下而不足多也。"①把尧舜让天子之位说成是"去监门之养而离臣虏之劳",是把辛劳和勤苦推给他人,这种解释未免有些滑稽。

《吕氏春秋》关于尧舜禹禅让的记载很多:

> 尧有子十人,不与其子而授舜。舜有子九人,不与其子而授禹。至公也。②
> 尧传天下于舜,礼之诸侯,妻以二女,臣以十子,身请北面朝之,至卑也。③
> 尧治天下,伯成子高立为诸侯。尧授舜,舜授禹,伯成子高辞诸侯而耕。④

大概到了战国晚期,尧舜禹禅让的故事都讲得很烂了,没有任何一个思想家可以回避它。《庄子》中也多处谈到禅让的故事,最有意思的是《让王》篇,编造了一个尧舜五让天下而人皆避之的滑稽剧。尧以天下让许由,许由不受;又让于子州支父,子州支父以病推辞;舜以

---

① 陈奇猷:《韩非子集释》下,上海人民出版社1974年版,第1041页。
② 高诱注:《吕氏春秋》,诸子集成本,上海书店出版社1986年版,第10页。
③ 高诱注:《吕氏春秋》,诸子集成本,上海书店出版社1986年版,第292页。
④ 高诱注:《吕氏春秋》,诸子集成本,上海书店出版社1986年版,第257页。

天下让善卷，善卷遁入深山，莫知其处；舜以天下让其友石户之农，石户之农"夫负妻戴，携子以入于海，终身不反"；舜以天下让其友北人无择，北人无择羞于为伍，"因自投清冷之渊"①。庄子是重生学派，他认为个体生命的价值高于一切。对于个人的生命和健康来说，什么天下和国家、权势和地位，都毫无价值而可以鄙弃。所以，当时风传的禅让故事应该与之无关，不在他的思想视野之内。然而，他却也拿禅让来说事，以此作为他阐发自己学说的素材。与之无关，还要拿它说事，只能证明当时禅让说流传之广泛和普及。

以上所谈是诸子关于禅让的记载或主张。当时代的史书中，关于禅让的记载很有不同。《竹书纪年》所载是其反证，因本文不是讨论禅让制之有无，恕不征引。而《逸周书》中的《殷祝解》则颇值得玩味。是篇编造出一个夏桀三让君位于商汤的故事。当夏桀看到士民都归附商汤的时候，主动请汤曰："国所以为国者，以有家；家所以为家者，以有人也。今国无家无人矣，君有人，请致国君之有也。"汤辞却，并说"吾为王明之"，愿意帮助桀恢复治理，以消除人民对桀的不信任。如此这般，桀三让天下，汤一再推辞，最后不得已而放桀于南巢。而且在汤放逐夏桀之后，还不就天子之位，而是在三千诸侯大会上再行推让，在众诸侯莫敢即位的情况下，才即天子之位。② 如果说尧舜禅让的故事真伪难辨的话，汤武革命的事实从西周春秋以来则几乎没有异议，而这个《逸周书·殷祝解》的作者则编造出这么一个荒诞的故事，与当时的主流思想界极不和谐。这只能解释说，这篇文字把禅让故事发挥到极致，是当时禅让思想过于强势而造成的历史扭曲。

20世纪90年代出土的郭店楚简和上海博物馆藏楚简，有多篇文献都包含禅让制或禅让说的信息。这两批楚简的年代都是战国中期，所以用它来论证该时期的禅让思潮，具有特别重要的文献价值。这些反

---

① 陈鼓应：《庄子今注今译》，中华书局1983年版，第744—768页。
② 《逸周书》卷九，文渊阁四库全书，台北商务印书馆1986年影印本。

映禅让问题的简文资料,主要见于上博简的《子羔》《容成氏》和郭店简的《唐虞之道》《穷达以时》等篇,尤以《容成氏》和《唐虞之道》具有分析价值,以下约略述之。《容成氏》曰:

[尊]卢氏、赫胥氏、乔结氏、仓颉氏、轩辕氏、神农氏、樟□氏、垆毕氏之有天下也,皆不授其子而授贤……尧以天下让于贤者,天下之贤者莫之能受也……昔舜耕于历丘,陶于河滨,渔于雷泽,孝养父母,以善其亲,乃及邦子。尧闻之而美其行。尧于是乎为车十又五乘,以三从舜于畎亩之中。舜于是乎始免执开耨锸,谒(?)而坐之子。尧南面,舜北面,舜于是乎始语尧天地人民之道。与之言政,悦简以行;与之言乐,悦和以长;与之言礼,悦敀而不逆。尧乃悦。尧□[尧乃老,视不明,]听不聪。尧有子九人,不以其子为后,见舜之贤也,而欲以为后。[舜乃五让以天下之贤者,不得已,然后敢受之。]……舜乃老,视不明,听不聪。舜有子七人,不以其子为后,见禹之贤也,而欲以为后。禹乃五让以天下之贤者,不得已,然后敢受之……禹有子五人,不以其子为后,见皋陶之贤也,而欲以为后。皋陶乃五让以天子之贤者,遂称疾不出而死。①

这段文字和传世文献相比,关于尧禅舜、舜禅禹的故事多出了一些细节,如在尧禅舜之前多了尧让天下贤者的描述,尧与舜谈论天地人民之道和言政、言乐、言礼的描述,舜五让以天下之贤者的描述,以及禹让皋陶而皋陶不受"遂称疾不出而死"的描述等,可知当时的禅让故事极其丰富。更甚者是这段文字,在时人谈论的尧舜禹禅让故事之外,又编造出[尊]卢氏、赫胥氏、乔结氏、仓颉氏、轩辕氏、神

---

① 陈剑:《上博简〈容成氏〉的竹简拼合与编连问题小议》,载朱源清、廖明春主编《上博馆藏战国楚竹书研究续编》,上海书店出版社2004年版,第328—330页。

农氏、樟□氏、垆畢氏等八代先王的禅让历史，说这些远古先王"之有天下也，皆不授其子而授贤"，都是行禅让之法。禅让说发展到这里，可谓已达登峰造极之势。

郭店简的《唐虞之道》和上博简的《容成氏》相比，表现的是禅让思想的高峰。《唐虞之道》把禅让思想空前地理论化和系统化了。该文论曰：

> 唐虞之道，禅而不传。尧舜之王，利天下而弗利也。禅而不传，圣之盛也。利天下而弗利也，仁之至也……
>
> 尧舜之行，爱亲尊贤。爱亲故孝，尊贤故禅。孝之施，爱天下之民。禅之传，世无隐德。孝，仁之冕也；禅，义之至也。六帝兴于古，皆由此也。爱亲忘贤，仁而未义也。尊贤遗亲，义而未仁也……
>
> ……爱而征之，虞夏之始也。禅而不传义恒［绝，夏］始也。
>
> ……禅也者，上德授贤之谓也。上德则天下有君而世明，授贤则民举效而化乎道。不禅而能化民者，自生民未之有也，如此也。①

这个《唐虞之道》篇，不同于同时代其他禅让说文献的显著特征，就在于它是一篇论证实行禅让制之合理性、必要性的理论性文章，关于这一点，学术界已经有过不少研究。② 尤其是刘宝才、罗新慧、仝卫敏等人，都比较集中地总结过《唐虞之道》的理论价值。但在笔者看来，学界已有的总结，还没有特别注意到这个理论的最关键之处。笔者认为，除了学者们已经肯定的《唐虞之道》的理论价值外，还要看

---

① 李零：《郭店楚简校读记》，中国人民大学出版社2007年版，第123—125页。
② 可参见刘宝才《〈唐虞之道〉的历史与理念——兼论战国中期的禅让思潮》，《人文杂志》2000年第3期；罗新慧《〈容成氏〉、〈唐虞之道〉与战国时期禅让学说》，《齐鲁学刊》2003年第6期；仝卫敏《从尚贤到禅让——战国政治思想变化的一个侧面》，《南都学坛》2005年第3期；梁韦弦《郭店简、上博简中的禅让学说与中国古史上的禅让制》，《史学集刊》2006年第3期等论文。

到，这段话的要害在于，它对三代以来传子制、家天下的帝位世袭继承制度的公然否定和批判，正是在这一点上，使他超越了其他禅让说单纯描述禅让制的历史性存在而缺乏价值判断和道义判断的苍白无力。文中"唐虞之道，禅而不传。尧舜之王，利天下而弗利也"，"禅而不传，圣之盛也"，"禅，义之至也"，"禅而不传义恒［绝，夏］始也"等语，是旗帜鲜明地否定自利自私的传子制度，也是对三代以来帝位传承制度的反思和批判。也正是《唐虞之道》所达到的理论高度和思想深度，透露出战国时期禅让说勃兴的历史意蕴。这一点留待下文再去评说。

在近代以来的禅让说研究中，不少学者都把这一学说的思想归属作为研究重点，墨家说、儒家说平分秋色。郭店简《唐虞之道》和上博简《容成氏》等简牍文献的公布，又引来了众多学者的研究兴趣，这两篇文献的学派归属再次成为研究的焦点问题之一。[①] 但如本文以上所述，禅让说作为战国时期勃然而兴的一种思潮性社会思想，的确不像是哪一家哪一派的观点和主张，而是受到普遍关注的问题，一定要辨清学派之归属既不可能，也无必要，将其看作一种特定时代带有共性的社会思想，可能更具有分析之价值。

三 "禅让说"勃兴的思想舆论环境

"禅让说"的勃兴，绝不是一个孤立的思想史事件，而是战国时期一个更大的思想洪流中的一个支系，是当时原始民主思想[②]大合唱中的一个声部，一篇华章。战国时期，周天子地位的极度衰微，宣告了夏商周三代以来行之已久的王权世袭制度的彻底崩溃，国家最高权力的

---

① 参见彭裕商《禅让说源流及学派兴衰——以竹书〈唐虞之道〉、〈子羔〉、〈容成氏〉为中心》，《历史研究》2009年第3期。

② 本文提出的"原始民主思想"是一个特定概念，既不是政治学范畴中的民主集中制的民主，也不能理解为强调公民权利的现代民主，是指与主张君主专制相对立的一种社会思想，或曰是一种粗放的非君思潮。

传承方式，国家政治体制的新模式如何塑造，成为人们关注的集中话题。一时间诸子百家，宏论蜂起，为中国历史的未来走向，提出了诸多设计。原始民主思想即是在当时思想界曾经大放异彩的一种思潮。大体上说，这种原始民主思想思潮，除了禅让说之外，还有以下几种重要的思想观点。

（一）汤武革命论

汤武革命论是和禅让说同时并行的社会思潮，已为学界所关注，当代学者孙家洲先生曾有专篇讨论，① 郑杰文先生的《禅让学说的历史演化及其原因》一文中也有所论说，其他一些先秦思想史著作偶有涉及，但学界对这一问题的分析，似乎还没有上升到应有的高度，还没有把它融入战国时期原始民主思想的大思潮中去理解或认识。

汤武革命论起源于《易经》"革"卦《彖》辞："天地革而四时成，汤武革命，顺乎天而应乎人。革之时大矣哉！"这是第一次明确提出汤武革命概念，并从理论上解决了革命的正义性与合理性。这一思想一经提出，便在战国思想界迅速蔓延，得到诸子的认同或响应，正面评价汤武取代夏殷之历史变革的言论蜂拥而起。墨子曰："汤放桀于大水，环天下自立以为王，事成功立，无大后患……武王胜殷杀纣，环天下自立以为王，事成功立，无大后患。"② 明确肯定汤武变革的正当性。当有人以汤武之事来质疑墨子的非攻思想时，墨子曰："子未察吾言之类，未明其故者也。彼非所谓攻，谓诛也。"③ 墨子说，非攻并非反对一切战争，像商汤放逐夏桀，武王征伐商纣，都是"诛"而不是"攻"，是正义的战争。

谈到汤武革命，人们最常引用的是下边孟子这段话：

---

① 参见孙家洲《先秦诸子论"汤武革命"》，《社会科学研究》1987年第1期。
② 吴毓江：《墨子校注》上，中华书局2006年版，第61页。
③ 吴毓江：《墨子校注》上，中华书局2006年版，第220页。

齐宣王问曰:"汤放桀,武王伐纣,有诸?"孟子对曰:"于传有之。"曰:"臣弑其君,可乎?"曰:"贼仁者谓之'贼',贼义者谓之'残'。残贼之人谓之'一夫'。闻诛一夫纣矣,未闻弑君也。"①

当齐宣王提出像商汤、周武王这样,作为臣子而杀掉他的君王能否被认可的问题时,孟子回答说,像夏桀和殷纣这样的人,只能说是破坏仁爱和道义的残贼之人,是独夫民贼,所以,我只听说过周武王诛杀了独夫殷纣,而没有听说武王是以臣弑君。孟子这段对话反映的基本信息,是对王权神圣性的蔑视,在他看来,一切权威都必须执行世俗的约定,都必须接受"仁"和"义"的裁判。

在对待汤武革命的问题上,荀子比起孟子来,除了思想上的旗帜鲜明,还更表现出相当的理论高度。《荀子》一书中有多处讨论这个问题。《臣道》篇说:"夺然后义,杀然后仁,上下易位然后贞,功参天地,泽被生民,夫是之谓权险之平,汤、武是也。"② 在荀子看来,处在汤武这种境地的时候,君臣易位完全是正当正义的行为,他们夺取政权、杀掉君王,挽救国家于危亡之中,是真正的功参天地、泽惠民众的仁义之举。《议兵》篇中,当有人提出"桀、纣有天下,汤、武篡而夺之"的问题时,荀子说,汤武代替桀纣的历史结局,完全是由桀纣和汤武他们各自的作为所决定的:"能用天下之谓王";"天下归之之谓王,天下去之之谓亡"。桀纣据有天下而不能用天下,汤武身为诸侯而天下归之,一切都是他们自己的作为造成的,所以,汤武之有天下非"篡而夺之",实则理所当之。在荀子这里,汤武革命获得了充分的理论论证,而不像是孟子的答齐宣王,仅仅是一种强辩而已。

诸子之中,肯定汤武革命之正当性的绝非仅仅是以上儒、墨两家,

---

① 杨伯峻:《孟子译注》,中华书局2005年版,第42页。
② (清)王先谦:《荀子集解》,诸子集成本,上海书店1986年版,第170页。

《管子·宙合》《管子·形势解》《列子·说符》《吕氏春秋·似顺论》等文献，都有明确的说法，恕不赘引。这些足以说明，汤武革命论也如禅让说一样是一种普遍的思潮，是一个时代的产物，绝非一家一派之论，学界所谓"儒家革命论"之说和辨禅让儒、墨说一样是没有道理的。

（二）君位可易论

与汤武革命论相联系的是，战国时期还流行一种君位可易论，不把君主看作是世袭不变的神圣职位，特别是在国君失去民心的时候，可以以各种方式予以变更。这也是一种明确的否定最高权力世袭制的思想。君位可易论出现于春秋时期，《左传·襄公十四年》所载师旷与晋侯的一段对话，把这个问题讲得极为精辟，即使今天读起来还可以直觉到一种震撼人心的力量：

> 师旷侍于晋侯。晋侯曰："卫人出其君，不亦甚乎？"对曰："或者其君实甚。良君将赏善而刑淫，养民如子，盖之如天，容之如地。民奉其君，爱之如父母，仰之如日月，敬之如神明，畏之如雷霆，其可出乎？夫君，神之主而民之望也。若困民之主，匮神乏祀，百姓绝望，社稷无主，将安用之？弗去何为？……天之爱民甚矣。岂其使一人肆于民上，以从其淫，而弃天地之性？必不然矣。"①

襄公十四年，卫国发生了孙文子、孙蒯等孙氏贵族将卫献公赶出国门而另立公孙剽为国君的政治事件，晋侯心有所感，问师旷说，像卫国人这样驱逐自己国君的事是不是做得太过分了，师旷没有去谴责卫人孙氏贵族，而是借着卫献公的无道大发议论。他说，像卫献公这样

---

① 李梦生：《左传译注》，上海古籍出版社2004年版，第715—716页。

的"困民之主",根本没有尽到国君的职责,以致造成"匮神乏祀,百姓绝望,社稷无主"。这样的国君,"将安用之?弗去何为?"不驱逐他还要他干什么?"夫君,神之主而民之望也。"国君如果不能成为国民的希望反而肆虐于民,就绝没有再容忍他的道理!在师旷的答辞中,君位不是世袭的,永恒的,是可以改变的,这是一个不容置疑的问题。

战国时期,关于君位可易的论述,以孟子最为突出。《孟子》书中曾正面记载伊尹放逐商王太甲的故事:"太甲颠覆汤之典刑,伊尹放之于桐,三年,太甲悔过,自怨自艾,于桐处仁迁义,三年,以听伊尹之训己也,复归于亳。"① 当太甲破坏了先王商汤的法度的时候,大臣伊尹便把太甲流放到桐邑,让其悔过。三年之后,太甲改悔,完全听从伊尹对自己的教训了,才又回到亳都继续做他的天子。关于此事,孟子和公孙丑有一段对话:

> 公孙丑曰:"伊尹曰:'予不狎于不顺,放太甲于桐,民大悦。太甲贤,又反之,民大悦。'贤者之为人臣也,其君不贤,则固可放与?"孟子曰:"有伊尹之志,则可;无伊尹之志,则篡也。"②

公孙丑的问题是,贤人作为人臣,如果国君不好,就可以放逐吗?孟子认为,当国君"不贤"的时候,"贤者"之臣是可以放逐他的。这里,国君的资格是由他是否合乎礼仪,是否赢得老百姓的拥护为前提的,孟子不承认国君权力的永恒、绝对和世袭。《孟子·万章下》中,他和齐宣王之间也有一段动人心魄的对话:

> 齐宣王问卿。孟子曰:"王何卿之问也?"王曰:"卿不同乎?"曰:"不同;有贵戚之卿,有异姓之卿。"王曰:"请问贵戚之卿。"

---

① 杨伯峻:《孟子译注》,中华书局2005年版,第222页。
② 杨伯峻:《孟子译注》,中华书局2005年版,第315页。

曰："君有大过则谏；反覆之而不听，则易位。"王勃然变乎色。曰："王勿异也。王问臣，臣不敢不以正对。"王色定，然后请问异姓之卿。曰："君有过则谏，反覆之而不听，则去。"①

孟子回答齐宣王问关于公卿的事情，将公卿分为贵戚之卿和异性之卿，并进一步阐述二者之不同。作为异性之卿，君王有错就加以谏诤，如果反复劝阻而不听，则离职而去；而作为贵戚之卿，在君王有重大过错而不听劝阻的时候，则可以把他废弃而另立新君。闻听此言，齐宣王不寒而栗，颜色大变，他大概从没有想过还有可能被臣下废弃的事情。君位可易的道理在孟子这里是很明确的。

荀子也有类似的思想。《荀子·臣道》篇曾提出谏、争、辅、拂四类社稷之臣的概念。而其中的拂臣，即是"有能抗君之命，窃君之重，反君之事，以安国之危，除君之辱，功伐足以成国之大利"之人，并引《传》曰："从道不从君"，为自己的论说寻找理论根据。

（三）择贤立君论

君王之位不是世袭的，不是恒久不变的，不是先天地赋予哪一个君王的。一方面君王必须是由贤者来担任，另一方面，只要是真正的贤者，他就有资格胜任君王的角色。择贤立君，是自春秋以至战国比较流行的另一种原始民主思想，也是君位可易论的基础理论。孔子的思想里边，就已经出现了这样的提法。《论语·雍也》篇载：

子曰："雍也可使南面。"

雍，即冉雍，字仲弓，孔门弟子中以德行著称的贤人。按照《史

---

① 杨伯峻：《孟子译注》，中华书局 2005 年版，第 251—252 页。

记》的记载，冉雍出身微贱，"仲弓父，贱人"①。但是，孔子则认为冉雍可堪国君之任。大概冉雍自己并不怎么自信，孔子便鼓励他说："犁牛之子骍且角。虽欲勿用，山川其舍诸？"②古代贵族祭祀的牺牲是专门饲养的赤色的牲畜而不用一般的耕牛，而孔子则说，小耕牛长着赤色的毛，整齐的角，虽然不用它作祭祀，但山川之神难道是会舍弃它吗？孔子以犁牛比喻仲弓的父亲，以犁牛之子比喻仲弓（即冉雍），以表达不能以出身低贱而否认仲弓有堪负大任的才能与可能。历代注疏《论语》者对"雍也，可使南面"的解释有所不同，但多数将其理解为冉雍可以做国君而南面听政。《十三经注疏·论语注疏》中在该句下边注曰：

包（包咸）曰："可使南面者，言任诸侯治。"
正义曰：此章称弟子冉雍之德行。南面，谓诸侯也。言冉雍有德行，堪任为诸侯治理一国者也。③

朱熹《四书集注》中也做此解："南面者，人君听治之位。言仲弓宽洪简重，有人君之度也。"④ 如此看来，孔子也是认为贤者即可为君的。"雍也，可使南面"可以看作是关于择贤立君思想的明确表述。

谈论择贤立君论之最多者是墨子。墨子认为，天下之治乱，完全是人的问题，是执政者的问题。他说："古者桀之所乱，汤受而治之；纣之所乱，武王受而治之。此世未易，民未渝，在于桀、纣则天下乱，在于汤、武则天下治。岂可谓有命哉！"⑤ 所以，他特别强调择贤立君问题：

---

① （汉）司马迁：《史记》，中华书局1980年标点本，第2190页。
② （魏）何晏注，（宋）邢昺疏：《论语注疏》，十三经注疏整理本，北京大学出版社2000年版，第80页。
③ （魏）何晏注，（宋）邢昺疏：《论语注疏》，十三经注疏整理本，北京大学出版社2000年版，第77页。
④ （宋）朱熹集注，陈戍国标点：《四书集注》，岳麓书社2004年版，第95页。
⑤ 吴毓江：《墨子校注》上，中华书局2006年版，第401页。

80 / 中国思想文化史论集

> 夫明乎天下之所以乱者,生于无政长,是故选天下之贤可者,立以为天子。①
>
> 明乎民之无正长,以一同天下之义,而天下乱也,是故选择天下贤良、圣知、辩慧之人,立以为天子,使从事乎一同天下之义……天子者,固天下之仁人也。②
>
> 选择贤者,立为天子。③

《逸周书》中也有明确表述:

> 此天子位,有道者可以处之,天下非一家之有也,有道者之有也。故天下者,唯有道者理之,唯有道者纪之,唯有道者宜久处之。④

《荀子》中也有择贤立君的思想。《正论》篇云:"故天子唯其人。天下者,至重也,非至强莫之能任;至大也,非至辨莫之能分;至众也,非至明莫之能和。此三至者,非圣人莫之能尽。故非圣人莫之能王。"⑤ 这段话中,"故天子唯其人"是中心和要害,即谓能不能成为天子,最关键的是他本人的德行和能力。荀子主张圣人天子,唯圣人才可以"能王",关键也在这里,因为在他看来,唯有圣人才具有一般人所不具有的德行和能力;圣人论,是落脚在人的贤德和才能的。

(四) 立君为民论

战国时期的原始民主思想,不仅涉及对传统君权神圣和君权世袭的否定和批判,而且也涉及对君主与民众关系的思辨,明确提出了立君

---

① 吴毓江:《墨子校注》上,中华书局2006年版,第109页。
② 吴毓江:《墨子校注》上,中华书局2006年版,第116—118页。
③ 吴毓江:《墨子校注》上,中华书局2006年版,第138页。
④ 《逸周书》卷九,文渊阁四库全书本。
⑤ (清)王先谦:《荀子集解》,诸子集成本,上海书店1986年版,第216页。

为民的问题，主张以民众利益为基点考量君权的合法性。传统划分的法家、儒家、杂家等诸子学派都有论述。《慎子·威德》篇云：

> 古者立天子而贵者，非以利一人也。曰天下无一贵，则理无由通，通理以为天下也。故立天子以为天下，非立天下以为天子也；立国君以为国，非立国以为君也；立官长以为官，非立官以为官长也。①

慎子言无论天子或国君，所以需要他，着眼点在天下，而非为他个人的一己之私。立天子或国君"而贵之"，是维持天下利益或一诸侯国利益的需要，必须把天子、国君之贵统一在天下和诸侯国利益的基础上，否则就没有设立天子或国君的必要。前引《商君书·修权》篇"尧舜之位天下也，非私天下之利也，为天下位天下也"对此一思想的强调也很鲜明。同样的论述还见于：

> 《荀子·大略》篇："天之生民，非为君也。天之立君，以为民也。故古者列地建国，非以贵诸侯而已；列官职，差爵禄，非以尊大夫而已。"

> 《吕氏春秋·恃君》篇："置君非以阿君也，置天子非以阿天子也，置官长非以阿官长也。德衰世乱，然后天子利天下，国君利国，官长利官，此国所以递兴递废也，乱难之所以时作也。"

立君为民论的要害在于，君主的权力和君位的传承，必须有合法性的根据，这是从根本上对君主权力的规定。在此之前或之后，中国的君主权力是不存在合法性问题的。要么它来自上天的授意，是一个不需要也无法用经验来证明的东西，而只能靠武力来说明。要么像秦汉

---

① 《慎子·威德》，《百子全书》（三），岳麓书社1993年版，第2542页。

以后，君权则是一个根本不能质疑的问题。天下是一家一姓之天下，君权至上是天经地义之事，任何对君权的怀疑和问鼎，都是大逆不道之罪过。只有在战国时期，在这个绝对君权还没有确立的时代，才可能提出这样一个君权的合法性问题；而其合法性的基点，则是维护天下人民之利；离开这一点，任何君权都失去其正当性，都可以被革命或易位，而另择贤者任之。

如上所论，禅让说、汤武革命论、君位可易论、择贤立君论、立君为民论诸种学说或思想，在战国思想界竞相绽放，相互影响，互为前提，互相促进，形成了时代思想的强烈共振，共同组成了原始民主思想大合唱，成为该时期中国思想发展史上的华丽乐章。只有把禅让说放到战国思想界原始民主思想共振的潮流中，我们才可能理解它的真正意义，它和这种强大的原始民主思想潮流一样，是对帝位世袭家天下的批判和否定，是在为中国历史的未来发展，设计基本的政治路径。

春秋以来"高岸为谷，深谷为陵"的巨大历史变迁，三代以来王权世袭制度的衰微和瓦解，暴露了王权整体的诸多弊端，使得人们不能不去探寻新的政治发展模式；现实生活中各诸侯国君位、政权的频繁变更，也早已改变了人们对王权和君权天生、世袭或永恒的传统认知，所谓"社稷无常奉，君臣无常位，自古以然"[①]已成为普遍的思想观念。在这样的历史条件下和思想舆论氛围中，原始民主思想的滋生和发展是十分自然的事情。当然，传统的王权观念并没有销声匿迹，也有人在为之寻找改善和加强的途径，《韩非子》的君权论即是其代表。秦始皇在政治上实现统一之后，选择了韩非的理论，走上极端强化世袭王权的道路，并创造出其后中国极端专制主义的政治体制，自有其历史的合理性或历史的深意可以探究；但原始民主思想的讨论或探索，并非就没有其理论价值或实践意义。历史的发展往往会面临多种选择的机会，而已经做出的历史选择并不意味着历史只有单一发展

[①] 李梦生：《左传译注》，上海古籍出版社2004年版，第1205页。

的可能。战国时期的禅让学说及其与之共振的原始民主思想，为我们深入理解那段历史，并重新认识中华早期文化创生阶段的丰富性，提供了宝贵的思想资源。至于后世中国为什么选择了极端专制主义的政治体制，而将先贤们关于原始民主思想的诸多论证弃之不用，则是一个需要继续深入探究的大课题。

原载《学术月刊》2009 年第 12 期

《论语》"四十而不惑，五十而知天命"章献疑

《论语》"为政"篇载有孔夫子的一段名言："吾十有五而志于学，三十而立，四十而不惑，五十而知天命，六十而耳顺，七十而从心所欲，不逾矩。"[①] 两千多年来，这段话被理解为是孔子自述其人生经历，并作为一般的人生阶段而广为引用，甚至衍生出了"而立之年""不惑之年""知命之年"诸多成语。但是，这段话有可能是孔夫子所言吗？它是不是后人臆想出来的理想化人生境界，而附着到孔子的身上？果若孔夫子所言，则应是在孔夫子的暮年，即七十岁之后的言论；而我们的问题是，一个具有深邃洞见的思想家，一个有着深厚人文修养的忠厚长者，会狂妄到自言其达到了"不惑"而"知天命"的境界？其实，从孔夫子的思想修养来看，他既不可能说自己"知天命"，也不可能说自己成熟到了可以洞察世事而没有困惑，更不可能狂言到了耳顺之境。这段话中所言的六个人生阶段，每一个阶段都不符合孔夫子真实的人生经历。如果孔夫子真能说出这样的话来，就无异于是一个大言不惭之狂徒。哪怕是仅仅为着维护孔圣人的声誉，对这段话的真实性，也应该做一个清理或辩驳。这篇小文，就权作是献疑了。

---

① 程树德：《论语集释》一，中华书局1990年版，第70—76页。

一　关于本章题旨的不同看法

汉代以来，诸多注家都对该章的题旨发表了看法，多数注家都认为它是孔夫子自述其人生经历，但也多认为其意并不在自述，而落脚在教人。程树德《论语集释》辑录"唐以前古注"云：

> （东晋人李充《论语注》）曰：圣人微妙元通，深不可识，所以接世轨物者，曷尝不诱之以形器乎？黜独化之迹，同盈虚之质，勉夫童蒙而志乎学，学十五载，功可与立。自志学迄于从心，善始令终，贵不逾法，示之易行，而约之以礼。为教之例，其在兹矣。
>
> （南朝梁人皇侃《论语义疏》）：（孔子）年至七十，习与性成，犹蓬生麻中，不扶自直。故虽复放纵心意，而不逾越于法度也。[①]

现在可以看到的较早的东晋南朝人李充的注释，没有回答此章是否为孔子之亲身经历的问题，却强调主旨在于"勉夫童蒙而志乎学"，是一个"为教之例"；而稍晚的皇侃，则肯定了此章为孔子自述的真实性，所谓"年至七十"，语义是很明确的。

北宋学者邢昺的《论语疏证》中说：

> 此章明夫子隐圣同凡，所以劝人也。"吾十有五而志于学"者，言成童之岁，识虑方明，于是乃志于学也。"三十而立"者，有所成立也。"四十而不惑"者，志强学广，不疑惑也。"五十而知天命"者，命，天之所禀受者也……"六十而耳顺"者，顺，不逆也。耳闻其言，则知其微旨而不逆也。"七十而从心所欲不逾

[①] 程树德：《论语集释》一，中华书局1990年版，第77页。

矩"者，矩，法也。言虽从心所欲而不逾越法度也。孔子辄言此者，欲以勉人志学，而善始令终也。①

这段话已经出现了问题。作者虽然肯定此章是孔子所作，即所谓"孔子辄言此者"，但却没有说孔子是在自述人生经历，而强调说其旨意在于"所以劝人也""欲以勉人志学，而善始令终也"。也就是说，所谓"十五而志于学""三十而立""四十而不惑""五十而知天命"云云，不必看作是孔子真实的人生年谱。

从东晋人李充，到北宋的邢昺，关于本章题旨及其著作权，提出了三个层次的问题：

其一，本章为孔子所作，是其自述真实的人生经历（皇侃）；

其二，本章为孔子所作，但意在勉人志学，树立"为教之例"，言外之意，所言几个人生阶段，并不一定是孔子的真实人生；

其三，本章旨在"勉夫童蒙而志乎学"，但未回答是不是孔子所作，著作权问题悬而未决。

邢昺之后，二程对此章的著作权问题、孔子经历此几个人生阶段的真实性问题提出了不同看法，并为朱熹所承袭。朱熹在《四书集注》中说：

> 程子曰："孔子生而知之也，言亦由学而至，所以勉进后人也……"又曰："孔子自言其进德之序如此者，圣人未必然，但为学者立法，使之盈科而后进，成章而后达耳。"
>
> 愚谓圣人生知安行，固无积累之渐，然其心未尝自谓已至此也。是其日用之间，必有独觉其进而人不及知者。故因其近似以自名，欲学者以是为则而自勉，非心实自圣而姑为是退托也。②

---

① （魏）何晏注，（宋）邢昺疏：《论语注疏》，十三经注疏整理本，北京大学出版社2000年版，第17页。

② （宋）朱熹集注，陈成国标点：《四书集注》，岳麓书社2004年版，第62—63页。

应该说，程子是第一个明确提出此章非孔子真实人生经历的学者，并且他明言这样的进学次序，"圣人未必然"。朱熹承袭程子的说法，坚守师说。但程朱都没有否定此章为孔子所作，没有进一步辨明此章的作者问题，或者说，他们还是认为，此章著作权应该归属于孔子。但当他们这样做的时候，却忽略了一个重要的人格问题。如果孔子没有经历这样的人生阶段，却从他的口中讲出这样的话来，冒着说谎的风险来教育后人，给他人提供虚假的进学示范，这样的孔子人们还可以相信吗？这种观点会不会有损于孔子的圣者形象呢？

程朱的说法没有得到后人的肯定。根据程树德《论语集释》所载，清人李威的《岭云轩琐记》就直接反对程朱的说法："《集注》程朱二说皆极可异……夫自志学以至从心所欲不逾矩，分析得明明白白，何得为之近似？且已实在承当，又何尝不自谓已至此？似此影响之谈，皆由视生知之圣不待学，而不知圣之自有其学，非犹夫人之学也。"[1]

明清以降，学者基本上都相信此章为孔子所作，并反映了孔夫子的真实人生经历。

明人顾宪成《四书讲义》："这章书是夫子一生年谱，亦是千古作圣妙诀。"[2]

明末清初人李颙《四书反身录》："此章真夫子一生年谱也。自叙进学次第，绝口不及管阀履历事业删述，可见圣人一生所重惟在于学，所学惟在于心，他非所与焉。"[3]

近人程树德说："此章乃夫子自述其一生学历。皇《疏》较为得之，《集注》因用其师说，所言几毫无是处。"[4]

钱穆说："此章乃孔子自述其一生学之所至，其与年俱进之阶程有如此……此章虽孔子之自道，无语不实，其中却尽有深处玄处。"[5]

---

[1] 程树德：《论语集释》一，中华书局1990年版，第78页。
[2] 程树德：《论语集释》一，中华书局1990年版，第79页。
[3] 程树德：《论语集释》一，中华书局1990年版，第79页。
[4] 程树德：《论语集释》一，中华书局1990年版，第78页。
[5] 钱穆：《论语新解》，生活·读书·新知三联书店2002年版，第29页。

南怀瑾的《论语别裁》也认定是孔子所自述:"这是孔子的自我报告……孔子是七十二岁死的。他用简单几句话,报告了自己一生的经历,艰苦奋斗的精神。"①

以上所列,都是注疏或研究《论语》的代表性作品。可以说,人们对"四十而不惑,五十而知天命"章是孔子所作,以及反映孔子人生经历的真实性,都坚信不疑。但这真的没有问题吗?笔者试提出疑问如下。

首先,孔圣人是后世之敬仰者给的封号,而现实中的孔子,是一凡人,是一个有血有肉、有情感也有烦恼的人。作为一个平凡而又有思想有抱负有历史责任感的思想家,作为一个有着高超的思想智慧和理性思考的哲人,他老人家可能自言"不惑""知天命"而表现得如此自负和狂妄吗?如果今天的现实中有人高喊自己可以"知天命",可以"从心所欲不逾矩",人们会不会把他看成一个疯子?任何一个精神正常的人,都不会说出如此大言不惭的话来。如果我们相信孔子是一个真正的智者,就不能相信这种狂妄之言会出自孔夫子之口,我们不能为着歌颂孔夫子的伟大而玷污了他的人格!

其次,如果这是孔夫子真实的人生经历,它可能如此整齐划一,十年一个台阶有规律地递进吗?现实的人生经验告诉我们,无论是对人生或世事的突然明悟,还是对历史进程的顿悟或洞察,都是因缘于重大的社会变革或人生契机;只是生命历程中的重大变迁或变故,才给人以突变性的人生启迪,使人领悟到人生的真谛或历史的本真。无论是普通的平凡的庶民百姓,还是有着高瞻远瞩的历史伟人,他只要是人而不是神,获得历史或人生感悟大抵如此。而这个孔夫子为什么如此诡异,竟然是有规律地十年来一次彻悟,上升一个台阶?难道个体思想的发生或演进,也是按照时间的节奏遵循一定的秩序降临的?而与他的具体人生履历毫无关联?

从正常的逻辑出发,我们既不能认可这段话是孔子所亲书,也不能

---

① 南怀瑾:《论语别裁》上册,复旦大学出版社1990年版,第76页。

认可它反映的是孔夫子真实的人生经历。本文将从孔子真实的人生经历出发，对这段话所讲述的孔子的六个人生阶段，逐一提出质疑。

二 关于"十有五而志于学"

孔子是不是十五岁才志于学，开始自己的求学之路呢？在这个问题上，我们有理由提出怀疑。《史记·孔子世家》载曰：

> 孔子年十七，鲁大夫孟釐子病且死，诫其嗣懿子曰："孔丘，圣人之后……吾闻圣人之后，虽不当世，必有达者。今孔丘年少好礼，其达者欤？吾即没，若必师之。"[1]

也就是说，孔子十七岁的时候，就已经以好礼而闻名了，以至于使得三桓之一的鲁国世卿孟釐子，在病危之时，想到把自己的孩子托付给他，拜师求学。如果孔子十五岁才志于学，才开始自己的求学之路，两年之后是不可能达到令孟釐子仰慕的水平的。

孔子很年轻时就以学闻名的另一例证，就是其二十岁时生子，得到鲁昭公的贺礼。《孔子家语·本姓解》载："至十九，娶于宋之亓官氏。一岁而生伯鱼。鱼之生也，鲁昭公以鲤鱼赐孔子。荣君之贶，故因以名曰鲤，而字伯鱼。"孔子是下层贵族，或者说也只是有个士的身份，能够获得国君的贺礼，当然是因为其学问之闻名。因为，此时的孔子甚至还没有资格参加季氏的一次宴请。[2]

能在十七八岁就学成而闻名的人，可能是在十五岁才志于学吗？"十有五而志于学"，显然有后人编造的痕迹，而且编造者还并不聪明。

---

[1] （汉）司马迁：《史记》，中华书局1959年版，第1907—1908页。

[2] 《史记·孔子世家》载："孔子要绖，季氏飨士，孔子与往。阳虎绌曰：'季氏飨士，非敢飨子也。'孔子由是退。"（该书，第1907页）何新的《孔子年谱》把此事系于孔子十八岁。（参见该书，中国民主法制出版社2008年版，第38页）季平子新登位，大飨鲁国士人，孔子前去赴宴，被季氏的家臣阳虎拒之门外。说明此时的孔子，还不被视为具有士之资格。

十五岁是个什么年龄？是古人进学的规定性年龄，是个一般年龄。

《大戴礼记·保傅篇》："古者年八岁而出就外舍，学小艺焉，履小节焉；束发而就大学，学大艺焉，履大节焉。"① 束发谓成童，十五岁以上。

《白虎通·辟雍篇》："古者所以年十五入大学何？以为八岁毁齿，始有识知，入学，学书计。七八十五，阴阳备，故十五成童志明，入大学，学经书。"

皇侃《论语义疏》曰："志者，在心之谓也。孔子言我年十五而学在心也。十五是成童之岁，识虑坚明，故始此年而志学也。"②

朱熹《四书集注》："古者十五而入大学。心之所之谓之志。此所谓学，即大学之道也。志乎此，则念念在此而为之不厌矣。"③

当然，关于古代或曰孔子时代的成童年龄，入学年龄，也有不同说法。《论语集释》所集"余论"载《论语偶记》引《尚书周传》云："王子、公卿大夫元士之嫡子十五入小学，二十入大学。"④《礼记·王制》注引《尚书传》："年十五始入小学，十八入大学。"⑤

以上关于入学年龄的矛盾，只是在于十五岁入小学还是入大学的问题，十五岁入学是没有问题的。也就是说，在孔子的时代，十五岁是入学的一般年龄。用这个一般年龄，来套孔子是否合适呢？而事实上，孔子"十有五而志于学"，不是一般的入学的问题，而是"志于学"。何谓"志于学"？前引皇侃《论语义疏》："志者，在心之谓也。"近人钱穆曰："志于学：志者，心所欲往，一心常在此目标上而向之趋赴之谓。"⑥ 有志于学，应该说是一种清醒的自觉的理性追求。不是一般的

---

① 方向东：《大戴礼记汇校集解》上，中华书局2008年版，第377页。
② 程树德：《论语集释》一，中华书局1990年版，第71页。
③ （宋）朱熹集注，陈戍国标点：《四书集注》，岳麓书社2004年版，第62页。
④ 程树德：《论语集释》一，中华书局1990年版，第71页。
⑤ （汉）郑玄注，（唐）孔颖达疏：《礼记正义》，十三经注疏整理本，北京大学出版社2000年版，第472页。
⑥ 钱穆：《论语新解》，生活·读书·新知三联书店2002年版，第27页。

入学读书的问题,而是有明确的读书目的,为着肩负某种历史使命而求学。用一个年龄一般,来套具有独立人格和远大志向的"圣人"是不合适的。所以,编造这句话的人,缺乏对孔子"圣者人格"的理性认同。

编造者可能还有另外一种考虑,即十有五而志于学是孔子认可的读书年龄。《论语·述而》篇载,子曰:"自行束脩以上,吾未尝无诲焉。"① 这段话自古以来都有不同的理解,一种解释认为"自行束脩",是自愿提着一束腊肉来求学的,孔子都不会拒绝,把"束脩"解释为薄礼("十脡脯",十条干肉),即给孔子的拜师礼②;一种解释认为,束脩就是约束修饰,"自行束脩"是指能行束带修饰之礼,表示已经是年十五以上的成童。这两种解释古皆有之,并且后者的说法,在秦汉时期就比较流行。

程树德《论语集释》"别解"辑清人黄式三《论语后案》曰:"自行束脩以上,谓年十五以上能行束带修饰之礼。郑君《注》如此,汉时相传之师说也。"③

《后汉书》卷二十六载,东汉光武六年,南阳太守杜诗上书荐伏湛曰:"臣诗窃见故大司徒阳都侯伏湛,自行束脩,讫无毁玷,笃信好学,守死善道,经为人师,行为仪表。"李贤注曰:"自行束脩谓年十五以上。"④

《后汉书》卷六十四载,延笃在给越嶲太守李文德的书中说:"吾自束脩已来,为人臣不陷于不忠,为人子不陷于不孝……"李贤注曰:"束脩谓束带修饰。郑玄注《论语》曰'谓年十五已上'也。"⑤

按照后一种解释,"自行束脩以上",就是孔子认可的收徒授学年

---

① 程树德:《论语集释》二,中华书局1990年版,第445页。
② 可参阅(魏)何晏注,(宋)邢昺疏《论语注疏》,十三经注疏整理本,第96页;朱熹《四书集注》,第108页;钱穆《论语新解》,第171—172页,等等。
③ 程树德:《论语集释》二,中华书局1990年版,第446页。
④ (南朝宋)范晔:《后汉书》,中华书局1965年版,第896—897页。
⑤ (南朝宋)范晔:《后汉书》,中华书局1965年版,第2106—2107页。

龄。"吾十有五而志于学"的编造者，是不是就是以此为据，塑造了孔子志于学的年龄呢？当然，这是我们的一种推测。无论这句话是如何编造出来的，它的可信性都是一个问题。

三 关于"三十而立"

首先是要弄明白"立什么"的问题。自汉以来，在这个问题上，众说纷纭，莫衷一是。

《汉书·艺文志》有言曰："古之学者耕且养，三年而通一艺，存其大体，玩经文而已，是故用日少而畜德多，三十而五经立也。"皇侃《论语义疏》缘此认为："立，谓所学经业成立也。古人三年明一经，从十五至三十是又十五年，故通《五经》之业，所以成立也。"[①] 但这个说法很牵强。当他说"立"意味着经业之成立的时候，还可以看作是一种猜测，还可以备为一说。但进一步解说为三年明一经，十五年通《五经》之业的时候，就纯粹是无稽之谈了。《汉书·艺文志》所言"五经"，如何可以用在孔子身上？在孔子的时代，作为三代文化之优秀典籍传世的，是六艺或曰六经，怎么可能是"五经"呢？

杨树达认为"三十而立"是立于礼，并举出了一些文献根据。《泰伯篇》曰：立于礼。《季氏篇》曰：不举礼，无以立。《尧曰篇》曰：不知礼，无以立也。《左传·昭公七年》曰：孟僖子病不能相礼，及其将死，召其大夫曰："礼，人之干也，无礼，无以立。"然后，杨树达得出结论说："三十而立，立谓立于礼也。盖二十始学礼，至三十而学礼之业大成，故能立也。"[②] 但是，所谓立，只能有这一种解释吗？春秋文献中，所谓"立"，绝不是只有一个"礼"是对象词。《左传·襄公二十四年》穆叔有一段名言：

[①] 程树德：《论语集释》一，中华书局1990年版，第72页。
[②] 杨树达：《论语疏证》，江西人民出版社2007年版，第27页。

穆叔曰："以豹所闻，此之谓世禄，非不朽也。鲁有先大夫曰臧文仲，既没，其言立。其是之谓乎！豹闻之：'大上有立德，其次有立功，其次有立言。'虽久不废，此之谓不朽。若夫保姓受氏，以守宗祊，世不绝祀，无国无之。禄之大者，不可谓不朽。"

可能穆叔所谓立德、立功、立言，才是时人关于"立"的最通常的理解。把"三十而立"解释成立于礼或学业之成立，都无法得到证实，只是人们的臆测或演绎。

"立"是动词，意为建立、树立、确立，对应它的应该是有形而非抽象的东西。一个人的学习达到了什么水平，有了一种什么观念，掌握了什么技能，类似这样的情况，大概是不好用"立"来表达的。建立了什么功业，树立了什么旗帜，确立或构造了什么思想体系，和"立"相对应的应该是类似这些有形的东西。而在孔子三十岁的时候，建立了什么呢？笼统地说他精通了礼的精神，掌握了"五经"之精髓，这能用"立"来表达吗？圣哲如孔子，说话能如此的没有逻辑？

孔子一生能够说得上立德立功的功业有哪些？笔者20多年前在一本小书中，总结过孔子一生彪炳史册的历史贡献：

整理古代文献，奠定中华文化根基；
创立中国传统的教育制度和教育思想；
创立中国儒家学派。[1]

这三个方面，都是可以称得上"有所立"的，是建树，是功业。但这三个方面，有哪一项是孔子在三十岁的时候建树的呢？应该说，孔子在三十岁的时候，还谈不上有什么建树可言。

---

[1] 李振宏：《圣人箴言录——〈论语〉与中国文化》，河南大学出版社1995年版，第8—11页。

司马迁在《孔子世家》中谈到三十岁时的孔子，记载的是这样一件事：

> 鲁昭公之二十年，而孔子盖年三十矣。齐景公与晏婴来适鲁，景公问孔子曰："昔秦穆公国小处辟，其霸何也？"对曰："秦，国虽小，其志大；处虽辟，行中正。身举五羖，爵之大夫，起累绁之中，与语三日，授之以政。以此取之，虽王可也，其霸小矣。"景公说。①

孔子答齐景公对，的确是见识卓越，但这又算是什么建树呢？此不能为"立"也。其实，以前的注经家并没有搞清楚对于孔子来说，何谓立、立什么的问题。他们多是把孔子作为一个以伦理说教为能事的教育家，孔子一生都在教育人如何修养人生，把这段所谓孔子的履历年谱作为一个教人进学修养的成长经历，是人生为学修养的几个阶段。《论语》古注中就已经显示出这样的倾向，如本文前边关于本章题旨部分引述到的，邢昺认为它是"孔子辄言此者，欲以勉人志学，而善始令终也"，是一个善始令终的学习历程；二程认为是"孔子自言其进德之序"，是一个道德修养的过程。近人的讲法以钱穆最为典型，他认为"志于学"乃为"读《论语》之最大宗旨"，而立为"进学之第一阶段"，不惑为"进学之第二阶段"，知天命为"进学之第三阶段"，耳顺为"进学之第四阶段"，从心所欲不逾矩是"无可再进"而"拟于天"的最高阶段，整个全章"乃孔子自述其一生学之所至，其与年俱进之阶程"②。

孔子"志于学"是没有问题的，问题在于为什么而学，学了做什么，学习就是为着修养人生吗？孔子不是这样的腐儒！孔子的最大情

---

① （汉）司马迁：《史记》，中华书局 1959 年标点本，第 1910 页。
② 钱穆的完整论述，参见钱穆《论语新解》，生活·读书·新知三联书店 2002 年版，第 27—30 页。

怀是救世,是挽乱世之狂澜,志于学的目的即在这里。《论语·八佾》篇载,仪邑的地方长官面见孔子之后,说"天下之无道也久矣,天将以夫子为木铎"①,他只是通过和孔子的一席话,就理解了孔子人格,知道这是一个以匡扶天下为己任的人。这位仪邑的地方长官,要远比后儒只是把孔子看作一个教师爷而更显得眼光犀利。

孔子的确是以匡扶天下为己任,矢志于救世的人。《论语·公冶长》篇载:子路曰:"愿闻子之志。"子曰:"老者安之,朋友信之,少者怀之。"② 这就是孔子的情怀。孔子当然讲学问,重修身,但学习和修养的目的,都在于治世,都在于"修己以安百姓"③。如果纯粹的为学习而学习,那不是孔子。他讲得很清楚:"诵《诗》三百,授之以政,不达;使于四方,不能专对;虽多,亦奚以为?"④ 如果学问不能用到政治上,学以何用?所以,在孔子的学问里,多半都是政治。在他回答弟子和时人问政的言谈中,我们可以感受到他是一位睿智的政治家,使其治世,绝对是能臣。他在学生的眼里,就是这样的人。《论语·子张》篇载:

> 陈子禽谓子贡曰:"子为恭也,仲尼岂贤于子乎?"子贡曰:"君子一言以为知,一言以为不知,言不可不慎也。夫子之不可及也,犹天之不可阶而升也。夫子之得邦家者,所谓立之斯立,道之斯行,绥之斯来,动之斯和。其生也荣,其死也哀,如之何其可及也?"⑤

子贡讲他老师的不可企及,所言即是其治国才能。孔子之志在于入仕,在于治国,在于平天下。他有豪言曰:"苟有用我者,期月而已可

---

① 程树德:《论语集释》一,中华书局1990年版,第219页。
② 程树德:《论语集释》一,中华书局1990年版,第353—354页。
③ 程树德:《论语集释》三,中华书局1990年版,第1041页。
④ 程树德:《论语集释》三,中华书局1990年版,第900页。
⑤ 程树德:《论语集释》四,中华书局1990年版,第1342页。

也,三年有成。"① 他终其一生,都在为走上政坛而准备着,一直等着执掌政坛、施展抱负的机会。孔子一直期盼着来自政局的召唤,待价而沽。② 然而遗憾的是,直到五十岁,他也没有等来这样的机会,真是待字闺中无人识呀！所以司马迁说他"循道弥久,温温无所试,莫能己用",虽然探索治国之道很久,却总是郁郁不得志而无所施展。孔子为施展政治抱负,几乎到了饥不择食、慌不择路的程度,甚至曾想过应叛臣之约,去实践自己的政治理想。仅《史记·孔子世家》就记载了两起这样的事情：

> 公山不狃以费畔季氏,使人召孔子。孔子循道弥久,温温无所试,莫能己用,曰："盖周文武起丰镐而王,今费虽小,傥庶几乎！"欲往。子路不说,止孔子。孔子曰："夫召我者岂徒哉？如用我,其为东周乎！"然亦卒不行。③

> 佛肸为中牟宰。赵简子攻范、中行,伐中牟。佛肸畔,使人召孔子。孔子欲往。子路曰："由闻诸夫子,'其身亲为不善者,君子不入也'。今佛肸亲以中牟畔,子欲往,如之何？"孔子曰："有是言也。不曰坚乎,磨而不磷;不曰白乎,涅而不淄。我岂匏瓜也哉,焉能系而不食？"④

这两次应叛臣之约要出仕的事情,都是因为子路提出质疑而作罢。但每次当子路质疑其行为违背他自己的政治主张时,孔子都还要为自己辩解。说什么坚硬的东西磨不薄,洁白的东西染不黑。这显然是强词夺理。如果你去帮助、辅佐叛臣,就是对周礼及其自己政治理想的严重背叛,这个行为本身就已经"黑"了,就已经为世所不容！你不

---

① 程树德：《论语集释》三,中华书局1990年版,第908页。
② 子贡曰："有美玉于斯,韫椟而藏诸？求善贾而沽诸？"子曰："沽之哉！沽之哉！我待贾者也。"(程树德：《论语集释》二,中华书局1990年版,第601页)
③ (汉)司马迁：《史记》,中华书局1959年标点本,第1914页。
④ (汉)司马迁：《史记》,中华书局1959年标点本,第1924页。

是中看不能吃的匏瓜,是给人吃的,但问题是给谁吃,这里没有是非和原则吗?这两次事件,前者是定公八年(前502),是年孔子五十岁;后者是定公十五年(前495),孔子五十七岁,这都已经是过了所谓"知天命"的年龄。"知天命"之后的孔子,为了有施展政治抱负的机会,还都如此地不顾及做人的底线!如果我们相信孔子所言,他这样做的目的是"如用我,其为东周乎",那就可以想象,他对实现所谓治国平天下的政治理想,到了多么痴迷、执著甚至偏执、焦虑的程度。这些清楚地说明,在孔子看来,一个人应该有所"立"的,绝不是什么个人修养的品级,而是政治功业!

那么,从治国平天下的政治志向上说,三十岁时的孔子,还是一事无成,他会说自己已经有所"立"了吗?特别是到了晚年,回忆起青年时期郁郁不得志的经历,他能说出"三十而立"的话吗?"三十而立"绝非孔子之言!

四 关于"四十而不惑"

皇侃《论语义疏》:"业成后已十年,故无所惑也。"又引孙绰云:"四十强而仕,业通十年,经明行修,德茂成于身,训洽邦家,以之莅政,可以无疑惑也。"[1]

《论语集释》"余论"辑录了多条前人之释,曰:

> 黄氏《后案》:立必先不惑,而言不惑于立之后者何也?夫子曰:"可与立,未可与权。"立,守经业。不惑,达权也。张子厚曰:"强礼然后可与立,不惑然后可与权。"苏子由曰:"遇变而惑,虽立不固。四十不惑,可与权矣。"[2]

---

[1] 程树德:《论语集释》一,中华书局1990年版,第73页。
[2] 程树德:《论语集释》一,中华书局1990年版,第73页。

《论语·子罕篇》曰:"知者不惑。"

何晏《集解》云,孔曰:"不疑惑也。"

那么,孔子自己所言的不惑、不疑惑并不难理解,和常人对不惑的字面理解大体是一致的。就是朱熹《集注》所说:"于事物之所当然皆无所疑。"也就是杨树达讲的:"孔子四十不惑,尽知者之能事也。"① 也就是说,孔子所谓不惑,就是通明事理,无所疑惑。

钱穆的解释稍有不同,他说:"人事有异同,有逆顺,虽有志能立,或与外界相异相逆,则心易起惑。必能对外界一切言论事变,明到深处,究竟处,与其相互会通处,而皆无可疑,则不仅有立有守,又能知之明而居之安,是为孔子进学之第二阶段。"② 钱穆更倾向于把不惑说成是进学过程中的现象,但也表现为"对外界一切言论事变""皆无可疑",与通明事理之解释没有实质性的差异。

可以说,古今关于"四十不惑"的解释与孔子自己所言"不惑"的本意差异不大。如此,就可以来考察,孔子四十岁的时候,到底是惑与不惑的问题了。孔子有没有可能做到"四十而不惑"呢?他作为一个真实的而不是天生圣明、生而知之的神秘个体,怎么可能做到彻底的通明万事之理而不困惑呢?

四十岁的孔子,既没有经历深重的灾难和曲折,也没有走上政坛经历政治的历练,更没有经历后来周游列国的流离颠沛,他凭什么就积累起丰富的人生经验而不再困惑了呢?如果是在遥远的古代,人们由于文明程度的原因,可以相信孔子是一个天生的圣人,就像二程讲的是"生而知之"(其实生而知之也解释不了这个问题。如果是生而知之的话,解除困惑就不需要等到四十岁,而应该是生下来就不困惑,天生的不困惑)的话,难道站在今天的文明高度,我们还能再来相信这

---

① 杨树达:《论语疏证》,江西人民出版社2007年版,第27页。
② 钱穆:《论语新解》,生活·读书·新知三联书店2002年版,第27页。

些不切实际的谎言吗？从人类的历史经验出发，今天的人们完全有理由对"四十而不惑"的可信性提出质疑。

不惑者，练达也，明悟也。不惑之人，应该是能够明于事理，对历史发展的内在里路，有着明朗的理解而不暗于是非，能够做出清醒而理智的历史决断。而四十岁的孔子能够具备对当时重大事件明断是非的能力吗？《左传·昭公二十九年》载有孔子对晋国铸刑鼎一事的评价，可作为分析孔子是否困惑之例证。

> 冬，晋赵鞅、荀寅帅师城汝滨，遂赋晋国一鼓铁，以铸刑鼎，著范宣子所为刑书焉。仲尼曰："晋其亡乎！失其度矣。夫晋国将守唐叔之所受法度，以经纬其民，卿大夫以序守之，民是以能尊其贵，贵是以能守其业。贵贱不愆，所谓度也。文公是以作执秩之官，为被庐之法，以为盟主。今弃是度也，而为刑鼎，民在鼎矣，何以尊贵？贵何业之守？贵贱无序，何以为国？且夫宣子之刑，夷之蒐也，晋国之乱制也，若之何以为法？"①

这就是著名的孔夫子反对晋国铸刑鼎事件。铸刑鼎，标示了历史的进步，是历史发展内在趋势的反映，但孔子不能理解，他昧于历史的内在变革而走到历史对立面，是不是一种思想上的困惑呢？晋国为什么要铸刑鼎，铸刑鼎反映的是什么样的历史现象，孔子是不能理解的。缺乏明断是非的能力，不能明悟历史的发展变化，站在新生事物的对立面，这种状态的孔子到底是惑还是不惑呢！昭公二十九年，孔子三十九岁，不及四十，但即使再迂腐颟顸之人，也不会因为这个时候的孔子离所说的不惑之年差一岁，而为之开脱吧？

生在一个大变革的时代，人之困惑是正常的，孔子的困惑也是其始

---

① （晋）杜预注，（唐）孔颖达正义：《春秋左传注疏》，十三经注疏整理本，北京大学出版社2000年版，第1740—1742页。

终无法摆脱的。面对"高岸为谷,深谷为陵"的历史巨变,置身礼崩乐坏的纷乱之世,他不困惑吗?子在川上曰:"逝者如斯夫!不舍昼夜!"①他感慨什么呢?是什么东西的失去值得他深情眷恋?是什么东西像大河东去般使其无奈?礼为什么崩,乐为什么坏,他有答案吗?他怀念秩序井然的西周时代,说:"天下有道,则礼乐征伐自天子出;天下无道,则礼乐征伐自诸侯出。自诸侯出,盖十世希不失矣;自大夫出,五世希不失矣;陪臣执国命,三世希不失矣。天下有道,则政不在大夫。天下有道,则庶人不议。"②为什么明明是应该"礼乐征伐自天子出"的有道之世,却突然变成了"自诸侯出""自大夫出",甚至还出现了大逆不道的"陪臣执国命"?为什么好端端秩序井然的周王朝天下变成了无道之世,甚至他们一帮师徒栖栖惶惶地奔走各邦、游说列国也无补于事?这种违背其意志的历史变化,他不困惑吗?从人类认识史上到目前为止的一切经验来看,就个人的认识来说,还从来没有消尽困惑的时候。任何人无论其年龄大小,即使到了耄耋之年,困惑也始终伴随。四十岁的孔子就没有了困惑,他还是个正常人吗?

其实,就从孔子自身的作为说,他也会产生深深的困惑。身处深刻变化的时代,经历乱世社会的无序状况,孔子对秩序化的西周礼制颇为向往,"周监于二代,郁郁乎文哉!吾从周"③,就是他对周礼的情感表达。但是,他能回到西周去吗?而事实上,他不仅不能回去,而且自己也严重地背叛着周礼。他顺从历史的发展或从时局出发做出的许多权变性选择,他所提出的许多具有进步意义的思想主张,就是如此。

他创办私学,广收门徒,弟子三千,是否违背周礼时代"学在官府"的教育秩序?

他主张"有教无类",是否违背西周时代的教育精神?

---

① 程树德:《论语集释》二,中华书局1990年版,第610页。
② 程树德:《论语集释》四,中华书局1990年版,第1141—1144页。
③ 程树德:《论语集释》一,中华书局1990年版,第182页。

他主张"先有司，赦小过，举贤才"①，是否违背西周世卿世禄制度下的用人原则？

他主张"泛爱众而亲仁"②，是否符合西周"天有十日，人有十等"③的等级精神？

他想应叛臣之约去帮助公山不狃，是否是对周礼精神的大逆不道？

他高度评价管仲"民到于今受其赐"④，评价子产"古之遗爱也"⑤；而管仲背叛主子，子产铸刑书，都不符合传统周礼之精神；孔子的评价是否也违逆周礼？

……

一个清醒的思想家，在自己的思想主张、行为选择和自己所曾经崇尚的东西发生矛盾的时候，他不困惑吗？他相信自己主张的合理性，但又为什么和自己所崇尚的东西相冲突？他能够理解其中之原委？如果理解周礼时代的逝去是历史的必然，他还会由衷地崇尚？如果不理解，他能不感觉到其中的矛盾而困惑？如果我们相信孔子是一个深刻的思想家，就应该知道，这种历史困惑，是如影随形地伴随着他的一生，岂敢言"四十而不惑"？

五 关于"五十而知天命"

如果不能"不惑"，就更不可能"知天命"！我们先来讨论古人对这句话的理解。古今对孔子"知天命"的理解，主要有两条致思路径。

一是把"天命"理解为个人所不能企及的意志力量，或者说是万

---

① 程树德：《论语集释》三，中华书局1990年版，第882页。
② 程树德：《论语集释》一，中华书局1990年版，第27页。
③ （晋）杜预注，（唐）孔颖达正义：《春秋左传注疏》，十三经注疏整理本，北京大学出版社2000年版，第1424页。
④ 程树德：《论语集释》三，中华书局1990年版，第989页。
⑤ （晋）杜预注，（唐）孔颖达正义：《春秋左传注疏》，十三经注疏整理本，北京大学出版社2000年版，第1622页。

事万物之自然之理，事物发展变化的内在规律。它相对于认识主体来说有一种神秘性，而孔子却可以穷通。

程树德《论语集释》"唐以前古注"载：

> 皇《疏》：天命，谓穷通之分也。谓天为命者，言人禀天气而生，得此穷通，皆由天所命也……又引王弼云：天命废兴有期，知道终不行也。又引苏绰云：大易之数五十，天地万物之理究矣。以知命之年通致命之道，穷学尽数可以得之，不必皆生而知之也……又引熊埋云：既了人事之成败，遂推天命之期运，不以可否系其理治，不以穷通易其志也。①

《论语注疏》："'五十而知天命'者，命，天之所禀受者也。孔子四十七学《易》，至五十穷理尽性知天命之终始也。"②

朱熹："天命，即天道之流行而赋予物者，乃事物所以当然之故也。"③

杨树达在引用孔子"加我数年，五十以学《易》，可以无大过矣"的话之后，说："此盖孔子四十以后之言。《易》为穷理尽性以至命之书，学《易》数年，故五十知天命。"④

这些解释，都在于强调"天命"是"天地万物之理"，"人事之成败""废兴有期"。只不过是对之不容易探知，如果能"穷理尽性"，即可"知天命"，即可穷通天地万物之理。孔子通过学《易》，在五十岁的时候，达到了这样的境界。

二是把天命理解为天所授予的历史使命，知天命即孔子自觉到了天所赋予的历史责任。这种解释主要是明清时人所赋予的。

---

① 程树德：《论语集释》一，中华书局1990年版，第73页。
② （魏）何晏注，（宋）邢昺疏：《论语注疏》，十三经注疏整理本，北京大学出版社2000年版，第17页。
③ （宋）朱熹集注，陈成国标点：《四书集注》，岳麓书社2004年版，第62页。
④ 杨树达：《论语疏证》，江西人民出版社2007年版，第28页。

王夫子《四书笺解》曰："'知天命'，知之深。极天之所以命人之生，命人之理，分明默喻，而'事天''立命'皆无不彻。"①

刘宝楠《论语正义》释"五十而知天命"曰：

"天命"者……言天使己如此也……圣人之德能合天也。能合天，斯为不负天命；不负天命，斯可以云知天命。知天命者，知己为天所命，非虚生也。盖夫子当衰周之时，贤圣不作久矣。及年至五十，得《易》学之，知其有得，而自谦言"无大过"。则知天之所以生己，所以命己，与己之不负乎天，故以天知命自任。②

程树德赞成刘宝楠的解释，评价说："刘氏释天命最为圆满，可以补诸家所不及。"③

现代学者钱穆承袭了这一说法。其《论语新解》释"知天命"曰：

天命指人生一切当然之道义与职责。道义职责似不难知，然有守道尽职而仍穷困不可通者……孔子为学，至于不惑之极，自信极真极坚，若已跻于人不能知，惟天知之之一境……故知天命，乃立与不惑之更进一步，更高一境，是为孔子进学之第三阶段。④

这类解释谓"知天命"是孔子对于自己历史使命的理性自觉，并把这种自觉的使命感上升为天之所命，是天之所受，强调了孔子替天行道实践行为的道义性。这种解释，塑造了孔子"以继周治百世"的救世主形象。

除了以上两种解释，还有一些有影响的说法，但属个别。

---

① 转引自黄怀信主撰《论语汇校集释》上册，上海古籍出版社2008年版，第115页。
② 刘宝楠：《论语正义》上册，中华书局1990年版，第44—45页。
③ 程树德：《论语集释》一，中华书局1990年版，第75页。
④ 钱穆：《论语新解》，生活·读书·新知三联书店2002年版，第27页。

如清人毛奇龄的《四书剩言》曰："'不惑'是知人，'知天命'是知天。'不惑'是穷理尽性，'知天命'是至于命。'不惑'是诚明，'知天命'是聪明圣知达天德……直至天德天道，与事物之理毫无干涉。"①

现代学者李泽厚关于"知天命"说道：

> 最难解的是"知天命"，似可解释到五十岁，自己对这偶然的一生，算是有了个来龙去脉的理解和认同，一方面明确了自己的有限性，另方面明确了自己的可能性。不再是青少年时代"独上高楼，望断天涯路"的前景茫茫，也不再是"天下事舍我其谁"那种不自量力的空洞抱负了。②

毛奇龄把"天命"说成是"天德天道"实在玄乎，李泽厚的解释过于现代也过于哲学化。这两种解释除了复议者不多之外，也有拔高古人之嫌，本文就不去讨论了。以下，我们将对两种略带倾向性的看法，提出质疑和辨识。

先来看看五十岁时的孔子，是否达到了可以通晓天地万物之理而穷理尽性的地步，是否可以真的"知天命"。虽然文献奇缺，我们还是要尽量找一些经验性的例子来说明。

《左传·哀公十一年》载：

> 季孙欲以田赋，使冉有访诸仲尼。仲尼曰："丘不识也。"三发，卒曰："子为国老，待子而行，若之何子之不言也？"仲尼不对，而私于冉有曰："君子之行也，度于礼，施取其厚，事举其中，敛从其薄。如是，则以丘亦足矣。若不度于礼，而贪冒无厌，

---

① 转引自黄怀信主撰《论语汇校集释》上册，上海古籍出版社2008年版，第115页。
② 李泽厚：《论语今读》，生活·读书·新知三联书店2008年版，第58页。

则虽以田赋，将又不足。且子季孙若欲行而法，则周公之典在。若欲苟而行，又何访焉？"①

鲁国的季孙氏实行田赋征收方式的改革，要按田亩征税，就赋税制度的发展来说，它有没有事物自身发展的合理性呢？如果孔子知天命，通晓事物变化之理，该如何对待呢？当弟子冉有去征求他的意见的时候，他说季孙氏的做法违背了"周公之典"，"不度于礼"。孔子如此恪守旧制，抱残守缺，不察事物变化之理，如何称得上是穷理尽性之人呢？哀公十一年是公元前484年，孔子应该是六十八岁了，尚且如此不懂事物变化之理，而"五十而知天命"又从何谈起呢？

《春秋公羊传注疏·哀公十四年》载：

春，西狩获麟……麟者，仁兽也。有王者则至，无王者则不至。有以告者曰："有麕而角者。"孔子曰："孰为来哉！孰为来哉！"反袂拭面，涕沾袍。颜渊死，子曰："噫！天丧予。"子路死，子曰："噫！天祝予。"西狩获麟，孔子曰："吾道穷矣。"

解云：即《孔丛》云"叔孙氏之车子曰鉏商，樵于野而获麟焉，众莫之识，以为不祥，弃之五父之衢。冉有告孔子曰：'有麕肉角，岂天下之妖乎？'夫子曰：'今何在？吾将观焉。'遂往。谓其御高柴曰：'若求之言，其必麟乎？'到，视之曰：'今宗周将灭，无主，孰为来哉！兹日麟出而死，吾道穷矣。'乃作歌曰'唐虞之世麟凤游，今非其时来何由？麟兮麟兮我心忧'"是也。②

《公羊传注疏》里一连排列了西狩获麟、颜渊死、子路死几件事。

---

① （晋）杜预注，（唐）孔颖达正义：《春秋左传注疏》，十三经注疏整理本，北京大学出版社2000年版，第1913—1914页。

② （汉）何休解诂，（唐）徐彦疏：《春秋公羊传注疏》，十三经注疏整理本，北京大学出版社2000年版，第709—716页。

这几件事并不是同时发生的,甚至还间隔了不短时间,但由于孔夫子在这三件事上表现出了大体相同的态度,所以,传注疏的作者就把它们胪列在了一起。

相信麒麟之朕兆,绝不是智者的表现。把麟之出现而死,看作是天命的朕兆,悲叹自己的政治使命到此终结,难道这就是所谓的"知天命"?他把颜回的死看作是天使其丧失了助手,大呼"噫!天丧予"!把子路的死看作是天砍去了他的臂膀,大喊"噫!天祝予"!这一方面反映了孔子的悲痛之情,另一方面,是不是也可以理解成是他对上天的发问或责难?由悲痛而悲愤?质问上天,为什么要带走我的助手,为什么要砍断我的臂膀?其实,当他刚刚听说西狩获麟消息时的连连发问:"孰为来哉!孰为来哉!"就表现出了惊恐和不解。按照当时的观念,麒麟是仁兽,天下有道,有王者出现才会来到。而现在以鲁国之乱象,怎么会有麒麟的到来?它为谁而来?孔子的惶恐反映了他的困惑和不解,完全没有表现出通晓世事之理的"知天命"者的明悟、智慧和淡定!孔子真的"知天命"乎?

经验的事实证明,通晓天地万物之理意义上的"知天命",在孔子身上是看不到迹象的。孔子是人不是神,所谓"知天命"是不可相信的!

再来看看把"天命"解为关于历史使命的理性自觉,把孔子对历史使命的认知上升为天之所受、天之所命的解释。从现有文献材料看,孔子的确说过:"文王既没,文不在兹乎?天之将丧斯文也,后死者不得与于斯文也;天之未丧斯文也,匡人其如予何?"[①] 孔子如此说,的确是自信承担着天所赋予的历史使命。类似的话还有一些:

"天生德于予,桓魋其如予何?"[②]

[①] 程树德:《论语集释》二,中华书局1990年版,第578—579页。
[②] 程树德:《论语集释》二,中华书局1990年版,第484页。

子曰:"莫我知也夫!"子贡曰:"何为其莫知子也?"子曰:"不怨天,不尤人,下学而上达。知我者,其天乎?"

公伯寮愬子路于季孙。子服景伯以告,曰:"夫子固有惑志于公伯寮,吾力犹能肆诸市朝。"子曰:"道之将行也与,命也;道之将废也与,命也。公伯寮其如命何!"①

太宰问于子贡曰:"夫子圣者与?何其多能也?"子贡曰:"固天纵之将圣,又多能也。"②

如果这些话可信,孔子的确有些过于自负了。但是,当一个人认为自己所承担的使命是天之所命、天之所受的时候,他拿什么来证明呢?孔子想拯救乱世之民于水火之中,推仁爱于天下,的确高尚,但如何证明这就是天的意志呢?一个人有点自信是可以的,特别是自觉地为社会为人类而献身的时候,被一种崇高的动机而鼓动起来,的确可以使自己获得强大无比的意志力量;但是,随便把自己对历史使命的自觉,上升到天意,变为不可置疑的信念,是不是有点盲目呢?是不是有点过分自大、偏执而刚愎呢?但是,孔子是这样的人吗?

任何时代都存在着对社会发展趋势的不同看法,都有着不同甚至截然对立的改变社会的意志力量,那么,如何来证明哪一种看法或意志力量是符合天命的,是当然正确的?这能靠主张者自己来认定吗?如果天下人都在那里喊"文不在兹乎",怎么办呢?说到底,自封有所谓"天命"是靠不住的!谁都没有资格自封为"天意""天命"的代表!稍有点常识的人,有点自知之明的人,都不会大喊大叫说自己代表了天命或天意,这样的人是狂徒,是无知,或者是骗子!笔者以为孔子不是这样的人。他虽然自信,执着,但绝不偏执,不狂妄。他曾告诫人们"毋意,毋必,毋固,毋我"③,不要自大,不要固执,不要专断;

---

① 程树德:《论语集释》三,中华书局1990年版,第1019—1024页。
② 程树德:《论语集释》二,中华书局1990年版,第579—581页。
③ 程树德:《论语集释》二,中华书局1990年版,第573页。

而他自己会这样做吗？

无论孔子是不是这样的人，把自己的历史使命上升到天命的高度这样一种观念，在中国历史上产生了极坏的影响。他使一些政治家把自己的对历史和社会的理解，上升到天的意志，给自己一种盲目的自信，造成个人的一意孤行。人的认识，是否符合所谓天意，是无法验证的（因为天意本来就不存在）东西，任何过于自信都带有盲目性。人应该有使命感，但如果把自己认定的所谓使命，上升到天意、天命，对自己的行为选择达到认知上的盲目，作为政治家就特别可怕。在古代就是自己代表天意，在近代就是自己代表民意，把自己的行为选择说成是人民的意志，赋予个人意志以不可抗拒的力量，就必然是强化个人专断，其结果就是把整个国家或民族带到灾难的深渊！

在这里，笔者还是愿意坚持传统的看法，孔子是罕言天命的人，是不会轻易把自己看作是天的代表的。在这方面，也有不少证据：

> 子罕言利与命与仁。①
>
> 子贡曰："夫子之文章，可得而闻也。夫子之言性与天道，不可得而闻也。"②
>
> 子曰："君子有三畏：畏天命，畏大人，畏圣人之言。小人不知天命而不畏也，狎大人，侮圣人之言。"③

子贡证明孔子是罕言天道之类问题的，他常年随侍孔子左右，都"不可得而闻也"。最后一段话，虽然从语境上看，似乎孔子认可"天命"，但语意之重点却是强调要"畏天命"，只是要对天保持敬畏之态度。这和"敬鬼神而远之"有相通之处，而非确认"天命"之实在性。

---

① 程树德：《论语集释》二，中华书局1990年版，第565页。
② 程树德：《论语集释》一，中华书局1990年版，第318页。
③ 程树德：《论语集释》四，中华书局1990年版，第1156页。

孔子对鬼神采取敬而远之的态度，是学界所承认的；对待"天命"问题，大抵也是如此。如此说来，孔子自言"知天命"的事还可以相信吗？

六　关于"六十而耳顺"

先贤对"六十而耳顺"的注疏与解读，基本上是两种倾向。

第一种解释，是说孔子在经过了不惑、知天命之两个人生阶段之后，对一切事物之理都心境明白，听到任何言论都能明其微旨，而不感到有不可理解之处，都可以坦然对之。如：

何晏《论语集注》引郑注曰："耳顺，闻其言而知其微旨也。"

四库本《论语注疏》："'六十而耳顺'者，顺，不逆也。耳闻其言，则知其微旨而不逆也。"①

朱熹《论语集注》："声入心通，无所违逆。知之之至，不思而得也。"②

杨树达："耳顺正所谓圣通也。盖孔子五十至六十之间，已入圣通之诚，所谓声入心通也。"③

钱穆释"耳顺"曰："耳顺者，一切听入于耳，不复感其于我有不顺，于道有不顺。当知外界一切相反相异，违逆不顺，亦莫不各有其所以然。能明得此一切所以然，则不仅明于己，亦复明于人。不仅明其何以而为是，亦复明其何由而为非。"④

这些解读都是强调了对事物的理解问题。由于都能够理解，所以就顺了，听到什么也都不会感到突兀而不可思议。其实，在这层意义上，耳顺和不惑、知天命也都是同义重复了。既然不惑了、知天命了，还

---

① （魏）何晏注，（宋）邢昺疏：《论语注疏》，十三经注疏整理本，北京大学出版社2000年版，第17页。
② （宋）朱熹集注，陈戍国标点：《四书集注》，岳麓书社2004年版，第62页。
③ 杨树达：《论语疏证》，江西人民出版社2007年版，第28页。
④ 钱穆：《论语新解》，生活·读书·新知三联书店2002年版，第28页。

会有什么不可理解的吗？当然听到什么都可明其微旨而不存在思维障碍。

第二种解释，和上边的说法稍有不同。

《论语集释》"别解"载焦氏《补疏》曰："耳顺即舜之'察迩言'，所谓善与人同，乐取于人以为善也。顺者，不违也。舍己从人，故言入于耳，隐其恶，扬其善，无所违也。学者自是其学，闻他人之言多违于耳。圣人之道一以贯之，故耳顺也。"①

金良年《论语译注》注释"耳顺"："郑玄曰：'耳闻其言而知其微旨。'一说是对任何话都不介意。"②金良年所谓另一种说法，对任何话都不介意，大概就是焦氏"善与人同，乐取于人以为善也"，即是"舍己从人"吧。

这一种解释，更多地是强调了孔子对待逆耳之言的态度，不与人争，听到什么都能够容忍。这与第一种解释有一定相关度。所以能够容忍，也是基于其理解，知道逆耳之言"亦莫不各有其所以然"，还和他计较什么呢？这也可能与人到老年与世无争、看淡一切的处世态度有关。从这一点上说，孔子之"六十而耳顺"，倒是有不少人可以做到的。

但是，孔子做到了吗？

《论语》中有一段孔子斥责弟子冉求的话，是孔子六十多岁的事情，证明孔子并非真的有了"耳顺"之修养。《论语·先进》篇载：

> 季氏富于周公，而求也为之聚敛而附益之。子曰："非吾徒也。小子鸣鼓而攻之，可也。"③

事情的原委是这样的。孔门弟子冉求做季氏宰，哀公十一年，季孙

---

① 程树德：《论语集释》一，中华书局1990年版，第76页。
② 金良年：《论语译注》，上海古籍出版社2004年版，第10页。
③ 程树德：《论语集释》三，中华书局1990年版，第774页。

氏欲以"用田赋",改革赋税制度,使冉求访于孔子。此事前文已经谈过。孔子并不能理解赋税制度变革的内在逻辑,极力反对。但是,季孙氏没有听取孔子的劝告,而实行了新的高税率的田赋政策。按照何新所著《孔子年谱》,此事系于鲁哀公十二年(前483),孔子六十九岁。按照何新的说法,冉求是以军赋问孔子,而孔子则认为是求为季氏聚敛财富,所以,怒不可遏,向众弟子发出讨伐冉求的命令,并声言要把冉求逐出师门。① 这一案例似可证明,在早已过了"耳顺之年"的孔子,既没有通晓事物之理,达到"闻其言而知其微旨"的境界,也没有修养到遇事淡定坦然而不动怒,一切事都不介意的"舍己从人",其"耳顺"之说也就无从谈起。

我们再来看一个孔子对其不欣赏之人的难以容忍、甚至有点刻薄的例子,也可以看作是"耳顺"之反证。

在孔子之前有个臧文仲,是鲁国的一个著名政治家,在历史上享有盛誉。臧文仲世袭鲁国司寇,历经庄公、闵公、僖公、文公,以礼护国,且思想开明,又有军事、外交之才能,在鲁国历史上起过重大的历史作用。《国语》中载:

> 鲁襄公使叔孙穆子来聘,范宣子问焉,曰:"人有言曰'死而不朽',何谓也?"穆子……对曰:"以豹所闻,此之谓世禄,非不朽也。鲁先大夫臧文仲,其身殁矣,其言立于后世,此之谓死而不朽。"②

此事也见于《左传》:

> 穆叔如晋。范宣子逆之,问焉,曰:"古人有言曰,'死而不

---

① 何新:《孔子年谱》,中国民主法制出版社2008年版,第291页。
② 徐元诰撰,王树民、沈长云点校:《国语集解》,中华书局2002年版,第422—423页。

朽',何谓也?"……穆叔曰:"以豹所闻,此之谓世禄,非不朽也。鲁有先大夫曰臧文仲,既没,其言立。其是之谓乎!豹闻之:'大上有立德,其次有立功,其次有立言。'虽久不废,此之谓不朽。若夫保姓受氏,以守宗祊,世不绝祀,无国无之。禄之大者,不可谓不朽。"①

叔孙豹对臧文仲评价很高,赞其是立言于后世的死而不朽之人。臧文仲能获得如此评价,在历史上是很罕见的,应该算是彪炳于史册的人物了。而孔子则对其做了极其负面的评价,甚至有点要骂人的味道。

子曰:"臧文仲其窃位者与?知柳下惠之贤而不与立也。"②
子曰:"臧文仲居蔡,山节藻棁,何如其知也?"③
仲尼曰:"臧文仲,其不仁者三,不知者三。下展禽,废六关,妾织蒲,三不仁也。作虚器,纵逆祀,祀爰居,三不知也。"④

对同一个人,孔子的评价和晋大夫叔孙豹的评价相比,为什么如此悖逆呢?在这个问题上,孔子不仅是显得过于刻薄,恐怕也有点不明事理吧?这完全不是一个"耳顺"者的形象。

我们先来看孔子为什么说臧文仲是"窃位者",臧文仲何以窃位,窃了谁的位。按照《左传·文公二年》的杜预注:"文仲知柳下惠之贤而使在下位。"这就是臧文仲窃位了吗?孔子认为柳下惠是贤人,其位不应该在臧文仲之下;而柳下惠应该有一个什么样的位置,是由臧文仲来决定的吗?臧文仲只是个司寇呀,举荐任用柳下惠怕不是他的职

---

① (晋)杜预注,(唐)孔颖达正义:《春秋左传注疏》,十三经注疏整理本,北京大学出版社2000年版,第1149—1153页。
② 程树德:《论语集释》四,中华书局1990年版,第1094页。
③ 程树德:《论语集释》一,中华书局1990年版,第328页。
④ (晋)杜预注,(唐)孔颖达正义:《春秋左传注疏》,十三经注疏整理本,北京大学出版社2000年版,第571页。

任吧？其实，从文献看，臧文仲和柳下惠保持着很好的关系。根据《国语·鲁语上》的记载，齐孝公来伐鲁，臧文仲欲以病辞告，但拿不定主意，最后还是向柳下惠请教。①

臧文仲任司寇，有做得不到的地方，听到柳下惠的批评，还能以很认真的态度认错改正。还是《国语》中的记载，一次，有海鸟曰"爰居"来到东门外，三日不去，臧文仲使国人为爰居举行祭祀大礼。这于礼有所违背。柳下惠说："越哉，臧孙之为政也！夫祀，国之大节也，而节，政之所成也，故慎制祀以为国典。今无故而加典，非政之宜也。夫圣王之制祀也，法施于民则祀之，以死勤事则祀之，以劳定国则祀之，能御大灾则祀之，能扞大患则祀之。非是族也，不在祀典。"② 臧文仲祭祀海鸟，有违国典。听到柳下惠的批评之后，臧文仲意识到自己的错误，曰："信吾过也，季子之言，不可不法也。"并把柳下惠的话记入典册。③ 臧文仲不仅是闻过即改，还对柳下惠表示出应有的尊重。只是因为柳下惠没有那个居于孔子认为应有的位置，就能判定是臧文仲"窃位"吗？孔子之刻薄，可见一斑。

再来看孔子关于"臧文仲居蔡，山节藻棁"的非议。"蔡"是国君之守龟，臧文仲作为大夫，居然也有守龟，这是僭越。山节藻棁，是梁上短柱的纹饰，是天子庙饰，而臧文仲居然也僭越而奢侈。这成了孔子说臧文仲非"智"的证据。这已经是春秋中晚期的事情，孔子还拿僭越说事，就像他控诉季氏"八佾舞于庭，是可忍也，孰不可忍"一样，颇有点迂腐可笑。这既反映了孔子对春秋以来礼崩乐坏必然性的不能理解，也成为其评论人事缺乏平和态度的非"耳顺"之证据。

最后，孔子评价臧文仲不仁者三，不知者三，也在一定程度上反映着他的迂腐和不够宽容。"妾织蒲"是孔子指证臧文仲不仁的证据之一，而这是个什么问题呢？臧文仲的妻妾亲自参与编织蒲席，经营商

---

① 参见徐元诰撰，王树民、沈长云点校《国语集解》，中华书局2002年版，第150—151页。
② 徐元诰撰，王树民、沈长云点校：《国语集解》，中华书局2002年版，第154—155页。
③ 徐元诰撰，王树民、沈长云点校：《国语集解》，中华书局2002年版，第161—162页。

业活动，孔子视之为与民争利，是其不仁；"祀爰居"，即前边所说的祭祀海鸟，臧文仲当初已经对柳下惠的批评表示认错，作为后来人孔子还拿来说事。孔子听到臧文仲的这些事非但不能理解，还大张挞伐，能够说明他已经达到了"耳顺"之修养境界吗？

何新的《孔子年谱》，是把这些事情都系于孔子六十九岁条目之下，早已过了六十年的年龄，看来做到耳顺并非易事。

《论语》中，我们还看到孔子对待一名长者的态度：

> 原壤夷俟。子曰："幼而不孙弟，长而无述焉，老而不死，是为贼。"以杖叩其胫。①

原壤是孔子的故交，也是一位长者了。孔子骂他，小时候就不懂礼貌，长大了无所作为，现在老了也是个老不死的无用之人，真是个祸害！无论怎样，原壤也是个人，其人格也应该得到尊重，不能因为你不赞成人家的人生道路，就如此地对之鄙视、侮辱。不能容忍别人的人，还能听进去不同的声音吗？还会"耳顺"吗？从孔子与原壤是故交的情况看，当孔子骂出"老而不死"的言辞时，孔子怕也是一个老者的年龄吧？

种种迹象表明，六十岁时的孔子，也并不具有"耳顺"之修养。

七 关于"七十而从心所欲，不逾矩"

古来对"七十而从心所欲，不逾矩"的解释相对统一，没有太大分歧。古代注家中有代表性的解释有：

皇侃《论语义疏》：（孔子）年至七十，习与性成，犹蓬生麻中，不扶自直。故虽复放纵心意，而不逾越于法度也。②

---

① 程树德：《论语集释》三，中华书局1990年版，第1043页。
② 程树德：《论语集释》一，中华书局1990年版，第77页。

《论语》"四十而不惑，五十而知天命"章献疑 / 115

《论语注疏》曰："言虽从心所欲而不逾越法度也。"①

朱熹说："矩，法度之器，所以为方者也。随其心之所欲，而自不过于法度，安而行之，不勉而中也。"②

近人的解释，杨树达和钱穆之说可谓代表。

杨树达："孔子六十圣通，七十则由圣入神矣。"③

钱穆释"从心所欲不逾矩"：

> 规矩方圆之至，借以言一切言行之法度准则……圣人到此境界，一任己心所欲，可以纵己心之所至，不复检点管束，而自无不合于规矩法度。此乃圣人内心自由之极致，与外界所当然之一且法度规矩自然相洽。学问至此境界，即己心，即道义，内外合一。我之所为，莫非天命之极则矣。天无所用心而无不是，天不受任何约束而为一切之准绳。圣人之学，到此境界，斯其人格之崇高伟大拟于天，而其学亦无可再进矣。④

总之，古今关于这句话的解释，大体都是认为孔子七十岁时候的人生修养，达到了圣通、神明的境界，就像在文学艺术领域中人们常用出神入化来形容一个人所达到的神妙境域一样，这个时候的孔子就是如此。⑤ 他"安而行之，不勉而中"，无论想什么，做什么，都是那样完

---

① （魏）何晏注，（宋）邢昺疏：《论语注疏》，十三经注疏整理本，北京大学出版社2000年版，第17页。
② （宋）朱熹集注，陈戍国标点：《四书集注》，岳麓书社2004年版，第62页。
③ 杨树达：《论语疏证》，江西人民出版社2007年版，第28页。
④ 钱穆：《论语新解》，生活·读书·新知三联书店2002年版，第29页。
⑤ 关于"不逾矩"之"矩"的解释，也有一些个别性的说法。清人焦循《论语补疏》曰："矩即絜矩之矩。己欲立而立人，己欲达而达人，以心所欲为矩法，而从之不逾者，所恶于上不以使下也，所恶于下不以事上也，所恶于前不以先后也，所恶于后不以从前也，所恶于右不以交于左，所恶于左不以交于右。皇《疏》解为'放纵其心意而不逾法度'，非是。"（参见程树德《论语集释》一，中华书局1990年版，第78页）。"絜矩"是儒家经典《礼记·大学》提出的一个关于恕道、均平的文化概念，近代以后几乎湮没不闻，今天的人们已经很少知道它了。关于"絜矩"，笔者曾经写过一篇题为《絜矩：一个已消亡的文化概念》的文章，载《史学月刊》2005年第3期，可参阅。

全无拘无束、自由自在而又不违背法度规范。他的言论就是对礼的阐释，他的行为就是行礼之垂范，孔子简直就是"礼"的行为化身，为着示范"礼"而生活在人间。

但是，从经验的事实出发，世界上存在这样的人吗？如果剥去人们赋予孔子神灵、圣明的光环，将其当作一个真实的人（即使真的哲人）去看待的话，他可以修养到这样的境界吗？

譬如对"田氏代齐"的看法，此时的孔子已经是七十岁之后。《论语》载：

> 陈成子弑简公。孔子沐浴而朝，告于哀公曰："陈恒弑其君，请讨之。"公曰："告夫三子。"孔子曰："以吾从大夫之后，不敢不告也。君曰'告夫三子'者。"之三子告，不可。孔子曰："以吾从大夫之后，不敢不告也。"①

此事也见于《左传》：

> （哀公十四年，六月）甲午，齐陈恒弑其君壬于舒州。孔丘三日斋，而请伐齐三。公曰："鲁为齐弱久矣，子之伐之，将若之何？"对曰："陈恒弑其君，民之不与者半。以鲁之众，加齐之半，可克也。"公曰："子告季孙。"孔子辞。退而告人，曰："吾以从大夫之后也，故不敢不言。"②

陈成子弑齐简公，是春秋战国间齐国"田氏代齐"重大历史进程中的一个历史环节，是齐国新贵族代替旧贵族推动历史进程的历史事件。孔子只是拘泥于已经趋于崩溃瓦解的臣下犯上的西周旧礼而谴责

---

① 程树德：《论语集释》三，中华书局1990年版，第999页。
② （晋）杜预注，（唐）孔颖达正义：《春秋左传注疏》，十三经注疏整理本，北京大学出版社2000年版，第1937页。

之，并要求鲁公不顾历史情势而出兵讨齐。这个时候的孔子，连鲁哀公都不如，哀公还知道"鲁为齐弱久矣"，而孔子却还不知权变，极其迂腐地说"陈恒弑其君，民之不与者半"①。就凭一个弑其君，就失去了一半民心吗？陈氏在齐国的威望，是他们几代人靠着取悦民心、让利于民逐渐建立起来的。而一个君位，在礼崩乐坏的时代，还真的为人们所看重吗？难道孔子不知道晏子曾经对齐国形势的分析：

> 晏子曰："此季世也，吾弗知齐其为陈氏矣！公弃其民而归于陈氏。齐旧四量：豆、区、釜、钟。四升为豆，各自其四，以登于釜。釜十则钟。陈氏三量，皆登一焉，钟乃大矣。以家量贷，而以公量收之。山木如市，弗加于山；鱼盐蜃蛤，弗加于海。民参其力，二入于公，而衣食其一。公聚朽蠹，而三老冻馁。国之诸市，屦贱踊贵，民人痛疾，而或燠休之。其爱之如父母，而归之如流水。欲无获民，将焉辟之？"②

晏子说得很清楚，在齐国，国君已经被民众抛弃，所谓"公弃其民"，反过来也就是"民弃其公"。陈氏已经通过各种手段赢得了民心，甚至达到了"其爱之如父母，而归之如流水"的程度，凭什么陈恒弑其君就会失去一半民众呢？看来孔子对形势的估计是很有偏差的。哀公不欲出兵，仲孙、叔孙、季孙三大贵族权臣也不赞成出兵讨齐的主

---

① 根据朱熹的《四书集注》，二程认为此话不可能是孔子所言。程子曰："左氏记孔子之言曰：'陈恒弑其君，民之不予者半。以鲁之众，加齐之半，可克也。'此非孔子之言。诚若此言，是以力不以义也。若孔子之志，必将正名其罪，上告天子，下告方伯，而率与国以讨之。至于所以胜齐者，孔子之余事也，岂计鲁人之众寡哉？当是时，天下之乱极矣，因是足以正之，周室其复兴乎？鲁之君臣，终不从之，可胜惜哉！"［（宋）朱熹集注，陈成国标点：《四书集注》，岳麓书社2004年版，第176页］程氏认为，真的孔子绝不会从力量对比的角度看问题，其建言讨齐只能从"必也正名乎"的角度以义伐罪，正名以伐罪必能号令方伯，一呼百应。程氏幻想，孔子所建言是匡扶天下、振兴周室的大好机会。鲁国君臣不听孔子的劝告，失去了一个挽救周王室天下崩坏局面的有利时机。看来程氏比之孔子要更加迂腐而不可理喻，他完全不懂当时之天下时势！

② （晋）杜预注，（唐）孔颖达正义：《春秋左传注疏》，十三经注疏整理本，北京大学出版社2000年版，第1359—1361页。

张。朱熹认为:"三子鲁之强臣,素有无君之心,实与陈氏声势相倚,故沮其谋。"① 此言未必。三子握鲁国之实权,如果能够讨齐成功,则可以扩大鲁国当然也是扩张他们的实力。他们不欲出兵,恐怕主要还是碍于自身实力的差距。只有孔子是一味拘泥于"臣弑其君,人伦之大变,天理所不容,人人得而诛之"② 的观念,即使以卵击石也不作任何权变。最后的结果是,孔子不仅不可能从心所欲,而且,即使是他的深思熟虑之行为,也未必符合能够权变的礼之精神!从心所欲不逾矩,何其难哉!

其实,我们没有必要执着于论证孔夫子是否可以做到随心所欲不逾矩的问题。从逻辑上讲,当一个人真的能够"四十而不惑"的时候,后边的所谓"五十而知天命""六十而耳顺""七十而从心所欲,不逾矩"云云,就都成了多余的赘述。在本质意义上,这些都是无谓的重复。一旦一个人"不惑"了,什么事情都可以理解了,还不就可以通晓天地万物之理的"知天命"了?还不就可以达到"闻其言而知其微旨"的"耳顺"了?还不是做什么事情都可以无障碍地"七十而从心所欲,不逾矩"了?还要煞有介事地说那么多干什么呢?这就是要编造得像是一个真实的人生历程而已。但是,这些编造还真不是毫无意义,当编造出"七十而从心所欲,不逾矩"的时候,也才最能符合他们的真正初衷。因为,正是后边这句话,多出了一个规定性限制,那就是"不逾矩"。这才是问题的实质!正是这个"不逾矩",暴露了编造者的真正企图。

"从心所欲",还能"不逾矩",这是一个多么高超的境界!

"不逾矩",还能"从心所欲",这是一个多么诱人的目标!

可是,这个高超的境界,这个诱人的目标,还真是不容易达到或实现的。而要达到这个目标,唯一的办法就是要改变心中之"欲",或者

---

① (宋)朱熹集注,陈戍国标点:《四书集注》,岳麓书社2004年版,第176页。
② (宋)朱熹集注,陈戍国标点:《四书集注》,岳麓书社2004年版,第176页。

是取消其心中之"欲"。当欲望、私欲消失之后，无论你如何从心甚或纵心之所欲，也都不会违背礼的要求了，就自然地"不逾矩"了。于是，编造"七十而从心所欲，不逾矩"这个圣人之最高修养境界，就是提示人们去进行思想改造，消灭私欲，把人变成没有感性欲望的僵尸。如果把全体国民都改造成六根清净、无私无欲之人，整个天下，就真的成为专制国君的净土了。编造此话者用心何其毒也！

八 余论

本文的研究证明，关于《论语》"四十而不惑，五十而知天命"章，可以有几点结论：

该章所反映的并非孔子之真实人生经历；

该章并非孔子所作；

该章是伪作，其题旨是为世人或后人提供理想化的修养进阶模式，为学者立范；

该章的思想要害在于"不逾矩"。

在有了这几点结论之后，有几个问题被凸显出来：一是该章是谁人所伪造？二是伪造这样一个似乎完美的人生进阶，目的何在？三是应该如何评价该章的历史影响？本文无意再就这些问题做具体考察，进一步的研究俟之学界。

笔者想说的是，该章作者的确是心机颇深，并深深贻误后学。这段以孔子之口说出的人生求学修身之经历，或曰"一生学历"，是以真实的人生经历之面目出现的，是孔子年谱。正如前文所引李颙《四书反身录》所言："此章真夫子一生年谱也。自叙进学次第，绝口不及管阀履历事业删述，可见圣人一生所重惟在于学，所学惟在于心，他非所与焉。"此章作者就是要给人以这样的错觉：圣人看待人的一生，所重惟在于学，惟在修身，修身养性是人生第一要事。这种唯重修身进学的人生导向，以孔子的面目出现，产生了极大的欺骗性，把后世中国学子都引入了空谈修身的歧途，把中国人的注意力都吸引到了道德修养方面而脱离开对社会实践和对大自然的关注。

其更坏的影响是，它被后来的专制政府所利用，发展出中国古代社会治理的特殊路径，即通过控制人心去实现大一统政治的稳定。修身的最终目的是"不逾矩"，而"不逾矩"的最高境界是治心，彻底地铲除私欲，"破心中之贼"，中国历史上的社会控制，所走过的就是这样一条控制人心，改造人心，不准人们有感性欲望追求，不准人们独立思考的思想专制之路。而且，所谓的孔子修养经历证明，只要自觉地去践行，去按照四十、五十、六十以至暮年这一进阶模式去严格地修炼自己，就一定可以走到从心所欲不逾矩的境界，实现类似圣人的人生目标。这一以孔子名义示人的人生修养之路，究竟要把人引向何方，还不是昭然若揭吗？

原载《清华大学学报》2020年第1期。此文发表时编辑对标题略有改动，此次收录恢复了原稿标题

"天下为天下人之天下"说辨析

战国时期，是中国历史上思想最为活跃的时期，各种思想的竞相绽放，奠定了后世中国文化的根基。每当历史发展到转折关头，人们都会高举返本开新的旗帜，从战国时期的百家争鸣中，为当下的时代寻找历史凭借，并且总是会有所收获。但是，这并不意味着，人们可以随意解释百家争鸣所提供的思想资源，可以不顾诸子思想的原本意涵而随意发挥，对历史的基本尊重，对诸子思想作符合历史时代的合逻辑的解释，从来都是历史研究的基本要求。最近一些年来，当人们论证中国古代有所谓民主思想的时候，有一句话就被赋予过多的现代意义，而离开了诸子思想的本来面貌。这就是对战国时期一度流行的"天下为天下人之天下"思想的理解。

譬如有论者这样认为："中国古代的政治实践是封建专制，但在思想观念上，却一直涌动着天下属于人民的民主性思想，它以天下为公相标榜，反对君主私天下；它以主权在民为诉求，认为民心向背是政权转移的决定性力量；它以'立君为民'为鹄的，宣扬'民享'观念。""这些声音折射出一种民主的政治诉求。"[①] 也有论者认为："'天下为公'故可以理解为天下为所有人共有共享。""天下为天下人之天下"的思想，"似乎明确了'谁之天下'的问题，即天下不是任一人的

---

① 胡发贵：《"天下为天下人之天下"——中国古代民主观念的滥觞》，《东南大学学报》2004年第5期。

天下，而是天下所有人的，这应当是就'所有权'而言"①。那么，战国时期类似"天下为天下人之天下"思想里边，是不是包含有主权在民、人民拥有天下之"所有权"这样具有近代意味的民权、民享之类的民主意涵呢？此类思想是否具有今天我们所言的民主性的成分呢？这实在是一个需要辨析的问题。

笔者曾经在一篇关于战国时期禅让说问题的论文中，提出过一个"原始民主思潮"概念，并对此做过意义限定："本文提出的'原始民主思想'是一个特定概念，既不是政治学范畴中的民主集中制的民主，也不能理解为强调公民权利的现代民主，是指与主张君主专制相对立的一种社会思想，或曰是一种粗放的非君思潮。"② 这段话的表述也不是十分确切，严格地说也不是与"主张君主专制相对立的一种社会思想"，而仅仅是具有与主张绝对君主专制相对立的属性，或曰是不承认君主权力绝对性的思想，说它是粗放的非君思潮则或许是恰当的。无论怎么说，笔者都不可能将战国时期的非君思潮与现代的公民权利思想联系起来。如果那样，我们就会陷入非历史主义的泥潭。

具体考察战国以至秦汉时期"天下为天下人之天下"之类的说法，此类言语的基本意涵，大概有五种情形。

一

第一种情形是，认为天之所以立君，是出于社会管理的需要。此类说法如：

《慎子·威德》篇："古者立天子而贵之者，非以利一人也。曰天下无一贵，则理无由通，通理以为天下也。故立天子以为天

---

① 张曙光：《"天下为公"：在理想与现实之间》，《北京师范大学学报》2016 年第 2 期。
② 李振宏：《"禅让说"思潮何以在战国时代勃兴——兼及中国原始民主思想之盛衰》，《学术月刊》2009 年第 12 期。

下，非立天下以为天子也；立国君以为国，非立国以为君也；立官长以为官，非立官以为官长也。法虽不善，犹愈于无法，所以一人心也。"①

《慎子·德立》篇："立天子不使诸侯疑，立诸侯不使大夫疑……疑则动两，动两则争。杂则相伤，害在有与，不在独也，故臣有两位者国必乱。臣两位国不乱者，君在也，恃君不乱矣，失君则乱。"②

《淮南子·修务训》："古之立帝王者，非以养其欲也；圣人践位者，非以逸乐其身也。为天下强掩弱，众暴寡，诈欺愚，勇侵怯，怀知而不以相教，积财而不以相分，故立天子以齐一之。"③

《汉书·谷永传》："臣闻天生蒸民，不能相治，为立王者以统理之，方制海内非为天子，列土封疆非为诸侯，皆以为民也。"④

慎到认为立天子是为了让他来为天下立法，"通理以为天下"，天下有了统一的管理标准，就可以实现社会秩序的统一与稳定。即使所立之法不够尽善尽美，也可以解决没有统一理法的混乱。刘安的《淮南子》说，立帝王是为了解决天下"强掩弱，众暴寡"的混乱，并达到有智者推广教育，积财者均分于广众，创造秩序、文明、平均的理想社会。帝王的使命就是使社会能够实现均衡而文明的发展。这些讲的都是帝王的社会管理使命问题。

类似的说法，还有《墨子·尚同中》："古者上帝鬼神之建设国都，立正长也。非高其爵，厚其禄，富贵佚而错之也。将以为万民兴利除害，富贵贫寡，安危治乱也。"⑤ 此语虽然没有使用"为天下"的句式，但也明显地表达了建都立长的目的，在于治理天下万民，是出于天

---

① （战国）慎到：《慎子·威德》，《百子全书》三，岳麓书社1993年版，第2542页。
② （战国）慎到：《慎子·德立》，《百子全书》三，岳麓书社1993年版，第2543页。
③ 何宁撰：《淮南子集成》，中华书局1998年版，第1138页。
④ （汉）班固：《汉书》，中华书局1965年标点本，第3466—3467页。
⑤ 孙诒让：《墨子间诂》，诸子集成本，上海书店1986年版，第52页。

治乱安危的需要,语意非常明确。

先秦诸子的君主论思想中,关于建国立君的合法性问题,给予它的第一个解释,就是赋予它社会治理的使命。社会治理的需要,是君主至尊的最重要的前提。立君为国,立君为民,并非立国为君,所强调的即是君主的使命问题,职责问题。

《墨子·尚同中》:"方今之时,复古之民始生,未有正长之时,盖其语曰:天下之人异义,是以一人一义,十人十义,百人百义。其人数兹众,其所谓义者亦兹众。是以人是其义,而非人之义,故交相非也。内之父子兄弟作怨仇,皆有离散之心,不能相和合。至乎舍余力不以相劳,隐匿良道,不以相教,腐余财,不以相分,天下之乱也,至如禽兽然。无君臣上下长幼之节,父子兄弟之礼、是以天下乱焉!明乎民之无正长,以一同天下之义,而天下乱也,是故选择天下贤良圣知辩慧之人,立以为天子,使从事乎一同天下之义。"①

墨子认为,所以要"选择天下贤良圣知辩慧之人,立以为天子",就是要他肩负起一统天下之义,治理"一人一义,十人十义""父子兄弟作怨仇,皆有离散之心,不能相和合"的混乱局面,立天子不是为了天子,而是为了天下的治理。

《管子·修权》篇:"万乘之国,兵不可以无主。土地博大,野不可以无吏。百姓殷众,官不可以无长。操民之命,朝不可以无政。"②

《七臣七主》篇:"故一人之治乱在其心,一国之存亡在其主。

---

① 孙诒让:《墨子间诂》,诸子集成本,上海书店1986年版,第47页。
② (清)黎翔凤撰,梁运华整理:《管子校注》,中华书局2004年版,第48页。

天下得失，道一人出。"①

《管子》这两段话，也是从国家治理的角度，讲述立君的意义。

《荀子·王制》篇讲圣王之制可以做到什么，可以达到什么样的社会境况，实际上也是讲君主的职责和立君的合法性问题。他说：

> 故人生不能无群，群而无分则争，争则乱，乱则离，离则弱，弱则不能胜物；故宫室不可得而居也，不可少顷舍礼义之谓也。能以事亲谓之孝，能以事兄谓之弟，能以事上谓之顺，能以使下谓之君。君者，善群也。群道当则万物皆得其宜，六畜皆得其长，群生皆得其命。故养长时则六畜育，杀生时则草木殖，政令时则百姓一，贤良服。圣王之制也，草木荣华滋硕之时则斧斤不入山林，不夭其生，不绝其长……春耕、夏耘、秋收、冬藏，四者不失时，故五谷不绝而百姓有余食也。污池、渊沼、川泽谨其时禁，故鱼鳖优多而百姓有余用也；斩伐养长不失其时，故山林不童而百姓有余材也。②

荀子认为，正是社会的纷争离乱，社会需要礼法管理，春耕、夏耘、秋收、冬藏需要有秩序地运行，百姓需要余食、余用、余材而过上殷实富足的生活，所以才需要有圣王之制，要有圣君的管理。所以，荀子这段话实际上讲的也是一个所以立君的君主论问题。

先秦时期有过丰富的君主论思想，而"立天子以为天下"就正是这种君主论思想的一种表达，一种明确的强调性的说法。慎到的"立天子以为天下"，谷永的"非为天子……皆以为民也"，墨子讲的"使从事乎一同天下之义"，刘安《淮南子》所讲的"立天子以齐一之"，

---

① （清）黎翔凤撰，梁运华整理：《管子校注》，中华书局2004年版，第988—989页。
② 王先谦撰，沈啸寰、王星贤点校：《荀子集解》，中华书局1988年版，第164—165页。

是同一个道理。在这一语境中,"为天下"三个字,和民的权利问题没有任何关系,它们不属于同一个范畴。当"为天下"与民众的权利进而个人权利没有关系的时候,也就和民主问题无关了。

二

第二种情形是,认为国君应该以民为本,是民本思想的表达。

> 《荀子·大略》篇:天之生民,非为君也。天之立君,以为民也。故古者列地建国,非以贵诸侯而已;列官职,差爵禄,非以尊大夫而已。①
>
> 《春秋繁露》:天之生民,非为王也,而天立王以为民也。故其德足以安乐民者,天予之;其恶足以贼害民者,天夺之。②

这两段话中的"天之立君,以为民也",包含有民权、民享、人民是国家主体的民主性思想成分吗?其实,它的含义很简单,无论是荀子的立君为民,还是董仲舒的立王为民,都仅仅属于民本思想的范畴。张分田曾经分析过民本思想以立君为民为出发点而展开的思想逻辑。他写道:

> 民本思想就可以概括为一个核心理念与三个基本思路。核心理念是"以民为本",基本思路是"立君为民""民为国本""政在养民"。由这三个基本思路可以涵盖民本思想的全部内容。
>
> 在民本思想体系中,"立君为民"这个命题处于极其重要的理论地位。从历史过程看,"立君为民"观念的产生早于"民为国

---

① 王先谦撰,沈啸寰、王星贤点校:《荀子集解》,中华书局1988年版,第504页。
② 张舆:《春秋繁露义证》,中华书局1992年版,第220页。

本"观念;从理论价值看,"立君为民"是"以民为本"的终极依据;从思维逻辑看,"民为国本""政在养民"是"立君为民"的推论、引申和落实;从影响范围看,"立君为民"比民本思想的其他命题获得更广泛的认同。在中国古代,"立君为民"属于"设君之道",它还有"立君为公""立君为天下"等不同的表述形式。它从政治本体论的角度论证了民在政治生活中的地位,即国家、社稷、君主皆为民而设。一般说来,只要认同"立君为民",势必认同"以民为本"。[1]

张分田坚定地认为"立君为民"不属于民主思想的范畴,而是中国古代统治思想体系中的民本思想的核心内容。

民本思想是我国古代思想史上优秀的思想文化传统,这一点是没有疑问的。民本思想发端很早,在先秦时期的早期文献中多有反映。《尚书·泰誓》篇曰:"民之所欲,天必从之";《左传·桓公六年》:"夫民,神之主也。是以圣王先成民而后致力于神";等等之类的说法,为人们所熟知。民本思想高举着"民"的旗帜,很能迷惑人心,特别是孟子那句"民为贵,社稷次之,君为轻"的名言,总是很轻易地即可起到混淆是非的作用。所以,对这句话要约略辩之。

为了说明问题,我们把这段话引得稍微完整一些,以便于了解其真实语境,而不至于简单地望文生义。

> 孟子曰:"民为贵,社稷次之,君为轻。是故得乎丘民而为天子,得乎天子为诸侯,得乎诸侯为大夫。诸侯危社稷,则变置。牺牲既成,粢盛既絜,祭祀以时,然而旱干水溢,则变置社稷。"[2]

---

[1] 张分田:《民本思想与中国古代统治思想》上,南开大学出版社2009年版,第37、38页。
[2] 杨伯峻译注:《孟子译注》,中华书局2005年版,第328页。

如何看待这个民贵君轻理论？它能说明在君民关系中，民重于君吗？能说明把老百姓的地位放置于国君的位置之上吗？非也！

在这段话中，"得乎丘民而为天子"揭开了民贵君轻的谜底。也就是说，孟子这段话是站在天子的立场上讲问题的，意为只有把老百姓放在重要的地位，重视民的利益，赢得民心，才可能贵为天子，坐稳天子之位。是说给天子或国君们听的。这段话后边的几句，说得很明白。如果诸侯危及国家，那就改立诸侯，废其侯爵之位；如果把祭祀之事做到了尽善尽美，却还要遭受旱灾水灾，那就改立土谷之神。在孟子这里，可以废诸侯爵位，也可以改立土谷之神，唯一不能变的就是天子之位。只要天子能够得乎丘民之心，就可以坐稳了天子之位。这段话的立脚点依然是天子而非民众，是告诉国君如何才能坐稳了天子之位，和所谓的"民主"似乎没有什么关系。

古人关于这段话的释义，有一个说法没有引起注意。关于这段话，孔颖达疏曰：

> "孟子曰"至"则变置社稷"者，孟子言民之为贵，不可贱之者也，社稷次之于民，而君比于民，犹以为轻者。如此者也，如此故得乎四邑之民以乐其政，则为天子，以有天下；得乎天子之心，则为诸侯，以有其国；得乎诸侯之心，以为大夫，有其家。如诸侯不能保安其社稷而以危之，则变更立置其贤君，是社稷有重于君也；牺牲既成以肥腯，粢盛既成以精絜，祭祀又及春秋祈报之时，然而其国尚有旱干水溢之灾，则社稷无功以及民，亦在所更立有功于民者为之也，是民又有贵于社稷也。①

朱熹《孟子集注》曰："国以民为本，社稷亦为民而立，而君之尊又系于二者之存亡，故其轻重如此。""丘民，田野之民，至

---

① （汉）赵岐注，（宋）孙奭疏：《孟子注疏》，十三经注疏整理本，北京大学出版社2000年版，第457页。

微贱也；然得其心，则天下归之。天子，至尊贵也，而得其心者不过为诸侯耳。是民为重也。""诸侯无道，将使社稷为人所灭，则当更立贤者。是君轻于社稷也。""祭祀不失礼，而土谷之神不能为民御灾捍患，则毁其坛（墠）而更置之。"①

从孔颖达到朱熹，他们都认为孟子这段话中的"君"，并不是通常人们所理解的国家权力的最高拥有者，不能理解为民的地位至高无上，甚至高于执掌最高权力的"天子"。孟子所言的"君"仅仅是指诸侯国之国君，是诸侯而已，"君"指的是"天子、诸侯、大夫"贵族系统中的第二个阶层，非当时政治体制中的至尊之位，不是我们一般所谈论的君臣关系和君民关系中的"君"。而一般观念中所言的国君，君臣关系、君民关系中的"君"，则是国家的最高统治者，是春秋战国时所谓的"天子"，而这样的"君"是否适应"民贵君轻"的概念呢？孟子并没有表达这样的观念。

在孟子的思想体系中，诸侯之位是天子所授予，是世俗之位，如果他的作为严重伤害老百姓的利益，而危机到诸侯国的存亡，天子可以废其爵位，更立新的诸侯。而天子之位，不是世俗之位，是天的授予，天子之位是不能有谁来变更的，也不能来轻率地比较天子与民众的地位究竟谁重于谁的问题。《孟子·万章上》中有一段关于天子禅让问题的对话：

万章曰："尧以天下与舜，有诸？"孟子曰："否。天子不能以天下与人。""然则舜有天下也，孰与之？"曰："天与之。""天与之者，谆谆然命之乎？"曰："否。天不言，以行与事示之而已矣。"曰："以行与事示之者，如之何？"曰："天子能荐人于天，不能使天与之天下。诸侯能荐人于天子，不能使天子与之诸侯。大

---

① （宋）朱熹集注，陈戍国标点：《四书集注》，岳麓书社2004年版，第404页。

> 夫能荐人于诸侯，不能使诸侯与之大夫。昔者，尧荐舜于天而天受之，暴之于民而民受之。故曰：天不言，以行与事示之而已矣。""曰：敢问荐之于天而天受之，暴之于民而民受之，如何？"曰："使之主祭，而百神享之，是天受之；使之主事而事治，百姓安之，是民受之也。天与之，人与之，故曰天子不能以天下与人。舜相尧二十有八载，非人之所能为也，天也……《太誓》曰：'天视自我民视，天听自我民听。'此之谓也。"①

这段话中虽然也表达了"天视自我民视，天听自我民听"的重民思想，强调天会视民情而考虑天子之位的授予问题，但也明确强调了天子之位来自天的神圣性，孟子一再强调"天与之"，天子之位是天命之所授，非人力所决定。那么，在这一思想系统中，能不能简单地谈论"天子之位"的轻重问题呢？所谓"民贵君轻"的说法中，显然是不能把理论上获有"天命"、实际上坐拥天下权力独断性、神圣性的天子包含其中的。要从这一论断中引出民众是国家政治主体的做法是轻率而没有根据的。

但在学术界，有些人就是无视这些基本的思想关系，硬是要从所谓"天下非一人之天下"和所谓的"民贵君轻"中引出一套"人民为政治主体"的说辞，把古代思想现代化。比如一本《中国民本思想史》著作中写道：

> 儒家民本思想之第一义是以人民为政治之主体，即"天下非一人之天下也，天下（即人民）之天下也"。中国政治思想中，虽亦讲神、讲国、讲君，但"神、国、君都是政治中的虚位，而民才是实体"，故君主之地位虽然崇高无比，但与天下百姓对照之下，他的重要性与神圣性便相对地跌落到人民的下面去了。所以孟

---

① 杨伯峻译注：《孟子译注》，中华书局2005年版，第219页。

子要说:"民为贵,社稷次之,君为轻",黄梨洲要说:"天下为主,君为客"了,而人民既为政治之主体,于是"天之生民,非为君也,天之立君,以为民也","天下归之之谓王,天下去之之谓亡"之思想遂亦发生,皇帝虽可贵,但人命更宜宝爱,故"行一不义,杀一不辜,而得天下皆不为也"。这种以人民为政治之目的、政治之主体的观念,实为儒家民本思想之基调,其他观念皆由此引申而出。①

相信这样的看法既无法得到历史经验的证实,也完全不符合中国人对历史的感知。什么国和君都是虚位,而民才是实体;什么君主地位的神圣性和重要性跌落到人民的下面去了;什么以人民为政治之目的、政治之主体,是儒家民本思想之基调;什么"天下"二字可以直接标注为"人民"云云,这在以皇权专制为政治核心的古代社会,无异于痴人说梦。

分析证明,古代民本、重民思想的立脚点在君而不在民,它只是强调民是天子、君主所必须利用的基本力量。作为民本思想的一种标志性提法的"立君为民"说,并不蕴含当今人们所理解的民主性的成分,更不可能从中引申出民主、民权、民享的思想要素。而对于民本思想的思想属性,张分田用一部七十万字的学术巨著,挖掘了它的深刻本质:

> 从理论特质、制度设计、政治实践和发展历程看,中国古代的"民本思想"不是"民主思想"。主要根据是:从理论特质看,民本思想始终没有明确指出"治权在民"的思想;从制度设计看,民本思想与中华帝制具有高度的匹配性;从政治实践看,民本思想的主要功能是优化君主政治;从发展历程看,民本思想既没有推出

---

① 金耀基:《中国民本思想史》,台北商务印书馆1993年版,第8—9页。

民主共和政治，也没有自发地导出民主思想。就最基本的核心理念而言，民本思想不属于民主思想范畴，而属于专制主义范畴。①

这是被厚重的研究实践所证实的结论，是对中国古代统治思想详尽考察后的理论总结，笔者不复赘言。

三

第三种情形是，认为国君应该出以公心，是贵公思想的表达。

《商君书·修权》篇："故尧、舜之位天下也，非私天下之利也，为天下位天下也。论贤举能而传焉。"②

《六韬·文韬·文师》：太公曰："天下非一人之天下，乃天下之天下也。同天下之利者，则得天下；擅天下之利者，则失天下。天有时，地有财，能与人共之者，仁也；仁之所在，天下归之。"③

《汉书·谷永传》："不私一姓，明天下乃天下之天下，非一人之天下也。"④

这些语境中的"天下非一人之天下"，主要是突出两个字，一个是"共"字，希望天子与天下人共天下，"同天下之利"，不把天下看作是自己的一己之私；一个是"公"字，强调要有公正公平之心，以公心去对待天下事物。两个字有联系又有区别，最重要的是后者，反映的是一种贵公思想。《吕氏春秋·贵公》篇的表达最为清晰：

---

① 张分田：《民本思想与中国古代统治思想》（下），南开大学出版社2009年版，第743页。
② 蒋礼鸿：《商君书锥指》，中华书局1986年版，第84页。
③ （周）吕望：《六韬》，《百子全书》二，岳麓书社1993年版，第1086页。
④ （汉）班固：《汉书》，中华书局1962年标点本，第3467页。

昔先圣王之治天下也，必先公，公则天下平矣。平得于公。尝试观于上志，有得天下者众矣，其得之［必］以公，其失之必以偏。凡主之立也，生于公。故《鸿范》曰："无偏无党，王道荡荡；无偏无颇，遵王之义。无或作好，遵王之道；无或作恶，遵王之路。"天下非一人之天下也，天下之天下也。阴阳之和，不长一类；甘露时雨，不私一物；万民之主，不阿一人。①

很显然，《吕氏春秋》讲的"天下非一人之天下，天下之天下"，是强调天子或国君应该以公心处理天下事物，强调国家权力为公众所用，不私一物，不阿一人。"公则天下平矣"是这类思想言论的核心。

强调社会公正，是先秦时期一种很重要的政治思想和社会思想。《晏子春秋·外篇上》中，晏子对齐景公的一段话，即是讲社会公正问题。晏子说：

臣愿有请于君：由君之意，自乐之心，推而与百姓同之，则何殣之有！君不推此，而苟营内好，私使财货，偏有所聚，菽粟币帛，腐于囷府。惠不遍加于百姓，公心不周乎万国，则桀纣之所以亡也。夫士民之所以叛，由偏之也。君如察臣婴之言，推君之盛德，公布之于天下，则汤武可为也。一殣何足恤哉！②

晏子告诉齐景公，国君不能把恩惠普遍地施于老百姓，不能以公心对待天下万国，是夏桀和商纣王灭亡的根本原因。国人的众叛亲离，根源在于国君过于偏心，"公心不周乎万国"。他希望齐景公能够扩大、推广自己的美德，公心布于天下，成为像成汤和周武王那样的圣君。很显然，晏子所讲的就是一个要实现社会公正的问题。

---

① （秦）吕不韦辑：《吕氏春秋》，《百子全书》三，岳麓书社1993年版，第2637页。
② 张纯一：《晏子春秋校注》，诸子集成本，上海书店1986年，第186页。

我们都知道墨子尚贤，而其人才选拔的主张，强调的也是社会公正问题：

> 故古者圣王之为政，列德而尚贤，虽在农与工肆之人，有能则举之，高予之爵，重予之禄，任之以事，断予之令。曰：爵位不高则民弗敬，蓄禄不厚则民不信，政令不断则民不畏。举三者授之贤者，非为贤赐也，欲其事之成。故当是时，以德就列，以官服事，以劳殿赏，量功而分禄，故官无常贵，而民无终贱。有能则举之，无能则下之，举公义，辟私怨，此若言之谓也。①

墨子主张不考虑人的身份地位，"农与工肆之人，有能则举之"，在"能"的标准面前，人人平等，"有能则举之，无能则下之，举公义，辟私怨"，这是非常理想的社会公正。关于先秦两汉时期的社会公正问题，笔者曾经有专门的论文考察②，可供参考，此不赘述。

从君主论的角度出发，在"天下为天下人之天下"这一语境中，主要强调的是如何行使公权力的问题。公权力的实施当然包括如何对待社会下层人们的社会事务，但其论证主体是如何执政，而不是民在社会中、在国家政治生活中的地位，不是谁是国家政治的主体，更不是作为个体的人享有什么样的权利。所以，在我们所考察的这一思想领域内，仍然看不到现代民主思想的影子。

四

第四种情形是，认为天下非一姓之世袭，应该有德者居之，谈论的是什么人有资格坐天下的问题。如《六韬》中所云：

---

① 孙诒让：《墨子间诂》，诸子集成本，上海书店1986年版，第26—27页。
② 李振宏：《两汉时期的社会公正思想》，《东岳论丛》2005年第3期；《先秦时期的社会公正思想研究》，《广东社会科学》2005年第6期。

利天下者，天下启之；害天下者，天下闭之。天下者，非一人之天下，乃天下之天下也。①

天下者非一人之天下，惟有道者处之。②

这实际上反映的是墨子的尚贤主张。《墨子·尚贤下》说：

古之圣王之治天下也，其所富，其所贵，未必王公大人骨肉之亲，无故富贵、面目美好者也。是故昔者舜耕于历山，陶于河濒，渔于雷泽，灰于常阳；尧得之服泽之阳，立为天子，使接天下之政，而治天下之民。昔伊尹为莘氏女师仆，使为庖人，汤得而举之，立为三公，使接天下之政，治天下之民。昔者傅说，居北海之洲，圜土之上，衣褐带索，庸筑于傅岩之城，武丁得而举之，立为三公，使之接天下之政，而治天下之民。③

天下是天下人的天下，所以不能为一家一姓之专属，由什么人来治理天下，只有一个标准，那就是唯有德者处之，有道者处之，能利于天下者处之。这是典型的尚贤思想。

有德者处之，而非由一家一姓世袭天下权力的思想，在春秋战国时期也是很深厚的。《论语》中孔子"雍也，可使南面"之语，似乎也透露出这样的思想倾向。当然，历史上对这句话的理解是有争议的。究竟这个"可使南面"，是个诸侯、卿大夫之位，还是天子之位，传注者有不同的理解。

包咸曰："可使南面者，言诸侯治。"④

---

① （周）吕望：《六韬》，《百子全书》二，岳麓书社1993年版，第1092页。
② （周）吕望：《六韬》，《百子全书》二，岳麓书社1993年版，第1094页。
③ 孙诒让：《墨子间诂》，诸子集成本，上海书店1986年版，第40页。
④ （魏）何晏注，（宋）邢昺疏：《论语注疏》，四库全书整理本，北京大学出版社2000年版，第77页。

《论语注疏》正义曰:"此章称弟子冉雍之德行。南面,谓诸侯也。言冉雍有德行,堪任为诸侯治理一国者也。"①

《经义述闻》:"南面,有谓天子及诸侯者,有谓卿大夫者。雍之可使南面,为可使为卿大夫也。"②

《四书集注》:"南面者,人君听治之位。言仲弓宽洪简重,有人君之度也。"③

冉雍出身贫贱,孔子却说他"可使南面",无论这个"可使南面"的位置应该理解为诸侯还是天子,其义相通,都是意味着"人君之位",就像程树德《论语集释》考证中所说:"包、郑均指诸侯,刘向则谓天子,说虽不同,要皆通也。"④ 人君之位不能世袭,而应该有德者处之。冉雍的父亲是贱人,但冉雍德行突出,"有人君之度",孔子评价他可堪大任,应该是以"天下非一人之天下"观念为基础的。

正是有这样的观念基础,战国时期的禅让思想才格外发展,甚至蕴为一种强大的社会思潮⑤,并影响到后世,致使在秦汉确立了皇权专制、皇位世袭之牢固不破的政治制度的情况下,"天下非一人之天下"的呼声也还能不绝如缕。

汉昭帝元凤三年,山东泰山、莱芜等地出现了大石自立、枯木复生、虫食树叶成文字等怪异现象,眭弘推断将会发生王者易姓、匹夫为天子的大事,上疏曰:"先师董仲舒有言,虽有继体守文之君,不害圣人之受命。汉家尧后,有传国之运。汉帝宜谁差天下,求索贤人,禅以帝位,而退自封百里,如殷、周二王后,以承顺天命。"⑥

---

① (魏)何晏注,(宋)邢昺疏:《论语注疏》,四库全书整理本,北京大学出版社2000年版,第77页。
② 程树德:《论语集释》第二册,中华书局1990年版,第361页。
③ (宋)朱熹集注,陈戍国标点:《四书集注》,岳麓书社2004年版,第95页。
④ 程树德:《论语集释》第二册,中华书局1990年版,第362页。
⑤ 参阅李振宏《"禅让说"思潮何以在战国时代勃兴——兼及中国原始民主思想之盛衰》,《学术月刊》2009年第12期。
⑥ (汉)班固:《汉书》,中华书局1962年标点本,第3154页。

宣帝时，盖宽饶上疏引《韩氏易传》言："五帝官天下，三王家天下，家以传子，官以传贤，若四时之运，功成者去，不得其人则不居其位。"①

元帝时，刘向上疏曰："王者必通三统，明天命所授者博，非独一姓也……虽有尧、舜之圣，不能化丹朱之子；虽有禹、汤之德，不能训末孙之桀、纣。自古及今，未有不亡之国也。"②

这种关于国家最高权力继承问题的讨论，是在"天下非一人之天下"的旗帜下进行的，是中国古代政治思想中的宝贵思想成分。但无论是一姓之世袭，还是传贤禅让，都和人民主权的思想无涉，将其强行拉扯到民主思想上来，是毫无道理的。

五

第五种情形，"天下为天下人之天下"是针对不道之君的偏私行为而发出的批评声音，反映了战国时期的一种非君思潮。

《吕氏春秋·恃君》篇所言"置君非以阿君也，置天子非以阿天子也"，说的就是这种情况。《恃君》篇先从四夷蛮荒之地所以设立国君谈起，说明设立国君、天子，为的是让他们管理这个地方，防止出现"暴傲者尊，日夜相残，无时休息"的社会混乱，而最后德衰世乱，国君或天子都把国家或天下变成了自己谋取私利的居所。是篇云：

> （非）［渭］滨之东，夷、秽之乡……扬、汉之南，百越之际……此四方之无君者也。其民麋鹿禽兽，少者使长，长者畏壮，有力者贤，暴傲者尊，日夜相残，无时休息，以尽其类。圣人深见此患也，故为天下长虑，莫如置天子也；为一国长虑，莫如置君

---

① （汉）班固：《汉书》，中华书局1962年标点本，第3247页。
② （汉）班固：《汉书》，中华书局1962年标点本，第1950—1951页。

也。置君非以阿君也，置天子非以阿天子也，置官长非以阿官长也。德衰世乱，然后天子利天下，国君利国，官长利官，此国[之]所以递兴递废也，乱难之所以时作也。①

《吕氏春秋》的作者看到随着世道衰微，天子、国君的设立，违背了初衷，天子凭借天下谋私利，国君凭借国家谋私利，各级官长则凭借官职谋私利，于是，就有了诸多诸侯国一个一个地衰落灭亡。《吕氏春秋》强调"置君非以阿君也，置天子非以阿天子"的道理，针对的正是天子、国君借天下、国家而谋取私利的不道政治。

西汉哀帝时鲍宣上书谈到"天下乃皇天之天下""官爵非陛下之官爵，乃天下之官爵也"的问题，也在于规谏哀帝的为政之失：

天下乃皇天之天下也，陛下上为皇天子，下为黎庶父母，为天牧养元元，视之当如一，合《尸鸠》之诗。今贫民菜食不厌，衣又穿空，父子夫妇不能相保，诚可为酸鼻。陛下不救，将安所归命乎？奈何独私养外亲与幸臣董贤，多赏赐以大万数，使奴从宾客浆酒霍肉，苍头庐儿皆用致富！非天意也。及汝昌侯傅商亡功而封。夫官爵非陛下之官爵，乃天下之官爵也。陛下取非其官，官非其人，而望天说民服，岂不难哉！②

汉哀帝宠幸佞臣董贤，曾一次赐给董贤土地二千余顷③，并给董贤建造豪华府第。《汉书·佞幸传》载："诏将作大匠为贤起大第北阙下，重殿洞门，木土之功穷极技巧，柱槛衣以绨锦。下至贤家僮仆皆受上赐，及武库禁兵，上方珍宝。其选物上弟尽在董氏，而乘舆所服乃其

---

① （秦）吕不韦辑：《吕氏春秋》，《百子全书》三，岳麓书社1993年版，第2759页。
② （汉）班固：《汉书》，中华书局1962年标点本，第3089—3090页。
③ 《汉书·王嘉传》载："诏书罢苑，而以赐贤二千余顷，均田之制从此堕坏。"该书，第3496页。

副也。及至东园秘器，珠襦玉柙，豫以赐贤，无不备具。"① 董贤死后被抄家，其家产合计"四十三万万"，几乎全是来自哀帝的偏爱赏赐。而当时天下的百姓之困苦，确如鲍宣所言到了"父子夫妇不能相保"的程度。鲍宣即是针对哀帝对待天下子民的严重不公，强调天下为天下人之天下的思想，希望哀帝能以公心对天下，不要把官爵财富当作皇家之私产随意支配，停止对佞臣董贤的无度赏赐。

从战国到秦汉，都有这样的例子，强调"天下为天下人之天下"，是针对君主之非，希望国君不要把天下当作自己的私产随意处置。

"非君"在秦汉大一统之后的皇权专制制度下是不可思议的事情，但在春秋战国时期绝对王权观念还没有真正确立起来的时代，则是一种颇有影响的思潮。那时候，连汤武革命论都可以大行其道。笔者曾经初步总结过这一粗放的非君思潮（或曰原始民主思潮）："禅让说、汤武革命论、君位可易论、择贤立君论、立君为民论诸种学说或思想，在战国思想界竞相绽放，相互影响，互为前提，互相促进，形成了时代思想的强烈共振，共同组成了原始民主思想大合唱。"② 在当时，对国君的批评甚至公开否定，都是可能的事情。

《左传·襄公十四年》所载师旷与晋侯的一段对话，十分鲜明地提出君位可移的重要思想。襄公十四年，卫国发生了孙文子、孙蒯等孙氏贵族将卫献公赶出国门而另立公孙剽为国君的政治事件，晋侯心有所感，问师旷说，像卫国人这样驱逐自己国君的事是不是做得太过分了，师旷没有去谴责卫人孙氏贵族，而是借着卫献公的无道大发议论。他说，像卫献公这样的"困民之主"，根本没有尽到国君的职责，以致造成"匮神乏祀，百姓绝望，社稷无主"。这样的国君"弗去何为"？"天之爱民甚矣。岂其使一人肆于民上，以从其淫，而弃天地之性？"③

---

① （汉）班固：《汉书》，中华书局1962年标点本，第3733—3734页。
② 李振宏：《"禅让说"思潮何以在战国时代勃兴——兼及中国原始民主思想之盛衰》，《学术月刊》2009年第12期。
③ 参见《左传·襄公十四年》，阮元校刻《十三经注疏》下册，中华书局1980年版，第1958页。

不驱逐还要他干什么？国君如果不能成为国民的希望反而肆虐于民，就绝没有再容忍他的道理！在师旷的答辞中，君位不是世袭的，永恒的，是可以改变的，这是一个不容置疑的问题。

《孟子·万章下》也有同样的惊人之论：

> 齐宣王问卿。孟子曰："王何卿之问也？"王曰："卿不同乎？"曰："不同；有贵戚之卿，有异姓之卿。"王曰："请问贵戚之卿。"曰："君有大过则谏；反覆之而不听，则易位。"王勃然变乎色。曰："王勿异也。王问臣，臣不敢不以正对。"王色定，然后请问异姓之卿。曰："君有过则谏，反覆之而不听，则去。"①

孟子将公卿分为贵戚之卿和异性之卿。作为异性之卿，君王有错就加以谏诤，如果反复劝阻而不听，则离职而去；而作为贵戚之卿，在君王有重大过错而不听劝阻的时候，则可以把他废弃而另立新君。闻听此言，齐宣王不寒而栗，颜色大变。

这些生动的例证，说明春秋战国时期非君思潮之强盛。"天下为天下人之天下"，实际上即是思想家们用来批评国君的一种说辞，强调国君不可任意妄为，必须顾及天下人之利益和普通民众的实际感受。但是，非君思潮和近世所谓民权、民享的公民权利问题，显然不属于同一范畴。

六

以上我们分析了"天下为天下人之天下"说的五种实际意涵，它们都与所谓民主民权的近代意识毫无关联，而一些现代诠释者，为什么能将之与现代民主问题联系在一起呢？问题的根源在于，他们混淆

---

① 杨伯峻译注：《孟子译注》，中华书局2005年版，第251—252页。

了古今思想背景、话语体系、社会观念方面的历史差异,非历史地望文生义,纯粹地演绎以今人话语为底色的语言逻辑,于是就不可避免地引出了非历史的文本阐释。

这种情况在近代早期新儒家那里就开始了。试看熊十力先生对《周易》"群龙无首"的解读:

> 《大易》所谓"群龙无首"之象……无首者,群龙平等,无有为首长者,此言太平世人人平等互助犹如一体。人皆互相尊重,互相扶导,故无有为首者,全人类莫不平等。①
>
> 乾之六爻皆阳,是群龙也。世进太平,则大地人类都是圣人,而天子之位与权不属于一人,乃遍属于普天之下一切人,故曰"群龙无首"。无首,谓无有为首长者。②

熊十力先生先把"群龙无首"作现代语义的理解,再将其升华为一种人人平等的社会政治形态,即"全人类莫不平等"的社会理想,这是不是有点改铸古人的嫌疑呢?同是近代学者的高亨先生的解释是:"见群龙无首者,群龙在天,首为云蔽,而仅见其身尾足也。此群龙腾升之象。故曰见群龙无首,吉。"③高亨先生把群龙无首一般地解释为"群龙升腾"之象,平实且能说明问题。

金景芳先生的解释是:

> "见群龙"是乾之刚健,"见群龙无首"是坤之柔顺。以刚健为体,柔顺为用,刚健而能柔顺,获吉是必然的。程颐释"无首"为无自为首,意谓资质刚健的英雄人物,勿自为天下人之首,而让天下人拥我为首,也是有道理的。总之此"群龙无首"与今语之

---

① 熊十力:《原儒》,中国人民大学出版社2006年版,第18页。
② 熊十力:《原儒》,中国人民大学出版社2006年版,第116页。
③ 高亨:《周易古经今注》(重订本),中华书局1984年版,第165页。

"群龙无首"含义迥异。①

金景芳先生沿袭了古人的解释思路,但明确告诫说"与今语之'群龙无首'迥异",看来他们都不赞成熊十力先生的解释,不赞成将古人思想现代化。可以说,《周易》乾卦的"群龙无首",是不可能包含"人人平等""全人类莫不平等"的思想意涵的。

笔者想强调的是,对于古代思想的理解,要从那个时代的语境出发,从那个时代的意识形态场景出发,切忌望文生义;从今人观念出发而随意发挥,是不能得其历史真谛的。例如今天讲社会公正,讲公平、平等,古人也有类似的词语,但其思想本质并不相同,此平等不是彼平等。荀子关于社会公平、平均有段名言:

> 传曰:"农分田而耕,贾分货而贩,百工分事而劝,士大夫分职而听,建国诸侯之君分土而守,三公总方而议;则天子共己而已。"出若入若,天下莫不平均,莫不治辨,是百王之所同也,而礼法之大分也。②

不需要多么深刻的思考,就可以看出荀子所谓的平均,并不是天下人所得到的物质财富的均等,而是说只要人们各安其分,人人都能在自己所从事的职业上尽职乐业,就是"天下莫不均平"的状态了。至于人们社会等级的不均等,那是天经地义的,不属于均平的范畴。宋代的朱熹,曾就这个问题答学生问:

> 问:"论上下四旁,长短广狭,彼此如一,而无不方。在矩,则可以如此。在人则有天子诸侯士大夫庶人之分,何以使之均

---

① 金景芳、吕绍纲:《周易全解》,吉林大学出版社1989年版,第9页。
② 王先谦撰,沈啸寰、王星贤点校:《荀子集解》,中华书局1988年版,第214页。

平?"曰:"非是言上下之分欲使之均平。盖事亲事长,当使之均平,上下皆得行。上之人得事其亲,下之人也得以事其亲;上之人得长其长,下之人也得以事其长。"①

学生问在现实的宗法礼制社会中,天子、诸侯、大夫、士、庶人都被固定在确定的等级秩序中,既有这样的等级限制,真正意义上的平均或均平,平等或公正,何以可能呢?朱熹回答说,平均并不是说"上下之分欲使之均平",这个上下之分是不能均平、不能改变的,平均或均平只是说不论上下贵贱都应该做他们应该做的事情,都应该按照礼所规定的名分去事其亲,事其长,"均平"说的是这种均衡与秩序。朱熹所讲,就是中国古代均平观念的基本内涵,和今天的理解大相径庭。如果我们按照今人的观念解释古人的均平思想,当然就不得其中。

这样的非历史主义错误在民本思想研究中最为常见,前边提到的《中国民本思想史》一书,堪称典型。如作者写道:

> 天之立君既然为民,则君之居位,必须得到人民之同意,君与民之间实不啻存有一种双边的契约,亦即各有其职务与责任。人君若能以天下为重,以天下之欲恶为欲恶,则算厥尽君职了,而人民因之亦必须纳税、守法、当兵,方克无愧民职……君既有君之职,亦即有契约的义务,因此一旦违反契约之履行,亦即不尽君职时,则人民就可以起来加以放逐、易位,所谓"君不君",则民亦可不民了,这是儒家承认人民对暴君的合法的"叛乱权",亦是正当的"革命权"……所以自《尚书》"皇天上帝,改厥元子"的素朴的革命哲学出现后,孔子首以"汤武革命,顺乎天而应乎人"之语应之,迨孟子唱"闻诛一夫,未闻弑其君也",遂为中国的暴君杀

---

① (宋)黎靖德编,王星贤点校:《朱子语类》,中华书局1986年版,第364页。

伐论奠其大基。荀子虽尊君,但亦谓"臣或弑其君,下或杀其上,无它故焉,人主自取之也",且进一步认为"夺然后义,杀然后仁,上下易位然后贞",是则与孟轲同调,并无二致……至若中山先生推翻专制,缔造民国,则尤为天下所歌颂……此盖因彼等皆为天下、为生民而流血,因之所流之血变为神圣,而"叛乱权"变为合法,革命权成为正常了。①

读到这样的文字深感震惊!

一则我们震惊于作者强大的逻辑推理,他竟然能从"立君为民"推导出中国古代民本思想中君民之间存在双边的契约关系,"既然……则……必须……不啻存在有……",如此一推,君与民就各自有了职务和责任。而事实上,不仅中国古代的臣民们从来不知道什么双边契约关系,就是那些所谓的民本主义的思想家们,怕是也从来不知道契约为何物!历史没有向我们展示,秦以后的思想家们,有谁去向帝王们讨回公道,去向帝王主张他应该获得对方付出的职责或义务!思想的逻辑,大概从来无法创造出历史的真实;而只有从真实历史中发现的逻辑,才可能具有令人信服的力量!

再则我们震惊于作者关于古代中国民众合法"叛乱权""革命权"的大胆幻想。一旦作者从"立君为民"中推导出了双边契约关系,就有理由充分地施展其想象力了,就把那种所谓的双边契约关系,由"不啻有"变成真的有了。如果国君不履约怎么办,不尽君的职责怎么办,当然民就可以造反了,叛乱了,这是国君的违约造成的,在法律上来说那就是合法。于是,在作者的幻想中,儒家民本理论使中国民众对于暴君有了合法的"叛乱权""革命权"。先秦儒家确曾有"革命"一说,"汤武革命,顺乎天而应乎人"的确写在儒家的经典中,但无论是《易传》的那么一说,还是孟子的"诛一夫",荀子的"夺然后

---

① 金耀基:《中国民本思想史》,台湾商务印书馆1993年版,第9页。

义，杀然后仁"，都只是对遥远时代已经发生过的事实的追认，而没有任何现实属性。不仅孔子生前没有过"革命"，即使孟子、荀子也没有过类似的实践，虽然秦汉之后的儒家经典长期被封为一尊，但却没有谁从中嗅出了一丝一毫合法的"叛乱权""革命权"信息。反倒是成百上千次的农民起义被镇压在血泊之中，而在文人儒士的著作中，则把他们骂为"盗贼"！如果说孙中山领导的辛亥革命把"叛乱权"变成合法，"革命权"变为正常，那也只是在人民的革命中实现的，而不是儒家民本思想所赋予的。中国古代儒家的民本思想，并不支持人民的"叛乱"和革命，这应该是一个思想史常识。

总括全文，我们认为，先秦时期产生的"天下非一人之天下"的提法，仅仅是一个历史时代的思想成果，应该从产生它的历史时代出发，去发掘或阐释其思想内涵。在思想史研究中，无论如何都不能忽视社会存在决定社会意识这一方法论思想的路径指引。如果抛开思想发生的时代条件去挖掘其内涵，或者仅仅凭着逻辑推理或演绎去推测其思想意蕴，就难免掉进非历史主义的泥潭。任何思想的阐释，都应该回到思想所赖以发生的历史时代中去求得解释。特别是对于一些优秀的思想文化遗产，在决定对其继承或发扬光大的时候，千万不能忘记应给予批判、分析、辩证地对待。让思想的解读回到历史之中，并以批判分析的态度来对待，是思想史研究方法论的不二选择。

原载《中国史研究》2021年第2期，与苏小利合作

汉代儒学的经学化进程*

一 问题的提出

经学形成于何时,近代以来的学术界大致有两种看法。一种认为形成于先秦时代:最早写经学史的晚清人皮锡瑞,对经学的叙述就径直从先秦时代或曰从孔子开始[①]。20世纪30年代出版的马宗霍的《中国经学史》,表达了经学自孔子始的观点,该书第三篇的标题即是"孔门之经学"[②]。80年代初,徐复观也发表了经学完成于先秦时代的观点:"从经学的思想、精神方面说,是始于周公,奠基于孔子。从经学的组成、形式方面说,则一直到秦始得完成。"[③] 另一种看法,认为经学形成于西汉,以汉武帝时期的独尊儒术、立"五经"博士为标志。如朱维铮说:"经学是中世纪中国的统治学说。""公元前二世纪晚期,西汉

---

* 本文所谈儒学的经学化,严格地说应该是"六艺之学"的经学化。钱穆先生曾经详细地论辩过在汉武帝之前,儒学与六艺之学的分野,这完全是两个内涵不同的概念。(参见钱穆《两汉经学今古文平议》,商务印书馆2001年版,第200—201页)只是在汉武帝"置《五经》博士"之后,随着"六艺"经学地位的确立,"六艺之学"逐渐经学化,儒学之士也日益将"六艺"作为单一的研习对象,"六艺之学"也就日益与儒学合为一体。本文讲儒学的经学化,实际上是在讲"六艺之学"的经学化,所以这样命题,只是选择了一个更为习惯的说法。

① (清)皮锡瑞、周予同注释:《经学历史》,中华书局2012年版,第1页。
② 马宗霍:《中国经学史》,上海书店1984年影印本。
③ 徐复观:《徐复观论经学史二种》,上海书店出版社2006年版,第52页。

帝国宣布'独尊儒术',设置'五经博士'……那以后相传由孔子撰定的五类著作——《诗》《书》《礼》《易》《春秋》的若干传本……便由早先诸子学派都可用来比喻某种纲领性的学说或文献的统称,变成了唯指儒家学派尊崇的所谓孔子亲授的五类或六类('六经'即五经加《乐》)著作的专称。"[1] 张立文认为,狭义的作为官学的经学是从汉武帝"独尊儒术"开始。[2] 姜广辉说,建元五年(前136)汉武帝立五经博士是经学正式确立的标志。[3] 近年熊铁基先生提出经学垄断地位的形成是一个发展过程的思想:"经学垄断地位的形成是一个发展的过程,这个过程中有一些标志性的事件,如武帝时的'罢黜百家'、表彰六经,虽然要具体分析,不应夸大董仲舒的作用等等,但是毕竟有一些实际的措施,如罢申、韩、张等言之贤良,置五经博士及弟子员,兴太学并成为制度等等,都是标志性的。其次又有讲论经义、有石渠阁会议、白虎观会议等等,都在经学垄断地位的形成中起重大作用。"[4] 当然,熊铁基先生这里主要谈的是汉代经学垄断地位的形成而非单纯的经学形成问题。

总括前贤诸说,似嫌不足之处尚存,即都没有对自己的观点进行学理性的论证。如果从表面现象上看,董仲舒"天人三策"提出"臣愚以为诸不在六艺之科孔子之术者,皆绝其道,勿使并进",并被武帝接受,即传统所说实行"罢黜百家,独尊儒术",是可以作为儒学进入经学阶段的标志的。然而,不论是设立五经博士,还是"罢黜百家,独尊儒术",都只是儒学经学化进程中最初阶段或者说是开始向经学转化的标志性事件,都还不足以说明儒学已经完成了经学化,并不能标志经学的正式确立。儒学何时真正地变为经学,需要有一个明确的判断

---

[1] 朱维铮:《中国经学史十讲》,复旦大学出版社2002年版,第2页。
[2] 张立文主编,周桂钿、李祥俊著:《中国学术通史》第二卷,人民出版社2004年版,第92页。
[3] 姜广辉主编:《中国经学思想史》第二卷,中国社会科学出版社2003年版,第7页。
[4] 熊铁基:《汉代经学垄断地位的确立及影响》,《秦汉研究》(第一辑),三秦出版社2007年版,第14页。

标准，需要有一个学理性的解决。①

解决经学何以为"经学"的问题，需要从"经"与"经学"的字词本义谈起。

《说文》："经，织也。""经"字本义是织物的纵线，与"纬"相对，这是没有疑问的。但早在先秦时期，"经"字就延伸出许多社会性含义。如"经"有初始之义。《尔雅·释言》中没有释"经"，但却以"经"来训释"基""典"二字。以"经"释"基"曰："基，经也。"释曰："基，墙下土也。又诂为始做事，谋始必经纶也。"② 于是，"经"也被赋予了初始之义。

"经"有传世文献的含义。《尔雅·释言》以"经"释"典"曰："典，经也。"③ 这里的"经"即是前代传承下来的典籍文献，或曰即是《尚书·多士》篇所谓"惟殷先人，有册有典"之典。

"经"又有常言、常法、常理之义。《左传·昭公十五年》：叔向曰："礼，王之大经也。一动而失二礼，无大经矣。言以考典，典以志经，忘经而多言举典，将焉用之？"服虔曰："经，常也，常所当行也。"④《荀子·成相》曰："治之经，礼与刑，君子以修百姓宁。"

"典以志经"，"经"就是"常"，是包含在文献典籍中的常理、常法。像荀子所言，"礼与刑"是君子治理百姓的经常性工具，所以也就是为治之"经"。就此而言，所谓"经"，即常言、常法、常理之谓。

---

① 在关于经学判断的学理性方面，朱维铮先生对经学概念有过一个说明。他说：经学"特指中国中世纪的统治学说。具体地说，它特指西汉以后，作为中世纪诸王朝的理论基础和行为准则的学说。因而，倘称经学，必须满足三个条件：一、它曾经支配中国中世纪的思想文化领域；二、它以当时政府所承认并颁行标准解说的'五经'或其它经典，作为理论依据；三、它具有国定宗教的特征，即在实践领域中，只许信仰，不许怀疑。"（朱维铮：《中国经学史十讲》，复旦大学出版社2002年版，第9—10页）尽管朱维铮先生没有说明自己如此判断经学的理由，没有在问题讨论的学理性上多着笔墨，但这几点看法，还是对我们有很大启发。

② （晋）郭璞注，（宋）邢昺疏：《尔雅注疏》，十三经注疏整理本，北京大学出版社2000年版，第75页。

③ （晋）郭璞注，（宋）邢昺疏：《尔雅注疏》，十三经注疏整理本，北京大学出版社2000年版，第101页。

④ 吴静安：《春秋左氏传旧注疏证续》，东北师范大学出版社2005年版，第1228页。

综合考虑，先秦时代的"经"，指的就是那些初始的基本的包含着事物之常理的先世文献，亦即《文心雕龙》所谓的"圣哲彝训"①。所以，我们可以看到，在先秦文献中，"经"字多用来特指孔子研读和修订编纂的"六艺"之书，即在孔子之前就传承下来的典范性著作：《诗》《书》《礼》《乐》《易》《春秋》。人们称这些文献为"经书"，并有"六经"之说。譬如《庄子·天运》载，孔子谓老聃曰："丘治《诗》、《书》、《礼》、《乐》、《易》、《春秋》《六经》，自以为久矣，孰知其故矣。"②但先秦时期却没有出现"经学"一词，"经学"概念见之于汉代：

> 《汉书·宣帝纪》：（本始四年夏四月诏）"丞相、御史其与列侯、中二千石博问经学之士，有以应变，辅朕之不逮，毋有所讳。"
> 《汉书·儒林传》："于是诸儒始得修其经学，讲习大射乡饮之礼。"
> 《汉书·兒宽传》："见上，语经学，上说之，从问《尚书》一篇。"

《汉书》中说的这个"经学"，是指称以儒家经典为诵习和传承对象的学问，或曰经学即解经之学，并不具有近代以来人们所理解的学术概念之意义，也不具有后世所赋予它的神圣性。

从近代科学的立场出发，学术的本质应该是批判性思维，强调对传统认识的批判与质疑；而中国传统社会的"经学"，作为官方意识形态，却恰恰异于是，其属性正在于它的权威性、神圣性、非批判性。因此，"经学"不是一般的学术，不具有学术的批判性质，而是一门特

---

① 《文心雕龙·论说》篇："圣哲彝训曰经，述经叙理曰论。"周振甫注本，人民文学出版社1983年版，第200页。

② 陈鼓应：《庄子今注今译》，中华书局1983年版，第389页。

殊性的学问。从现代的学术定义出发，经学获得的是一种非学术性的属性。而从先秦至汉武帝以前的"六艺之学"，还不具有这样的属性；"六艺之学"的权威性、神圣性和非批判性，是在汉武帝确立"罢黜百家，独尊儒术"之后逐渐形成的，并经历了一个长达二百多年的形成过程才得以完成。本文要讨论的经学化进程，就是要弄清由先秦继承下来的"六艺之学"，如何并在何时最终完成了这样一个成为非批判性学问的转变。

先秦"六经"，从一般意义上的典籍文献发展到不可质疑与批判的具有思想权威性质的神圣经典，不是一朝一夕完成的，是有一个可以探寻和描述的历史过程的。大体说，由"经书"到"经学"的演变，沿着三条并行不悖的路径：一是由民间学术演化为国家意识形态；二是由诸家普世之学变成一家独断之学；三是由初始典籍变为皇权钦定之权威典籍。当其完成这些转变的时候，它就具备了三个最顽强的特征：

与皇权政治结合，由民间学术发展为国家意识形态
从诸子百家之学变成儒家专修的一家独断之学
经义解释、治学方法的固定化及其严格的非批判性

这三个特征，也正好可以拿来作为判断经学最后完成的标准。本文即以此为据来考察儒学经学化的历史进程。

二 先秦"六经"非"经学"辨

我们先来辨明先秦"六经"非为"经学"的问题。徐复观在宣告先秦经学之完成时，最重要的论据是《礼记·经解》篇的一段话：

孔子曰："入其国，其教可知也。其为人也温柔敦厚，《诗》

教也。疏通知远，《书》教也。广博易良，《乐》教也。洁静精微，《易》教也。恭俭庄敬，《礼》教也。属辞比事，《春秋》教也。故《诗》之失愚，《书》之失诬，《乐》之失奢，《易》之失贼，《礼》之失烦，《春秋》之失乱。其为人也温柔敦厚而不愚，则深于《诗》者也。疏通知远而不诬，则深于《书》者也。广博易良而不奢，则深于《乐》者也。洁静精微而不贼，则深于《易》者也。恭俭庄敬而不烦，则深于《礼》者也。属辞比事而不乱，则深于《春秋》者也。"①

他说："《经解》虽未称《诗》、《书》等为经，而由'经解'之名，实已称之为经。他继荀子之后，正式把《易》组入在一起，于是六经之名与数及经学的形式，至是而完成。"② 可见，徐复观重视的是经学所以为"经学"的形式问题，是它如何发展到后来人们所熟知的"六经"概念以及"六经"内部的逻辑联系；而不是从经学所以为"经学"的学理意义上、从学术本身的意义上来探讨问题。如果从学术的角度，从学术的特性从而"经学"的学术特殊性，亦即我们所提出的三条判断标准出发，先秦时期是无所谓经学的，所谓"六经"，也就是人们所熟知的六种文献典籍，它并没有发展到权威的神圣的不可质疑与批判的地步，也没有成为像后世经学为儒家一家所独霸的独断之学。以下简略论之。

首先，在先秦时代，"六经"为百家诸子之通学，而非儒家的独断之学。《庄子·天下》篇曰：

---

① （汉）郑玄注，（唐）孔颖达疏：《礼记正义》，十三经注疏整理本，北京大学出版社2000年版，第1597页。
② 徐复观：《徐复观论经学史二种》，上海书店出版社2006年版，第50页。徐复观在《先汉经学之形成》中，关于经学的形成过程，主要讲了"周公及周室之史——经学的发端""春秋时代经学的发展""孔子及孔门——经学基础的奠定""孟子与经学""荀子——经学形式的发展""六经、六经的完成"等几个阶段，而其思维的逻辑，就偏重在六经的内在组合方面；而这个问题，的确是在《经解》篇完成的。参见《徐复观论经学史二种》，第6—53页。

其在于《诗》、《书》、《礼》、《乐》者，邹鲁之士搢绅先生多能明之。《诗》以道志，《书》以道事，《礼》以道行，《乐》以道和，《易》以道阴阳，《春秋》以道名分。其数散于天下而设于中国者，百家之学时或称而道之。①

《天下》篇这段话，明确指出了《诗》《书》《礼》《乐》《易》《春秋》之"六经"是当时天下百家的共同学术，所谓"百家之学时或称而道之"，就是说它不是哪一家的学问，各个学派都以之为依循，是天下学术共同称引或论说的对象。以下我们就对天下百家对"六经"的征引、利用或依循做简单考察。

庄子学派　上引《天下》篇中对于"《诗》以道志，《书》以道事，《礼》以道行，《乐》以道和，《易》以道阴阳，《春秋》以道名分""六经"精神内涵的揭示，已经说明庄子学派对"六经"之学的深刻理解。如此精辟的总结，如果没有对"六经"的深入研读，恐怕是达不到的。此外，《庄子》书中对"六经"还有不少征引，如：

《庄子·齐物论》：《春秋》经世先王之志，圣人议而不辩。
《庄子·徐无鬼》：徐无鬼出，女商曰："先生独何以说吾君乎？吾所以说吾君者，横说之则以《诗》、《书》、《礼》、《乐》，从说之以《金板》、《六弢》，奉事而大有功者不可为数……"

《庄子·渔父》篇塑造了一个隐逸型的有道者渔父的形象，利用渔父来批评孔子粉饰礼乐、"苦心劳形以危其真"的做法。文中渔父与子贡的对话相当精彩，并使人感到庄子对儒家的主张、对"六经"的精神实质理解得也相当到位。该篇写道："子贡对曰：'孔氏者，性服忠信，身行仁义，饰礼乐，选人伦，上以忠于世主，下以化于齐民，将

---

① 陈鼓应：《庄子今注今译》，中华书局1983年版，第855页。

以利天下。此孔氏之所治也。'"

以上《庄子》对"六经"的称引，以及它对儒家思想的阐释，再联系到《天下》篇对《诗》《书》《礼》《乐》《易》《春秋》之"六经"要旨的阐释，都说明作为儒家思想对立面的庄子，对"六经"本身也下过不少功夫。他虽然批评儒家思想，而对"六经"中的一些资料，还是做了正面的引用，将其看作是"先王之志"。

法家学派 马宗霍的《中国经学史》中，曾谈到《管子》对"六经"的征引情况。他说：

> 诸子书之所称引者，复所在而有。其前于孔子者，如《管子·法禁》篇称"纣有臣亿万亦有亿万之心，武王有臣三千而一心"，与《书》之《泰誓》同。《小匡》篇言"蒐狩之礼"，《八观》篇言"国有蓄积"，与《周官》《戴礼》同。此外同于《左氏传》者尤多。①

《管子》可为法家之一例②，不多赘述；下边主要来谈《韩非子》对于"六经"的征引和利用。关于《书》的征引：

《韩非子·难势》：夫势者，便治而利乱者也。故《周书》曰："毋为虎傅翼，将飞入邑，择人而食之。"

《韩非子·说林下》：以千里之马时一有，其利缓；驽马日售，其利急。此《周书》所谓"下言而上用者，惑也。"

《韩非子·有度》：先王之法曰："臣毋或作威，毋或作利，从王之指；毋或作恶，从王之路。"古者世治之民，奉公法，废私

---

① 马宗霍：《中国经学史》，上海书店 1984 年影印本，第 5 页。
② 《管子》一书内容驳杂，不宜确切归入某一学派。《汉书·艺文志》将其归入道家，近世出版的《百子全书》将其归入法家。对该书思想属性的辨析应针对具体的篇目去分析，不能笼统论之。不过，辨析此书的思想性质并非本文之旨，此处作法家看待，是取其一说而已。

术,专意一行,具以待任。

这几段话中对《周书》的征引,都是正面引用,用作自己论说的根据,所谓引经据典是也。《有度》篇所说的"先王之法",出自《尚书·洪范》。《洪范》篇中的"无偏无陂,遵王之义;无有作好,遵王之道;无有作恶,遵王之路"可与对照。法家是与儒家站在极端对立的思想立场上的,然对儒家所极端推崇的"六经"也没有表现出任何排斥,而是正面地征引与运用。这足以说明,所谓"六经"并非为儒家所专,而是带有天下公器之性质的典籍文献。

墨家学派　《淮南子·主术训》曾曰:"孔丘、墨翟,修先圣之术,通六经之论。"是谓墨家鼻祖之墨翟也是"通六经之论",或者说,墨翟创立墨家学派,和孔子创立儒家学派一样,也是以夏商周以来的文化遗产为依托,以"先圣之术""六经之论"为基础的。所不同的是,墨子所依托的"六经之论",可能并不是经由孔子整理之后的"六经",而是更多地依靠未经孔子整理的更原始的"六经"典籍。马宗霍的《中国经学史》中说:"余杭章先生有言,墨子称《诗》、《书》、《春秋》,多太史中秘书,盖谓此也。他若孟、荀、韩、吕诸家,所引经文虽繁,已在孔子删订'六经'之后,大抵以孔子删订之本为主。"①章太炎和马宗霍所论,也得到了当代墨子研究的证实。

郑杰文的《中国墨学通论》中,关于《墨子》对《诗》《书》的征引情况,有着详尽的考察,他的一个重要结论是,墨家对于《尚书》有自己的选本:

《墨子》引《书》共计40节,其文字可与今文《尚书》比对者5节;其篇目可与汉代新出之"百两《尚书》"之篇目比对者、其文可与新出《泰誓》文比对者,计11节;可用于东晋梅赜古文

---

① 马宗霍:《中国经学史》,上海书店1984年影印本,第6页。

《尚书》比对者5节；共21节。而《墨子》所引不可与今传所有《尚书》系统比对者19节，几乎占一半。这是否可以说，墨家所传先王之《书》，自有独自的选本系统。先王之《书》是春秋战国时期广为流传的记载先王言论兼及少量行事的上古典籍，孔子及其弟子曾予整理，成为战国时流传最广的选本；同时，也有此种选本之外的本子或散篇在流传。墨家所传先王之《书》，便是儒家选本之外的墨家选编本。①

这个研究结果，一方面证明了墨家学派与"六经"的关系，另一方面，也进一步证实了章太炎和马宗霍的看法，即墨家所依托之"六经"，非孔子所整理之"六经"，而是有着更质朴之貌的"六经"典籍，或者说墨家有他们自己整理的"六经"选本系统。

前贤对诸子征引、利用"六经"文献阐发自家学说的考证说明，在先秦时代，"六经"乃天下之公器，是夏商周三代所存留下来的具有普世价值的典籍文献。它是春秋战国时期百家争鸣的文化基础，是诸子百家的思想源头，并不为哪一家所独专，和汉武帝以后儒学定为一尊、儒家将"六经"之学据为己有的情况完全不同。可以说，此时"六艺之学"的独断性特征尚未出现，"六经"尚未迈开走向"经学"的步伐。

其次，春秋战国时期的"六经"，虽然具有"先圣之术"的权威性和普适性，但由于它只是表现在思想文化领域，并没有与政治权威相结合，因而也没有谁赋予其不可质疑与挑战的神圣性和非批判性。其时之"六经"，除了儒家将其作为教材使用、而在该学派的传承中具有"训世之学"的性质之外，在其他学派那里，大抵是作为历史书看待的。它的基本性质是"古典文献"，而非是需要人们遵循而不能违逆的

---

① 郑杰文：《中国墨学通论》上，人民出版社2006年版，第108—109页。该书关于此问题的详细考证，参见其第92—108页。

"圣典"或"经典"。

法家对"六经"的称引，在不少地方就是作为历史资料来对待的。《韩非子》的下边两段话可以为证：

> 《奸劫弑臣》篇：人主无法术以御其臣，虽长年而美材，大臣犹将得势擅事主断，而各为其私急。而恐父兄豪杰之士，借人主之力，以禁诛于己出，故弑贤长而立幼弱，废正的而立不义。故《春秋》记之曰："楚王子围将聘于郑，未出境，闻王病而反，因入问病，以其冠缨绞王而杀之，遂自立也。齐崔杼，其妻美，而庄公通之，数如崔氏之室。及公往，崔子之徒贾举率崔子之徒而攻公，公入室，请与之分国，崔子不许，公请自刃于庙，崔子又不听，公乃走逾于北墙，贾举射公，中其股，公坠，崔子之徒以戈斫公而死之，而立其弟景公。"①

> 《备内》篇：上古之传言，《春秋》所记，犯法为逆以成大奸者，未尝不从尊贵之臣也。而法令之所以备，刑罚之所以诛，常于卑贱，是以其民绝望，无所告愬。大臣比周，蔽上为一，阴相善而阳相恶，以示无私，相为耳目，以候主隙，人主掩蔽，无道得闻，有主名而无实，臣专法而行之，周天子是也。偏借其权势则上下易位矣，此言人臣之不可借权势也。②

第一段话中，韩非为了说明"人主无法术以御其臣"所可能带来的严重后果，引述了《春秋》中所记楚王子围借父王病疾而杀父自立以及齐国权臣崔氏之徒诛杀齐庄公而立齐景公的史事，这两则弑君自立和拥立的故事，为韩非阐述自己的政治观点做了有力佐证。第二段话中，韩非用《春秋》故事说明历史上那些"犯法为逆以成大奸者"，

---

① 陈奇猷校注：《韩非子集释》，上海人民出版社1974年版，第251页。
② 陈奇猷校注：《韩非子集释》，上海人民出版社1974年版，第290—291页。

都出自尊贵之臣，要国君防止权臣"借其权势"而导致"上下易位"的事情发生。这两段话中所引的"《春秋》所记"，都是作者为了阐述自己的观点而拿来的历史例证。"六经"之一的《春秋》，是被韩非作为史书来利用的。

"六经"在墨家这里，也不是作为必须遵循的训世经典，而是作为承载历史的文献，是作为史书来看待的。郑杰文的《中国墨学通论》就认为《墨子》引诗所表现的是一种"以《诗》为史"的《诗》学观念，墨家是将《诗》作为历史来读的。① 这一点，在郑杰文的书中论之甚详，兹不赘述。

正是此时的"六经"尚不具有不可置疑的非批判性，所以，人们对之怀疑或质疑就是非常正常的，甚至在自觉传承它的儒家学派内部，人们也可以对之持怀疑或分析的态度。《尚书·武成》篇中陈述武王伐纣的情景时说："甲子昧爽，受率其旅若林，会于牧野。罔有敌于我师，前途倒戈，攻于后以北，血流漂杵。"② 对于《武成》篇的这段文字，孟子就提出了怀疑与批评。他说："尽信《书》，则不如无《书》。吾于《武成》，取二三策而已矣。仁人无敌于天下，以至仁伐至不仁，而何其血之流杵也？"③ 虽然孟子此处的怀疑有待于商榷，但却不能不说，《书》不可尽信是一个科学的态度，没有任何的盲从和迷信。可见，《尚书》在虔诚的儒家"六经"传承者孟子这里，也还不具有不可质疑的非批判性。

"尽信《书》，则不如无《书》"，反映了在那个经学思维还没有形成的时代，人们对待古典文献、圣人权威的一种思想态度。正是不囿于古典文献或圣人权威的思想束缚，才可能在孔子之后，儒学发展出以孟子、荀子为代表的重要发展阶段。在孟子、荀子那里，都表现出

---

① 参见郑杰文《中国墨学通论》上，人民出版社2006年版，第80—86页。
② （汉）孔安国撰，（唐）孔颖达疏：《尚书正义》，十三经注疏整理本，北京大学出版社2000年版，第347页。《武成》篇出于古文《尚书》，传统认为是"伪书"，但就下文所引孟子对其的批评说，先秦时期应该是有《武成》篇的，不然孟子的批评也无从谈起了。
③ 杨伯峻：《孟子译注》，中华书局2005年版，第325页。

了不囿于"六经"束缚的强大的思想创造力量。

最后，先秦时代的"经"名非"六经"之专称。

前文述及，朱维铮关于"经学"成立之判断涉及"经"的专称问题。他说，从西汉武帝宣布"独尊儒术"之后，原属纺织工艺的古老概念的"经"，便由早先诸子学派都可用来比喻某种纲领性的学说或文献的统称，变成了唯指儒家学派尊崇的所谓孔子亲授的五类或六类著作的专称。专称，就具有了神圣性；非专称，就只有世俗性，是广被使用的普通称谓，这一点对于说明先秦"六经"非经学也是重要佐证。

先秦时期，凡是阐述一般性道理的文献，都可以谓之"经"。《老子》称《道德经》，李悝著《法经》，地理志书有《山海经》，《墨子》中有《经说》篇，《韩非子》中有《八经》篇等。从常言、常法、常理的角度讲，最具训世意义的，则是夏商周以来的先王之典籍。而先王之典籍颇丰，"六经"只是其中之一部分。"六经"是经，其他先王典籍也是经。所以，"六经"和其他先王典籍，具有同等的意义，并无特殊性可言。

老子曰："夫《六经》，先王之陈迹也。"① 而先王之陈迹，亦非仅孔子整理的"六经"，先王陈迹应该是非常丰富的。皮锡瑞说："墨子之引《书传》，每异孔门；吕氏之著《春秋》，本殊周制。其时九流竞胜，诸子争鸣；虽有古籍留遗，并非尼山手订。引《书》间出百篇之外，引《诗》或在三千之中。"② 在春秋战国时代，非孔子整理之"六经"的《书》百篇、《诗》三百之外的古籍留遗，都具有"经"之意义，墨子所引，吕氏所征，大抵此类。

在先秦时代，"六经"为百家之学而非儒家独断之学；"六经"在诸如法家、墨家那里只是作为普通的历史书来看待，即使在极尊崇"六经"的孟子那里，它也不可尽信，没有后世人们所赋予它的神圣性

---

① 郭庆藩：《庄子集释》，中华书局2004年版，第532页。
② （清）皮锡瑞著，周予同注释：《经学历史》，中华书局2012年版，第35页。

和权威性，不具备不可质疑之非批判性；"经"字之含义也不同于后世，并未获得表示权威理论之专称。从这一切情况来看，先秦时代之"六经"，虽有"经"之名，而无"经学"之实，尚不具备权威理论的思想属性。"六经"或如董仲舒所说的"六艺之科"的这种非权威性，一直延续到西汉前期都不曾改变，只是到了汉武帝"置《五经》博士"之后，才开启了它走向"经学"的道路。

三 汉代儒学与皇权政治的结合之路
——基于皇权方面的考察

儒学与皇权政治的结合，首先是政治方面的需要。在经过了汉初几十年的休养生息、积蓄了一定的力量之后，政治家不再甘心于清静无为的状态，希望大有作为，抛弃主张无为而治的黄老思想而选择儒家思想作为理论依托，是个必然的结果。于是，我们看到，从汉武帝即位开始，儒学之士所研习的传统典籍，即《诗》《书》《礼》《易》《春秋》等"六艺"（此时《乐》已失传，"六艺"是个象征性的说法），即开始了一个日益被推崇的上升之路，并最终获得被皇权所钦定的不可质疑与批判、作为治国理民之根本大法的经典地位。"六艺"地位的上升之路，从皇权方面考察，主要是通过以下三个方面而展开的。

（一）皇权强力推高儒学的政治地位——设立经学博士

1. 武帝建元五年"置《五经》博士"

汉初政治制度多承接于秦，博士官的设立也是如此。从《汉书·叔孙通传》可知，汉王尚未立足于天下之时，就已封叔孙通为博士。然而，汉初政治思想尚黄老之术，制度建设相对疏阔，博士官制度也不健全，传世文献中所能看到的汉初博士非常稀少。但是，到了文帝时期，似乎就已经恢复到了秦时的七十博士的状况了。

卫宏《汉旧仪补遗》说："孝文皇帝时，博士七十余人，朝服玄端,章甫冠。"①

《汉书·楚元王传附刘歆传》载刘歆移让太常博士书说:"至孝文皇帝……天下众书往往颇出,皆诸子传说,犹广立于学官,为置博士。"

赵岐《孟子题辞》中说:"孝文皇帝欲广游学之路,《论语》《孝经》《孟子》《尔雅》,皆置博士。"②

这些说法难得确论,但其中可以透露出来的确切信息是,文帝时期博士官的设立已经恢复到了秦时的规模或建制,而且所立非"六艺"之属,大体上沿袭了秦时的思想路线,诸子传说都可以立为博士,以适应此职官的政治功能。虽然由于汉初博士记载较少,设立情况难以确知,但却可以从关于博士官职掌和功能的记载中分析出来。

> 博士,秦官。博者,通于古今;[士者]辩于然否。③
> 武帝初置博士,取学通行修,博学多艺,晓古文《尔雅》,能属文章者为高第。④
> 博士,秦官,掌通古今。⑤

博士官要发挥的是"通古今""辩然否"的作用,实际上就是政府的顾问官。要发挥这样的作用,博士的设立自然不能单一,需要有各种知识或技艺的人才共同组成,不可能是只设立"六艺"博士。这种状况,到武帝时期发生了根本性的改变,这就是人们所熟知的武帝

---

① (清)孙星衍等辑,周天游点校:《汉官六种》,中华书局1990年版,第89页。
② 赵岐:《孟子题辞》,《全上古三代秦汉三国六朝文》一,中华书局1958年版,第815页。皮锡瑞《经学历史》第三章《经学昌明时代》中对赵岐的说法提出异议:"其言有可疑者,《史记》、《汉书·儒林传》皆云:'文帝好刑名,博士具官未有进者。'既云具官,岂复增置;五经未备,何及传记。汉人皆无此说,惟刘歆《移博士书》有孝文时诸子传说立于学官之语,赵氏此说当即本于刘歆,恐非实录。"
③ 孙星衍等辑,周天游点校:《汉官六种》,中华书局1990年版,第89页。
④ 孙星衍等辑,周天游点校:《汉官六种》,中华书局1990年版,第89页。
⑤ (汉)班固:《汉书》,中华书局1962年标点本,第726页。

"置《五经》博士"①。同类的记载另见：

  孝武初立，卓然罢黜百家，表章《六经》。②
  自武帝立《五经》博士，开弟子员，设科射策，劝以官禄，讫于元始，百有余年……初，《书》唯有欧阳，《礼》后，《易》杨，《春秋》公羊而已。③

从此，在汉代博士官的设立上，诸子百家传记博士全部废除，变成了儒家经典一家独断的局面。这是中国历史上博士官制度的重要变革，儒家经典通过皇权的强力推举，独占了国家意识形态的中心地位。

2. 宣帝末年设"十二博士"

《五经》在传播的过程中，形成不同的学派早已是不争的事实。

在宣帝召开石渠阁会议以整齐《五经》异同之前，关于《尚书》就已经形成了大小夏侯两家，《汉书·夏侯胜传》载："胜从父子建字长卿，自师事胜及欧阳高，左右采获，又从《五经》诸儒问与《尚书》相出入者，牵引以次章句，具文饰说。胜非之曰：'建所谓章句小儒，破碎大道。'建亦非胜为学疏略，难以应敌。建卒自颛门名经，为议郎博士，至太子少傅。"夏侯建与夏侯胜同治《尚书》而别立门户。

由于经说不同而长期分别流传的，最属《春秋》经。传《春秋》者在战国时期就开始分成了《公羊》《穀梁》与《左氏》三个支脉。仅就在汉代的传承来说，《公羊》《穀梁》两家就有过几次大的较量。《汉书·儒林传》详载其事：

  瑕丘江公受《穀梁春秋》及《诗》于鲁申公，传子至孙为博

---

① （汉）班固：《汉书》，中华书局1962年标点本，第159页。
② （汉）班固：《汉书》，中华书局1962年标点本，第212页。
③ （汉）班固：《汉书》，中华书局1962年标点本，第3620—3621页。文帝时已立有《诗经》博士，武帝又增设四经博士。

士。武帝时，江公与董仲舒并。仲舒通《五经》，能持论，善属文。江公呐于口，上使与仲舒议，不如仲舒。而丞相公孙弘本为《公羊》学，比辑其议，卒用董生。于是上因尊《公羊》家，诏太子受《公羊春秋》，由是《公羊》大兴……宣帝即位，闻卫太子好《穀梁春秋》，以问丞相韦贤、长信少府夏侯胜及侍中乐陵侯史高，皆鲁人也，言穀梁子本鲁学，公羊氏乃齐学也，宜兴《穀梁》。时千秋为郎，召见，与《公羊》家并说，上善《穀梁》说，擢千秋为谏大夫给事中……汝南尹更始翁君本自事千秋，能说矣，会千秋病死，征江公孙为博士。刘向以故谏大夫通达待诏，受《穀梁》，欲令助之。江博士复死，乃征周庆、丁姓待诏保宫，使卒授十人。自元康中始讲，至甘露元年，积十余岁，皆明习。乃召《五经》名儒太子太傅萧望之等大议殿中，平《公羊》、《穀梁》同异，各以经处是非。时《公羊》博士严彭祖、侍郎申輓、伊推、宋显，《穀梁》议郎尹更始、待诏刘向、周庆、丁姓并论。《公羊》家多不见从，愿请内侍郎许广，使者亦并内《穀梁》家中郎王亥，各五人，议三十余事。望之等十一人各以经谊对，多从《穀梁》。由是《穀梁》之学大盛。庆、姓皆为博士。

这段文字讲述了从武帝初年到宣帝末年九十年间《公羊传》与《穀梁传》的三次重大较量，而第三次说的就是石渠阁会议。第一次较量，以丞相公孙弘和博士董仲舒为代表的《公羊传》占了上风，由此大兴；第二次较量，由于宣帝明显的倾向性而《穀梁传》胜，并得以与《公羊传》并立为博士；第三次较量，是宣帝有计划地做了十年准备，培养了人才，才向《公羊传》发起攻击，造成了影响深远的石渠阁会议。关于石渠阁会议，还有其他一些记载：

《汉书·宣帝纪》：宣帝甘露三年，"诏诸儒讲《五经》同异，太子太傅萧望之等平奏其议，上亲称制临决焉。乃立梁丘《易》、大小夏侯《尚书》、穀梁《春秋》博士"。

《汉书·儒林传》:"至孝宣世,复立《大小夏侯尚书》,《大小戴礼》,《施》、《孟》、《梁丘易》,《穀梁春秋》。"

《汉书·百官公卿表》:"武帝建元五年初置《五经》博士,宣帝黄龙元年稍增员十二人。"

这些记载多有矛盾,《宣帝纪》说是"甘露三年",《儒林传》说在"甘露元年",《百官公卿表》说是"黄龙元年";关于此次会议之后所增立博士的情况,也不太一致。于此,王国维的《汉魏博士考》中有详细考述,他没有纠缠会议的时间问题,而对博士增员情况做出了结论:

> 今参伍考之,则宣帝末所有博士,《易》则施、孟、梁邱,《书》则欧阳、大小夏侯,《诗》则齐、鲁、韩,《礼》则后氏,《春秋》公羊、穀梁,适得十二人。①

宣帝召开石渠阁会议,本意在讲论《五经》异同,统一经说,而其结果则是承认了经说的分歧,增立了博士,致使一经分为数家。汉宣帝的石渠阁会议,在坚持独尊儒术、表彰《六经》思想路线的同时,于博士制度建设上有所变革。

3. 建武初设十四博士以成永制

宣帝之后,元帝时曾立京氏《易》博士,但旋又废黜②。平帝时增立《古文尚书》《毛诗》《逸礼》《左氏春秋》四博士;王莽时又立《周官》博士,然这些都是因王莽的原因,待至光武中兴,旋即罢黜。根据《后汉书·儒林传》和《百官志》的记载,光武初设置十四博士,最后确立终东汉而不变的博士制度。

---

① 《王国维遗书》一,上海书店1983年版,第198页。
② 《汉书·儒林传》:"京房受《易》梁人焦延寿……房授东海殷嘉、河东姚平、河南乘弘,皆为郎、博士。由是《易》有京氏之学。"(该书,第3601—3602页)《后汉书·范升传》:"先帝前世,有疑于此,故《京氏》虽立,辄复见废。"(该书,中华书局1965年标点本,第1228页)

《后汉书·儒林传》：及光武中兴，爱好经术……于是立《五经》博士，各以家法教授，《易》有施、孟、梁丘、京氏，《尚书》欧阳、大小夏侯，《诗》齐、鲁、韩，《礼》大小戴，《春秋》严、颜，凡十四博士，太常差次总领焉。

《后汉书·百官志二》：博士十四人，比六百石。本注曰：《易》四，施、孟、梁丘、京氏。《尚书》三，欧阳、大小夏侯氏。《诗》三，鲁、齐、韩氏。《礼》二，大小戴氏。《春秋》二，《公羊》严、颜氏。

此两处记载完全一致，十四博士说殆无疑义。所谓永制，在于强调此后关于博士官的设立，虽有争议并几经反复，但十四博士制终未能改。东汉光武朝，尚书令韩歆上书欲为《费氏易》《左氏春秋》立博士，遭到博士范升的反对，光武帝将范升的奏议交给臣下复议[1]，结果光武心有所动，增设了《左氏》博士；但没过多久，还是由于诸儒的反对而旋即废黜。《后汉书·陈元传》载其事曰：

建武初，元与桓谭、杜林、郑兴俱为学者所宗。时议欲立《左氏传》博士，范升奏以为《左氏》浅末，不宜立。元闻之，乃诣阙上疏……书奏，下其议，范升复与元相辩难，凡十余上。帝卒立《左氏》学，太常选博士四人，元为第一。帝以元新忿争，乃用其次司隶从事李封，于是诸儒以《左氏》之立，论议欢哗，自公卿以下，数廷争之。会封病卒，《左氏》复废。

光武帝这次立古文经博士，前后经过了范升与韩歆、陈元与范升多次辩论，仅陈元与范升的相互辩难，就有十几个回合；而最终《左氏》博士还是立而又废，十四博士制度没有动摇。后到章帝时，由于章帝

---

[1] 参见（南朝宋）范晔《后汉书》，中华书局1965年标点本，第1228页。

好古文，古文大师贾逵提出设《左氏春秋》为博士的要求，并且理由还是相当充分（本文后边还会谈及此事），然章帝还是顾虑打破先帝旧制而未敢增设，十四博士制度此后就再也没有遇到挑战，成为东汉永制。

自从汉武帝"罢黜百家，表章《六经》"，改变秦以来的博士制度之后，虽然有后来的十二博士、十四博士的变化，但博士官所立唯儒家"六艺之科"则是明确的，此后的文献中，确已不再见有其他博士官的记载，由儒家掌控的"六艺之学"在国家政治层面上获得了毫无争议的垄断性地位。

（二）皇权所确立的仕进之路——以儒术为选仕标准

比设立经学博士影响更为深入和广泛的，是从汉武帝开始，直接改变了国家官僚队伍的学术文化背景，以攻读"六艺之科孔子之术者"作为选仕的标准。武帝初即位，丞相卫绾就提出了禁举治百家之学的人为贤良方正的建议，并得到武帝的批准。《汉书·武帝纪》载：

> 建元元年（前140）冬十月，诏丞相、御史、列侯、中二千石、二千石、诸侯相举贤良方正直言极谏之士。丞相绾奏："所举贤良，或治申、商、韩非、苏秦、张仪之言，乱国政，请皆罢。"奏可。

紧接着就是董仲舒的"天人三策"，主张"诸不在六艺之科孔子之术者，皆绝其道，勿使并进"[1]，以彻底杜绝非修六艺者的仕进之路，唯以儒学为选仕之标准。武帝即位之初，好黄老之学的窦太后仍有着强大的影响力，"罢黜百家"唯用儒士的政策未必能真正贯彻到底。但

---

[1]（汉）班固：《汉书》，中华书局1962年标点本，第2523页。据钱穆先生考证，董仲舒贤良对策是在建元元年，参见氏著《两汉经学今古文平议》，商务印书馆2001年版，第195—196页。

是，在几年之后，随着窦太后病重及建元六年（前135）驾崩，这些唯用儒学之士的政策，则真正落到了实处。史书曰：

> 及窦太后崩，武安君田蚡为丞相，黜黄老、刑名百家之言，延文学儒者以百数，而公孙弘以治《春秋》为丞相，封侯，天下学士靡然乡风矣。①

建元五年（前136）"置《五经》博士"，元朔五年（前124）公孙弘又议设博士弟子，得到武帝的批准，并且在此后的昭宣元成诸朝，博士弟子员数也代有增加。关于这些情况，《汉书·儒林传》有详细记载：

> 弘为学官，悼道之郁滞，乃请曰："……为博士官置弟子五十人，复其身。太常择民年十八以上仪状端正者，补博士弟子。郡国县官有好文学，敬长上，肃政教，顺乡里，出入不悖，所闻，令相长丞上属所二千石。二千石谨察可者，常与计偕，诣太常，得受业如弟子。一岁皆辄课，能通一艺以上，补文学掌故缺；其高第可以为郎中，太常籍奏。即有秀才异等，辄以名闻。其不事学若下材，及不能通一艺，辄罢之，而请诸能称者……选择其秩比二百石以上及吏百石通一艺以上补左右内史、大行卒史，比百石以下补郡太守卒史，皆各二人，边郡一人。先用诵多者，不足，择掌故以补中二千石属，文学掌故补郡属，备员。请著功令。它如律令。"
>
> 制曰："可。"自此以来，公卿大夫士吏彬彬多文学之士矣。
>
> 昭帝时举贤良文学，增博士弟子员满百人，宣帝末增倍之。元帝好儒，能通一经者皆复。数年，以用度不足，更为设员千人，郡国置《五经》百石卒史。成帝末，或言孔子布衣养徒三千人，今

---

① （汉）班固：《汉书》，中华书局1962年标点本，第3593页。

天子太学弟子少，于是增弟子员三千人。岁余，复如故。平帝时王莽秉政，增元士之子得受业如弟子，勿以为员，岁课甲科四十人为郎中，乙科二十人为太子舍人，丙科四十人补文学掌故云。

从武帝朝增设博士弟子员开始，博士弟子便成为仕途的正式出身，大批儒生获得做官升迁之途，确实是出现了"公卿大夫士吏彬彬多文学之士矣"的局面。皮锡瑞《经学历史》第四章《经学极盛时代》中说："汉初不任儒者，武帝始以公孙弘为丞相，封侯，天下学士靡然乡风。元帝尤好儒生，韦、匡、贡、薛，并致辅相。自后公卿之位，未有不从经术进者……宰相须用读书人，由汉武开其端，元、成及光武、明、章继其轨。"

金春峰在《汉代思想史》中认为，宣帝朝"在大臣官吏的任用上，和武昭时期不同，经学之士开始占据重要地位"，他列举的宣帝朝所任用的儒学背景的三公九卿太子太傅等官吏有疏广、疏受、于定国、于永、薛广德、平当、王吉、贡禹、韦玄成、夏侯胜、夏侯建、萧望之、韦贤、魏相、丙吉等。① 其实，班固就已经注意到了这个问题，他的《汉书·匡张孔马传赞》曰："自孝武兴学，公孙弘以儒相，其后蔡义、韦贤、玄成、匡衡、张禹、翟方进、孔光、平当、马宫及当子晏咸以儒宗居宰相位。"用现在的话说，宣帝时期确立儒家经典在国家政治生活中的主导地位，已经在组织路线上做文章了。

唯用儒士的政策，造成了宣帝以后中央和地方政府官吏队伍结构的重大变化。有人统计，元帝时期的官吏情况说，《汉书·百官公卿表》列出元帝时期中央政府的官员50人，出身和事迹可考的31人中，有17人出身经学之士或与经学密切相关，经学之士占54%以上，超过了半数。西汉从高祖到景帝，地方长吏主要以军功、事功、长者、治吏、中央官外调、酷吏充任，很少见有儒生任职的记载。汉武帝时期地方

---

① 参见金春峰《汉代思想史》，中国社会科学出版社2006年版，第270—272页。

长吏开始任用儒生，但以积功而担任地方长吏的仍占多数，酷吏在汉武帝时期就极为活跃。昭、宣时期政治上是"霸王道杂之"，文法吏在地方长吏的选任上表现得还是比较突出。而到了元帝时期，经学之士已在地方长吏中占据绝对优势，成为地方官吏的主体。元帝时期地方官吏儒生化的完成，标志着西汉中后期政治进一步儒学化、经学化，也标志着儒学与皇权政治的结合达到了一个新的高度。① 但就整个汉代官吏的儒生化来说，元帝时期绝不是高峰，而仅是一个初步的发展时期，待到东汉章帝时期经学化进程基本结束的时候，官吏的儒生化则是完全形成了，研习"六艺"几乎成了官吏来源的唯一通道。

（三）皇权直接介入对儒学经典的是非判断——国家立场渗入学术解释

立《五经》博士及选用儒学之士的结果，就必然带来皇权对儒学本身的控制；因为只有将对儒家典籍的解释权控制在自己手中，才能使之真正成为为皇权政治服务的国家意识形态。于是，我们看到了汉代儒学发展史上的两个异乎寻常的重大事件，即皇帝亲自出席、"称制临决"的石渠阁会议和白虎观会议。两次会议的目的完全一致，即评定《五经》异同，使关于《五经》的解释"整齐归于一是"，并"永为后世则"，以皇权认同的《五经》作为经国治民的根本大法。

1. 石渠阁会议"诏诸儒讲《五经》同异"，宣帝"亲称制临决"

前已论及，宣帝末年的石渠阁会议原为平息《春秋》穀梁、公羊两家之争，并有推崇《穀梁》之意。对此，钱穆先生评议曰："使大臣平奏其异同，而汉帝称制临决，此即整齐归于一是，永不欲再有异说之意也。"② 由皇权之权威来统一思想的倾向十分明显。

据《汉书·儒林传》载，参加石渠阁会议的人有：

---

① 参见黄留珠主编《中国思想学说史》（秦汉卷），广西师范大学出版社2007年版，第330页。
② 钱穆：《两汉经学今古文平议》，商务印书馆2001年版，第228页。

《易》博士施雠,"甘露中与《五经》诸儒杂论同异于石渠阁"。

黄门郎梁丘临,"甘露中,奉使问诸儒于石渠"。

《书》博士欧阳地馀,"论石渠"。

《书》博士林尊,"论石渠"。

译官令周堪,"论于石渠"。

《书》博士张山拊,"论石渠"。

谒者假仓,"论石渠"。

淮阳中尉韦玄成,"论石渠"。

博士张生,"论石渠"。

薛广德,"以博士论石渠"。

《礼》博士小戴,"以博士论石渠"。

通汉,"以太子舍人论石渠"。

"太子太傅萧望之等大议殿中……《公羊》博士严彭祖、侍郎申挽、伊推、宋显,《穀梁》议郎尹更始、待诏刘向、周庆、丁姓并论。《公羊》家多不见从,愿请内侍郎许广,使者亦并内《穀梁》家中郎王亥,各五人。"

以上所见,参与石渠阁会议的《五经》博士,有《书》《易》《礼》《春秋》各家,以《春秋公羊传》《春秋穀梁传》二家各五人为盛,共计22人。此亦说明,此次会议的目的之一的确有宣帝抬高《春秋穀梁传》的意图。《公羊》与《穀梁》的优劣比较,本应该是个学术问题,为什么皇权对之如此感兴趣呢?钱穆的《两汉博士家法考》似乎看穿了这个问题。他写道:

《穀梁》自瑕丘江公以下,迄于甘露石渠之议,为时亦数十年,其所以勉自赴于致用之途以上邀天子之欢心者,其事亦略可推。故至于石渠一会而终亦得立博士,与《公羊》并峙。今观其书于周天子特致尊崇。如隐七年:"冬,天王使凡伯来聘,戎伐凡伯于楚丘以归。"《左氏》、《公羊》皆以"戎"为戎狄,而《穀梁》独以"戎"为卫国,谓卫讨天子之使,故贬称"戎"。隐九年:"春,天王使南季来聘",《左氏》、《公羊》皆无传,《穀梁》独谓聘诸侯非正。此《穀梁》特以创说尊王,盖亦以媚汉帝而取显。则《公》、《穀》异同之争,仍是汉儒通经致用风气。而《穀梁》之为学,亦复与《鲁诗》专谨于训诂者异矣。[①]

当然,钱穆是从《穀梁》学家谄媚皇权的角度立论的。反之,如果从皇权的角度来理解,那则是《穀梁》的若干解释更符合尊王之意,更能为塑造皇权的政治权威服务,更适合当今皇上的口味。皇权直接介入或干预《五经》的阐释问题,其目的也就在这里:将经说纳入塑造专制皇权绝对权威的意识形态体系,使其更好地为皇权服务。

2. 白虎观会议讲论《五经》同异,章帝"亲称制临决"

大概是由于石渠阁会议的影响,东汉章帝建初四年,也召开了一次讲论《五经》异同的会议。奇怪的是,这次会议的缘由,竟然纯粹的是由于《五经》章句繁多、不宜研修的问题。从有限的几则史料来看,此次会议是由校书郎杨终的奏议所引起。《后汉书·杨终传》曰:

> 终又言:"宣帝博征群儒,论定《五经》于石渠阁。方今天下少事,学者得成其业,而章句之徒,破坏大体。宜如石渠故事,永为后世则。"于是诏诸儒于白虎观论考同异焉。

杨终奏议后边紧接着的"于是"二字,表明了会议的直接缘由。关于召集此次会议的诏书载于《后汉书·章帝纪》:

---

① 钱穆:《两汉经学今古文平议》,商务印书馆2001年版,第223页。

（建初四年）十一月壬戌，诏曰："盖三代导人，教学为本。汉承暴秦，褒显儒术，建立《五经》，为置博士。其后学者精进，虽曰承师，亦别名家。孝宣皇帝以为去圣久远，学不厌博，故遂立《大、小夏侯尚书》，后又立《京氏易》。至建武中，复置《颜氏、严氏春秋》，《大、小戴礼》博士。此皆所以扶进微学，尊广道艺也。中元元年诏书，《五经》章句烦多，议欲减省。至永平元年，长水校尉儵奏言，先帝大业，当以时施行。欲使诸儒共正经义，颇令学者得以自助……"于是下太常，将、大夫、博士、议郎、郎官及诸生、诸儒会白虎观，讲议《五经》同异，使五官中郎将魏应承制问，侍中淳于恭奏，帝亲称制临决，如孝宣甘露石渠故事，作《白虎议奏》。

从章帝的诏书中可知，中元元年，光武帝就曾下诏解决《五经》章句烦多的问题；中间隔了一年，明帝永平元年，长水校尉樊儵又上奏提出此事。然而，这个问题一直没有解决，直到校书郎杨终重提此事，引出章帝的这道诏书。为什么作为国家最高政治权威的皇权，要一而再再而三地来关注一个学术性的问题呢？政治权威对学术问题的高度关切，其原初动力来自哪里？难道中国的皇权对学术问题也负有什么责任吗？应该说，任何政治对于纯粹的学术问题都不会抱有兴趣；皇权所以关切学术性的问题，那就是这种学术已经不再是学术，而是已经纳入政治的范畴了。皇权对儒学的强力介入，就是要把它改造为政治的组成部分，或者说使之成为政治的附庸——国家意识形态。白虎观会议的最后成果充分证明了这一点。反映会议成果的《白虎通义》开篇的两段文字如下：

天子者，爵称也。爵所以称天子何？王者父天母地，为天之子也。故《援神契》曰："天覆地载，谓之天子，上法斗极。"《钩命决》曰："天子，爵称也。"帝王之德有优劣，所以俱称天子者何？

以其俱命于天，而王治五千里内也。《尚书》曰："天子作民父母，以为天下王。"何以知帝亦称天子也，以法天下也。《中候》曰："天子臣放勋。"《书·亡逸篇》曰："厥兆天子爵。"何以言皇亦称天子也？以其言天覆地载，俱王天下也。故《易》曰："伏羲氏之王天下也。"①

帝王者何？号也。号者，功之表也。所以表功明德，号令臣下者也。德合天地者称帝，仁义合者称王，别优劣也。《礼记·谥法》曰："德象天地称帝，仁义所生称王。"帝者天号，王者五行之称也。皇者，何谓也？亦号也。皇，君也，美也，大也。天人之总，美大之称也。时质，故总称之也……号之为皇者，煌煌人莫违也。②

这即是白虎观会议的真正成果，也是皇权介入儒学解释要实现的真正目的。所谓《尚书》《易》《礼》等经书及其附会经书之图谶，都是为着说明天子帝王至尊至贵、统治天下的合法性存在。被纳入皇权范围的经书，完全沦为了诠释皇权专制的工具，儒家经典已经被彻底政治化了。

从石渠阁会议到白虎观会议，皇权对于儒学的强力干预，唯一的目的就是将其政治化。而儒学一旦完全地政治化，也就丧失了学术的属性，不再是可以自由讨论或任意发挥的自由思想，而成为一种附着于政治权威并赋予政治权威以解释特权的非思想的"思想"，并由此具有了一种和政治权威一样的神圣性、权威性，一种不可质疑与批判的非学术性，正是这种独特的思想属性，使之获得了"经学"的专用名称。

以上，我们以皇权为主体，从设立经学博士、以儒术为选仕标准以及直接介入儒学经典的是非判断这三条线索，考察了儒学与皇权政治

---

① （清）陈立撰，吴则虞点校：《白虎通疏证》，中华书局1994年版，第1—5页。
② （清）陈立撰，吴则虞点校：《白虎通疏证》，中华书局1994年版，第43—45页。

的结合之路。这三条线索大体都起于武帝时期而止于东汉章帝，基本上可以说，从经学所以为"经学"的外部标准来判断，两汉经学的形成，完成于东汉章帝时期。

四 汉代儒学与皇权政治的结合之路
——基于儒学自身的考察

在儒学与皇权政治结合的道路上，皇权始终起着主导作用；但儒学并不是完全被动的，无论从儒学的思想属性上看，还是从儒士的仕进愿望上说，儒学及其儒士本身，都表现出了明显的主动性。

（一）儒学的思想属性暗合皇权政治之需要

汉武帝所以会选择"罢黜百家，表章《六经》"的思想路线，实际上是政治需要与儒学思想属性暗合的结果，与儒家经典"六经"自身的学术特性有着紧密的关系。汉武帝开始执政的时代，是西汉社会在经历了60余年的休养生息之后呈现繁盛局面的时代。但在这个"繁盛"的背后，却隐伏着严重的社会危机。时人司马迁就指出了这一危机："当是之时，网疏而民富，役财骄溢，或至兼并豪党之徒，以武断于乡曲。宗室有土公卿大夫以下，争于奢侈，室庐舆服僭于上，无限度。物盛而衰，固其变也。"[①] 加上"四夷侵凌中国"，汉王朝的专制主义中央集权统治面临着内外交困的深刻危机。如果说在经过了秦的暴政及楚汉之际的连年战争之后，社会确实需要贯彻休养生息的与民休息政策，疲惫不堪的汉初帝王也还能安忍于无为而治的话，那么，专制帝王在蛰伏几十年、有了强大的财力物力可做凭借之后，也就不可能再安忍于无为而治，黄老之术已经不能满足当下的时代，它必须在指导思想上有新的选择。另一方面，从帝王的意志出发，当秦汉时期

[①] （汉）司马迁：《史记》，中华书局1959年标点本，第1420页。

强大而统一的政治局面形成之后，为了大一统社会的稳定，就必须在广土众民的形势下开展社会教育，统一思想，牢笼人心，将人们的所思所想、精神世界甚至情感世界，也都纳入自己可控的范围，这需要有一种能够进行社会教化的思想武器；而在这一方面，传统的黄老之术已明显地不能负起这样的责任。于是，儒学的思想价值凸显了出来。

儒家学说是一种积极的入世哲学，主张大有作为。孔子知其不可而为之的进取精神，曾子"士不可以不弘毅，任重而道远"的历史担当，《礼记》阐发的修身齐家治国平天下的大学之道，孟、荀分别阐发的内圣外王之学，都无例外地张扬了儒家学说意气风发、积极进取的思想属性。此为学界共识，兹不赘述。

需要说明的是，到汉武之时，儒家研习的先王经典"六经"，经过多少代人的思想阐发，已经清晰地展示出它在社会教化方面的积极功能。这一点我们稍作铺展。

首先，先秦以来的各家学派，都认可由孔子整理、儒士重点研习的"六经"是先王之典籍，代表了夏商周以来的优秀遗产。除了儒家自身及其与儒家一样"修先圣之术，通六经之论"的墨家的论述之外，即使与之有明显对立的庄子学派，事实上也承认这一点。《庄子·天运》篇记曰：

孔子谓老聃曰："丘治《诗》、《书》、《礼》、《乐》、《易》、《春秋》《六经》，自以为久矣，孰知其故矣；以奸者七十二君，论先王之道而明周、召之迹，一君无所钩用。甚矣夫！人之难说也，道之难明邪？"

老子曰："幸矣子之不遇治世之君也！夫《六经》，先王之陈迹也，岂其所以迹哉！今子之所言，犹迹也……"

孔子明言"六经"是"周、召之迹"，老子虽然批评孔子没有通晓"六经"之道，仅仅把"六经"看作是"先王之陈迹"，没有去深究先王所以会有如此之"陈迹"的根源，但老子并没有否定"六经"为"先王之陈迹"这样一个事实。虽然这段孔、老对话是庄子学派的虚构，但也说明庄子学派对"六经"为"先王之陈迹"的事实是不存有异议的。既然"六经"是先王先圣之术，是三代以来留存下来的经典文献，选择"六经"为治国之术自然就有了历史的依据。

其次，自先秦以来，已经有不少思想家对"六经"的思想属性有过揭示，这些论述很好地说明了"六经"的社会教化价值，最适宜于天下一统时代用作社会教化的经典范本。先秦典籍《礼记·经解》篇、《荀子·劝学》篇，都有对"六经"教化价值的揭示。入汉以来，这方面的论述，亦有如下数端：

> 贾谊《新书·六术》：先王为天下设教，因人所有，以之为训；道人之情，以之为真。是故内法六法，外体六行，以兴《诗》、《书》、《易》、《春秋》、《礼》、《乐》六者之术以为大义，谓之六艺。令人缘之以自修，修成则得六行矣。
>
> 《淮南子·泰族训》：五行异气而皆适调，六艺异科而皆同道。温惠柔良者，《诗》之风也；淳庞敦厚者，书之教也；清明条达者，易之义也；恭俭尊让者，礼之为也；宽裕简易者，乐之化也；刺几辩义者，《春秋》之靡也……六者，圣人兼用而财制之。

正是这些关于"六经"思想内涵的清晰揭示，使汉人形成了关于"六经"的共识性认识，即《汉书·儒林传》所言："《六艺》者，王教之典籍，先圣所以明天道，正人伦，致至治之成法也。"这一认识，为汉武帝时期选择"罢黜百家，表彰《六经》"的文化政策，做了思想舆论准备。

（二）汉代儒士地位下降的冷酷现实

汉武帝以前的儒家，一直有一种很深的王师情结。饱读"六经"

的儒学之士，一方面希望借助于最高政治权威实现自己的政治抱负；另一方面，也的确自视甚高，以为只要有国君或帝王肯予任用，他们就可以凭借所掌握的儒术，平定天下，建功立业。其先师孔子就很有一种"舍我其谁也"的自信。孔子曾自命不凡地认为，文王之后，天下的真理就掌握在他的手里，所谓"文王既没，文不在兹乎"①，就是他发出的感慨。他还曾言"苟有用我者，期月而已可也，三年有成"②，辅政诲君之心自信且急切。孔子之后，研习儒学经典者，大都有这种辅佐帝王、为君之师的抱负和情结。

孟子明确提出"为王者师"的思想："人伦明于上，小民亲于下。有王者起，必来取法，是为王者师也。"③ 他自信只要达到了"明人伦"的境界，就会有王者来取法，即可"为王者师"。《孟子》中有一段孟子和弟子万章的对话，把"为王者师"的思想反映得淋漓尽致：

> 万章曰："敢问不见诸侯，何义也？"……曰："往役，义也；往见，不义也。且君之欲见之也，何为也哉？"曰："为其多闻也，为其贤也。"曰："为其多闻也，则天子不召师，而况诸侯乎？为其贤也，则吾未闻欲见贤而召之也。缪公亟见于子思，曰：'古千乘之国以友士，何如？'子思不悦，曰：'古之人有言曰：事之云乎，岂曰友之云乎？'子思之不悦也，岂不曰，'以位，则子，君也；我，臣也；何敢与君友也？以德，则子事我者也，奚可以与我友？'千乘之君求与之友而不可得也，而况可召与？"④

万章问士不去谒见诸侯的道理，孟子说，这要看国君因为什么原因要见士人。如果是召唤士人去服役，那当然应该去的；如果是为了要

---

① 杨伯峻：《论语译注》，中华书局1980年版，第88页。
② 杨伯峻：《论语译注》，中华书局1980年版，第137页。
③ 杨伯峻：《孟子译注》，中华书局2005年版，第118页。
④ 杨伯峻：《孟子译注》，中华书局2005年版，第247—248页。

见闻广博，要从士人那里获得知识提升自己的品德，那就不去。因为，对于后者而言，是国君要以士人为师，向士人学习的问题，而对于师者或贤人是不能随便召唤的。孟子还举出子思回答鲁穆公与士人交朋友的例子。在子思看来，士人对于国君来说，要么是臣下，要么是老师。作为老师，士人是国君学习的对象，国君不能以一般的朋友关系来对待士人。看来，孟子的王师情结，还是从子思那里传承下来，其来有自。

这种王师情结，到了汉初大一统政治形成之后，已经没有了生长的土壤，专制皇帝是不可能给予士人"师"的待遇的。然而，就士人自身来说，仍对这种政治待遇难以忘怀。《史记》所记陆贾与汉高祖那段关于天下由"居马上得之，宁可以马上治之乎"的著名对话，说明汉初刘邦还没有坐稳天下的时候，士人是可以多少挥洒一点"王者师"气质的：

> 陆生时时前说称诗书。高帝骂之曰："乃公居马上而得之，安事诗书！"陆生曰："居马上得之，宁可以马上治之乎？且汤武逆取而以顺守之，文武并用，长久之术也。昔者吴王夫差、智伯极武而亡；秦任刑法不变，卒灭赵氏。乡使秦已并天下，行仁义，法先圣，陛下安得而有之？"高帝不怿有惭色……①

陆贾面对刘邦时的说话语气，那种教训人的姿态，是有几分"师"的尊严和傲骨的，是有一点"王者师"之做派的，而且刘邦也的确被教训得面有"惭色"。但在经历了秦之焚书坑儒，在强大的专制主义皇权政治确立之后，一般士人是不可能有这种体验"王者师"的机缘的，"王者师"的身份待遇已经成为遥远的历史回响，士人们也只有在心中去向往了。即便是陆贾也不常有为"王者师"的体验，故而才有怀才

---

① （汉）司马迁：《史记》，中华书局 1959 年标点本，第 2699 页。

不遇之感，发出"今有马而无王良之御，有剑而无砥砺之功，有女而无芳泽之饰，有士而不遭文王，道术蓄积而不舒，美玉韫椟而深藏"①的感慨，对这个时代之士人不被执政者欣赏的状况心怀惆怅。他应该感到，这已经是一个想做王师而不能的时代。秦汉以后的士人，再也不可能有孟子"士不见诸侯"的心态了。但是，毕竟孟子的时代刚刚过去不久，士人们难免因回忆而向往。因此，在贾谊设计的君主专制体制中，还是把士人安排到王者之师友的位置：

> 王者官人有六等：一曰师，二曰友……知足以为源泉，行足以为表仪；问焉则应，求焉则得；入人之家足以重人之家，入人之国足以重人之国者，谓之师。知足以为礴砺，行足以为辅助，仁足以访议；明于进贤，敢于退不肖；内相匡正，外相扬美者，谓之友……故与师为国者帝，与友为国者王。②

贾谊设计，帝王之下官人有六等，最高的两个等级是师与友，诸侯要想称王称帝于天下，就必须"与师为国""与友为国"，和师、友共治天下。而且在贾谊的理想设计中，师、友在人格和地位上都高居于人君之上，在该篇上边这段话之后他接着讲："取师之礼，黜位而朝之。取友之礼，以身先焉。"拜师之礼，要求国君离开朝廷而亲身前往朝拜；择"友"之礼虽非如拜师之礼隆重，也要求国君亲身迎接。已经是文帝时期了，贾谊还在幻想着帝王之师的尊贵身份，企图重新获得先秦时代儒士与国君分庭抗礼的地位。和贾谊同时代的贾山，也是竭力为儒士争取令帝王尊崇的地位。他的《至言》中说：

> 古之贤君于其臣也，尊其爵禄而亲之；疾则临视之亡数，死则

---

① （汉）陆贾：《新语》，《百子全书》一，岳麓书社1993年版，第290页。
② （汉）贾谊：《新书》，《百子全书》一，岳麓书社1993年版，第369页。

往吊哭之，临其小敛大敛，已棺涂而后为之服钖衰麻绖，而三临其丧；未敛不饮酒食肉，未葬不举乐，当宗庙之祭而死，为之废乐。故古之君人者于其臣也，可谓尽礼矣；服法服，端容貌，正颜色，然后见之。①

贾山希望国君对于士能够极尽其礼，但历史就是那样地不照顾人们的情感，专制皇权的至高无上，是不允许有超越于他之上的力量的存在的。从秦始皇开始，"士人"这个称号，在帝王面前就永远地失去了昔日的荣光。"无可奈何花落去"，不管儒士的希冀是多么强烈，皇权对他们已不再眷顾，这就是秦汉之际士人一腔热血拥君报国所面对的严酷现实。已经取得大一统天下的帝王，已非昔日的诸侯国君，"秦王扫六合，虎视何雄哉"，普天下之各色人等都必须匍匐在皇权的脚下。在至上至尊的皇权面前，昔时可以和国君分庭抗礼的士人必须低下高贵的头颅。当然，皇权控制天下不可能无所依傍，士人也是他们需要利用的，但这种利用似乎不凸显儒士的价值，反倒是皇权对儒士的恩宠。秦汉帝王所能够给予他们的最高礼遇，也就是封个博士官以"掌承问对"，做个顾问而已；不景气的时候，也就是"具官待问"②，完全的无足轻重了。毫无疑问，秦汉以后，士人地位非先秦时代可比了。而士人，毕竟是头脑清醒、有思想见解的人，在冷酷的现实面前，他们知道已经今非昔比了，要实现其政治抱负，并要争得尽可能高的社会地位，就必须放下身段，无条件地向皇权靠拢，尽管仅仅是"掌承问对""具官待问"也不能放弃，也不能不识时务地与皇权分庭抗礼。于是，汉武之后，士人群体开始了大规模涌向皇权的运动。

---

① （汉）班固：《汉书》，中华书局1962年标点本，第2334页。
② 《汉书·儒林传》："及至孝景，不任儒，窦太后又好黄、老术，故诸博士具官待问，未有进者。"

（三）儒士群体对皇权的谄媚与邀宠

儒士是一个有着深厚恋政情结的群体。当秦末陈涉起事、天下大乱之时，就有鲁地诸儒投奔陈涉，《史记·儒林列传》记曰：

> 陈涉之王也，而鲁诸儒持孔氏之礼器往归陈王。于是孔甲为陈涉博士，卒与涉俱死。陈涉起匹夫，驱瓦合適戍，旬月以王楚，不满半岁竟灭亡，其事至微浅，然而缙绅先生之徒负孔子礼器往委质为臣者，何也？以秦焚其业，积怨而发愤于陈王也。

对于孔甲等儒士这种很草率的政治选择，司马迁解释为"以秦焚其业，积怨而发愤于陈王也"，即是一种简单的复仇行为。而实际上，恐怕解释为儒士急于参与政治而慌不择路更好一些。这种行为和孔子欲应叛臣公山弗扰之召①是同样的性质。汉初大儒叔孙通，也是在天下大乱之时就急匆匆投奔政治，先事项王，后降汉王，拜为博士。叔孙通的向皇权靠拢，可谓积极主动之至，并且有自己的一套理论。史载：

> 汉王已并天下，诸侯共尊为皇帝于定陶……群臣饮争功，醉或妄呼，拔剑击柱，上患之。通知上亦厌之，说上曰："夫儒者难与进取，可与守成。臣愿征鲁诸生，与臣弟子共起朝仪。"……于是通使征鲁诸生三十余人。鲁有两生不肯行，曰："公所事者且十主，皆面腴亲贵。今天下初定，死者未葬，伤者未起，又欲起礼乐。礼乐所由起，百年积德而后可兴也。吾不忍为公所为。公所为不合古，吾不行。公往矣，毋污我！"通笑曰："若真鄙儒，不知时变。"遂与所征三十人西，及上左右为学者与其弟子百余人为绵

---

① 《论语·阳货》篇载："公山弗扰以费畔，召，子欲往。子路不说，曰：'末之也已，何必公山氏之之也？'子曰：'夫召我者而岂徒哉？如有用我者，吾其为东周乎！'"

蕞野外。习之月余。①

叔孙通最终为汉王朝建立了一套规范朝政秩序、凸显皇权威势的礼仪制度，使刘邦得享帝王之尊，由衷地发出"吾乃今日知为皇帝之贵也"的慨叹。叔孙通也由此得到皇权的奖赏。那位教训刘邦天下可以马上得之而不可以马上治之的陆贾，在得到刘邦"试为我著秦所以失天下，吾所以得之者，及古成败之国"的指令后，也兴奋不已，立即行动起来，"凡著十二篇。每奏一篇，高帝未尝不称善，左右呼万岁"②，以其赤诚忠心赢得了皇权的赞赏。从孔甲、叔孙通到陆贾，秦汉之际的儒士群体，一刻也没有放弃对王朝政治的迎合与追随。武帝之前儒士们某种程度的被冷落，只是当时需要休养生息的社会环境，而黄老之术更适合执政者的现实需要，儒士的思想主张暂时还派不上用场罢了。

其实，儒士被皇权冷落也只是相对的，因为那些西汉早期历史上的名儒，也都在汉王朝的学官中有自己的一席之地。刚刚提到的叔孙通是刘邦最早封的博士之一，其后贾谊在文帝时"召以为博士"；申公为《诗》最精，文帝时以为博士；晁错也在文帝时受太常遣从伏生受《尚书》，"诏以为太子舍人，门大夫，迁博士"；董仲舒"孝景时为博士"。这些都是儒学背景而任博士官之职，很少见到有儒士被黄老学者排斥的例子。

相比之下，儒士则更显心胸狭窄。一旦机会来临，皇权垂青于儒士的时候，这些饱读诗书的贤良文学，不仅立刻激起从政的热情，而且表现得极度贪婪和张狂——一再表示出要独占皇权恩宠的强烈愿望。先是武帝即位之初，诏丞相、御史、列侯、中二千石、二千石、诸侯相举贤良方正直言极谏之士，丞相绾奏"所举贤良，或治申、商、韩非、

---

① （汉）班固：《汉书》，中华书局1962年标点本，第2126—2127页。
② （汉）班固：《汉书》，中华书局1962年标点本，第2123页。

苏秦、张仪之言，乱国政，请皆罢"①；几年后，雅好儒术的田蚡为相，又"黜黄老、刑名百家之言，延文学儒者以百数"②；最后，董仲舒的"天人三策"又提出"诸不在六艺之科孔子之术者，皆绝其道，勿使并进"。当儒士获得话语权的时候，就一再提出禁绝百家之学、由儒术一家独大的主张，并最终促使皇权确立"罢黜百家，表章《六经》"之国策。

汉武帝"罢黜百家，表章《六经》"政策确立之后，儒士向皇权的靠拢，更是形成了一个强大的趋势。社会上一般士人选择读经做官之路，既为皇权服务，也在皇权体制中获得爵禄之荣；而对一些高层士人来说，则是通过对"六经"的研读和诠释来向皇权谄媚和邀宠，并争得或巩固自己释经解经的独断性和权威性。这个向皇权谄媚和邀宠的过程，通过西汉晚期到东汉前期的经今古文之争③表现出来。

经今古文同出于一源，虽有差异，二者还是有融通互补的作用。二者的矛盾，即是各自都想独享帝王的恩宠。汉代直到宣帝时期，社会上流行的还都是今文经，所以无论是武帝设立五经博士，还是宣帝置十二经博士，所立自然都是今文经。古文经跃出水面，并与今文经形成竞争态势，争立官学地位，是从哀帝时期开始的。此后经今古文之争经历了几个阶段，以下约略述之，以展示汉代儒士卖身皇权的过程。

第一阶段是哀帝时期，刘歆为古文经争立博士官而遭致失败。

---

① （汉）班固：《汉书》，中华书局1962年标点本，第156页。
② （汉）班固：《汉书》，中华书局1962年标点本，第3593页。
③ 经今、古文最初的分野只是书写形式的差异，没有思想属性方面的根本不同。经过秦始皇的焚书坑儒和项羽焚毁秦之图籍，儒家典籍焚毁殆尽，汉初恢复学术，经书的传播只有用当时通行的隶书凭记忆书写出来，由此书写的经书就称为"今文经"。武帝时期几次发现了保存下来的战国时期的经书，这些经书自然是战国文字的原貌，相对于今文经来说，就是古文经。今文经是靠记忆书写，已经带上了书写者的现代印记，加之又要为当今社会所用，所以治今文经自然就倾向于对经义的解读，重视阐发微言大义和"通经致用"；古文经后出，文字上与今文经面貌不同，治古文经自然就首先要从文字的隶定、经文原貌的复原着手，由此形成古文经家重章句训诂，讲求古义，带有一种以经为史的倾向。如果说经今古文确有不同的话，最初的差异也就仅止于此。后世经学家总结出经今古文的众多不同，都是在形成经今古文之争之后，逐渐发展出来的，或者是人为地造成的学术壁垒。

《汉书·楚元王传附刘歆传》记曰："及歆亲近，欲建立《左氏春秋》及《毛诗》、《逸礼》、《古文尚书》皆列于学官。哀帝令歆与《五经》博士讲论其义，诸博士或不肯置对，歆因移书太常博士，责让之。"刘歆的移让博士书，在强调《古文尚书》《逸礼》《左氏春秋》等古文经立博士官的正当性之外，对现有的博士官所职提出了尖锐批评："往者缀学之士不思废绝之阙，苟因陋就寡，分文析字，烦言碎辞，学者罢老且不能究其一艺。信口说而背传记，是末师而非往古，至于国家将有大事，若立辟雍、封禅、巡狩之仪，则幽冥而莫知其原。犹欲保残守缺，挟恐见破之私意，而无从善服义之公心，或怀妒嫉，不考情实，雷同相从，随声是非，抑此三学，以《尚书》为备，谓左氏为不传《春秋》，岂不哀哉！"刘歆的批评，主要是三个方面，一是博士官所职，章句之学把经义搞得支离破碎，烦琐之至，以至达到学者终老不能究其一艺的地步；二是各家章句的发展，多"信口说而背传记，是末师而非往古"，离开经典本义越来越远；三是这些章句解说不能回答现实的实际问题，对于辟雍、封禅、巡狩等重大国家礼仪，不能说明其来源，找不到历史根据，而这些根据保存在古文诸经之中。实际上，刘歆所强调的重点，或者说最能打动皇权的地方，还在于第三个理由，即古文诸经，最能够为皇权的重大国家活动找到历史性或曰合法性根据。刘歆强调的即是古文经的御用功能。但由于今文经的势力过于强大，"歆由是忤执政大臣，为众儒所讪"而未能如愿，并遭致贬官。

第二阶段是平帝和王莽新政时期，这是王莽的时代，古文经配合王莽复古变革的政治需要而被正式列入学官。

《汉书·儒林传》："自武帝立《五经》博士……平帝时，又立《左氏春秋》、《毛诗》、逸《礼》、古文《尚书》，所以罔罗遗失，兼而存之，是在其中矣。"

《汉书·艺文志》："《周官经》六篇。王莽时刘歆置博士。"

第三个阶段是东汉光武帝时期。这一时期经今古文激烈交锋，古文经经历了废立反复、荣辱交替的艰难历程。

光武帝新立，王莽新朝的一切建树都自然摧毁，古文博士也随之罢黜，这是政治变革的自然成果，也是古文经学家无奈的悲剧。但是，几乎在这同时，即有人再提立古文经《左氏传》博士的问题。《后汉书·陈元传》载其事，前文已经谈及。这次立《左氏传》博士的问题，前后经过了范升与韩歆、陈元与范升多次辩论，经陈元与范升的相互辩难，终于说服了光武帝，立《左氏》博士于学官。但时隔不久，待《左氏》博士李封病死，其《左氏》博士官也随之废黜。而这个代表古文经的《左氏》博士为什么不能立于学官，直到章帝时贾逵再次提出立古文经博士，才最终揭开了谜底。我们也留待下文分析。

第四个阶段是章帝时期，贾逵秉承章帝授意再提立《左氏》博士；最终《左氏》未正式立于官学，但却得到了皇权的提倡，并促成了今古文合流之势。

章帝雅好儒术，特好《古文尚书》《左氏传》。建初元年，章帝特诏古文经大师贾逵入讲北宫白虎观、南宫云台。根据章帝的授意，贾逵上疏阐发"《左氏传》大义长于二传（指已经立于学官的《公羊》和《穀梁》）"的道理。贾逵上疏说：

> 臣谨摘出《左氏》三十事尤著明者，斯皆君臣之正义，父子之纪纲……《左氏》义深于君父，《公羊》多任于权变，其相殊绝，固以甚远，而冤抑积久，莫肯分明。
>
> 臣以永平中上言《左氏》与图谶合者，先帝不遗刍荛，省纳臣言，写其传诂，藏之秘书……光武皇帝，奋独见之明，兴立《左氏》、《穀梁》，会二家先师不晓图谶，故令中道而废。凡所以存先王之道者，要在安上理民也。今《左氏》崇君父，卑臣子，强干弱枝，劝善戒善，至明至切，至直至顺……又《五经》家皆无以证图谶明刘氏为尧后者，而《左氏》独有明文。《五经》家皆

言颛顼代黄帝,而尧不得为火德。《左氏》以为少昊代黄帝,即图谶所谓帝宣也。如令尧不得为火,则汉不得为赤。其所发明,补益实多。①

贾逵上疏,首先强调《左氏》所讲,"皆君臣之正义,父子之纪纲",若与《公羊》相较,"《左氏》义深于君父,《公羊》多任于权变"。贾逵认为,《左氏》的思想特质在于"崇君父,卑臣子,强干弱枝,劝善戒善",最适合皇权专制的需要。其次,贾逵分析先帝光武时期,为什么《左氏》已经立于学官而又被废置,其原因仅在于当时所选的博士官李封等人"不晓图谶",不能适应皇权的需要,而并不是《左氏》本身不讲图谶。最后,贾逵强调,正是《左氏》所讲的图谶,才真正能为刘汉王朝找到合法性根据,即"《五经》家皆无以证图谶明刘氏为尧后者,而《左氏》独有明文";"《左氏》以为少昊代黄帝,即图谶所谓帝宣也"。贾逵真是个聪明人,他清醒地知道皇帝需要什么,每一条都讲到了要害之处。

对于刘汉皇朝来说,贾逵所说句句在理,也深得章帝赞许,但《左氏》还是没有能正式立于学官。这大概是章帝不能违逆先帝光武的缘故。贾逵上疏立《左氏》未竟,是古文经为立博士事的最后一次政治博弈。

贾逵的上疏,透露出一个信息,那就是从光武到章帝,古文经立于学官的道路如此坎坷,关键在于它与当朝政治倡导图谶之学相违逆。光武帝喜好图谶,而古文经不讲图谶,无法博得皇权的青睐,这是一个致命的死穴。东汉初期几个经学大家,都治古文经,并都对图谶之学极其反感,并因此被光武责斥或疏远。后汉史上有相关记载:

---

① (南朝宋)范晔:《后汉书》,中华书局 1965 年标点本,第 1236—1237 页。关于光武朝立《左氏》博士,而又旋即废之事,见《后汉书·陈元传》,本文前边有引述。贾逵把此次《左氏》博士的废置,归结为当时的《左氏》博士李封等不晓图谶因而无法为当朝政治服务所致。

> 兴好古学，尤明《左氏》、《周官》。
>
> 帝尝问兴郊祀事，曰："吾欲以谶断之，何如？"兴对曰："臣不为谶。"帝怒曰："卿之不为谶，非之邪？"兴惶恐曰："臣于书有所未学，而无所非也。"帝意乃解。兴数言政事，依经守义，文章温雅，然以不善谶故不能任。①
>
> 帝方信谶，多以决定嫌疑……有诏会议灵台所处，帝谓谭曰："吾欲以谶决之，何如？"谭默然良久，曰："臣不读谶。"帝问其故，谭复极言谶之非经。帝大怒曰："桓谭非圣无法，将下斩之！"谭叩头流血，良久乃得解。②

郑兴"以不善谶故不能任"，桓谭以"臣不读谶""非圣无法"贬官外任而死于途中。经今古文都是"经"，都是儒家崇尚之典籍，为何古文经终不能战胜今文，或者不能争得一席之地呢？为什么皇权一味地喜欢今文呢？光武对待郑兴和桓谭的态度说明了问题。说到底，还是古文经的学术属性，决定了它不能被皇权所吸纳的命运。钱穆在《两汉博士家法考》中说："今学务趋时，古学贵守真……在昔前汉，齐学通时达变，鲁学笃信善道，东京今古之分，乃亦犹之。其时光武尚图谶，今学经师几乎无勿言图谶者。图谶之于后汉，抑犹阴阳灾变之于先汉也。惟古学家则不言谶。"③今文善趋时，光武尚图谶，今文经就无不言图谶；而古文经笃信善道，不言图谶，自然不可能获得皇权的青睐。这些情况贾逵看得明白，如果要想借经术获得皇权的信任，必须使自己所治之经，也披上谶纬的外衣，直接为皇权服务。于是，贾逵就不惜曲意经书，皈依图谶。贾逵作为古文经大师，在对待图谶的态度上本来和郑兴、桓谭是完全一致的，现在为了古文经的命运，为了跻身皇家殿堂，他就汲取郑兴和桓谭的教训，而向皇权卖身了。

---

① （南朝宋）范晔：《后汉书》，中华书局1962年标点本，第1223页。
② （南朝宋）范晔：《后汉书》，中华书局1962年标点本，第959—961页。
③ 钱穆：《两汉经学今古文平议》，商务印书馆2001年版，第247页。

贾逵的这次卖身很有效果，终使古文经被皇权所接纳。虽然章帝不敢违逆先帝而立古文经《左氏》，但对贾逵所论甚为满意，在博士官职之外给古文经开辟了发展的空间。史载："书奏，帝嘉之，赐布五百匹，衣一袭，令逵自选《公羊》严、颜诸生高才者二十人，教以《左氏》，与简纸经传各一通。""诏诸儒各选高才生，受《左氏》、《榖梁春秋》、《古文尚书》、《毛诗》，由是四经遂行于世。"①

经今古文之争的历史说明，在中国这个特殊的国度里，皇权这个政治权威，终究也要做思想的权威，学术的权威，它始终主导着学术发展的线索和命运。因为我们看到，经今古文之争的过程，始终是学术向皇权献媚的过程，两派都在不遗余力地展示自己对于皇权的价值，以便被其接纳和利用。单就学术本身说，经今、古文并没有原则的冲突，并能互补或融通，这一点先贤已经看得非常明白。马宗霍的《中国经学史》中说：

"自其末流观之，古今学固若不相入矣。而当古文未出之先，汉初故老，其传授虽以今文，其诵习多在秦火之前，虑无不同古文者。""古文既出之后，虽不立学，而今文诸师杂采古文，则往往而有。""可见西京今文虽盛，而与古文未尝不可通。讫乎东汉，争论既起，其界始严，然争论自争论，而古今学兼治者，则较西京为尤多。""荀悦《申鉴》有言，仲尼作经本一而已，古今文不同，而皆自谓真本经，古今先师义一而已。异家别说不同，而皆自谓古今。仲尼邈而靡质，昔先师没而无闻，将谁使折之者？明乎此，则知古今本出一源，立言惟求其当，比而论之，必有可参。"②

马氏注意到从汉初以至元成，治今文者亦多通古文，并引用古文；

---

① （南朝宋）范晔：《后汉书》，中华书局1962年标点本，第1239页。
② 马宗霍：《中国经学史》，上海书店1984年影印本，第44—46页。

东汉以后，治古文者也多通今文，兼通今古文的大家越来越多。而为什么从西汉晚期到东汉早期的经今古文之争，同是儒家学派又相互视若寇仇、势同水火呢？其实很简单，就是争宠；争政治之宠，争皇权之宠。就在这一争宠的过程中，今文和古文两派都最终将自己紧紧地捆绑到皇权专制的机体上，完成了儒学国家意识形态化的过程，实现了与皇权的完全结合。

今文立于学官，为皇权所表彰；古文得到皇帝的首肯而并行发展，两者成了国家思想的羽翼。章帝时期的白虎观会议，就是经今古文融为一体、共商国是的一个代表性事件。当章帝效法宣帝整齐诸经异同召开白虎观会议的时候，今文、古文学家就都参与其中了，并且古文大家班固还成了皇权钦定的《白虎通义》的执笔人①。这是一次很有意思的会议，其本意是讨论整齐诸经异同，而会议的进行或最后结果却完全不是对着经文而来，而是用经义来解释国家政治生活和社会伦理范畴的重大问题，会议成果《白虎通义》则成了一部用儒家思想规范国家政治伦理生活的法典，以至于使得有些学者怀疑《白虎通义》的经学性质②，因为它的确不是一部类同于"五经"的经书文献。在《白虎通义》中，经书文献为皇权专制的各项国家制度、法律制度、伦理规范做出了完美的论证，提供了历史的和理论的证明。值此之时，经

---

① 关于《白虎通义》的撰稿人，说法不一，认为出自班固之手的根据是《后汉书·儒林传》载："建初中，大会诸儒于白虎观，考详同异，连月乃罢。肃宗亲临称制，如石渠故事，顾命史臣，著为通义。"《后汉书·班彪传附班固传》："天子会诸儒讲论《五经》，作《白虎通德论》，令固撰集其事。"

② 例如，许四达就曾发表《是"经学"、"法典"还是"礼典"？——关于〈白虎通义〉性质的辨析》一文，提出《白虎通义》非经学说。他说："许多研究《白虎通义》的学者都是把它放在两汉经学派别斗争的背景中来考察的，并普遍认为统治者是为了统一经义和重建统治思想，而召开了白虎观会议……但是若就现存的《白虎通义》的内容来看，它根本不涉及对《五经》章句的减省，因为它并没有针对各经重新进行简约的注疏，而只是零散地引用经文对国家礼制的有关问题进行斟酌、讨论，并由皇帝作出裁决性的解释。虽然不能说它与经学无关，但经文的引用与其说是为'正经义'不如说是为'正礼义'服务的，这与石渠阁会议曾分别作出《书议奏》、《礼议奏》、《春秋议奏》、《论语议奏》、《五经杂议》等是明显不同的。当然，白虎观会议也曾作出《白虎议奏》，但由于该《议奏》早已不存，其内容是否曾对《五经》分别'正经义'已无从得知，而从《后汉书》中也看不出有这样的蛛丝马迹。"文载《孔子研究》2001 年第 6 期。

今古文双剑合璧，共同证明了它们对于皇权的价值，它们已经完全地为皇权所献身了。然而，恰恰是这样，儒家长期所研习的经典文献，才最终获得了国家意识形态的尊贵属性，变成了超然于一切学术之上、被政治权威所尊奉的国家思想。此时的儒学和儒家经典，已经完全具备了非学术性的"经学"所专有的权威性、神圣性和不可质疑的非批判性。白虎观会议及其成果，从一个方面表明了儒学与皇权的完全结合，表明儒学完成了向经学转化的最后进程。

五　儒学独尊后的传承之路

以上所论是从经学形成的外部因素做出的考察，而回到经学形成的内部因素来说，我们会惊奇地发现，内部因素发展的过程，几乎和其外部因素的发展保持着惊人的一致性，或者说它们之间本来就有着密切的内在联系。

（一）师法家法与章句之学的形成

学术的发展之路在于质疑、批判，讨论、争鸣，开放、无禁，而经学则异于是。汉代儒学的发展，在立于学官、逐渐意识形态化的过程中，其学术自身也随之出现了问题，即在治学方法和学术途径上，形成了一种封闭、固化的僵死模式，名之曰师法家法，或曰章句之学。

传统以为，儒学传承中的重师法家法，是汉代固有的传统。比如皮锡瑞的《经学历史》中说：

> 汉人最重师法。师之所传，弟之所受，一字毋敢出入；背师说即不用。师法之严如此。而考其分立博士，则有不可解者。汉初，《书》唯有欧阳，《礼》后，《易》杨，《春秋》公羊，独守遗经，不参异说，法至善也。《书》传于伏生，伏生传欧阳，立欧阳已足矣。二夏侯出张生，而同原伏生；使其学同，不必别立；其学不

同，是背师说，尤不应别立也……《史记》云："言《易》者本于杨何。"立《易》，杨已足矣；施、孟、梁丘师田王孙，三人学同，何分颛门；学如不同，必有背师说者。乃明知孟喜改师法，不用，后又为立博士，此何说也。京房受《易》焦延寿而托之孟氏，孟氏弟子不肯，皆以为非，而亦为立博士，又何说也……二戴、严、颜不当分立，亦可以此推之。①

从汉人重师法的角度出发，皮锡瑞举出大量例证来说明一个矛盾的事实：同师异说并立为博士，都得到皇权的承认，这与汉人重师法相悖逆，他难以理解。其实，问题很简单，在宣帝立十二博士时，所谓的师法家法并没有形成。

揆之于历史，在汉宣帝之前，是没有师法家法之说的。从宣帝以前的文献看，"师法"这个词，仅见之于《荀子》，其他先秦典籍、甚至到司马迁的《史记》中，都没有出现过。而《荀子》中的"师法"概念，也还是可以讨论的。该书"师法"一词出现三次，分见于《修身》《儒效》《性恶》篇。这三篇文献中的"师法"，都不是在讲一个学术传承的问题；而且也都可以析分为教师和礼法两个概念，可以看作是教师和礼法的合称。联系到其他典籍中没有师法出现的情况，《荀子》中的"师法"并不具有后世经学传统中的"师法"之意义。儒学传统中的师法家法说是和其走上经学道路相联系的。然而，即使在武帝设《五经》博士之后，师法家法也没有立刻形成。钱穆先生曾经指出，五经博士，初不限于一家一人；而其为博士者，初亦不限于专治一经。②此论确有大量文献可征：

《汉书·董仲舒传》：董仲舒，广川人也。少治《春秋》，孝景

---

① （清）皮锡瑞著，周予同注释：《经学历史》，中华书局2012年版，第46—47页。
② 参见钱穆《两汉经学今古文平议》，商务印书馆2001年版，第207—208页。

时为博士;《汉书·儒林传》:仲舒通《五经》,能持论,善属文。

《汉书·韦贤传》:贤为人质朴少欲,笃志于学,兼通《礼》、《尚书》,以《诗》教授,号称邹鲁大儒。征为博士,给事中,进授昭帝《诗》,稍迁光禄大夫、詹事,至大鸿胪。

《汉书·夏侯始昌传》:夏侯始昌,鲁人也。通《五经》,以《齐诗》、《尚书》教授。

《汉书·夏侯胜传》:胜少孤,好学,从始昌受《尚书》及《洪范五行传》,说灾异。后事蕑卿,又从欧阳氏问。为学精孰,所问非一师也。善说礼服。征为博士、光禄大夫。

《汉书·儒林传》:后苍字近君,东海郯人也。事夏侯始昌。始昌通《五经》,苍亦通《诗》、《礼》,为博士。

这些都是武帝及其以后的例子。董仲舒以公羊《春秋》见长而通《五经》;韦贤兼通《礼》和《尚书》,而以《诗》教授;夏侯始昌通《五经》,而讲授《齐诗》和《尚书》;夏侯胜治《尚书》而学非一师,不固守一家之言;后苍兼通《诗》《礼》。此五人,除夏侯始昌外,都有担任博士官的记载。而他们都既不专于一经,也不独守一家。可以说,在宣帝之前,还是一个经学不分家的时代,经师兼通五经或数经的情况是比较普遍的。在这样的情况下,就不可能出现像后世那样严守师说的师法家法。经学之师法家法,应是随着同一经而立不同博士并置博士弟子员开始的,由于教授弟子的原因而演化出来。

宣帝立十二博士,出现了同一经而有数家博士并立的情况。于是,同经各家要相互区别,就有了对同一经的不同的解说,不同的章句;弟子们要记住自家老师的章句,就又演化出章句之学。严守自家师说,固守家师的章句,是师法的要害或本质。所谓师法家法,也就是章句之学的产物。钱穆先生关于章句之学在《两汉博士家法考》一文中有详细解说,他认为会产生严格的师法家法、章句之学,盖由于"意欲求说经之密"或为"应敌"之资。① 其实,有"说经之密"这一条也就够了。博士分家,又为置众多的弟子员,教学之需,理由就十分正当了。有了章句,就有了师法,再进一步的发展也就有了家法。所谓师法家法或章句之学,即是根源于宣帝设十二博士。但是,有章句,是否就要求必须得严守章句,师法家法有没有严格的约束意义,这在宣帝到西汉末年也没有完全形成。

可以看到的情况是,从宣帝时期开始,已经有要求遵守师法或章句的例子。《汉书·儒林传》载:

> 蜀人赵宾好小数书,后为《易》,饰《易》文,以为"箕子明夷,阴阳气亡箕子;箕子者,万物方荄兹也"。宾持论巧慧,《易》家不能难,皆曰"非古法也"。云受孟喜,喜为名之。后宾死,莫能持其说。喜因不肯仞,以此不见信。喜举孝廉为郎,曲台署长,病免,为丞相掾。博士缺,众人荐喜。上闻喜改师法,遂不用喜。

孟喜与梁丘贺、施雠一起师从田王孙,施雠和梁丘贺子临都是宣帝时博士,并参与石渠阁之议,孟喜也是宣帝时期人。他因"改师法"而不得为博士,应是宣帝或宣帝之后的事,说明此时已有了"师法"之观念。王莽新朝时,也发生有公孙禄以"毁师法"之名对国师嘉信公提出指控的事件,指责"国师嘉信公颠倒《五经》,毁师法,令学士疑惑"②。这些说明,在宣帝之后,在儒家经典的研习或传承中,人们已经开始看重师法家法,强调师法家法或章句之学的情况已经出现了。但是,从两汉之际到东汉章帝以前,都还可以看到不少名儒不守师法家法的例子,如:

---

① 参见钱穆《两汉经学今古文平议》,商务印书馆2001年版,第223—225页。
② (汉)班固:《汉书》,中华书局1962年标点本,第4170页。

《后汉书·遗民列传》："梁鸿字伯鸾，扶风平陵人也……受业太学，家贫而尚节介，博览无不通，而不为章句。"

《后汉书·马援列传》："马援字文渊……尝受《齐诗》，意不能守章句"。

《后汉书·桓谭传》："桓谭字君山……博学多通，遍习《五经》，皆诂训大义，不为章句。"

《后汉书·王充传》："王充字仲任……受业太学，师事扶风班彪。好博览而不守章句。"①

《后汉书·班固传》："博贯载籍，九流百家之言，无不穷究。所学无常师，不为章句，举大义而已。"

梁鸿和王充的例子，都是发生在太学中的，可见在两汉之际，官学中对墨守师法家法的问题还不是规定的十分严格，还允许或默认这种现象的存在。当然，从学术的发展来说，没有师法家法才是学术的正常道路，然而，儒学要变成经学，要变得更具有权威和尊严，就必然要去学术性，于是，严防思想的自由发展，严守师法家法的约束和钳制，就成为官学中必然要提出的一个问题。而这一点的是否完成，也就是从儒学自身出发判断其是否成为经学的一个重要标尺。

《后汉书·徐防传》载有徐防关于严守家法、章句的上疏，对我们判断严格的章句之学形成时间问题有所帮助。此事发生在东汉和帝永元十四年（102），徐防疏曰：

---

① 关于《后汉书·王充传》中的这段记载，近人有所质疑和论辩。徐复观的《王充论考》一文中认为，王充不曾受业太学，也不曾师事班彪。（参见徐复观《两汉思想史》，华东师范大学出版社1999年版，第346—348页）对此，周桂钿在《王充评传》中进行了辩驳，见该书南京大学出版社1993年版。最近吴从祥提出对"受业太学，师事扶风班彪"一语应分为两件事来看的观点，并认为王充确曾受业于太学，而其师事班彪则是私授，非在太学。（吴从祥：《王充"师事班彪"考辨》，《荆楚理工学院学报》2011年第3期）这些讨论，由于材料的局限都很难是确论，结论多是推测而已。本文认为，既然范晔《后汉书》如此记载，并有谢承《后汉书》和袁山松《后汉书》等相关记载可以佐证，那么，在没有确凿材料可以推翻范晔《后汉书》记载真实性的情况下，便只能采信这段记载。

"伏见太学试博士弟子，皆以意说，不修家法，私相容隐，开生奸路。每有策试，辄兴诤讼，论议纷错，互相是非。孔子称'述而不作'，又曰（吾犹及史之阙文），疾史有所不知而不肯阙也。今不依章句，妄生穿凿，以遵师为非义，意说为得理，轻侮道术，浸以成俗，诚非诏书实选本意。改薄从忠，三代常道，专精务本，儒学所先。臣以为博士及甲乙策试，宜从其家章句，开五十难以试之。解释多者为上第，引文明者为高说；若不依先师，义有相伐，皆正以为非。《五经》各取上第六人，《论语》不宜谢策。虽所失或久，差可矫革。"诏书下公卿，皆从防言。①

徐防既曰"太学试博士弟子，皆以意说，不修家法"，也就说明到和帝时期，师法家法及其章句之学还并不十分严格，即使是博士弟子也可以臆说经典，不遵师说。在徐防的观察中，这是一个比较普遍的现象，甚至已经到了非常严重的地步，诸生说经不仅"不依章句，妄生穿凿"，而且"以遵师为非义，意说为得理"，对那些严守师说的还横加非议，并"浸以成俗"，大有演变成一种趋势的危险。这种学术风气，使得徐防难以容忍，感觉到了非改变不可的地步。不知道徐防对这种不守师说的情况是否有所夸大，但判断这种现象的存在、甚至有一定程度的严重和普遍是没有疑问的。前引梁鸿和王充的例子也证明了这一点。而且，如果徐防之说没有现实的针对性，和帝也不可能赞成其议，"诏书下公卿，皆从防言"。

徐防提出的加强师法家法，严守师说、章句的措施，带有解决问题的彻底性。他要求"博士及甲乙策试，宜从其家章句，开五十难以试之。解释多者为上第，引文明者为高说；若不依先师，义有相伐，皆

---

① （南朝宋）范晔：《后汉书》，中华书局1965年标点本，第1500—1501页。

正以为非",并因为得到皇权的认同而要求贯彻执行。既然策试都以各家章句为据,违背师说、章句便不能通过策试,进而堵塞进阶之路,后果十分严重。这样一来,师说、家法、章句的神圣性,便得到了根本的保障。

皮锡瑞在《经学历史》中谈到东汉时期的家法之严格,举了几个例子:

> 《宦者蔡伦传》云:"帝以经传之文,多不正定,乃选通儒谒者刘珍及博士良史诣东观,各校雠家法。"是博士各守家法也。《质帝纪》云:"令郡国举明经,年五十以上,七十以下,诣太学。自大将军至六百石,皆遣子受业……四姓小侯先能通经者,各令随家法。"是明经必守家法也。《左雄传》云:雄上言郡国所举孝廉,请皆诣公府,诸生试家法。注曰:"儒有一家之学,故称家法。"是孝廉必守家法也……汉时不修家法之戒,盖极严矣。①

这段文字中,蔡伦提出"各校雠家法"在安帝元初四年(117),《质帝纪》中强调的"各令随家法"在本初元年(146),左雄提出"诸生试家法"是顺帝永建三年(128),都是和帝之后的事例。这些例子也恰好证明,严格按照师法家法研习、传承《五经》的章句之学,在和帝永元十四年徐防上书之后最终确立起来,并在后世不断得到强调和巩固。

综上,宣帝立十二博士是师法家法、章句之学开始并逐渐形成趋势的契机,而严格的师法家法传承模式,则最后定型于东汉和帝时期。如果从经义解释、治学方法的固定化及其严格的非批判性的标准去判断,儒学经学化的进程也就结束于这一时期。

---

① (清)皮锡瑞著,周予同注释:《经学历史》,中华书局2012年版,第91—92页。

(二) 儒学解释中的非批判性

严守章句之学，师说只能遵循而不能违背与发展，所有解释，都只能顺着师说的原意去发挥，于是，思想的框框就自然形成了，也自然培养了儒学解释中的非批判性。儒学也就是在这种非批判性的演说中，窒息了自己的生命。

在最规范和最严格的章句之学没有最后形成之前，章句师说对经义解释的尊严就已经开始逐渐培养起来。前引光武帝对桓谭的呵斥，斥之为"非圣无法"，实际上就是针对桓谭对今文经章句的批判而来的。光武欲以图谶解决灵台问题，征求桓谭的意见，桓谭对曰："臣不读谶。"光武问其故，桓谭"极言谶之非经"，这才导致了光武斥责桓谭"非圣无法"，"将下斩之"。所谓"谶之非经"，就是针对经书的那些章句解释说的。在此之前，桓谭曾上书光武帝，极言今文经章句大讲图谶的荒诞不经。疏曰：

> 凡人情忽于见事而贵于异闻，观先王之所记述，咸以仁义正道为本，非有奇怪虚诞之事。盖天道性命，圣人所难言也。自子贡以下，不得而闻，况后世浅儒，能通之乎！今诸巧慧小才伎数之人，增益图书，矫称谶记，以欺惑贪邪，诖误人主，焉可不抑远之哉！臣谭伏闻陛下穷折方士黄白之术，甚为明矣；而乃欲听纳谶记，又何误也！其事虽有时合，譬犹卜数只偶之类。陛下宜垂明听，发圣意，屏群小之曲说，述《五经》之正义，略雷同之俗语，详通人之雅谋。①

桓谭认为，仁义乃《五经》之正义，决不谈奇怪荒诞之事。关于天道性命之学，圣人都很少去说，子贡以下不得而闻，后世那些浅儒

---

① （南朝宋）范晔：《后汉书》，中华书局1965年标点本，第959—960页。

更不可能通晓。而那些以图谶解说《五经》的章句师说，实际上是"增益图书，矫称谶记"，诖误人主，不可采信。很显然，桓谭被光武斥之为"非圣无法"的那些言论，实际上就是针对今文经学家的那些章句而言的。而针对这些章句的批评，就获得了"非圣无法"的罪名，官学中的那些章句是不能批判的。

东汉时期，儒学经典的权威性已经逐渐确立起来，成为主流意识形态，无论是经书文献本身还是其章句师说，都成为不能批判或非议的东西。治学不遵守家法章句，论说不合经典，就不能在社会上得到承认，儒学传承的非批判性逐渐凸显出来。王充的例子就特别典型。前已论及，王充受业太学，也曾师事班彪，但他治经不守章句，并且不主张独守一经，倡导博览百家之言。如他在《论衡》中多次强调：

> 章句之生，不览古今，论事不实。或以说一经为是，何须博览？夫孔子之门，讲习"五经"。"五经"皆习，庶几之才也。颜渊曰："博我以文。"才智高者，能为博矣。颜渊之曰"博"者，岂徒一经哉？我不能博"五经"，又不能博众事，守信一学，不好广观，无温故知新之明，而有守愚不览之暗。①

> 夫总问儒生以古今之义，儒生不能知，别各以其经事问之，又不能晓，斯则坐守信师法，不颇博览之咎也。②

> 夫儒生不览古今，所知不过守信经文，滑习章句，解剥互错，分明乖异。③

王充主张博览百家之言，批判守信师法，"以为俗儒守文，多失其真"，在当时的经学氛围中可谓空谷足音，既不能见容于官学，也不能见容于社会。《后汉书》本传说他"仕郡为功曹，以数谏争不合去"，

---

① （汉）王充著，黄晖校释：《论衡校释》，中华书局1990年版，第592—593页。
② （汉）王充著，黄晖校释：《论衡校释》，中华书局1990年版，第567页。
③ （汉）王充著，黄晖校释：《论衡校释》，中华书局1990年版，第577页。

很难与社会主流思想合拍，只好选择"闭门潜思，绝庆吊之礼"，逃避现实而走著述之路。

（三）汉代儒学的最后困境

师说不能违背，先师之章句已经设置了一切解释的最后边界，而讲学授徒之需，博士弟子的求学之渴，又不断地要求经学教授解释疑难而有所发挥；于是，关于经学的演说，就在一些无关紧要的问题上横生枝节，解经之繁、经说之滥，就不可避免了。

章句之繁，王莽前就已经很严重了。《汉书·艺文志》云："六艺之文：古之学者耕且养，三年而通一艺，存其大体，玩经文而已，是故用日少而畜德多，三十而五经立也。后世经传既已乖离，博学者又不思多闻阙疑之义，而务碎义逃难，便辞巧说，破坏形体；说五字之文，至于二三万言。后进弥以驰逐，故幼童而守一艺，白首而后能言；安其所习，毁所不见，终以自蔽。此学者之大患也。"

《汉书·儒林传》载："信都秦恭延君……增师法至百万言。"

皮锡瑞论之曰：

> 案两汉经学盛衰之故，孟坚数语尽之。凡学有用则盛，无用则衰。存大体，玩经文，则有用；碎义逃难，便辞巧说，则无用，有用则为人崇尚，而学盛；无用则为人诟病，而学衰。汉初申公《诗》训，疑者弗传；丁将军《易》说，仅举大谊；正所谓存大体、玩经文者。甫及百年，而蔓衍支离，渐成无用之学，岂不惜哉！一经说至百余万言，说五字至二三万言，皆指秦恭言之。[1]

章句之繁延至后汉益甚。《后汉书·郑玄传》说："汉兴，诸儒颇修艺文；及东京，学者亦各名家。而守文之徒，滞固所禀，异端纷纭，

---

[1]（清）皮锡瑞著，周予同注释：《经学历史》，中华书局2012年版，第90页。

互相诡激，遂令经有数家，家有数说，章句多者或乃百余万言，学徒劳而少功，后生疑而莫正。"此类现象见于文献记载的还有很多，《后汉书》的《儒林传》《伏恭传》《景鸾传》《桓荣传》《郑玄传》《袁安传》《张奂传》等篇章中都有反映，兹不赘举。两字解说十余万字，一经师说百余万言，这样的演绎途径还能发展下去吗？儒学从一般性的学术，发展到无上神圣、权威的经学，实际上是走入了一个死胡同，窒息了自己鲜活的生命。

六　汉代儒学经学化的历史启示

在将要结束本文的时候，我们可以做一个大致的总结：

从儒学与皇权政治结合之路的角度判断，儒学经学化的完成以白虎观会议为标志是在章帝建初四年（89）；以章句之学的最终形成作为儒学经学化的学术性标准，从"经义解释、治学方法的固定化及其严格的非批判性"的角度去判断，儒学经学化的完成可以定在以徐防上疏为标志性事件的和帝永元十四年（102）。从不同的路径做出的判断，前后相较也仅仅差了13年，对于一个长达二百余年的历史进程来说，这算不上什么差距或误差，大体说是处于同一个时代。而且也完全符合学术或思想发展的规律，因为被政治所牵引的学术或思想的进程，自然会稍稍滞后于政治的发展。总括全文，从各项指标出发，儒学经学化的完成，都指向了章和之间这一个时期。如果要有一个更明确的说法，从皇权政治的主动性出发，大体可以把儒学经学化进程的完成定于章帝时期，白虎观会议是其最明确最具实质性意义的标志性事件。

研究这一问题，可以获得不少有益的历史启示。汉代儒学经学化的进程，是和汉代社会政治上的大一统以及皇权主义意识形态的最终确立相适应的；经学的产生，是汉代社会历史的产物，是社会政治影响学术发展的反映。由儒学发展到经学，儒学获得了繁荣和发展，获得了独尊的地位；而同时，这种国家意识形态的特殊身份，它所发展出来的"章句之学"的治学方法和严守师法家法的传承模式以及它在政治上的不容挑战，也最终使它走向自己的反面，窒息了任何发展的可能性。由儒学经学化的历史进程，我们可以获得丰富的历史启迪，要而言之，以下几点值得重视：

其一，从儒学经学化的道路可以知道，学术一旦被政治所利用，其结局并不是学术之幸。虽然与政治的结合可以获得独尊或独断，但也正是这种独尊和独断，则会反过来窒息学术的生命。究其实，学术和政治是两种截然不同的社会现象。学术的本质是求真，究事物之本源，探事理之奥秘，它所凭借的是学者的独立思考；而政治则是某种利益的集中体现，有着明确的价值目的。学术与政治的结合，往往是单方面的被控制、利用或改造，政治将学术纳入自己的利益之中，学术的一切发展都要围绕政治的目的去展开，学术的本质就不再是探讨事物的本源和奥秘，而成了确定的利益目标的附属物，除了为政治摇旗呐喊再无他途，完全丧失其独立性品格。任何学术与政治结合的最终结果，都是学术性的丧失，而仅仅变成被玩弄的工具。东汉时期，当儒学彻底谶纬化变成皇家之学的时候，就获得了一个"内学"的专称。《后汉书·方术传》云："王莽矫用符命，及光武尤信谶言，士之赴趣时宜者，皆骋驰穿凿，争谈之也。故王梁、孙咸名应图箓，越登槐鼎之任，郑兴、贾逵以附同称显，恒（桓）谭、尹敏以乖忤沦败，自是习为内学，尚奇文，贵异数，不乏于时矣。"先秦之"六艺"绝非符命图箓之簿，而被皇家收编之后，不仅今文经大讲图谶，而且古文经大师郑兴、贾逵也以图谶附会，使孔孟先师深蒙其羞！

其二，儒学从子学到经学、由繁盛到僵死的发展路径，警示了学术超越性地位的自身有害性。先秦诸子时期，是儒学的繁荣期，因为它有诸子百家的对立面向它质疑和发难，推动它不断去答疑解惑，探索新的问题。从孔子、孟子到荀子，甚至西汉早期的陆贾、贾谊到武帝时期的董仲舒，一再达到新的高度，就是由于它居于百家之一的庶民地位。而当武帝将其立为官学、独尊之后，一方面一家独放、失去了对立面力量的推动，另一方面，也由于获得了神圣性而不许质疑，对经文的一切解释、师说和章句，都只能在经文既定的范围内打转转，甚至是为完成皇权的使命而曲意解说，这就失去发展任何新思想的契机。没有新思想的充溢，只能是陈词滥调的重复，学术的生命、生气和生机，就从根本上断送了。当它最后发展到一经章句百余万言、两字之说烦琐到十余万字的时候，所谓经学的章句，就不仅仅是陈词滥调，而简直就是庸俗和无聊了。儒学在东汉晚期渐趋衰微，至魏晋被玄学取而代之，就其自身说也是一个必然的结局。

其三，儒学变成经学和官学后思想界的状况也启示我们，政治当局人为地设立官学体系，对思想的发展蛮横干预，其结果必将造成原创性思想的缺失。汉代从董仲舒之后，基本上就没有了原创性的思想家。思想领域，除了附会经学之外，就是对经学或社会的批判。附会经学不可能进行思想的创造，社会批判则因明确的针对性而被局限，不能充分展开思维的翅膀。因为，在设立了官学的时代，必将造成思想创造已经完成的假象，再加上政治权威的行政引导和利禄诱导，使得思想聚焦到一个统一的指向。所以，在东汉思想史上所能看到的经学体系之外的几个思想家，桓谭、王充、王符等，都是做了社会批判的工作，而没有进行独立的思想创造，先秦时代的百家争鸣成了历史的绝响。汉代帝王对学术的过分热心，设置官学并具体介入学术本身的是非之争，是值得汲取的历史教训。

其四，汉代儒学经学化进程的历史说明，儒学经学化是专制主义中央集权体制下的一个必然的历史进程。这一进程不仅是汉代政治生活和精神文化生活中的一件具有里程碑意义的重大事件，也对其后两千年历史的社会发展模式产生了重大影响，或者说正是这一进程，奠定了后世两千年中国社会政治权力和意识形态高度一体化的社会运行模式。在这一社会模式中，政治权力以征服人心为切入点，通过对人的思想控制而实现对社会的掌控，让社会的稳定和发展以牺牲人的思想自由为代价。中国历史的这一运行模式，至近代也未曾改观。

同时，专制主义国家集权所造就的儒学经学化，也反映着中国历史自秦汉以后所表现出来的一个顽强特征。儒学的经学化，一方面是专制主义集权政治逐步向学术渗透并最终控制学术的过程，另一方面也是儒学向专制政治靠拢的过程，这两个方面的共同支点是专制主义的政治需要。专制主义作为一种强大的国家政治因素，支配了其后中国历史发展的各个方面，使两千多年的中古历史显示出政治权力决定一切的顽强特征。理解和认识中国古代历史上的专制主义问题，是认识中国秦以后社会历史的一把钥匙。从这个意义上说，本文的研究，实际上也只是提供了认识中国古代专制主义历史特点的一个典型案例。

原载《中国史研究》2013 年第 1 期

关于秦始皇统治思想属性的判断问题

关于秦始皇的政治思想、统治思想，或者说是秦王朝的政治思想、统治思想，从汉初的过秦思潮开始，就一直是一个绵延不绝的话题，论者可谓多矣。但几乎都是将其置于汉代人所设定的先秦学术分析模式之中，去辨析其思想属性的派别归属，而秦始皇作为千古一帝政治家的特定身份，以及由此所决定的思维个性，则被严重地忽略了。所以，关于秦始皇统治思想属性的判断问题，仍有重新探讨的余地。

一 以往秦始皇统治思想研究之检讨

关于秦始皇或者秦王朝的统治思想，汉初以降两千年以至近代，人们从不同的角度进行探讨，提出了法家说、杂家说、阴阳家说等多种看法。这些看法各有其道理和价值，但也存在某种偏颇，有分析讨论之必要。

（一）法家说

两千多年来，关于秦酷法暴政而速亡，几乎是一个不容置疑的历史判断，由此推导出秦因法而亡，秦王朝或者说秦始皇的统治思想被贴上法家标签。而这几近共识的看法，应该是汉代人给我们留下的思想遗产。

汉代第一个思想家陆贾在《新语》中说："秦以刑罚为巢，故有覆巢破卵之患。""秦始皇设刑罚,为车裂之诛,以敛奸邪……蒙恬讨乱于外,李斯治法于内,事逾烦天下逾乱,法逾滋而天下逾炽,兵马益设而敌人逾多。秦非不欲治也,然失之者,乃举措太众、刑罚太极故也。"①贾谊的历史名篇《过秦论》说:"然秦以区区之地,千乘之权,招八州而朝同列,百有余年矣。然后以六合为家,殽函为宫,一夫作难而七庙堕,身死人手,为天下笑者,何也?仁义不施而攻守之势异也。"②汉代名儒董仲舒在"贤良对策"中说:"至秦则不然。师申商之法,行韩非之说,憎帝王之道,以贪狼为俗,非有文德以教训于(天)下也。"③正是这些思想家对亡秦教训的总结,使人们都把秦代的统治思想归之于法家,并认为是秦因行商君之法、韩非之说而导致了速亡的历史悲剧。

这样的认识影响了国人两千多年,至今仍是强大的思想传统,是学界占主导性的历史认识。当代学者的论著中,仍有不少人坚持这一看法。如安作璋、孟祥才合著的《秦始皇帝大传》中说:"秦皇朝在思想文化政策方面并没有沿着兼综、整合的路子走下去,最后导向了'以法为教''以吏为师'的文化专制主义……秦始皇至死也没有意识到法家思想存在的问题。"④王绍东认为:"秦以法家理论为指导思想,厉行法治,依法治国,统一全国后,把韩非'以法为教''以吏为师'的理论付诸实践,以严刑酷法统治人民,以暴力控制思想文化,焚书坑儒,乱政虐刑。"⑤李禹阶、赵昆生撰文指出:"秦王朝在国家统治思想上呈现出极端的狭隘性、单维性与局限性……未能及时调整'马上'与'马下'治天下的攻守异势的统治思想及策略……以法家思想为核心的

---

① 王利器:《新语校注》,中华书局1986年版,第51、62页。
② (汉)司马迁:《史记》,中华书局1959年标点本,第282页。
③ (汉)班固:《汉书》,中华书局1962年标点本,第2510页。
④ 安作璋、孟祥才:《秦始皇帝大传》,中华书局2005年版,第307—308页。
⑤ 王绍东:《论汉代"过秦"思想的历史局限》,《史学史研究》2009年第3期。

秦专制王权理论在政治哲学方面又表现出贫乏性、单一性特点。"① 坚持这一看法的人很多，不宜备举。

（二）杂家说

然而，思想的单一与纯粹是无法想象的，特别是对于大有作为的秦始皇帝来说，很难想象他在选择、确立一个庞大帝国的统治思想的时候，会不从现实社会治理的复杂性出发去考虑问题；而秦统治思想本身的复杂性，也一再说明，汉初针对秦王朝严刑峻法而导致王朝覆亡的历史总结，确有一叶障目之偏颇。于是，对于秦始皇统治思想单一法家属性的说法，也不断受到挑战。

近代以来的学界看到了秦始皇思想的驳杂，郭沫若在《十批判书》里说：

> 秦始皇的精神从严刑峻法的一点说来是法家，从迷信鬼神的一点说来是神仙家，从强力疾作的一点说来是墨家。墨家也尊天右鬼，重法尚同。这三派的思想在他一身之中结合起来成为了一个奇妙的结晶体。而他又加上了末流道家纵欲派的思想实践，那光彩是更加陆离了。因此我们要说秦皇也把先秦诸子的大部分结合了，这也是说得过去的。②

这就意味着秦始皇统治思想法家说的动摇。但是，人们毕竟是感觉到了秦始皇对法家思想的特别青睐，严刑峻法也毕竟是秦亡的重要原因，于是，秦王朝统治思想是以法家思想为主体的杂家说便产生了。

在当代的学术史上，就有不少学者坚持这一主张。如刘修明认为，秦王朝的统治思想一直处在探索的过程中，法家、儒家、阴阳家的思

---

① 李禹阶、赵昆生：《秦帝国统治思想的狭隘性与局限性》，《华南师范大学学报》2015年第3期。

② 郭沫若：《十批判书》，东方出版社1996年版，第470页。

想都参与到这一探索中来。"秦王朝的统治思想,不仅是法、儒、阴阳思想的结合,墨家的思想也有影响。"①刘泽华说:"秦始皇在思想文化上,开始采用以法家为主、兼蓄并用其他学派思想学说的做法,阴阳家、儒家、道家、宗教神学都有一定地位。"②张分田认为:秦始皇"是一个比较偏爱法家的'杂家'皇帝";"从《史记》《云梦秦简》等保存的历史资料看,法家的'依法治国'论,儒家的礼仪、教化和忠孝之道,道家的玄学、方术,阴阳家的'五德终始'说、'四时之政'等,对秦朝的制度、法律和政策都有重大的影响"③。1975年睡虎地秦墓竹简出土,人们在其《语书》《为吏之道》中看到了一些类似儒家的言辞,于是,杂家说在20世纪80年代之后兴盛起来,此不赘述。

(三) 阴阳家说

臧云浦先生认为:"嬴政的统治思想以阴阳五行论为主体";"有人以为秦始皇用的是法家思想,因为他赞赏韩非,重用李斯,又严刑峻法,果于杀戮。其实这只是他统治术的一个方面,而其基本思想乃是阴阳五行之说"④。刘宝才先生认为,秦在统一之后,把五德终始说确立为官方思想,以此为指导建立起秦王朝的各项政治制度。⑤ 臧知非说:"秦朝严刑峻法的理论基础不是法家学说,而是阴阳五行思想。阴阳五行思想是纲,严刑苛法是目。"⑥ 赵潇认为:"五德终始说……不仅影响了秦的政治制度、礼、俗、服色等社会生活方面,并且深刻地作用于统治阶级的意识形态。"⑦ 乔松林说:"从秦的制度设计看,在秦始

---

① 刘修明:《秦王朝统治思想的结构和衍变》,《学术月刊》1988年第1期。
② 刘泽华:《中国政治思想史》,浙江人民出版社1996年版,第6页。
③ 张分田:《秦始皇传》,人民出版社2003年版,第233、238页。
④ 臧云浦:《略论秦汉统治思想的两次重大转变》,《徐州师范学院学报》1982年第4期。
⑤ 刘宝才:《水德与秦制》,《西北大学学报》1986年第1期。
⑥ 臧知非:《吕不韦、〈吕氏春秋〉与秦朝政治》,《秦文化论丛》第6辑,西北大学出版社1998年版。
⑦ 赵潇:《论五德终始说在秦的作用和影响》,《齐鲁学刊》1994年第2期。

皇的思想信仰中，对阴阳家的依赖更甚于对法家的崇尚。"[①] 阴阳家说者，抓住《秦始皇本纪》中"始皇推终始五德之传……刚毅戾深，事皆决于法，刻削毋仁恩和义，然后合五德之数"这段话立论，也可谓言之凿凿。

纵览以往的秦始皇统治思想研究，人们在传统的先秦学术体系认知范畴中，探讨了秦始皇的思想属性，也分析了其思想体系中的各种思想成分，对于我们认识或了解秦始皇的思想世界，提供了丰厚的学术史资源。但是，以往的研究似乎也很有可商榷之处。譬如"法家说"，它就无法回避秦统一后在政治、礼俗等方面的制度，是根据于阴阳家的思想学说。《秦始皇本纪》说："始皇推终始五德之传，以为周得火德，秦代周德，从所不胜。方今水德之始，改年始，朝贺皆自十月朔。"他的确是用阴阳家的理论作为他取代周而统治天下的合法性根据的，这是一个意识形态的核心问题，怎么可能用法家说而将其掩盖呢？他以水德制定其礼仪制度，"衣服旄旌节旗皆上黑。数以六为纪……"涉及的是相当广泛的政治问题，都无法归之于法家思想的范畴。所以，"法家说"是有偏颇的。

同样的问题，也可以抛给"阴阳家说"。秦"以法为教""以吏为师"，其法律制度、社会控制，都是贯彻了《韩非子》的主张的。虽然有人为之辩护，将秦"以法为教"甚至严刑酷法，都从阴阳家说的"水德"去解释，如有人论曰：

> 水德主阴，阴刑杀……汉人董仲舒《春秋繁露·治水五行》论五行配政事曰："水用事，则闭门闾，大搜索。断刑罚，执当罪。"水尚刑的特点正与秦国严刑峻法的法治传统相一致，秦始皇称帝后更无所顾忌，"乐以刑杀为威"。[②]

[①] 乔松林：《秦亡于法家说质疑》，《史学月刊》2013年第6期。
[②] 赵潇：《论五德终始说在秦的作用和影响》，《齐鲁学刊》1994年第2期。

秦法之所以严酷，理论根源主要在于法家政治思想……但秦法严酷与五德终始说的关系却被忽视了。水德又怎样与严刑峻法联系起来呢？原来在战国中期的四时教令思想中，把四时与五行相配合，以春、夏、秋、冬分别配木、火、金、水，以夏、秋之间配土（见《管子·四时》）。而《洪范五行传》又有春为"助天生"，夏为"助天养"，秋为"助天收"，冬为"助天诛"之说，依照这一套关系，水德在四时中代表冬季，其特性为"助天诛"，于是水德就要求严刑峻法了。或者，不如说严刑峻法的法家政治在五行学说中找到了依据。①

但是，这些论者似乎忘记了秦始皇选择依法律手段实行社会控制，的确不是本之于阴阳家的学说，在秦统一之前，秦国奉行法家路线已经一百多年了，选择依法治国的确与阴阳无关。用阴阳家说排斥法家说，也有讲不通的地方。在这种情况下，似乎只有杂家更为稳妥。人们的思想本来就不可能是纯粹的，用杂家说当然就可以把一切都包容进来。

而杂家说就真的可以成立吗？当人们把秦始皇作为杂家去看待的时候，能说明什么问题呢？除了说明他的思想很丰富这个一般性的认识之外，还说明了什么呢？什么人的认识不丰富？杂家的判断就等于没有判断。郭沫若说："'杂'之为名无疑是有点恶意的。"② 的确如此，《汉书·艺文志》把《吕氏春秋》列为杂家，谓其"兼儒、墨，合名、法"，并不是一个好的评价，实际上是说其没有宗旨，说它"漫羡而无所归心"，可谓一语中的！后世判定某人是杂家，也不过是说其没有体系，没有归属，驳杂而已。现在我们把秦始皇判定为杂家，实际上也等于什么都没有说，说他什么思想都有，也什么都不是。《汉书·艺文

---

① 刘宝才：《水德与秦制》，《西北大学学报》1986年第1期。
② 郭沫若：《十批判书》，东方出版社1996年版，第422页。

志》要做图书分类，那些融会百家、内容驳杂，不好归类的书，都归入此类目下。这样去判定一本典籍文献勉强可以，而要如此去判定一个人的思想属性，怎么可以呢？任何一个有所建树的思想家或政治家，都是有自己思想体系的人，是有思维个性的人，都是有着一以贯之的政治或思想主张的人，怎么能用一个"杂"字对其概括或抽象？人的思想属性的判断，决不可用这个"杂家"的概念。

那么，秦始皇是什么家呢？我们坚持在汉代人设定的先秦学术各家各派的思想框架中打转转，碰到了巨大的困惑。

写到这里，笔者突然感到一种难以名状的失落，我们从分析秦始皇的思想入手，最后的结果是，自己的研究对象却突然不见了——秦始皇消失了。

试想，当我们说秦始皇的思想是法家思想，儒家思想或阴阳家思想的时候，不是在指陈这样一种事实吗？法家思想——商鞅、韩非的思想，儒家思想——孔子、孟子、荀子的思想，阴阳家的思想——邹衍的思想，墨家的思想——墨翟的思想；当人们做完了秦始皇是法家、是儒家、是阴阳家或是墨家的分析的时候，是不是会突然发现，我们原本是研究秦始皇的思想，而最后看到的却是商鞅、韩非，是孔子、荀子，是邹衍、墨翟，而秦始皇呢？秦始皇所有的都是别人的思想，他自己有没有思想呢？

这的确是个非常严重的问题！

二　家派分析模式的思维短板

秦始皇思想研究出现上述问题的根源，在于中国思想史研究的公式化、模式化，即长期以来用汉代形成的关于先秦学术体系的分析模式，去支配思想史的解读。笔者在十多年前曾提出一个思想史命题，即

"先秦学术体系的汉代生成"说①，认为把先秦思想界划分为阴阳、儒、墨、名、法、道等学派这样一个思想格局，是汉代人的创造，它并非先秦学术的真实谱系，然而，它却先验地影响了后世两千多年间人们对中国思想史的基本看法。

于是，长期以来的思想史研究就形成了一个公式化传统，把先秦时期的各家各派当作思想标签，往历史人物身上套，看到仁义就是儒家，看到无为就是道家，看到刑罚就是法家，看到尚贤就是墨家，汉以后两千年的思想史脉络，就一直笼罩在这样的思维框架中。关于先秦诸子，有的思想倾向比较明显了，就说他是某某家，如果有的思想丰富一些，庞杂一些，就说他兼具他家，或者无可奈何地命名为杂家。其实，他们一点都不杂，人的思想本来就是很丰富的，丰富多彩的现实生活，就应该有多彩斑斓的思想去反映，怎么就杂了呢？所谓"杂"，无非是我们这些后人看问题单纯了，我们先把丰富多彩的思想个体简单分类，一个人要么是这家，要么是那家，如果你不是单纯的一种什么思想，就只好说你是"杂家"。这种不符合先秦思想史实际的简单化做法，带来了很大危害。我在那篇小文中说，这种对先秦学术体系强行分家分派的做法，带来了两大后果："对于某一学派内部，重其共性而忽视个性，而学派内部的差异是显而易见的；对于不同学派之间的个性说，又造成重视个性而忽视共性，忽视各学派共同的思想文化前提，忽视三代文化对于先秦学术的奠基意义。"②

用阴阳、儒、墨、名、法、道这种分家分派地考量个体人思想属性的做法，暂名之为"家派分析模式"，这种模式使用了两千年，人们却不察其弊。实际上，这种分析模式是有着致命的思维短板的。

首先，"家派分析模式"忽略了诸子百家共同的思想文化基础。

当人们以"家派分析模式"分析秦始皇的统治思想是什么家什么

---

① 李振宏：《论先秦学术体系的汉代生成》，《河南大学学报》2008年第2期。
② 李振宏：《论先秦学术体系的汉代生成》，《河南大学学报》2008年第2期。

派的时候，完全忽视了一个重要的思想史事实，即当时人们的思想共识。春秋战国时期的思想文化，是建筑在三代文化的基础之上，三代文化是所谓各家各派思想主张、思想体系的共同基础。《尹文子·大道下》说："仁义礼乐，名法刑赏，凡此八者，五帝三王治世之术也。"[①] 此处所讲的八个义项，亦即先秦思想的八个重要范畴，就是五帝三王共同的治世思想，是三代时期留给后世共同的思想范畴，绝不仅仅属于哪家哪派。所以，即使存在所谓的各家各派，在这个共同文化基础上的各家各派，也有不容忽视的思想共识。正是这些思想共识，或曰共同性观念，构成了中华文化的基本内涵。这些共识性的思想文化要素，是不能简单地归为什么家什么派的。可以说，平时人们将其归之于儒家的仁义信诚、贵公尚贤等思想范畴，在先秦时代就是普遍的思想共识，是共同性社会观念，不能一看到这些东西，都说成是儒家思想。

在秦始皇思想属性的讨论中，提出秦始皇思想成分中有儒家思想的学者，大多是以秦始皇巡游天下过程中留下的刻石文字为根据，看到了在这些文字中有"贵贱分明，男女礼顺"[②] "合同父子" "圣智仁义" "尊卑贵贱，不逾次行" "节事以时，诸产繁殖"[③] 等诸如此类的所谓儒家思想要素；更令人兴奋的是在秦律《语书》中看到了"有（又）廉絜（洁）敦愨" "有公心"[④]，在《为吏之道》中看到了"宽俗（容）忠信" "兹（慈）下勿陵，敬上勿犯" "中（忠）信敬上" "龚（恭）敬多让" "君鬼臣忠，父兹（慈）子孝，政之本殹（也）"[⑤] 等，这些似乎都是确凿的儒家语汇。但是，这些难道不是三代以来所形成的共同的文化因素吗？可以说，历史文献完全可以证明，像仁义孝悌、大一统、贵公、禅让、道、德、使民以时、法治规则意识等，至迟是从

---

① （战国）尹文：《尹文子》，岳麓书社1993年版，第2535页。
② （汉）司马迁：《史记》，中华书局1959年标点本，第243页。
③ （汉）司马迁：《史记》，中华书局1959年标点本，第245页。
④ 睡虎地秦墓竹简整理小组：《睡虎地秦墓竹简》，文物出版社1978年版，第19页。
⑤ 睡虎地秦墓竹简整理小组：《睡虎地秦墓竹简》，文物出版社1978年版，第281—285页。

西周以来就形成的共同的思想观念，并不专属于哪一家哪一派。我们完全可以从共同文化素养的角度，去重新审视《庄子·天下》篇的这段话：

> 古之人其备乎！配神明，醇天地，育万物，和天下，泽及百姓，明于本数，系于末度，六通四辟，小大精粗，其运无乎不在。其明而在数度者，旧法世传之史尚多有之。其在于《诗》《书》《礼》《乐》者，邹鲁之士搢绅先生多能明之。《诗》以道志，《书》以道事，《礼》以道行，《乐》以道和，《易》以道阴阳，《春秋》以道名分。其数散于天下而设于中国者，百家之学时或称而道之。

这段话说明，在战国之前的古代，已经积累了比较完备的思想文化要素。从养育万物、调控天下的思想原则，到具体的制度规则、法度细节，各种文化要素都有完备的建设。这些文化要素除了制度性的规范之外，思想层面的东西都保留在《诗》《书》《礼》《乐》《易》《春秋》等经典文献之中。这些经典文献所反映的，就正是三代以来所形成的共同性文化因素。到了"道术为天下裂"的春秋战国时期，这些共同的文化因素散布于天下，被百家之学所"称而道之"，为诸子百家所传承。

而在"家派分析模式"中，各家各派都成了思想上完全对立的学术群体，很少去重视他们之中所承袭的共同性文化因素。用这种分析模式去看待后世的政治家和思想家，他们的思想非儒即法，非墨即道，任何共同性的文化因素都被机械地划到了某家某派的名下，形成思想史分析的形而上学和公式化模式。为什么不能把秦始皇的思想成分，判断为从他那个时代的共同文化观念中汲取了营养，而非得说成是法、儒、道、墨或阴阳呢？"家派分析模式"割裂了先秦学术的整体性基础，以此去解读政治家或思想家的思想属性，认识古代思想史的真实面貌，是其不可忽视的思维短板。

其次，这种"家派分析模式"，严重地屏蔽了思想的鲜活个性。

每一个历史人物的个性都是鲜明的，那些伟大政治家的个性更是如此。人的个性鲜明，主要地表现为思维个性的独特性。而当我们从事思想史的研究，面对一个个鲜活的思维个性的时候，却要把他们套入被贴上了标签的家派分析模式之中，把丰富多彩的个性化思想做简单的学派分析，当然就无法认识思想的真正属性——个体性。单一的学派分析，不能解决思想属性的认识问题。

比如，当我们把秦始皇当作法家去看待的话，他就变成了商鞅，变成了韩非，你就会去把他的思想化作一个个碎片，去和商鞅的韩非的一句句话相对照。如果对照的结果是一致的，那么，秦始皇就被坐实了是法家。而这个时候，秦始皇的个性，他的人生经历所给予他的思想的特殊性，他的社会地位所要求他做的特定的政治思考，他的历史环境和背负的历史使命所给他的思想指引，则都被有意无意地屏蔽了。在这样的模式化分析中，我们看到的还是一个真实的活生生的秦始皇吗？是真实生动的思维个性吗？答案当然是否定的。以往人们关于秦始皇是什么家什么家的判断，实际上就是"家派分析模式"导致的结果，它完全屏蔽了思想家或政治家鲜活的思维个性，将思想史研究引入歧途。

秦始皇就是有着自己独特的思维个性的人，所谓千古一帝是不能小觑的。面对这样的政治家的时候，我们必须首先考虑其思想的个性因素，而不能用一般的寻常观念去理解政治家的思想世界。秦始皇就是这样有着特殊的思想观念的政治家。譬如在秦始皇身上，我们可以看到特别鲜明的"崇武尚力"观念，他对权力和力量的迷信、崇拜，就是一般人所不具备的。而这样的观念，支配了他许多重大的历史行动。

崇武尚力，是秦始皇特殊的人生经历所铸就的信念或信仰。他的整个青少年时代，是在残酷的战争中度过的。秦始皇出生在秦赵长平之战的结束之时。而长平之战的结束并没有迎来和平和平安，仅仅隔了一年，秦昭襄王就又发动了对赵国邯郸的围攻，这使得质于赵国的子楚嬴政父子，陷于死亡之境。最后子楚在吕不韦的策划下匆忙出逃，而幼冲之年的嬴政则随母亲赵姬藏匿在外公家中而幸免于难。当然这场战争厄运对于两三岁的嬴政不可能留下什么记忆，但无疑也会成为在其记事之后，被反复教诲的重要素材。

嬴政在8岁时回到秦国，12岁登上王位，20岁亲政，整个青少年时代都是在战争中度过的。据《史记》列出的时间表如下：

（9岁）庄襄王元年……东周君与诸侯谋秦，秦使相国吕不韦诛之，尽入其国……使蒙骜伐韩，韩献成皋、巩……

（10岁）二年，使蒙骜攻赵，定太原。

（11岁）三年，蒙骜攻魏高都、汲，拔之。攻赵榆次、新城、狼孟，取三十七城。四月日食。王龁攻上党。初置太原郡。魏将无忌率五国兵击秦，秦却于河外。蒙骜败，解而去。

（12岁）晋阳反，（秦始皇）元年，将军蒙骜击定之。

（13岁）二年，麃公将卒攻卷，斩首三万。

（14岁）三年，蒙骜攻韩，取十三城。王齮死。十月，将军蒙骜攻魏氏畼、有诡……

（15岁）四年，拔畼、有诡。三月，军罢……

（16岁）五年，将军骜攻魏，定酸枣、燕、虚、长平、雍丘、山阳城，皆拔之，取二十城……

（17岁）六年，韩、魏、赵、卫、楚共击秦，取寿陵。秦出兵，五国兵罢。拔卫，迫东郡，其君角率其支属徙居野王，阻其山以保魏之河内。

（18岁）七年……将军骜死。以攻龙、孤、庆都，还兵攻汲……

（19岁）八年，王弟长安君成蟜将军击赵，反，死屯留，军吏皆斩死，迁其民于临洮。将军壁死，卒屯留、蒲鶮反，戮其尸。河鱼大上，轻车重马东就食。①

《史记》所记秦始皇的这十一年岁月，就只有战争。这些战争虽然因为其年少尚未亲政，而不出自他的决策，也不需要他的指挥和亲历，但已经坐在王位上的他，岂能不闻不问而置之身外？战争，攻城略地，斩将搴旗，横尸遍野，血流漂杵，留给这个至尊少年的最深刻的记忆，就是征伐、杀戮、流血与无情，为征服天下而不顾一切。少年天子生活在这样的氛围中，培养起来的观念就是崇尚武力，就是习惯于享受征伐战争的快感，并隐忍兵败的残酷。

秦始皇到了亲政年龄之时，面对着两大政治势力的威胁。一个是相国吕不韦，他手握相权，权倾朝野，同时还是秦王嬴政的仲父，是嬴政父亲庄襄王指定的托孤之臣，有着凌驾于群臣之上的特殊地位。另一个势力是吕不韦的舍人出身、深得太后爱幸的嫪毐。此时，嫪毐的势力迅速膨胀，"嫪毐封为长信侯。予之山阳地，令毐居之。宫室车马衣服苑囿驰猎恣毐。事无小大皆决于毐"②。嫪毐俨然与吕不韦成了当时秦王朝不可遏制的两大势力。史载当时的秦国朝廷之上，群臣已经不知有秦王，而只是在吕不韦、嫪毐之间选择要依附的对象，所谓"与嫪氏乎？与吕氏乎？"③说的就是这种状况。秦王朝的最高权力便摇曳在这两个权臣之间，而真正的主人嬴政却不能置喙。更险恶的是，嫪毐已经在谋划着借嬴政举行成人仪式、实现最高权力交接之际，加害嬴政而篡夺王位。险恶的政治斗争，给年轻的秦王以严峻的考验。

始皇九年，刚刚20岁血气方刚的秦王，以其雄才大略，果敢地剪除了给他带来巨大屈辱的嫪毐势力，对参与嫪毐谋反的"卫尉竭、内史肆、佐弋竭、中大夫令齐等二十人皆枭首。车裂以徇，灭其宗。及

---

① （汉）司马迁：《史记》，中华书局1959年标点本，第224—225页。根据表达的需要，笔者在文字排列格式上有所调整。
② （汉）司马迁：《史记》，中华书局1959年标点本，第227页。
③ （汉）刘向：《战国策》，齐鲁书社2005年标点本，第290页。

其舍人，轻者为鬼薪。及夺爵迁蜀四千余家，家房陵"①。剪除嫪毐这颗毒瘤，既考验了这位年轻帝王的勇略和智慧，也激起他无限的自信，锻炼了刚毅果敢的意志品质。第二年，他便果断下旨免去吕不韦的相国职务，彻底收回最高权力，成为真正的"予一人"！秦始皇为什么能够轻易地铲除两个不可一世的政治集团，除了天才条件，他可以感受到的就是权力的力量。居高临下的王位，至高无上的绝对权力，是他可以施展谋略和力量的真实凭借。

剪除嫪毐、吕不韦两大集团，使得年轻的君王彻底放开手脚，开启了由他亲自驾驭的统一天下的进程。到始皇二十六年初并天下时，秦始皇有一段志得意满的豪迈言辞：

> 异日韩王纳地效玺，请为藩臣，已而倍约，与赵、魏合从畔秦，故兴兵诛之，虏其王。寡人以为善，庶几息兵革。赵王使其相李牧来约盟，故归其质子。已而倍盟，反我太原，故兴兵诛之，得其王。赵公子嘉乃自立为代王，故举兵击灭之。魏王始约服入秦，已而与韩、赵谋袭秦，秦兵吏诛，遂破之。荆王献青阳以西，已而畔约，击我南郡，故发兵诛，得其王，遂定其荆地。燕王昏乱，其太子丹乃阴令荆轲为贼，兵吏诛，灭其国。齐王用后胜计，绝秦使，欲为乱，兵吏诛，虏其王，平齐地。寡人以眇眇之身，兴兵诛暴乱，赖宗庙之灵，六王咸伏其辜，天下大定。②

从始皇十年到二十六年，这十七年间，由他亲自指挥的征伐战争，无往不胜，言辞中对扫平天下的描述，"兴兵诛之，虏其王""发兵诛，得其王，遂定其荆地""兵吏诛，灭其国""虏其王，平齐地""兴兵诛暴乱""六王咸伏""天下大定"，每一句都是那么自豪、坚定，充

---

① （汉）司马迁：《史记》，中华书局1959年标点本，第227页。
② （汉）司马迁：《史记》，中华书局1959年标点本，第235—236页。

满舍我其谁的豪迈，且是"以眇眇之身"而定鼎天下！战争给予他的岂是自信和自豪那么简单，简直是铸就了一种信念：他力量无限，可以扫平一切！武力、暴力、绝对权力，是他战胜一切的最可靠的凭借。如果说秦始皇自己有什么思想，有什么特殊的属于他的思想观念，那就是对力量的无限崇拜。而当这种无坚不摧的力量通过他自身的作为而实现的时候，他往往就会获得一种无限的自信和强烈的自我崇拜。他完全有理由认为，他具有无限的力量，只要是他想要达到的目标，就一定会像以往所取得的胜利那样，不存在任何怀疑。

这种力量观念是很可怕的。它会使人丧失对任何事物的敬畏和恐惧，而支配自己为所欲为而无所顾忌，因为他自信具有战胜一切的力量。秦始皇在其执政的十多年中，对严刑峻法的无限自信和自恃，就是由这样的力量信念所支撑的。无论是其政治状况达到了多么严峻的局面，他都丝毫不怀疑自己的决断，他相信自己的力量！当他决定对四百六十名儒生进行坑杀的时候，没有犹豫，没有畏惧；当他下令"使刑徒三千人皆伐湘山树，赭其山"的时候，没有因为要面对的湘君是尧女、舜妻之神灵而有丝毫畏惧！这种对力量的自恃使其到了何等无法无天的地步！

而秦始皇所练就的这样的性格，这样的崇武尚力观念，对自我力量如此的自信和崇拜，在思想家那里是找不到根据的，是无法对号入座的。他属于诸子百家中的哪一家哪一派呢？用家派分析模式去对待他，就会把一个鲜活的人格形象，把极具个性化的思想个体，变成一种思想一般，而屏蔽掉了其个性化思想的真实和鲜活！

的确，思想史研究中的家派分析模式，是有其思维短板的。

三 跳出学派思维，还秦始皇以政治家本色

除了"家派分析模式"本身存在思维短板之外，就秦始皇思想属性的研究来说，还有一个政治家思想的特殊性问题。学派分析模式面

对的是思想家的思想，无论是儒家思想、法家思想还是道家思想、墨家思想，它们都是思想家对中国历史发展道路的真理性探索，是真诚的学术思考。而把这种有纯真的学术性思维产生的解读模式，套在政治家头上，就有点方凿圆枘的感觉了。秦始皇是千古一帝，是真正的政治家，用一般的分析思想家的思维模式来看待秦始皇，是不可能不出现思想的扭曲的，或者说是不可能认识秦始皇思想之真谛的。这里，我们必须提出跳出学派思维，还秦始皇以政治家本色的问题。

政治家的思考是不同于思想家的。思想家是一群"无恒产而有恒心"的人，他们的历史使命是献身于真理的追求，无论其思考的结论如何，也都是真诚的思想探索；而政治家则不同。政治家的思考，是着眼于现实的利益追求，是确定的需要的反映。可以说，政治家是很少有信仰的，他是跟着利益走的。如果他是卓越的政治家，或者是优秀的政治家，他的思考是被国家、民族的利益所指引；如果他是卑劣的政治家，则可能仅仅是围绕着集团的或者家族的、个人的利益而行动。信仰对于他们，或者没有，或者只是一个幌子。我们决不能糊涂到认为，政治家也像思想家那样去相信什么真理或信仰，说什么秦始皇是法家、阴阳家，他信仰法家学说，迷信阴阳家说辞，这样我们就显得过于幼稚了。政治家是不可能用任何一家的什么思想理论来框架自己的。如果他看到什么思想有用或者对他有利，他拿来就用，但是要说他迷信什么理论，信仰什么学说或思想，那就谈不上了。前人的思想理论只可能为其利用，而不可能成为他的束缚。

所以，对秦始皇统治思想属性的判断，断不能套用那种出自思想家分析的"家派分析模式"。我们研究秦始皇的思想，首要的是了解他面对的政治需要和政治利益，他需要做什么，什么思想有可能为他所用。他一定是跟着需要走的。那么，统一后的秦始皇，最急迫的需要是什么？毫无疑问，结束自春秋以来五百年间天下攻伐不息的战乱局面，建立高度集权的政治体制，造就尊君卑臣的礼法秩序，是他最大的政治利益，也是其面临的最迫切的现实需要。他的一切选择，包括政治制度的设计，统治思想的选择，都只能是围绕这个中心去进行。这一点，古人就已经看得很清楚。司马迁在《史记·礼书》中说："至秦有天下，悉内六国礼仪，采择其善，虽不合圣制，其尊君抑臣，朝廷济济，依古以来。"① 这就是说，在统一六国之后，秦始皇的礼仪制度建设，有明确的问题意识，那就是"尊君抑臣"。如何对六国的礼仪制度选择性吸纳，以便建设与大一统天下相适应，确立绝对君权以威服关东六国旧地，并能够保证长治久安的政治制度和礼仪制度，是秦始皇政治思想的中心问题。

对司马迁这段话中的"圣制"会有不同的理解。单从字面上说，它可以理解为古代圣王之制，也可以理解为秦王朝的传统制度。但从这段话完整的语言逻辑出发，后者的理解可能更为稳妥，"圣制"即秦在商鞅变法以后形成的依法治国的历史传统。所谓"依古以来"，按照张守节的《正义》，即是"依古以来典法行事"。一般意义上所说的古代以来的典法，当然是保存在六国的礼仪之中，六国礼仪不可能不是承袭着商周以来的礼俗传统；而六国礼仪中所保留的依古以来典法，则不符合秦国自商鞅变法以来形成的法制规范。所以，这里的"圣制"只能理解为是秦人所实行的制度规范。六国礼仪，不合秦制，他却还要拿来，因为它贯彻着尊君抑臣这个核心思想，符合秦始皇的胃口，能够满足其一尊之需要，所以，尽管和他原有的制度不同，他还是要拿来。作为政治家，他需要什么，心里是很清楚的。这段话说明，秦始皇对六国礼仪的选择，不是出于信仰什么理论，而是"尊君抑臣"的政治需要。只要是能够实现尊君抑臣的政治目的，即使与他一贯坚持的秦国法制规范相悖逆，他也并不顾及。在秦始皇这里，他选择什么理论，并不是因为这个理论的正确性或真理性的问题，而是其对于自己的有用性，这一点是十分明确的。功利性价值判断，是政治家一切行为的唯一考量。下边，我们就来看看秦始皇作为一个政治家，是

---

① （汉）司马迁：《史记》，中华书局1959年标点本，第1159页。

如何对待所谓的百家之学的。

（一）秦始皇如何对待法家学说

秦始皇推崇法家，这几乎是无可争议的。秦"以法为教""以吏为师"，这是不须讨论的问题。但是，秦始皇真的信仰法家学说吗？真的是不折不扣地实践法家的施政方略吗？这则是一个需要讨论的问题。

从汉初的过秦思潮开始，人们都把秦二世而亡的短祚，归之于秦始皇贯彻法家严刑峻法思想的结果，认为秦任法而亡国。但是，秦始皇严刑峻法，"事皆决于法，刻削毋仁恩和义"，都是法家之过吗？秦始皇所行之法，究竟是战国法家之本真，还是他从法家那里选择了某些东西而推至极端？

先秦法家的确有明确的重刑主张：

商鞅说："王者刑九赏一"①"禁奸止过莫若重刑"②。
韩非说："仁义爱惠之不足用，而严刑重罚之可以治国也。"③

但是，法家重刑的出发点则是通过重刑而达到无刑和爱民。譬如，商鞅和韩非都有明确的表述：

王者刑用于将过，则大邪不生；赏施于告奸，则细过不失。治民能使大邪不生，细过不失，则国治……此吾以杀刑之反于德，而义合于暴也。④

刑重而必得，则民不敢试，故国无刑民。⑤

圣人之治民，度于本，不从其欲，期于利民而已。故其与之

---

① 蒋礼鸿：《商君书锥指》，中华书局1986年版，第31页。
② 蒋礼鸿：《商君书锥指》，中华书局1986年版，第101页。
③ 陈奇猷：《韩非子集释》，上海人民出版社1974年版，第250页。
④ 蒋礼鸿：《商君书锥指》，中华书局1986年版，第57页。
⑤ 蒋礼鸿：《商君书锥指》，中华书局1986年版，第101页。

刑，非所以恶民，爱之本也。刑胜而民静，赏繁而奸生，故治民者，刑胜、治之首也，赏繁、乱之本也。①

今轻刑罚，民必易之。犯而不诛，是驱国而弃之也；犯而诛之，是为民设陷也。是故轻罪者，民之垤也。是以轻罪之为民道也，非乱国也则设民陷也，此则可谓伤民矣！②

重刑明民大制使人则上利。行刑、重其轻者，轻者不至，重者不来，此谓以刑去刑。罪重而刑轻，刑轻则事生，此谓以刑致刑，其国必削。③

无论是商君的"以杀刑之反于德""国无刑民"，还是韩非的"非所以恶民，爱之本也""轻罪……则设民陷也""以刑去刑"，都强调他们的重刑理论，目的在于对民的保护。④ 这一理论观点在法家思想体系中也是很重要很基本的。《商君书·赏刑》篇一开头就专门谈了这个问题，很明确地强调"明刑不戮""明刑之犹，至于无刑"⑤，严明刑法的极致，就是不用刑罚。无论这样的理论在实践中能被如何掌控，会造成怎样的结果，但其论证逻辑是很清晰的：重刑是为了去刑。他们相信"禁奸止过"，"明刑不戮"，通过重刑可以达到法律的威慑效果，使民有所畏惧而免于犯罪，最终实现对民的保护。这大概也是一个思想的辩证法。

其次，法家还反对滥用权力的一味暴力倾向。如韩非说：

民不犯法则上亦不行刑，上不行刑之谓上不伤人，故曰："圣

---

① 陈奇猷：《韩非子集释》，上海人民出版社1974年版，第1134页。
② 陈奇猷：《韩非子集释》，上海人民出版社1974年版，第951—952页。
③ 陈奇猷：《韩非子集释》，上海人民出版社1974年版，第1123页。
④ 学界已经有人关注过这个问题，请参阅屈永华《法家治国方略与秦朝速亡关系的再考察》，《法学研究》2007年第5期；乔松林《秦亡于法家说质疑》，《史学月刊》2013年第6期。
⑤ 蒋礼鸿：《商君书锥指》，中华书局1986年版，第96页。

人亦不伤民。"①

> 释法制而妄怒，虽杀戮而奸人不恐。罪生甲，祸归乙，伏怨乃结。故至治之国，有赏罚，而无喜怒，故圣人极；有刑法而死，无螫毒，故奸人服。发矢中的，赏罚当符，故尧复生，羿复立……德极万世矣。②

> 故用赏过者失民，用刑过者民不畏。有赏不足以劝，有刑不足以禁，则国虽大，必危。③

毫无疑问，如果秦始皇真诚地相信法家思想，其政治实践就不应该一味地奉行重刑主义，就不会造成"刑戮妄加，民愁亡聊，亡逃山林，转为盗贼，赭衣半道，断狱岁以千万数"④的局面。真正的法家治国路线绝不至于如此。秦自商鞅变法之后，走的就是法家路线，而商君百年之后的秦国，俨然国力强盛，社会宴然，一派政通人和之景象。在商君变法百年之后，荀子曾经有一趟秦国之旅，谈起入秦的观感，记曰：

> 入境，观其风俗，其百姓朴，其声乐不流污，其服不挑，甚畏有司而顺，古之民也。及都邑官府，其百吏肃然莫不恭俭、敦敬、忠信而不楛，古之吏也。入其国，观其士大夫，出于其门，入于公门，出于公门，归于其家，无有私事也，不比周，不朋党，倜然莫不明通而公也，古之士大夫也。观其朝廷，其闲听决百事不留，恬然如无治者，古之朝也。故四世有胜，非幸也，数也。是所见也。故曰：佚而治，约而详，不烦而功，治之至也。秦类之矣。虽然，则有其諰矣……则其殆无儒邪！故曰：粹而王，驳而霸，无一焉而

---

① 陈奇猷：《韩非子集释》，上海人民出版社1974年版，第357页。
② 陈奇猷：《韩非子集释》，上海人民出版社1974年版，第500页。
③ 陈奇猷：《韩非子集释》，上海人民出版社1974年版，第308页。
④ （汉）班固：《汉书》，中华书局1962年标点本，第1136页。

亡。此亦秦之所短也。①

　　这是"其殆无儒"而靠法家思想调理出来的社会状况，和秦始皇的时代相比，是不是有天壤之别呢？这就很难说秦始皇是真正执行了法家路线，说秦亡于法。事实是，秦始皇仅仅从自己的需要出发，从法家思想中摘取了重刑这一个方面，而对法家关于重刑的辩证思考，对不要滥施刑罚的告诫，则毫不介意地抛弃了。政治家是不可能忠实于某种思想的，他对统治思想的选择，完全从其特定的政治需要出发；更大的可能是，他们不会套用任何一种思想学说，而只是从某些思想体系中选取有利于己之所需的思想要素，纳入自己的统治思想体系之中，这完全是一种拿来主义而并不考虑其正义性的实用态度。如果要把他们归入什么家什么派，只是表现了后世评论者的幼稚可笑。

（二）秦始皇如何对待阴阳家

　　秦嬴政接触阴阳家的五德终始理论应该是在其青年时代。从现有文献看，《吕氏春秋·名类》（一作"应同"）篇保留的五德终始说，应该是这一理论最完整的描述；而秦始皇对其"仲父"吕不韦组织的这部杰作，也一定认真学习过。但是，后来因为其政治方面的原因，他极为蔑视地对待吕不韦煞费苦心设计的治国方略，就连对其有益的五德终始理论也一并抛弃了。在吕不韦废相到秦统一这十五六年的时间里，秦始皇对五德终始理论没有任何感觉。他真正正视这一理论时，似乎是初闻此说般如获至宝，大喜过望。《史记·封禅书》关于始皇采纳五德终始说有两段记载：

　　　　秦始皇既并天下而帝，或曰："黄帝得土德，黄龙地螾见。夏得木德，青龙止于郊，草木畅茂。殷得金德，银自山溢。周得火

---

① 王先谦：《荀子集解》，中华书局1988年版，第302—304页。

德,有赤乌之符。今秦变周,水德之时。昔秦文公出猎,获黑龙,此其水德之瑞。"于是秦更命河曰"德水",以冬十月为年首,色上黑,度以六为名,音上大吕,事统上法。①

自齐威、宣之时,驺子之徒论著终始五德之运,及秦帝而齐人奏之,故始皇采用之。②

据此两段话,可知秦始皇对五德终始说感兴趣,是在既并天下之后,给他奉献这一理论的是邹衍之后学齐国人士,这一理论打动秦始皇的有两个要素,一是五行相胜为秦变周提供了理论依据,二是这位齐人编造了一个"秦文公出猎,获黑龙"的水德符瑞,为其理论上的合法性提供了历史证据。理论与历史的吻合,秦代周便可以得到强大的合法性论证!

这两段话过于简约,较为完整表述五德终始说的,是《吕氏春秋》和《史记·孟子荀卿列传》中的两段话:

《吕氏春秋·名类》:凡帝王者(之)将兴也,天必先见祥乎下民。黄帝之时,天先见大螾大蝼。黄帝曰"土气胜",土气胜,故其色尚黄,其事则土。及禹之时,天先见草木秋冬不杀,禹曰"木气胜",木气胜,故其色尚青,其事则木。及汤之时,天先见金刃生于水,汤曰"金气胜",金气胜,故其色尚白,其事则金。及文王之时,天先见火,赤乌衔丹书集于周社,文王曰"火气胜",火气胜,故其色尚赤,其事则火。代火者必将水,天且先见水气胜,水气胜,故其色尚黑,其事则水。水气至而不知,数备,将徙于土……③

《史记·孟子荀卿列传》:邹衍睹有国者益淫侈,不能尚德,

---

① (汉)司马迁:《史记》,中华书局1959年标点本,第1366页。
② (汉)司马迁:《史记》,中华书局1959年标点本,第1368页。
③ (秦)吕不韦辑:《吕氏春秋》,《百子全书》三,岳麓书社1993年版,第2696页。

若大雅整之于身，施及黎庶矣。乃深观阴阳消息而作怪迂之变，《终始》《大圣》之篇十余万言。其语闳大不经，必先验小物，推而大之，至于无垠。先序今以上至黄帝，学者所共术，大并世盛衰，因载其禨祥度制，推而远之……称引天地剖判以来，五德转移，治各有宜，而符应若兹……然要其归，必止乎仁义节俭，君臣上下六亲之施始也滥耳。王公大人初见其术，惧然顾化，其后不能行之。①

参考以上关于邹衍五德终始说的文献资料，笔者认为，五德终始说有四个要点值得注意：一是五行相胜，历史循环发展，王朝国运不可能永恒；二是新王朝之兴，必因前王朝之德衰，新王朝因获天命而代替旧王朝；三是新王朝获天命必须要得到"五德"中之一德，当其有"德"之时，天以符瑞视之，新朝之兴"必有祯祥"；四是五德终始说的核心观念与战国时期的"德"观念有关，"有国者益淫侈，不能尚德"，祸及黎庶，是为"德衰"，即被有德者代替。司马迁所言，邹衍的学说"然要其归，必止乎仁义节俭"，值得重视。五德终始说认为，王朝的兴衰是有规律的循环发展，没有一个王朝可以永恒；新王朝之兴的根据是得天命，但却是在前一个王朝"德衰"失去民意的时候，天命的更替才可能发生。旧王朝是否失去天命，而谁可以获得天命建立新的王朝，实际上是以他是否"失德"或"有德"为根据的。按照当时的观念，天命是由"天与之"，而"天"如何"与之"？什么是天命？"天不言，以行与事示之而已矣。"② 而"天视自我民视，天听自我民听。"③ 说到底，五德之更替，还是以一个王朝是否赢得民心为根据的。当一个王朝民意尽失而"德衰"的时候，代表民意的天将夺去其

---

① （汉）司马迁：《史记》，中华书局1959年标点本，第2344页。
② 杨伯峻：《孟子译注》，中华书局2005年版，第219页。
③ （汉）孔安国传，（唐）孔颖达等正义：《尚书正义》，阮元校刻《十三经注疏》本，中华书局1980年版，第181页。

"命",而实现天命的更替。五德终始说是由天命思想脱胎而来①,民意而天命的时代观念,依然是这个学说的核心内容。至于土、金、木、火、水之五德的相胜或相生,则仅是其运转形式。五德终始只不过是立足于春秋以来的民意、天命说,为朝代更替的政治演进,找到一种说法而已。

秦始皇看到五德终始说可以为其一统天下提供合法性根据的时候,当然是兴奋不已。东西方文化的差异,使他必须找到一种可以为关东六国人民所认可的解释,使其心甘情愿地接受其统治。齐人所献五德终始说来得太及时了,而且竟然还有秦文公出猎获黑龙之瑞!如果不是投机者的精心策划,也就只能用天意来解释了。天意,绝对的天意!然而,秦始皇真的就信吗?他从五德终始说那里拿来了什么呢?

他拿来的只是形式的东西:

> 始皇推终始五德之传,以为周得火德,秦代周德,从所不胜。方今水德之始,改年始,朝贺皆自十月朔。衣服旄旌节旗皆上黑。数以六为纪,符、法冠皆六寸,而舆六尺,六尺为步,乘六马。更名河曰德水,以为水德之始。刚毅戾深,事皆决于法,刻削毋仁恩和义,然后合五德之数。于是急法,久者不赦。②

此处所言"改年始""衣服旄旌节旗皆上黑""数以六为纪"等所谓礼仪制度的改变,无不是形式问题,对政治制度本身都不具有根本性意义。至于"刚毅戾深,事皆决于法,刻削毋仁恩和义,然后合五德之数",则不过是后人为秦始皇严刑峻法找到的一种托词罢了。没有其他文献可以佐证,秦始皇"事皆决于法"的做法,是为了符合所谓

---

① 此处参考刘修明先生的看法:"子思、孟轲是五行学说的创始者。《中庸》就说:'国家将兴,必有祯祥;国家将亡,必有妖孽,见于蓍龟,动乎四体。'孟子也说:'五百年必有王者兴,其间必有名世者。'但真正把五行学说建成思想体系的是比孟子稍后的邹衍。"参见刘修明《秦王朝统治思想的结构和衍变》,《学术月刊》1988年第1期。

② (汉)司马迁:《史记》,中华书局1959年标点本,第237—238页。

"水德"的要求,如果不是获得了水德,他就不会实行严刑峻法的治国方略。为了合乎水德而严刑峻法,大概不会比其崇武尚力更具有解释力!至于循环论的历史观,以是否"德衰"为判断能否延续其政治统治,以及"必止乎仁义节俭",这些五德终始理论的核心内容,秦始皇就统统不管了。事实证明,取其形式而不顾其核心意涵,秦始皇没有对五德终始说表现出任何敬畏之心。

(三) 秦始皇如何对待强大的禅让思潮

政治家从来不会被思想家牵着鼻子走,也不会屈从于任何强大的社会思潮,他要遵从于自己的政治利益需要。秦始皇对待当时社会上强大的禅让思潮就是如此。

对于战国时期禅让思潮的勃兴①,秦始皇应该是了解的,这不仅仅是因为他生活在那个时代,而且是《吕氏春秋》里明确地讲过:

> 尧、舜,贤主也,皆以贤者为后,不肯与其子孙,犹若立官必使之方。今世之人主,皆欲世勿失矣,而与其子孙,立官不能使之方,以私欲乱之也。②
>
> 败莫大于愚,愚之患,(在必)[必在]自用。自用则戆陋之人从而贺之。有国若此,不若无有。古之与贤,从此生矣。非恶其子孙也,非徼而矜其名也,反其实也。③

可以推测,嬴政认真阅读过《吕氏春秋》,懂得禅让说的道理,"立官必使之方",方正、正直,以天下为念,应像尧、舜那样"以贤者为后",天下的权柄应该是"与之贤者",而不是"与其子孙"。《吕氏春秋》还明确讲了"天下为天下人之天下"的道理:

---

① 参见李振宏《论战国思想界禅让说之勃兴》,《学术月刊》2009 年第 11 期。
② (秦)吕不韦辑:《吕氏春秋》,《百子全书》三,岳麓书社 1993 年版,第 2649 页。
③ (秦)吕不韦辑:《吕氏春秋》,《百子全书》三,岳麓书社 1993 年版,第 2799 页。

> 天下非一人之天下也，天下之天下也。阴阳之和，不长一类；甘露时雨，不私一物；万民之主，不阿一人。①

这也是战国思想界反复称道的"公天下"观念。而秦始皇是怎样对待这些关于禅让和公天下的思想主张的呢？汉代刘向编集的先秦故事《说苑》中，有一段秦始皇和群臣的对话，谈的正是这个问题：

> 秦始皇帝既吞天下，乃召群臣而议曰："古者五帝禅贤，三王世继，孰是将为之？"博士七十人未对。鲍白令之对曰："天下官，则让贤是也；天下家，则世继是也。故五帝以天下为官，三王以天下为家。"秦始皇帝仰天而叹曰："吾德出于五帝，吾将官天下。谁可使代我后者？"鲍白令之对曰："陛下行桀、纣之道，欲为五帝之禅，非陛下所能行也。"秦始皇帝大怒曰："令之前！若何以言我行桀、纣之道也？趣说之，不解则死！"令之对曰："臣请说之。陛下筑台干云，宫殿五里。建千石之钟、万石之虚。妇女连百，倡优累千。兴作骊山宫室，至雍相继不绝。所以自奉者，殚天下，竭民力，偏驳自私，不能以及人。陛下所谓自营仅存之主也，何暇比德五帝，欲官天下哉？"始皇暗然无以应之，面有惭色，久之曰："令之之言，乃令众丑我。"遂罢谋，无禅意也。②

这则故事说，秦始皇在统一天下之后，召群臣讨论是实行官天下的禅让制，还是实行家天下的世袭制的问题，并狂言自己德高五帝，如果要是禅让的话，有谁人能代其帝位呢？始皇此言，遭到了鲍白令之的批评，说始皇大兴土木，骄奢极欲，"殚天下，竭民力，偏驳自私"，

---

① （秦）吕不韦辑：《吕氏春秋》，《百子全书》三，岳麓书社1993年版，第2637页。
② （汉）刘向：《说苑》，《百子全书》一，岳麓书社1993年版，第648页。

实际上行的是桀纣之道，如何能"比德五帝"，你怎么可能实行官天下而禅让帝位？面对鲍白令之言辞激烈的批评，秦始皇无言以对，再无禅让之意。当然，这是一则故事，是否确有此事不能当真，但其中透露出的一些信息，却不乏历史的真实性，大体上符合秦始皇的思想实际。首先是秦始皇知道禅让说是时代思想之潮流，是当时的热门话题；其次，秦始皇不可能实行禅让制。这两点信息是可靠的。

这说明了什么问题呢？尽管战国时期禅让制思想和"天下为天下人之天下"的公天下观念流行，但是它绝然不符合秦始皇"尊君抑臣""别黑白而定一尊"的政治愿望，不符合秦始皇"二世三世以至万世"的家天下理想，所以，在实际的政治需要面前，无论舆论如何强大，都不会影响他的选择。他只遵循自己的利益和需要！

秦始皇执掌国柄几十年，做大一统帝王十多年，真诚地相信过什么学说、不折不扣地遵循过什么理论吗？无论是对他有影响的法家学说，还是用以规划制度建设的阴阳家说，他有过真诚的信仰吗？他是政治家，是跟着利益和需要走的，不能以思想家的品质去要求他。要求他真诚或善良，要求他有信念或信仰，要求他有原则或底线，是扭曲了他的政治家身份。为着维护他的独断性权力，为着强固"尊君抑臣"的帝王制度，为着秦王朝的江山"二世三世至于万世"，他可以不顾一切，可以采取任何手段，创造惊世骇俗之举：可以焚书坑儒；可以"使刑徒三千人皆伐湘山树，赭其山"；可以举国之力修筑骊山陵墓，建造三百里阿旁宫，以隆帝王之威严……我们必须牢牢记住他是帝王，是政治家，是拥有绝对权力的独裁君主这个最真实的身份，而不能从思想家的角度去看待他的思想属性。

至此为止，我们已经完成了本文的论题。阴阳、儒、墨、名、法、道这种家派分析模式，是汉代人对看待先秦诸子学术体系而形成的认知模式，不适用于对作为政治家的秦始皇的分析。政治家不忠实于真理的追求，而只是某种利益和需要的化身，他们仅仅围绕实际的政治需要来选择自己的统治思想；用分析思想家的分析框架来看待政治家的思想，是一种身份错位，不可能探究其思想的真谛。秦始皇不是法家、儒家、阴阳家，更不是杂家，他有着特别鲜明的思想个性，其思想属性的判断，应该从家派分析模式中摆脱出来。

原载《古代文明》2020年第3期，和张玉翠合作并共同署名

陆贾《新语》的思想内涵及其学术个性

《史记·郦生陆贾列传》有段传诵千古的记载：

> 陆生时时前说称《诗》《书》。高帝骂之曰："乃公居马上而得之，安事《诗》《书》！"陆生曰："居马上得之，宁可以马上治之乎？且汤武逆取而以顺守之，文武并用，长久之术也。昔者吴王夫差、智伯极武而亡；秦任刑法不变，卒灭赵氏。乡使秦已并天下，行仁义，法先圣，陛下安得而有之？"高帝不怿而有惭色，乃谓陆生曰："试为我著秦所以失天下，吾所以得之者何，及古成败之国。"陆生乃粗述存亡之征，凡著十二篇。每奏一篇，高帝未尝不称善，左右呼万岁，号其书曰《新语》。

"居马上得之，宁可以马上治之乎？"对于草莽天子刘邦来说，这不啻为当头棒喝！陆贾提出了一个连贵为天子的刘邦也从来没有思考过的问题，甚至也是一个对于后世中国历史来说，一个永远需要思考和警惕的问题！就连其后两千年中华人民共和国成立之后，仍然坚持以阶级斗争为纲而不改变过去的战争思维，实际上也还是这个问题！这个问题的提出，既是一个深思熟虑的结果，也是一个有历史责任感的读书人、思想者独立人格、勇于担当及其思想价值的充分展示。

陆贾一语惊醒梦中人，刘邦急令陆贾为他著述总结历代存亡的历史教训。于是，陆贾《新语》便应时而出。由此，陆贾借《新语》彪炳于史册。《汉书·高帝纪》说："天下既定，命萧何次律令，韩信申军法，张苍定章程，叔孙通制礼仪，陆贾造《新语》。"在班固看来，陆贾著《新语》和汉初萧何造律令、韩信定军法一样，是个重大的政治事件。这些重大事件从属性上来区分，萧何造律令，韩信定军法，是国家和军队的法制建设；张苍定章程，叔孙通制礼仪，是国家的制度建设；而陆贾造《新语》，则是国家的思想文化建设。仅此而论，就可以知道陆贾的《新语》在汉代历史上具有多么重大的价值和意义。

一 陆贾《新语》的思想内涵

陆贾根据高祖刘邦给出的题目"试为我著，吾所以得之者何，及古成败之国"而撰著《新语》，那么，这个命题作文完成的如何，给刘邦提供了什么样的治国思想呢？这也就是我们要谈到的《新语》一书的思想内涵。以笔者之见，《新语》的思想内涵，主要体现在以下四个方面。

（一）无为而治的治国方略

由于陆贾的《新语》是回答刘邦关于"秦所以失天下"的问题，所以，陆贾所主张的无为而治，也是从秦之所以失的问题谈起的。秦失在哪里，这是汉初人们所普遍思考的问题。学界注意到，在汉初甚至整个汉代，都有一个"过秦思潮"，对于一个代秦而兴的王朝来说，注重总结秦朝速亡的历史原因，是必做的功课。陆贾是汉代秦而兴之后的第一批思想家，也可以说是第一个思想家，他是如何看待秦速亡的呢？他说：

> 秦始皇设刑罚，为车裂之诛，以敛奸邪，筑长城于戎境，以备胡、越，征大吞小，威震天下，将帅横行，以服外国，蒙恬讨乱于外，李斯治法于内，事逾烦天下逾乱，法逾滋而天下逾炽，兵马益

设而敌人逾多。秦非不欲治也,然失之者,乃举措太众、刑罚太极故也。①

陆贾看到的秦亡原因,是"举措太众、刑罚太极",导致"事逾烦天下逾乱,法逾滋而天下逾炽"。举措太众,就是国家举事太多,过于役使人民,烦扰人民,远远超过了人民所能承受的能力,劳民伤财,而使人民疲敝,不堪重负。这是秦的情况。而在天下诛秦亡秦之后,历史又陷入长达八年的楚汉战争,待到刘邦打败项羽而即皇帝位的时候,整个社会上的凋敝残破之状,是很触目惊心的。《汉书·食货志》说:"汉兴,接秦之敝,诸侯并起,民失作业而大饥馑。凡米石五千,人相食,死者过半。高祖乃令民得卖子,就食蜀、汉。天下既定,民亡盖臧,自天子不能具醇驷,而将相或乘牛车。"无论是借鉴秦的历史教训,还是针对汉朝立国时的现实状况,在统治思想的选择上,都明确地指向了无为而治,要求统治者实行与民休息的方针政策。作为头脑清醒的政治家,陆贾给刘邦所指出的第一个治国方略便是行无为之政。陆贾的《新语》中专门有一篇《无为》来讲这个道理。他说:

> 道莫大于无为,行莫大于谨敬。何以言之?昔舜治天下也,弹五弦之琴,歌南风之诗,寂若无治国之意,漠若无忧天下之心,然而天下大治。周公制作礼乐,郊天地,望山川,师旅不设,刑格法悬,而四海之内,奉供来臻,越裳之君,重译来朝。故无为者乃有为也。

陆贾先是把"无为"提高到"道"的高度。"道莫大于无为",道的最高原则即是"无为",这是不能违背的。"无为"是先秦道家老子的行事哲学,《老子》一书中多有论述。譬如《老子》第二章中就说:

---

① 王利器:《新语校注》,中华书局1986年版,第59页。

"是以圣人处无为之事，行不言之教。"第八章中说："爱人治国，能无为？"第五七章中说："我无为，人自化；我好静，人自正；我无事，人自富；我无欲，人自朴。"老子关于"无为"的诸多论断，在汉初应该是为人们所熟知的。陆贾把他将要阐述的治国之道，寻根于老子，自然会增加其说服力，让人们确信行无为之政是为政者最高的治国艺术。然后，他再用古代圣王行无为之治的成功例证，来印证、论证这一观点。他说，古代的圣王舜就是这样来治理国家的。相传舜帝制作五弦之琴以歌南风，自己工作的安排相当悠闲，他沉静无事，就像不是在治国一样，对天下之事表现出不经心不在意的样子，然而却天下大治，社会宴然。周公施政时，也没有大施建设，而只是制礼作乐，对外无征伐之事，对内不施刑罚，有法律也像是一纸空文，派不上用场。结果天下秩序和谐，上贡之国和朝奉的诸侯都纷纷到来，就连那些道路悠远、语言不通的南方小国，越裳之君，也经过辗转翻译，而来朝奉。从舜帝到周公，他们都是通过无为而治而达到了最好的治理。无为而治，看似无为，实则有为。

无为而治不是什么都不做，而是一种治世的方式。在《道基》篇，陆贾说，这种治国之道，就在于顺天地之自然，循万物之性情：

> 故在天者可见，在地者可量，在物者可纪，在人者可相。故地封五岳，画四渎，规洿泽，通水泉，树物养类，苞植万根，暴形养精，以立群生，不违天时，不夺物性，不藏其情，不匿其诈。故知天者仰观天文，知地者俯察地理。跂行喘息，蚑飞蠕动之类，水生陆行，根著叶长之属，为宁其心而安其性，盖天地相承，气感相应而成者也。

在陆贾看来，天地的变化是可以观察和预见的；事物的变化是有内在之理的，是有迹可循的；人事的情状或变化，也是可以观察和认识的。圣王只要按照事物和人事变化的内在情理顺其自然，"不违天时，不夺物性"，就可以收到最佳的治理之效。无为的要害，就在于"不违天时，不夺物性"。

而秦之所失，恰恰也就在这里。本来，秦王"续六世之余烈，振长策而御宇内，吞二周而亡诸侯，履至尊而制六合，执棰拊以鞭笞天下"，已经建立了无上勋业。但在统一之后，还"南取百越之地，以为桂林、象郡……北筑长城而守藩篱，却匈奴七百余里"[①]，连年征伐举事，使得统治者劳形烦心，百姓负不堪之重，这就累积了败亡的要因。在《至德》篇，陆贾设计了一个理想的社会统治状态：

> 是以君子之为治也，块然若无事，寂然若无声，官府若无吏，亭落若无民，闾里不讼于巷，老幼不愁于庭，近者无所议，远者无所听，邮无夜行之卒，乡无夜召之征，犬不夜吠，鸡不夜鸣，耆老甘味于堂，丁男耕耘于野，在朝者忠于君，在家者孝于亲；于是赏善罚恶而润色之，兴辟雍庠序而教诲之，然后贤愚异议，廉鄙异科，长幼异节，上下有差，强弱相扶，大小相怀，尊卑相承，雁行相随，不言而信，不怒而威，岂待坚甲利兵、深牢刻令、朝夕切切而后行哉？

从这个理想的社会场景中，我们可以感受到，陆贾的无为而治，反映到政策法令上，就是要轻刑薄利，实行宽舒之政，让老百姓能够彻底摆脱赋税徭役的重负，安居乐业。如果国君滥兴徭役，疲竭民力，则会导致国家的危亡。陆贾举例说，鲁庄公时，一年之中，在三个季节"兴筑作之役，规虞山林草泽之利，与民争田渔薪菜之饶"，结果"财尽于骄淫，力疲于不急，上困于用，下饥于食"，最后无奈派遣大夫臧孙辰去齐国求援，泄露了自己"仓廪空匮"的困情，导致齐、卫、陈、宋诸国乘机伐鲁，造成公子子般被杀和国家危亡的困局。

[①] （汉）司马迁：《史记》，中华书局1959年标点本，第280页。

陆贾认为，在汉初社会凋敝、民力困乏的特殊情况下，行无为之政是唯一可行的选择，只有真正做到"国不兴无事之功，家不藏无用之器"，"稀力役而省贡献"，老百姓富裕了，国家才能"得之于民"，取得老百姓的拥护而长治久安。

陆贾主张无为，当然是吸收了道家的思想成分，但他的无为与道家也还是有所区别。他是主张以"无为"治其事而以"有为"教化民心，而不是要统治者什么都不做，统治者对国家的治理和对民众的教化，还是要保持积极的有为的态度，国家还是要有法度，有规矩，应该造成一个比较有秩序的规范的统治格局。灭亡的秦国是有法度的，有规矩的，只不过他的法度或规矩是通过法的手段强制人们去执行的，而无为而治下的法度或规矩，则是通过统治者的自我规范、自我约束的表率作用来实现的。统治者以积极有为的姿态去做道德或规范的表率，自觉地实践道德的或制度的规范，上行下效，社会自然就达到了一种治理的秩序化状态。于是，陆贾的无为而治，特别强调统治者的示范表率作用。还是在《无为》篇，陆贾写道：

> 夫王者之都，南面之君，乃百姓之所取法则者也，举措动作，不可以失法度。昔者，周襄王不能事后母，出居于郑，而下多叛其亲。秦始皇骄奢靡丽，好作高台榭，广宫室，则天下豪富制屋宅者，莫不仿之，设房闼，备厩库，缮雕琢刻画之好，博玄黄琦玮之色，以乱制度。齐桓公好妇人之色，妻姑姊妹，而国中多淫于骨肉。楚平王奢侈纵恣，不能制下，检民以德，增驾百马而行，欲令天下人饶财富利，明不可及，于是楚国逾奢，君臣无别。故上之化下，犹风之靡草也。王者尚武于朝，则农夫缮甲兵于田。故君子之御下也，民奢应之以俭，骄淫者统之以理；未有上仁而下贼，让行而争路者也。故孔子曰："移风易俗。"岂家令人视之哉？亦取之于身而已矣。

陆贾列举了周襄王、秦始皇、齐桓公、楚平王等反面例子，来说明君王行为对于民众的影响作用，强调作为治理天下的"南面之君"，都是百姓所取法的对象，务必要举措得体，不失法度，就如孔子所讲的道理，"上之化下，犹风之靡草"，不必强制而有自然之化。君上治理天下，不必法令滋章，仅需"取之于身而已"。由此看来，陆贾的无为而治，对于君主来说，也是一个积极有为的要求，而这个有为，则只是积极践行国家的法度规范，对于国家政治来说，仍是一种无为的状态。

陆贾主张无为而治，既是源自对秦亡的历史经验的总结，也是根据当时在连年战乱之后社会凋敝的现实需要，是符合实际的历史选择。后来的事实证明，陆贾的政治主张被刘邦及其统治集团所接受，在汉初得到了很好的贯彻执行，并取得了良好的社会效果。

对于陆贾主张行无为而治，后世人们多有不解，似乎和《史记》本传中说他时常在高帝面前称引《诗》《书》有所悖逆，并因此而怀疑《新语》的真实性。其实，这是后人的偏见。陆贾是主张以《诗》《书》之仁义伦理作为治国之纲的，这在《新语》中也是非常明确的，而他所以提出行无为之政，一方面是立足于当时的现实需要，另一方面，无为之政也不是道家所专有的政治主张，儒家本身也有无为思想，即使陆贾引用了不少道家的说教，而他也对道家的无为有所改造。况且，作为一个新时代的政治家和思想家，陆贾并没有在所谓阴阳、儒、墨、名、法、道诸家中选边站队，他是一个有独立个性的思想家，各家思想都为他所用，都是他的思想资料，而他什么家都不是，而仅仅追随时代的步伐去为新兴的大一统王朝进行理论建设。对于陆贾的这一思想个性，本文后边还有专门阐述，此处提及，只是提醒读者不要以陆贾主张无为而怀疑他是一个道家思想的践行者。因为，下文我们紧接着就要来讲陆贾对于仁义伦理的崇尚，不想使读者产生前后矛盾的印象。

（二）以仁义为本的立国思想

无为而治是国家政策层面的指导思想，而在立国之道，为政理民的根本指导思想上，陆贾选定的是"仁义"二字，要以仁义为立国之本，用仁义作为一切为政方针的总的指导思想。

从先秦以来，在治国理政的指导思想上，主要有仁政和法治两条路线。儒家倡导仁政，但从来没有过成功的政治实践，在春秋战国那样诸侯争霸、战乱频仍的年代，以力相胜是条基本的法则，所以不管是孔子的周游列国，还是孟子对各国君王的仁政劝诫，都没有能够打动诸侯国君之心，谁都不敢相信这些柔弱的东西能够收到富国强兵、称王天下之效。而实践证明，以秦为代表的依法强国，倒是显示出莫大的成效。秦王"续六世之余烈，振长策而御宇内，吞二周而亡诸侯，履至尊而制六合，执捶拊以鞭笞天下"[①]，靠的就是法家路线。然而，这个梦想将帝业传至万世的始皇帝，却万万没有想到他的帝业会二世而亡，成为中国历史上第一个短命王朝。

借鉴秦亡的历史教训，陆贾选择的儒家所倡导的"仁政"路线，以"仁义"为立国之本。下面我们从几个方面来讨论这个问题。

1. "治以道德为上，行以仁义为本"的立国之道

陆贾为高祖谋划的立国之道，是以仁义为根基的，这就是他在《新语·本行》篇所讲的"治以道德为上，行以仁义为本"。《新语》开卷首篇题名《道基》，而这个"道"之基，即是"仁义"二字。据统计，在仅仅万言的《新语》一书中，"仁"字出现了41次，"义"字出现了62次，"仁义"之词出现了15次，其词频超过了其他任何词语。《道基》篇曰：

> 故圣人怀仁仗义，分明纤微，忖度天地，危而不倾，佚而不乱

---

① （汉）司马迁：《史记》，中华书局1959年标点本，第280页。

者，仁义之所治也。

是以君子握道而治，据德而行，席仁而坐，杖义而强。

百姓以德附，骨肉以仁亲，夫妇以义合，朋友以义信，君臣以义序，百官以义承，曾、闵以仁成大孝，伯姬以义建至贞，守国者以仁坚固，佐君者以义不倾，君以仁治，臣以义平，乡党以仁恂恂，朝廷以义便便，美女以贞显其行，烈士以义彰其名，阳气以仁生，阴节以义降，鹿鸣以仁求其群，关雎以义鸣其雄，《春秋》以仁义贬绝，《诗》以仁义存亡，《乾》、《坤》以仁和合，《八卦》以义相承，《书》以仁叙九族，君臣以义制忠，《礼》以仁尽节，乐以礼升降。

仁者道之纪，义者圣之学。学之者明，失之者昏，背之者亡。陈力就列，以义建功，师旅行阵，德仁为固，仗义而强，调气养性，仁者寿长，美才次德，义者行方。君子以义相褒，小人以利相欺，愚者以力相乱，贤者以义相治。《穀梁传》曰："仁者以治亲，义者以利尊。万世不乱，仁义之所治也。"

陆贾认为，往古圣人所以能把天下治理得宴然有序，根本的问题就是他们都秉持仁义之道，"危而不倾，佚而不乱者，仁义之所治也"，是他们"怀仁仗义"的结果，仁义是他们的根本支撑。骨肉亲情、父子兄弟以"仁"成其亲，而夫妇、朋友、君臣、百官等各种社会关系，则都依赖一个"义"字相黏合，仁义二字，就可以把整个社会紧紧地组合在一起。不仅如此，在陆贾看来，阴阳之气、自然万物也都体现仁义二字，"鹿鸣以仁求其群，关雎以义鸣其雄"，即使在人类看来没有灵性的走兽飞禽，也有仁义之本性。于是，古之圣贤所创作的《诗》《书》《礼》《乐》《八卦》等典籍，也都只是传承一个仁义之道。仁义，为世间万事万物之根本之理。

在陆贾这里，"仁者道之纪，义者圣之学"，古之圣贤留下来的唯一学问，就是"仁义"二字；修身、做人、治国、理事，人的一切社会活动都只是这一个道理。对于这个仁义之道,"学之者明,失之者昏,背之者亡",它就像后世所谓"天理"一样,是须臾不可缺失和违背的。国君之治国理天下,就是要懂得这个道理,紧紧地抓住"仁义"二字,"德仁为固,仗义而强",以仁维持亲缘关系,以义确立尊卑等级,握住仁义这个治国之纲,就可以万世不乱,永享太平,国祚昌盛。

2. 建树圣人政治

陆贾所崇尚的治道是圣人政治,圣人治国,国君应该是能够匡扶天下的有道之君。因为,只有圣人,才能将"仁义"二字真正地贯彻到治国理念和治国路线之中,建成和谐社会。陆贾关于圣人政治的思想,表现在以下几个方面:

(1) 天生万物,以地养之,圣人成之

《道基》开篇即曰:"《传》曰:'天生万物,以地养之,圣人成之。'"天地之德在于生养万物,而天地之生养万物,还是要靠圣人而去成就它,靠圣人对社会的治理而体现出天地的生养万物之德。所以,陆贾把天地自然的调和,人间万事之和顺,都寄托在圣人身上,建立理想的圣人政治。《思务》篇说:

> 圣人不空出,贤者不虚生,□□□□□□而归于善,斯乃天地之法而制其事,则世之便而设其义。故圣人不必同道……因其势而调之,使小大不得相逾,方圆不得相干,分之以度,纪之以节,星不昼见,日不夜照,雷不冬发,霜不夏降。臣不凌君,则阴不□□阳,盛夏不暑,隆冬不霜,黑气苞日,彗星扬□□,虹蜺冬见,蛰虫夏藏,荧惑乱宿,众星失行。圣人因变而立功,又由异而致太平。

"圣人不空出",用通俗的话说,就是圣人不是白给的,圣人有他的特殊之处,因为只有圣人才可以按天地之法而制其事,按天地自然的法则去治理社会，使天地自然、人间社会，都按照固有的法则而有秩序地运转，小大不相逾，方圆不相干，星不昼见，日不夜照，秩序井然。按照陆贾的理解，圣人也不是有什么固定的办法，而是因势而异，根据不同的情势而有不同的应对，所谓"圣人不必同道"即是此意。圣人区别于普通人的地方，就在于他"因变而立功，又由异而致太平"，他可以驾驭变化，在任何情况下都可以达到天下太平。

陆贾认为，建树圣人政治不是不可能的。圣人虽然有特殊的素质，非一般人所能为，但圣人也不是不可企及的，人们是可以通过学习、修养而达到圣人的境界的。他在《思务》篇说：

> 夫口诵圣人之言，身学贤者之行，久而不弊，劳而不废，虽未为君□□□□□□已。孔子曰："行夏之时，乘殷之辂，服周之冕，乐则《韶》舞，放郑声，远佞人。"□□□（尧舜之）道而行之于世，虽非尧、舜之君，则亦尧、舜也……自人君至于庶人，未有不法圣道而为贤者也。

在陆贾看来，即使普通人，只要你"口诵圣人之言，身学贤者之行，久而不弊，劳而不废"，说圣人说过的话，学习贤者的行为方式，并且常年坚持，持之以恒，就可以修炼到圣人或贤君的境界。只要你能将尧舜之道推行于世，虽然你不是尧舜，也实际上达到了尧舜的境界，可以建树像尧舜一样的业绩。看来，陆贾的圣人政治，并不是一种空想，也不是等待上天为人间空降圣者贤君，而是提倡人们自己学做圣贤，激励现世帝王学做圣王。他告诫说，无论是人君还是平民，没有不师法、学习圣王之道，而能成为贤者的。陆贾所主张的圣人政治，是希望国君帝王去主动地学做圣贤而建树的。

《新语·明诫》篇，也表达了同样的思想。陆贾认为，圣王之所以为圣王，都是其自身修炼的结果。"昔汤以七十里之封，升帝王之位；

周公自立三公之官，比德于五帝三王；斯乃口出善言，身行善道之所致也。故安危之要，吉凶之符，一出于身；存亡之道，成败之事，一起于善行；尧、舜不易日月而兴，桀、纣不易星辰而亡，天道不改而人道易也。"只要君主口出善言，身行善道，就可以成为圣王，尧舜所以为尧舜，桀纣所以为桀纣，都是他们自己的原因，是他们是否明于德、笃于义的结果。

现世帝王一旦"法圣道而为贤者"，通过师法圣人之道而成为圣王，那么，他就会很自然地赢得天下仁人义士的拥戴，造成贤人毕集、义士来朝的政治局面。他说："故仁者在位而仁人来，义者在朝而义士至。是以墨子之门多勇士，仲尼之门多道德，文王之朝多贤良，秦王之庭多不详。"①"夫善道存乎心，无远而不至也；恶行著乎已，无近而不去也。周公躬行礼义，郊祀后稷，越裳奉贡而至，麟凤白雉草泽而应。殷纣无道，微子弃骨肉而亡。行善者则百姓悦，行恶者则子孙怨。是以明者可以致远，否者可以失近。"② 他用正反两方面的例子说明，能否建树圣人政治，道理很简单，全在于国君一人的道德修炼，如果帝王国君学做圣贤而成为圣贤，万人敬仰，天下向慕，"无远而不至"，他列举的越裳奉贡而至的例子非常典型。此例在《无为》篇有较详细的叙述："周公制作礼乐，郊天地，望山川，师旅不设，刑格法悬，而四海之内，奉供来臻，越裳之君，重译来朝。"说周公以仁义礼乐治理天下，不兴征伐之事，不施刑罚，吸引了上贡之国和朝奉的诸侯纷纷到来。甚至远在交趾之南的南方小国，也通过辗转翻译，克服语言障碍，前来朝拜。此事也被后世史家多次演绎，比如《后汉书·南蛮西南夷列传》载曰："交趾之南有越裳国。周公居摄六年，制礼作乐，天下和平，越裳以三象重译而献白雉，曰：'道路悠远，山川岨深，音使不通，故重译而朝。'"

---

① 王利器：《新语校注》，中华书局1986年版，第173页。
② 王利器：《新语校注》，中华书局1986年版，第160页。

(2) 圣人要专志于仁义，而不可怀有异虑

这是陆贾对圣人政治提出的希望或要求。他希望人君要专志于仁义，不要有异于仁义的功利之心。

> 怀异虑者不可以立计，持两端者不可以定威。故治外者必调内，平远者必正近。纲维天下，劳神八极者，则忧不存于家。养气治性，思通精神，延寿命者，则志不流于外。据土子民，治国治众者，不可以图利，治产业，则教化不行，而政令不从。
>
> 故管仲相桓公，诎节事君，专心一意，身无境外之交，心无欹斜之虑，正其国如制天下，尊其君而屈诸侯，权行于海内，化流于诸夏，失道者诛，秉义者显，举一事而天下从，出一政而诸侯靡。①

陆贾认为，治理天下者要忠诚专一，有一以贯之之政，不能政策多变，自相矛盾，心术不一。而这个专一，还是要专仁义之"一"，不能分心去追求具体功利。治国理民之君，不可把功利看得太重，"据土子民，治国治众者，不可以图利，治产业"。帝王担任"纲维天下"之重任，不能存私家之忧，不能考虑一家人的利益。如果国君都去治产业，图私利，那么则众民效法，政令不畅。他举管仲相齐的例子，管仲辅佐齐桓公，心无异虑，专心于齐国的霸业，外不结交诸侯，内无奇邪之心，最终尊其君而屈诸侯，成就了齐国的霸业，使桓公成为诸侯盟主，并有效地抵御了夷狄之族的侵扰，保卫了华夏文明的传播和发展。《论语·宪问篇》载，孔子赞颂管仲说："管仲相桓公，霸诸侯，一匡天下，民到于今受其赐。微管仲，吾其被发左衽矣。"孔子认为，如果没有管仲，诸夏之民恐怕就要沦为落后民族了，也会像夷狄之族那样披散着头发，衣襟向左边开，一副落后民族的野

---

① 王利器：《新语校注》，中华书局1986年版，第129、132页。

蛮模样。管仲所以能够建树这样的业绩，就在于他的忠诚专一，不怀异虑，专志于仁义。

(3) 行事要有法度

在陆贾看来，对于圣王来说，行事要有法度，是极其重要的。他说：

> 夫持天地之政，操四海之纲，屈申不可以失法，动作不可以离度，谬误出口，则乱及万里之外。①

圣人治国，是要有法度的，要有统一的法度作为标准或准绳，万不可随心所欲，朝令夕改。"屈申不可以失法，动作不可以离度"，是国君者要谨记的。陆贾反对秦之苛法，但不等于说治国可以没有法，相反，良好的圣人政治，也是以明确的法度为基础的。法度是国家的原则，是行事的规矩，是万民的准则。

> 故圣人执一政以绳百姓，持一概以等万民，所以同一治而明一统也。②

> 故事不生于法度，道不本于天地，可言而不可行也，可听而不可传也，可□玩而不可大用也。③

法度的统一、尊严及其维系，对于陆贾时代已经建立起来的大一统帝国来说，尤其重要。一个偌大的国度，没有一个统一的行事法则是不可想象的。国事治理，要举事有据，进退有度，上下有章，先后有序，这个据、度、章、序，就是国家的根本大法。"圣人执一政以绳百姓，持一概以等万民"，这个一政、一概，就是统一的法。既

---

① 王利器：《新语校注》，中华书局1986年版，第154页。
② 王利器：《新语校注》，中华书局1986年版，第132页。
③ 王利器：《新语校注》，中华书局1986年版，第137页。

要有法，还要统一。法的"一"是最重要的，法是不能二，不能变，不能乱的。这个"一"，既是统一的要求，也是一以贯之的要求。法的统一，是为了保障公平，不因人而施；法的一以贯之，是排斥执法的随意性，不能因国君的意志、性情而随意变更，而危及法的尊严和神圣。有了这样统一的法的贯彻，社会的秩序化就有了保障。历史上那些治道衰败的乱世，都是国君不能谨守法度纲纪的结果。陆贾说：

> 故世衰道失，非天之所为也，乃君国者有以取之也。恶政生恶气，恶气生灾异。螟虫之类，随气而生；虹蜺之属，因政而见。治道失于下，则天文变于上；恶政流于民，则螟虫生于野。贤君智则知随变而改，缘类而试思之，于□□□变。圣人之理，恩及昆虫，泽及草木，乘天气而生，随寒暑而动者，莫不延颈而望治，倾耳而听化。圣人察物，无所遗失，上及日月星辰，下至鸟兽草木昆虫……十有二月阴霜不煞菽，言寒暑之气，失其节也。鸟兽草木尚欲各得其所，纲之以法，纪之以数，而况于人乎？①

陆贾认为，所谓世道衰微，都是国君的恶政造成的，是其自取之。恶政生恶气，恶气生灾异。当有了恶政之后，自然界也会发生变化。发生自然的灾异变化，贤明的君主就会有所警觉，并随变而改，对政局做出调整，纠正恶政之失，圣人的治理是可以而且也应当"恩及昆虫，泽及草木"的。自然界的鸟兽草木也都想各得其所，何况于万物之灵的人呢？人的社会，一定要有法度，有秩序，谨守法度，为国之君，一定要谨记"屈申不可以失法，动作不可以离度"的道理。

行仁政，有法度，这就是陆贾所期盼的圣人政治。

---

① 王利器：《新语校注》，中华书局1986年版，第155页。

3. 行仁政实践，建构宽舒的政治社会环境

以仁义立国，落实到社会层面，就是要建设宽舒的政治社会环境，让老百姓有安居乐业的安稳生活。《新语》在这方面有不少论述，对刘邦君臣抱有莫大期望。

从《新语》中看，陆贾一直是主张宽舒之政的。他说："君子尚宽舒以褒其身，行身中和以致疏远。"（《无为》）"温厚者行宽舒，怀急促者必有所亏。"（《辅政》）因为，陆贾懂得，行宽舒之政才能够得民心，而"欲富国强威，辟地服远者，必得之于民"（《至德》），民心是建设强大皇权政治的基本依托。所以，陆贾所主张的宽舒之政，已经远远超出了与民休息的无为之政政策目标，而是要落实仁政路线，建构和谐安定的政治社会环境，以保障大一统王朝的政治统治。从这一政治目标出发，他反对一切可能疲敝百姓的奢侈和力役。在《本行》篇，他说：

> 夫怀璧玉，要环佩，服名宝，藏珍怪，玉斗酌酒，金罍刻镂，所以夸小人之目者也；高台百仞，金城文画，所以疲百姓之力者也。故圣人卑宫室而高道德，恶衣服而勤仁义，不损其行，以好其容，不亏其德，以饰其身，国不兴不事之功，家不藏不用之器，所以稀力役而省贡献也。璧玉珠玑，不御于上，则玩好之物弃于下；雕琢刻画之类，不纳于君，则淫伎曲巧绝于下。夫释农桑之事，入山海，采珠玑，捕豹翠，消劢力，散布泉，以极耳目之好，快淫侈之心，岂不谬哉？

他是从不增加百姓负担的角度，倡导统治者行节俭、戒奢侈的，这是对统治者的告诫。特别是"国不兴不事之功，家不藏不用之器"，对帝王之家来说，是需要谨记的。一切不事之功，一切豪华奢侈的玩物珍奇，最终都会落实在百姓的头上，都要取之于民，都会疲敝百姓，耗竭民力，违背仁政之道，而成为亡国之因。

对于帝王之家来说，把仁义施予百姓，最根本的就是不去过度地役使他们，不去加重他们的负担，让他们能够安居乐业。不能做到这一点，就是没有起码的道德，并因此而导致国祚不昌，王位不稳。陆贾说："统四海之权，主九州之众，岂弱于武力哉？然功不能自存，而威不能自守，非贫弱也，乃道德不存乎身，仁义不加于下也。"① 以帝王之威势，普天之下，莫非王土，怎么可能会弱于武力、财力？凡是导致国家衰亡的，都是不能行仁义之道，不能把仁义施予百姓的结果。陆贾时时不忘提醒这一点。《辨惑》篇，陆贾讲述臣道，讲作为臣子应该如何直道而行、不为苟容的问题，也拿与百姓相关的例证来说明问题：

> 昔哀公问于有若曰："年饥，用不足，如之何？"有若对曰："盍彻乎？"盖损上而归之于下，则忤于耳而不合于意，遂逆而不用也。此所谓正其行而不苟合于世也。有若岂不知阿哀公之意，为益国之义哉？夫君子直道而行，知必屈辱而不避也。故行不敢苟合，言不为苟容，虽无功于世，而名足称也；虽言不用于国家，而举措之言可法也。

鲁哀公问政有若的故事，见于《论语·颜渊篇》："哀公问于有若曰：'年饥，用不足，如之何？'有若对曰：'盍彻乎？'曰：'二，吾犹不足，如之何其彻也？'对曰：'百姓足，君孰与不足？百姓不足，君孰与足？'""彻"是西周春秋时天下通行的一种税法，什一而税。在一个大饥之年，国家用度不足，鲁哀公问有若怎么办。有若说为什么不实行十分抽一的税率呢？哀公说，十分抽二还用度不足，怎么能实行十分抽一呢？有若回答说，如果老百姓的用度够，您怎么会不够？如果老百姓的用度不够，您怎么会够？有若站在百姓的立场上，损上而

---

① 王利器：《新语校注》，中华书局1986年版，第146页。

益下，违逆了鲁哀公的意愿而不被采纳。有若的建议虽然不被鲁哀公采纳，甚至违逆哀公的意愿，但他还是坚持正道，站在百姓的立场上，不去苟合取悦于主上。在这样讲臣道的语言场合，陆贾也不忘例举国君、国家与百姓的关系问题，可见他对于国家如何践行仁政问题的重视。

4. 以《五经》《六艺》进行社会教化

从古之兴亡的历史教训中，陆贾感到民众力量的重要性。远古有西周代殷的武王革命，眼前有汉兴秦亡的历史借鉴，这些一兴一亡的历史剧变，无不是本之于民心的向背。所以，陆贾说："夫欲富国强威，辟地服远者，必得之于民；欲建功兴誉，垂名烈，流荣华者，必取之于身。"[①] 虽然《无为》篇他已经为刘邦君臣指出了行"无为"之政，一再告诫不要扰民，轻徭薄赋，与民休息，但陆贾认为这还远远不够，要真正驾驭民众，还是要赢得民心，或者说是征服民心，掌控民心，让老百姓自觉自愿、心悦诚服地顺从汉王的统治。而达到这一目的的途径，就是对老百姓实行教化，用春风化雨般的手段，去清洗人们的头脑。从历史的经验中，陆贾看到了教化的力量。

在《无为》篇，陆贾说：

> 君子尚宽舒以裦其身，行身中和以致疏远；民畏其威而从其化，怀其德而归其境，美其治而不敢违其政。民不罚而畏，不赏而劝，渐渍于道德，而被服于中和之所致也。
>
> 夫法令所以诛暴也，故曾、闵之孝，夷、齐之廉，此宁畏法教而为之者哉？故尧、舜之民，可比屋而封，桀、纣之民，可比屋而诛，何者？化使其然也。
>
> 上之化下，犹风之靡草也。王者尚武于朝，则农夫缮甲兵于田。故君子之御下也，民奢应之以俭，骄淫者统之以理；未有上仁

[①] 王利器：《新语校注》，中华书局1986年版，第116页。

而下贼，让行而争路者也。故孔子曰："移风易俗。"岂家令人视之哉？亦取之于身而已矣。

"被服于中和"，就是让老百姓都懂得仁义之道中的贵和尚中之理，崇尚和善，免于违上悖逆，做朝廷之顺民。让老百姓懂得、接受这些东西，不是通过强制性的手段，只需要通过教育和示范。陆贾说，难道像曾参、闵子骞这样的孝子，像伯夷、叔齐这样的廉者，都是因为有刑罚的约束才具备了这样的品德吗？非也，都是教化的结果。在尧舜的时代，教化遍及四海，家家都有德行，人人都有可旌表之德，整个社会风俗纯美；而桀纣时期的民众，家家都可杀戮，世风日下，恶人众多。这种全社会性的德化或恶行，都是教化使然。

教化是必须的，也是可行的。陆贾说："力学而诵《诗》、《书》，凡人所能为也；若欲移江、河，动太山，故人力所不能也。如调心在己，背恶向善，不贪于财，不苟于利，分财取寡，服事取劳，此天下易知之道，易行之事也，岂有难哉？"[①] 诵读诗书，是人人都可以做到的事情，不像是要移山改河，非人力所能为。教育，改变人们的心理素质，只要人们愿意"背恶向善，不贪于财"，不去做坏事，是很容易就可以做到的事情。做个好人，其实只是个选择的问题，通过诗书礼乐教育，使人们懂得这个道理，就可以实现了。所以，教化之事，是不需要有多少代价或成本的。

如何教化，拿什么去教化，陆贾也讲得很清楚。教化的蓝本是《五经》《六艺》，即儒家经典。他说：

> 圣人防乱以经艺，工正曲以准绳。
> 定《五经》，明《六艺》，承天统地，穷事察微，原情立本，

---

① 王利器：《新语校注》，中华书局1986年版，第91页。

以绪人伦……设钟鼓歌舞之乐，以节奢侈，正风俗，通文雅。①

夫世人不学《诗》、《书》，存仁义，尊圣人之道，极经艺之深，乃论不验之语，学不然之事，图天地之形，说灾变之异，乖先王之法，异圣人之意，惑学者之心，移众人之志，指天画地，是非世事，动人以邪变，惊人以奇怪，听之者若神，视之者如异；然犹不可以济于厄而度其身，或触罪□□法，不免于辜戮。②

表定《六艺》，以重儒术，善恶不相干，贵贱不相侮，强弱不相凌，贤与不肖不得相逾……《诗》、《书》、《礼》、《乐》，为得其所，乃天道之所立，大义之所行也，岂以□□□威耶？③

很显然，陆贾是主张用《五经》《六艺》作为基本教材，去教化百姓、收拢人心的。"天道之所立，大义之所行"，一切道理都蕴含在《五经》《六艺》之中。只有以此去教化百姓，才能将人心收拢在国家意志的层面上。在陆贾看来，《五经》《六艺》可以"防乱"，可以"正风俗，通文雅"，可以使"贵贱不相侮，强弱不相凌"，可以"存仁义，尊圣人之道"，可以使民众"济于厄而度其身"而"免于辜戮"。一句话，只有用《五经》《六艺》去实行社会教化，才能纯洁民心，稳定社会，保障新生的汉家王朝的长治久安。

那么，通过什么途径去进行教化呢？陆贾设计的路径，主要是两条，一是统治者的表率作用，要国君及各级官吏都做道德楷模。《新语·术事》篇说："德薄者位危，去道者身亡，万世不易法，古今同纪纲。"国君的道德修养是第一位的事情，关乎着国家的兴亡。道德的培养，要靠研修《五经》《六艺》，并把圣人的德行体现在自己的治国规范和日常行为之中。陆贾像孔子一样相信，"君子之德风，小人之德草。草

---

① 王利器：《新语校注》，中华书局1986年版，第29、18页。
② 王利器：《新语校注》，中华书局1986年版，第137页。
③ 王利器：《新语校注》，中华书局1986年版，第142—143页。

上之风，必偃"①，统治者的道德对于人心之净化，起着决定性的示范、影响作用。我们在讲陆贾"无为而治"的政治主张时，曾讲过这个问题，此处不再展开。

陆贾设计的道德教化的第二条道路，是"兴辟雍庠序而教诲之"，就是兴办学校，推广教育。《新语·至德》篇说：

> 赏善罚恶而润色之，兴辟雍庠序而教诲之，然后贤愚异议，廉鄙异科，长幼异节，上下有差，强弱相扶，大小相怀，尊卑相承，雁行相随，不言而信，不怒而威，岂待坚甲利兵、深牢刻令、朝夕切切而后行哉？

陆贾说，兴辟雍庠序之教，是往古圣人的做法："民知畏法，而无礼义；于是中圣乃设辟雍庠序之教，以正上下之仪，明父子之礼，君臣之义，使强不凌弱，众不暴寡，弃贪鄙之心，兴清洁之行。"②在陆贾看来，古代圣人知道老百姓只惧怕刑罚而缺乏仁义礼法修养，所以才发现了"设辟雍庠序之教"这样一条推广礼义道德的教育途径。往古圣人通过"设辟雍庠序之教"，又以《五经》《六艺》为蓝本进行教育，最后收到了"节奢侈，正风俗，通文雅"的教育效果，改变了民风民俗，实现了"百姓以德附，骨肉以仁亲，夫妇以义合，朋友以义信"这样和睦友善、国泰民安的社会局面。

(三) 君臣关系的理想建构

在专制主义的官僚制社会，皇权是通过庞大的官僚系统来实现其社会控制的，帝王如何处理与官僚阶层的关系，建构一种什么样的君臣关系，是一个至关重要的问题。特别是刘邦这群出自民间的草莽英雄，

---

① 杨伯峻：《论语译注》，中华书局1980年版，第129页。
② 王利器：《新语校注》，中华书局1986年版，第17页。

几乎都没有官场经历，对于如何构建稳定、秩序的君臣关系局面，以保障皇权政治牢靠和巩固，显得尤为重要。陆贾的《新语》尽可能地解决了这个问题。

1. 君臣关系的准则是践行"君臣之义"

如何确立君臣之间的关系，根据什么来规定他们各自的权力和义务，陆贾提出的原则是"君臣之义"，君和臣都要根据"君臣之义"来约束或调解自己的行为，各自尽到自己的君道或臣道。陆贾说，古之圣王治理天下所确立的天下秩序，其中就有这个"君臣之义"。《新语·道基》篇说：

> 先圣乃仰观天文，俯察地理，图画乾坤，以定人道，民始开悟，知有父子之亲，君臣之义，夫妇之别，长幼之序。于是百官立，王道乃生。

古之圣王设辟雍庠序之教，其中要训诲的内容也有君臣之义：

> 中圣乃设辟雍庠序之教，以正上下之仪，明父子之礼，君臣之义，使强不凌弱，众不暴寡，弃贪鄙之心，兴清洁之行。

那么，陆贾所谓的"君臣之义"，其要义究竟是什么呢？这个君臣之义的"义"有什么样的思想内涵呢？《新语》全书都没有明确讲这个问题。这就意味着他所讲的君臣之义，应该是为人们所共识的东西，是当时的传统所明了的东西。

传统所谓君臣关系，就是先秦思想家所阐述的君臣之道。先秦时期，在这个问题上，有明确论述的，无非是儒、墨、法几家学派。儒家学派关于君臣关系，有如下论述：

> 齐景公问政于孔子，孔子对曰："君君，臣臣，父父，子子。"

（《论语·颜渊》）

> 君使臣以礼，臣事君以忠。（《论语·八佾》）
> 所谓大臣者，以道事君，不可则止。（《论语·先进》）
> 事君，能致其身。（《论语·学而》）

这些都是孔子的话。孔子主张，君臣都要像个君或臣的样子，君行君道，臣行臣道。国君对待臣下要以礼行事，臣对于国君要竭尽忠诚。而且，君与臣是相互对待的，不是单方面的。国君以礼待臣，臣下才会事君以忠。臣对国君的态度，是使国君而定。如果国君不以礼待臣，或者国君不行君道，臣下就可以选择离开，"不可则止"，而不一定非要竭尽忠诚。总的来说，在君臣关系中，国君是处于相对主导的地位，但也不是臣对君的单方面效忠。

后来的孟子大体上是继承了孔子的思想，在君臣关系方面讲的是君臣间的相互义务。他说：

> 君之视臣如手足，则臣视君如腹心。君之视臣如犬马，则臣视君如国人。君之视臣如土芥，则臣视君如寇雠。（《孟子·离娄下》）

只有国君视臣下如手足，臣下才会视国君如腹心。而如果国君视臣下如犬马，臣下则会视国君如国人，而没有恭敬之意。如果国君视臣下如泥草而无足轻重，那么，臣下则视国君如同仇敌。孟子似乎比孔子讲得更加偏激一点，没有给国君留任何情面。儒家的另一位大师荀子，特别强调社会成员之间的等级区分，强调各个社会阶层都要各安其分，每个人都要站在自己应该站的位置上。他说："先王为之制礼义以分之，使有贵贱之等，长幼之差，知愚、能不能之分，皆使人载其事而各得其宜。"① 建筑在君臣等级分明的基础上，荀子对君臣之间的义务关系做了明确区分：

> 请问为人君，曰："以礼分施，均遍而不偏。"请问为人臣，曰："以礼待君，忠顺而不懈。"（《荀子·君道》）

国君的义务就是以礼分施，对臣下均施恩惠而不偏不倚；臣下对国君就是竭尽忠诚而不懈怠。荀子的思想，就是在君尊臣卑前提下的相互以礼相待。在这个问题上，荀子的思想，似乎更接近于孔子。

墨家思想的核心是"兼爱"，认为天下的理想秩序是人人兼相爱的和谐。因此，墨家学说反对一切人的不平等，提倡一切人之间的平等相爱，无差别的相爱。用之于君臣之间，也是相互慈爱，而不分尊卑。《墨子·兼爱上》说：

> 圣人以治天下为事者也，不可不察乱之所自起。当察乱何自起，起不相爱。臣子之不孝君父，所谓乱也。子自爱不爱父，故亏父而自利；弟自爱不爱兄，故亏兄而自利；臣自爱不爱君，故亏君而自利，此所谓乱也。虽父之不慈子，兄之不慈弟，君之不慈臣，此亦天下之所谓乱也。父自爱也不爱子，故亏子而自利；兄自爱也不爱弟，故亏弟而自利；君自爱也不爱臣，故亏臣而自利，是何也？皆起不相爱，虽至天下之为盗贼者亦然。

墨子要解决的是天下秩序问题，他研究天下所以乱的起源，就是人和人的不相爱，在君臣之间也是这个不相爱的问题。"臣自爱不爱君"，"君自爱也不爱臣"，这就是天下所以乱的根源。所以，他所主张的君臣关系，也就是君臣相爱，不涉及等级的区分，平等相爱。

---

① （清）王先谦：《荀子集解》，诸子集成本，上海书店1986年版，第44页。

法家关于君臣关系，也有许多论述：

"是故君人也者，无贵如其言；人臣也者，无爱如其力。言下力上，而臣主之道毕矣。"（《管子·君臣上》）

"君尊则令行，官修则有常事，法制明则民畏刑。"（《商君书·君臣》）

"法者，君臣之所共操也；信者，君臣之所共立也；权者，君之所独制也。"（《商君书·修权》）

"夫所谓明君者，能畜其臣者也；所谓贤臣者，能明法辟、法官职以戴其君者也。"（《韩非子·忠孝》）

法家是绝对君权主义者，所以，对于君臣关系，就不像儒家那样讲君臣之间那种相互的义务关系，而是一个单向性的上下关系。君尊臣卑是绝对的，臣对于君的忠诚也是绝对的。臣为君所蓄养，君为臣所拥戴，权为君所独操、独制，君臣上下之分，是天经地义之不可改。司马谈《论六家要旨》论法家说："法家严而少恩，然其正君臣上下之分，不可改矣……若尊主卑臣，明分职不得相逾越，虽百家弗能改也。"① 司马公对法家君臣关系理论的揭示是极为准确的。

大体而言，以上就是陆贾时代之前的君臣关系思想，是各家所主张的君臣之义。而陆贾的时代，会继承上述哪一家的思想呢？哪家的君臣之义会成为陆贾时代的思想共识呢？显然，在代秦而起的汉初，秦所崇尚的法家，是很难被认可的，法家的君臣关系思想也不可能被认为是理所当然。墨家呢？无差别的相爱，不分等级地看待君臣关系，是不可能被皇权所认同的，所以，陆贾所讲的"君臣之义"，在不给出明确解释而视为时代共识的，很可能是儒家的思想，是孔子他们所主张的君臣之义，即以国君为主导的君臣相待，"君使臣以礼，臣事君以

---

① （汉）司马迁：《史记》，中华书局1959年标点本，第3289页。

忠"。这就是陆贾所主张要践行的"君臣之义"。陆贾所要建树的君臣关系理论，要建构的现实的君臣关系，就是在这样的"君臣之义"的基础上而展开的。

2. 君臣关系的责任方在君主

儒家的君臣之义，强调"君使臣以礼，臣事君以忠"，从语言结构上看，君主是这种关系的责任方，臣是否忠诚于君主，是以君是否使臣以礼为前提的，国君在君臣关系中占据着主要的或主导性地位。陆贾的君臣关系理论，继承了儒家的这一思想。

陆贾认为，官员的选拔，能不能把良臣贤士选拔出来，是依靠国君的，是由国君的是否圣贤来决定的。汉初，是一个人才奇缺的时代。在国家与地方的治理方面，需要大批的优秀人才，而这些人才既非从多年征战中打出来的军功集团所能胜任，又不可能从一个完全被摧毁的国家废墟上获得继承的便利，要靠自己去培养和选拔。而在陆贾看来，人才任何时候都是有的，关键看国君有没有选拔他们的慧眼和能力。他在《术事》篇说：

> 故良马非独骐骥，利剑非惟干将，美女非独西施，忠臣非独吕望。今有马而无王良之御，有剑而无砥砺之功，有女而无芳泽之饰，有士而不遭文王，道术蓄积而不舒，美玉韫椟而深藏。故怀道者须世，抱朴者待工，道为智者设，马为御者良，贤为圣者用，辩为智者通，书为晓者传，事为见者明。

陆贾告诫汉王，当下之世不缺乏人才，不是只有骐骥才是良马，也不是只有吕望才是忠臣，其实是有很多良马、利剑、有识之士、忠臣贤才在等待君王去发现他们，任用他们。他们既有治国之才，又满怀期待，空怀奇才而无用武之地，真所谓"有马而无王良之御，有剑而无砥砺之功，有女而无芳泽之饰，有士而不遭文王"，处在怀才不遇的状态。"马为御者良，贤为圣者用"，可谓至理名言，能不能任用贤良，关键在于有没有贤圣的君王。在秦时，也不是没有贤者可以任用，而只是贤人被壅蔽而不能用。他举例说："鲍丘之德行，非不高于李斯、赵高也，然伏隐于蒿庐之下，而不录于世，利口之臣害之也。"鲍丘是秦时儒生，曾与李斯一起就学于荀子门下。事见《盐铁论·毁学篇》："昔李斯与包丘子俱事荀卿，既而李斯入秦，遂取三公，据万乘之权以制海内，切侔伊、望，名巨泰山；而包丘子不免于瓮牖蒿庐，如潦岁之蛙，口非不众也，卒死于沟壑而已。"鲍丘和李斯是同学，为什么会蛰伏隐居于乡野之间，而不被录用于世？一方面是因他不会巧言取悦于时君，另一方面，也是秦王朝不重视去发现这样的人才，使其被利口之臣、谄媚之徒所害。秦不能用鲍丘而任用李斯这样的小人，完全在于秦王本身的问题。

当然，帝王之家也想任用贤臣，也是懂得这个道理的，但为什么又往往做不到呢？在《资质》篇，陆贾说：

> 人君莫不知求贤以自助，近贤以自辅；然贤圣或隐于田里，而不预国家之事者，乃观听之臣不明于下，则闭塞之讥归于君；闭塞之讥归于君，则忠贤之士弃于野；忠贤之士弃于野，则佞臣之党存于朝；佞臣之党存于朝，则下不忠于君；下不忠于君，则上不明于下；上不明于下，是故天下所以倾覆也。

造成贤圣隐于田里的根本原因，在于"佞臣之党存于朝"，是奸佞当道壅蔽了贤者的仕进之道。所以，陆贾接着要讲述的，就是帝王之家，如何要重视任用、依凭于贤者的问题。

陆贾提醒高帝刘邦，作为帝王之家，任用贤者对于巩固皇权具有极端重要性。《辅政》篇，陆贾说：

> 夫居高者自处不可以不安，履危者任杖不可以不固。自处不安则坠，任杖不固则仆。是以圣人居高处上，则以仁义为巢，乘危履

倾，则以圣贤为杖，故高而不坠，危而不仆。

昔者，尧以仁义为巢，舜以稷、契为杖，故高而益安，动而益固。处宴安之台，承克让之涂，德配天地，光被八极，功垂于无穷，名传于不朽，盖自处得其巢，任杖得其人也。秦以刑罚为巢，故有覆巢破卵之患；以李斯、赵高为杖，故有顿仆跌伤之祸，何者？所任者非也。故杖圣者帝，杖贤者王，杖仁者霸，杖义者强，杖谗者灭，杖贼者亡。

"任杖不可以不固"，任杖就是用人问题，是任用贤者以为"杖"的问题。杖，同仗，依凭之意，圣人为政，是需要依凭于圣贤的辅佐的。陆贾举例说，舜帝为政依靠的是后稷和契两位贤臣的辅弼，所以才可能处在宴安之台而无倾危之虞，承续克让之遗风，走禅让之路，垂名于后世。而秦则不同。秦王以李斯、赵高之徒为杖，结果走上了速亡的道路。王朝之兴衰，和任杖之不同有莫大的关系，"杖圣者帝，杖贤者王，杖仁者霸，杖义者强，杖谗者灭，杖贼者亡"，以圣贤为杖者兴，以馋贼为杖者亡，历史的经验教训不可不鉴。

任用贤者的前提是明辨忠奸。明辨忠奸，进贤臣，退小人，这对于君王来说，实在是太重要了。在《辅政》篇，陆贾用大量篇幅谈这个问题。他说：

君子远荧荧之色，放铮铮之声，绝恬美之味，疏嗌呕之情……谗夫似贤，美言似信，听之者惑，观之者冥。故苏秦尊于诸侯，商鞅显于西秦。世无贤智之君，孰能别其形。故尧放驩兜，仲尼诛少正卯；甘言之所嘉，靡不为之倾，惟尧知其实，仲尼见其情。故干圣王者诛，遏贤君者刑，遭凡王者贵，触乱世者荣。郑儋亡齐而归鲁，齐有九合之名，而鲁有乾时之耻。夫据千乘之国，而信谗佞之计，未有不亡者也。故《诗》云："谗人罔极，交乱四国。"众邪合心，以倾一君，国危民失，不亦宜乎！

在陆贾看来，真正的君子是可以做到疏远那些以阿谀奉承为能事的谄媚之人的。但的确，那些谄媚之声也使人不容易拒绝，不容易辨惑。谄媚之言貌似忠贤，赞美之言似乎也很真诚，使人听起来感到迷惑，看起来也觉得模糊，不容易对之识别。君王要识破他们，不仅要是个贤者，也还需要是个智者，此即所谓"世无贤智之君，孰能别其形"？只是那些尧舜、仲尼般的圣君圣人才能做到。陆贾列举反面的例子如鲁国的"乾时之耻"。但这个例子的事实真相则是很难辨其真假。此处所说的郑儋，《左传》作郑詹，又作叔詹，是郑国执政大臣，是个好人，而《穀梁传》《公羊传》则说他是一个"微者""卑者"，是个卑微的"佞人"。但据《春秋》所载，齐人执郑詹和郑詹归鲁是庄公十七年，而鲁国之"乾时之耻"是在庄公九年。因此陆贾所说的"郑儋亡齐而归鲁，齐有九合之名，而鲁有乾时之耻"，则不知何所据。尽管陆贾所说事实本身已不容易辨明，但他要表达的思想则是非常清晰的，那就是要说明"据千乘之国而信谗佞之计，未有不亡者也"这样一个千古不变的道理，说明为人君者辨明忠奸、任用贤良的重要性。

仍然是立足于秦的历史教训，在《辨惑》篇，陆贾提醒高祖刘邦，秦二世赵高横行朝政的状况，最要警惕。他说：

> 秦二世之时，赵高驾鹿而从行，王曰："丞相何为驾鹿？"高曰："马也。"王曰："丞相误邪，以鹿为马也。"高曰："乃马也。陛下以臣之言为不然，愿问群臣。"于是乃问群臣，群臣半言马半言鹿。当此之时，秦王不能自信其直目，而从邪臣之言。鹿与马之异形，乃众人之所知也，然不能别其是非，况于暗昧之事乎？易曰："二人同心，其义断金。"群党合意，以倾一君，孰不移哉！

秦二世时，整个朝政完全被赵高所把持，赵高的专权达到了登峰造极之地步，竟能指鹿为马，满朝文武半数都不敢说真话。鹿与马判然分明，但群臣则"半言马半言鹿"，这已经不是一个辨别是非的能力问题，而是被邪恶的强权所控制。朝政到了这样的地步，安有不倾覆的道理？"群党合意，以倾一君，孰不移哉！"秦二世亡国的教训，至为深刻！而其根源，仍然在于君王的识人用人问题。

陆贾谨遵高祖之命，处处用"古成败之国"的故事说事。《辨惑》篇中，他还举了孔子在鲁定公时的遭遇来说明问题。这也是一个至为深刻的历史教训：

> 鲁定公之时，与齐侯会于夹谷，孔子行相事。两君升坛，两相处下，两相欲揖，君臣之礼，济济备焉。齐人鼓噪而起，欲执鲁公。孔子历阶而上，不尽一等而立，谓齐侯曰："两君合好，以礼相率，以乐相化。臣闻嘉乐不野合，牺象之荐不下堂。夷、狄之民何求为？"命司马请止之。定公曰："诺。"齐侯逡巡而避席曰："寡人之过。"退而自责大夫。罢会。齐人使优旃儒于鲁公之幕下，傲戏，欲候鲁君之隙，以执定公。孔子叹曰："君辱臣当死。"使司马行法斩焉，首足异门而出。于是齐人惧然而恐，君臣易操，不安其故行，乃归鲁四邑之侵地，终无乘鲁之心，邻□（国）振动，人怀向鲁之意，强国骄君，莫不恐惧，邪臣佞人，变行易虑，天下之政，□□而折中；而定公拘于三家，陷于众口，不能卒用孔子者，内无独见之明，外惑邪臣之党，以弱其国而亡其身，权归于三家，邑土单于强齐。夫用人若彼，失人若此；然定公不觉悟，信季孙之计，背贞臣之策，以获拘弱之名，而丧丘山之功，不亦惑乎！

鲁定公时，夹谷之会，孔子行相事，以礼行事，仗义执言，挫败了齐侯俘虏定公以弱鲁国的图谋，捍卫了鲁国国君的尊严和鲁国的利益，并追回了被齐国侵夺的四个城邑，巩固了鲁国在诸侯国中的地位，使得"邻□（国）振动，人怀向鲁之意，强国骄君，莫不恐惧，邪臣佞人，变行易虑，天下之政，□□而折中"，一举扭转了鲁国的被动局面。这是以孔子这样的贤者为相造成的历史局面。而后来的鲁定公被鲁国三家贵族所控制,"内无独见之明,外惑邪臣之党",不再任用孔子,终于"弱其国而亡其身"。鲁定公时是否任用孔子所造成的两种截然不同的局面,真可谓"用人若彼,失人若此",对比如此鲜明,历史的教训不可不鉴!

任用贤者还是谗佞,从而使得国家兴还是衰,一切都系于国君一人之身。国君有没有自觉的清醒的意识,有没有贤德,有没有智慧,都是其重要的因素。无论如何,在用人问题上,在任用什么样的人而建构什么样的君臣关系方面,国君是主要的主导的方面,是君臣关系的责任方。

3. 臣道问题

在专制主义官僚体制中,官员应该谨守什么样的为臣之道呢?陆贾在《新语》中也对官员的为臣之道,提出几个方面的看法。

首先,陆贾主张为臣者应该坚守直道,不苟合于世。《辨惑》篇,陆贾在评论有若与鲁哀公关于用不足的对话时,说:

> 盖损上而归之于下,则忤于耳而不合于意,遂逆而不用也。此所谓正其行而不苟合于世也。有若岂不知阿哀公之意,为益国之义哉?夫君子直道而行,知必屈辱而不避也。故行不敢苟合,言不为苟容,虽无功于世,而名足称也;虽言不用于国家,而举措之言可法也。

这一事件的历史场景,前边曾经谈到过。这是在一个大饥之年,鲁国用度不足,鲁哀公问政于有若,应该如何来应对眼下的财政困难问题。有若说,为什么不实行十分抽一的税率呢?哀公说,我们现在实行十分抽二(20%)的税率还用度不足,怎么能实行十分抽一呢?有若回答说,如果老百姓的用度够,您怎么会不够?如果老百姓的用度不够,您怎么会够?有若站在百姓的立场上,损上而益下,违逆了鲁哀公的意愿而不被采纳。陆贾评论有若的做法，认为这是"正其行而不苟合于世"的直道。减少收税，损上而益下，有若知道鲁哀公不会采纳，甚至也不爱听，但是，他站在老百姓的立场上，当然也是最终有益于国家的立场上，仍然是坚持了自己的看法，并且明知违逆君意还要表达出来，这才是真正的君子行为。虽然国君不采纳，没有产生实质性作用，言不用于国家，但这种做法仍然是值得称道和效法的。孔子在《论语》中讲为官为人，多次讲"直道而行"（《卫灵公》篇），"直道而事人"（《微子》篇），陆贾提倡的为官之道，也是如此。他赞赏像有若这样，直道而行，虽然有可能受到屈辱也不回避；行不苟合，言不苟容，即使不能建立功业，也不玷污政治清白的名声。

其次，陆贾认为，为官之道在于"笃于义"，坚守大义。《明诚》篇，他说："君明于德，可以及于远；臣笃于义，可以至于大。"为臣，只有笃于义，才能走得远，做得大。这个"义"，大概就是"君臣之义"中讲的"臣事君以忠"。虽然，君臣之义中的君是主动的，臣的忠是相对于君的"礼"而言的，但是在臣的方面说，也就是这个"忠"了。"忠"就是孔子讲的要"致其身"，为国家或国君献出自己的全部身心，竭尽忠诚。

最后，从君臣之义以及当时社会的现实状况出发，陆贾对官员提出"朝士不商"的思想。他在《怀虑》篇说：

> 目以精明，耳以主听，口以别味，鼻以闻芳，手以之持，足以之行，各受一性，不得两兼，两兼则心惑……秉政图两，失其中央，战士不耕，朝士不商，邪不奸直，圆不乱方，违戾相错，拨剌难匡。故欲理之君，闭利门，积德之家，必无灾殃，利绝而道著，武让而德兴，斯乃持久之道，常行之法也。

从具体的论述逻辑来看，陆贾提出"朝士不商"，即朝中为官之人不宜经商，是从人的精力或能力的有限论出发的。他认为，人无论干什么，都需要神志专一，不能分散精力。朝士经商就是兼职，离开了自己的主业，这样就必然要影响到他们所肩负的辅佐国君治国理民的职责。而同时，官员经商，也会使他们把权力当作谋求经济利益的手段和工具，并最终为自己招致灾殃。这就是他说的"欲理之君，闭利门，积德之家，必无灾殃"。关闭了"利门"，才可以积德而避免灾殃。

我们前边讨论陆贾的"圣人政治"的主张时，援引过他关于"据土子民，治国治众者，不可以图利，治产业"的论述，而这同时也是对官员的要求，官员也是治国治众之人，也是不可以图利、治产业的，因为致力于购置产业，"则教化不行，而政令不从"，将会对皇权政治造成极大的危害。

在陆贾看来，为政专一是极其重要的，根本原因在于不专一会放纵自己的情欲。他举苏秦、张仪的例子说："苏秦、张仪，身尊于位，名显于世，相六国，事六君，威振山东，横说诸侯，国异辞，人异意，欲合弱而制强，持衡而御纵，内无坚计，身无定名，功业不平，中道而废，身死于凡人之手，为天下所笑者，乃由辞语不一，而情欲放佚故也。"[①] 官员的治国理政也是如此，既治国理民，又要经商，就是"辞语不一"，也是"情欲放佚"，是不可能践履为官之道的忠诚之"义"的，是对君臣之义的悖逆。所以，实际上，陆贾提出朝士不商也是从君臣之义这个基本的君臣之道出发的，是对为官之道的一个很重要的要求。

另一方面，朝士不商也是从汉初社会的实际情况出发的。汉初建立在经历了连年的秦末农民战争和楚汉战争之后社会极端凋敝的基础上，就像《汉书·食货志》所说，汉初"民失作业而大饥馑。凡米石五千，人相食，死者过半"，是一片极端残破凋敝的景象，国家实行与民休息的无为而治，目的就是要恢复农业生产，改变大饥馑的困乏局面，重农抑商是其基本国策之一。官员经商，无疑会对这一国策造成重大冲

---

① 王利器：《新语校注》，中华书局1986年版，第131页。

击。在专制主义官僚制社会里，官员的作为有着重要的示范和引导意义。抑制官员经商，无疑也是当时贯彻重农抑商政策的需要，防止官员经商对这一基本国策的冲击。陆贾提出这一问题的时候，没有从这个方面论述问题，但其在客观上是会起到这样的历史作用的。

可以说，刘邦君臣多出身草莽，对如何为君为臣茫然无知，汉初朝廷上欢呼喧哗、拔剑击柱的混乱局面证明了这一点。叔孙通制订礼仪，从行为上规范了这一场景，而陆贾《新语》关于君臣关系的论述，则从思想规范上有助于理顺君臣关系，为汉初政权创造秩序和谐的政治局面，起到了思想保障的作用。

（四）进步论的历史观念

陆贾的政治思想、治国理念，都奠定在他的进步论历史观的基础上，这个历史观，在《新语》中有很清晰的反映。《新语·道基》开篇，就讲出了一个清晰的历史发展逻辑，并用了先圣、中圣、后圣三个阶段划分的方法，来表示历史的进程。他写道：

> 于是先圣乃仰观天文，俯察地理，图画乾坤，以定人道，民始开悟，知有父子之亲，君臣之义，夫妇之别，长幼之序。于是百官立，王道乃生。
>
> 民人食肉饮血，衣皮毛；至于神农，以为行虫走兽，难以养民，乃求可食之物，尝百草之实，察酸苦之味，教人食五谷……
>
> 铄金镂木，分苞烧殖，以备器械，于是民知轻重，好利恶难，避劳就逸；于是皋陶乃立狱制罪，悬赏设罚，异是非，明好恶，检奸邪，消佚乱。
>
> 民知畏法，而无礼义；于是中圣乃设辟雍庠序之教，以正上下之仪，明父子之礼，君臣之义，使强不凌弱，众不暴寡，弃贪鄙之心，兴清洁之行。
>
> 礼义不行，纲纪不立，后世衰废，于是后圣乃定《五经》，明

《六艺》，承天统地，穷事察微，原情立本，以绪人伦，宗诸天地，纂修篇章，垂诸来世，被诸鸟兽，以匡衰乱，天人合策，原道悉备，智者达其心，百工穷其巧，乃调之以管弦丝竹之音，设钟鼓歌舞之乐，以节奢侈，正风俗，通文雅。

这段文字，把中国早期的文明史，分成了以"先圣""中圣"和"后圣"为代表的三个阶段。而所谓先圣、中圣和后圣，基本上可以认定是伏羲、文王和孔子三个代表人物。我们先来说明这个问题。

《周易·系辞下》曰："古者包牺氏之王天下也，仰则观象于天，俯则观法于地，观鸟兽之文与地之宜，近取诸身，远取诸物，于是始作八卦，以通神明之德，以类万物之情。作结绳而为网罟，以佃以渔，盖取诸《离》。"这里所讲的"观象于天""观法于地""结绳而为网罟"等历史行为，和陆贾所讲的先圣时代特征是完全吻合的。

另外，《汉书·艺文志》"六艺略"所讲的"三圣""三世"，和陆贾讲的先圣、中圣、后圣也基本吻合，可相互印证。其文曰：

易曰："宓牺氏仰观象于天，俯观法于地，观鸟兽之文，与地之宜，近取诸身，远取诸物；于是始作八卦，以通神明之德，以类万物之情。"至于殷、周之际，纣在上位，逆天暴物。文王以诸侯顺命而行道，天人之占，可得而效。于是重易六爻，作上下篇。孔氏为之彖、象、系辞、文言、序卦之属十篇。故曰：易道深矣，人更三圣，世历三古。

关于"三圣"，韦昭注曰："伏羲、文王、孔子。"关于"三古"，孟康注曰："伏羲为上古，文王为中古，孔子为下古。"《汉书·艺文志》的这个"三圣"说，或许是受了陆贾的影响，但它却明确说出了三圣的名讳，确认是伏羲氏、周文王和孔子。陆贾以伏羲、文王和孔子，分别代表中国早期文明史的三个历史阶段。

这个三个阶段的划分，应该说是符合历史的基本进程的。先圣是文明的初始阶段，伏羲氏仰观天文，俯察地理，开启民智，使百姓知道人应该有父子之亲、君臣之义、夫妇之别、长幼之序，并由此进入人类的文明时代。但文明的初期，人们的生产能力还十分低下，以伏羲为代表的先圣们引导人们进行了一系列物质文明方面的创制，其中重大者如神农尝百草，"教人食五谷"；黄帝伐木构材，筑作宫室，以避风雨；后稷辟土殖谷，以用养民，种桑麻，致丝枲，织衣蔽体；禹决江疏河，排除水患，使百川顺流，各归其所；奚仲桡曲为轮，创制舟车，以代人力。此一时期，先圣们为人们解决的是物质方面的问题。到了皋陶时期，随着物质文明的进步，人们的观念和意识也有了发展，"民知轻重，好利恶难，避劳就逸"，于是，皋陶就开始进行制度上的创设，来控制人们的欲望和行为，"立狱制罪，悬赏设罚，异是非，明好恶，检奸邪，消佚乱"，由物质文明的创制进入制度方面的建设。这是文明史发展的第一阶段，由物质文明到制度文明。

陆贾讲述的第二个阶段，以文王为代表的中圣时期，是制度文明发展到礼制文明的时期。陆贾认为，在进行了刑罚方面的制度创设之后，又出现了新的问题，即"民知畏法，而无礼义"，对于国家的管理来说，仅有刑罚是不够的，那样会使老百姓仅仅是害怕犯法，而没有向善之心，应该有礼义方面的建设来进行劝善教化。于是，就有文王、周公一类圣人来设立"辟雍庠序之教，以正上下之仪，明父子之礼，君臣之义"。"辟雍庠序之教"，就是周代的大学学校教育。辟雍、庠、序都是西周大学的名称，后世庠序泛指学校。陆贾认为，中古时期的文王、周公开始设立学校以进行礼义教化，使历史进入礼制教化的阶段。

文明史发展的第三个阶段，是在社会的发展冲破了礼仪制度的躯壳之后，社会出现了"礼义不行，纲纪不立"的衰废局面，又有圣人出来进行新的文化建设，是谓"后圣"，这就是孔子。孔子所做的事情，就是定《五经》，明《六艺》，进行系统的文化建设，以收拢人心，"正风俗，通文雅"，将文明史拉入新的轨道。

从今天的认识出发去评判陆贾的历史分期，自然有不妥之处，但在他那个时代，能够如此去看待历史的发展，起码是体现了一个历史发展进步的观念，是一个进步论的历史观，是值得给予肯定的。

从历史发展进步的观念出发，陆贾对于古今关系的看法，也超越了时人或古人。中国古代有一个贵古贱今的思想传统，谈论任何道理，都喜欢从往古寻找根源，甚至以往古为标准，似乎越古越好，圣人也都是出自古代。陆贾的《新语》是为汉高祖刘邦做"试为我著，吾所以得之者何，及古成败之国"的命题作文，所以，他谈论任何问题都从历史上寻找证据，紧紧从历史的经验教训出发，来阐发治国理民之道。但是，他却不是一个复古主义者，不是一个盲目的崇古贱今的腐儒。相反，从进步论的历史观出发，他则特别强调现当代历史的重要价值，重今重于重古。他讲历史，述往事，有着明确的现实目的，有为当代政治服务的清醒头脑。

在《术事》篇，他说："善言古者合之于今，能述远者考之于近。故说事者上陈五帝之功，而思之于身，下列桀、纣之败，而戒之于己，则德可以配日月，行可以合神灵。"他认为，人们谈论往古之事，是为了"合之于今"，是为今天服务的，谈古是为了论今。述论久远的事情，是为了证明眼前的问题。人一定要有这样的历史借鉴意识。谈论五帝的勋业的时候，要想想自身，是否也应该建树一种历史的业绩；检讨桀纣的败亡，而能够警戒于自己，就像孔子说的"见贤而思齐，见不贤而内自省"一样，那么，我们就可以培养起好的德行，修养到"德可以配日月，行可以合神灵"的境界。

不仅如此，陆贾还明确批评那些厚古薄今的观点。《术事》篇说：

> 世俗以为自古而传之者为重，以今之作者为轻，淡于所见，甘于所闻，惑于外貌，失于中情。

> 道近不必出于久远，取其致要而有成。《春秋》上不及五帝，

下不至三王，述齐桓、晋文之小善，鲁之十二公，至今之为政，足以知成败之效，何必于三王？故古人之所行者，亦与今世同。立事者不离道德，调弦者不失宫商，天道调四时，人道治五常，周公与尧、舜合符瑞，二世与桀、纣同祸殃。

从进步论的历史观出发，必然是今重于古，今优于古，而世俗之人却都以古者为重，对目下的事情和经验不予重视，对于传闻的东西津津乐道，这样的思想方法影响着人们对现实政治的认知。陆贾还认为，古今之道是相同的，所以，从历史中提炼"道"的精髓，不必都求之于遥远的往古，古今之理是相通的，这就是所谓"道近不必出于久远，取其致要而有成"。他举例说，孔夫子作《春秋》，就没有从三皇五帝谈起，而仅仅记述了鲁国12任国君242年的历史。孔夫子通过《春秋》所记录的齐桓公、晋文公的善行及鲁国十二公的历史，其中所包含的历史经验，从历史借鉴的角度说，即使对于今天也足以够用，要知道历史上为政之得失，不一定非去三皇五帝那里寻找借鉴。周公之德和尧舜是相同的，秦二世的败亡和桀纣之亡也是同一个道理，离我们最近的历史中，同样地包含着可资借鉴的经验教训。陆贾提醒刘邦君臣重视近世的历史和眼前的现实。

陆贾对现实政治有强烈的认同感，对刘邦所建立的汉家王朝寄托希望，所著《新语》12篇充满饱满的政治热情，对当下之世热情讴歌。他曾在出使南越国回答南越王赵佗时，赞颂刘邦的功业："皇帝起丰沛，讨暴秦，诛强楚，为天下兴利除害。继五帝三皇之业统理中国……政由一家，自天地剖泮未始有也。"这样的政治立场，是与他的进步论的历史观紧密相关的。

二 关于陆贾学术师承的推测

陆贾是汉初的思想家，而他的思想是从哪里来的？老师是谁？从其思想的深刻性、丰富性上看，他一定是有师承的，是有思想的来源渠道的。但《史记·郦生陆贾列传》中对陆贾学行的简单记载，并不足以回答这个问题，我们只能从《新语》的思想内容中去寻找其蛛丝马迹，做个大致的判断或推测。

清人戴彦升《陆子新语序》考论陆贾是《穀梁》家：

> 夫《穀梁》家始自江公，而江公受之申公，申公受之浮邱伯，浮邱伯为孙卿门人，今荀子《礼论》、《大略》二篇具《穀梁》义，则荀卿《穀梁》之初祖也。荀卿晚废居楚，陆生楚人，故闻《穀梁》义欤？《盐铁论》包邱子与李斯俱事荀卿，本书《资贤》篇："鲍邱之德行，非不高于李斯、赵高也，然伏隐于蒿庐之下，而不录于世。"鲍邱即包邱子，即浮邱伯也。《楚元王传》注，服虔曰："浮邱伯，秦时儒生。"陆生盖尝与浮邱伯游，故称其德行，或即受其《穀梁》学欤？《辨惑》篇说夹谷之会事，与《穀梁》定十年传大同。《至德》篇说齐桓公遣高子立僖公事，本《穀梁》闵二年传。《怀虑》篇言鲁庄公不能存立子纠，亦本《穀梁》庄九年传，可征陆生乃《穀梁》家矣。①

唐晏《陆子新语校注序》，也认为陆贾承袭《穀梁》学：

> 陆生以客从高祖，时已在学成之后。或者谓陆生为荀卿弟子，然则陆生固及见全经矣，其视汉初诸儒抱残守缺者何如？故其说经之言，与汉人不同，而说《穀梁》尤精；世以《穀梁》学出申公，焉知申公尚在陆生后乎？今人知重《公羊》，而以董生为巨子；不知《公羊》齐学也，为历下游士之余绪，《穀梁》鲁学也，为阙里诸儒之雅言，而陆生为《穀梁》大师，又前乎董公，人知重董，

---

① 王利器：《新语校注》，中华书局1986年版，第218—219页。

而不知重陆，慎矣。①

戴彦升认为，陆贾和浮邱伯是同时代人，并且有一起游历的经历。而浮邱伯和李斯都是荀子的学生，荀子是《穀梁》的传人，或为《穀梁》之始祖，那么，陆贾是不是从浮邱伯那里学到了《穀梁》的真义呢？戴彦升认真考察了《新语》中诸篇的引述情况，《辨惑》篇、《至德》篇、《怀虑》篇都有与今本《穀梁传》相同的记述；《辅政》篇、《至德》篇、《明诫》篇、《道基》篇还出现了引述《穀梁》而今本《穀梁传》所无的文字。有人以陆贾引述《穀梁》而今本《穀梁》所无的文字来否定陆贾学承《穀梁》的真实性，甚至否定《新语》本书的真实性，并判为"伪书"，戴彦升批驳说：

> 《穀梁》之著竹帛，虽不知何时，而出自后师，陆生乃亲受之浮邱伯者，实《穀梁》先师。古经师率皆口学，容有不同，如刘子政说《穀梁》义，亦有今传所无者，可证也。或乃以《穀梁传》为贾所不及见，既昧乎授受之原，且亦不检今传文矣。本传言时时前说称《诗》、《书》，而本书多说《春秋》，《穀梁》微学，藉以存焉。②

戴彦升认为，陆贾是《穀梁》先师，他所依凭的《穀梁》要比现在传世的今本《穀梁》更为本真，不能用现在的《穀梁传》去否定陆贾所引述的《穀梁》原本；相反，陆贾的称引，反倒为我们保留了《穀梁传》更真实的面貌。唐晏的看法与戴彦升完全相同，他指斥以今本《穀梁》与陆贾引述的差异否定《新语》是抱残守缺，批评今人重视董仲舒的春秋公羊学而轻视陆贾之《穀梁》"慎矣"，是错乱和颠倒。

---

① 王利器：《新语校注》，中华书局1986年版，第222页。
② 王利器：《新语校注》，中华书局1986年版，第219页。

陆贾先于董仲舒，学承鲁学，是"阙里诸儒之雅言"；而董仲舒的《公羊》则是齐学，不过是承继"历下游士之余绪"，安可与陆贾相比？清代学者多认为陆贾之学传承了《穀梁》学之真义。

当代文献学大家王利器先生校注《新语》，也采纳此说。他的《新语校注》"前言"肯定戴彦升的考论，并做补正：

> 戴氏之言是也。其揭橥陆氏为《穀梁》学，尤微至。现在还可以补二事，以证成其说。《道基》篇写道："伯姬以义建至贞。"又写道："姜女以贞显其行。"伯姬事见《穀梁传》襄公三十年……这些都足以证明《穀梁》未立学之前，民间早已传授其书，而陆贾特其佼佼者耳。

至此，基本可以说，陆贾之学承继《穀梁》是可以得到确证的，而这都是从文献学的角度做出的考察。当代学人张涛又撰一文，从思想倾向和文章风格上进行研究，也证明了这个问题。张涛的文章从三个方面进行论证。

第一，《穀梁传》继承和发展了春秋时代就已存在的重民思想，强烈要求改变人民的悲惨状况，提高其社会地位，实行仁德之治。从重民思想出发，《穀梁传》特别强调礼乐教化的功用。而受《穀梁传》的影响，陆贾也极重仁义德治和礼乐教化，最早向汉高祖提出"行仁义，法先圣"的建议。《穀梁传》的重民思想亦为陆贾所承继。陆贾认为，实行仁义的一个重要方面就是注意节俭，爱惜民力，造福百姓。

第二，《穀梁传》非常强调宗法情谊和血缘之亲，在《穀梁传》看来，春秋诸侯中的不少是出于一姓一族，应该讲求宗法之谊，化干戈为玉帛。陆贾受其启示，十分重视宗室力量在巩固国家政权中的作用。在《春秋》三传中，强调伦常关系最著者当推《穀梁传》，它主张保证宗法等级制度的稳定，因而"特多言君臣、父子、兄弟、夫妇"之旨。而陆贾也力倡"父子之亲，君臣之义，夫妇之别，长幼之序"，要求

"罗之以纲纪",使"长幼异节,上下有差",以稳定刚刚建立起来的社会政治秩序。《穀梁传》中的尊王思想相当明显,陆贾也以实际行动宣传尊王,先后两次说服赵佗去号称臣,归顺汉朝皇帝。《新语·怀虑》篇强调"身无境外之交"以遵王命,是直接用《穀梁》的尊王之义。

第三,《穀梁传》的主旨是传扬经义,所以语言简朴,形制短小,形成了自己独具特色的文章风格。陆贾的文章颇得《穀梁》之沾溉,二者为文方式也多有相似之处。《穀梁传》喜欢称引先贤的格言遗训,使文字更形简约清丽,而这种为文形式,陆贾在《新语》中也屡有采用。甚至,陆贾的性情品格,处世之道,也有《穀梁传》的影子。①

以上所辨是《新语》与《穀梁传》的思想关系,陆贾受《穀梁传》影响并学承《穀梁》是没有疑问的。那么,接着而来的一个问题是,从师承的角度说,陆贾的老师是谁呢?戴彦升的论述中,已经指出"荀卿《穀梁》之初祖",这是不是可以说明陆贾也有可能是荀子的学生呢?戴彦升的《陆子新语序》中只是说浮邱伯是荀子的学生,而陆贾与浮邱伯交游而接受了《穀梁传》,从而成为汉代传《穀梁》学的始祖。那么,陆贾与荀子有没有直接的学承关系呢?这是一个问题。可以肯定地说,从陆贾的学养看,他一定是有直接授业的老师的,这个老师有没有可能就是荀子,是个值得研究的问题。

从《新语》分析,陆贾的思想与荀子是非常接近的,对荀子之书也多有称引。请看如下诸例:

《荀子·富国》篇:"故曰:'天地生之,圣人成之。'此之谓也。"

《新语·道基》篇:"传曰:'天生万物,以地养之,圣人成之。'"

---

① 张涛:《略论〈谷梁传〉对陆贾的影响》,《山东社会科学》1992 年第 5 期。

《荀子·天论》篇:"故明于天人之分,则可谓至矣。"
《新语·道基》篇:"以匡衰乱,天人合策。"

《荀子·性恶》篇:"然而曾、骞孝己,独厚于孝之实……"
《新语·道基》篇:"曾、闵以仁成大孝,伯姬以义建至贞。"

《荀子·修身》篇:"治气养心之术:血气刚彊,则柔之以调和。"
《新语·道基》篇:"仗义而彊,调气养性。"

《荀子·性恶》篇:"故善言古者必有节于今,善言天者必有征于人。"
《新语·术事》篇:"善言古者合之于今,能述远者考之于近。"

《荀子·儒效》篇:"略法先王而足乱世术。缪学杂举不知法后王而壹制度,不知隆礼义而杀《诗》《书》。"
《新语·术事》篇:"世俗以为自古而传之者为重,以今之作者为轻。""道近不必出于久远,取其致要而有成。《春秋》上不及五帝,下不至三王,述齐桓、晋文之小善,鲁之十二公,至今之为政,足以知成败之效,何必于三王?"

《荀子·性恶》篇:"阖闾之干将、莫邪、钜阙、辟闾,此皆古之良剑也。"
《新语·术事》篇:"故良马非独骐骥,利剑非惟干将。"

《荀子·君道》篇:"卿相辅佐,人主之基杖也。"
《新语·辅政》篇:"夫居高者自处不可以不安,履危者任杖不可以不固……是以圣人居高处上，则以仁义为巢，乘危履倾，则以圣贤为杖。"

《荀子·宥坐》篇："孔子为鲁摄相，朝七日而诛少正卯……"
《新语·辅政》篇："故尧放驩兜，仲尼诛少正卯。"

《荀子·仲尼》篇："齐桓，五伯之盛者也……内行则姑姊妹之不嫁者七人。"
《新语·无为》篇："齐桓公好妇人之色，妻姑姊妹，而国中多淫于骨肉。"

《荀子·天论》篇："皆知其所以成，莫知其无形，夫是之谓天功。"
《新语·本行》篇："圣人乘天威，合天气，承天功，象天容，而不与为功，岂不难哉？"

《荀子·天论》篇："天行有常，不为尧存，不为桀亡。""治乱，天邪？曰：日月星辰瑞历，是禹、桀之所同也，禹以治，桀以乱，治乱非天也。"
《新语·明诚》篇："尧、舜不易日月而兴，桀、纣不易星辰而亡，天道不改而人道易也。"

根据王利器《新语校注》中所言，短短万字的《新语》，直接称引或暗引的荀子之语就有几十处之多，这不光是说明陆贾对荀子之书的熟悉和服膺，更能说明陆贾对荀子的个人感情及其由衷的崇敬，当年七十子对待孔子的情景也不过如此。这很能启发我们想象陆贾与荀子的关系。从年龄或生活时代的角度看，陆贾从学于荀子也完全是可能的。当然，判断陆贾与荀子的直接师承，判断他就是荀子登堂入室的弟子，还没有直接的史料可以证明。在具体的资料状况面前，我们还是只能做出他深受荀卿之学影响这样一个指向清晰而师承模糊的大致判断，如果说他是荀子的私淑弟子大概是可以成立的。王利器《新语校注·前言》中说："陆贾之学，盖出于荀子……《汉书·楚元王交传》：'交与申公受《诗》浮邱伯。伯者，孙卿门人也。'孙卿即荀卿，浮邱伯即包邱子。盖荀卿适楚，因家籣陵。陆贾，楚人也，与浮丘同时相善，因而闻风相悦，私淑相闻，这是意料中事……陆贾与鲍丘游，因以得闻荀子之说于鲍丘，故其书有不少可以印证荀子之处。"王利器之说，也是肯定陆贾与荀子的私淑渊源，并且明确判定"陆贾之学，盖出于荀子"，如此说来，认定陆贾的师承是荀子之学并不过分。

三 陆贾的学术个性

古来研究陆贾《新语》的人，一般都是遵循传统思维，把儒家归入先秦传承下来的某家某派，或为儒家说，或为道家说，或为杂家说，自古迄今，莫衷一是。我们先来对前人的论说做一检讨。

（一）陆贾为诸家说

1. 陆贾为"儒家"说

认定陆贾为儒家者，在古今学术界都是主流观点。陆贾学承荀子，司马迁在《史记·郦生陆贾列传》中又说他在高祖刘邦面前时时称说《诗》《书》，这使得古往今来很多学者都认定陆贾是儒学的传人，是汉代儒家之初祖。其实，从个人身份认定上，司马迁也只是将其判定为"有口辩士"，大概类似于纵横家吧，并没有说陆贾是个儒者。

东汉初的班固，在《汉书·艺文志》中，第一次将陆贾归入"儒家者流"，在儒家类中收录《陆贾》二十三篇。

王充《论衡·案书》篇："《新语》陆贾所造，盖董仲舒相被服焉，皆言君臣政治得失。言可采行，事美足观，鸿知所言，参贰经传，虽古圣之言，不能过增。陆贾之言，未见遗阙；而仲舒之言雩祭可以应天，土龙可以致雨，颇难晓也。"王充把陆贾和董仲舒相提并论，并认为董仲舒承自陆贾，也说明他是把陆贾归为儒家的。

《隋书·经籍志三》在"儒者"类中，收录陆贾《新语》二卷，也是将陆贾归入儒家。

宋人黄震的《黄氏日钞》中评论陆贾："汉初儒生，未有贾比也。而太史公屈与郦生同传，岂以其辩说欤。"① 黄震认为陆贾是汉初第一儒，司马迁把他与真正的辩士郦生同传，只看到了陆贾善辩的一面，以"辩士"目之实在是委屈了陆贾。

古人将陆贾归于儒家者颇多，以《四库全书总目提要》之论为最明确。是书曰："据其书论之，则大旨皆崇王道，黜霸术，归本于修身用人。其称引《老子》者，惟《思务》篇引'上德不德'一语，余皆以孔氏为宗，所援据多《春秋》《论语》之文，汉儒自董仲舒外，未有如是之醇正也。"②

《四库》之后，清代学者认陆贾为儒家并批评司马迁把陆贾评为辩士者颇多。严可均《新语叙》说："汉代子书，《新语》最纯最早，贵仁义，贱刑威，述《诗》《书》《春秋》《论语》，绍孟、荀而开贾、董，卓然儒者之言，史迁目为辩士，未足以尽之。"③

清人戴彦升的《陆子新语序》中说："《本传》（指《史记》中的《陆贾列传》）言：'时时前说称《诗》《书》'，而本书（指《新语》）多说《春秋》，《穀梁》微学，藉以存焉。《论语》《孝经》亦颇见引，盖所谓'游文《六经》之中，留意于仁义之际，祖述尧、舜，宪章文、武，宗师仲尼，以重其言'者，生书有以当之。太史公谓：'陆生《新语》十二篇，固当世之辩士。'以辩士目生，何浅之

---

① （宋）黄震：《黄氏日钞》卷四十六《郦生陆贾》，文渊阁四库全书本。
② （清）纪昀：《四库全书总目提要》，河北人民出版社2000年版，第2337页。
③ 王利器：《新语校注》，中华书局1986年版，第215页。

乎读是书哉!"① 戴氏坚定地判断陆贾为儒家,并批评司马迁把陆贾看作辩士之肤浅!

近代以来,判陆贾为儒家者也很普遍。余嘉锡在《四库提要辨证》中说:"贾在汉初,粹然儒者,于《诗》《书》煨烬之余,独能诵法孔氏,开有汉数百年文学之先,较之贾、董为尤难,其功不在浮邱伯、伏生以下,故班固、王充皆亟称之,汉高以马上得天下,不知重儒,贾独为之称说《诗》《书》,陈述仁义……汉初之拨乱反正,贾有力焉。融(东汉经学家孔融——笔者注)以贾与叔孙通、范升、卫宏而言,亦以贾为经学之儒也。然贾实具内圣外王之学,非叔孙通辈陋儒所敢望,惜乎未尽其用,否则经术之兴,不待汉武时也。史迁乃曰:'余读陆生《新语》书十二篇,固当世之辩士。'夫《新语》岂飞箝捭阖书耶?然则国人皆以孟子为好辩,又何为读之废书而叹也!《本传》叙贾著《新语》,但粗述存亡之征,盖其不足以知陆生如此。"② 余嘉锡在批评司马迁把陆贾做辩士看待的同时,还指责他根本就没有读懂陆贾,这几乎是在表达一种强烈的不满和义愤!

当代学者金春峰在其著作《汉代思想史》中,认为《新语》的基调是儒家的仁义德治思想,将其定为汉初儒家复起的代表人物。他说:"汉初儒家思想复起的代表人物,是陆贾、贾谊、韩婴等人。他们宣扬儒家的仁义德治,批判法家片面崇尚法治和黄老清静无为的思想,而同时又吸收融合法家和黄老思想,表现出汉代儒法和儒道既排斥斗争,又相互吸收、融合的历史特点。他们的思想为董仲舒神学目的论的儒家思想体系的建立,做好了某种准备。"针对《新语》中有类似道家无为而治的思想,金春峰说:"陆贾希望有一个无为而治的'至德之世',但这个至德之世是实行儒家礼义之治的……这是孔子'老者安之,少者怀之,朋友信之','庶人不议','必也使无讼乎'的社会理想的实现。"③也就是

---

① 王利器:《新语校注》,中华书局1986年版,第219页。
② 王利器:《新语校注》,中华书局1986年版,第208页。
③ 金春峰:《汉代思想史》(增补第三版),人民出版社2006年版,第67、72—73页。

说，金春峰认为，不能因为陆贾主张无为而治，就把他划归于道家阵营。

当代研究中国古代政治思想史的大家刘泽华先生说："陆贾无为政治的核心是要求政府减少对社会的行政干预，减少徭赋，减轻刑罚。但他描绘的社会关系与道家思想迥然不同，完全是儒家思想的妙境。臣忠子孝、尊尊亲亲、上下有序、老安少怀，皆遵从礼义。"①

徐平华也有论文讨论陆贾无为思想的属性问题。他认为，陆贾无为思想属于儒家的"道德导向无为"，并非人们通常所认为的黄老道家的"自然无为"；源自儒家的仁义，而非黄老道家的道。故与其说陆贾属于黄老道家，还不如说其属于儒家更确切，而其书《新语》有启"文景之治"，故此，"文景之治"很大程度上应归功于儒家及其"道德导向无为"，而非通常我们认为的黄老道家及其"自然无为"。②

李芳的硕士学位论文《陆贾无为思想辨析》，专题讨论陆贾无为思想的属性问题。论文认为：要对陆贾无为思想有准确的理解和把握，关键是要抓住陆贾的圣王观和仁义论，这是其无为思想的基本精神。根据圣王观和仁义论，陆贾无为思想的基本内涵是：将理想的社会政治秩序的确立寄托于道德主体圣王一人身上。圣王通过"定五经，明六艺"，"定人道"，选贤任能，实施以仁义为基本精神的礼乐教化，特别是发挥其完美道德人格强劲的感染力和影响力，使人民感其德化，使社会在人伦的轨道上正常运行，无为而无不为，从而天下大治。陆贾的这种治道，是相对于秦朝"举措太众、刑罚太极"的有为之治而言的，它特别强调圣王无形的人格感染力量，故可称为"无为之治"。这种治道中的圣王观和仁义论，同孔子"无为而治"的思想一脉相承，其圣王是有完美的人格道德修养的主体，其仁义教化是要确立宗法人伦等级秩序。这种等级秩序，一方面建立在人对自身的反思和自觉的基础之上，另一方面通过人为的干预确立起来。正是在人为干预和宗

---

① 刘泽华、葛荃主编：《中国古代政治思想史》（修订本），南开大学出版社2001年版，第189页。
② 徐平华：《陆贾无为思想的属性辨析及其价值》，《求索》2009年第8期。

法人伦等级这种意义上，我们说，陆贾的无为思想不属于道家的无为而属于儒家的无为。①

还有人为了把陆贾思想更顺利地解读为儒家思想，提出了一个"新儒学"的说法，以便顺理成章地把道家的无为而治吸纳进来。新儒学就意味着不是原教旨主义的儒学了，而是在传统儒学的思想平台上，吸纳道家、法家、墨家、阴阳家等诸家精华的基础上形成的儒学；但不管它吸收了多少其他诸家的思想，其本质仍然是儒学。

李存山在《秦后第一儒——陆贾》一文中说："陆贾开汉代尊儒之先河，实现了秦汉间由'任刑法'到'行仁义'的政治指导原则的转变。后来的董仲舒之尊儒，实乃步陆贾之后尘而已。但陆贾之尊儒与董仲舒之尊儒又有一个不同的方面，即前者不是儒学之独尊，而是尊儒术，不黜百家。"② 他认为，陆贾尊儒术而不黜百家，以儒家的"仁义"为核心，吸收法家、道家、阴阳家诸家思想而形成了自己新的儒家思想，并开汉代经学之先河。

李禹阶认为，陆贾的新儒学主要是体现了儒法思想的融合。他说："陆贾作为西汉建国后第一位有较系统的新儒学思想的政论家、思想家，他以儒学为本，对儒学进行了适应封建专制的大一统格局的更新与改造，对'君道'进行了全面的释义。他所涉及的对儒学的阐释，应当说既继承孟荀，又已超过对孟、荀之学的简单的文本阐释，同时更具有广泛的，为西汉专制君权进行合法性理论辩护与儒学与法家专制主义主张合流的改弦更张的背景。实际上即是将儒家之学移植入既定的法家思想背景的新的政治游戏规则之中。"③ 李禹阶还有专文为陆贾的"无为"思想辩护，认为陆贾的无为而治，是援道入儒的表现。他说，陆贾"无为"论是在总结秦亡教训基础上的一种以道入儒的思

---

① 李芳：《陆贾无为思想辨析》，硕士学位论文，兰州大学，2009年。
② 李存山：《秦后第一儒——陆贾》，《孔子研究》1992年第3期。
③ 李禹阶：《陆贾新儒学的文化独尊思想——兼论儒家文化思想上的独尊性与唯我性》，《西南师范大学学报》2003年第5期。

想学说,其基本内容是以儒学"仁""礼"为纲,以道家为表,儒学为里;"无为"为用,"仁治"为体,而融合儒道两家,将儒家"仁义"思想赋予了新的内涵。①

总括古往今来人们对陆贾为儒家的看法,大体有以下几点根据。

第一,《史记》本传所言,陆贾时常在高祖面前称引《诗》《书》,而《诗》《书》是儒家的基本典籍;

第二,《新语》十二篇多说《春秋》《榖梁》,《论语》《孝经》亦颇见引,"游文《六经》之中,留意于仁义之际",以仁义为其主旨;

第三,《新语》"无为"篇的思想属性非道家之无为,是道德导向之无为,而非黄老的自然无为;

第四,《新语》是以儒学为思想平台吸收诸家学说构建的新儒学,书中的其他思想要素,并不改变学说的儒家属性。

2. 陆贾为道家说

此说始于近代。孙次舟提出《新语》是伪书,在论证《新语》之伪的时候,谈了许多《新语》中有道家观点的看法。他说:

> 今本《新语》有《无为》一篇。"无为"者,道家之说也。陆贾书中,恶得有此……"无为"实道家之所贵也。今本《新语》既有《无为》篇,而篇中所论,亦尽道家变化无为之意……夫《新语》儒书也,而有道家之言,讵不令人眩惑乎?况儒家重"仁义",而道家尚"道德"。孔氏重仁不重义,至子舆氏始"仁义"并称。道家卑薄"仁义",尊重"道德"……"道德","仁义",儒道之所异也。今现行《新语》书,不惟《无为》篇多道家之旨,即其他诸篇亦多言道德,不滋令人生疑乎……《本行》篇曰:"故圣人卑宫室而高道德,□□服而仅仁义。"《新语》本儒家书,乌

---

① 李禹阶:《陆贾"新无为"论探析——论汉初新儒家的援道入儒思想》,《中华文化论坛》2003年第1期。

焉得有此？况其《辅政》篇曰："故杖圣者帝，杖贤者王，杖仁者霸，杖义者强。"《术事》篇曰："故制事者因其则，服药者因其良。书不必起仲尼之门，药不必出扁鹊之方。"是直以"仁义"为仅足霸强，而仲尼之书亦不必可贵。此与儒家"留意仁义"，"宗师仲尼"之例，大相违戾。①

此说虽然没有直接说陆贾是道家，但其意甚明，孙次舟判断《新语》是符合道家"以虚无为本，以因循为用"之旨的。

现代学术史上，翦伯赞主编的《中国史纲要》明确把《新语》的思想属性定为道家。他说，西汉初年代表黄老政治思想的著作，是陆贾的《新语》。但是陆贾兼有儒家及其他诸家思想。虽然翦伯赞指出了陆贾兼有儒家及其他诸家思想，但将其归入黄老之学还是明确的。

祝瑞开的《两汉思想史》中说："陆贾融合儒、法、道等各家思想，而以道家思想为主。他具有唯物主义的自然观和朴素辩证法的思想。他的'无为'的政治主张为刘邦及其左右采纳，对汉初'清静无为'的政治发生重要的影响。正是在这样的情况下，汉初黄老之学盛行起来。"② 按照祝瑞开的说法，陆贾不仅属于黄老道家，而且还是汉初黄老学的发起人。

田昌五、安作璋先生主编的《秦汉史》第九章"秦汉思想文化"中的"西汉初年诸子余绪的活跃与新道家"一节中，讲述了陆贾《新语》中提出的实行"无为"的"治国之道"，显然是把陆贾安排进了道家阵营。③

当代学术界把陆贾论为道家的代表人物是熊铁基先生，熊先生思想史研究的突出亮点，是提出了一个新道家说，陆贾就是他所论证的汉代新道家的第一位代表人物。他的《秦汉新道家》一书第十章"陆贾

---

① 罗根泽编著：《古史辨》六，上海古籍出版社1982年版，第120页。
② 祝瑞开：《两汉思想史》，上海古籍出版社1989年版，第50页。
③ 田昌五、安作璋主编：《秦汉史》，人民出版社2008年版。

是汉初新道家的突出代表",用了两万字的篇幅来讨论陆贾的新道家问题,他说:

> 《新语》的指导思想显然是道家思想,在十二篇中,除《资质》专讲求贤,没有涉及道字之外(只有"功弃而德亡"一句不关紧要的话),其余十一篇都有道和德的叙述……道家著作的特点是:一方面讲德比较多,另一方面(也是更主要的)是承认道是宇宙的本体,是万物之源……我们认为,以道为指导思想,把"道法自然"的思想创造性地用之于人生和政治,是新道家的主要特点(这在前面各章中已一再指出),《新语》正是有这样的特点。
>
> 仁义在《新语》中有较多的称述,"贵仁义"无疑是儒家的思想特点,但并不能因此就说《新语》是最纯的儒家之作。因为:
>
> (1)"仁义"两字(有时又是"礼义",也有"德义"),和"道德"两字一样,是各家著作中都有的,道家当然也有……《新语》言及"仁义"时,始终没有离开过"道",它的"仁者道之纪,义者圣之学",就是试图说明道德与仁义的关系,仁义是具体讲行为的准则(行之本),道或者道德是最高最根本的准则。"行以仁义为本"就是"修道行德",这是《本行》篇中可以证明的……
>
> (2)仁义之所以被强调,与当时的历史条件是分不开的,道衰世乱,举措暴众,用刑太极……仁义是与刑法相对而提出和强调的。再退一步说,即使肯定仁义是儒家的思想,被吸收到《新语》中来,正表现新道家之"采儒、墨之善"。
>
> (3)《四库全书总目提要》说:"其称引《老子》,惟《思务》篇引'上德不德'一语,余皆以孔氏为宗,所援据多《春秋》、《论语》之文。"——这不仅是皮相之论,而且是与事实不符的。单从数量上看,"援据"的内容也是道家的多。[①]

[①] 熊铁基:《秦汉新道家》,上海人民出版社2001年版。

综合以上各家观点，判定陆贾为道家或新道家的主要根据是：

第一，陆贾《新语》有《无为》篇，集中阐述了道家无为而治的思想；

第二，《新语》多篇中都反映出"制事者因其则，服药者因其良"的因势利导、因时而变的思想，而这正好吻合司马谈归纳的道家要旨"以虚无为本，以因循为用"；

第三，视陆贾为道家或黄老道家，符合汉初大的政治思想环境。

3. 陆贾为杂家说

因为《新语》确实引述有各家著作，所以，认为陆贾是杂家的人很多。

杂家说可以追溯到宋代的石介（字守道）。《宋文选》收录有《石守道文》，其中有《汉论》三篇。石介说："汉革秦，不能尽循周之道，王道于斯驳焉。"驳，即杂，石介认为，禹汤文武的王道之学到汉初之时，被搞得驳杂而不纯正了；而造成王道之学驳杂的罪魁祸首，则是曹参、陆贾、叔孙通等人。至于造成汉初王道之驳杂的罪责为什么要由陆贾、叔孙通之辈来承担，石介只是笼统言之，说："（陆）贾若能远举皇帝之道，致于人君，施于国家，布于天下；（叔孙）通若能纯用三王之礼于朝廷，通于政教，格于后世，以高皇之材而不能行之乎？乃龊龊进夫当时之近务，王霸之猥略，贵乎易行，孜孜举夫近古之野礼，亡秦之杂仪，求夫疾效，使高祖上视汤武有惭德，汉家比踪三王为不侔，可惜也哉！"① 具体到陆贾的问题，就是没有用纯正的文王周公之道来劝导高祖，而是用"霸王道杂之"的态度，实用主义的方法，从各家思想中杂而取之。石介称陆贾《新语》所献"十二篇"，是"王霸之猥略"，非纯正之儒。但石介的确没有具体分析陆贾所言何谓王道，何谓霸道，猥略到什么程度。

在古代目录学著作中，最早把《新语》列入杂家的是《崇文总

---

① 《宋文选》卷十五《汉论中》，文渊阁四库全书本。

目》。是书卷五"杂家类"下,列"《新语》二卷"。其后《宋史·艺文志》也在"杂家类"中列入"陆贾《新语》二卷"。

胡适《陆贾新语考》一文中说:"《新语》一书,很有见地,其思想近于荀卿、韩非,其《道基》篇叙文化的演变尤有独到的见解。"在《述陆贾的思想》一文中,他更明确地说:"此书仍是一种'杂家'之言,虽时时称引儒书,而仍不免带点左倾的色彩,故最应放在《吕氏春秋》和《淮南子》之间。"①

前边谈到过王利器认定陆贾私淑荀子,但胡适则判断陆贾是杂家,学兼儒、道两家。他在《新语校注》"前言"中说:"陆贾者,盖兼儒、道二家,而为汉代学术思想道乎先路者也。陆贾传《穀梁》,私淑荀子,然于学术不专乎孔氏,前举'书不必起于仲尼之门'一语,即其明证。故其书于《辅政》之后,即进说《无为》。"

徐复观先生的《两汉思想史》中说:

> 因为陆贾所把握的是活的五经六艺,而其目的是解决现实上的问题,所以他把儒家的仁义与道家无为之教,结合在一起,开两汉儒道并行互用的学风……两汉政治思想的大势,由陆贾、贾谊、《淮南子》中的刘安及其宾客,董仲舒的《春秋繁露》、《盐铁论》中的贤良文学,以及杨雄,都是儒道两家思想的结合。当然其中有分量轻重的不同。尤其是以道家的态度立身处世,以儒家的用心言政治言社会,更是由陆贾开其端的两汉知识分子的特色。②

儒道两家思想之融合,也就是说他们已经不是醇儒或醇道,而是"杂之"之学了。不过徐复观这个说法,一下胪列了西汉的所有著名思想家,这我们就不好说他们都是杂家了,这种现象只是反映了西汉时

---

① 转引自王兴国《贾谊评传(附陆贾晁错评传)》,南京大学出版社1992年版,第479页。
② 徐复观:《两汉思想史》第二卷,华东师范大学出版社2001年版,第63—64页。

期思想融合的趋势。

以上诸说，杂家说是最不需要有什么思想的，因为它不需要有什么思想内涵方面的分析。任何人的思想不可能都是那么醇正，总会有对不同思想要素的吸纳，不去从总体上分析把握，单单是从现象上看，做出杂家的判断是非常简单的事情，但却没什么意义。其实，真正的思想家，思想都是有体系的，不可能是杂家。而且一个人的思想，在内在逻辑上总会是一以贯之的。"杂"只是现象，而其思想的主导方面，是需要分析才可以看到的。历史上所谓杂家，如《吕氏春秋》，如《淮南子》，那是成于众人之手，是编书，思想的驳杂是自然的；而陆贾的《新语》，完全出自一个人的手笔，自我思想上相互矛盾、自我冲突，是不大可能的事情。

（二）陆贾对先秦学术的批判继承

任何时代的任何思想家，都是在已有的思想资料的基础上，展开自己的思维活动或思想创造的，陆贾也不能例外。陆贾所凭借的思想资料，就是在先秦时期积累起来的历史文献，包括通过孔子整理而流传下来的六经，也包括丰富的战国诸子文献。春秋战国百家争鸣中的各家各派，他们的思想资料，都是陆贾思想创造活动的基本凭借。陆贾的一切思考，都是在先秦思想的平台上展开的。他仅仅从汉初的历史实践需要出发，围绕汉代大一统政治的国家社会建设，从先秦思想中汲取营养。不管是哪一家哪一派，只要是对他有益的，适合于他的时代的，他都毫无偏见地汲取过来，并化作自己思想的有机成分。从今本《新语》十二篇的内容来看，陆贾所借鉴并吸收的思想成分，按照传统的思想分野模式来说，有儒家、道家、法家、墨家、阴阳家等，先秦思想的所有主要派别，他都有所汲取，并秉持了冷静的理性的科学态度，对各家各派都有所批判，有所扬弃。我们下边主要考察陆贾对儒家、法家、道家思想的批判继承问题。

在陆贾思想体系中，儒家所占的成分无疑是最大的。他当面对刘邦讲应该"行仁义，法先圣"，这同时也就是贯彻在《新语》中的基本思想。在前边关于《新语》的思想内涵的阐述中，我们已经着重谈了他所主张的"治以道德为上，行以仁义为本"的立国之道，以《五经》《六艺》进行社会教化，以及建树圣人政治，行仁政实践、建构宽舒的政治社会环境等政治主张，都是正宗的儒家思想。但在继承儒家思想的同时，却也对儒学保持了一分比较清醒的批判意识，并不是盲目地无分析地承袭。

我们知道，先秦传统儒家，特别是孔孟，都特别推崇上古三代，将尧舜禹时期视为人类历史上的黄金时代，言必称尧舜是儒家学者的基本特色。如《论语·泰伯》篇，多次称颂尧舜禹的时代：

子曰："巍巍乎！舜、禹之有天下也而不与焉。"
子曰："大哉尧之为君也！巍巍乎，唯天为大，唯尧则之。荡荡乎，民无能名焉。巍巍乎其有成功也，焕乎其有文章！"
舜有臣五人而天下治。
子曰："禹，吾无间然矣。菲饮食而致孝乎鬼神，恶衣服而致美乎黻冕，卑宫室而尽力乎沟洫。禹，吾无间然矣。"

孔子说，舜和禹真是太崇高太伟大了，他们贵为天子，富有四海，却一点也不为自己考虑。尧这样的君主也是太伟大了，天最高最大，而只有帝尧才能够效法天的榜样。他的恩惠是那样广博，老百姓都不知道该怎样称颂他。他的功绩实在是太崇高了，他的礼仪制度也充满了光辉。帝舜时代也使人向往，他只用了五个贤臣而天下就得到了治理。至于大禹，就更是没有什么可说的了，他自己吃得很差，却把祭品办得很丰盛；自己穿得很破，却把祭服做得很华美；他住的公室很简陋，却把力量都用在农田水利上。他对天地鬼神的尊敬，对人民事业的尽心，真是到了无以复加的地步。

陆贾是非常崇拜孔子的，在《新语·辨惑》篇中，他对齐鲁夹谷之会中孔子的大义凛然,对孔子的睿智和威武,表达了由衷的称赞。在《新语·思务》篇中,他说:"昔舜、禹因盛而治世,孔子承衰而作功,圣人不空出,贤者不虚生。"把孔子看作是和舜、禹并肩的圣贤。但是,即便如此,他也并不就对孔子及其学说表现出迷信和盲从。孔子那样推崇三代政治,而陆贾则更多地提倡厚今薄古,在书中批判那种一味效法远古、以古为美的观念和做法,主张从近世历史中吸取经验教训。前边我们在讲陆贾进步论的历史观时,阐述过这样的问题。他认为,仅仅是《春秋》提供的242年的历史,仅仅是齐桓、晋文之功业,仅仅是鲁国十二公的历史经验或教训,就足够思考或借鉴,何必要求助于往圣三代呢?距离最近的历史中,同样包含着可资借鉴的经验教训,应该重视近世的历史和眼前的现实。陆贾厚今薄古的思想观念,是和传统儒家的历史观念相矛盾和冲突的,也可以看作是对先秦儒家历史观的一个批判。他所说"世俗以为自古而传之者为重,以今之作者为轻,淡于所见,甘于所闻,惑于外貌,失于中情",就是对儒家的重古观念表明了明确的批判态度。

在《新语·术事》篇中,陆贾提出了一个因世权行、慎思明辨、重视实效的思想方法,涉及对待儒家经典文献的态度问题。他说:"道为智者设,马为御者良,贤为圣者用,辩为智者通,书为晓者传,事为见者明。故制事者因其则,服药者因其良。书不必起仲尼之门,药不必出扁鹊之方,合之者善,可以为法,因世而权行。"他讲的是一个既辩证而又很直白浅显的道理。道是为智者准备的,没有高超的智慧是不可能掌握道的灵魂或原则的。马遇到善驭者才是匹好马,再好的马遇到不会骑的人也无法驾驭。贤人非圣人才能任用,遇到暗主暴君,真是贤人也无法发挥作用。辩士遇到智者才能通达,遇到不明事理的人,再好的辩才也和他讲不通。书中的道理遇到明白人才能读懂而传播,再经典的理论,在读不懂它的人那里也没有用处。事情的道理,遇到有洞察力的人才能说得明白。一切事情都要靠人的睿智、思考和主动性。有了思维的主动性,做事就遵循事物的法则,用药就顺其药理。所以，读书不一定都要是出于孔子之门的书才是好书，用药也不一定是神医扁鹊开的方子才是良方，只要合乎事物的道理，只要在实际中管用，就是好书，就是良方，就可以照着去做。处世、做事，都要因循世事的变化而进行权衡、选择。对于一个大量吸取儒家经典之智慧的人来说，提出"书不必起仲尼之门"，真是石破天惊之论，表现出了一个杰出思想家卓越的思维品质，完全是一种理性、清醒的学术批判态度。

法家是陆贾主要的批判对象。陆贾要帮助刘邦确立无为而治的治国路线，主要就是针对秦代的法家路线的。秦王朝役民过重，刑罚过苛，导致其速亡，陆贾《新语》的一切设计，几乎都是针对亡秦的教训而来。所以，《新语》在很多地方都把秦的法家路线作为靶子来批判。"事逾烦天下逾乱，法逾滋而天下逾炽……秦非不欲治也，然失之者，乃举措太众、刑罚太极故也。"这是陆贾从秦的行政实践中看到的最基本的历史教训。所以，陆贾的政治蓝图中，是排斥法家思想的。但是，陆贾还是有分析地对待法家的基本思想，而不是一味地否定。

陆贾认为，法家所以有问题，主要是在于刑罚太重，执法太酷，是法的过度使用的问题，而不在于法的本身。《明诫》篇说："夫持天地之政，操四海之纲，屈申不可以失法，动作不可以离度，谬误出口，则乱及万里之外，何况刑无罪于狱，而诛无辜于市乎？"秦朝的法家路线之失，就在于"失法""离度"，成了滥施淫法，"刑无罪于狱，而诛无辜于市"，导致了整个社会秩序的失范。而一个正常的政治状态，也是不能没有法度的，也是需要有法的秩序的。所以，陆贾还是主张有法，用法。在《无为》篇中，他说："夫王者之都，南面之君，乃百姓之所取法则者也，举措动作，不可以失法度。"没有法度，百姓就会手足无措。当然，这个法度，是要由王者来体现的。王者有法度，百姓来效法。除此而外，陆贾也主张有统一的明确的法度。《怀虑》篇说："故圣人执一政以绳百姓，持一概以等万民，所以同一治而明一统也。"这个"执一政""持一概""同一治"，就是法，是整个国民共同的行为准则。圣王要靠这个共同的"法",才能达到一统之治。显然,陆贾对于其批判对象,也是抱持了一种有分析的扬弃的态度,有所弃,有所取。

最后我们来看看陆贾对待道家的态度问题。不管是否认可陆贾是道家的判断,《新语》吸取道家思想是没有异议的,《无为》篇是集中的体现,其他一些篇中也有道家的思想成分,陆贾对道家思想的欣赏是毋庸置疑的。但是,与陆贾对儒家的态度一样,对待道家,陆贾同样是抱持了一种有分析的批判继承的态度。

陆贾在《无为》篇憧憬舜帝治天下和周公制礼作乐所达到的理想境界:"昔舜治天下也,弹五弦之琴,歌南风之诗,寂若无治国之意,漠若无忧天下之心,然而天下大治。周公制作礼乐,郊天地,望山川,师旅不设,刑格法悬,而四海之内,奉供来臻。"但在这段话的最后,则说了一句最核心的话"故无为者乃有为也"。所以要行无为之政,主要是鉴于在经历了秦的暴政及反秦的连年战争之后,社会的确需要有一个休养生息的安定环境,与民休息,轻徭薄赋,都是必需的政策选择。而同时,无为之政的选择,在政治方针上也是对秦暴政的矫正。所以,行无为之政绝不意味着不应该大有作为,无为的落脚点还在于要有为,要有所作为。在无为之政下,蕴含的是积极向上的能量,是大有作为的正气。于是,从这一基点出发,陆贾对道家思想中的消极因素,则给予了明确的批判。

在道家思想中,有关政治方面,最消极的就是遁世、避世、逃避现实的思想,这一思想严重影响人们的社会参与,特别是影响士人阶层参与社会建设的积极性,而汉初社会凋敝,百业待兴,正是用人之际。所以,陆贾就对道家的避世思想进行了严肃批判。他在《慎微》篇中说:

道者,人之所行也。夫大道履之而行,则无不能,故谓之道。故孔子曰:"道之不行也。"言人不能行之。故谓颜渊曰:"用之则行，舍之则藏，惟我与尔有是夫。"言颜渊道施于世而莫之用。由人不能怀仁行义，分别纤微，忖度天地，乃苦身劳形，入深山，求神仙，弃二亲，捐骨肉，绝五谷，废《诗》、《书》，背天地之宝，求不死之道，非所以通世防非者也。

夫播布革，乱毛发，登高山，食木实，视之无优游之容，听之无仁义之辞，忽忽若狂痴，推之不往，引之不来，当世不蒙其功，后代不见其才，君倾而不扶，国危而不持，寂寞而无邻，寥廓而独寐，可谓避世，而非怀道者也。故杀身以避难则非计也，怀道而避世则不忠也。

第一段话，是在辨析孔子的两段话，讲对孔子的相关思想应该怎么正确地理解。《论语·公冶长》篇，孔子云："道不行，乘桴浮于海。"《论语·述而》篇，子谓颜渊曰："用之则行，舍之则藏。"孔子这两句话，都有点避世的意思。第一句话是说，如果我的主张不能实行，就乘一只木船到海上去。第二句话说，如果用我的话，就干起来，就去做；如果没有人用我，就藏起来。这两句话看似有些消极，容易被人拿来作为隐士的挡箭牌，说道不能行，就舍弃道而隐居不仕。陆贾说，道没有不能行的，"大道履之而行，则无不能"。孔子所说道之不行，是说人不能践行道的时候，而不是道行不通。舍之则藏，是施于世而不被用。这里都是"道"不被施用时的被动情况，而不是对"道"失去信心。在今天这样的时代，如果不能怀仁行义，践行大道，审时度势，积极而为，相反却"苦身劳形，入深山，求神仙，弃二亲，捐骨肉，绝五谷，废《诗》、《书》，背天地之宝，求不死之道"，那就是完全走入了歧途。

第二段话是对避世者的直接批判。陆贾认为那些"当世不蒙其功，后代不见其才，君倾而不扶，国危而不持"，不积极出仕建功立业的避世者，都不是怀道之人。如果有道的追求，却还要避世，那就是不忠，实际上是对"道"的背弃。陆贾对避世者的批判，完全是从国家立场或者说皇权立场出发的，避世者背离了这样的立场，不能辅佐国君建功立业，是士人的耻辱。特别是在天下已定，进入社会建设的时代，或者说是"邦有道"的时代，远离仕途，遁入深山，按《论语·泰伯》篇的话说，那就是"邦有道，贫且贱焉，耻也"。真正的士人是应该摈弃消极态度，而建功于当代的。陆贾对道家思想消极面的批判，表明了他的政治立场，也显示了他有分析地对待前人思想资料的科学态度。

（三）陆贾的思想个性

通过前边的分析，我们的确看到了陆贾思想的形成，是吸收了诸多思想成分的结果，而且在吸收前人的过程中，有分析，有取舍，而不是简单地摘取和拿来，而是从自己的角度进行了选择和改造，把前人的东西融入自己的体系之中。那么，他究竟是以哪一家的思想为主体，来兼收并蓄？如果这样去思考问题，我们就会再度陷入前人关于陆贾思想属性分歧的泥潭。其实，我们可以另辟蹊径，从另外一个角度去思考，即陆贾为什么非得是儒家、道家、杂家，而不能仅仅是他自己呢？陆贾就是陆贾，这样看问题不行吗？

其实，先秦学术分成阴阳、儒、墨、名、法、道诸家，不一定就是先秦学术的真实情况，它是汉代人给予我们的学术观念。笔者几年前提出过这个问题，写作过专门的论文，可为参考。[①] 从先秦思想的实际状况看，在先秦时代，人们是没有划分学术为阴阳、儒、墨、名、法、道诸家之概念的。先秦学术史上的名篇，诸如《庄子·天下》篇、《荀子·非十二子》篇、《吕氏春秋·不二》篇、《韩非子·显学》篇等，都没有明确的学派划分。先秦时代学人论学术，大多是因人设论，学派意识并不明确。他们并没有给后人指示出当时学术分野的大体图景。西汉初期的《淮南子·要略》中，谈及先秦学术，分别论述了儒者之学、墨家之学、管子之学、刑名之学、商鞅之学和纵横之学，其本意

[①] 李振宏：《论先秦学术体系的汉代生成》，《河南大学学报》2008年第2期。

在于探讨诸子学说的背景条件，也不是讨论他们的学术分野。所以，这篇出自汉初的作品，仍然没有表现出明确的学派意识，没有给后人划定一个先秦学术的基本图景。我们现在所接受的先秦学术的学派体系，首见于司马迁《史记·太史公自序》中所保留的司马谈的《论六家要旨》：

> 夫阴阳、儒、墨、名、法、道德，此务为治者也，直所从言之异路，有省不省耳。尝窃观阴阳之术，大祥而众忌讳，使人拘而多所畏；然其序四时之大顺，不可失也。儒者博而寡要，劳而少功，是以其事难尽从，然其序君臣父子之礼，列夫妇长幼之别，不可易也。墨者俭而难遵，是以其事不可遍循；然其强本节用，不可废也。法家严而少恩，然其正君臣上下之分，不可改矣。名家使人俭而善失真；然其正名实，不可不察也。道家使人精神专一，动合无形，赡足万物。其为术也，因阴阳之大顺，采儒墨之善，撮名法之要，与时迁移，应物变化，立俗施事，无所不宜，指约而易操，事少而功多。

《论六家要旨》划分了我们今天所知的先秦学术的基本框架，不仅六家之说明确，而且各家学说的要旨与短长，也都跃然纸上。所缺乏的，只是对各家代表人物的确定，以及所有先秦学人的归类排队。而这个任务是由后来的刘向、刘歆父子来完成的。

《汉书·艺文志》记：汉成帝时，使谒者陈农求遗书于天下，并诏光禄大夫刘向整理图书，校定经传、诸子、诗赋等典籍。"每一书已，向辄条其篇目，撮其指意，录而奏之。会向卒，哀帝复使向子侍中奉车都尉歆卒父业。歆于是总群书而奏其《七略》，故有《辑略》，有《六艺略》，有《诸子略》，有《诗赋略》，有《兵书略》，有《术数略》，有《方技略》。"正是刘向、刘歆父子的这次图书整理，完成了对先秦学术体系的构造过程。

东汉初班固写就的《汉书·艺文志》，保留了刘向、刘歆父子整理典籍的理论成果，按《七略》的思路来划分天下图书。其中，关于《诸子略》，他们把司马谈提出的六家之说，发展为"十家九流"，按照"十家九流"将诸子书分类排队，列出图书目录。班固说："诸子十家，其可观者九家而已。"这九家即："儒家者流""道家者流""阴阳家者流""法家者流""名家者流""墨家者流""纵横家者流""杂家者流""农家者流"。从学术史上看，是《汉书·艺文志》明确地划分了诸子百家的思想分野，并按照一定的逻辑对先秦诸子进行排队归位，将他们一个个对号入座，塞入某一确定的学派序列。从他们这里，先秦诸子开始有了一个"某家""某家"的固定称谓。这种"六家"或"十家九流"的学派划分，是否符合先秦学术的历史实际，后人很少去质疑，就这么传延下来。

后世讨论陆贾的学术思想，就按照自司马迁之后才形成的观察先秦学术的学派模式，来定性陆贾的学术归属，殊不知，在陆贾生活的时代，根本就没有这样的学术观念。试想，在先秦学术各家各派的观念还没有形成的时代，陆贾怎么会有那样一种学术站队的自觉呢？他怎么会自觉地肩负儒家的使命或者道家的使命？他自己都不知道这些壁垒森严的学派对立为何物，他脑子里没有这样的概念。如果我们在《新语》中检索就会发现，《新语》中根本没有出现儒家、道家、墨家这样的概念、词汇，甚至连"儒者""墨者"之类的词也没有出现，分家分派不是那个时代思想舞台上的学术观念。

陆贾什么家什么派也不是，他只是他自己。他讲道、讲无为、讲仁义道德，都是他从当时的社会实际出发，从先秦思想中选取思想资料的结果，是利用这些思想资料进行新时代文化建设的结果。周桂钿的《秦汉思想史》认为，陆贾之思想是讲求实际。他说："陆贾有一个很难得的思想，那就是讲求实际。""陆贾认为真正的道要'施于世'，要干预社会，介入生活，要在社会上起作用。如果只能挂在口头上空谈，不能用于社会，那不是真正的道。"① 这实际上就是摆脱把陆贾当作某家某家的论断方法，讲一个真实的陆贾。

那么，陆贾的独到的理论体系和思想个性是如何形成的？关于这个问题，我们可以从几个方面有所理解。

首先是陆贾自己"因世而权行"的思想方法。前边讲陆贾对待儒家经典文献的态度时，我们分析过他在《术事》篇中的一个重要观点："书不必起仲尼之门，药不必出扁鹊之方，合之者善，可以为法，因世而权行。"这实际上就是陆贾看待一切问题的重要的思想方法。在他的观念中，一切思想理论，目的都是为当世服务的，而历史是发展变化的，为当世服务，就要"因世而权行"，随着社会历史的变化，做出思想及行为的选择，不能固守任何一种已有的观念或理论。这样，在现实的时代需要面前，一切所谓儒家的、道家的、墨家的、阴阳家的等都不重要，重要的是他们书中所包含的仍然适合于今天的东西。"善言古者合之于今，能述远者考之于近。""合之于今"，就是决定他从前人的思想资料中取舍什么的唯一标准；"合之者善"，符合今天的需要就是好的，是他的价值标准。这样，他就不需要顾忌何家何派，而仅仅从"合之于今"出发，就可以对先前的思想资料做出抉择。于是我们看到，出于休养生息的需要，他拿来了道家；借鉴秦暴政而亡的教训，他从儒家那里拿来了"仁义""德政"；出于社会秩序的需要，他仍强调法的观念……而这一切，都融合进一个思想的体系，而形成一个仁政立国、德主刑辅、无为而治的治国路线。这样的政治路线，既有儒、有道也有法，但既不是儒、不是道也不是法，并且也浑然一体，有着内在的思想逻辑。这就是仅仅属于他陆贾的思想。

其次，汉初大一统的历史时代，决定了以往任何一家学说都不可能独自承担其意识形态建构的任务。先秦时期的各家学说，都有其面对世界的特殊视角，在诸侯国林立的状态中，各抒己见，攻讦争鸣，各自把

---

① 周桂钿：《秦汉思想史》，河北人民出版社 2000 年版，第 57、59 页。

自己的优长之处发挥到极致。在这样的时代，诸侯国林立的局面和争鸣而不施于政的特殊性，包容了学说的局限性。而当天下的统一得到解决，需要思想在统一的政治舞台上施展其才华的时候，单一思想的特殊视角掌控统一国家政务的局限性就暴露了出来，秦的法家思想的单一性而导致的最后败亡，已经很清晰地说明了这一点。因此，在新的统一确立之后，大一统的政治局面对思想意识形态的适应性，提出了严峻的要求，必须抛弃所有的门户之见，围绕统一而复杂的社会管理，围绕皇权的确立与巩固，去建设适应其需要的思想理论体系。从这个角度说，陆贾兼容百家而创造新的思想理论体系，实际上也是历史提出的任务。

最后，陆贾思想的学术个性，也是和他的学术师承相联系的。前边我们已经讲过，虽然从直接的师承关系上说，我们无法判定陆贾确曾从学于荀卿，但从思想关系的分析上，则可以明确判定其思想的确学承荀卿，即使仅仅从思想方法上看也是如此。荀子的历史观是法后王，强调古今一致，以近知远。《荀子·非相》篇说："欲观圣王之迹，则于其粲然者矣，后王是也。彼后王者，天下之君也；舍后王而道上古，譬之是犹舍己之君而事人之君也。故曰：欲观千岁则数今日；欲知亿万则审一二；欲知上世则审周道；欲知周道则审其人所贵君子。"《荀子·不苟》篇说："天地始者，今日是也；百王之道，后王是也。君子审后王之道而论于百王之前，若端拜而议。"这样的历史观就导致了厚今薄古、从现实出发的思想方法："善言古者必有节于今，善言天者必有征于人。"（《荀子·性恶》）在了解了荀子以近、今为出发点的思想方法之后，我们就会明显地感到陆贾"善言古者合之于今，能述远者考之于近"方法论思想的思想源头，二者是何其相似！而这样的思想方法，恰恰是陆贾构建适合新时代需要之思想体系的方法论基础。

此文原是本人注说《新语》"通说"中的一部分，
原书由河南大学出版社2016年出版

陆贾"因世而权行"的方法论思想

陆贾思想研究，一直是汉代思想史研究的热门话题之一。但是，两汉至于近代，其研究主要集中于陆贾是儒家、道家抑或是杂家的评论，一直没有跳出汉代人看待先秦学术体系的家派分析模式，即将中国学术分成阴阳、儒、墨、名、法、道诸种学派，一个思想家，无论你是什么时代的学者，无论你有多么独特的学术个性，都能把你套入这一模式，非法即儒，非墨即道。这样的研究构成了陆贾研究的传统模式，不复赘述。最近十多年来，偶有学者提出陆贾思想的独立性问题，希望摆脱家派分析模式的教条思维，来面对陆贾的学术思想，陆贾研究有了一点起色。但陆贾研究依然是侧重在陆贾思想属性和思想内涵的判断上。在诸多陆贾思想研究中，也开始出现了关注陆贾思想方法的研究动向，如唐国强的文章注意到了"因世而权行"观念在陆贾政治思想体系中的重要性；李禹阶、何多奇的文章，关注到了陆贾厚今薄古的思想方法；周桂钿的汉代思想史论著，关注到了陆贾"讲求实际的思想方法"，等等。[①] 但这些研究，多是把陆贾的方法论思想，看作是《新语》所反映的思想特点。而思想方法属于思维范畴，是支配人生实践全过程的东西，是贯彻在人生社会实践和思想创造活动中一以

---

① 请参考唐国强《因世而权行：汉初长者政治及其治国指导思想新论——汉初长者政治与〈新语〉的长者圣贤模式研究之一》，《广西社会科学》2009年第8期；李禹阶、何多奇《论陆贾新儒学对先秦诸子说的批判继承——兼论陆贾"厚今薄古"思想的方法论原则》，《华南师范大学学报》（社会科学版）2009年第1期；周桂钿《秦汉思想史》，河北人民出版社2000年版，第57—60页。

贯之的思维方式。对陆贾思想方法的理解，还应该做人生实践的整体考察。本文写作意在于此，所论未必确当，敬祈方家指正。

一 "因世而权行"：从思想方法到人生实践

"因世而权行"，是陆贾《新语》提出的一个重要的思想主张：

> 故制事者因其则，服药者因其良。书不必起仲尼之门，药不必出扁鹊之方，合之者善，可以为法，因世而权行。①

他认为，做事情应该依循事物自身的法则，病人吃药看重的是药的实际效果。读书不一定都要看是不是孔门的著述，吃药也不一定都是扁鹊药方最好，合乎实际需要的就是好的，就可以立为法式，处世、做事要因循世事的变化而进行权衡、选择，一切以当世所宜而权度其行。"因世而权行"的文字表达出自《新语》，而作为一种思想方法，却不是因撰著《新语》而产生，而是陆贾人生实践中一以贯之的思想方法。

因时度势，因时制宜，随着时代的变化而选择治世举措，并非是陆贾的思想创新，在之前的先秦时代，这样的思想观点，即是一个很重要的思想传统。《商君书·更法》篇载，公孙鞅与大夫杜挚、甘龙在秦孝公面前辩论要不要变法的问题，甘龙曰："臣闻之：圣人不易民而教，知者不变法而治。因民而教者，不劳而功成；据法而治者，吏习而民安。今若变法，不循秦国之故，更礼以教民，臣恐天下之议君。愿孰察之。"商鞅对曰：

> 子之所言，世俗之言也。夫常人安于故习，学者溺于所闻。此

---

① 王利器：《新语校注》，中华书局1986年版，第44页。

两者，所以居官而守法，非所与论于法之外也。三代不同礼而王，五霸不同法而霸。故知者作法，而愚者制焉；贤者更礼，而不肖者拘焉。拘礼之人，不足与言事；制法之人，不足与论变。君无疑矣。①

"三代不同礼而王，五霸不同法而霸。"可谓至理名言！在历史大变革的战国时期，这样的历史观点，几乎是思想界之共鸣，也是各国变法的指导思想。《文子》中也多有类似论述：

> 法度制令者，论民俗而节缓急，器械者，因时变而制宜适。夫制于法者，不可与达举；拘礼之人，不可使应变……夫知法之所由生者，即应时而变，不知治道之源者，虽循终乱。今为学者，循先袭业，握篇籍，守文法，欲以为治，非此不治，犹持方枘而内圆凿也，欲得宜适，亦难矣。②
>
> 常故不可循，器械不可因。故先王之法度有变易者也……五帝异道而德覆天下，三王殊事而名施后世，因时而变者也……故圣人之制礼乐者而不制于礼乐，制物者不制于物，制法者不制于法。故曰：道可道，非常道也。③

《吕氏春秋·察今》篇曰：

> 夫不敢议法者，众庶也；以死守者，有司也；因时变法者，贤主也。是故有天下七十一圣，其法皆不同，非务相反也，时势异也。④

---

① 蒋礼鸿：《商君书锥指》，中华书局1986年版，第3—4页。
② 王利器：《文子疏义》，中华书局2000年版，第473页。
③ 王利器：《文子疏义》，中华书局2000年版，第510—511页。
④ 许维遹撰，梁运华整理：《吕氏春秋集释》，中华书局2009年版，第393页。

可以说"因时变而制宜""因时而变""因时变法者，贤主也"，为战国时期有识之士所共同认可，是谓当时一积极的历史观。但是，因为处在一个诸侯争霸的时代，诸子又多未有治国之位和实践之机遇。但陆贾则不同，他适逢汉王一统天下的新时代，并身处政治前台，有辅佐帝王的历史机缘，所以，他则把这一积极的思想主张，变作指导其行事的方法论，大胆地为汉王朝"因时变而制宜适"，确立适合当时社会状况的治国指导思想。

陆贾这一方法论思想发挥作用，做出的第一个建树，就是说服汉王摒弃"马上得之"亦马上治之的盲目性，为汉帝国确立因时制宜的指导思想。《史记》记下了陆贾与汉高祖这段彪炳史册的对话：

> 陆生时时前说称《诗》《书》。高帝骂之曰："乃公居马上而得之，安事《诗》《书》！"陆生曰："居马上得之，宁可以马上治之乎？且汤武逆取而以顺守之，文武并用，长久之术也。昔者吴王夫差、智伯极武而亡；秦任刑法不变，卒灭赵氏。乡使秦已并天下，行仁义，法先圣，陛下安得而有之？"高帝不怿而有惭色，乃谓陆生曰："试为我著秦所以失天下，吾所以得之者何，及古成败之国。陆生乃粗述存亡之征，凡著十二篇。每奏一篇，高帝未尝不称善，左右呼万岁，号其书曰《新语》。"①

"居马上得之，宁可以马上治之乎？"就是由"因世而权行"这一重大的方法论思想所引导出来的惊天之问！马上得之，是打天下的必由之路，是乱世取天下的唯一路径；而现在坐了天下，需要的是治国安邦，面临着与打天下绝然不同的政治、社会问题，"汤武逆取而以顺守之，文武并用"，真正英明的君主，应该懂得"因世而权行"之理，因时度势，改弦更张，岂能沿着打天下的路子去治理天下？秦统一天

---

① （汉）司马迁：《史记》，中华书局1959年标点本，第2699页。

下的时候，就面临着这样的问题，而秦不假思索，昧于时势转化对治国路线的不同要求，"任刑法不变"，一意孤行，沿着打天下的思维治理天下，十多年光景便土崩瓦解。现在陆贾提出了这个问题，一语惊醒梦中人，高祖面有惭色，即刻转变态度，命陆贾为其著书立论，以厘清"秦所以失天下，吾所以得之者何，及古成败"之道。

陆贾与高祖的这段对话发生在何时，是一个需要讨论的问题。按照《史记》陆贾本传的叙事，这段对话及著述《新语》，是在高帝十一年陆贾出使南越之后。人们一般认为司马迁叙事是严格遵循时间顺序的，《新语》之著述当然就不会在陆贾出使南越之前。如王兴国的《贾谊评传》副篇《陆贾晁错评传》中说：

> 考《史记·陆贾列传》，司马迁叙述陆贾的生平事迹，都是严格地按照时间顺序排比的，陆贾与刘邦的著名对话是排在汉高帝十一年他出使南越之后，因此我认为把它定为高帝十一年比较合理。还必须指出，陆贾虽然"以客从高祖定天下""居左右"，即与刘邦关系密切，但在他第一次出使南越以前，刘邦并未给他什么官职。只有当他官拜大中大夫之后，才有可能议论于朝廷，而每奏一篇，也才可能出现"左右呼万岁"的局面。这一点也可以从侧面证明《新语》只可能写于汉高帝十一年而不可能更早……刘汝霖出版于1932年的《汉晋学术编年》，将陆贾上《新语》系于高帝"十一乙巳（前一九六）"。1983年人民出版社出版的由萧萐父、李锦全主编之《中国哲学史》一书所附《中国哲学史大事年表》亦将《新语》之作系于汉高帝十一年，这些都支持了我的看法。①

王兴国的看法代表了学界的一般观点。但是，这样的分析也实在是牵强得很。难道陆贾常陪从高祖"居左右"，还没有资格或机会议论于

---

① 王兴国：《贾谊评传》（附陆贾晁错评传），南京大学出版社1992年版，第352—353页。

朝廷，而非得有个什么职务吗？汉立国之初，朝纲未定，像郦生、陆贾一类谋士依然跟随刘邦左右是完全正常的。其实，"陆生时时前说称《诗》《书》""左右呼万岁"的场景，也已经透露出这段对话及《新语》之作的场景信息，它和高祖初年"群臣饮酒争功，醉或妄呼，拔剑击柱"的场景完全相符相融。就此而论，这段对话和《新语》之作，应是在汉高帝五年或六年，叔孙通制定的朝仪尚未实行的那段时间①。

在高帝十一年之后，特别是陆贾封了大中大夫之后，他已经没有机会再来与刘邦对话，特别是没有时间再来写《新语》并呈送朝廷议论。笔者几年前在注说《新语》时，考察过陆贾出使南越返程的时间，以及之后汉高祖的时间表，证明在这段时间里，汉家朝廷已经不可能再呈现"每奏一篇，高帝未尝不称善，左右呼万岁"的场景。笔者的结论是：

第一，从十一年秋七月开始，到高祖去世前的 10 个月时间里，他一直都在忙于对付异姓诸侯王反叛的战事中，直到去世的前一个月，还在下诏强调"其有不义背天子擅起兵者，与天下共伐诛之"，他已经被异姓诸侯王的反叛行为折腾得筋疲力尽，无暇他顾，根本不可能有心情去和陆贾讨论那些问题。

第二，高祖是在十月份的大破布军的战事中被流矢射中，在陆贾年底返回长安的时候，刘邦的伤病已经比较严重，不可能有和陆贾讨论问题的悠闲场景，朝中文武官员也不可能在高祖病痛之中因为陆贾的篇章而造成"左右呼万岁"的欢乐场景。

第三，在陆贾返回长安之前的十一月份，刘邦从淮南返回途中，经过鲁地时，"以大牢祠孔子"，表现出了对儒家宗师的特别

---

① 叔孙通制定的朝仪实施是在高帝七年，《史记·叔孙通列传》记曰："汉七年，长乐宫成，诸侯群臣皆朝十月……引诸侯王以下至吏六百石以次奉贺。自诸侯王以下莫不振恐肃敬。至礼毕……无敢讙哗失礼者。于是高帝曰：'吾乃今日知为皇帝之贵也。'乃拜叔孙通为太常，赐金五百斤。"

尊重，已经完全不同于以往对儒生、诗书的那种不屑与鄙夷。这种转变应该是在受到陆贾的影响之后，而这时的陆贾，还没有从南越回到长安。如果我们采信《史记》《汉书》的说法，高祖对待儒学态度的转变的确是受了陆贾及其《新语》的影响，那么，陆贾和刘邦的那段著名对话及其《新语》之作，就一定是在陆贾出使南越之前。

从各种情况推测，陆贾和刘邦的对话及其《新语》的写作，一定是在高帝十一年出使南越之前的某个时期，或者就是在高帝五年战胜项羽并践天子之位后不久的事情。因为，高帝时期的一些诏书，已经体现了陆贾《新语》的治国思想。[①]

辨明这段著名对话的时间是很重要的，它说明陆贾在汉立国之初，就已经为高祖准备好了如何确立国家指导思想的问题，说明他在辅佐刘邦统一天下的过程中，已经总结了秦亡的历史教训。而他所以能够明确地指出秦"任刑法不变"，不懂得"逆取而以顺守之，文武并用"而导致速亡这一深刻原因，就是他有"因世而权行"这个强大的方法论思想。而这也能说明，"因世而权行"不是《新语》中才显示出来的方法论思想，而是陆贾在这样的方法论思想的指导下，写出了《新语》，说明这一点不是没有意义的。

"因世而权行"，说明在人的行为实践中，对"时"的把握非常重要。因时而动有时候表现为待时而动，在时机不成熟时要等待时机。陆贾一生对汉王朝所建树的第二项功业，就是待时而动的例证。这就是陆贾在吕后死后铲除诸吕、稳定汉家基业中发挥的重大作用。

刘邦死后，吕氏专权，陆贾是不满的，但他没有鲁莽行动。《史记》本传载：

[①] 李振宏注说：《新语》，河南大学出版社2016年版，第15页。此问题的具体考证，参阅该书第12—15页。

孝惠帝时，吕太后用事，欲王诸吕，畏大臣有口者，陆生自度不能争之，乃病免家居。以好畤田地善，可以家焉。有五男，乃出所使越得橐中装卖千金，分其子，子二百金，令为生产。陆生常安车驷马，从歌舞鼓琴瑟侍者十人，宝剑直百金……

当他感到对于吕后专权，欲王诸吕，自己反对也无济于事的时候，就主动放弃，称病辞职，闲居家中。甚至"安车驷马，从歌舞鼓琴瑟侍者"，云游玩乐，佯装与世无争而麻痹吕氏势力。因为，吕太后王诸吕，"畏大臣有口者"，对他是有忌惮和提防的。而在陆贾心中，始终抱有铲除吕氏而佑护刘家天下的强烈愿望，只不过是要寻找时机，待时而动罢了。

其实，陆贾称病辞职，也是出于对当时朝中力量对比状况的分析。《汉书·张陈王周传》载："高后欲立诸吕为王，问陵。陵曰：'高皇帝刑白马而盟曰："非刘氏而王者，天下共击之"。今王吕氏，非约也。'太后不说。问左丞相平及绛侯周勃等，皆曰：'高帝定天下，王子弟；今太后称制，欲王昆弟诸吕，无所不可。'太后喜。"陈平和周勃的态度，应该会影响到陆贾的选择，当执掌兵权的周勃和左丞相陈平都选择了容忍退让的时候，陆贾要阻止吕后王诸吕是不可能的。

但是，后来情况发生了变化。《史记·绛侯周勃世家》说："高后崩。吕禄以赵王为汉上将军，吕产以吕王为汉相国，秉汉权，欲危刘氏。勃为太尉，不得入军门。陈平为丞相，不得任事。"[①] 吕后死后，吕氏势力日益膨胀猖獗，陈平、周勃都被排斥而剥夺了实际权力，将相二人被倒逼而演变为铲除吕氏势力的积极力量，这就使陆贾看到了事情的转机。于是，他便因时而动，周旋于陈平、周勃及汉廷公卿之间，以促成政治局势的改变。史载：

---

① （汉）司马迁：《史记》，中华书局 1959 年标点本，第 2072 页。

陈丞相方深念，不时见陆生。陆生曰："何念之深也？"陈平曰："生揣我何念？"陆生曰："足下位为上相，食三万户侯，可谓极富贵无欲矣。然有忧念，不过患诸吕、少主耳。"陈平曰："然。为之奈何？"陆生曰："天下安，注意相；天下危，注意将。将相和调，则士务附；士务附，天下虽有变，即权不分。为社稷计，在两君掌握耳。臣常欲谓太尉绛侯，绛侯与我戏，易吾言。君何不交欢太尉，深相结？"为陈平画吕氏数事。陈平用其计，乃以五百金为绛侯寿，厚具乐饮；太尉亦报如之。此两人深相结，则吕氏谋益衰。陈平乃以奴婢百人，车马五十乘，钱五百万，遗陆生为饮食费。陆生以此游汉廷公卿间，名声藉甚。①

陈平接受陆贾的建议，摈弃与周勃的个人恩怨②，用陆贾之计交欢绛侯，借为绛侯周勃祝寿的机会，以五百金重礼做献金，打动周勃，"两人深相结"，为最终铲除吕氏打下了基础。之后，陆贾又利用陈平送他的车马五十乘、钱五百万作为财力，行走于公卿之间，联结反对吕氏的积极力量，并最终成就了铲除吕氏而安刘家天下的历史功业。司马迁评论说："及诛诸吕，立孝文帝，陆生颇有力焉。"③ 班固评论说："及诛吕氏，立孝文，贾颇有力。"④

"因世而权行"在先秦时期的诸子思想中，是一种历史观点，而在陆贾这里，已经化作了方法论，指导着他的人生实践。无论是与高祖的著名对话，还是铲除诸吕而安刘家天下，都是这一方法论思想所书写的精彩人生。他所建树的功业，所提示的政治智慧，对后世中国产生了巨大的历史影响。由于中国历史武装夺取政权的惯常道路，几乎

---

① （汉）司马迁：《史记》，中华书局 1959 年标点本，第 2700—2701 页。
② 陈平和周勃之间小有嫌隙。周勃曾在刘邦面前讲过陈平的坏话，说陈平居家时曾与其嫂有染，出外谋事也不讲信义，朝秦暮楚，收受部属贿赂，引起刘邦怀疑，由此而造成二人之间的嫌隙。事见《史记·陈丞相世家》。
③ （汉）司马迁：《史记》，中华书局 1959 年标点本，第 2701 页。
④ （汉）班固：《汉书》，中华书局 1962 年标点本，第 2115 页。

每一个新王朝立足之后,都存在一个马上得天下和如何坐天下的问题,陆贾的惊天之问,有着无穷大的历史价值。被国人传颂千年的贾谊《过秦论》之名言:秦之速亡,在于"仁义不施而攻守之势异也",还不是由陆贾的"居马上得之,宁可以马上治之""汤武逆取而以顺守之"而"道夫先路"!① 方法论的强大创造了思想的睿智,陆贾的"居马上得之,宁可以马上治之",可谓醒世恒言,光耀千古,直到近现代的中国社会也不减其价值!

二 从"因世而权行"到辩证的厚今薄古观念

"因世而权行",时时从当下的实际情况出发去思考问题,影响到陆贾的历史观念,使他形成了厚今薄古的古今观。在《新语》中,我们看到,在处理古今历史的问题上,他总是看重近世,立足当下,厚今薄古,依古论今,坚持明确的古为今用立场。

在刚刚过去的战国时代,人们的一般思维是崇古贱今,谈论任何道理,都喜欢从往古寻找根源,人们对三皇五帝的追忆,就是这种时代思潮的反映。但是陆贾处理问题的方法论是"因世而权行",这种方法论的思维特点是看重现世,立足点在当代,所以在古今关系的问题上,他就必须抛弃崇古贱今的传统,而倡导厚今薄古,古为今用。

陆贾有着清晰的思维逻辑。他为了论证厚今薄古的古今观,强调"因世而权行"的方法论,《新语》开篇先来为自己构造一个坚实的历史观基础。他描述了一个清晰的历史发展逻辑,并用了先圣、中圣、后圣三阶段划分的方法,来表述历史的进程。他写道:

---

① 有人认为贾谊的"攻守之势异也"是一个创见,比如有著作这样写道:"贾谊所谓'攻守之势异也',所谓'取与守不同术也',从战略高度提出了治国思想的一个重要原理。贾谊的这一认识,是《过秦论》的思想精髓。我们回顾政治思想史时可以看到,贾谊这一思想的提出,是前无古人的。"(参见张岂之主编《中国思想学说史·秦汉卷》,广西师范大学出版社2008年版,第671页)不知道这位作者怎么可以无视陆贾的先在之见呢?

> 于是先圣乃仰观天文，俯察地理，图画乾坤，以定人道，民始开悟，知有父子之亲，君臣之义，夫妇之别，长幼之序。于是百官立，王道乃生……民知轻重，好利恶难，避劳就逸；于是皋陶乃立狱制罪，悬赏设罚，异是非，明好恶，检奸邪，消佚乱。
>
> 民知畏法，而无礼义；于是中圣乃设辟雍庠序之教，以正上下之仪，明父子之礼，君臣之义，使强不凌弱，众不暴寡，弃贪鄙之心，兴清洁之行。
>
> 礼义不行，纲纪不立，后世衰废，于是后圣乃定《五经》，明《六艺》，承天统地，穷事察微，原情立本，以绪人伦，宗诸天地，篡修篇章，垂诸来世，被诸鸟兽，以匡衰乱，天人合策，原道悉备……①

陆贾把中国早期的文明史，分成以"先圣""中圣""后圣"为代表的三个阶段。而所谓先圣、中圣和后圣，即是伏羲、文王和孔子三个代表人物。这个三阶段划分，应该说是符合历史的基本进程的。

先圣是文明的初始阶段，伏羲氏仰观天文，俯察地理，开启民智，使百姓知道人应该有父子之亲、君臣之义、夫妇之别、长幼之序，并由此进入文明时代。但文明的初期，人们的生产能力还十分低下，以伏羲为代表的先圣们引导人们进行了一系列物质文明方面的创制，其中重大者如神农尝百草，"教人食五谷"；黄帝伐木构材，筑作宫室，以避风雨；后稷辟土殖谷，以用养民，种桑麻，致丝枲，织衣蔽体；禹决江疏河，排除水患，使百川顺流，各归其所；奚仲桡曲为轮，创制舟车，以代人力。此一时期，先圣们为人们解决的是物质方面的问题。到了皋陶时期，随着物质文明的进步，人们的观念和意识也有了发展，"民知轻重，好利恶难，避劳就逸"，于是，皋陶就开始进行制度上的创设，来控制人们的欲望和行为，"立狱制罪，悬赏设罚，异是

---

① 王利器：《新语校注》，中华书局1986年版，第9—18页。

非，明好恶，检奸邪，消佚乱"，由物质文明的创制进入制度方面的建设。这是文明史发展的第一阶段，由物质文明到制度文明。

陆贾讲述的第二个阶段，以文王为代表的中圣时期，是制度文明发展到礼制文明的时期。陆贾认为，在进行了刑罚方面的制度创设之后，又出现了新的问题，即"民知畏法，而无礼义"，对于国家的管理来说，仅有刑罚是不够的，那样会使老百姓仅仅是害怕犯法，而没有向善之心，应该有礼义方面的建设来进行劝善教化。于是，就有文王、周公一类圣人来设立"辟雍庠序之教，以正上下之仪，明父子之礼，君臣之义"。"辟雍庠序之教"，就是周代的大学教育。陆贾认为，中古时期的文王、周公开始设立学校以进行礼义教化，使历史进入礼制教化的阶段。

文明史发展的第三个阶段，是在社会的发展冲破了礼仪制度的躯壳之后，社会出现了"礼义不行，纲纪不立"的衰废局面，又有圣人出来进行新的文化建设，是谓"后圣"，这就是孔子。孔子所做的事情，就是定《五经》，明《六艺》，进行系统的文化建设，以收拢人心，"正风俗，通文雅"，将文明史拉入新的轨道。

从今天的认识出发去要求陆贾做到科学的历史分期，自然是过分苛刻，他能够如此看待历史的发展，起码是体现了一个历史发展进步的观念，是一个进步论的历史观，值得肯定。而且，有了这样一个历史观做基础，陆贾就可以去强调表达他的厚今薄古、重视今世而不盲目崇古的历史观念，去顺畅地表达为现实政治服务的理念了。

厚今薄古、古为今用，是陆贾《新语》的主要历史观点，是他关于古今关系的基本看法。《新语·术事》篇写道：

世俗以为自古而传之者为重，以今之作者为轻，淡于所见，甘于所闻，惑于外貌，失于中情。

道近不必出于久远，取其致要而有成。《春秋》上不及五帝，下不至三王，述齐桓、晋文之小善，鲁之十二公，至今之为政，足

> 以知成败之效，何必于三王？故古人之所行者，亦与今世同。立事者不离道德，调弦者不失宫商，天道调四时，人道治五常，周公与尧、舜合符瑞，二世与桀、纣同祸殃。

陆贾批评世俗之人、传统观念，看问题总是以古为重，对目下的事情和经验不予重视，而对于传闻的东西却津津乐道，这样的思想方法影响着人们对现实政治的认知。陆贾认为，古今之道是相同的，从历史中提炼"道"的精髓，不必都求之于遥远的往古，古今之理相通，"道近不必出于久远"。他举例说，孔夫子作《春秋》，就没有从三皇五帝谈起，而仅仅记述了鲁国12任国君242年的历史。孔夫子通过《春秋》所记录的齐桓公、晋文公的善行及鲁国十二公的历史，其中所包含的历史经验，从历史借鉴的角度说，即使对于今天也够用，要知道历史上为政之得失，不一定非去三皇五帝那里寻找借鉴。周公之德和尧、舜是相同的，秦二世的败亡和桀、纣之亡也是同一个道理，离我们最近的历史中，同样包含着可资借鉴的经验教训。

在陆贾看来，人们所以养成崇古贱今的惰性思维，主要是没有弄清楚谈论往古之事的目的所在，人们为什么需要历史经验的借鉴。他说：

> 善言古者合之于今，能述远者考之于近。故说事者上陈五帝之功，而思之于身，下列桀、纣之败，而戒之于己，则德可以配日月，行可以合神灵。①

陆贾认为，人们所以要谈论往古之事，是为了"合之于今"，是为今天服务的，谈古是为了论今。述论久远的事情，是为了证明眼前的问题。人一定要有这样的历史鉴戒意识。谈论五帝的勋业的时候，要想想自身，是否也应该建树一种历史的业绩；检讨桀纣的败亡，而能

---

① 王利器：《新语校注》，中华书局1986年版，第37页。

够警戒于自己，就像孔子说的"见贤而思齐，见不贤而内自省"一样，那么，我们就可以培养起好的德行，修养到"德可以配日月，行可以合神灵"的境界。

陆贾这种厚今薄古、古为今用的历史观念，也是有其思想渊源的。战国时期的荀子、韩非都有相关的思想主张：

《荀子·王制》篇："王者之制：道不过三代，法不贰后王。道过三代谓之荡，法贰后王谓之不雅。"

《荀子·性恶》篇："故善言古者必有节于今，善言天者必有征于人。"

《韩非子·五蠹》篇："然则今有美尧、舜、汤、武、禹之道于当今之世者，必为新圣笑矣。是以圣人不期修古，不法常可，论世之事，因为之备。"

荀子认为，真正的王道政治都奉行夏商周三代的政治原则，而实行的法度，则不背离当代的帝王，王道政治的处世原则是法后王。法后王就是要立足于现世，为现世着想是一切行为的出发点。比如人们谈论古代的事情，目的是对今天有所借鉴，所以一定要对现代有所验证；同样，喜好谈论天道的人，一定要有现实人类的事情作为验证。为着现实人类考虑，就是一切事情的出发点。这是荀子的思想方法。在关于古今关系的认识上，韩非子和荀子有着相当的一致性。韩非子也认为，处理事情应该根据当下的实际，不能照搬古代的做法。即使是尧、舜、禹、汤或者西周的文王、武王，他们的治世之道，也不能被搬到今天的时代。不死守陈规旧俗，根据当下的实际情况而制定相应的措施，才是聪明的做法。

毫无疑问，陆贾承袭了荀子、韩非他们的历史观点。这是学界较为普遍的看法。最近青年学者刘亮发表《〈新语〉"思想近于韩非"榷论》一文，对以胡适为代表的陆贾《新语》"思想近于荀卿、韩非"说提出商榷。认为，陆贾的思想接近荀子学派，而与韩非学派相远。刘亮说，鲜有古人彻底否认历史的演变。诸子历史见解上的不同，更多在于历史是如何演变的：是循环的抑或非循环的，历史演变中有无不变或贯通的内容存在，等等。譬如就后一问题而言，荀子与韩非子即正相对立。荀子承认具体事件的历史变动中，存在着因时而异的"变"，也存在着高度稳定的不变的"贯"，且主张统治者的各类举措要遵循这些"贯"。荀子这一历史见解的表达背后，则是针对统治权力的态度：荀子学派借助历史的筛选功能，试图以历史上长期稳定的原则条款，约束当下的统治者。而韩非则否认历史变化过程中存在任何高度稳定的因素，他提出的"不期循古，不法常可，论世之事，因为之备"主张，示意统治者以时代的特殊性作为理由，拒绝遵守儒家等所谓放诸各时代而皆准的规矩礼法。对韩非们而言，是统治者制定（和废止）规则，支配着周围的一切，而非统治者受到既定规则的约束。①

刘亮此文是比较犀利和深刻的。的确，在古今关系的问题上，陆贾是近于荀子的，他不仅认为历史是发展进步的，应该重今而薄古，而且也承认历史中存在一些不能丢弃的东西。就像《荀子·天论》讲"百王之无变，足以为道贯。一废一起，应之以贯，理贯不乱。不知贯，不知应变，贯之大体未尝亡也"一样，陆贾《新语·术事》篇也说："圣贤与道合，愚者与祸同，怀德者应以福，挟恶者报以凶，德薄者位危，去道者身亡，万世不易法，古今同纪纲"。抛开荀子与陆贾所言的具体内涵，从历史观上说，他们都认为历史中有一种百代传承的不变的东西。历史的发展是变化的，日新月异的，无论是君王的治国理政，还是平凡的人生实践，都要从变化了的新的时代出发，立足于当下之现实；而同时，历史的变化中，也包含着一些不变的因素，是历史无论如何变化都不能抛弃的东西。这样的历史观念，应该说是具有辩证性质的。历史中的确存在某种不变的东西，那就是在人类历史

---

① 刘亮《〈新语〉"思想近于韩非"榷论》，《管子学刊》2019 年第 4 期。

实践中积累起来的被各个世代反复证明其价值的文明成果。这些文明成果，指引着历史的未来方向，厚今薄古，立足于当下，并不意味着要将以往的历史完全抛弃。这才是看待历史发展与古今关系的辩证观点。无疑，陆贾强调历史中不变的因素，是有积极意义的。

《新语》是刘邦交给陆贾的命题作文，他要给刘邦总结"古成败之国"的历史借鉴。从"因世而权行"重视当代历史的"厚今薄古"立场出发，陆贾的历史鉴戒也以近取譬，多拿亡秦为例。《新语》的篇幅仅仅万字，却有七处都讲到了秦的教训，如：

> 秦始皇设刑罚，为车裂之诛，以敛奸邪，筑长城于戎境，以备胡、越，征大吞小，威震天下，将帅横行，以服外国，蒙恬讨乱于外，李斯治法于内，事逾烦天下逾乱，法逾滋而天下逾炽，兵马益设而敌人逾多。秦非不欲治也，然失之者，乃举措太众、刑罚太极故也。①

> 秦始皇骄奢靡丽，好作高台榭，广宫室，则天下豪富制屋宅者，莫不仿之，设房闼，备厩库，缮雕琢刻画之好，博玄黄琦玮之色，以乱制度。②

> 秦以刑罚为巢，故有覆巢破卵之患。以李斯、赵高为杖，故有顿仆跌伤之祸，何者？所任者非也。③

> 齐桓公尚德以霸，秦二世尚刑而亡。④

这种立足当代以近世为譬的历史批判，开了西汉社会过秦思潮的先河，引发了当时人们对秦二世而亡的历史总结，帮助刘邦确立了符合当时国情的国家发展道路。

---

① 王利器：《新语校注》，中华书局1986年版，第62页。
② 王利器：《新语校注》，中华书局1986年版，第67页。
③ 王利器：《新语校注》，中华书局1986年版，第51页。
④ 王利器：《新语校注》，中华书局1986年版，第29页。

立足当下，厚今薄古，古为今用，以近取譬，是"因世而权行"方法论思想开出的历史思想之花，这种历史思想具有强大的现实功利性，在一个新王朝之初，是可以起到强大的积极作用的。

三 熔百家诸子为一炉，构造新的政治思想体系

著述《新语》是陆贾对汉王朝最重要的贡献，但这是一个命题作文，他要回答汉高祖关于"秦所以失天下，吾所以得之者何，及古成败之国"的问题，这自然是要延续他"居马上得之，宁可以马上治之乎"的"因世而权行"思路，在这一方法论思想的指导下，去梳理历代治国者的成败兴衰之道。著述《新语》是一项思想创造工作，思想创造不同于一般人类历史创造活动的特性，在于其继承性。恩格斯在谈到科学社会主义产生问题时说："和任何新的学说一样，它必须首先从已有的思想资料出发，虽然它的根源深藏在物质的经济的事实中。"① 陆贾著《新语》的思想创造活动就是如此。

汉代之前，中国历史经历了波澜壮阔的思想创造时代，诸子百家为中国历史的未来发展提供了各种政治方案，锻造了各种思想武器。但是，治理一个统一的多民族大国，人们还没有成熟的历史经验，秦始皇是第一次面临这样的问题，但却只有短暂的实践便归于失败，复杂的社会政治问题，对政治家、思想家都是严峻的挑战。可以说，任何一家单一的思想方案，都不足以应对新的统一大国政治治理的复杂局面。陆贾需要紧紧从特殊的现实国情出发，在以往诸子百家的思想创造成果中，精挑细选，把一切有益的思想资源都翻检出来，融会成一个新的体系。原有的各家各派的思想方案都不可能完全照搬，必须打乱固有的思想藩篱，紧紧遵循"因世而权行"的思想方针，对于各家学说，吸收什么，如何损益，一切以现实政治的实际需要为鹄的。"书

---

① 《马克思恩格斯选集》第 3 卷，人民出版社 2012 年版，第 775 页。

不必起仲尼之门，药不必出扁鹊之方，合之者善"，陆贾确立了一条建树自我思想体系的正确路线。

他欣赏儒家对仁义、德政的强调，认可"治以道德为上，行以仁义为本"的政治主张，在《新语》中首先安排《道基》一篇，阐述这一思想：

> 故圣人怀仁仗义，分明纤微，忖度天地，危而不倾，佚而不乱者，仁义之所治也。
>
> 是以君子握道而治，据德而行，席仁而坐，杖义而强。
>
> 仁者道之纪，义者圣之学。学之者明，失之者昏，背之者亡。陈力就列，以义建功，师旅行阵，德仁为固，仗义而强，调气养性，仁者寿长，美才次德，义者行方。君子以义相褒，小人以利相欺，愚者以力相乱，贤者以义相治。《穀梁传》曰："仁者以治亲，义者以利尊。万世不乱，仁义之所治也。"

陆贾认为，往古圣人所以能把天下治理得井然有序，根本的问题就是他们都秉持仁义之道，"危而不倾，佚而不乱者"，靠的是"仁义"二字，这是一个历史的总结。是古之成败之国最重要的历史经验。所以他为高祖谋划的立国之道，就以仁义为根基。《道基》篇所讲的"道"之基，即是"仁义"。据统计，在仅仅万言的《新语》一书中，"仁"字出现了41次，"义"字出现了62次，"仁义"之词出现了15次，其词频超过了其他任何词语。仁义是儒家所强调的东西，其实，也是夏商周三代以来所形成的中国文化的共同性思想成果，并不是儒家的专利，它只不过是被儒家选中的核心理念，而成为儒家的思想特征，使得后世一谈到德政、仁义就想当然地当成了儒家。

陆贾看重仁义、德政，并不一定就是选定了儒家，而只是他看重这些思想要素罢了，他不是在诸子百家中选边站队，要确定地站到儒家一边。他的思想是现实而辩证的。他说：

道为智者设,马为御者良,贤为圣者用,辩为智者通,书为晓者传,事为见者明。故制事者因其则,服药者因其良。书不必起仲尼之门,药不必出扁鹊之方。①

在陆贾看来,道是为智者准备的;马遇到善驭者才是匹好马;贤人遇到暗主暴君,也无法发挥作用;辩士遇到智者才能通达,对于不明事理的人,再好的辩才也和他讲不通;同样,书中的道理,再经典的理论,在读不懂他的人那里也没有用处。以往诸子百家的理论能不能起作用,什么样的理论能起作用,完全靠汲取或运用这些道理的人,一切都赖于人的睿智、思考和主动性。有了思维的主动性,做事就遵循事物的法则,用药就顺其药理。在陆贾这里,完全是以自己为中心去决定对诸子思想的取舍,包括所谓儒家的东西,他也绝不会盲目尊崇。所以,他才会有"书不必起仲尼之门"这样的惊天之语。这说明,陆贾对于诸子百家,对于他所欣赏的儒家,是抱着一种理性、清醒的批判态度的,他对被看作是儒家思想的德政、仁义的选择,不是无分析的盲目态度,是从历史经验出发的冷静选择,表现出了一个杰出思想家卓越的思维品质。

在《新语》中,法家是其主要的批判对象。陆贾要帮助刘邦确立无为而治的治国路线,主要就是针对秦过于严苛的法家路线。《新语》的一切设计,几乎都是针对亡秦的教训而来。所以,《新语》在很多地方都把秦的法家路线作为靶子来批判。"事逾烦天下逾乱,法逾滋而天下逾炽。"这是陆贾从秦的行政实践中看到的最基本的历史教训。所以,陆贾的政治蓝图中,是排斥法家思想的。但是,陆贾还是有分析地对待法家的基本思想,而不是一味地否定。

陆贾认为,法家所以有问题,主要是在于刑罚太重,执法太酷,用

---

① 王利器:《新语校注》,中华书局1986年版,第44页。

法过度的问题，而不在于法的本身。正常的国家状态，是不能没有法度的，也是需要有法的秩序的。所以，陆贾还是主张有法，用法。他说：

> 夫持天地之政，操四海之纲，屈申不可以失法，动作不可以离度。①
> 夫王者之都，南面之君，乃百姓之所取法则者也，举措动作，不可以失法度。②
> 故圣人执一政以绳百姓，持一概以等万民，所以同一治而明一统也。③

没有法度，百姓就会手足无措，一个国家必须有统一的明确的法度。所谓"执一政""持一概""同一治"，就是法，是全体国民共同的行为准则。圣王只有靠这个共同的"法"，才能达到一统之治。显然，陆贾对于法家学说，也是抱持了一种有分析地扬弃的态度，有所弃，有所取。

再来看陆贾对待道家的态度。笔者不赞成用阴阳、儒、墨、名、法、道的分析模式来套在陆贾的头上，不主张把陆贾简单地归之于儒家、道家或杂家，但不管是否认可陆贾是道家的判断，《新语》吸取道家思想是没有异议的，《无为》篇是其集中体现，其他一些篇中也有道家的思想成分，陆贾对道家思想的欣赏是毋庸置疑的。但是，与陆贾对儒家的态度一样，对待道家，陆贾同样是抱持了一种立足于现实的分析批判态度。

陆贾在《无为》篇憧憬历史上圣王之治的理想境界：

---

① 王利器：《新语校注》，中华书局1986年版，第154页。
② 王利器：《新语校注》，中华书局1986年版，第67页。
③ 王利器：《新语校注》，中华书局1986年版，第132页。

昔舜治天下也，弹五弦之琴，歌南风之诗，寂若无治国之意，漠若无忧天下之心，然而天下大治。周公制作礼乐，郊天地，望山川，师旅不设，刑格法悬，而四海之内，奉供来臻，越裳之君，重译来朝。故无为者乃有为也。

陆贾的确推崇尧、舜、周公无为而治的美好时代，但最后则说了一句最核心的话"故无为者乃有为也"。他所以主张行无为之政，主要是鉴于在经历了秦的暴政及反秦的连年战争之后，社会的确需要有一个休养生息的安定环境，与民休息，轻徭薄赋，都是必需的政策选择。但他同时认为，行无为之政绝不意味着不应该大有作为，无为的落脚点还在于要有为，要有所作为，或者说只有通过无为才能达到有为。在无为之政下，蕴含的是积极向上的能量，是大有作为的正气。这与道家的消极态度是完全不同的。

在道家思想中，有关政治方面，最消极的就是遁世、避世、逃避现实的思想，这一思想严重影响人们的社会参与，特别是影响士人阶层参与社会建设的积极性，而汉初社会凋敝，百业待兴，正是用人之际。所以，陆贾就对道家的避世思想进行了严肃批判。他在《慎微》篇说：

道者，人之所行也。夫大道履之而行，则无不能，故谓之道……由人不能怀仁行义，分别纤微，忖度天地，乃苦身劳形，入深山，求神仙，弃二亲，捐骨肉，绝五谷，废《诗》、《书》，背天地之宝，求不死之道，非所以通世防非者也。

夫擗布革，乱毛发，登高山，食木实，视之无优游之容，听之无仁义之辞，忽忽若狂痴，推之不往，引之不来，当世不蒙其功，后代不见其才，君倾而不扶，国危而不持，寂寞而无邻，寥廓而独寐，可谓避世，而非怀道者也。故杀身以避难则非计也，怀道而避世则不忠也。

在陆贾看来，道没有不能行的，只要践履大道，就无所不能。如果不能怀仁行义，践行大道，审时度势，积极而为，相反却"苦身劳形，入深山，求神仙"，抛却亲人，废置《诗》《书》圣人之教，而求"不死之道"，那就走入了歧途。那些不积极出仕建功立业的避世者，都不是怀道之人。如果有道的追求，却还要避世，那就是不忠，就是对"道"的背弃。陆贾批判远离仕途、遁入深山的避世行为，希望天下士人摈弃消极态度，而建功于当代。他对道家思想的汲取和批判，都是立足于天下初定、百业待兴的现实社会需要，"因世而权行"，做出的思想选择。

陆贾不仅仅是以现实需要汲取传统的思想资料，而且还根据新的时代需要，将先前时代的思想遗产进行创造性地重新组合。徐复观先生曾评论说："陆贾所把握的是活的五经六艺，而其目的是在解决现实上的问题，所以他把儒家的仁义与道家无为之教，结合在一起，开两汉儒道并行互用的学风。"① 徐复观先生特别提到了《新语·至德》篇的一段话：

> 是以君子之为治也，块然若无事，寂然若无声，官府若无吏，亭落若无民，闾里不讼于巷，老幼不愁于庭，近者无所议，远者无所听，邮无夜行之卒，乡无夜召之征，犬不夜吠，鸡不夜鸣，耆老甘味于堂，丁男耕耘于野，在朝者忠于君，在家者孝于亲；于是赏善罚恶而润色之，兴辟雍庠序而教诲之，然后贤愚异议，廉鄙异科，长幼异节，上下有差，强弱相扶，大小相怀，尊卑相承，雁行相随，不言而信，不怒而威，岂待坚甲利兵、深牢刻令、朝夕切切而后行哉？

"以道家的态度立身处世，以儒家的用心言政治言社会。"（徐复观

---

① 徐复观：《两汉思想史》第二卷，华东师范大学出版社2001年版，第63页。

语）陆贾就是这样巧妙地将儒道思想糅合在一起，表达了他所愿望的社会理想。

以上分析证明，《新语》即是陆贾以"因世而权行"方法论思想为指导，利用先秦时期已有的思想资料，进行的思想再创造。在这种思想创造活动中，他不固守任何一种已有的观念或理论，所有的已有思想遗产都是他的资料凭借，为现实服务是其主旨，具体的有用性是其取舍之标准，然后把各种有益的东西融合在一起。在他面前，一切所谓儒家、道家、墨家、阴阳家等都不重要，重要的是他们学说中所包含的"合之于今"的思想成分。于是我们看到，出于休养生息的需要他拿来了无为；借鉴秦暴政而亡的教训他拿来了"仁义""德政"；出于社会控制的需要，他拿来了法的观念……而这一切，融合为一个仁政立国、德主刑辅、无为而治的政治纲领。在陆贾构造的思想体系里，既有儒、有道也有法，但既不是儒、不是道也不是法，且浑然一体，有着内在的思想逻辑。这就是仅仅属于他陆贾的思想，是他以"因世而权行"方法论为指导而形成的适合时代需要的思想体系。[①]

十多年前，唐国军在一篇论文中表达的观点很有见地，特征引如下：

> 《新语》至今仍在学者中就其学派归属问题争论不休，有言（新）道家者（如熊铁基先生），有言儒家者（传统说法），有言杂家者（如胡适之先生）。依笔者的认识，陆贾所开出的政治药方不是儒家，不是道家，也不能归并为杂家，而是"因世而权行"的开放政治思想。按照现实政治的需要选择诸子各家中合于"治道"的政治元素整合成新的政治学体系是其基本政治倾向！这种倾向实际上不仅是陆贾个人的学术品格，也是从战

[①] 笔者在《中国思想史研究方法论思考》（《云南师范大学学报》2018年第4期）一文中表述了这样的看法，具体论述请参阅原文。

国后期以来学术与政治整合的整体历史趋势。正是在这种统治者所做出的"因世而权行"的政治选择下，才有了汉初经学与诸子的复兴。①

唐国军所强调的，就正是"因世而权行"对于陆贾政治思想体系构造的方法论意义。这段话在唐国军的论文中只是一个观点表达而没有论证（因为唐文的问题意识不在这里），本文的这一部分，就权作是对唐国军观点的补充论证吧。

《汉书·高帝纪》评论说："天下既定，命萧何次律令，韩信申军法，张苍定章程，叔孙通制礼仪，陆贾造《新语》。"班固第一次把陆贾造《新语》，和萧何制律、叔孙通制礼仪等并列为奠定汉家基业的历史勋业。的确，正是陆贾在"因世而权行"方法论思想指导下，融合诸子百家的思想精华，因应新的历史时代的建设需要而撰著的《新语》，确立了汉家王朝的治国方略，奠定了刘氏王朝的意识形态基础，为一个大国的历史航程拨正了方向，才有了中国历史上第一个强大而统一的盛世王朝。这一彪炳史册的历史功绩，完全配得上班固的评论。

四 余论

总括全文，陆贾方法论思想研究，可以得到几点有益的启示：

首先，无论是人生实践，还是治国理政，健康的思维方法都是极其重要的。陆贾的精彩人生，就赖于其"因世而权行"的方法论思想，无论是语警千古的"居马上得之，宁可以马上治之"，还是撰著《新语》这样令群臣"左右呼万岁"的不朽之作，都是其方法论思想的产物。汉高祖刘邦"乃公居马上而得之，安事《诗》《书》"的颠顸无知，不知因应新的时代形势而改弦更张的僵化思维，是极其可怕的。

---

① 唐国军：《汉代学者对先秦典籍改造的目的与原则》，《广西民族大学学报》2007年第3期。

"因世而权行"，坚持从变化了的时代出发，去制定国家治理的方针政策，而不固守于僵死的传统，对于任何时代的执政者，都有启发意义。

其次，陆贾辩证的厚今薄古观念引人深思。从"因世而权行"出发，陆贾主张厚今薄古，但他也承认历史中存在一些永恒的不能丢弃的东西，存在"万世不易法，古今同纪纲"一类永恒的价值。抛开陆贾对历史中具有永恒价值的东西的具体认定，我们应该肯定他这一看待古今关系的思维角度。人类历史的发展具有连续性和继承性，总会有一些文明的因素在历史中沉淀下来，我们要善于总结那些为不同历史时代不同文明共同体所共同认同的文明要素，以使我们的历史发展不至于偏离文明的大道。厚今薄古应该是一种辩证的观念，这也是陆贾给我们的重要启示。

最后，"因世而权行"是一种思想方法，但也仅仅是一种思想方法，在思想的海洋里，方法永远不是最本质的东西，科学的方法只有和深刻的历史洞察力结合在一起，才可能会有正确的历史选择。就如陆贾，如果他仅仅知道根据变化了时代去制定治国路线，而没有对那个时代的深刻把握，没有对亡秦历史教训的深刻理解，没有对"汤武逆取而以顺守之，文武并用"的深刻领悟，是不可能制定出仁政立国、德主刑辅、无为而治的政治纲领的。立足于当下，但这个"当下"是什么，则需要有准确的认识和把握，而这却不能靠方法论来完成。方法论只能告诉你思考的路径或方向，而思考的内容，正确的历史决断，则是靠政治家的科学认知、历史智慧和深刻的洞察力来完成的。陆贾的人生所以精彩，是因为他恰恰具备了科学的思想方法和深刻的历史洞察力这两个方面，历史对于政治家的要求并不简单！

原载《四川师范大学学报》2020年第6期，
和余永霞合写并一起署名

桓谭的学术立场与政治个性

一 桓谭研究的新视角

桓谭是两汉之际具有思想独立之人格尊严的重要学者，也是一个实践儒家"学而优则仕"理念在不同政治生态中为官从政的士大夫官吏，其人生道路很具有中国古代学人的典范性意义。以往学界的桓谭研究，主要集中在四个方面：一是关于桓谭思想的研究，诸如桓谭的哲学思想、政治思想、人才思想等；在哲学思想范畴中，又主要是讨论其思想的唯物论和无神论倾向，以及桓谭思想的批判性特征。二是关于桓谭的人际关系研究，主要研究桓谭与王莽、刘歆、扬雄等人的交往关系或思想关系，也有集中讨论桓谭对王充思想的影响问题。三是研究桓谭的生卒年代问题。四是关于桓谭在文学艺术方面的影响。[1] 这些研

---

[1] 相关研究成果主要有：钟肇鹏、周桂钿《桓谭王充评传》，南京大学出版社1993年版；张岂之主编《中国思想学说史》（秦汉卷）第四章《具有独立性格的思想学说》，广西师范大学出版社2007年版；董俊彦《桓谭研究》，台湾文史哲出版社1986年版；孙少华《桓谭年谱》，社会科学文献出版社2012年版；陈玉璟《关于桓谭思想的几个问题》，《安徽师范大学学报》1982年第1期；苏诚鉴《桓谭与王莽》，《安徽师范大学学报》1986年第1期；姜书阁《扬雄、桓谭、王充间的思想承传关系》，《湘潭大学学报》1994年第3期；周桂钿《"千石之官"和"猗顿之才"——王充论扬雄、桓谭》，《浙江学刊》1994年第6期；徐京《论桓谭的哲学思想》，《阜阳师范学院学报》1988年第1期；曲利丽《"知大体"——桓谭对王莽新政的反思》，《励耘学刊（文学卷）》2011年辑刊；余洁平《经验与理性的双重变奏——桓谭述论》，《徐州师范大学学报》1999年第3期；余洁平《从王充论桓谭看二人的思想渊源关系》，《淮北煤炭师范学院学报》2000年第2期；姜亮夫、陶秋英《桓谭疑年的讨论》，《杭州大学学报》1962年第2期；鲍格洛、陶秋英《再谈桓谭的年代》，《杭州大学学报》1962年第2期；臧知非《桓谭生年考》，《徐州师范学院学报》1987年第4期；曹道衡《桓谭生卒年问题志疑》，《辽宁大学学报》1990年第3期；张子侠《桓谭生卒年驳议》，《安徽教育学院学报》1997年第2期；韩晖《桓谭生年质疑》，《新疆师范大学学报》1997年第4期；杨晓君《两汉之际政治转折与桓谭历史命运》，硕士学位论文，苏州大学，2016年。

究廓清了桓谭研究中的许多事实性问题，诸如他的人生经历、思想面貌、政治立场、学术个性等；但是，桓谭研究仍然有可以开发的余地，围绕桓谭的思考还可以更加引向深入。

以往的研究都是在传统的思想史研究范畴中所提出的问题，但在传统的学术视野之外，思想史研究可不可以提出新的问题，获得新的观察视角，产生新的问题意识呢？笔者思考，所谓思想史，无非就是思想家的思想的传延，是思想家的思想的历史（当然这是就所谓传统的精英思想史而言的，不是那种把所有社会性的思想都包括进来的广义的思想史）。而思想家，又无不是在一定的社会政治环境中展开自己的思想的，而其思想也都是对现实政治环境或现实社会问题的思考或回答；思想家在现实社会中的政治立场和政治态度，在很大程度上支配其思想的形成和发展。于是，思想家与政治的关系问题，他在什么样的政治环境中生存，他在特定政治环境中所表现出来的人格，则都是其思想形成和发展的前提条件。也就是说，思想家的思想无疑都是有个性的、政治的、社会的原因的。如此说来，考察思想家的人格、个性及其与现实社会、政治的关系，是不是可以构成思想史研究的一个特殊的观察角度呢？

特别是儒家学者，他们既秉承先辈的遗训"学而优则仕"，有着深深的恋政情结；又要和君王、政治保持一定的距离，坚守自己的学术立场，所谓以道事君，这是一个并不好把握的立身原则。特别是在秦汉大一统、皇权实现了高度集权统治之后，士大夫官吏在立身做人与皇权的威压之间选择自己的人生道路，既坚持思想的独立性，学术的纯洁性，又能服务于皇权，在与皇权并不冲突的政治生态中实现自己的理想，是很艰辛的仕途之路。于是，不同的人格修养，就展示出不同的人生选择。有为仕途而牺牲学术的纯洁、一味迎合皇权的例子，也有坚持学术立场而不惜罢官甚至献出生命的例子，研究学者仕途、思想家从政的各种案例，应该是思想史研究的一个特殊角度。

基于这样的思考，本文确立的问题意识是，我们从桓谭这个典型个案（有着漫长仕宦生涯的思想家）出发，探索在皇权专制体制下思想者的政治选择，即学者与皇权、学术与政治的关系问题。换句话说，本文要讨论的是桓谭的学术个性和政治人格，以及他的这两个方面的关系问题，即要研究桓谭在学术与政治的互动中，是怎样做人的。在这个意义上，刘峨的《〈后汉书〉中的桓谭人物形象分析》，与我们的主旨比较接近，但又确有不同。刘峨探讨的是桓谭的一般人格，他得到的结论是，桓谭"才能出众、特立独行，是一位深谋远虑、识见超群的智者，能够在乱世风云中助人助己成功'避祸保身'。他执着坚韧、秉持操守，旗帜鲜明地批判反对谶纬神学，尽显一代'儒宗'风范，只可惜生不逢时，一生命运坎坷、索寞不遇，是令人扼腕叹息的悲剧人物"[①]。作者的问题意识仍然是落实在桓谭个人的个性和命运，而本文的立意则在于透过桓谭的学术个性和政治立场，以探索思想者和皇权的关系，考察古代读书人如何在皇权政治的挤压下，从学术立场出发，去选择明确的政治立场，以获得学术与政治关系认识的历史启迪。思想者与政治的关系，如何从学术出发去选择政治态度，构成本文桓谭研究的特殊视角。

二 桓谭的学术立场：坚持古文经学，批判谶纬符命

学术界对桓谭的政治思想、哲学思想等已经有过很多研究，本文不想涉及其具体的思想内涵，只是从学术立场的角度指出两点，即他对古文经的坚守和致力于对谶纬符命说的批判。这是桓谭学术思想的核心，也是他一以贯之的学术立场。指出这些并不是什么新见，而是学界有共识的看法，只是从本文的问题意识出发，我们必须对之有所论证。

[①] 刘峨：《〈后汉书〉中的桓谭人物形象分析》，《宜春学院学报》2016年第4期。

（一）桓谭的古文经学立场

从哀帝时期刘歆为古文经争立博士官开始，经今古文之争就正式拉开了序幕，并成为当时主流学术界的一个大是大非问题。在这个学术是非之中，桓谭选择了古文经的学术立场。古文经的主要典籍是《左氏春秋》《毛诗》《逸礼》《古文尚书》等，尤其是《左氏春秋》，引起的关注最多。善治《左氏春秋》是桓谭古文经立场的标志。

《后汉书·桓谭传》一开始就交代了桓谭的古文经学立场："桓谭……博学多通，遍习《五经》，皆诂训大义，不为章句。能文章，尤好古学，数从刘歆、杨雄辩析疑异。"尤好古学，是范晔给桓谭学术立场的一个明确鉴定。而且，这不仅仅是一个学术立场的鉴定问题，而是在范晔看来，这个尤好古学，是桓谭一生所有重大问题的出发点，所以，在为其立传时，必须要首先给予交代。

桓谭的古文经学立场，在其论著《新论》中，也有诸多反映。《新论·正经》篇说：

> 《古文尚书》旧有四十五卷，为十八篇。《古帙礼记》有五十六卷。《古论语》二十一卷，与齐鲁文异六百四十余字。《古孝经》一卷二十章，千八百七十二字，今异者四百余字。盖嘉论之林薮，文义之渊海也。①

> 《左氏传》遭战国寝废。后百余年，鲁人谷梁赤为《春秋》，残略，多有遗失；又有齐人公羊高，缘经文作传，弥离其本事矣。《左氏传》于经，犹衣之表里，相待而成。经而无传，使圣人闭门思之，十年不能知也。②

---

① （汉）桓谭撰，朱谦之校辑：《新辑本桓谭新论》，中华书局2009年版，第38页。
② （南朝宋）范晔：《后汉书》，中华书局1965年标点本，第956页。

桓谭对《古文尚书》《古论语》《古孝经》评价都很高，说它们是"嘉论之林薮，文义之渊海"，是谓精华荟萃之书。特别是《左传》，他认为如果没有《左传》，《春秋》经义便不能知晓，即使圣贤之人，离开《左传》而闭门苦思，十年也读不出《春秋》之义。正是他特别推崇古文，所以才会经常和当世的古文经学大家刘歆、杨雄，一起辨析古文经义。直到后汉初期，他结交的学人，如郑兴、尹敏等，也都是古文经的大家。桓谭的古文经学立场是无须多辨的。

（二）从古文经立场走向谶纬符命批判

重要的是，桓谭从古文经的立场出发，走上批判谶纬符命之学的道路，并最终由于坚决反对谶纬，而在政治上与王莽、刘秀等最高皇权决裂。

桓谭对谶纬符命之学持批判态度，从文献看是非常明确的。《后汉书》载："当王莽居摄篡弑之际，天下之士，莫不竞褒称德美，作符命以求容媚，谭独自守，默然无言。"这就是说，在王莽造势称帝、符命图谶最盛之时，作为王莽佐命之臣的桓谭，却并不配合，没有取容媚上，没有和王莽在政治上保持一致，保持了自己清醒的古文经立场。

其实，桓谭最后的悲剧性命运，也是由于他对古文经不言谶纬符命学术立场的坚守。面对痴迷于谶纬之说的汉光武以图谶抉择灵台选址的垂询，桓谭果断地回答："臣不读谶。"且在醉心于图谶之学的光武帝面前，公然批判"谶之非经"，否定谶纬之说的合理性，以不惜牺牲生命为代价坚守古文经的学术立场，捍卫古文经学术思想上的纯洁性。《后汉书》关于此事的记载是惊心动魄的：

> 有诏会议灵台所处，帝谓谭曰："吾欲以谶决之，何如？"谭默然良久，曰："臣不读谶。"帝问其故，谭复极言谶之非经。帝

大怒曰:"桓谭非圣无法,将下斩之!"谭叩头流血,良久乃得解。①

此次事件的结果,光武帝虽免去了桓谭的杀头之罪,却也仍将其贬为六安郡丞,桓谭就死在赴六安任职的路上。《后汉书》本传说"出为六安郡丞,意忽忽不乐,道病卒,时年七十余"。果若此,桓谭是因为被光武帝的贬职、打压,郁闷不乐而患病死亡,那么,判断他是为自己的学术立场而献身则并不过分。

坚守古文经立场而批判谶纬符命、灾异神学,在《新论》里也多有反映。桓谭说:

> 夫异变怪者,天下所常有,无世而不然。逢明主贤臣智士仁人,则修德善政、省职慎行以应之,故咎殃消亡而祸转为福焉……故《周书》曰:"天子见怪则修德,诸侯见怪则修政,大夫见怪则修职,士庶见怪则修身,神不能伤道,妖亦不能害德。"及衰世薄俗,君臣多淫骄失政,士庶多邪心恶行,是以数有灾异变怪;又不能内自省视,畏天戒而反,外考谤议,求问厥故,惑于佞愚,而以自诖误,而令患祸得就,皆违天逆道者也。②

> 谶出河图洛书,但有兆朕,而不可知,后人妄复加增依托,称是孔丘,误之甚也。③

桓谭认为,自然界的灾异变化,历代皆有,自古依然,没有什么特别的怪异或神异。只要当政者能够积极应对,修得善政,就可以减少灾害的损失。灾异所造成的重大危害,在很大程度上都是人祸,君主失政,大臣奸邪,不去厉行拯救人民的职责,才加重了人民的灾难。

---

① (南朝宋)范晔:《后汉书》,中华书局1965年标点本,第951页。
② (汉)桓谭撰,朱谦之校辑:《新辑本桓谭新论》,中华书局2009年版,第22页。
③ (汉)桓谭撰,朱谦之校辑:《新辑本桓谭新论》,中华书局2009年版,第18页。

至于那些谶纬之说，则根本不能有合理的解释。所谓谶出河图洛书，也只是有些朕兆，并不能有明确的解说。后人则把它附会到圣人孔子身上，完全是无稽之谈。

桓谭是古文经立场，并且对谶纬符命之学持批判态度，这在学术界没有分歧。问题是，如何证明其对谶纬符命之学的批判，是从古文经出发的呢？古文经就真的不言谶纬符命吗？经今古文文献的考察是困难的事情，现在的古文经也已经在后汉经历过整理和改定，原貌不宜判明；但大致判断古文经不讲谶纬之言，和今文经在这方面存在重大区别，则是可以肯定的。

今文经与古文经的区别，在近代以来的经学史上，言之者颇多，并见仁见智。但较为普遍或者有共识的看法是，今文经讲谶纬，而古文经则反对谶纬符命之学，斥其为虚妄妖言。李学勤先生曾说："汉代的纬学实际是经学的一部分，在考察汉代经学的时候，如果摒弃纬学，便无法窥见经学的全貌。近人讲汉代经学史，每每于董仲舒以下没有多少实质性的话可说，就是这个缘故。"① 西汉董仲舒之后，就是今文经学一统天下的时代。李先生判断这个时代经学（指今文经）的一般形态，就是谶纬符命之学。最典型的例子，就是昭帝时今文经学大师眭弘的腐儒悲剧。《汉书·眭弘传》载：

> 孝昭元凤三年正月，泰山、莱芜山南匈匈有数千人声，民视之，有大石自立，高丈五尺，大四十八围，入地深八尺，三石为足。石立后有白乌数千下集其旁。是时，昌邑有枯社木卧复生，又上林苑中大柳树断枯卧地，亦自立生，有虫食树叶成文字，曰"公孙病已立"，孟推《春秋》之意，以为"石、柳，皆阴类，下民之象；泰山者，岱宗之岳，王者易姓告代之处。今大石自立，僵

---

① 李学勤：《〈纬书集成〉序》，[日]安居香山等编《纬书集成》，河南人民出版社1994年版，第2页。

柳复起，非人力所为，此当有从匹夫为天子者。枯社木复生，故废之家公孙氏当复兴者也。"孟意亦不知其所在，即说曰："先师董仲舒有言，虽有继体守文之君，不害圣人之受命。汉家尧后，有传国之运。汉帝宜谁差天下，求索贤人，禅以帝位，而退自封百里，如殷、周二王后，以承顺天命。"孟使友人内官长赐上此书。时，昭帝幼，大将军霍光秉政，恶之，下其书廷尉。奏赐、孟妄设妖言惑众，大逆不道，皆伏诛。

昭帝元凤三年正月，山东泰山、莱芜等地出现了大石自立、枯木复生、虫食树叶成文字等怪异现象，眭弘以《春秋》之意推断将会发生王者易姓禅代、匹夫为天子的大事，于是上疏说，根据他先师董仲舒的理论，"汉家尧后，有传国之运"，现在出现了警示汉帝传国的朕兆，昭帝应该传旨天下，"求索贤人，禅以帝位"，让新君"以承顺天命"。像眭弘这样以天人感应为理论指导，以自然界的异常现象附会、解释《春秋》经义，以言吉凶祸福、治乱兴衰的做法，就是典型的纬学家言。值得注意的是，眭弘则把这个典型的纬学家言，挂在了先师董仲舒的名下。不过，这个眭弘是真的有点过于迂腐了。董仲舒所阐发的阴阳五行、五德终始学说，是要为帝王论证其统治天下的合法性服务的。当然，如果遇到了极度昏庸之君，他们也会拿这种理论来警示一下帝王，显示一下他们的影响力。今文经学就是要充分利用其解释经义的便利来经世致用的。今文经学的经世理论，与帝王的专制权力之间是要保持一种张力的，主要是为帝王的专制统治张目。至于警示帝王的一面，则是不能轻易运用的，那只能是发挥一下读书人想象力罢了。而这个眭弘看到一些自然界的诡异现象就当真了，还以为他们的理论真是什么不易之论呢，就真诚地发挥了一通要昭帝退位让贤的宏论，结果引来杀身之祸。

班固在《汉书·眭两夏侯京翼李传》的"赞"语中说：

> 汉兴，推阴阳言灾异者，孝武时有董仲舒、夏侯始昌；昭、宣则眭孟、夏侯胜；元、成则京房、翼奉、刘向、谷永；哀、平则李寻、田终术。此其纳说时君著明者也。察其所言，仿佛一端。假经设谊，依托象类，或不免乎"亿则屡中"。仲舒下吏，夏侯囚执，眭孟诛戮，李寻流放，此学者之大戒也。

班固胪列的这一连串名字，都是今文经学之大师。他们的共同特征就是"假经设谊，依托象类"，而这正是谶纬之学的基本特征。

学术界关于今文经和谶纬符命之说的关系，有很多讨论。有人将谶纬符命之学直接视为今文经学①；有些认为不能将二者简单地画等号，认为汉代的经学形态，应该分为今文经、古文经和谶纬，三者有联系但并不能等同。但无论如何，人们都承认今文经言谶，今文经学和谶纬有着天然的联系，甚至有人专门论述谶纬起源于今文经学②。就笔者的看法说，今文经学不可等同于谶纬符命之学，但今文经有浓重的谶纬色彩。今文经的主要学术特征是微言大义，而当他们阐发经书旨意的时候，往往就是用谶纬的演说方法，董仲舒的春秋学即是如此。所以，说重言谶纬符命是今文经学的一大特色，基本可靠。

和今文经截然不同的是，古文经不言谶纬符命，并批判其荒诞不经。钱穆曾说："其时光武尚图谶，今学经师几乎无勿言图谶者。图谶之于后汉，抑犹阴阳灾异之于先汉也。惟古学家不言谶。"③ 其言甚是。

---

① 这方面很有典型性的论述是李建国的《谶纬与经学训诂》一文，该文写道：董仲舒援用"刑名""霸王道""阴阳五行""五德终始说"入经学，用《春秋》中有关灾异的记载附会经文，把传统儒学改造成阴阳五行化的新儒学……今文经在此后的发展中，逐渐摒弃了董学中的理性因素，而扩展了董学中的唯心迷信成分：一变而为"三统说"——天道循环论，以此论证汉承周制继有天下的合理性；再变而为"灾异谴告说"，以阴阳五行说来整理灾异现象，使之系统化、神秘化，借以箴谏人主；三变而为谶纬，用天降符命来证明君权神授的合理性。在今文经学谶纬化的过程中，其关键人物是王莽，而将谶纬推到极致的则是光武帝刘秀。该文载《河北师范学院学报》1996年第3期。
② 参看郑杰文《齐派今文经学与谶纬关系的初步考察》，《齐鲁学刊》2003年第5期。
③ 钱穆：《两汉经学今古文平议》，商务印书馆2001年版，第247页。

所以，我们看到一些著名的古文经学者，都是不言谶纬的，并且不惜冒得罪帝王之风险，而持守这样的学术立场。东汉初与桓谭同时代的古文经大家，郑兴、尹敏等，都是很鲜明的例证。

《后汉书》卷三十六《郑范陈贾张列传》说："兴好古学，尤明《左氏》《周官》，长于历数，自杜林、桓谭、卫宏之属，莫不斟酌焉。"郑兴精通《左传》《周礼》，但他却从不言谶，不相信谶纬符命之说。该传中记载：

> 帝尝问兴郊祀事，曰："吾欲以谶断之，何如？"兴对曰："臣不为谶。"帝怒曰："卿之不为谶，非之邪？"兴惶恐曰："臣于书有所未学，而无所非也。"帝意乃解。兴数言政事，依经守义，文章温雅，然以不善谶故不能任。

光武帝行郊祀大礼，欲以谶言决断，问询于郑兴。郑兴说他不懂谶，光武大怒，斥责其非议谶学，郑兴不便直言自己的学术立场，不敢在刘秀面前批判谶纬之学，则辩称自己没有读过谶纬之书，并不是有所非议。郑兴最终因为"不善谶"而没有得到重用。

关于尹敏，《后汉书·儒林列传》说他"初习《欧阳尚书》，后受《古文》，兼善《毛诗》《穀梁》《左氏春秋》"。但从尹敏与光武帝的一段对话可知，他也是不言谶纬之人。不过他比起桓谭和郑兴来说，在做人上更为圆滑一些。该传载：

> 帝以敏博通经记，令校图谶，使蠲去崔发所为王莽著录次比。敏对曰："谶书非圣人所作，其中多近鄙别字，颇类世俗之辞，恐疑误后生。"帝不纳。敏因其阙文增之曰："君无口，为汉辅。"帝见而怪之，召敏问其故。敏对曰："臣见前人增损图书，敢不自量，窃幸万一。"帝深非之，虽竟不罪，而亦以此沈滞。

尹敏治古文经，光武帝却要他去"校图谶"之书，在不能拒绝的情况下，便在校阅图谶时表现出一种戏弄图谶的态度。他遇到一处阙文，需要增补，便拿自己说事补了一段"谶言"："君无口，为汉辅。"后来光武帝看到他补的"谶言"颇感奇怪，召问其事，尹敏解释说，君无口，自是应验臣下，是为"尹"；为汉辅，当是辅佐陛下。这是臣下斗胆模仿谶语，卖弄一下，不料被陛下识破。尹敏这是对谶纬之学虚妄荒诞属性的戏弄，他借此暗示刘秀，所谓谶纬只不过是一些无稽之谈。尹敏的这种做法其实是很危险的，他既戏弄了谶纬这种皇家内学的神圣性，又冒欺君之罪之风险。幸好光武帝没有去和他计较，没有将其治罪，但尹敏的仕途也就至此滞塞。

《后汉书·杜林传》中，古文经学家杜林对其弟子卫宏、徐巡的一段话，也颇能说明古文经学家不言图谶的立场：

> 林前于西州得漆书《古文尚书》一卷，常宝爱之，虽遭难困，握持不离身。出以示宏等曰："林流离兵乱，常恐斯经将绝。何意东海卫子、济南徐生复能传之，是道竟不坠于地也。古文虽不合时务，然愿诸生无悔所学。"宏、巡益重之，于是古文遂行。

杜林所言古文"不合时务"，指的就是古文经不言图谶，不能迎合光武帝以图谶治天下的时代潮流。

借此郑兴、尹敏、杜林之例，我们来简单说明古文家的确是不言谶纬的，这是古文经学的基本立场。桓谭对于从王莽到刘秀两汉之际盛行的谶纬符命之学的批判，的确是源于他的古文经学的学术立场。这个问题不必论证，学界是认可的。以往学界的确也质疑过桓谭的古文学家的这一立场，需要给予辩驳。

(三) 关于对桓谭学术个性的质疑

问题之一，关于前引《后汉书》桓谭本传中"当王莽居摄篡弑之际,天下之士,莫不竞褒称德美,作符命以求容媚。谭独自守,默然无言"这段话的可信性的质疑。

明清以来,不断有学者对这段记载的真实性提出质疑。他们怀疑汉新禅代之际,在一般士大夫对王莽褒称美德、作符命以求容媚的恶风浊浪中,桓谭"独自守,默然无言"记载的可信性,说范晔对桓谭有意回护,有曲笔之嫌。顾炎武《日知录》卷二六《后汉书》条说:

> 按《前汉书·翟义传》"莽依《周书》作《大诰》,遣大夫桓谭等班行谕告,当反位孺子之意,还封谭为明告里附城。"是曾受莽封爵,史为讳之尔。光武终不用谭,当自有说。

今人苏诚鉴先生,也持此说:

> (桓谭)生平事迹,虽具见《后汉书》本传,但核对其在《新论》中的自述与《汉书》所载,范《书》本传显有曲讳失实之处。本传说:"王莽居摄、篡弑之际,天下之士莫不竞褒称德美,作符命以求容媚。谭独自守,默然无言。"《汉书·王莽传》及《翟义传》却明白记载他当王莽居摄之时,曾奉命颁行王莽所作《大诰》于天下,以示仿效周公故事,将返位孺子之意。归后因功晋封"明告里附城",成为新朝佐命的新贵之一。据其自述,王莽代汉即真之后,又相继任掌乐大夫、讲乐祭酒,位至上卿。这些记载与《后汉书》本传抵牾很大。①

当然也有人为桓谭辩护,认为桓谭大节无亏,范书并不存在曲讳的问题。如钟兆鹏等的《桓谭评传》中说:

---

① 苏诚鉴:《桓谭与王莽》,《安徽师范大学学报》1986年第1期。

他们对范书的指摘……根据是很不充分的，唯一的道理就是封建的正统观念。以汉王朝为正统，王莽是篡弑。因之凡在王莽当政时期为官的如桓谭、杨雄之流都是投靠"伪政权"的"附逆"之辈……桓谭虽在王莽朝服官，并受封爵，但两人的思想并不相同，用现代的话来说，服官受爵是在王莽下面工作，这属于工作关系。至于上符命、歌颂功德以邀幸取宠，则关系到思想人品问题。这本是两回事，未容混为一谈。①

钟兆鹏等在分析了桓谭《新论》中对王莽的系统批判之后，总结说：

从以上分析概括起来可以看出，（1）桓谭对王莽举措行为多所批评，虽在王莽下为官，但思想易趣，并非同流。（2）桓谭反对谶纬，不信符命，自然不会去造作。（3）谭为人耿介，敢于冒犯光武帝刘秀，不畏强御，从性格上看，不会同流合污，阿附王莽。在王莽当权之时，群下造符命以迎合王莽，谭虽未公开指斥，但保持沉默，完全是可能的，所以范蔚宗谓"谭能自守，默认无言"是可信的，并非史家曲笔，为谭隐讳。何况范晔与桓谭相去三百余年，非其亲昵，范氏又何必曲笔为之讳邪？②

以笔者之见，钟兆鹏等的分析是有道理的。认为范晔曲笔，一般是这样推论的：范晔《后汉书》的相关记载，源于东晋袁宏的《后汉纪》，《后汉纪》载此事曰："王莽居摄篡弑之间，天下诸儒，莫不竞褒称德美，做符命以求容媚，谭独自守。默然无言，官止乐大夫。"③ 后人怀疑是袁宏不敢得罪东晋权臣桓温，对其族姓祖人有所曲讳，而范

---

① 钟兆鹏、周桂钿：《桓谭王充评传》，南京大学出版社1993年版，第9页。
② 钟兆鹏、周桂钿：《桓谭王充评传》，南京大学出版社1993年版，第12页。
③ （汉）袁宏撰，张烈点校：《两汉纪》下册，中华书局2002年版，第65页。

晔也照样因袭过来。仔细想来，袁宏的时代，已经距离桓谭近三百年，他有必要再去避讳吗？范晔又晚了袁宏近百年，更是远离桓氏家族，怕是更没有避讳的必要。如果说范晔不辨真伪，简单照抄袁宏，恐怕更是小看了范晔的著述。总之，以此怀疑范晔曲笔的理由很不充分。况且从桓谭一生经历的基本事实看，他没有过主动宣扬图谶的表现，并且是在王莽称帝权势正盛之时脱离了王莽集团，之后的《新论》对王莽又有系统彻底的批判，在在都能证明，他不违心地去服膺王莽还是基本可信的。特别是他后来能够有勇气在光武帝面前宁折不弯、直触逆鳞，那么，对待王莽这个曾经是同僚的篡逆之君，他有什么可以畏惧的呢？

问题之二，据《汉书·翟方进传》载，居摄二年，王莽"乃遣大夫桓谭等班行谕告当反立孺子之意。还，封谭为明告里附城"，此事成为后人质疑桓谭学术立场的重要依据，认为桓谭仕王莽至诚，对王莽靠符命之言篡逆持赞成态度，非袁宏、范晔所言"谭独自守，默然无言"。

此事的原委是这样的。据《汉书·王莽传》载，居摄二年，东郡太守翟义举兵反莽，拥严乡侯刘信为天子，传檄郡国："莽毒杀平帝，摄天子位，欲绝汉室，今恭行天罚诛莽。"天下响应者众。王莽恐惧，"昼夜抱孺子告祷郊庙，放《大诰》作策，遣谏大夫桓谭等班于天下，谕以摄位当反政孺子之意"①。这个时候的桓谭，任职谏大夫，王莽差遣其颁行谕告，他是不能不去执行的，是职务所在，就是钟肇鹏讲的桓谭"服官受爵是在王莽下面工作，这属于工作关系"，桓谭没有理由拒绝，也不能拒绝。而且，这篇谕告的内容主要是解释王莽居摄之意，特别是说明王莽之摄位还是要"反政孺子"，在这样的谕告中，不可能宣扬符命谶言之类有益于王莽篡位的东西。所以，这样的内容并不违背桓谭的古文经学术立场。《后汉书》写桓谭在王莽居摄篡弑之际，天

---

① （汉）班固：《汉书》，中华书局 1962 年标点本，第 4087 页。

下之士，人人竞言符命、"以求容媚"的舆论喧哗中保持沉默，"独自守，默然无言"，是在他执行颁行谕告之后，两者并不矛盾。前者是职务行为，并不涉及学术立场；而后者，则是从学术立场出发表现出来的政治态度。

总括上述，桓谭的学术立场是非常清晰的，那就是古文经的立场。从古文经出发，再引申到对谶纬符命的批判。桓谭用他的一生来坚守这样的学术立场，并由此出发去判断政治是非，选择政治站队，表达政治个性。

三 古文经立场决定了桓谭与王莽、刘秀的离合关系

与王莽、刘秀的关系，是桓谭研究中常被人关注的基本问题，特别是与王莽的关系，在王莽上升过程中桓谭的助力，经常被人诟病。所以，对桓谭与此两人的关系，需要有个基本的认识。

（一）桓谭与王莽的离合关系，根源于桓谭的学术立场

桓谭曾经是王莽取代汉家天下的追随者。但是，桓谭的初心是怎样的？他为什么选择支持王莽？20世纪80年代，苏诚鉴先生的文章说："桓谭与王莽关系相当密切，在学术思想上有共通之处，是王莽代汉，实行改革的积极支持者之一。"苏先生判断王莽、刘歆、杨雄、桓谭是当时由共同的学术立场而走到一起的志同道合之人。"最为明显的一点是四个人的共同学术趋向都在儒家古文经学，这是他们政治事业的共同思想理论基础。"[①] 这个判断是有道理的。桓谭所以和王莽走到一起，最后成为王莽建立新朝的功臣之一，其主要思想基础，就在于他们在学术思想上的共同性。王莽最初是以一个"被服儒生"的面貌出现在政治舞台上的，在他做安汉公辅佐平帝期间，"起明堂、辟雍、灵台，

---

① 苏诚鉴：《桓谭与王莽》，《安徽师范大学学报》1986年第1期。

为学者筑舍万区，作市、常满仓，制度甚盛。立《乐经》，益博士员，经各五人。征天下通一艺教授十一人以上，及有逸《礼》、古《书》《毛诗》《周官》《尔雅》、天文、图谶、钟律、月令、兵法、《史篇》文字，通知其意者，皆诣公车"①。增立《古文尚书》《毛诗》《逸礼》《左氏春秋》等古文经博士。这些举措，使桓谭看到了在王莽这里复兴古文经的希望。桓谭最终走入王莽集团，原因应在于此。

进入王莽集团的核心圈子之后，当然是要为王莽做事的。其间，最为人诟病的是他在居摄二年，以谏大夫身份，为王莽班告《大诰》于天下，此事前文已经有所辩驳，不再赘述。在完成此次颁告天下的事情之后，桓谭被封为"明告里附城"，相当于西汉20等爵制的第19级高爵关内侯，算是获得了王莽的奖赏。以此事为界，之前的桓谭与王莽保持着良好的合作关系，是王莽有所倚重的同僚或臣属。此事之后，随着王莽正式创建新朝，他们之间也由同僚一变而为君臣。

在王莽窃取政权的道路上，桓谭的确是有所助力，也可以说是有功之臣。但是，桓谭毕竟是一个学者，并没有因为王莽的器重而走入政治漩涡，更没有转化为一个没有独立思想和信仰的政客，而是坚守自己的学术立场，并以自己的学术立场去决定其政治选择。所以，当他看到王莽的实际作为已经背离了古文经学的原则，而且因为大肆制造谶纬符命而使他难以容忍的时候，就毅然放弃了王莽治下的仕途，选择对王莽政治的回避和疏离。

苏诚鉴先生明确指出了桓谭最后摆脱王莽集团的事实。他说："迹象表明，桓谭与王莽集团之间虽有学术上趣向一致的方面，同时也有思想上的本质分歧；而且在历史进程中，随着王莽在取得政权后的一意孤行和政策措施上的脱离实际，桓谭已经逐渐摆脱了这个统治集团。走上置身事外以至隐退的道路，成了类似'同路人'的角色。"② 但是，

---

① （汉）班固：《汉书》，中华书局1962年标点本，第4069页。
② 苏诚鉴：《桓谭与王莽》，《安徽师范大学学报》1986年第1期。

他没有详细探讨桓谭与王莽集团决裂的具体原因。以笔者之见，桓谭与王莽集团的分离，主要还是根源于王莽集团背弃了他们当初的学术立场，在基本思想理念上发生了分歧。

首先，王莽依赖图谶符命谋取政权，与桓谭的学术立场严重冲突。

王莽其人有多重身份，除了以儒者形象在读书人中赢得尊重之外，他主要还是一个政治家。而政治家是没有坚定的学术信仰的，他是要为着一定的政治目的行事的。在攫取权力的道路上，王莽的每一步几乎都是靠图谶惑众而登上皇帝宝座的。

王莽获安汉公之赐，靠的是"白雉之瑞"：

> 始，风益州令塞外蛮夷献白雉，元始元年正月，莽白太后下诏，以白雉荐宗庙。群臣因奏言太后："委任大司马莽定策定宗庙。故大司马霍光有安宗庙之功，益封三万户，畴其爵邑，比萧相国。莽宜如光故事。"太后问公卿曰："诚以大司马有大功当著之邪？将以骨肉故欲异之也？"于是群臣乃盛陈："莽功德致周成白雉之瑞，千载同符。圣王之法，臣有大功则生有美号，故周公及身在而托号于周。莽有定国安汉家之大功，宜赐号曰安汉公，益户，畴爵邑，上应古制，下准行事，以顺天心。"太后诏尚书具其事。①

王莽窃"居摄"之位，靠的是"丹书著石""与周公异世同符"。元始五年（5）十二月平帝崩，王莽选宣帝玄孙、不满二岁的广戚侯子婴继承帝位。于是，很快就有图谶现世：

> 是月，前辉光谢嚣奏武功长孟通浚井得白石，上圆下方，有丹书著石，文曰："告安汉公莽为皇帝。"符命之起，自此始矣。莽使群公以白太后，太后曰："此诬罔天下，不可施行！"太保舜谓

---

① （汉）班固：《汉书》，中华书局1962年标点本，第4046页。

太后:"事已如此,无可奈何,沮之力不能止。又莽非敢有它,但欲称摄以重其权,填服天下耳。"太后听许。舜等即共令太后下诏曰:"……君年幼稚,必有寄托而居摄焉……安汉公莽辅政三世,比遭际会,安光汉室,遂同殊风,至于制作,与周公异世同符。今前辉光嚣、武功长通上言丹石之符,朕深思厥意,云'为皇帝'者,乃摄行皇帝之事也。夫有法成易,非圣人者亡法。其令安汉公居摄践阼,如周公故事……"①

王莽这样一步步靠制作图谶而窃取最高权力的过程,桓谭都亲身经历了。王莽的作为必定是一再锤击桓谭古文经的学术理念,考验桓谭的容忍度和承受力。图谶最盛之时,也恰恰是在桓谭帮王莽颁告天下之后。这时,王莽扫清了最终攫取最高权力的政治障碍,距离真皇帝的宝座越来越近,于是各种符命祥瑞都蜂拥而来,人们借各种名目对王莽劝进。居摄三年,接连出了几起重大的符命事件。

先是广饶侯刘京上书说,当年七月奇骏临淄县昌兴亭长辛当,一晚上几次梦到有人告诉他,摄皇帝当为真皇帝,如若不信,此亭中当有新井为证。辛当第二天一早巡查,果然应验。这是直接造王莽应该当皇帝的舆论。接着是车骑将军千人扈云言巴郡石牛,太保属臧鸿献扶风雍石文,王莽皆欣然迎受,并制造了在未央宫前殿的灵异场景:"天风起,尘冥,风止,得铜符帛图于右前,文曰:天告帝符,献者封侯。承天命,用神令。"王莽因此而逼宫太皇太后,将其摄皇帝改为"假皇帝":"臣请共事神祇宗庙,奏言太皇太后、孝平皇后,皆称假皇帝。其号令天下,天下奏言事,毋言'摄'。以居摄三年为初始元年,漏刻以百二十为度,用应天命。臣莽夙夜养育隆就孺子……如周公故事。"②

未及一年,再有符命出现。居摄三年时,梓潼人哀章,见王莽居

---

① (汉)班固:《汉书》,中华书局1962年标点本,第4078—4079页。
② (汉)班固:《汉书》,中华书局1962年标点本,第4093—4094页。

摄，制作符命大有玄机，便制作一个铜柜，内置两检，一曰"天帝行玺金匮图"，另一检曰"赤帝行玺某传予黄帝金策书"。后来听到齐井、石牛之事，更是受到鼓舞，便衣黄衣，持铜柜到高庙敬献。《汉书·王莽传》载曰：

> 莽至高庙拜受金匮神嬗。御王冠，谒太后，还坐未央宫前殿，下书曰："予以不德，托于皇初祖考黄帝之后，皇始祖考虞帝之苗裔，而太皇太后之末属。皇天上帝隆显大佑，成命统序，符契图文，金匮策书，神明诏告，属予以天下兆民。赤帝汉氏高皇帝之灵，承天命，传国金策之书，予甚祗畏，敢不钦受！"

正是这种符命图谶的乌烟瘴气，严重地伤害了桓谭的学术情感，造成了他对王莽的极度反感。

从桓谭《新论》中对王莽的批判，也可以看出来他疏离王莽的原因，的确是在于王莽对卜筮、鬼神、符命之类东西的过度玩弄。他说：

> 圣王治国，崇礼让，显仁义，以尊贤爱民为务。是为卜筮维寡，祭祀用稀……王翁好卜筮，信时日，而笃于事鬼神，多作庙兆，洁斋祭祀……为政不善，见叛天下。及难作兵起，无权策以自救解，乃驰之南郊告祷，搏心言冤，号兴流涕，叩头请命，幸天哀助之也。当兵入宫日，矢射交集，燔火大起，逃渐台下，尚抱其符命书，及所作威斗，可谓蔽惑至甚矣！[①]

桓谭描述王莽逃命之时还"抱其符命书，及所作威斗"，言其"蔽惑至甚"，言语之间，透露出他对王莽这一套做法的极其蔑视。"道不同，不相为谋"，王莽的做法完全违背了桓谭的初心，在基本的原则上

[①] （汉）桓谭撰，朱谦之校辑：《新辑本桓谭新论》，中华书局 2009 年标点本，第 15—16 页。

没有妥协的余地，只有选择走开。

其次，王莽在篡汉和改制实践中，大量采纳或依据今文经学，背离了桓谭要坚守的古文经立场。

传统观点认为，王莽改制、篡汉，主要是利用古文经为理论武器，其制度设计是出自《周礼》。而实际上，王莽的篡汉和改制，得益于今文经居多，今文经才是他最重要的理论武器。20世纪90年代初，主治三礼的杨天宇先生撰写《王莽用古文经篡汉改制说质疑》一文，专门辨析这个问题。杨先生认为，王莽篡汉所利用的几项基本理论：汉运中衰，当让国传贤、易姓受命说；汉为尧后，当火德之运说；阴阳灾异和符命谶记之说等，都来自今文经学。王莽改制的几项重要的制度设计：井田制（或曰王田制），六筦（管）令，关于币制改革，官制与封爵制度的改革等，都依托于今文家言。所以，杨天宇先生得出结论说："王莽改制凡援据经义者，或用今文经传，或用古文经传，或杂用今古文经传，而主要还是依据的今文经传。历史事实清楚地说明，王莽并非纯用古文经改制，更非仅据《周礼》，所谓王莽用古文经篡汉、改制之说，其实是没有多少根据的。"[①]

桓谭的理想是弘扬自己崇奉的古文经，而王莽出于政治目的，大肆袭用今文经，这与桓谭的初衷严重相左，使桓谭大为失望，他作为一个矢志于学术追求、真理追求的人，对这种状况是无法容忍的。按照常理，在早期即因为学术投缘而与王莽保持着密切关系的桓谭，在王莽称帝之后，是可以跻身权力中心，获得高官厚禄的，但桓谭由于对王莽所作所为之不屑，并没有去阿谀奉承，只被授予掌乐大夫，做个一般性的官职，类似大隐隐于朝的状况。也有人研究，桓谭最后选择了退隐。桓谭的《新论》确曾谈到他从长安回到家乡沛地，"此安静自存也"。苏诚鉴先生说："他的生平事迹中曾经有过一段退隐时期，尚很少为人所知……安静自存就是他当时退出王莽集团、归隐故乡的立

---

① 杨天宇：《王莽用古文经篡汉改制说质疑》，《齐鲁学刊》1990年第2期。

身处世方针。"①

(二) 从古文经立场出发，桓谭对汉光武帝采取不合作态度

桓谭与新兴东汉王朝的关系，依然取决于王朝政策与他的学术立场的关系。在刘秀政权建立时，桓谭已经是年逾花甲的老人，其世界观、人生观、历史观早已成熟到不可能改变的地步。他的学术立场，在经历了王莽时期的长时期考验之后，也更加笃定坚毅，他不可能为了任何具体利益而改变自己。所以，在东汉初期，他与王朝的关系，其实主动权是在皇权政府或者说光武帝刘秀一边。

大概是由于桓谭有过与王莽合作的经历，刘秀最初并没有任用桓谭的意愿。建武二年，光武帝向大司空宋弘问通博之士，宋弘举荐了桓谭，光武拜桓谭为议郎、给事中。桓谭就职后上《陈时政所宜疏》，谈到了"任辅佐""申法令"等诸多时政问题，其中有一段话特别值得关注。桓谭说：

> 夫有国之君，俱欲兴化建善，然而政道未理者，其所谓贤者异也。昔楚庄王问孙叔敖曰："寡人未得所以为国是也。"叔敖曰："国之有是，众所恶也，恐王不能定也。"王曰："不定独在君，亦在臣乎？"对曰："君骄士，曰士非我无从富贵；士骄君，曰君非士无从安存。人君或至失国而不悟，士或至饥寒而不进。君臣不合，则国是无从定矣。"庄王曰："善。愿相国与诸大夫共定国是也。"②

这段话中，桓谭借楚庄王和叔孙敖的对话，表达了一个君臣相互对待的君臣观。士大夫离开君王就无从富贵，而君王离开士大夫也无从

---

① 苏诚鉴：《桓谭与王莽》，《安徽师范大学学报》1986年第1期。
② （南朝宋）范晔：《后汉书》，中华书局1965年标点本，第957页。

安存，其思想还停留在春秋战国时期那个君臣相互对待的相对自由或平等的时代。特别是他让楚庄王说"愿相国与诸大夫共定国是"，毋宁说是对皇权的公然挑战。这个桓谭实在是书生气了。光武帝会让出他的绝对皇权，让你一个丞相去和诸大夫共定国是、掌管天下吗？当时，光武帝对桓谭的这个《陈时政所宜疏》没有直接表态，没有理睬或指责，但肯定是心生不快。

桓谭的第二次上书，是建武七年，上《抑谶重赏疏》[①]。《后汉书》桓谭本传载曰：

> 是时，帝方信谶，多以决定嫌疑。又酬赏少薄，天下不时安定。谭复上疏曰：
> ……凡人情忽于见事而贵于异闻，观先王之所记述，咸以仁义正道为本，非有奇怪虚诞之事。盖天道性命，圣人所难言也。自子贡以下，不得而闻，况后世浅儒，能通之乎！今诸巧慧小才伎数之人，增益图书，矫称谶记，以欺惑贪邪，诖误人主，焉可不抑远之哉！臣谭伏闻陛下穷折方士黄白之术，甚为明矣；而乃欲听纳谶记，又何误也！其事虽有时合，譬犹卜数只偶之类。陛下宜垂明听，发圣意，屏群小之曲说，述《五经》之正义，略雷同之俗语，详通人之雅谋。

和王莽一样，刘秀也是靠谶言符命登上帝王宝座的。所以，刘秀的喜好谶纬，比王莽有过之而无不及。这一点桓谭是非常清楚的。但是，他还是要去违逆圣鳞。他教训刘秀，谶记之言，"以欺惑贪邪，诖误人主，焉可不抑远之"？为什么如此执迷不悟呢？真正的学者是纯粹的，他不考虑学术、真理之外的其他因素，他不会曲意逢迎，不会阿谀圣

[①] 孙少华把桓谭的此次上书系于建武七年，本文采纳。参见孙少华《桓谭年谱》，社会科学文献出版社2012年版，第285—287页。

上，桓谭就是这样一个人。这次上书之后，"帝省奏，愈不悦"。一个"愈"字证实了我们前边的判断，说明桓谭的前一次上疏提出的"共定国是"，的确使刘秀不快；同时，也说明这次的上疏更加重了刘秀对他的不满。于是，更严重的后果就产生了。

这就是前文讨论过的桓谭面对光武帝直言"臣不读谶"而被逐出京师事件。我们所以说这次事件是作为"帝省奏，愈不悦"的严重后果而发生，是判断这次"臣不读谶"事件，完全是光武帝有意导演的结果，是一个险恶的"阳谋"。

前文我们已经从分析桓谭学术立场的角度征引过"臣不读谶"那段文献，它在《东观汉记》《后汉纪》中都有记载，并略有文字差异，为着分析的需要，我们将这三处文献按照写作时代之先后依次胪列，并做简要分析。

《东观汉记》：桓谭讥讪图谶，有诏会议灵台所处，上谓桓谭曰："天下事吾欲以谶决之，何如？"谭默然良久，曰："臣不读谶。"上问其故，谭复极言谶之非经。上大怒，曰："桓谭非圣无法，将下斩之。"谭叩头流血，良久得解。由是失旨，遂不复转迁，出为六安郡丞。之官，意忽忽不乐，道病卒，时年七十余。[①]

《后汉纪》：是岁，起明堂、辟雍、灵台。初议灵台位，上问议郎桓谭曰："吾欲以谶决之，何如？"谭默然良久，曰："臣不读谶。"上问其故，谭复言谶之非。上大怒曰："桓谭非圣人，无法！"将下斩之，谭叩头流血，良久乃解。谭以屡不合旨，出为六安太守丞，失意忽忽不乐，道病卒，时年七十余。[②]

《后汉书》：有诏会议灵台所处，帝谓谭曰："吾欲以谶决之，何如？"谭默然良久，曰："臣不读谶。"帝问其故，谭复极言谶之

[①] （汉）刘珍等撰，吴树平校注：《东观汉记校注》下，中州古籍出版社1987年版，第535页。
[②] （汉）袁宏撰，张烈点校：《两汉纪》下册，中华书局2002年版，第155—156页。

非经。帝大怒曰:"桓谭非圣无法,将下斩之。"谭叩头流血,良久乃得解。出为六安郡丞,意忽忽不乐,道病卒,时年七十余。①

这三段记载大同小异,基本一致,袁宏和范晔的记载可能也都来源于刘珍的《东观汉纪》,其一致性是可以理解的。所不同的是,《东观汉纪》中光武的问话多出"天下事"三个字,强调了武帝崇尚谶纬的坚定性。后两种文献袭自前者却删去了这三个字,其用意可能是为着文字的简练,但却失去了对武帝崇尚谶纬的深度刻画。而且,《后汉纪》说"是岁起明堂、辟雍、灵台",非为灵台一事,所以,武帝说"天下事"都以谶决断是符合语言逻辑的。天下事都以谶决断,比起仅仅是灵台的选址决断以谶,更能刺激桓谭古文经的立场。

三处记载的另一个差异,是《东观汉纪》和《后汉书》在"上问其故"之后的桓谭答辩,都说桓谭"极言谶之非经",比《后汉纪》多出一个"极"字,这个差异也并不简单。一个"极"字,把桓谭学术立场的坚定性,桓谭在帝王威严面前的毫不退让,及其辩驳的激烈程度等,都呈现出来了。

还有一个差异,是《后汉纪》说"谭以屡不合旨,出为六安太守丞",比另两种文献多出一句"谭以屡不合旨",把桓谭被贬的原因不仅仅归结为这一次对光武帝的冒犯。将其与之前的两次上书联系起来,更突出了桓谭学术立场的一贯性。

判断光武帝设计了这一事件,并不是要给光武帝强加一个"阳谋"的罪名。因为,桓谭反对谶纬的一贯立场,光武帝是知道的,或者说是极其厌恶的,在这样的情况下还要去向桓谭征求"以谶决之"的意见,不是逼着桓谭表达反对意见吗?不是有故意找茬的嫌疑吗?就是要设一个套,在遭到预料之中的反对之后,再给桓谭一个非议经书和违逆圣上的罪名。光武知道桓谭的立场,桓谭也知道皇权的不可能让

---

① (南朝宋)范晔:《后汉书》,中华书局1965年标点本,第961页。

步，这就被逼到了一个无法逃避的圈套之中。这不是阳谋又是什么呢？明明知道是陷阱还要跳进去，对桓谭来说，这已经涉及他的底线，他无可选择，只能舍生取义了。只是，他的勇气，胆略，捍卫学术思想的纯洁性，远远超出了一般人的想象。

仔细体味，无论是刘珍、袁宏还是范晔，这段文字都是写得很好的，把桓谭的坚定、果敢、勇气和胆略，活灵活现地刻画了出来。光武帝明明知道桓谭的古文经不言谶的立场，还要逼着桓谭回答"以谶决之"的问题，就是要考验桓谭的气节和勇气。以桓谭的智慧和他七十年的人生阅历，他完全明白光武之问的阴险和用意，知道这一回答将是一次生死决断。"默然良久"四个字，写出了他面临生死考验时内心深处的痛苦挣扎。他最后以无比坚定的语气回答的"臣不读谶"四个字，不是一般性的事实陈述，而仿佛有万钧之力！面对一个拥有无上权力的专制君王，他决定不改变自己的学术立场！当光武继续追问时，他又"极言谶之非经"，可以想见，这个"极言"即是把他对谶纬之学的一贯看法，毫无畏惧地反复强调，把他在给光武的《抑谶重赏疏》中所言"诸巧慧小才伎数之人，增益图书，矫称谶记，以欺惑贪邪，诖误人主"的伪学术本质反复陈述，驳得光武无言以对，只能恼羞成怒。一个文弱书生，在专制皇权面前，如果要保持自己独立的学术人格，就只能牺牲其政治前程甚至生命。

以上通过桓谭与王莽、刘秀离合关系的分析，旨在说明，桓谭是从学术立场出发去塑造自己的政治个性的。他在政治上的表现，如何处理与皇权的关系，主要是以政治与学术的关系为转移。如果政治走向与其学术方向相一致，他是愿意积极投身政治，助推这种政治的发展的；而一旦政治趋向与其学术立场相矛盾，则毫不犹豫地站在政治的对立面，而保持学术的纯洁性和立场的坚定性。这是正直的读书人和士大夫官吏的正确选择，是古代士人学术人格的积极表现。

四 桓谭与刘歆、贾逵之比较

桓谭坚守思想独立的学者人格，在当时是卓尔不群的。和他一起参与王莽集团的一些古文经学大家，大都没有能够像桓谭这样保持独立性的思想品格，甚至留下历史污点。如果把桓谭和他同时代的古文经大师相比较，则更能突出其在学术立场方面的纯洁性和坚定性。

（一）桓谭与刘歆的比较

刘歆是当时最负盛名的古文经学大家，长桓谭二十余岁。《汉书》本传载：

> 歆以为左丘明好恶与圣人同，亲见夫子，而公羊、穀梁在七十子后，传闻之与亲见之，其详略不同……及歆亲近，欲建立《左氏春秋》及《毛诗》《逸礼》《古文尚书》皆列于学官。哀帝令歆与《五经》博士讲论其义，诸博士或不肯置对，歆因移书太常博士。

刘歆好古学，尤重《左氏春秋》，其《移太常博士书》，可谓是古文经的政治宣言。说刘歆是当时古文经的领袖是当之无愧的。但是，刘歆在辅佐王莽的过程中，却为着一定的政治目的，走向了古文经的反面。和桓谭相比，刘歆在几个方面表现得比较突出。

第一，没有保持纯正的古文经立场，没有明确的学术坚守，往往为着政治的需要而背弃学术信仰。

刘歆的学术背景是今文经，《汉书·楚元王传》云："歆及向始皆治《易》，宣帝时，诏向受《穀梁春秋》，十余年，大明习。及歆校秘书，见古文《春秋左氏传》。"当代学术界对刘歆的学术背景也是很清楚的。有学者写道：

《汉书·五行志上》:"刘歆以为虙羲氏继天而王,受《河图》,则而画之;八卦是也。禹治洪水,赐《洛书》,法而陈之,《洪范》是也。"即认为《河图》乃伏羲八卦,《洛书》为禹治水所赐洪范九畴,《五行志》并指《尚书·洪范》所述九畴六十五字为洛书本文……汉儒又根据自己的这种理解,构筑起以其所谓河图洛书为核心的今文经学思想体系……今文学以阴阳五行思想为主导,比傅演说《春秋》灾异及《洪范》征应而成所谓天人之学。虽然今文阴阳五行之学的开创者为董仲舒,但刘向、刘歆父子则继起为中坚,二人俱治《春秋》及《洪范》五行。《汉书·五行志》集汉代今文学五行说大成,其中载刘向、刘歆父子推演灾异一百八十二事,言论二百二十六则,为《五行志》所载董仲舒、夏侯胜、京房诸人所不及……①

刘歆的学术源自其父,与父亲刘向共治今文,且以此显名。其转向古文经是在领校秘书遇到《春秋左氏传》之后。《汉书》刘歆本传曰:"歆字子骏,少以通《诗》《书》……河平中,受诏与父向领校秘书。"河平(前28—前25)中,刘歆25岁左右,但不能判断他领校秘书之初就遇到了《左氏春秋》。可以明确判断他改变今文经立场而张扬《左氏春秋》的事件,是他公开提出建立《左氏春秋》《毛诗》《逸礼》《古文尚书》博士,并作《移太常博士书》。此事发生在哀帝建平元年(前6),此时的刘歆已经45岁左右。而这个年龄的人,他早先的学术背景、深厚的今文经学基础,使他的学术转向不可能做到完全彻底,他所建立起来的古文经学信念,也不可能多么纯净。

刘歆以古文经名家并成为古文经旗手的标志性事件,是他受命而做《移太常博士书》。而这篇历史性文献对今文经所做出的批判,最要害

---

① 葛志毅:《河洛谶纬与刘歆》,《文史哲》2008年第3期。

的就是下边这段话：

> 往者缀学之士不思废绝之阙，苟因陋就寡，分文析字，烦言碎辞，学者罢老且不能究其一艺。信口说而背传记，是末师而非往古，至于国家将有大事，若立辟雍、封禅、巡狩之仪，则幽冥而莫知其原。犹欲保残守缺，挟恐见破之私意，而无从善服义之公心，或怀妒嫉，不考情实，雷同相从，随声是非，抑此三学，以《尚书》为备，谓左氏为不传《春秋》，岂不哀哉！①

刘歆所批判的今文经学之蔽，主要是解经之烦琐、只知严守师说而不能服务于现实政治之需要，抱残守缺而不追求情实或真理。这样的批判似乎并没有触及今文经最本质的学术特征。钱穆曾总结今古文经之差异说："今学务趋时，古学贵求真。"② 其实，这个"务趋时"也正是前引班固的看法。正是今文经学的这个"务趋时"的特征，使它衍生出谶纬符命之学，毫无底线地发挥为皇权合法性辩护的强大功能。刘歆所以不察，根子在于他倡言古文经，其目的也在于要服务于皇权，他的骨子里也是要利用古文经走向仕途或政治的。像今文经的重谶纬，他不仅没有批判，而且他在《移太常博士书》中强调古文经的政治功能的时候，也肯定其有征验之效："今上所考视，其古文旧书，皆有征验。"所以，当刘歆举起古文经的大旗的时候，他的学术以求真的信念是不强烈的。他的《移太常博士书》对今文经的批判，说穿了只不过是为古文经争取正统的政治地位，而非纯正的学术之争。

刘歆从今文经而转向古文经，更多的是政治立场的转移。他没有继承古文经求真的学术理念，没有坚持古文经反对图谶符命的学术立场，并且在走向政治漩涡之后，本身也像今文经家一样，去利用谶纬符命

---

① （汉）班固：《汉书》，中华书局1962年标点本，第1970页。
② 钱穆：《两汉经学今古文平议》，商务印书馆2001年版，第247页。

之说，甚至王莽代汉之际兴起的谶纬符命思潮，与他的推波助澜也有内在的联系。

元始三年（3），刘歆参与王莽之女封后之事，就利用了符命。

> 《汉书·平帝纪》：三年春，诏有司为皇帝纳采安汉公莽女……又诏光禄大夫刘歆等杂定婚礼。
>
> 《汉书·王莽传》：莽既尊重，欲以女配帝为皇后，以固其权……太后遣长乐少府、宗正、尚书令纳采见女，还奏言："公女渐渍德化，有窈窕之容，宜承天序，奉祭祀。"有诏遣大司徒、大司空策告宗庙，杂加卜筮，皆曰："兆遇金水王相，封遇父母得位，所谓'康强'之占，'逢吉'之符也。"
>
> 《资治通鉴》卷三十六：大师光、大司徒宫、大司空丰、左将军孙建、执金吾尹赏、行太常事、大中大夫刘秀及太卜、太史令服皮弁、素积，以礼杂卜筮，皆曰："兆遇金水王相，卦遇父母得位，所谓康强之占，逢吉之符也。"

根据诏书，这次王莽嫁女的主事者应是刘歆。他通过卜筮，获得"逢吉"之兆，确定婚礼的日期和程序。其运用符命之学的痕迹非常明显。此事的时间是元始三年，是在他《移太常博士书》将近十年之后，在古文经大师的名头下，仍然实践今文经学的理念，运用谶纬符命之学来决断行事。

在刘歆头脑中，今文经学关于阴阳五行、五德终始那一套思想观念，谶纬符命之学的深深影响，始终是挥之不去的东西，甚至到了他的生命的最危急的关头，还是相信这一套东西，并最终死在这一虚幻的理论上。

第二，由学者而官僚，失去学者的独立性品格，使学术政治化、意识形态化。

刘歆本来是一个非常纯正的学者。河平三年，受成帝召协助其父

"领校秘书"，整理国家图书；哀帝时，负责总校天下群书，在其父工作的基础上，完成中国历史上第一部图书分类目录《七略》，领导了中国历史上第一次大规模的图书整理工作。这一时期的刘歆，虽然也官至中垒校尉，跻身高层官僚行列，但其知事在于总领五经，部次群书，并未摆脱纯粹的学术事业。哀帝时，他借领校秘书的机会，向哀帝进言，极力主张把《春秋左氏传》《毛诗》《逸礼》《古文尚书》列为学官，终于挑起和今文经家的论战，最后写下著名的《移太常博士书》。这一切，都还在学术的范围内，他基本上保持一个学界领袖的身份。

但是，自从平帝元始元年王莽封安汉公专权开始，刘歆走进王莽集团的核心圈子，其学者的身份及其学术事业的性质，就开始发生本质性的变化。在职任上，刘歆被接连升任羲和、京兆尹等关键性职位，其学术也相应地被赋予意识形态使命，甚至在一段时间内，刘歆的作为也只是利用其学术才华，为王莽的一步步问鼎皇权制造舆论，成了王莽夺取最高权力的御用工具。

元始三年帮王莽策划平帝纳采王莽女之事，刘歆等"杂定婚礼"；

元始四年帮王莽谋划了"起明堂、辟雍、灵台……网罗天下异能之士"，捞取政治资本、蛊惑学人之心的文化事件；

同年，刘歆又起草"群臣奏议"，称颂王莽功德，请求朝廷给王莽加"九锡"封赏；

居摄三年，王莽母亲死，此时已经身为假皇帝的王莽按礼必须取宁守孝，但这将严重影响王莽的政治权力，面对如此棘手的问题，刘歆的学问又派上了用场。他与78名博士诸生经过反复琢磨，终于为之制定出一套奇特的服丧礼仪，解决了王莽的难题。

诸如以上这些事件的策划或奏议、封赏策文，史载并不署名操刀着笔之人，但学者分析，这都出自刘歆的手笔。如孟祥才先生就做出过这样的判断：自从刘歆进了王莽集团的核心圈子之后，"以王莽名义提出的那些奏议，十之八九出自刘歆之手，文教礼乐方面的建议也大都由刘歆提出。那些不具体具名的'群臣奏议''奏言'之类的文件，一般也由刘歆炮制"。"不用说,那一篇对王莽极尽阿谀之能事的封赏策文,又是刘歆的杰作。"①

元始年间,刘歆做了一件对王莽代汉具有基础性意义的大事,那就是撰著了《三统历谱》。这个时候的刘歆,"迁中垒校尉、羲和、京兆尹,使治明堂辟雍,封红休侯。典儒林史卜之官"②,替王莽掌管意识形态。《三统历谱》是刘歆留下的重要著作,所以,在这个问题上是体现了他的充分的历史主动性的。

《三统历谱》又名《世经》③,是刘歆为王莽代汉制造历史合法性论据而重新整理的一个古史系统,保留在《汉书·律历志下》。这个古史系统按五德相生说编排,木生火,火生土,土生金,金生水,水又生木,而帝尧和刘汉都是火德,所以"汉家尧后",这是汉朝立国的合法性。但是,在刘歆的时代,汉王朝似乎遇到了合法性危机。自从昭帝时起,一股呼吁易姓改命的思潮涌起,现在的任务似乎是需要寻找新的受命之人。而这个代汉而起的新的受命之人又会是谁呢?在当时的政治环境中,刘歆瞩目的受命之人是王莽。而王莽是帝舜的后裔,如果要王莽受命,接替刘家的火德,按照传统的五德终始理论是行不通的。帝舜是土德,按照五行相胜,火德之后是水德,作为帝舜后裔的王莽是排不上的。于是,要为王莽代汉寻找合法性,就必须改造传统的五德终始说,改变五行的顺序。传统的五行顺序是土、木、金、火、水,土和火挨不上顺序,所以,刘歆要调整顺序,要使土随在火之后。于是,刘歆的五德终始说中五行的顺序则变成了木、火、土、金、水。这样王莽就可以和刘姓之火德搭上了。但是,矛盾仍然存在,传统的理论是五行相胜,胜火者水,王莽还是不能接替汉家的火德,怎么办?刘歆就干脆连这个理论的基本逻辑也改变过来,把原来的五行相胜改

---

① 孟祥才:《角色错位的悲剧——评刘歆》,《齐鲁学刊》1997年第2期。
② (汉)班固:《汉书》,中华书局1962年标点本,第1972页。
③ 参阅杨向奎《论刘歆与班固》,见杨向奎《绎史斋学术文集》,上海人民出版社1983年版,第139—153页。

成五行相生，于是，火生土，火德之后当然就是土德了，王莽就可以名正言顺地受命有"德"了。

刘歆为王莽攫取最高权力真是绞尽了脑汁。因为制造一个王莽顺利登上皇帝宝座的理论，涉及的问题实在是太多了。应该是在他编造《三统历谱》之前，王莽的家谱统系已经编造好了，已是一个不能改变的认知。《汉书·元后传》开头即说：

> 莽自谓黄帝之后，其《自本》曰：黄帝姓姚氏，八世生虞舜。舜起妫汭，以妫为姓。至周武王封舜后妫满于陈，是为胡公，十三世生完。完字敬仲，奔齐，齐桓公以为卿，姓田氏。十一世，田和有齐国，二世称王，至王建为秦所灭。项羽起，封建孙安为济北王。至汉兴，安失国，齐人谓之"王家"，因以为氏。

和王莽同道多年的刘歆，自然是知道这些的。他要为王莽代汉制造合理性的解说，必须围绕王莽是"虞舜之后"这个王莽早已编造好的族谱来设计。另外，在他之前，关于刘氏的谱系也已经有所认知，"汉家尧后"的说法，已经出现在昭帝时期眭弘的奏章里。刘氏为唐尧的后裔，王莽为帝舜的后裔，这两个相连的位置已经确定，要编造一个谱系，使之完全适合于这个顺序，实在是有太大的难度。

传统的五德终始、五行相胜理论，按照《文选注》的说法："邹子曰：五德从所不胜，虞土，夏木。殷金，周火。"到秦代刚好排满一个完整的"五德"。现在要重新编排，并同时满足"汉家尧后"的既定认知，汉为火德，尧也必须是火德；代汉者王氏是虞舜之后，要改变五行相胜为五行相生，虞舜就必须是土德。为了王莽代汉，在原来的虞土之前必须增加唐尧这个"火德"。而且更大的难度是，有了唐火、虞土，怎么让他们以"五德"为周期，循环到汉代又刚刚合适呢？唐火之前能够构成循环，之后也能构成完整的周期，实属非易。最后折腾的结果是，刘歆大大拉长了传统的古史体系，在虞土之前尽量增加朝代，最后编织出了三个终始的循环；并且将汉之前的"秦朝"抹去。按《世经》所载：

> 武王《书经·牧誓》：武王伐商纣。水生木，故为木德。天下号曰周室。
>
> 汉高祖皇帝，著《纪》，伐秦继周。木生火，故为火德。天下号曰"汉"。①

在武王的木德和汉高祖的火德之间没有了秦的位置。最后，刘歆《世经》中排列出的王朝循环是：

太昊木德→炎帝火德→黄帝土德→少昊金德→颛顼水德→
帝喾木德→唐帝火德→虞帝土德→伯禹金德→成汤水德→
武王木德→汉高祖皇帝火德

一位专门研究三统历的学者评价说：

> 刘歆作为王莽的童年好友，篡汉同谋，又是满腹经纶的一代学者，深知王莽的心理和需要，因之，他编制三统历投其所好，巧言三代更替，五胜相乘，大谈后圣复前圣，为王莽新朝制造社会舆论和理论依据，起到他人不能代替的政治作用。仅此一件事，就可以知道，王莽称赞他："厥功茂焉"，视为心腹，结为亲家，奉为国师，封为嘉新公，绝不是偶然的。②

为政治的意识形态的需要去改造以前的学说，在虞土之前增加七个

---

① （汉）班固：《汉书》，中华书局1962年标点本，第1015页。
② 饶尚宽：《刘歆三统历评议》，《新疆师范大学学报》1990年第1期。

王朝，并且硬生生抹去一个大一统王朝的缔造者秦朝，刘歆编著的这个《三统历谱》还能被看成是学术著作吗？一个学者走到这样的地步不是很可悲吗？

第三，直接参与政客集团的政治权力争夺，并因此丧命。

读书入仕是儒家提倡的士人正途，刘歆和桓谭都是走入仕途的读书人，但他们的仕途轨迹却有很大差异。桓谭的入仕是凭着自己的学术追求，不因为政治而牺牲自己的学术立场，反倒本着学术立场去决定其政治态度。合则做，不合则弃。王莽时期，他不迎合违背学术立场的谶纬符命潮流，甚至在王莽做了皇帝之后渐渐疏远政治，弃官归隐；光武帝时期，更是由于坚持学术立场而差点丢了性命。和桓谭不同，刘歆的入仕，则是没有学术立场的坚守，并逐渐成了纯粹的政客，在官场越陷越深。

前已谈及，刘歆在王莽被封安汉公实际执掌了最高权力之后官运腾达，便抛弃学术，或者拿他的学术去为王莽一步步篡权服务，让学术成了政治的牺牲品。特别是在王莽新朝时期，他更是走入权力核心，被封为国师："辅臣皆封拜。以太傅、左辅、骠骑将军安阳侯王舜为太师，封安新公；大司徒就德侯平晏为太傅，就新公；少阿、羲和、京兆尹、红休侯刘歆为国师，嘉新公；广汉梓潼哀章为国将，美新公：是为四辅，位上公。"① 刘歆成为四位辅国大臣之一。不仅如此，他的子女也都陷入政治漩涡。大儿子刘叠封伊休侯，二儿子刘棻封隆威侯，三儿子刘泳封伐虏侯，女儿刘愔纳为太子夫人。相对于险恶的政治来说，刘歆是全家沦陷。结果也正是这样。王莽当皇帝的第二年，刘歆的两个儿子刘棻、刘泳就因为甄丰、甄寻父子的谋叛案而丢了性命；十年后，女儿刘愔也因为太子王临被王莽治罪而自杀身亡。在刘歆自己出事之前，就已经有两儿一女死在险恶的政治斗争中。

读书人一旦踏入官场，失去自己的独立个性，其后的生命旅途就不

---

① （汉）班固：《汉书》，中华书局1962年标点本，第4100页。

是自己可以掌控的了。刘歆无论如何都不会想到自己会落得两朝叛臣的历史结局。在两儿一女死在王莽手下之后，他与王莽的决裂就势在必然，问题只在于机会。《汉书·王莽传》载：

> 先是，卫将军王涉素养道士西门君惠。君惠好天文谶记，为涉言："星孛扫宫室，刘氏当复兴，国师公姓名是也。"涉信其言，以语大司马董忠，数俱至国师殿中庐道语星宿，国师不应。后涉特往，对歆涕泣言："诚欲与公共安宗族，奈何不信涉也！"歆因为言天文人事，东方必成。涉曰："新都哀侯小被病，功显君素耆酒，疑帝本非我家子也。董公主中军精兵，涉领宫卫，伊休侯主殿中，如同心合谋，共劫持帝，东降南阳天子，可以全宗族；不者，俱夷灭矣！"……歆怨莽杀其三子，又畏大祸至，遂与涉、忠谋，欲发。歆曰："当待太白星出，乃可。"

王涉的分析使刘歆感觉到了成事的希望，加上"刘氏当复兴"的谶语，更增强了刘歆的信心。于是，他同意和王涉、董忠一起发动政变。但刘歆相信占星术，推算太白星出现的日期对起事有利，便说服王涉、董忠等待时机。正是刘歆这一决定，错过了时机，后来有人告密，政变流产，刘歆以自杀结束了自己的政治生涯。

桓谭坚守学术立场，不迎合政治权力，虽不见用，死在被贬的路上，终是因病而死，还算是死善其终；刘歆处心积虑地为政治效命而不惜扭曲学术，失去学术信仰，最后被政治所吞噬，一家人死于非命。学人无德，岂不悲乎！

（二）桓谭与贾逵的比较

贾逵是东汉早期以学闻名的古文经大师，但是，比起桓谭，他却是一个只知权变而不惜牺牲学术的大德有亏的人。贾逵致力于古文经地位的提升，竭力为古文经张目，但他的手段则是为迎合帝王的口味来改造古文经，通过向皇权献媚的途径来实现抬高古文经的目的，而最终伤害了学术的纯洁性，也使自己失去独立的学术人格。

建初元年，贾逵秉承章帝的旨意，上疏阐发"《左氏传》大义长于二传（指已经立于学官的《公羊》和《穀梁》）"的道理。贾逵的上疏中说：

> 臣谨摘出《左氏》三十七事尤著明者，斯皆君臣之正义，父子之纪纲……《左氏》义深于君父，《公羊》多任于权变，其相殊绝，固以甚远，而冤抑积久，莫肯分明。
>
> 臣以永平中上言《左氏》与图谶合者，先帝不遗刍荛，省纳臣言，写其传诂，藏之秘书……光武皇帝，奋独见之明，兴立《左氏》、《穀梁》，会二家先师不晓图谶，故令中道而废。凡所以存先王之道者，要在安上理民也。今《左氏》崇君父，卑臣子，强干弱枝，劝善戒恶，至明至切，至直至顺……又《五经》家皆无以证图谶明刘氏为尧后者，而《左氏》独有明文。《五经》家皆言颛顼代黄帝，而尧不得为火德。《左氏》以为少昊代黄帝，即图谶所谓帝宣也。如令尧不得为火，则汉不得为赤。其所发明，补益实多。①

贾逵首先强调《左传》所讲，"皆君臣之正义，父子之纪纲"，若与《公羊》相较，"《左氏》义深于君父，《公羊》多任于权变"；认为《左传》的思想特质在于"崇君父，卑臣子，强干弱枝，劝善戒恶"，这是直接地讨帝王之欢心。其次，贾逵分析，在光武时期《左传》立于学官而又被废置的原因②，主要是因为当时所选的博士官李封等人"不晓图谶"，不能适应皇权的需要，而并不是《左传》本身不讲图谶。

---

① （南朝宋）范晔：《后汉书》，中华书局1965年标点本，第1236—1237页。
② 光武朝曾经立《左传》博士，但后来又被废置，此事《后汉书·陈元传》有详细叙述。

最后，贾逵说，《左传》里面不仅有图谶，而且正是《左传》讲的图谶，才最能为当今的政治服务，真正能为刘姓王朝找到合法性根据，即"《五经》家皆无以证图谶明刘氏为尧后者，而《左氏》独有明文"；"《左氏》以为少昊代黄帝，即图谶所谓帝宣也"。贾逵知道章帝喜欢什么，需要什么，所以每一条都讲到了章帝的心窝里。

其实贾逵所谓的《左传》有"汉家尧后"之明文，实际是对《左传》的歪曲性理解，是他强加给《左传》的解释。在这个问题上，学界多有关注，贾逵所言的"汉家尧后"之明文，分别见于《文公十三年》关于晋人士会族人的叙述；《襄公二十四年》士会之孙范宣子关于自己先祖的叙述；《昭公二十九年》蔡墨在回答魏献子问题时，关于陶唐氏衰落之后，其后代传延情况的描述。分析这三处记载，的确可以抽绎出一条刘氏先祖的系谱：陶唐氏（尧）→御龙氏（刘累）→豕韦氏→唐杜氏→范氏→刘氏。这就把刘氏和唐尧联系起来了，"汉家尧后"之谶借此而来。如何看待这一现象，学界有不少讨论，杨权的《"汉家尧后"说考论》一文在考察了上述情况后说：

> 《左传》中的上述记载，是关于刘氏先世情况的原始材料，谶纬中的"汉家尧后"说即由此脱胎而来。有人可能会问：《左传》怎会有这样的材料？对此曹道衡先生这样解释道："因为古人对姓氏之起源，常常有各种说法，有时不免巧合。"这个理由似乎还不能很使人信服。其实，由于崇圣观念的作用，在血缘上攀附某一圣王，在先秦时代是习见的现象。《左传》并不只追溯了刘氏与尧的血缘关系，也追溯了别的姓氏与圣王的血缘关系。例如哀公九年传便说炎帝是姜姓之祖，昭公七年传说孔子是"圣人之后"。翻开《国语》，同样可以见到许多追尊古圣为"祖"的材料。[1]

---

[1] 杨权：《"汉家尧后"说考论》，《史学月刊》2006年第6期。

杨权之说甚是。不仅在先秦时期，即使在今天的家谱编纂、姓氏研究中，攀附古之圣贤、名人而续之，还不是一种常见的现象吗？范宣子讲自己的先祖，追溯到陶唐氏、夏之御龙氏，炫耀他是圣人之后，其私心是可以理解的。这绝不是什么谶言，不是为什么后世之刘邦做皇帝而制造图谶。而贾逵一定要把这些文字说成是"汉家尧后"之谶，是预示了后世的汉家天下，实在是过分解读。不是前人留下什么预言，而是贾逵太有心机。他要拿图谶说事，向皇帝谄媚，以求其古文经的私利。为了给自己崇尚的古文经争地位，不惜把淳朴的古文学泼上谶纬的污水，实在违背了学者的道德和良心。

为了争立博士官，就不惜自污，特别是自污其学，这是失去了学术道德之底线。面对政治权力，学术怎么能如此下贱？在这方面，和桓谭相比，贾逵之作为，就有点下作了。学术自有其追求真理的本职，它要求真，求善，要保持自己独立性的天性。儒者先祖提倡学而优则仕，并不是没有原则，没有道德底线地入仕做官。儒者先祖在这方面也是讲得很清楚的。

《论语·泰伯》：天下有道则见，无道则隐。
《论语·先进》：以道事君，不可则止。
《论语·卫灵公》：道不同，不相为谋。
《论语·里仁》：富与贵，是人之所欲也；不以其道得之，不处也。贫与贱，是人之所恶也；不以其道得之，不去也。

关于学术与政治的关系，学术如何为政治服务，孔子也是讲得很清楚、很原则的。首先是要维护道，以道事君，以道从政，而不能曲道而从君，更不能为了官俸利禄而丧失学术立场。在这方面，桓谭做到了。《东观汉记》记载：

> 光武兴立《左氏》，而桓谭、卫宏并共毁訾，故中道而废。①

桓谭治古文，尤好《左传》，却反对把《左传》立为学官，为什么呢？自从哀帝时期刘歆的《移太常博士书》开始，古文经的一切努力，包括上边所言贾逵的扭曲《左传》以迎合帝王，不都是为了给《左传》争得一个官学的地位吗？这是多少年来古文经学者的最高期待。但桓谭、卫宏他们为什么要反对呢？卫宏也是纯正的古文经大家，善《毛诗》《古文尚书》，曾作《毛诗序》传世。桓谭、卫宏反对《左传》立为学官，应该是对当时政局中弥漫的图谶之风不满。当时的状况，以《后汉书·张衡传》中的话说："自中兴之后，儒者争学图纬，兼复附以妖言。"如果《左传》立为学官，势必被这种谶纬符命之学所玷污，甚至被改造，失去古文经淳朴、实事求是之学风。一种学术一旦被政治所利用，则必然丧失学术的属性。贾逵他们为古文经争地位，实际上争的是功名利禄，都是学术之外的东西。学术附庸于政治，并非学术之幸。桓谭、卫宏反对立《左传》为学官，就是在捍卫学术的纯洁性。相对于他们，贾逵其人，就真的太不堪了。无怪乎范晔评论他说："桓谭以不善谶流亡，郑兴以逊辞仅免，贾逵能附会文致，最差贵显。世主以此论学，悲矣哉！"② 桓谭为了学术不惜放弃功名利禄而与政治决裂。贾逵为了向政治靠拢，而不惜曲说逢迎，扭曲学术而"附会文致"。范晔给他一个差评并不过分。

五 余论

诚如刘泽华先生所言，中国古代是王权主义社会。特别是秦汉大一统集权统治建立之后，皇权意志、国家权力支配社会成为中国历史最

---

① 吴树平校注：《东观汉纪校注》，中华书局1987年版，第612页。
② （南朝宋）范晔：《后汉书》，中华书局1965年标点本，第1241页。

顽强的特征。读书入仕的思想家是在皇权专制体制下求生存，而中国读书人又有着特别突出的恋政情结，总是把自己的命运和皇权政治捆绑在一起。于是，如何处理思想与皇权的关系，始终是古代思想家从政要面对的核心问题。

皇权政治的特点是思想专制，帝王个人的特点是拥有毋容置疑的绝对权力。思想家的特点是"无恒产而有恒心"，追求真理，崇尚自由，并对自己的学术追求怀有特殊情感。皇权专制与思想家各自的特点，使思想家入仕为官和皇权政治结合时，总是埋藏着潜在的冲突。思想的特点是自由的，是个性化的，能够天然地与皇权政治保持一致只有极小的概率，特别是在中国古代，政治的特点是专制，是帝王一人之政治，帝王意志之政治，思想家的主张能够和帝王的随意性相耦合几乎没有可能。于是，冲突总是无可避免。在这种冲突中，由于皇权的绝对性、权威性和神圣性，需要做出牺牲的总是入仕为官的思想家们，无论牺牲的方式如何，牺牲总是无可避免。

袁宏《后汉纪》在叙述了光武帝看了桓谭的上疏而"愈不悦"之后，发了一通议论：

> 桓谭以疏贱之质，屡干人主之情，不亦难乎！尝试言之，夫天下之所难，[难]于干人主之心，一曰性有逆顺，二曰虑有异同，三曰情有好恶，四曰事有隐显，五曰用有屈伸，六曰谋有内外，七曰智有长短，八曰意有兴废。夫顺之则喜，逆之则怒；同之则欣，异之则骇；好之则亲，恶之则疏；过之欲隐，善之欲显；屈者多耻，伸者多怒；语伏在内，志散在外；所长必矜，所短必丞；爱之欲兴，憎之欲废；此皆人君非必天下之正也。人臣所以干人君者，必天下之正也。然而八者之间，祸福不同，可不察也夫！……自三代已前，君臣穆然，唱和无间，故可以观矣。五霸、秦、汉其道参差，君臣之际，使人瞿然，有志之士，所以苦心斟酌，量时君之所能，迎其悦情，不干其心者，将以集事成功，大庇生民也。虽可以

济一时之务，去夫高尚之道，岂不远哉！①

袁宏这通议论是为桓谭而发，也是为皇权专制制度下普遍性的为官之难而发，可谓心有所感。不光是刘秀，所有的帝王不都是如此吗？在皇权专制时代，帝王是历史的轴心，你必须围绕他转，必须按他的意志行事。虽然"人臣所以干人君者，必天下之正"，就如桓谭疏请光武帝远离谶纬，无疑是忠告，但以谶治国（"天下事以谶决之"）是光武帝的选择，是人主之心，作为人臣之桓谭是不能干预的。的确如袁宏所言："天下之所难，[难]于干人主之心。"自秦汉以来，"君臣之际，使人瞿然"，为官者时刻都是以一种惊恐之心来侍奉帝王。无论你再好的主张，也必须"量时君之所能，迎其悦情"，顺着帝王的意志和心情去表达，去上疏奏言。皇权专制的制度安排，决定了帝王无论多么昏庸，在理论上他都是圣明的，都始终处于绝对强势的地位。

思想家做官的确是很难的事情，调和思想自由与专制的强度几乎没有可能。最好的解决途径是专制者变得开明和包容，但开明和包容又不符合专制的本性，所以，做出牺牲的只能是思想者一方。思想者要和皇权抗衡，通常情况下，仅仅是抵挡功名利禄之诱惑就很不容易。帝制时代，利出一孔，一切资源都掌控在专制者手中，不能要求所有的思想家做官都能做到清静寡欲，不因为利禄而向皇权屈服，因为功名利禄而牺牲思想的权利是为官者的大多数。即使有些人可以不在意功名，自甘于寂寞和清贫，也还是无法避免和皇权的矛盾。就像桓谭，他是可以不做官的，在王莽时期就曾经退隐，离开官场。但是，当刘秀施展阳谋，明明知道他反对图谶，还要故意以"天下事吾欲以谶决之，何如"而逼问的时候，桓谭该怎么办呢？这就不是要不要功名利禄，而是要不要坚持"道"的纯洁性、违逆圣上意志而获杀身之祸的问题了。这个时候的思想家，如果从道德良心和学术立场出发，就需

---

① （汉）袁宏撰，张烈点校：《两汉纪》下册，中华书局2002年版，第65—66页。

要坚守和勇气！坚守的道理没有人不懂，饱读诗书的士大夫们，从来都不乏求道的热情，也无不知晓坚守的道理，但问题是，并不是每一个懂得这个道理的人都能够做到在任何情况下的坚守！因为，违逆皇权的坚守，是要冒付出生命代价的风险的。在这种情况下，仍然能够坚守的才是真正的坚守，这种坚守需要的就是勇气！历代都不缺乏头脑清醒的人，如对于刘秀的迷恋于谶纬，所有的古文大家大抵都是不赞成的，但却都没有采取和桓谭一样与皇权正面冲突的方式。郑兴以"臣于书有所未学"来搪塞，并不面对刘秀而直言"谶之非经"；尹敏面对刘秀令其校阅图谶的无理安排，也只能忍气吞声，忍辱负重；陈元更是押上身家性命为《左传》争立博士[1]，而不顾当时整个朝廷所弥漫的谶纬之风（此与桓谭反对把《左传》立为学官形成鲜明对照）。可以说，在当时谶纬符命之学的强大潮流中，在与皇权相违逆的危险处境中，桓谭做到了真正的坚守。桓谭区别于他人的最鲜明之处，就是他所表现出来的无所畏惧的勇气！面对生与死的抉择，仍然能做到坚守，这在任何时代都是最可宝贵的品格。

原载《北京师范大学学报》2019 年第 2 期

---

[1] 《后汉书·陈元传》载，陈元在为《左传》争立博士的诣阙上疏中说："臣元愚鄙，尝传师言。如得以褐衣召见，俯伏庭下，诵孔氏之正道，理丘明之宿冤；若辞不合经，事不稽古，退就重诛，虽死之日，生之年也。"

朱熹"絜矩"思想研究

近代以来的思想文化发展史上,"絜矩"是一个已经消失了的文化概念。但在中国传统思想史上,它却是一个很古老也曾经很辉煌的概念。它最早出现于《礼记·大学》篇,后来的朱熹对之做了充分发展,使之成为南宋以后思想文化史上一个经常被谈论并被高度崇尚的文化观念。研究朱熹的絜矩思想,不仅对于全面认识朱熹思想,而且对于深入了解南宋时期思想文化的时代特征,都有其重要意义。

关于古代絜矩思想的研究,由于在近代它已消亡,学界关注较少。而对朱熹的絜矩思想,则有吴长庚先生先后发表了的《试论儒家絜矩之道的理论意义》和《儒家絜矩之道的现代诠释》两篇文章。[①] 这两篇文章在朱熹的絜矩思想研究方面,具有开拓性意义,但也是学界关于该领域研究仅有的成果。虽然吴长庚先生这两篇文章的标题不是关于朱熹思想的研究,但对朱熹的絜矩思想的一些基本观点都有所涉及,并提出了不少很有见地的看法。比如,他认为朱熹开拓了絜矩之道的理论内涵,并分析了朱熹絜矩思想的多层次构成等。但由于吴长庚先生重在揭示"絜矩之道"的现代意义,并不是关于朱熹絜矩思想的专题研究,所以,朱熹絜矩思想的文化内涵,它的更全面的基本内容,它对后世思想的影响等一系列问题,则没有涉及;而这些,正是笔者

---

① 吴长庚:《试论儒家絜矩之道的理论意义》,《上饶师专学报》1998 年第 1 期;《儒家絜矩之道的现代诠释》,《南昌大学学报》2003 年第 2 期。

的出发点。

一 朱熹对絜矩思想的发展

"絜矩"一词,原出于《礼记·大学》篇:

> 所谓平天下在治其国者,上老老而民兴孝,上长长而民兴弟,上恤孤而民不倍,是以君子有絜矩之道也。所恶于上,毋以使下;所恶于下,毋以事上;所恶于前,毋以先后;所恶于后,毋以从前;所恶于右,毋以交于左;所恶于左,毋以交于右;此之谓絜矩之道。①

这段话是对"修身齐家治国平天下"大学之道思想内涵的阐扬。意思是说,大学之道强调平天下在于治理好自己的国家,讲的是一个上行下效的问题。国君尊敬老人,民众就会兴起孝道;国君尊敬长上,民众就会兴起悌道;国君同情、抚恤鳏寡孤独之人,民众就不会互相背弃。所以,国君对人民大众的行为有示范表率作用。对于上级所做的令自己厌恶的事情,就不要用来对待下级;对于下级所做的令自己厌恶的事情,也不要用来对待上级;对于前辈所做的令自己厌恶的事情,不要用来对待后辈;对于后辈所做的令自己厌恶的事情,也不要用来对待前辈;对于身右的人所做的令自己厌恶的事情,不要用来对待身左的人;对于身左的人所做的令自己厌恶的事情,也不要用来对待身右的人。这就是君子应具备的基本品德,是谓"絜矩之道"。

《礼记·大学》篇提出的这个"絜矩之道",在儒家思想体系中无疑具有重要的意义,应作为一个重要的思想概念去对待。但是,在《礼记·大学》篇创造了这个思想概念之后长达千余年的时间里,除了

---

① 杨天宇:《礼记译注》,上海人民出版社1997年版,第1042页。

注释家由于文字注释的原因不得不对之进行释义训诂外，思想家们几乎没有人给予关注，使这一思想遭到不可思议的冷漠。这种状况，直到南宋时代才有所改变。《朱子语类》《四书或问》《御纂朱子全书》《晦庵集》等朱熹著作中，可以检索的关于"絜矩之道"言论有百余条，阐述了一个内涵丰富的"絜矩"概念，对《礼记·大学》篇的絜矩思想做出了重大发展。

《礼记·大学》篇提出的"絜矩之道"主要表述了两层意思：一是强调君子的示范表率作用，讲上行下效的问题；二是讲了一个"恕"字，强调以"己所不欲，勿施于人"的态度来对待上下前后左右之人。而在朱熹的絜矩思想中，"絜矩之道"的思想内涵要丰富得多。归纳起来，大概有三个方面。

第一，以平均释"絜矩"，将其纳入传统平均思想的范畴。

朱熹说：

> 盖絜，度也；矩，所以为方也。以己之心度人之心，知人之所恶者不异乎己，则不敢以己之所恶者施之于人。使吾之身一处乎此，则上下四方，物我之际，各得其分，不相侵越，而各就其中拨其所占之地，则其广狭长短又皆平均如一，截然方正而无有余不足之处，是则所谓絜矩者也。夫为天下国家而所以处心制事者，一出于此，则天地之间将无一物不得其所，而凡天下之欲为孝弟不倍者，皆得以自尽其心，而无不均之叹矣。天下其有不平者乎！[①]

> 所谓絜矩者，矩者心也，我心之所欲，即他人之所欲也。我欲孝弟而慈，必欲他人皆如我之孝弟而慈，不使一夫之不获者，无一夫不得此理也。只我能如此，而他人不能如此，则是不平矣。[②]

平天下谓均平也。"所恶于上，毋以使下；所恶于下，毋以事

---

① （宋）朱熹：《四书或问》卷二，文渊阁四库全书本。
② （宋）朱熹：《四书或问》卷八，文渊阁四库全书本。

上。"此与《中庸》所谓"所求乎臣，以事君未能"者同意。但《中庸》是言其所好者，

  此言其所恶者也。问："前后左右何指？"曰："譬如交代官相似。前官之待我者既不善，吾毋以前官所以待我者待后官也。左右，如东邻西邻。以邻国为壑，是所恶于左而以交于右也。俗语所谓将心比心，如此，则各得其平矣。"①

  前面所引《礼记·大学》中的"絜矩之道"，并没有提出均平的概念，而以上朱熹的几段话中对"絜矩之道"的阐释，则一再使用平均一词，明显是用平均来释"絜矩"。在朱熹看来，提倡所谓"絜矩之道"，其目的就是要达到"上下四方，物我之际，各得其分，不相侵越，而各就其中控其所占之地，则其广狭长短又皆平均如一，截然方正而无有余不足之处"的社会状态，使天下之人无"一夫之不获"，天地之间"无一物不得其所"，这样，天下将无不平之事，人人"无不均之叹"，而最终实现儒家"治国平天下"的政治理想。

  当然，仔细推敲朱熹话语中的平均思想，并非今天人们绝对平分财富的意思。古代的"平均"观念，是个含义丰富的思想。除了在部分场合具有财富方面的绝对平均意思之外，大部分情况下都是意味着公平、公正、均平或平衡、秩序与和谐。朱熹赋予"絜矩之道"的"平均"含义，也应该从公平、公正、均衡与秩序的角度去理解。

  朱熹在以平均解释"絜矩之道"的时候，曾有学生提出质疑，而朱熹的答疑，则把他的平均解释为公平、秩序与和谐。

  问："论上下四旁，长短广狭，彼此如一，而无不方。在矩，则可以如此。在人则有天子诸侯大夫士庶人之分，何以使之均平？"曰："非是言上下之分欲使之均平。盖事亲事长，当使之均

---

① 《御纂朱子全书》，文渊阁四库全书本，第362—363页。

平，上下皆得行。上之人得事其亲，下之人也得以事其亲；上之人得长其长，下之人也得以事其长。"①

提问的人直指古代等级社会的要害问题。在宗法礼制社会中，天子、诸侯、大夫、士、庶人都被牢牢地限制在一种极端不平等的等级秩序中，真正意义上的平均或均平、平等或公正是无从谈起的。应该说，这个问题提得是很有分量很有深度的，但朱熹很轻易地就用传统的均平观给予了答复，说平均并不是说"上下之分欲使之均平"，这个上下之分是不能均平，不能改变的，所谓平均或均平，只是说不论上下贵贱都应该做他们应该做的事情，都应该按照礼所规定的名分去事其亲，事其长。这种均衡与秩序，就是"均平"。

第二，反对与民争利，强调富民是教化的前提，为"絜矩之道"增加民本思想内涵。

《礼记·大学》中的"絜矩之道"只是说"上老老而民兴孝，上长长而民兴弟，上恤孤而民不倍"，但没有说在什么情况下才可能达到上行下效的目的。而不是在任何情况下，只要"上行"就一定会有"下效"的。朱熹就意识到了这个问题。他说：

> 此三句见上行下效，理之必然，又以见人心之所同。"是以君子有絜矩之道"，所以以己之心度人之心，使皆得以自尽其兴起之善心。若不絜矩，则虽躬行于上，使彼有是兴起之善心，而不可得遂，亦徒然也。又曰：因何恁地上行下效？盖人心之同然。所以絜矩之道，我要恁地，也使彼有是心者亦得恁地。全章大意，只反复说絜矩。如专利于上，急征横敛，民不得以自养，我这里虽能兴起其善心，济甚事！若此类，皆是不能絜矩。②

---

① （宋）黎靖德编：《朱子语类》第二册，中华书局1986年版，第364页。
② （宋）黎靖德编：《朱子语类》第二册，中华书局1986年版，第360页。

在朱熹看来，要真正收到上行下效的效果，还有一个富民的问题。否则，虽然人心皆同，君子有老老、长长、恤孤之举，而民则想仿效也无能为力；因为他们没有行孝、悌、慈的物质基础。这就是朱熹说"若不絜矩，则虽躬行于上，使彼有是兴起之善心，而不可得遂，亦徒然也"的原因。真正的"絜矩之道"，应该使民富，有条件去兴起善心，并遂其所愿。如果不是这样，而是"专利于上，急征横敛，民不得以自养"，他们"虽能兴起其善心，济甚事"，事实上是做不到的。可见，在朱熹对"絜矩之道"的解释中，很自然地渗透了一种富民的思想。

朱熹认为，君子所以要有"絜矩之道"，就是为了强调富民的问题。所谓上行下效，关键不是期待老百姓对君子的自觉仿效，而是强调君子要给老百姓创造能够仿效君子而事亲事长和慈孤的条件。他说：

> "上老老而民兴孝，上长长而民兴弟，上恤孤而民不倍。"是民之感化如此，可见天下人人心都一般。君子既知人都有此心，所以有絜矩之道，要人人都得尽其心。若我之事其亲，备四海九州之美味，却使民之父母冻饿，藜藿糟糠不给；我之敬长慈幼，却使天下之人兄弟妻子离散，便不是絜矩。①

从这一思想出发，他批评后世不懂"絜矩之道"之本义的统治者，只知搜刮民财而不知富民养民的一意孤行。他说：

> 后世不复知絜矩之义，惟务竭民财以自丰利，自一孔以上，官皆取之，故上愈富而下愈贫。夫以四海而奉一人，不为不厚矣。使在上者常有居民之心而推与共之，犹虑有不获者，况皆不恤，而惟

---

① （宋）黎靖德编：《朱子语类》第二册，中华书局1986年版，第427页。

自丰殖,则民安得不困极乎!①

他把官府这种"惟务竭民财以自丰利"的行为,归结为不懂"絜矩之义"的结果。由此也反证,在朱熹看来,真正的"絜矩之道",是应该包含有富民之义的。

从"絜矩之道"自含有富民之义的角度出发,朱熹特别反对官府、统治者与民争利和无休止聚敛民财的做法。他说:

> 絜,度也;矩,所以为方也。方者,如用曲尺为方者也。何谓"是以君子有絜矩之道"?上面人既自有孝弟,下面民亦有孝弟,只要使之自遂其孝弟之心于其下,便是絜矩。若拂其良心,重赋横敛以取之,使他不得自遂其心,便是不方。左右前后皆然。言是以者,须是如此。后面说民之父母,所好所恶,皆是要与民同利之一事。且如食禄之家,又畜鸡豚牛羊,却是与民争利,便是不絜矩。②

> 或问:"絜矩之义,如何只说财利?"曰:"毕竟人为这个较多。所以生养人者,所以残害人者,亦只是这个。且如今官司皆不是絜矩。自家要卖酒,便教人不得卖酒;自家要榷盐,便教人不得卖盐。但事势相迫,行之已久,人不为怪,其实理不如此。"③

> 聚敛之臣剥民之膏血以奉上,而民被其殃。盗臣窃君之府库以自私,而祸不及下。仁者之心,至诚恻怛,宁亡己之财,而不忍伤民之力。所以与其有聚敛之臣,宁有盗臣,亦絜矩之义也。④

在上面引文中,朱熹明确地说"与民争利,便是不絜矩";而他批

---

① (宋)黎靖德编:《朱子语类》第二册,中华书局1986年版,第365页。
② (宋)黎靖德编:《朱子语类》第二册,中华书局1986年版,第367页。
③ (宋)黎靖德编:《朱子语类》第二册,中华书局1986年版,第368页。
④ (宋)朱熹:《四书或问》卷二,文渊阁四库全书本。

评的"如今官司皆不是絜矩",也在于他们实行酒、盐榷卖,与民争利。他甚至把"与其有聚敛之臣,宁有盗臣"的思想,也归入"絜矩之义"。这完全是站在"民本主义"的立场上来说话的。可以说,朱熹对《礼记·大学》"絜矩之道"思想的一个重要发展,就是纳入了一个宝贵的民本思想。在朱熹看来,"絜矩之道"是一种道德,但统治者不能空谈道德,要贯彻这种道德,必须副之以爱民、富民的民本思想。

第三,丰富、发展了传统的"恕"道内容。

《礼记·大学》"絜矩之道"所讲的"所恶于上,毋以使下;所恶于下,毋以事上;所恶于前,毋以先后;所恶于后,毋以从前;所恶于右,毋以交于左;所恶于左,毋以交于右",究其实质,就是一个"恕"字。朱熹也是这样认为的。他说:

> 问絜矩之道,推己度物而求所以处之之方,故于上下、左右、前后之际,皆不以己之所不欲者施诸彼而已矣。然皆以敬老、事长、恤孤之三者,推之以见民心之同然,故下文极言好恶不可以异乎人,而财利不可以擅乎己。苟为不然,皆取恶之道也。是则一章之意,无非发明"恕"之一字。①

> 问:"'终身行之,其恕乎!'絜矩之道,是恕之端否?"曰:"絜矩正是恕。"②

> 见曾子之传发明"恕"字,上下四旁,无不该也。③

> 恕,亦是絜矩之意。④

可见,"絜矩之道"即是"恕"道,朱熹的这一思想是很明确的。但是,朱熹并不认为"絜矩之道"所讲的"恕",就是传统的一般意义

---

① 《御纂朱子全书》卷八,文渊阁四库全书本。
② (宋)黎靖德编:《朱子语类》第三册,中华书局1986年版,第1161页。
③ (宋)黎靖德编:《朱子语类》第二册,中华书局1986年版,第364页。
④ (宋)黎靖德编:《朱子语类》第二册,中华书局1986年版,第364页。

上的恕，它不完全等同于孔子所讲的"己所不欲，勿施于人"和"己欲立而立人，己欲达而达人"。他对"絜矩之道"中"恕"的思想，做了新的发挥。

> 问絜矩。曰：只把"上下""前后""左右"等句看，便见。絜，度也。不是真把那矩去量度，只是自家心里暗度那个长那个短。所谓度长絜大，上下前后左右，都只一样。心无彼己之异，只是将那头折转来比这头。在我之上者使我如此，而我恶之，则知在我下者心亦似我如此，故更不将所责上底人之心来待下人。如此，则自家在中央，上面也占许多地步，下面也占许多地步，便均平正方。若将所责上底人之心来待下，便上面长，下面短，不方了。下之事我如此，而我恶之，则知在我之上者心亦似我如此。若将所责下底人之心更去事上，便又下面长，上面短了。左右前后皆然。待前底心，便折转来待后，待左底心便折转来待右，如此便方。每事皆如此，则无所不平矣。①

这段话中"恕"的思想，已经和传统的讲法有所不同。传统的"恕"讲的是如何对待他人，是"己"与"彼"二者的关系，而朱熹讲的则是以"己"为中央，和上下、前后、左右多方面的关系；对于这上下、前后、左右，都要像矩之方正，可以以"己"为中点进行对折，比前比后，比上比下，比左比右，都无不均齐方正，无有余或不足。这是一种至公至正的态度，是一种更为复杂的人际关系中的"恕"。关于这一点，朱熹有时候把他讲的"絜矩之道"的"恕"，叫作"三折说"或"三人"说，有时候则叫作"七人"说。

"己欲立而立人，己欲达而达人"，是两折说，只以己对人而

---

① （宋）黎靖德编：《朱子语类》第二册，中华书局1986年版，第363页。

言。若絜矩，上之人所以待己，己又所以待人，是三折说。①

德元问："'我不欲人加诸我，吾亦欲无加诸人'，与絜矩同否？"曰："然。但子贡所问，是对彼我说，只是两人，絜矩则是三人尔。"②

李文［丈］问："尽得絜矩，是仁之道，恕之道？"曰："未可说到那里。且理会絜矩是如何。"问："此是'我不欲人之加诸我，吾亦欲无加诸人'意否？"曰："此是两人，须把三人看，便见。人莫不有在我之上者，莫不有在我之下者。如亲在我之上，子孙在我之下。我欲子孙孝于我，而我却不能孝于亲；我欲亲慈于我，而我却不能慈于子孙，便是一畔长，一畔短，不是絜矩。"③

《中庸》一段所求乎子之事我如此，而我之事父却未能如此；所求乎臣之事我如此，而我之事君却未能如此；及所求乎弟，所求乎朋友，亦是此意。上下左右前后及中央作七个人看，便自分晓。④

以上引文说明，朱熹赋予"絜矩之道"的"恕"的含义，确实和传统的"恕"是有区别的，是传统"恕"道思想的一个发展。这些思想内涵，也可能是《礼记·大学》"絜矩之道"中所内含的，但却是经过朱熹才将其揭示出来。

二 朱熹絜矩思想的文化内涵

那么，朱熹对《礼记·大学》絜矩思想的发展，透露出一种什么样的文化信息呢？或者说，在朱熹的絜矩思想中，我们可以看到一种

---

① （宋）黎靖德编：《朱子语类》第二册，中华书局1986年版，第362页。
② （宋）黎靖德编：《朱子语类》第二册，中华书局1986年版，第365页。
③ （宋）黎靖德编：《朱子语类》第二册，中华书局1986年版，第365页。
④ （宋）黎靖德编：《朱子语类》第二册，中华书局1986年版，第427页。

什么样的民族文化心理或民族文化特征呢？

在中国民族文化心理中，有一个特别重要的文化观念，就是对"均平"的崇尚和追求。以往的思想文化史研究中，一谈到中国传统文化的基本要素，人们总是习惯于举出仁、义、忠、孝、诚、信等，将这些看作是构成中国文化思想之网的关键节点。但是，人们却忽视了这样一个事实，即中国人民对公平、公正、均平的价值追求，始终是一个重要的心理情结。均平观念和仁、义、忠、孝、诚、信等文化观念一样，也是中国传统文化最基本的文化要素，甚至是最重要的文化要素。平均观念，渗透在中国传统文化的各个思想领域，是各种政治思想、社会思想、伦理思想乃至经济思想的重要支点。从中国思想文化的这一重要特征出发，笔者认为，在中国传统思想文化研究中，应该提出一个"均平文化"的概念，并对之进行系统的、全面的探讨。就像人们重视的孝文化、忠文化研究一样，要开展对"均平文化"的深入研究，借此达到对中国传统文化更深入更全面的认识和把握。

如果从"均平文化"的角度看问题，我们会发现，朱熹对《礼记·大学》篇絜矩思想的发展，无不渗透着均平文化的思想要素。

仔细审读《礼记·大学》篇关于"絜矩之道"的原文，它并没有提出均平的思想，而朱熹则以"平均"释"絜矩"，把絜矩思想纳入均平思想的范畴，或者说将自己的均平思想塞进"絜矩"思想体系之中，把本来作为一种伦理观念而存在的、讲求君子修养的"絜矩之道"，变成了一种使天下之人无"一夫之不获"、天地之间"无一物不得其所"、人人"无不均之叹"、最终实现儒家"治国平天下"的价值追求。说朱熹对"絜矩之道"的这一发展，是均平文化的渗透不无道理。

朱熹把民本思想塞入《礼记·大学》篇所阐述的絜矩思想，借阐释"絜矩之道"而强调富民思想，也是体现着一种"均平文化"的思想要素。当《礼记·大学》篇阐述"上老老而民兴孝，上长长而民兴弟，上恤孤而民不倍"这一上行下效思想时，大概是没有富民思想包含其中的，它和孔夫子一贯强调的"君子之德风，小人之德草，草上之风，必偃"①，"上好礼，则民莫敢不敬；上好义，则民莫敢不服；上好信，则民莫敢不用情"②的思想，完全是一脉相承的。而朱熹则别出心裁地讲出了一番下效得有物质基础做支撑，"若不絜矩"，民无财力，"则虽躬行于上，使彼有是兴起之善心，而不可得遂，亦徒然也"的道理，从而使富民思想与作为伦理修养的"絜矩之道"发生了联系，甚至成为其实践的前提。而富民，就要杜绝横征暴敛，分财予民，达到社会财富分配的公平和均衡。这就是古代"均平文化"的基本理念。

甚至就是被朱熹发展了的"恕"的思想，也渗透着"均平文化"的思想理念。在现代人的思想观念中，"恕"和均平是没有什么联系的，但古代的"均平"观念则是一个含义丰富的文化理念，"恕"的思想也包括在其中。中国古代的"平均"或"均平"，除了有公平、公正和平衡、均衡的意义之外，合理、和谐也是其基本的含义，建设公平公正、安乐祥和、秩序规范的和谐社会，就是"均平文化"的价值理念。

宋卫湜《礼记集说》中载：

> 又乐书曰：乐合生气之和，道五常之行，使主敬主亲主顺之道，皆会归于和。父子兄弟和亲于闺门，乐之化行乎一家也；长幼和顺于族长乡里，乐之化行乎乡遂也；君臣上下和敬于宗庙，乐之化行乎一国与天下也。古乐之发，修身及家平均天下，如此而已。③

同样是这一段话，清乾隆十三年钦定的《礼记义疏》记曰：

> 陈氏旸曰：父子兄弟和亲于闺门，乐之化行乎一家也；长幼和

---

① 杨伯峻：《论语译注》，中华书局1980年版，第129页。
② 杨伯峻：《论语译注》，中华书局1980年版，第135页。
③ （宋）卫湜：《礼记集说》卷一〇〇，文渊阁四库全书本。

顺于族长乡里，乐之化行乎乡遂也；君臣上下和敬于宗庙，乐之化行乎一国与天下也。古乐之发，修身及家平均天下，如此而已。①

这两段话都是在讲乐的社会功能和作用。乐之教化，可以使家族亲睦，乡里和顺，国家天下祥和安乐。古代思想家把这种家族亲睦、乡里和顺、天下祥和的和谐状态，视为平均或均平。和谐是"恕"所追求的境界，也是平均的基本内涵。从这个角度讲，朱熹借阐述"絜矩之道"而发挥的"恕"的思想，也透露出"均平文化"的信息。

以上分析说明，朱熹对"絜矩之道"的阐释，反映着我们民族文化中特别崇尚平均的文化心理。那么，朱熹为什么要用"均平文化"去解读先秦时期的这个思想概念呢？这是与朱熹所处时代的文化面貌相联系的。朱熹所处的时代，是中国古代"均平文化"非常发达的时期，崇尚平均，以均平为基本的价值追求，是这个时代文化面貌的一个突出特点。这当然是有社会的政治经济原因的。不过，以本文的笔墨，还不能展开去论证这个问题，我们仅想举出宋代均平思想发展的广泛性来予以说明。

和朱熹同时代或稍前稍后的一些学者和思想家们，在解《易》《诗》《书》等儒家经典时，大都把均平思想掺杂进去，从而创造了南宋时代异常突出的均平文化。靖康间人，比朱熹稍早几十年的耿南仲，在解《易》之乾卦时说：

乾之为乾，语其德，则大德成备。其下足以旁通情也，其上足以御天，云行雨施，则其利泽均平，而无彼疆尔界。此乾之所以惟天为大，而孔子叹之也。②

---

① （清）《礼记义疏》卷五二，文渊阁四库全书本。
② （宋）耿南仲：《周易新讲义》卷一，文渊阁四库全书本。

耿南仲赞乾之大德，在于"上足以御天，云行雨施，则其利泽均平，而无彼疆尔界"，这是对一种绝对均平境界的崇尚，并且将这种均平作为一种至高无上的"大德"去赞誉。和朱熹同时代的夏巽、黄伦、李樗、陈经等人，都很明确地表达过均平思想：

> 昔君文王、武王之于天下，皆大均平，其富厚之泽，使之家给人足，不以咎罚治人为务。①
>
> 吕氏曰：古之称宰相者，多以平为主。在商则谓之阿衡，衡平之谓也。天之所以立君命相者，不过欲平天下之所不平者尔。使四海之内，贵者贵，贱者贱，耕者耕，织者织，士农工商，鳏寡孤独，事事物物，或适其宜，是冢宰均平天下之道。均之一字，是宰相之大纲。②
>
> 孔子曰："公则说。"人主苟有均平之心，则虽征役之重，不以为怨。若有不均之心，则虽征役未甚劳苦，而人亦将怨矣。观幽王之所为，则甚不均矣。《大东》之诗，则赋役亦不均，有粲粲衣服者，有葛屦履霜者。《北山》之诗，役使不均，有偃息在床者，有不已于行者。以此二诗观之，则幽王之政无一得其平矣。③
>
> 均四海，均平也，使四海各得其平。贤者居上，不肖者居下，则贤不肖得其平。贵不陵贱，贱不犯贵，则贵贱得其平。推此以往，无适不平。古之宰相，如谓之阿衡，谓之平章，皆取均平之义也。④
>
> 世有今古，而理之所在不可易也，有圣君贤相起焉。本先王所以仁民者，竭其心思，揆以天道，协于时义，而损益之，其公平均一之道，盖有可得而求者矣。夫岂有世异而事殊，胶而不可行之患哉。⑤

---

① （宋）夏巽：《夏氏尚书详解》卷二三，文渊阁四库全书本。
② （宋）黄伦：《尚书疑义》卷四四，文渊阁四库全书本。
③ （宋）李樗、黄櫄：《毛诗李黄集解》卷二六，文渊阁四库全书本。
④ （宋）陈经：《陈氏尚书详解》卷四〇，文渊阁四库全书本。
⑤ （宋）张栻：《癸巳孟子说》卷三，文渊阁四库全书本。

> 盖善养老，则其仁心之所存，仁政之所行，可知矣。仁人见其然，是以乐从之。自五亩之宅树墙下以桑，而下其善养老之道也。以制田里为先者，田里之制不定，则多寡贫富之不齐，而政教亦未由行也。惟先制其田里，使各有常产，公平均一，而俱无不足之患，然后政教可行焉。①

朱熹的长孙朱鉴，亦可视为和朱熹大体同时代的人。朱鉴对均平思想也有过十分明确的表达和辨识：

> 臣伏见近年惟有主张近习一事，赏信罚必，无所假借，自余百事，多务含容，曲直是非，两无所问，似闻圣意谓如此处置方得均平，此诚尧舜之用心也。然臣于此窃有疑焉。若推其本，则臣固已妄论于前，只据平之一字而言，则臣于易象称物平施之言，窃有感也。盖古之欲为平者，必称其物之大小高下，而为其施之，多寡厚薄，然后乃得其平。若不问其是非曲直，而待之如一，则是善者尝不得伸，而恶者反幸而免。以此为平，是乃所以为大不平也。②

大量资料证明，在朱熹的时代，人们普遍关注社会的均平问题，崇尚平均已经成为一种普遍的文化心理。朱熹所以用"均平文化"去诠释《礼记·大学》中的"絜矩之道"，是有他的时代的社会心理方面的原因的。

三 朱熹絜矩思想的历史影响

《礼记·大学》篇中的"絜矩之道"，经朱熹阐发之后，成了中国

---

① （宋）张栻：《癸巳孟子说》卷七，文渊阁四库全书本。
② （宋）朱鉴：《文公易说》卷八，文渊阁四库全书本。

传统思想文化史上一个重要思想观念，在以后的元明清几个朝代被广泛使用。在后人的著作中，我们看到，许多学者开始重视絜矩思想，并且接受了朱熹对絜矩的解释和发挥。

元人金履祥在《大学疏义》中写道：

> 夫老老长长恤孤之事行于上，而兴孝兴弟不倍之心作于下，于此焉可以见人心之同然者矣。夫人之心本无以异于己，则己之心当推以处乎人，使为人上者不能以己之心度人之心，所欲而不与之聚，所恶而或以施之，则天下之人将不得获其所处之分，而无以遂其所兴之志矣。是以君子于此有絜矩之道焉。所谓絜矩者，图度取方之谓也。所谓絜矩之道者，即其在我，度其在人，必使物我之间，上下四旁，不相侵越，面面得其所取之方，人人得其所有之分，概而视之，累而观之，皆截然方正，无高低广狭长短不均之处，此之谓絜矩之道也。以絜矩之心，行絜矩之政，天下之大将无一人之不得其分，无一人之不获其所者，所以人人得亲其亲，长其长，恤其孤，而天下平矣。[①]

明人丘浚在《大学衍义补》中对"絜矩"为平天下之要道有最好的阐述：

> 平天下之道，不外乎化之、处之二者而已。盖人君以一人之身而临天下之大，地非一方不能处处而亲履之也，人非一人不能人人而亲谕之也，必欲治而平之，岂能一一周而遍之哉！夫我有此本然之性，而人亦莫不有此本然之性；我尽我本然之性使之观感兴起，而莫不尽其本然之性皆如我性之本然者焉，是则所谓化之也。夫我有此当然之理，而彼亦莫不有此当然之理，我以当然之理推之以量

---

① （元）金履祥：《大学疏义》，文渊阁四库全书本。

度处置，使彼各得其当然之理，皆如我理之当然者焉，是则所谓处之也。盖化之以吾身，处之各以其人之身，其人所有之理，即吾所有之理是理也。具于心而为性，人人皆同，以吾之心感人之心，上行下效各欲以自尽，以己之心度人之心，彼此相方各得其分愿矣。必使物我之间，上下四傍，不相侵越，前后左右不相违背，面面得其所处之方，人人得其所有之分，概而视之，累而观之，皆裁然方正，无高低广狭长短不均之处。是则所谓絜矩也，以絜矩之心行絜矩之政，天下之大将无一人不得其分，无一事不得其理，无一地之不从其化，人人亲其亲，长其长，恤其孤，由家而国，国无不然；由国而天下，天下无不然。所谓王道平平，王道荡荡，王道正直，端有在于斯矣。①

清代为皇帝编写的《日讲四书解义》大学篇说：

> 曾子曰，人之制器，必度之以矩；而君子处物，则度之以心。盖一人之心，无殊于千万人之心也。如上下四旁，位虽不一，其心则同……盖以人比己，以己度人，故上下四旁，均齐方正，此乃谓之絜矩之道也。人君诚用此道以治天下，以一己之心度人之心，则天下无不各得其所，而无有余不足之慊矣。平天下之道，宁外此与！②

以上这些对絜矩思想的阐发，一方面把"絜矩之道"发挥得淋漓尽致，提高到治国平天下之要道的极端重要的地位；另一方面，也可以看出，所有这些解释，无一不是沿着朱熹所规定的思维路线进行发挥和阐述，甚至不少地方都在重复朱熹的原话。朱熹思想的影响清晰

---

① （明）丘濬：《大学衍义补》卷一五九，文渊阁四库全书本。
② （清）《日讲四书解义》卷一，文渊阁四库全书本。

可见。

朱熹之后,絜矩思想不仅在思想家的著作中得到普遍反映,并且在一般学人或士大夫家庭的社会生活中,也广泛使用和流传。人们崇尚"絜矩之道",为表示自己贯彻大学之道的志向,就以此为自己的堂舍取名"絜矩堂""絜矩斋"等。

朱熹的学生黄干撰有一篇《袁州萍乡县西社絜矩堂记》,记云:

> 晦庵先生初创社仓以惠其乡人,欲以闻于朝,颁之州县。江湖间好义者争效焉。袁州萍乡社仓九县西其一也。钟君唐杰为之记,有堂焉未名。胡君叔器谋于干,以絜矩名之。①

这是为"义仓"起名"絜矩堂",以表均平财富、兼善天下之义举。

南宋孝宗时人刘处撰有《絜矩堂记》一篇:

> 予友祝君士表,取大学絜矩之义名其堂,而属予以记……有志于仁者,当知穹壤之间,与吾并生,莫非同体。体同则性同,性同则情同,公其心,平其施,有均齐而无偏畸,有方正而无颇邪。帅是以往,将亡一物不获者,此所谓絜矩之道也。然大学既言絜矩,而继以义利者,岂异指哉?利则惟己是营,义则与人同利,世之君子平居论说,孰不以平物我公好恶为当,然而私意横生,莫能自克者,以利焉尔。利也者,其本心之螟螣,正涂之榛莽欤。大学丁宁于绝简,孟子恳激于首章,圣贤深切为人未有先乎此者。然则士之求仁,当自絜矩始。而推其端又自利义之分始,吾子以谓如何?祝君曰然,请以是为记。②

---

① (宋)黄干:《勉斋集》卷九,文渊阁四库全书本。
② (宋)刘烓:《云庄集》卷四,文渊阁四库全书本。

这是为表明堂屋主人的心迹和志向，表明其贯彻大学之道的人格追求，以堂名而自励，而取名"絜矩堂"。

元人刘将孙《养吾斋集》收录有一篇《絜矩堂记》：

> 絜矩堂者，永丰曾氏义翁记其先训于此者也。义翁之言曰：先君子霜月先生，四十年场屋不得志，晚逢科废，辟地东西，转侧深僻间，惟教子日笃……暨事定返舍，扁厅东偏曰："絜矩"，使诸子读书其中。尝谓义翁兄弟曰：儒吾世慎，毋轻堕斯业，且必为通儒。矩方也，规圆也，人以方非所以处世，吾则谓方；乃所以为圆，斯义也。如有合于予心，己所不欲，勿施于人。他人有心，予忖度之，可以持身，可以待人，吾生平所历，非守此方，以应于圆，讵能及今日耶！①

这是一个普通读书人以"絜矩"为家教之方，命名堂舍。

以"絜矩"命名的做法，还见于一些书院或官府斋舍的取名。不少地方志书中有这样的记载。如：

> 《赣州兴国县安湖书院记》："书院之制，前为燕居，直以杏坛旁为堂，左先贤祠，祠后为直舍，缭斋以庑，临溪为门，堂名絜矩斋，名笃志求敏，明辨主善，率性成德，其门总曰安湖书院。"②

> 《陕西通志》卷十五《公署》："弘治十五年，知府马炳然拓修后堂颜曰'絜矩'，内署吏舍悉新之。"

> 《浙江通志》卷三十："御书福字额，雍正十年赐布政使臣王紘，内为宅，门为絜矩堂。""吏舍堂后为川堂，为絜矩堂，西为使宅。"

---

① （元）刘将孙：《养吾斋集》卷一八，文渊阁四库全书本。
② （清）《江西通志》卷一二六，文渊阁四库全书本。

也有人崇尚絜矩，以此为号："南昌府志：端方字矩叔，丰城人，自号絜矩病叟。"①

南宋以后，由于絜矩思想的传播和流行，逐渐将此作为一种品德修养的评价用语，用于对人物性情和情操的褒扬。如下边的一些材料：

> 公讳晋，字混成，河东虞乡人，廉忠温厚，絜矩通理，秉义以立……②

> 公即太常府君之长子也，幼而岐嶷，长而淳懿，絜矩慎浊，抱仁戴义，闳深博辩之学，稽古礼文之事，炳若含章，靡不通贯。③

随着絜矩思想的流行，以"絜矩"入诗的做法也渐为普遍。所谓诗言志，诗人们也以"絜矩"抒发其情怀：

> 送子南征爱子深，殷勤听取拙翁吟。为儒但有书堪信，试邑元无谱可寻。民病盍知渠即我，郡贫应念昔非今。圣门絜矩真良法，彼此秤停要尽心。④

> 输多欠少讵能无，积少为多遂屡逋。江浙已胥沾我泽，青齐忍听向其隅。率因灾歉成陈负，概与优蠲俾众娱。絜矩要从民所好，为民父母意殷吾。⑤

> 节度江南历多岁，练于吏治悉河工。惟应益慎勤诸事，勿以已知懈一躬。不患士文武莫弛，欲求民裕俭当崇。久而敬者晏平仲，絜矩为师尔我同。⑥

---

① （清）朱彝尊：《经义考》卷三七，文渊阁四库全书本。
② （清）《山西通志》卷一九二，文渊阁四库全书本。
③ （清）《山西通志》卷一九二，文渊阁四库全书本。
④ （宋）林希逸：《竹溪鬳斋》——《鬳续集》卷一五，文渊阁四库全书本。
⑤ （清）《钦定南巡盛典》卷一一，文渊阁四库全书本。
⑥ （清）《钦定南巡盛典》卷二〇，文渊阁四库全书本。

于斯设絜矩，吾独取匡衡。①
絜矩思为政，淳风个里寻。②
形下形上道可通，古今絜矩睪思中。③

"絜矩之道"虽是《礼记·大学》篇所提出，但此后则不被重视，甚至湮灭不闻。如果不是朱熹的重新提起并赋予诸多新的含义，它在元明清思想文化史上产生影响是不可能的。元明清时期，絜矩思想的被重视及其广为传布，应该说是朱熹重新发明"絜矩"之义的结果。

原载《商丘师范学院学报》2005年第1期

---

① （清）《国朝宫史》卷一五，文渊阁四库全书本。
② （清）《御制诗三集》卷二九，文渊阁四库全书本。
③ （清）《御制诗四集》卷四一，文渊阁四库全书本。

关于中国思想史研究
方法论的思考[*]

  关于中国思想史研究的方法论问题，学术界已经有过许多讨论。除了几十年一直坚持的社会存在决定社会意识这一总的方法论之外，具体的方法论研究也很有成效。比较引人关注的，如侯外庐学派注重思想史与社会史关联的方法论；以刘泽华为代表的王权主义学派从矛盾中陈述历史的方法论、阴阳组合结构方法论；葛兆光的从一般知识、思想与信仰中阐述思想进程的方法论；张分田提出的以罗列事实为主的研究方法；雷戈所使用的"历史—思想研究法"，等等。[①] 根据本人的思想史研究实践，在上述思想史研究方法之外，笔者以为，还有一些方法论思想值得重视，提出来以供商讨。

---

 [*] 本文是作者参加2018年5月在日本东京召开的第十届中日中国古代史论坛的发言稿，也是在已有研究成果的基础上，从新的问题意识出发，为着会议论题的需要组织成文的。文章讨论中国思想史研究方法论问题，其例证取自本人已经发表的论文。所以，具体内容与已有论文有不少重复，敬请读者原谅。

 [①] 这方面的研究成果，请参考龚杰《论侯外庐学派的代表作〈中国思想通史〉》，《西北大学学报》1989年第1期。方克立、陆新礼《"侯外庐学派"的最新代表作——读〈中国儒学发展史〉》，《中国社会科学院研究生院学报》2010年第2期。李振宏《在矛盾中陈述历史：王权主义学派方法论思想研究》，《河南师范大学学报》2017年第5期；《天高皇帝近：一个重要的思想史命题》，《史学月刊》2007年第9期；《中国思想史研究中的学派、话语与话域》，《学术月刊》2010年第11期；张分田《完善事实陈述的主要途径——涉及中国思想史研究方法与视角的治学心得》，《湖南大学学报》2010年第6期。

一　要充分正视思想家思想的矛盾性，
　　以辩证的眼光看待、重视个体
　　思想的变化、矛盾和复杂性

　　思想家经历的是一个活的人生，而后世看到的思想文本，则是平面的不变的文字陈述。文本的平面性，掩盖了活的思想的变化、发展及其历史性，而研究者多不察此情，而把思想家当作一个确定不变的主体去看待。于是，当文本的复杂性和矛盾呈现出来的时候，研究者的评价便产生了歧义。我们必须提出一个以辩证的眼光去分析思想标本的问题。

　　以孔子研究为例。在孔子研究或孔子评价中，有一个很流行的说法，即认为孔子的政治理想是恢复周礼，其思想属性是倒退。"文化大革命"中更是把孔子说成是一个最大的复古倒退论者，是复辟奴隶制的代表人物。① 其实，真正伟大的思想家，都不可能是倒退论者，特别是像孔子这样影响了中国历史两千多年的重要人物，更不可能。判断孔子是倒退论者，说其政治理想是恢复周礼，肯定不符合孔子思想的真实面貌。

　　当然，孔子的确在不少地方都对周礼表现出极大的兴趣，也有不少以传统的礼来评论当时社会行为的言论。常被人们引用的孔子相关言

---

① 蔡尚思也说："（他）总是想召回已经被社会实践否定了的周礼的鬼魂，这是孔子在政治上的基本信念。"（《孔子思想体系》，上海人民出版社1984年版，第73页）匡亚明说："孔子一生以维护、恢复'周礼'为己任，他的各项政治主张都是从这一总目标出发而提出的。"（《孔子评传》，南京大学出版社1995年版，第254页）任继愈说："他一生致力于维护正在崩溃中的奴隶制度（周礼），他希望有一天能在齐、鲁这类国家复兴文王、周公之道。"（《中国哲学史》第一册，人民出版社1955年版，第61页）李泽厚说："无论哪派研究者恐怕很难否认孔子竭力维护、保卫'周礼'这一事实。《论语》讲'礼'甚多，鲜明表示孔子……要求人们从各方面恢复或遵循'周礼'。"（《中国古代思想史论》，人民出版社1995年版，第8页）以笔者的看法，这些思想家的解释，都过多地受到了社会政治环境的影响，在他们那个时代，是可以理解的。但孔子主张恢复周礼的认知，却牢牢地沉积，几乎成了人们普遍的历史认知。

论如:

《论语·八佾》:子曰:"周监于二代,郁郁乎文哉!吾从周。"

《论语·八佾》:孔子谓季氏,"八佾舞于庭,是可忍也,孰不可忍也?"

《论语·季氏》:孔子曰:"天下有道,则礼乐征伐自天子出;天下无道,则礼乐征伐自诸侯出。自诸侯出,盖十世希不失矣;自大夫出,五世希不失矣;陪臣执国命,三世希不失矣。天下有道,则政不在大夫。天下有道,则庶人不议。"

但是,当无法还原具体的言论背景的时候,我们是无法对这些言论的真实内涵或具体所指做出明确判断的,不能抓住几段话而妄下结论。这里用得着的是整体性思维。我们需要把孔子思想作为一个整体去对待,要考察他的基本的思想倾向。孔子作为思想家而铭刻于世,他的思想特质相对于周礼来说,最主要的是突破或背叛,而不是承袭或复归。譬如得到学界广泛认可的,孔子思想的核心是"仁"而不是礼;孔子的用人思想,主张"举贤才"而不是亲亲贵贵;孔子的教育主张"有教无类",等等,无一不是对周礼的突破或背叛,这些才是孔子思想最突出最重要的方面,而它与恢复周礼是不兼容的。笔者曾撰写过《"克己复礼"的百年误读与思想真谛》[①]一文,专门辨析这一问题,可供参阅。在这篇文章中,关于如何看待孔子对周代社会的崇尚与向往问题,笔者提出了三点看法。

首先,孔子所向往的是周代社会的秩序化,而非周代的秩序本身。

思想家的创造不可能向壁虚造,他必然要从所处的时代中汲取启迪。而孔子的时代,是一个诸侯争霸、战乱频仍,"争地以战,杀人盈野;争城以战,杀人盈城"的时代,有鉴于此,他把未来社会的蓝图

---

① 赵书妍、李振宏:《"克己复礼"的百年误读与思想真谛》,《河北学刊》2005年第2期。

定格在秩序与和谐方面，其所有政治主张都表现出对秩序、和谐、稳定社会的向往。而当新社会的未来趋向也还没有展示出来的时候，孔子理论设计的灵感，就不能不来自历史的记忆，而近世西周的历史就正具有秩序、和谐、稳定的特征，周礼对维持西周社会的秩序与稳定又的确起到了重要的规范作用，所以，孔子对周礼表现出一定程度的兴趣是可以理解的。如上所引，仔细分析，孔子对八佾舞于庭的谴责，对礼乐征伐自诸侯出、大夫出以至陪臣执国命局面的不满，则都是从秩序的角度出发的，而并不是对周礼本质属性的肯定。他不可能一方面在重大原则上背叛着周礼，另一方面又时时处处以周礼为依归，孔子不是如此矛盾的没有逻辑的人。孔子对周礼某种程度的肯定与向往，其实是时代的困惑使然。这正应了恩格斯那句名言，不成熟的理论，是和不成熟的生产状况、不成熟的社会状况相联系的。①

其次，孔子思想与当时社会的不谐和性，也加重了他对周礼的感情。

孔子是一个有着强烈的现实关怀和坚定信念的人，为着他的理想在十几年间奔波游说于诸侯国之间，栖栖惶惶，席不暇暖，但却四处碰壁，屡屡受挫。他越是急切地希望实现他所设计的社会理想，越是碰壁受挫，其向往秩序化社会的情感就越强烈；于是，相对于乱离之世，秩序稳定的西周时代，对他就越显示出特殊的价值和意义。这样，理想与现实的不谐和性，也一再强化他对周礼造就秩序化社会的情感。"周监于二代，郁郁乎文哉！吾从周。"就是这种情感的自然流露。但这些并不影响他对周礼的基本立场。他要改变周礼所维系的社会，要创造新的时代，但又不被时代所接纳；他欣赏周代的社会秩序，而又明明知道这是一个被抛弃的时代，不能倒退回去。在一个极其矛盾的心态中，流露一些缅怀昔日的伤感，是完全可以理解的。而要以此为

---

① 恩格斯的原话是："不成熟的理论，是和不成熟的资本主义生产状况、不成熟的阶级状况相适应的。解决社会问题的办法还隐藏在不发达的经济关系中，所以只有从头脑中产生出来。"（《反杜林论》，人民出版社1972年版，第256页）本文仅借重恩格斯看待这类问题的思想方法。

据，不顾及他的理论的基本属性而判断其为倒退论者，则是对孔子的严重歪曲。

最后，一个思想家思想理论中出现矛盾的情况，也是可以理解的。

人的一生，从青年到老年，思想的发展、成熟是一个过程，前后变化甚大，甚至其晚期思想还可能是对早期思想的背离或否定。因此，历史上留下来的思想家的思想资料，当不能区分其具体时代背景，仅仅是作为一个平面来呈现的时候，出现矛盾现象是极其正常的。孔子的情况就是这样。无论是《论语》中的孔子言论，还是《礼记》《左传》《周易大传》中的孔子话语，都很难区分其具体的时代或语言背景，都只是些片段性的语录或成语。这些产生在不同时期、不同语言环境中的孔子言论，平面而非纵向地排列在一起，自然会产生自相矛盾的情况。即使不是发展造成矛盾性，一个人同一时期对于不同问题的认识，也还可能产生矛盾和抵牾。抓住矛盾的材料的一个方面，而不顾及其思想的整体，是思想史研究中产生歧义的原因之一。我们应该能够正视这些矛盾，理解历史人物的思想困惑。

在这篇文章中，关于如何理解孔子的困惑，我写下了这样一段话，可以表明我们的思想方法，摘引如下：

> 孔子生活在一个大变革时代的前奏阶段，旧时代温暖的阴影还没有散去，新时代的曙光还来不及清晰地绽放；旧时代的思想还有适宜的温床，而新时代的精神却找不到植根的土壤；他致力于改变旧的时代，却不被当下的时代所认同；他无法在不成熟的现实中寻找新思想的要素，而只能带着创造新思想的努力在过往的时代中搜索；他仅仅靠着历史的积累和博大的胸怀以及敏锐的洞察力，就创造了新的时代思想。孔子就这样尴尬地走在了时代的前头。于是，我们看到的就不能不是一个带着对旧时代深情眷恋的开拓者，一个立足于旧时代的新时代的创造者。一个真正尊重历史辩证法的人，一个真正理解孔子的人，是不会因为看到了一些他对周礼的赞美，

就对他产生历史的误会的。应该说,孔子的思想是属于一个新时代的精神支柱,而这个新的时代还没有到来,他所设计的"礼"在客观上是为后世准备的。

综上所述,历史的过去性使我们无法完全恢复历史的真相,思想家思想资料的复杂性、矛盾性,也不可能得到完美的确切的解释,这是一个无可奈何的事实。这种状况要求我们,只能从思想的整体性出发,尽可能把握思想家的整体思想状况,分析他的整个思想体系,对之做出基本判断,而不要抓住其某一个方面,特别是不能过于放大某一个方面,思想资料中出现某些矛盾的不一致的东西并不可怕,只要抓住其主要方面,其思想属性便不难判定。有了这样的思想方法,许多看似矛盾的东西,就可以有个基本的解决了。

二 思想的演化与分化是思想史发展的正常途径,思想史研究重在弄清思想发生发展的历史线索,而非一味地回归思想的原点

从思想发展的正常途径来看,某种思想观念或概念术语提出之后,在其传延中,不可避免地会发生歧义性变化,甚至于最后失去原来的意涵,而变成一种新的思想观念。而在思想研究中,对此现象则出现了不同的评判。一种是一味地强调正本清源,思想回归,复原思想或概念术语的原本意义,而否定其衍生意义;另一种做法,则是弄清其发展演变的具体过程,承认或认可其变化,给其新内涵以正当性,并发放通行证。

我们以孔子"不患寡而患不均"这句话的演变为例。

《论语·季氏》篇中孔子有一段名言:"不患寡而患不均,不患贫而患不安。盖均无贫,和无寡,安无倾。"不管这段话的原意如何,它事实上已经成为中国古代平均主义思想的渊薮,在中国古代政治思想、

社会思想和经济思想史上占有重要地位。但是，孔子的本意，确实不是如此。

孔子的原话出自这样一个语言背景：孔子的两个学生冉有和季路要辅佐季氏去攻打颛臾，孔子劝阻他们。冉有强词夺理地说颛臾近于季氏的封邑费地，不解决颛臾的问题，将会对季氏的后世子孙造成威胁。孔子反驳冉有说，治国的道理在于"不患寡而患不均，不患贫而患不安"，不在于他所占有的土地和人民的多寡，而在于国内的政治是否平均，在于人们是否"各安其分"；不在于国家是否富足或贫穷，而在于他的人民是否安宁，社会是否秩序祥和。从这个道理说，季氏的问题不是颛臾的威胁，而在于他的家门之内，攻打颛臾只是季氏想扩大地盘的借口罢了。

就是这样一个背景的一段话，在后世引起了无尽的解释。从总体上说，后人的解释，分成两大派别。一是经学家的解释，多把孔子所讲的"寡"与"不均"理解成土地人民的寡少和政治或政教的不均平，不能"各安其分"；而一般的政治家、历史学家或文人学士，则多从财富的多少和不平均进行解释。这是两条截然不同的致思路径。具体的演变过程，请参阅拙作《"不患寡而患不均"的解说》一文。[①] 到了近代以后，"不患寡而患不均"命题，则完全失去它原本意义的政治意涵，而变成一个地地道道的经济思想概念。

把"不患寡而患不均"当作一个经济学术语，并理解为平均主义的思想渊薮，远离了孔子思想的原本意义，从严格的思想史研究来说，人们会怀疑这种解释的正当性、合理性，但从思想的历史说，这则是其发展的很正常的途径。实际上，在传统文化中，"不患寡而患不均"对后世乃至今天真正发挥作用的，是对孔子原意改造后的思想，即从均平财富角度的阐释。这句话在现代人们的观念中，即是平均主义的思想渊薮。至于它的原本意义，几乎已经没有人知晓，并已经失去了

---

① 李振宏：《"不患寡而患不均"的解说》，《二十一世纪》2005年第5期。

意义。用它来表达一种平均主义思想，已经成为用来沟通人们心灵的格言。

　　当然，肯定思想发展中演化或变化的正当性，并不是反对我们在思想史研究中做文本方面的研究，并不是反对对思想的原创性做正本清源的考察。相反，正是弄清一种思想的原来面貌，才有利于我们认识这一思想的历史发展过程；对思想的正本清源的考察和清理，永远是有意义的。但是，我们一定要知道，在弄清了一种思想的原创意义的时候，一定不要否定它在后世发展出来的新的思想的正当性和合理性。

　　思想的发展是有历史的。但思想的历史是随着社会的发展而发展的。"不患寡而患不均"的被改造和发展，除了是由于孔子着重强调"礼"的时代已经过时，从"各安其分"的角度去理解"均平"概念已没有意义之外，这种改造和发展所以可能，是与其所赖以存在并发展的社会土壤分不开的。正是中国长达几千年的农业社会，为平均主义的滋生与发展提供了肥沃的土壤，才使得孔子的均平思想发生了衍变，使它摆脱那个特定时代的局限，成为能够为后世长久沿用的思想传统。

　　思想的传播是一个无限开放的发展的过程，一种思想产生之后，在它的传播的过程中被改造，被发展，被填充进新的内容，是思想发展的基本途径。如果一种思想命题提出之后，在后世的思想历史中，人们除了用文本主义的方法对之顶礼膜拜、无休止地回溯其原意便无事可做的话，那则真是这一思想的悲哀。当一个思想家提出了一种思想、一个命题的时候，也就是他为社会和后世提供了一个思维的空间，后人将在他所提供的思想躯壳中发现对现世有益的启示，用新的时代理念去对之利用和改造，从而将其发展为一种新的对现世有用的有益的思想。这样，一方面，现实的发展找到了历史的思想根据；另一方面，前人的思想也借此有了新的发展。这就是思想的历史。在人类思想史上，我们还没有看到任何一种古代思想，在经过后人解释之后又原封不动地回归到起点的例子。如果真的是这样，思想将真的没有历史，没有发展。如此说来，孔子的"不患寡而患不均"思想在后世被改造和发展，则是完全正当的、合理的。从事思想史研究，务必要有这样的思想向度。

三 重视思想家的学术个性研究，而不简单地把思想家划入汉代人所划定的先秦学术的某种派别

两汉以后，中国思想史上对先秦学术的认知，都是建立在汉人为我们奠定的阴阳、儒、墨、名、法、道这样一个学术体系上。而这样一个学术谱系，并非先秦学术的真实面貌。十年前，笔者曾经撰文《先秦学术体系的汉代生成》[1]，揭示这一顽固的学术认知是汉人强加给我们的，以此看待先秦学术，有很大的弊端。拙文指出，这一学术认知的弊端在于："对于某一学派内部，重其共性而忽视个性，而学派内部的差异是显而易见的；对于不同学派之间的个性说，又造成重视个性而忽视共性，忽视各学派共同的思想文化前提，忽视三代文化对于先秦学术的奠基意义。"

其实，如此认识先秦学术，不光是对于先秦学术，就是对于后代的学术思想研究，也造成了不良影响。我们看到，两汉以后的思想史研究，人们也总是习惯于把研究对象自然地归入某家某派，而严重忽略思想家的学术个性，忽略思想发展的基本规律。只要谈到一个思想家，总是非儒即道，间或以法家、杂家、阴阳家目之，唯独不是他自己，总是把一个鲜活的思想打上先秦思想图景的模式化印痕。一部中国古代思想史，变成了儒墨道法概念史。这是一个严重的认知偏见。有鉴于此，我们提出，中国思想史研究，应该重视思想家的学术个性，不要轻易把一个思想家简单地归入某家某派，以免忽略思想家在思想史上的特殊贡献。

---

[1] 李振宏：《先秦学术体系的汉代生成》，《河南大学学报》2008年第2期。

我们以陆贾为例来谈谈这个问题。

陆贾是汉初第一个有作品传世的思想家。尽管他作的是一篇命题作文,但其思想之宏阔和深刻,则奠定了汉初国家意识形态的理论框架。在汉代历史上,陆贾与萧何、韩信、张苍、叔孙通一起,被目为汉初国家制度建设的奠基人。①像陆贾这样的思想家,是极具个性的人物。但以往的陆贾研究中,人们多是沿袭惯性思维,将其归入司马迁之后人们才认定的先秦学术的某家某派。因为陆贾在本质上并不遵循所谓某家某派,而是从汉初的历史实际出发从先秦学术中汲取营养,构成自己独特的思想体系。所以,其思想体系中我们会发现有诸多学派的思想因素。于是,在陆贾思想研究中,就出现了人们各执一端,将陆贾归入不同派别的荒诞场景。

大体说,以往的研究提出了诸如儒家说、道家说、杂家说等看法,把人们对先秦儒家、道家、杂家的认知,投射到了陆贾身上,而忽略了陆贾这个思想家的自身个性,也忽略了汉初特殊的历史时代对思想发展的塑造或影响。而我们为什么要这样看问题呢?陆贾思想的形成,是吸收了诸多思想成分的结果,但他在吸收前人的过程中,也有分析,有取舍,不是简单地摘取和拿来,而是从自己的角度进行了选择和改造,把前人的东西融入自己的体系之中。这样,他从前人那里所吸收的东西,事实上已经变成了他自己的东西,牢牢地打上了个人印记。如此说来,陆贾为什么非得是儒家、道家、杂家,不能仅仅是他自己呢?陆贾就是陆贾,这样看问题不行吗?

其实,在陆贾生活的时代,人们对先秦学术的认识,并没有什么学派图景,根本没有这样的学术观念。试想,在先秦学术各家各派的观念还没有形成的时代,陆贾怎么会有那样一种学术站队的自觉呢?他怎么会自觉地肩负儒家的使命或者道家的使命?他自己都不知道这些

---

① 《汉书·高帝纪》说:"天下既定,命萧何次律令,韩信申军法,张苍定章程,叔孙通制礼仪,陆贾造《新语》。"班固第一次将陆贾与萧何、韩信、张苍、叔孙通并列为创建汉代制度的五位功臣。

壁垒森严的学派对立为何物,他脑子里没有这样的概念。如果我们在《新语》中检索就会发现,《新语》全书根本没有出现儒家、道家、墨家这样的概念和词汇,甚至连"儒者""墨者"之类的词也没有出现,分家分派不是那个时代思想舞台上的剧情安排。

陆贾什么家什么派也不是,他只是他自己。他讲道、讲无为、讲仁义道德,都是从当时的社会实际出发,从先秦思想中选取思想资料的结果,是利用这些思想资料进行新时代文化建设的结果。周桂钿的《秦汉思想史》认为,陆贾之思想是讲求实际。他说:"陆贾有一个很难得的思想,那就是讲求实际。""陆贾认为真正的道要'施于世',要干预社会,介入生活,要在社会上起作用。如果只能挂在口头上空谈,不能用于社会,那不是真正的道。"① 这实际上就是摆脱把陆贾当作某家某家的论断方法,讲一个真实的陆贾。

为了说明问题,我们来简单地分析一下陆贾是如何汲取前人的思想资料而形成自己思想体系的问题。

任何思想创造活动,都是在前人已经形成的思想资料的基础上展开的。先秦时期百家争鸣创造的丰富的思想文化资源,构成了陆贾思想的来源。但是,陆贾的学术思想创造,虽然以先秦思想为依托,但却并不局限于先秦时期的某家某派,不在先秦思想分野中选边站队,而是紧紧围绕现实政治的需要,从先秦学术中汲取营养。所以,从学派属性上说,他什么派也不是,不是道家,不是法家,也不是杂家,而是有着独立学术个性和学术风格的思想家。正是因为这样,我们看到,在他的学术思想体系中,可以看到各家的影子,有各家的思想元素,而他则是把各家思想元素,围绕自己的明确目标,融合成一个有机的整体。概言之,陆贾对先秦思想的融合,大概有几个方面比较突出:

第一,糅合道家的"无为"和儒家的"仁义",创造出新的德政学说。

---

① 周桂钿:《秦汉思想史》,河北人民出版社2000年版,第57、59页。

陆贾尚德不尚刑,主张德政仁义,正因为如此,才有很多人把他归入儒家。但是,陆贾却也明确地主张无为政治,并且他不是一般地讲无为,而是真的把老子的无为思想拿了过来。像他所说:"怀刚者久而缺,持柔者久而长,躁疾者为厥速,迟重者为常存,尚勇者为悔近,温厚者行宽舒,怀急促者必有所亏,柔懦者制刚强……自媚饰非,而不能为公方,藏其端巧,逃其事功。"① "道莫大于无为,行莫大于谨敬。"② "事逾烦天下逾乱,法逾滋而天下逾炽,兵马益设而敌人逾多。"③ 这些话不仅从字面上看来自道家,来自老子,而且就论证方式、语言风格上说,也和老子何其相似! 但是,他却是用这些道家的思想要素,来论证他的德政学说、仁义学说的,是和仁义理论密切地糅合在一起的。如他说:

> 是以君子之为治也,块然若无事,寂然若无声,官府若无吏,亭落若无民,闾里不讼于巷,老幼不愁于庭,近者无所议,远者无所听,邮无夜行之卒,乡无夜召之征,犬不夜吠,鸡不夜鸣,耆老甘味于堂,丁男耕耘于野,在朝者忠于君,在家者孝于亲;于是赏善罚恶而润色之,兴辟雍庠序而教诲之,然后贤愚异议,廉鄙异科,长幼异节,上下有差,强弱相扶,大小相怀,尊卑相承,雁行相随,不言而信,不怒而威,岂待坚甲利兵、深牢刻令、朝夕切切而后行哉?④

这段话可以看作是陆贾糅合儒道两家思想于一体的典范。形似道家而神似儒家,用道家的智慧论证了一个在实质上是属于儒家范畴的问题,强调的主要问题是"忠君""孝亲",是"长幼异节,上下有差",

---

① 王利器:《新语校注》,中华书局1986年版,第52—53页。
② 王利器:《新语校注》,中华书局1986年版,第59页。
③ 王利器:《新语校注》,中华书局1986年版,第62页。
④ 王利器:《新语校注》,中华书局1986年版,第118页。

是天下大治的愿景。糅合儒道而形成一个新的具有陆贾个体风格的思想体系。儒道在他这里并不对立，都为他所用。

第二，批判法家之尚刑，却吸收法家有益的思想成分。

陆贾在《新语》中极力批判法家的滥施刑罚，批判法家的尚刑思想，但是，他却没有对法家思想采取一概排斥的态度，还是重视法家的一些积极思想成分，并注意吸收到自己的体系中。

首先，陆贾对法家思想及其运用做出了问题区分。陆贾认为，法家思想作为一种理论或思想来说，有其有用性的一面，而法家思想的运用，那就要审时度势，根据情况的变化来决定其取舍。比如，法家的耕战政策，在秦国的强盛过程中，在秦始皇统一中国的过程中，当然是发挥了重大作用的，有其合理性，积极性。但是，对于一个统一的稳定政权来说，一味地坚守这一观念，不知道根据形势的变化做出调整，就自然会出问题。而秦的问题就在于这一方面。陆贾就是这样认识问题的。他的马上打天下与马下治天下区分，对攻取异术的阐述就是基于这一点认识。对于马上取天下，耕战政策，富国强兵，甚至严苛法律，都是必要的；而对于治天下来说，对于统一了的大一统王朝的治理来说，这一套就必须做出调整了。陆贾提出马上马下理论，当然是为着阐述他的以仁德治天下的重要性，但这一理论是肯定法家思想对于取天下的正当性、合理性的。这一点就说明了陆贾对法家理论并不是绝对的排斥或否定。

其次，他也确实把一些原本属于法家的观点，纳入自己的思想体系中。陆贾很明白，法令、刑罚这些东西，虽然不能以之劝善，但却可以拿来惩恶，治理一个大的国家，没有惩恶的手段和方法显然是不行的，所以，法的东西也还是需要的。他说："鸟兽草木尚欲各得其所，纲之以法，纪之以数，而况于人乎？"[1]没有法律是不可能安顿这个社会的。再如法家的一套法术势理论，陆贾认为也是有用的。他说："道

---

[1] 王利器：《新语校注》，中华书局1986年版，第155页。

因权而立，德因势而行，不在其位者，则无以齐其政，不操其柄者，则无以制其刚。"① 道需要借助强有力的政治权力，德也需要因势而产生影响，没有权柄，不在其位，是不可能实现治国平天下的理想的。一个国君，要推行德政，是必须借助他的权势和地位，是需要稳稳地操持权柄的。

第三，融天人相分与天人相感为一体。

陆贾的学术传承是私淑荀子，他从荀子那里也继承了天人相分的宝贵思想。如他在《明诫》篇说："安危之要，吉凶之符，一出于身；存亡之道，成败之事，一起于善行；尧、舜不易日月而兴，桀、纣不易星辰而亡，天道不改而人道易也。"② 读这样的文字，很容易使人联想起荀子"天行有常，不为尧存，不为桀亡"③（《荀子·天论》）的名言。但是，他的《新语》中又吸收了天人感应、天人相感的思想，并且很巧妙地把二者结合在一起。请看《明诫》篇的这段话：

> 故世衰道失，非天之所为也，乃君国者有以取之也。恶政生恶气，恶气生灾异。螟虫之类，随气而生；虹蜺之属，因政而见。治道失于下，则天文变于上；恶政流于民，则螟虫生于野。贤君智则知随变而改，缘类而试思之，于□□□变。圣人之理，恩及昆虫，泽及草木，乘天气而生，随寒暑而动者，莫不延颈而望治，倾耳而听化。圣人察物，无所遗失，上及日月星辰，下至鸟兽草木昆虫，□□□鹞之退飞，治五石之所陨，所以不失纤微。④

这段话很有意思，第一句话还在讲天人相分，所谓"世衰道失，非天之所为也"；紧接着下边的话，却变成了另一个完全不同的意思表

---

① 王利器：《新语校注》，中华书局1986年版，第84页。
② 王利器：《新语校注》，中华书局1986年版，第152页。
③ 王先谦：《荀子集解》下，中华书局1988年版，第306—307页。
④ 王利器：《新语校注》，中华书局1986年版，第155页。

达,要国君对自然灾异的发生负责。世间一切灾异发生,都是国家治理上出现了问题,"恶政生恶气,恶气生灾异"。而且,"治道失于下,则天文变于上",好像有一个人格化的"天文",在观察着国君治理下的社会状况。一旦政治上出现了问题,这个人格化的天就会以灾异来昭示你。真正的明君贤圣,则知道根据自然灾异的变化,来反思自己的治理问题,"缘类而试思之",随变而改。陆贾拿了阴阳家的话,套到自己的理论体系中,而且也不显得牵强。

总之,陆贾完全是为着现实政治治理的需要,摒弃一切门户之见,重视吸收各家各派的学术思想,融为一体,创造出一个适合当下时代的政治思想体系。

那么,陆贾的独到的理论体系和思想个性是如何形成的?关于这个问题,我们可以从几个方面有所理解。

首先是陆贾自己"因世而权行"的思想方法。陆贾对待儒家经典文献的态度是辩证而求实:"书不必起仲尼之门,药不必出扁鹊之方,合之者善,可以为法,因世而权行。"这实际上就是陆贾看待一切问题的重要的思想方法。在他的观念中,一切思想理论,目的都是为当世服务的,而历史是发展变化的,为当世服务,就要"因世而权行",随着社会历史的变化,做出思想及行为的选择,不能固守任何一种已有的观念或理论。这样,在现实的时代需要面前,一切后世所谓的儒家、道家、墨家、阴阳家等都不重要,重要的是他们书中所包含的仍然适合于今天的东西。"善言古者合之于今,能述远者考之于近。""合之于今",就是决定他从前人的思想资料中取舍什么的唯一标准;"合之者善",符合今天的需要就是好的,是他的价值标准。这样,他就不需要顾忌是何人之学,而仅仅从"合之于今"出发,就可以对先前的思想资料做出抉择。于是我们看到,出于休养生息的需要,他拿来了道家;借鉴秦暴政而亡的教训,他从儒家那里拿来了"仁义""德政";出于社会秩序的需要,他仍强调法的观念……而这一切,都融合进一个思想的体系,而形成一个仁政立国、德主刑辅、无为而治的治国路线。

这样的政治路线，既有儒、有道也有法，但既不是儒、不是道也不是法，并且也浑然一体，有着内在的思想逻辑。这就是仅仅属于他陆贾的思想。

其次，汉初大一统的历史时代，决定了以往任何一家学说都不可能独自承担其意识形态建构的任务。先秦时期的各家学说，都有其面对世界的特殊视角，在诸侯国林立的状态中，各抒己见，攻讦争鸣，各自把自己的优长之处发挥到极致。在这样的时代，诸侯国林立的局面和争鸣而不施于政的特殊性，包容了学说的局限性。而当天下的统一得到解决，需要思想在统一的政治舞台上施展其才华的时候，单一思想的特殊视角掌控统一国家政务的局限性就暴露了出来，秦的法家思想的单一性而导致的最后败亡，已经很清晰地说明了这一点。因此，在新的统一确立之后，大一统的政治局面对思想意识形态的适应性，提出了严峻的要求，必须抛弃所有的门户之见，围绕统一而复杂的社会管理，围绕皇权的确立与巩固，去建设适应其需要的思想理论体系。从这个角度说，陆贾兼容百家而创造新的思想理论体系，实际上也是历史提出的任务。

最后，陆贾思想的学术个性，也是和他的学术师承相联系的。前边我们提到陆贾私淑荀卿，这是一个大体上的判断。虽然我们无法判定陆贾确曾从学于荀卿，但从思想关系的分析上，则可以明确判定其思想的确学承荀卿，即使仅仅从思想方法上看也是如此。荀子的历史观是法后王，强调古今一致，以近知远。《荀子·非相》篇说："欲观圣王之迹，则于其粲然者矣，后王是也。彼后王者，天下之君也；舍后王而道上古，譬之是犹舍己之君而事人之君也。故曰：欲观千岁则数今日，欲知亿万则审一二，欲知上世则审周道，欲知周道则审其人所贵君子。"《荀子·不苟》篇说："天地始者，今日是也；百王之道，后王是也。君子审后王之道而论于百王之前，若端拜而议。"这样的历史观就导致了厚今薄古、从现实出发的思想方法："善言古者必有节于今，善言天者必有征于人。"① 在了解了荀子以近、今为出发点的思想方法之后，我们就会明显地感到陆贾"善言古者合之于今，能述远者考之于近"方法论思想的思想源头，二者是何其相似！而这样的思想方法，恰恰是陆贾构建适合新时代需要之思想体系的方法论基础。

读《新语》可以很清晰地感受到，陆贾的一切思考，都是在先秦思想的平台上展开的。他仅仅从汉初的历史实践需要出发，围绕汉代大一统政治的国家社会建设，从先秦思想中汲取营养。不管是哪一家哪一派，只要是对他有益的，适合于他的时代的，他都毫无偏见地汲取过来，并化作自己思想的有机部分。从今本《新语》十二篇的内容来看，陆贾所借鉴并吸收的思想成分，按照传统的思想分野模式来说，他所吸收的有儒家、道家、法家、墨家、阴阳家等，先秦思想的所有主要派别，他都有所汲取，并秉持了冷静的理性的科学态度，对各家各派都有所批判，有所扬弃。大概也正因为他广纳百川，才熔铸了属于他自己的东西。他借鉴百家，而又不是其中的任何一家。他在继承的基础上创造，使自己的创造适合于当时社会的需要。这就是陆贾思想的真正个性。如果我们把它归结为先秦学术余脉的任何一家，都会掩盖陆贾思想的个性特征。②

四 结语

总括全文，笔者结合自己的研究实践，提出了一些关于中国思想史研究方法论的粗浅想法：要充分正视思想家思想的矛盾性，以辩证的

---

① 王先谦：《荀子集解》，诸子集成本，上海书店1986年版，第293页。
② 笔者在几年前曾指导过题为"陆贾思想独立性研究"的硕士学位论文，文章做出这样的判断："陆贾思想立论的基础是思想和政治产生共鸣，他从历史事实出发，针锋相对的是刘邦欲以'马上治天下'的错误治国理念。他不附带有任何学派的身份属性，仅仅是以个人的身份，本着'君主为本'、'经世致用'的理念，提出有益于汉初为君之道和治国理念的见解。陆贾只是陆贾，这也使得他的思想不带有某家某派的迂腐性和坐而论道的空谈性，而却具有很强的现实感。"参见霍云《陆贾思想独立性研究》，硕士学位论文，河南大学，2013年。

眼光看待、重视个体思想的变化、矛盾和复杂性；思想的演化与分化是思想史发展的正常途径，思想史研究重在弄清思想发生发展的历史线索，而非一味地回归思想的原点；重视思想家的学术个性研究，而不是简单地把思想家套入汉代人所划定的先秦学术谱系之中，给个体思想家打上某家某派的烙印。这些想法是针对具体的思想史问题提出来的，不一定具有普遍的适应性，但对于它们所涉及的类似问题的解决，会有一定的借鉴意义。其实，在实际的思想史研究中，类似这样的方法论，应该还有很多可以总结。一方面，从方法论的本质属性上讲，一切研究方法都是具体研究内容的反映，特定的思想史内容，决定了研究方法的特殊性。换句话说，有什么样的研究内容，就有与之相适应的研究方法。从这个角度说，中国思想史研究中，是有许多丰富的方法论思想可以总结的。另一方面，方法论思想形成的基本途径之一，就是对于研究实践的总结和提炼。笔者在30年前曾经谈到史学方法论的形成问题，说历史学的发展，"要求把历史科学研究实践中的经验教训加以理论的总结，把那些被千百次研究实践证明了的成功经验进行科学抽象，上升为规律性的认识，以指导历史研究的实践活动。史学方法论，就是这样顺从着历史科学的发展被产生出来的"[1]。从这样的认识出发，中国思想史研究的无限丰富性，也就决定了思想史研究方法论无限发展与丰富的可能性，所需要的，仅仅是我们要多一点方法论的自觉，多一点反思与总结的意识。

原载《云南师范大学学报》2018年第4期

---

[1] 李振宏：《历史学的理论与方法》，河南大学出版社1989年版，第6页。

谈"中华经典"

我国先秦时期产生的一批文化经典，诸如《周易》《诗经》《尚书》《春秋》《论语》《老子》等，包含了后世中华文化的各种文化因子，决定了中华文化发展的方向、性质和特征。中华文化传统之所以成为今天人们所熟悉的面貌，中国国民性格之所以显示出大异于西方民族的特征，中华民族之所以能自立于世界民族之林，即受惠于文化经典的历史奠基。

"中华经典"产生的历史时代

"中华经典"创生于中国社会从贵族政治向官僚政治过渡的大变革时代。自夏以来的中国贵族制社会，在周代以分封制达到成熟阶段，这一社会形态的国家政体是贵族世袭制。以中央王朝的国君即天子为一权力主体，以公卿士大夫即贵族为另一权力主体，世袭国君和世袭贵族通过宗亲和姻亲血缘纽带组成一个统治网络，代代相传、永恒不变地占据着国家政治生活、经济生活和文化精神生活的中心。这样一个贵族制社会从夏开始一直延续了一千多年，到公元前770年周平王东迁，终于走向了它的衰落和蜕变。周平王东迁，作为一个象征性事件，标志着一个新时代的开端。春秋时期，王室衰微，大国争霸，礼崩乐坏，历史表面的混乱局面掩盖着深层的历史潜流，人们往往用"春秋无义战"来描述这个时代；但历史一进入战国时期，其演变的本质便显示出来了。从春秋开始的这场历史大动荡，预示着一个崭新的历史时代的到来，它是一场社会形态的变革，是中国历史从贵族世袭制向中央集权官僚政治的过渡。

大凡历史剧烈动荡的岁月，给人们的启迪也往往特别丰富和深刻。历史的大动荡，亵渎了一切传统的神圣的东西：传统的政治体制逐渐坍塌，传统的意识形态、社会观念、思想文化遇到了前所未有的挑战。历史何以会发生这样剧烈的变革和动荡，在动荡中崩溃的社会应该以怎样的模式重新塑造等，这一系列带有世界观、历史观、社会观性质的问题，逼迫着人们去思考，去回答。于是，在思想文化领域，展开了一场长达三百年的百家争鸣。正是在这场反省历史、总结过去、描绘未来的思想运动中，古圣先贤们为我们提供了一批支配后来民族文化发展的"中华经典"。这批"中华经典"，是夏商周以来古典传统文化的积淀和结晶，又是新旧时代交替的历史启迪；它既积累了中华先民两千年文明史的卓越智慧，又是对一个新的历史进程的揭示和预见，充当了一个新时代的号角和先声。

"中华经典"是春秋战国这个特定时代的产物。一方面，社会历史在政治、经济上所经历的深刻变迁，给当时的思想家们以深刻的历史启迪，使其著作具有其他时代所无法比拟的深刻性；另一方面，传统社会坍塌的剧烈震撼，促使人们从历史的根本点上思考问题，从而使当时人们所提出的问题多具有世界观、历史观、人生观的性质，具有比较广泛的普遍性。正因为它是一个时代的产物，而不是某个圣哲的心血来潮，所以在这个时代提供给后世的文化经典具有较多的共性。

"中华经典"的不朽性与历史性

"中华经典"所以能被不同时代的人们所不断地阐释和发扬，就在于它的不朽性。

经典的不朽性，主要取决于两个方面：

其一，它所提出的问题具有普遍性意义，是不同时代的人们所关注的问题。处在不同历史条件下的人们，都能从经典的阐述中汲取智慧，都能使自己的思考追溯到人类智慧的最初观照。譬如在经典中一再提出的如下问题："天人之辨"（人与自然的关系）、"人性之辨"（关于人的本性善恶的思考）、"义利之辨"（社会道义与经济利益的关系）、"刑礼之辨"（刑法治理与礼治教化的关系）等。这些问题对于两千多年的传统社会来说，无疑都是不朽的课题。像"天人之辨""人性之辨""义利之辨"等，还具有普遍的人类意义。

其二，"中华经典"的不朽性，还在于它对以上基本问题的解决，给后人的思考提供一种具有高度抽象性的哲理性的回答，从而使人们可以从各种角度受到它的启迪。在人类认识的早期时代，人们还不可能对自然界和社会进行解剖、分析，自然界和人类社会只能被作为一个整体去观察，从而得出混沌的整体性的认识。这种认识，一方面有它不精确的缺陷，而另一方面则使它有可能包含了对自然界和人类社会的整体联系性的不少天才猜测。例如，《老子》中的"道"，《周易》中的运动观、发展观、变易观，《论语》中孔子的仁学思想体系等，都是对自然变化之道、人的社会属性的整体性、哲理性把握；而这种把握，则是后人借以展开自己思想的重要基础。"中华经典"在后世人们借以发挥自己思想创造的过程中，一再证明着自己的生命力和不朽性。

然而，从历史唯物主义的观点看问题，"中华经典"不可避免地具有其历史的局限性。世界上没有任何一种理论观点、学说体系、意识形态具有超历史的价值和意义。每一时代的理论思维，"都是一种历史的产物"，都有它适应的、能够发挥其作用的历史环境；一旦历史条件发生了根本性的变更，它的作用就将丧失或者发生相应的改变。"中华经典"作为一种理论思维的历史成果，它的基本内容，它所提出的各种命题的具体内涵，都不能不具有这种历史性质。

如前所述，"中华经典"是春秋战国历史大变革时代的产物。这个时代的社会政治、经济特点及历史发展趋势，使其具有了鲜明的社会历史性特征。这个历史性,既是它在其后两千多年封建社会中能够发挥重要作用的原因之一,也同时决定了它的局限性。

原载《光明日报》1996年1月2日

秦至清皇权专制社会说的思想史论证

秦至清帝制时代思想专制的突出特征是"定于一"①。中国几千年来，不论历史如何发展，不管是秦汉时期的几千万人，还是明清以后的亿万之众，无论发展到多少人口，这个国家始终就只能有一种思想，那就是最高皇权所要求你如何思想的思想。一个数以亿计人口的民族，在思想这个最自由而不可方物的领域，却保持着高度的整齐划一；一个最可能是绚丽斑斓的场域，却开着纯色的花朵，铺天盖地的是一种颜色，——这真是人类历史上一道奇异的风景，是异域他邦之人永远无法理解的可怕情景！而这，却是世界上这个最大也最古老民族绵延几千年的真实的思想场景。

一 控制人心、统一思想的治国路径

秦的统一，使中国民族有幸较早进入一个政治大一统的时代。在辽阔国土上的政治统一，无论对于经济的还是文化的发展和交流，都是

---

① "定于一"是孟子答梁惠王"天下恶乎定"问的答词。孟子认为，天下要安定，就必须统一，统一是解决天下安定的唯一途径。这个统一，孟子没有细讲，从逻辑内涵上讲，是可以包括政治统一和思想统一这两个方面的，而且从孟子对杨朱、墨子等学说的批判，从他竭力以推行孔子之义为历史使命的态度和担当，也可以看出他是主张思想统一的。孟子主张思想统一本无可厚非，但不料"定于一"这三个字竟一语成谶，其后中国社会两千多年的发展，最基本的特征就是一个"一"字，一切都被皇权专制主义整齐划一了。以至于我们讨论中国古代思想文化领域专制主义特征的时候，首先就想到"定于一"这三个字，它是政治家的旗帜，是思想家的向往，也是亿万国人的心安理得的默许。

一个重要而宝贵的前提,是历史展开波澜壮阔创造历程的重要基础。但是,这个政治一统的大民族,如何实行对社会的管理或统治,却是一个需要慎重选择的问题。是依靠法的设计去规范人们的行为,使之纳入一种秩序的运行之中;还是掌控人们的思想,使之通过对最高权力的思想膜拜,而乖乖地匍匐在统治者设定的社会秩序之中?作为人类社会已经出现的基本的社会管理模式,前者是法制道路,它仅仅通过法的设计去规范人们的行为,而对人们在思想、精神层面的个体选择,则放任自由,任其驰骋;后者则是人治道路,由人治而治人心,通过控制人心去达到社会的稳定。秦汉以后的中国历史,选定的就是这后一种道路,最高皇权把控制社会的全部希望都寄托在人心的控制上,并最终实现了对人心的专制。

(一) 先秦思想家的思想遗产

秦汉以后走出这样一条历史道路,也可以说是执行了先秦思想家的历史遗嘱。从整体世界史的角度看,处在不同历史地理环境中的人们,思考问题的方式和途径是那样的不同。和中国先秦同时代的西方学者,像希腊时代的学者柏拉图、亚里斯多德等,他们在寻找国家政治的发展道路时,集中探讨的是城邦权力的归属问题,究竟应该是让多数平民执政,还是由少数贤人执政,并不先验地把统治权力奉送给贤人或圣人,并明确得出多数人执政要优于少数贤人执政的结论。关于贤人政治的可靠性,亚里斯多德说,"我们不能对人性作这样的奢望"。他们对所谓人性,很自然地持有怀疑的眼光。他们讨论人治与法治,柏拉图的结论是:"在一个城邦中如果法律是无能的,只能屈从于统治者,这个城邦即将毁灭;相反如果城邦的法律高于统治者,统治者服从法律,这个城邦便可得救,神将降福于他。"[1] 他们相信法治,而不寄望于人性的善良,并不相信道德或人心的力量。

---

[1] 参考王子嵩等著《希腊哲学史》(修订本)第三卷,人民出版社2014年版,第916—924页。

和西方学者不同,中国先秦时代的思想家们,自始至终相信道德、贤者和人性的善良,并且相信征服人心是实现社会控制的唯一途径。当鲁国权臣季康子问政于孔子,提出"杀无道以就有道"的治国方略时,孔子对曰:"子为政,焉用杀?子欲善而民善矣。君子之德风,小人之德草,草上之风必偃。"① 在孔子看来,治理一个国家,法律与行政都是没有力量且不可取的,为政以德,只要国君有德,国家自然就得到了治理;因为国君有德,老百姓就会向他的道德学习,向化从善;老百姓被教化了,心底善良了,"有耻且格",自然也就不会犯上作乱,社会的稳定自然也就实现了。在孔子这里,首要的目标是征服人心,且人心可以征服,而征服人心的利器就是国君之德。孔子的最后结论,当然就归结为人治,国君是国家政治之机枢。

虽然孔子对德政的效果讲得言之凿凿,但在孔子时代前后几百年的乱世中,我们却没有看到一个因为国君有德而国家得到治理的例子,而且孔子也没有给我们指出一条如何保障国君有德之途径。孔子之后的墨子时代,世道仍然是如此纷乱,"争地以战,杀人盈野;争城以战,杀人盈城"的局面还没有任何改变。如何改变这样的乱局,思想家墨子给我们找到的出路,仍然是征服人心。不过,墨子比孔子稍微现实了一点,他不再相信统治者的德性一定能感化人心,不一定必然地会呈现"子欲善而民善矣"的理想局面,于是,他就直接向社会提出了硬性的要求,要求人们必须"尚同",必须和最高政治首脑保持思想的一致性,即明确提出,必须用统治者的思想统一全社会的思想。墨子言:

> 言曰:闻善而不善者,必以告国君。国君之所是必皆是之,国君之所非必皆非之。去若不善言,学国君之善言;去若不善行,学国君之善行。则国何说以乱哉!察国之所以治者,何也?国君唯能

---

① 杨伯峻:《论语译注》,中华书局1980年版,第129页。

一同国之义，是以国治也。国君者，国之仁人也，国君发政国之百姓，言曰：闻善而不善，必以告天子。天子之所是皆是之，天子之所非皆非之。去若不善言，学天子之善言；去若不善行，学天子之善行。则天下何说以乱哉！察天下之所以治者，何也？天子唯能一同天下之义，是以天下以治也。①

一国之是非，上同于国君；天下之是非，上同于天子。普天下都以天子之是非为是非，"一同天下之义"，做到思想的绝对统一，才可能达致天下太平。后世中国几千年天下只能有一种思想、只能由一个人去思想的极端文化专制主义局面，即发端于墨子这个"尚同"的主张。

"尚同"，根据何在？为什么必须在思想上尚同于天子，为什么天子作为政治首脑也必须同时是思想首脑，为什么政治家同时就应该是思想的权威、是非的标准？墨子也是讲道理的，他为这些问题寻找到的历史根据是：

方今之时，复古之民始生未有正长之时，盖其语曰：天下之人异义。是以一人一义，十人十义，百人百义。其人数兹众，其所谓义者亦兹众。是以人是其义，而非人之义，故交相非也。内之父子兄弟作怨雠，皆有离散之心，不能相和合，至乎舍余力不以相劳，隐匿良道不以相教，腐朽余财不以相分，天下之乱也，至如禽兽然。无君臣上下长幼之节，父子兄弟之礼，是以天下乱焉。明乎民之无正长以一同天下之义，而天下乱也，是故选择天下贤良圣知辩慧之人，立以为天子，使从事乎一同天下之义。②

墨子不能容忍"一人一义，十人十义"的思想纷乱局面，并认为

---

① 吴毓江：《墨子校注》，中华书局2006年版，第108页。
② 吴毓江：《墨子校注》，中华书局2006年版，第114页。

思想的不统一是社会淆乱的根源。为了消除社会混乱，就必须统一人心，而统一人心的思想标的，就是天子之义，用天子的思想去统一全社会的思想。至少从墨子这里开始，中国人就把社会的治否与人心的是否统一联系在一起，于是，追求社会的良好治理，就必须牺牲人们自由思想的权利。这就是墨子为思想专制主义，为思想尚同于最高政治权威所寻找到的历史根据。而同时，它也成了中国人千古不变的思维逻辑。

但是，就像孔子没有告诉我们如何保障国君保有道德一样，墨子也没有告诉我们如何"选择天下贤良圣知辩慧之人，立以为天子"。他只是说，应该选择这样的人立以为天子，可是如何选呢？当他不解决如何选的问题的时候，现实社会中的天子或国君，不管他是不是贤良圣知辩慧之人，也就天然地享受了那个一同天下之义的权力！历史的事实是，中国人从来就没有选择天子或国君的权力，而靠武力攫取了政治权力的人，不管他们是否贤良、圣知、辩慧，一旦攫取了权力，也就成了真理和智慧的化身，就要求普天之下的人们，在政治上接受他的奴役的同时，向他交出思想的权利。

墨子不能忍受的还只是思想的不统一，希望有统一的思想去消弭纷乱，但没有讲这个统一的思想的具体内涵和思想属性，好像只要是天子的思想，只要统一就行。到了孟子这里，他不仅要统一人们的思想，还要用某种确定的思想去统一，这个统一的思想就是他所认定的孔子之道，圣人之义，并自觉地负起批判所谓异端邪说的使命。在他的时代，充盈天下的杨朱、墨翟之言，成了他要抵制和批判的主要对象。请看下边的对话：

公都子曰："外人皆称夫子好辩，敢问何也？"孟子曰："予岂好辩哉？予不得已也……世衰道微，邪说暴行有作，臣弑其君者有之，子弑其父者有之，孔子惧，作《春秋》。《春秋》，天子之事也，是故孔子曰：'知我者其惟《春秋》乎，罪我者其惟《春秋》

乎。'圣王不作，诸侯放恣，处士横议，杨朱、墨翟之言盈天下，天下之言不归杨则归墨。杨氏为我，是无君也；墨氏兼爱，是无父也，无父无君是禽兽也……杨墨之道不息，孔子之道不著，是邪说诬民、充塞仁义也。仁义充塞则率兽食人，人将相食。吾为此惧，闲先圣之道，距杨墨，放淫辞，邪说者不得作。作于其心，害于其事；作于其事，害于其政。圣人复起，不易吾言矣。昔者禹抑洪水而天下平，周公兼夷狄，驱猛兽而百姓宁，孔子成《春秋》而乱臣贼子惧……我亦欲正人心，息邪说，距诐行，放淫辞，以承三圣者。岂好辩哉？予不得已也！能言距杨墨者，圣人之徒也。"①

孟子以捍卫孔子之道为使命，而这也同时说明了他的思想统一主张，即认为天下只能有一种思想，凡与之相悖者都应该加以抵制和批判。还好，孟子还没有想到要动用专制的力量来实行思想的统一，而只是将其当作自己的使命而已。而到了荀子的时代，就又有了发展。荀子也和孟子一样要禁止邪僻之言（其实就是不同的思想主张），主张用一种思想去统一天下，但他却比孟子厉害多了，他要动用专制的力量去强行统一了。请看荀子之言：

凡邪说辟言之离正道而擅作者，无不类于三惑者矣。故明君知其分而不与辨也。夫民易一以道而不可与共故，故明君临之以势，道之以道，申之以命，章之以论，禁之以刑。故其民之化道也如神，辨势恶用矣哉！今圣王没，天下乱，奸言起，君子无势以临之，无刑以禁之，故辨说也。②

荀子认为，权势与刑罚，比辩说更能"息奸言"，更能对付那些不

---

① 金良年：《孟子译注》，上海古籍出版社2004年版，第139页。
② 王先谦：《荀子集解》，诸子集成本，上海书店1986年版，第280页。

同于王道政治的异端邪说；思想归于正道，实现思想的统一，不能靠说理，而要靠极权政治的威势，靠强权和刑法。他已经把禁止所谓异端思想，实现思想统一，看作是圣王们必须动用强权去实现的神圣使命。

在这一点上，战国时期的法家，比起荀子更是有过之而无不及。《管子》书曰：

> 昔者，圣王之治人也，不贵其人博学也，欲其人之和同以听令也。《泰誓》曰："纣有臣亿万人，亦有亿万之心。武王有臣三千而一心。"故纣以亿万之心亡，武王以一心存。故有国之君，苟不能同人心，一国威，齐士义，通上之治，以为下法，则虽有广地众民，犹不能以为安也。①
>
> 明君在上位，民毋敢立私议自贵者。国毋怪严，毋杂俗，毋异礼，士毋私议。倨傲易令，错仪画制，作议者尽诛。故强者折，锐者挫，坚者破。引之以绳墨，绳之以诛僇，故万民之心皆服而从上。推之而往，引之而来。②

《管子》的作者告诫国君，古之圣王在考核人才的时候，不是看他们是否博学，是否有学问有思想，而是看他们是否能与国君保持思想的一致性。一国之君，如果不能整齐人心，不能统一士人的思想和意志，虽有广土众民，也不能保障国家的安全。他告诫统治者，统一思想是国家安危之枢机。因此，圣明的君主治国，就是要做到人民不敢私立异议，不能有自己的个性，一国之内的风俗习惯、法度礼节、思想议论都必须绝对统一。对那些傲慢不恭、乱改法令、私立异说的，都要加以诛戮或惩罚。对那些有强烈个性的人，强硬的使之屈服，冒

---

① 黎翔凤：《管子校注》，中华书局2004年版，第275页。
② 黎翔凤：《管子校注》，中华书局2004年版，第295页。

尖的使之挫折，顽固的必须攻破。用法度制裁、杀戮、管制等严酷的强制性手段，使亿万民众的思想都绝对地服从君王，时刻与国家或君王保持一致。《管子》是在《法法》篇依法行法的语境中来谈他的思想专制主张，要用法的严酷性与强制性来实现一国之内的思想统一，是赤裸裸的思想专制。

《韩非子》关于统一思想的主张，更是极端的文化专制主义。他要求用法家思想统一人们的言行："境内之民，其言谈者必轨于法。"① 不是行为符合于法的问题，是言谈，思想与言论，也必须合乎于法，不能思考法之外的问题，"言行而不轨于法令者必禁"②。并主张将思想控制深入人们的心灵深处："禁奸之法，太上禁其心，其次禁其言，其次禁其事。"③ 这样的思想专制主张，使人闻之心寒。

无论是孔子的以德政征服人心，还是墨子之后诸子们对统一思想、整齐人心的各种论述，都证明了一个问题，即中国先秦思想家们，在讨论社会、国家的治理问题时，都无例外地把治理的根本点对准了人的心灵领域，将控制人心、统一思想作为统治者实现社会控制的基本途径，甚或是基本目标。这也成为后世中国历史和中国政治的基本特征。

（二）秦汉统一人心的政治实践

对于秦汉一统之后的国家建设来说，先秦思想家们关于控制人心的指示，无疑是重要而明确的历史遗嘱。秦统一之后，首先要解决的就是孟子提出的"定于一"的问题。政治上的定于一，已经通过皇帝制度、官僚制度和郡县制来解决了；思想上的定于一该如何解决呢？

秦始皇采用的是类似管子主张的"引之以绳墨，绳之以诛僇"的刚性手段，即依靠国家政权的力量强制推行，秦始皇的焚书坑儒是臭

---

① 陈奇猷：《韩非子集释》，上海人民出版社1974年版，第1067页。
② 陈奇猷：《韩非子集释》，上海人民出版社1974年版，第898页。
③ 陈奇猷：《韩非子集释》，上海人民出版社1974年版，第913页。

名昭著的例子。坑儒是最为极端的做法，秦始皇之后无人敢于效法，但焚书在此后却没有绝迹。"焚书"除了强行消灭异己思想、推行思想专制，恐怕就不会有别的解释了。我们且来看李斯的"焚书议"：

> 古者天下散乱，莫之能一，是以诸侯并作，语皆道古以害今，饰虚言以乱实，人善其所私学，以非上之所建立。今皇帝并有天下，别黑白而定一尊。私学而相与非法教，人闻令下，则各以其学议之，入则心非，出则巷议，夸主以为名，异取以为高，率群下以造谤。如此弗禁，则主势降乎上，党与成乎下。禁之便。臣请史官非秦纪皆烧之。非博士官所职，天下敢有藏《诗》《书》、百家语者，悉诣守、尉杂烧之。有敢偶语《诗》《书》者弃市。以古非今者族。吏见知不举者与同罪。令下三十日不烧，黥为城旦。所不去者，医药卜筮种树之书。若欲有学法令，以吏为师。①

李斯的这个"焚书议"旗帜鲜明，不允许有不同思想的存在。他把一切不同于秦之"法教"的学说和思想，都称为"私学"；他要禁止的就是人们对国家政策和法令"各以其学议之"的思想活跃状况；他甚至要达到没有任何"巷议"和"心非"的高度的思想统一。而任何私学、议论和心非，都源于不同学说的存在，因此，就要焚书，以便铲除思想不统一的根源。有人为秦始皇的文化专制政策辩护，说他并不是所有的书都烧，是有所选择的；但这有所选择，恰恰证明了他的思想文化专制。思想专制要消灭的是思想，一切没有思想性的典籍，不可能教会人们思考问题的书籍，也就没有必要完全焚毁，因此，他不需要焚烧"医药卜筮种树之书"。李斯建议秦始皇推行思想专制主义，采用的是"焚书"和"禁之便"的强制手段。而历史很快证明，用这种过于强制性的刚性手段来对付天性活跃的思想领域是不成功的，

---

① （汉）司马迁：《史记》，中华书局1959年标点本，第255页。

"坑灰未冷山东乱",秦始皇的文化专制主义应验了"防民之口甚于防川"的古训。

同样是推行文化专制主义,汉代君臣则后来居上,比秦始皇和李斯们显得聪明多了。汉代的思想统一,主要表现在汉武帝时的"罢黜百家,独尊儒术"文化政策上。这一政策就起源于董仲舒的"贤良对策"。董仲舒说:

> 春秋大一统者,天地之常经,古今之通谊也。今师异道,人异论,百家殊方,指意不同,是以上亡以持一统;法制数变,下不知所守。臣愚以为诸不在六艺之科孔子之术者,皆绝其道,勿使并进。邪辟之说灭息,然后统纪可一而法度可明,民知所从矣。①

董仲舒很了解我们这个民族的文化属性,明确指出了"大一统"是"古今之通谊"的传统,任何时代的统治者张扬"一统"的精神,都是天经地义、无可厚非的;那么,今天重提这个问题就是很自然的了。董仲舒首先为实行文化专制、造成思想统一找到了历史根据,使他的主张不显得武断和粗暴。接着就是具体的思想专制主张。如果把董仲舒的"贤良对策"和李斯的"焚书议"作一比照,我们就会发现董仲舒的机智和聪明。他要做的也是专制,因为他也是要解决一个"定于一"的问题,也是只准许人们有一个思想的问题,也是利用国家力量来达到统一思想的问题,其专制的本质是和李斯没有任何区别的。但是,他不像李斯的主张那样粗暴和简单,不是用"禁之便"的暴力手段;而是采用了引导人们采纳某种思想的柔性手段。他不是简单地禁止和焚烧,而是告诉人们为什么要学"孔子之术",要使"民知所从",自觉地投入他所设定的思想牢笼。他要尊崇儒术,要限制其他学说的发展,但并不焚烧其他学派的典籍,而只是在政策层面上做文章,

---

① (汉)班固:《汉书》,中华书局 1962 年标点本,第 2523 页。

利用政策导向的作用；我不限制异己的东西，而只提倡我所尊崇的东西；我不说你没有存在的根据，消灭你，而仅使你绝其"并进"之道，自然"灭息"。这种柔性手段，自然是容易为人们所接受的，所以汉武帝的文化专制主义就没有重蹈秦王朝短命的覆辙，并使儒学这独家学派获得了真正的复兴，为其后两千年成为中国民族唯一的思想来源、实现真正的思想独断打下了基础。

汉武帝、董仲舒他们要统一思想，控制人心，而为什么却偏偏要选六艺之学、孔子之术呢？为什么是"五经"而不是其他学说？其主要的原因，大概有这么几点。

首先，汉武帝所以会选择"罢黜百家，表章《六经》"的思想路线，实际上是政治需要与儒学思想属性暗合的结果，与儒家经典"六经"自身的学术特性有着紧密的关系。

汉武帝开始执政的时代，是西汉社会在经历了60余年的休养生息之后呈现繁盛局面的时代。但在这个"繁盛"的背后，却隐伏着严重的社会危机。时人司马迁就指出了这一危机："当是之时，网疏而民富，役财骄溢，或至兼并豪党之徒，以武断于乡曲。宗室有王公卿大夫以下，争于奢侈，室庐舆服僭于上，无限度。物盛而衰，固其变也。"（《史记·平准书》）加上"四夷侵凌中国"，汉王朝的专制主义中央集权统治面临着内外交困的深刻危机。如果说在经过了秦的暴政及楚汉之际的连年战争之后，社会确实需要贯彻休养生息的与民休息政策，疲惫不堪的汉初帝王也还能安忍于无为而治的话，那么，专制帝王在蛰伏几十年、有了强大的财力物力可作凭借之后，也就不可能再安忍于无为而治。黄老之术已经不能满足当下的时代，它必须选择一种主张大有作为、充满积极向上力量的理论学说。而儒学恰恰就是这样一种学说。孔子知其不可而为之的进取精神，曾子"士不可以不弘毅，任重而道远"的历史担当，《礼记》阐发的修身齐家治国平天下的大学之道，孟、荀分别阐发的内圣外王之学，都无例外地张扬了儒家学说意气风发、积极进取的思想属性。此为学界共识，不赘述。

其次，先秦以来的各家学派，都认可由孔子整理、儒士重点研习的"六经"是先王之典籍，代表了夏商周以来的优秀遗产，并具有重要的社会教化价值。

除了儒家自身及其与儒家一样"修先圣之术，通六经之论"的墨家的论述之外，即使与之有明显对立的庄子学派，也认为"夫《六经》，先王之陈迹也"①。既然"六经"是先王先圣之术，是三代以来留存下来的经典文献，选择"六经"为治国之术自然就有了历史依据。尤其重要的是，"六经"所蕴含的思想属性，具有重要的社会教化价值，最适宜于天下一统时代用作社会教化的经典范本。先秦典籍《礼记·经解》篇、《荀子·劝学》篇，都有对"六经"教化价值的揭示。入汉以来，这方面的论述也多有精辟之见：

先王为天下设教，因人所有，以之为训；道人之情，以之为真。是故内法六法，外体六行，以兴《书》《诗》《易》《春秋》《礼》《乐》六者之术以为大义，谓之六艺。令人缘之以自修，修成则得六行矣。②

五行异气而皆适调，六艺异科而皆同道。温惠柔良者，《诗》之风也；淳庞敦厚者，《书》之教也；清明条达者，《易》之义也；恭俭尊让者，礼之为也；宽裕简易者，乐之化也；刺几辩义者，《春秋》之靡也……六者，圣人兼用而财制之。③

正是这些关于"六经"思想内涵的清晰揭示，使汉人形成了关于"六经"的共识性认识，即《汉书·儒林传》所言："《六艺》者，王教之典籍，先圣所以明天道，正人伦，致至治之成法也。"这些认识，为汉武帝时期选择"罢黜百家，表章《六经》"的文化政策，做了思想

---

① 郭庆藩：《庄子集释》，中华书局2004年版，第532页。
② 阎振益、钟夏：《新书校注》，中华书局2007年版，第316页。
③ 何宁：《淮南子集释》，中华书局1998年版，第1392—1393页。

舆论准备。

最后，也是最重要的一点，是儒家学说最有利于确立皇权的绝对权威，是一种典型的主张君主专制的思想学说，最适合于拿来维护皇权专制。

儒学强调孝，从孝谈起，再移孝为忠，是一套极其精致的社会伦理说教。《论语·学而篇》载有子曰："其为人也孝弟，而好犯上者，鲜矣；不好犯上而好作乱者，未之有也。君子务本，本立而道生。孝弟也者，其为仁之本与！"儒家教人孝，其最终的指向是教人不犯上，教人维护尊长，维护王权秩序。儒家说教从孝谈起，富含温情脉脉的家庭伦理，使人感到亲切、温暖而易于接受，用儒学进行社会教化，对于确立皇权秩序可收事半功倍之效。

"六艺"经典强调王权的绝对性，为皇权的合法性做了理论论证，是皇权专制的理论依据。以此征服人心，皇权即可确保其控制社会、凌驾于万民之上而不受质疑。儒家核心经典《尚书·洪范》中说："皇建其有极……皇极之敷言，是彝是训，于帝其训。凡厥庶民，极之敷言，是训是行，以近天子之光。曰天子作民父母，以为天下王。"[1] 此篇作者告诉我们，天子是为天下发布准则的人。天子发布的准则，是宪法，是真理；"是彝是训"，是恒常不变之理；"于帝其训"，是上帝的教导。所以，天子所建立的准则，就是庶民百姓必须时刻遵循的行为法则，是人们思想行为的绝对的法理依据。人们应该自觉地遵循天子制定的准则，顺从它，奉行它，以临近而沐浴天子的光辉。特别是它蛮横地规定，"天子作民父母，以为天下王"，天子就是民之父母，是民之主，天子王天下是天的授意，王权秩序是天经地义而无须思考也不能质疑的。这就把王权的绝对性、权威性、神圣性，给予了明确规定。如果这样的经典被人们所接受，皇权岂不就可以毫无顾忌地肆其淫威了吗？近代史学家夏曾佑在《中国古代史》中说："其尊儒术者

---

[1] 李民、王健：《尚书译注》，上海人民出版社2004年版，第221—222页。

非有契于仁义恭俭，实视儒术为最便于专制之教耳。"① 此话对于汉武帝独尊儒术思想本质的揭示，可谓一语破的！

独尊儒术实施的结果达成了设计者的初衷。

国家意识形态的控制力与主导力是不容置疑的。当汉武帝宣布废除其他博士官，仅仅设立五经博士、独尊儒术，并在官吏选拔、任用上有所昭示的时候，其效果立马就显示出来了。汉武帝对公孙弘的利用，就是一个可供分析的案例。

公孙弘，平民出身，家穷，牧豕海上。40岁开始治《春秋》，在花甲之年适逢武帝招贤良文学，被地方政府（淄川国）举荐，并最终被征为博士。但是他终究是一俗儒，被征博士后，使其出使匈奴，却不能实现武帝的意图，"还报，不合意，上怒，以为不能"，以病免官复归原籍。此是元光元年（前134）事。元光五年（前130），武帝再征贤良文学，地方上又将其推举，此时的公孙弘很不自信，说自己已经被征过，因不才而被罢黜，希望能更换人选。由于地方上的再三坚持又被推举，至太常应武帝策试，再次被拜为博士。公孙弘再任博士后，《汉书》本传中记载有几件事，显示他并非很受赏识。

第一件事是公孙弘上书，请武帝加强吏治，以吏治化民。公孙弘说："周公旦治天下，期年而变，三年而化，五年而定。唯陛下之所志。"汉武帝对公孙弘的上书不仅不予重视，而且似有嘲笑之味。武帝说："弘称周公之治，弘之材能自视孰与周公贤？"武帝逼着公孙弘回答他能否与周公相比，意思是说，你公孙弘没有周公之才，也不要妄谈什么周公之治，朕的天下该如何治理，不是你公孙弘管的事，朕轮不到你来教训。公孙弘接下来的对答，虽然史书上说"上异其言"，但最后也还是没有得到任何回应。公孙弘作为一介儒生，哪里知道当时的天下，各项制度建设的紧迫性以及匈奴所造成的边患危机，多少严峻的问题都甚为急迫，吏治如何能成为汉武帝关注的要害？汉武帝还

---

① 夏曾佑：《中国古代史》，河北教育出版社2000年版，第276页。

需要依赖这些官员们去完成国家建设的宏图大业呢!

第二件事,是"时方通西南夷,巴、蜀苦之,诏使弘视焉。还奏事,盛毁西南夷无所用,上不听"。这显然是公孙弘的迂腐。西南夷这大片民族地区的开发,怎么能说是"无所用"呢?这样的见识,在雄才大略的武帝这里,自然不能得到赏识!

第三件事,是元朔二年(前127)公孙弘任御史大夫时,反对置朔方郡。《汉书·公孙弘传》载:"时又东置苍海,北筑朔方之郡。弘数谏,以为罢弊中国以奉无用之地,愿罢之。于是上乃使朱买臣等难弘置朔方之便。发十策,弘不得一。弘乃谢曰:'山东鄙人,不知其便若是,愿罢西南夷、苍海,专奉朔方。'上乃许之。"朔方是元朔二年,在匈奴侵入渔阳、上谷,杀掠千余人,边境告急的情况下,武帝令车骑将军卫青出三万大军,"出云中,西至高阙,遂至于陇西,捕首虏数千,畜百余万"①,取得的战果。此役之后,主父偃建言:"朔方地肥饶,外阻河,蒙恬筑城以逐匈奴,内省转输戍漕,广中国,灭胡之本也。"② 武帝欣赏主父偃的建议,让公卿就主父偃的建言进行廷议。于是就有了上边引文中所谈的朱买臣与公孙弘辩难的情况。就此事而言,公孙弘的迂腐也暴露无遗。朱买臣受命向公孙弘发难,连发十问,弘无一能对。设朔方郡对汉王朝北部边境地区的开发、控制与拓展,都有极其重要的意义,是一项重大的战略举措,而他竟认为此举是"罢弊中国以奉无用之地"。武帝怎么可能欣赏这样的人呢?

这几件事都证明公孙弘并没有经国治世之才,汉武帝不可能重视这样的人,而为什么武帝最后又把他放到了丞相的位置上?这大概是有两方面的原因。一是武帝并不看重丞相这个位置,给谁都无妨,因为武帝是个极其强势的帝王,所有的臣下在他这里都是摆设而已。《汉书》公孙弘本传说:"其后(公孙弘之后)李蔡、严青翟、赵周、石

---

① (汉)班固:《汉书》,中华书局1962年标点本,第2473页。
② (汉)班固:《汉书》,中华书局1962年标点本,第2803页。

庆、公孙贺、刘屈氂继踵为丞相。自蔡至庆，丞相府客馆丘虚而已，至贺、屈氂时坏以为马厩车库奴婢室矣。唯庆以惇谨，复终相位，其余尽伏诛云。"公孙弘之后武帝任用的这六位丞相，地位、结局就是这样。他们在武帝这里是没有任何实际权力的，不然也不会出现"丞相府客馆丘虚而已"的景象。而且石庆之外的那几位丞相，也都因各种原因，死在武帝手中。二是，公孙弘滑头，不与武帝面折庭争，处处阿谀奉承，用他坏不了大事，倒还可以使武帝博取一个尊重儒术的雅名。《汉书》公孙弘本传说："每朝会议，开陈其端，使人主自择，不肯面折庭争。于是上察其行慎厚，辩论有余，习文法吏事，缘饰以儒术，上说之。"看来就是如此，武帝用公孙弘的本意就是缘饰以儒术，为他在意识形态层面提倡儒学张目。《汉书》公孙弘本传载：

> 汉常以列侯为丞相，唯弘无爵，上于是下诏曰："朕嘉先圣之道，开广门路，宣招四方之士，盖古者任贤而序位，量能以授官，劳大者厥禄厚，德盛者获爵尊，故武功以显重，而文德以行褒。其以高成之平津乡户六百五十封丞相弘为平津侯。"

汉武帝并不欣赏公孙弘，但又是封丞相，又是予侯爵，加官封爵的目的就是让天下人知晓他重视先圣之道，重"文德以行褒"。其实，公孙弘其人，说不上有什么文德，《汉书》本传说："其性意忌，外宽内深。诸常与弘有隙，无近远，虽阳与善，后竟报其过。杀主父偃，徙董仲舒胶西，皆弘力也。"如此小人做派，以极明慧之武帝，为什么还要对之"文德以行褒"呢？这就是给世人看的，是要给社会一个清晰的尊儒之导向。而这个导向还真就发挥了作用。《汉书·儒林传》说："及窦太后崩，武安君田蚡为丞相，黜黄老、刑名百家之言，延文学儒者以百数，而公孙弘以治《春秋》为丞相封侯，天下学士靡然乡风矣。"公孙弘是一个例子，一个榜样，也是一面旗帜。在这面旗帜的感召下，有多少向学之士，都将学习的方向调整为儒学，国家以儒学统一思想的目的庶几可以实现。其实，在武帝之后以至宣帝的百余年间，靠儒学做官的人也并不在多数，即使被举了贤良文学的士人，也未必能做多大的官职，但公孙弘的例子毕竟充满了诱惑，它所昭示的修儒学以做官毕竟是想入仕者的一条充满可能性的通道。于是，武帝之后，皇权以儒学统一国人思想的通道就被打开了。

武帝之后，儒学走向普及循着两条道路——官学与私学，而这两条道路的发展都很成功。汉代的官学有太学、宫邸学、鸿都门学、郡国学等诸种形式，我们主要来看看具有代表性的太学的情况。

汉代太学的最初动议，是董仲舒在其"贤良对策"中提出来的。他说："故养士之大者，莫大乎太学；太学者，贤士之所关也，教化之本原也。今以一郡一国之众，对亡应书者，是王道往往而绝也。臣愿陛下兴太学，置明师，以养天下之士，数考问以尽其材，则英俊宜可得矣。"[①] 武帝接受董仲舒的建议，并责成丞相、太常等筹建太学事宜，在元朔五年（前124），公孙弘根据武帝的旨意，与太常臧、博士平等人商议，拟定了办太学的具体方案，这就是公孙弘的元朔五年上书：

> 为博士官置弟子五十人，复其身。太常择民年十八以上仪状端正者，补博士弟子。郡国县官有好文学，敬长上，肃政教，顺乡里，出入不悖，所闻，令相长丞上属所二千石。二千石谨察可者，常与计偕，诣太常，得受业如弟子。一岁皆辄课，能通一艺以上，补文学掌故缺；其高第可以为郎中，太常籍奏。即有秀才异等，辄以名闻。其不事学若下材，及不能通一艺，辄罢之，而请诸能称者……请选择其秩比二百石以上及吏百石通一艺以上补左右内史、太行卒史，比百石以下补郡太守卒史，皆各二人，边郡一人。先用诵多者，不足，择掌故以补中二千石属，文学掌故补郡属，备员。

[①] （汉）班固：《汉书》，中华书局1962年标点本，第2512页。

请著功令。它如律令。制曰:"可。"①

这是一个完整的办学方案,包括生源的选拔、考核、考核合格者的录用等诸方面,都有明确的谋划,并最后得到了武帝的认可和批准,载入功令,贯彻实行。不过,最初的太学生员较少,博士弟子50人,太常选拔的补博士弟子,郡国推荐、选送太常的得受业如弟子的地方优秀人才,都计算在内,人数也很有限。但是,武帝之后,昭、宣、元、成时期,代有增加。《汉书·儒林传》载:"昭帝时举贤良文学,增博士弟子员满百人,宣帝末增倍之。元帝好儒,能通一经者皆复。数年,以用度不足,更为设员千人,郡国置《五经》百石卒史。成帝末,或言孔子布衣养徒三千人,今天子太学弟子少,于是增弟子员三千人。"终西汉之世,太学生员发展到数千人,是确切的事实。哀帝时,太学生们为司隶校尉鲍宣打抱不平,聚众起事,《汉书·王贡两龚鲍传》中说:"博士弟子济南王咸举幡太学下,曰:'欲救鲍司隶者会此下。'诸生会者千余人。"仅是参与了这次拯救鲍宣事件的太学生就有千余人,可见当时太学的整体学生规模,几千人绝非虚言。后汉是太学的鼎盛时期。据《后汉书·儒林列传》,顺帝时重修太学,"凡所结构二百四十房,千八百五十室",生员最多时"至三万余生"。

"五经"是太学生的主要教材,太学生是国家官僚队伍的后备力量,所以,最终的结果是,"五经"成为经国牧民的基本思想资源,成为培育国民思想素质、统一人心的终极标的。秦汉以后中国历史的一个基本事实是,政治结构和意识形态的高度融合,即官僚队伍和儒家学说的高度统一,这种融合和统一,为全体社会成员的思想一致性创造了前提。皇权用儒家学说培育了官僚队伍;官僚队伍治国牧民贯彻儒家学说,将其渗透到全体民众之中;被儒学培育的民众,甘心情愿地做皇权的忠实拥趸。这是皇权意志所造就的一个统一民心的良性

---

① (汉) 班固:《汉书》,中华书局1962年标点本,第3594页。

循环。

普及儒学的第二条通道，是民间自发生长的私学。私学是孔子以来形成的学术传播传统。经过秦的短暂间歇，在西汉就开始有相当的发展，不过，最盛时还是东汉。东汉民间的经学家私相教授，特别是一些经学名家，从其学者动辄成百上千，甚至门徒上万，其在私学受教者，人数当不在官学之下。譬如见于《后汉书》的一些私学案例：

《后汉书·郭符许列传》：郭太"遂闭门教授，弟子以千数"。

《后汉书·儒林列传》：牟长"自为博士及在河内，诸生讲学者常有千余人，著录前后万人"。

《后汉书·儒林列传》：杨伦"讲授于大泽中，弟子至千余人"。

《后汉书·儒林列传》：谢该"善明《春秋左氏》，为世名儒，门徒数百千人"。

《后汉书·儒林列传》：颍容"避乱荆州，聚徒千余人"。

《后汉书·文苑列传》：夏恭"习《韩诗》《孟氏易》，讲授门徒常千余人"。

《后汉书·儒林列传》：丁恭"教授常数百人……诸生自远方至者，著录数千人，当世称为大儒"。

《后汉书·儒林列传》：张兴"弟子自远至者，著录且万人"。

《后汉书·桓荣丁鸿列传》：丁鸿"门下由是益盛，远方至者数千人"。

《后汉书·周黄徐姜申屠列传》：姜肱"就学者三千余人"。

《后汉书·刘赵淳于江刘周赵列传》：周磐"教授门徒常千人"。

《后汉书·儒林列传》：蔡玄"门徒常千人，其著录者万六千人"。

所列并非《后汉书》中的全部材料，仅此诸例就足以使人震撼。一人之门徒，见于著录的就可以达到万六千人，实在是惊人，远远超出孔圣人的弟子三千了。而这些人全都学的是儒家的经典啊！私学出身的，多数并不走上仕途，对于他们，这就是一种文化修养，是他们在社会上博取声名的资本，是自己安身立命的根基。儒学通过他们向社会大众传布，也绝不亚于经国牧民之官吏的影响。

官学与私学，以不同的形式肩负了同样的使命，即以儒学教化民众，创造中国帝制时代统一思想、征服人心的伟大壮举，把一个偌大的帝国，变成只有一个思想、一种声音、整齐划一的寂静庄园，使全体国民都在心灵深处建构起对皇权的认同和拥戴，自觉自愿地听命于皇权的支配和蹂躏。

(三) 科举制度在统一思想方面的历史作用

历代帝王都懂得征服人心、统一思想的重要，而要把它完全地落到实处，用一种思想去取代所有人的思考，实现人心的彻底征服，使统一思想的愿望变成思想一统的现实，则并非一件容易的事情。毕竟，思想的个性，是上帝赋予人的最特别的天性。但是，中国的帝王们是富有创造性的，他们最终还是找到了一条通向思想一统的最佳道路，那就是在隋唐之后开启的神奇的科举制度。

科举制度的最可称道之处，就是它把做官参政的机会向全社会开放，在政治层面清除贵族社会痕迹，给平民参政提供了平等的竞争机会，从而激发起社会底层民众读书入仕的极大热情。元人高明《琵琶记》所云"朝为田舍郎，暮登天子堂。将相本无种，男儿当自强"，就是这个时代最豪迈的声音。

汉代的察举制度，虽然也不限制被举荐者的身份，但它有数量的限制，譬如每次举贤良一个郡国举荐一名两名，而且重要的是，你是被人举荐，能否被举荐的主动权并不握在自己手里，还需要有权力的认可。而权力则是底层民众的最大障碍。现在这些问题没有了，只要读书，只要一纸文章写得好，就可以做官，就可以最终改变自己的命运，那为什么还不尝试一下呢？无论家里多么贫寒，只要有一点可能，就去读书，就去尝试着改变自己的命运。宋代的不少名相都出自平民，而且是非常贫寒的贫贱之家。《宋史·范仲淹传》说："仲淹二岁而孤，母更适长山朱氏，从其姓，名说。少有志操，既长，知其世家，乃感泣辞母，去之应天府，依戚同文学。昼夜不息，冬月惫甚，以水沃面；食不给，至以糜粥继之，人不能堪，仲淹不苦也。举进士第，为广德军司理参军，迎其母归养。"范仲淹幼年丧父，母亲改嫁，家境困难，靠稀粥面糊度日，冬夜苦读，没有炭火，又冷又倦之时，就用冷水洗脸。结果就是靠着科举制度改变了命运，最后官至参知政事，相当于副宰相，成为北宋历史上著名的政治家、文学家，名扬后世。欧阳修也是如此。《宋史·欧阳修传》载，他"四岁而孤，母郑，守节自誓，亲诲之学，家贫，至以荻画地学书"。家贫，上不起学，母亲亲自教他识字，买不起笔，就用苇秆作笔，在沙地上练字。就是通过科举，"举进士，试南宫第一，擢甲科，调西京推官"。后官至翰林学士、枢密副使、参知政事，成为北宋历史上著名的政治家和文学家。科举的平民性是毋容置疑的。学界相关的研究成果很多，譬如有博士学位论文的结论说：

> 在嘉祐二年进士有资料可查的进士籍贯中，寒素家庭出身的有236人，占整个嘉祐二年进士的86.25%。[①]

"从总体上看，进士祖、父的身份记载中，有任官记录或具其他身份的仅占15634个进士样本的三分之一左右（祖30.1%，父36.9%）。也就是说15634名明代进士中，69.9%的进士祖父没有职官记载，62.1%的进士父亲没有职官记载。""这是祖、父单独统计的结果，非两类去除重叠后的累计值。据统计，15634个进士

[①] 王连旗：《北宋嘉祐二年进士研究》，博士学位论文，河南大学，2011年。

家世样本中，曾祖、祖、父三代任官或具有其他身份的进士数为8003人，仅占总数的51.2%。祖、父叠加的人数为7539，占48.2%。"①

研究表明，科举取士是真正地向全社会开放，而其实际效果也是不少平民出身的下层人士中了举人，举了进士，走入了官僚队伍。而我们现在谈论这个问题，是从思想史的角度出发来看看由科举制度所推动的读书的广泛普及，造成了什么样的后果。

由科举所推动的读书的广泛性，我们还不能用很具体的数据来说明，但可以想见的是，从进士、举人、秀才、一般读书人，一层层往下推，这个读书人的基数应该是非常大的。可以说，在宋以后的中国社会，几乎是任何一个规模大小的村庄，就一定会有人读过孔夫子的圣贤书，成为村子里受人尊敬的文化人。村子里的大事小情，邻里纠纷，都会由这个读书达理的人来调停，来解决。而这个读书人，就通过他的影响力，把所学到的"五经四书"中的思想观念，贯彻到乡邻之间。所以，在传统社会，很多没读书不识字的庄稼人，口中都可能冒出几句孔夫子的经典名言。这是我们所可以看到的科举制度所创造的第一个奇迹，它使儒家思想在很大程度上变成了全社会的思想，变成了全民族的思想，推动了全社会的思想统一，使得一种非宗教的思想，起到了一种类宗教的作用。

科举制度的第二个奇迹，是它的副产品，即它在选拔官员的同时，起到了用官方思想去统一人心的奇妙作用。因为，经由科举选拔的人才，都是读官方规定的"五经四书"而挤入仕途的，而在这个过程中，他们都经受了"五经四书"的思想洗礼，成了儒家学说的忠实信徒，成了官方所希望的思想机器。而当他们走入仕途，为官理政的时候，

---

① 王红春：《明代进士家状研究——以56种会试录和57种进士登科录为中心》，博士学位论文，华东师范大学，2013年。

他们所接受的儒家思想理念，就自然地贯彻到了为官实践之中。这种为官实践，一方面很好地自觉地体现皇权意志，另一方面，也通过他们把儒家思想这种官方意识形态，灌输到其治下的民众之中，强化社会大众对官方意识形态的思想认同。科举制度下官员的社会职能，是个很奇妙的情景。

金观涛、刘青峰在《兴盛与危机》一书中，判断中国秦至清的帝制社会，是一个超稳定的社会结构，其原因就在于它的政治结构和意识形态结构的一体化。他们说："一体化意味着把意识形态机构的组织能力和政治结构中的组织力量耦合起来，互相沟通，从而形成一种超级组织力量。我们知道，统一的信仰和国家学说是意识形态结构中的组织力量，而官僚机构是政治结构中的组织力量。由于中国封建社会主要是通过儒生来组成官僚机构的，这便使政治和文化两种组织能力结合起来，实现了一体化结构。"① 这种看法是很有启发性的。皇权国家以儒家学说作为国家意识形态，熟读儒家经典之人来做官，这的确是一个极其奇妙的设计。这使得官员能够保持思想深处与皇权意志的高度一致，保证执行皇权意志的自觉性，并在其为官实践中，积极能动地进行与皇权意志相一致的社会教化，从而把全体国民的思想统一到皇权意志上来。儒家学说作为一种黏合剂，通过科举制度，将国家、官员、民众完全有机地凝聚在一起，实现真正而完全意义上的思想统一。

全体国民的思想统一，消灭了思想的个体性，不是思想专制是什么呢？但奇妙的是，这一切都是自然而然地实现的，是在不知不觉中发生的。没有任何人强制你去读书，没有任何强权暴力的威胁，是人们自己高高兴兴地读书，奋发图强地读书，自觉自愿地进入读书、做官、治民、统一的体制之中。为什么这看起来完全自觉自愿的自主性选择的结果，

---

① 金观涛、刘青峰：《兴盛与危机——论中国封建社会的超稳定结构》，湖南人民出版社1984年版，第27—28页。

造成的却是思想的专制呢？其实很简单，问题是出在人们缺失了一个自由，读什么书的自由。科举制度规定了读书标的，读书做官，并不是读什么书都能做官。你必须读皇家规定的书，用皇家规定的书去武装思想，这才是问题的要害。当我只能读你规定的书、按这些书的教导去考试、去做官的时候，我是不是就丧失了思想的自由呢？不能选择的选择，不是自主性选择！科举制度所造就的思想统一，是皇权专制下的思想统一，是思想专制的历史成果，这一点是毋容置疑的。

自从找到了科举制度，特别是在元代规定科举考试只能从"四书"中命题之后，皇权专制征服人心、统一思想的目的，就基本实现了。从汉武帝独尊儒术开始，到宋元以后以"五经四书"科考取士，皇权专制最终统一了思想，征服了人心，完成了对一个帝制大国的绝对掌控。但是，也应该说，中国秦以后帝制时代的思想专制，其手段是高明的。它给人的外在感觉并不是专制，没有焚书，没有限制人们的心非之议，真正实现了董仲舒所云的使"民知所从"，是引导人们进入思想专制的牢笼。但这却是真正的思想专制，达到了思想专制的最佳效果。这可以看作是思想专制的柔性手段，也可以叫作是柔性专制；正是这种柔性专制，完成了统一思想的使命，避免了"坑灰未冷山东乱"的历史悲剧，最终把统一思想的要求，变成了思想统一的现实。

二 从天子圣明到以吏为师

"天子圣明"[①] 是长达两千多年帝制时代培育起来的一个深厚观念。这种观念似乎已经被植入人的心理层面，变成了一种集体无意识，支配人们无论在任何时候任何情况下，都不加分析地服膺于最高政治权

[①] "天子圣明"作为一个完整的词语出现，是很晚的事情，大概最早是见于唐人修的《南史》一书，其后的《旧唐书》《新唐书》中也有出现。但是，作为一种观念，将天子、帝王看作是天生的圣者，尊最高权力占有者为真理的化身，则发端很早并影响深远。本文使用这个词语，就是主要从这种观念的层面上去谈问题，不去考证这个词语的产生问题。

威，相信他们做出的一切安排。特别是直接受制于帝王的那些官僚，当他们面对帝王的时候，不管他是明主还是昏君，不管他做出的决策是让你生还是死，你都得万分虔诚地匍匐在地，称颂其"天子圣明"，感恩戴德而山呼万岁。天子者帝王也，帝王者人也，为什么一个人一旦坐上了这个位置，就一定会变得圣明呢？如果说有些开国之君是靠着非凡的才能而有天下，他还的确显示了一定的智慧而有某种圣的素质的话，为什么他们的后代，那些靠世袭而忝列君主之位的所谓天子，也必然地就会有非凡的智慧而圣明呢？他们的圣明是从哪里来的？人们很少思考，这其实是一个莫大的骗局。现在，我们就来揭开这个骗局。

（一）先秦诸子时代的圣人、圣王思潮

先秦思想家们在学说体系上可以分出各家各派，但在主张圣人治国这个问题上却出奇的一致，都希望有一个圣明的君主来寄托他们的理想。当然，他们在何谓圣人或圣人修养的理解方面会有不同，而在圣人治国的理念上，却并无二致。

《老子》第三章说："圣人之治，虚其心，实其腹，弱其志，强其骨。常使民无知无欲。使夫智者不敢为也。为无为，则无不治。"[①] 这就是说，老子是希望由圣人来治理天下的，圣人的治理，可以达到他所期望的"无不治"的理想效果。《老子》第二十二章说："圣人抱一，为天下式。"这已经表达出对圣人治国的期待与向往。

《庄子·天下篇》云："圣有所生，王有所成，皆原于一……天下大乱，贤圣不明，道德不一，天下多得一察焉以自好……是故内圣外王之道，暗而不明，郁而不发，天下之人各为其所欲焉以自为方。"是知庄子也是提倡内圣外王之道的。而内圣外王，就是由王者来践行圣道，是明显的圣人治国的主张。

《墨子》认为，只有圣人治国，才可能"兴利多矣"。他说："圣人

[①] 陈鼓应：《老子注译及评介》（修订增补本），中华书局2009年版，第67页。

为政一国，一国可倍也；大之为政天下，天下可倍也……是故用财不费，民德不劳，其兴利多矣。"① 墨子认为，圣人治国可以使社会效益倍增，甚至认为必须由圣人治国，才能祛除社会之弊。他说：

> 今天下为政者，其所以寡人之道多。其使民劳，其籍敛厚，民财不足，冻饿死者不可胜数也。且大人惟毋兴师以攻伐邻国，久者终年，速者数月，男女久不相见，此所以寡人之道也。与居处不安、饮食不时、作疾病死者，有与侵就援橐、攻城野战死者，不可胜数。此不今为政者所以寡人之道数术而起与？圣人为政特无此，此不圣人为政其所以众人之道亦数术而起与？故子墨子曰：去无用之务，行圣王之道，天下之大利也。②

墨家认为，要祛除"使民劳""籍敛厚""兴师以攻伐"等损伤民力的"寡人之道"，而造就能够使民众富裕的"众人之道"，就必须要有圣人治国。圣人治国，行圣王之道，才可以实现"去无用之费"，节用而造福于民。圣人治国是实现"天下之大利"的根本保证。

商鞅主张圣人治国："惟圣人之治国，作壹抟之于农而已矣。"③"圣人之为国也，壹赏、壹刑、壹教。壹赏则兵无敌，壹刑则令行，壹教则下听上。"④"故圣人之治国也，不法古，不循今，当时而立功，在难而能免。"⑤ 他认为，治理一个国家，需要专注于农业，确立以农为本的发展战略；需要利用赏与刑、奖励与惩罚来激励民众；需要不法古，不循今，因时而动，根据变化着的情况进行决策。而这些都是圣人才可能具有的政治品质。所以，圣人治国是商鞅的基本选择。

《管子·正世》的作者认为："圣人者，明于治乱之道，习于人事

---

① 吴毓江：《墨子校注》，中华书局2006年版，第242页。
② 吴毓江：《墨子校注》，中华书局2006年版，第248页。
③ 蒋礼鸿：《商君书锥指》，中华书局1986年版，第26页。
④ 蒋礼鸿：《商君书锥指》，中华书局1986年版，第96页。
⑤ 蒋礼鸿：《商君书锥指》，中华书局1986年版，第147页。

之终始者也。其治人民也，期于利民而止，故其位齐也。不慕古，不留今，与时变，与俗化。"所以，他希望的也是圣人治国。

《荀子》对于圣人治国的认识，如同墨子一样坚定而明确：

> 天下者，至重也，非至强莫之能任；至大也，非至辨莫之能分；至众也，非至明莫之能和。此三至者，非圣人莫之能尽。故非圣人莫之能王……天下者，至大也，非圣人莫之能有也。①

"非圣人莫之能王"，这是对圣人治国理念的特别强调。天下至重、至大，非圣人不足以驾驭，不足以胜任。治理天下，需要有圣人的智慧，有圣人的胸怀，有圣人的至公之心。

韩非子多次表达圣人治国的期待。他说：

> 圣人之治国也，固有使人不得不爱我之道，而不恃人之以爱为我也。恃人之以爱为我者危矣，恃吾不可不为者安矣。②
> 圣人之治国也，赏不加于无功，而诛必行于有罪者也。③
> 圣人之治也，审于法禁，法禁明著则官法；必于赏罚，赏罚不阿则民用。官治则国富，国富则兵强，而霸王之业成矣。④

《吕氏春秋》是杂家作品，但其作者中也有主张圣人治国者。其《精通》篇曰："圣人南面而立，以爱利民为心，号令未出，而天下皆延颈举踵矣，则精通乎民也。"《不二》篇曰："故一则治，异则乱；一则安，异则危。夫能齐万不同，愚智工拙皆尽力竭能，如出乎一穴者，其唯圣人矣乎！"该篇作者主张思想统一，而他认为，只有圣人治国，

---

① 王先谦：《荀子集解》，诸子集成本，上海书店1986年版，第216—218页。
② 陈奇猷：《韩非子集释》，上海人民出版社1974年版，第247页。
③ 陈奇猷：《韩非子集释》，上海人民出版社1974年版，第249页。
④ 陈奇猷：《韩非子集释》，上海人民出版社1974年版，第949页。

才能做到全体国民在思想和行动上"出乎一穴"般的整齐划一。

春秋战国诸子为什么都不约而同地希望由圣人治国呢？圣人是什么人，能如此这般赢得诸子们的青睐？其实，各家对圣人的理解是很不相同的。老子眼中的圣人是行无为而治的；墨子眼中的圣人是兴利而不扰民，能够建树大功利的；商鞅眼中的圣人重赏罚，力本农；荀子眼中的圣人具有大智慧；管子眼中的圣人是明于治乱之道，而善于与时变化；韩非子眼中的圣人是能够"审于法禁"，善于用法度去管理臣民；《吕氏春秋》的作者，是希望圣人来承担统一人心的使命。尽管人们对圣人的理解或期待各不相同，但在那个时代，人们对圣人的理解还是有着许多共同之处。在各家的大量著作中，透露出圣人素质的诸多不同寻常之处。刘泽华先生有过总结：

第一，天降圣人，圣人法天，圣人通天，圣人如天。

第二，圣、神相通。

第三，圣人是"气"之精。在传统思想中，"气"为万物之本说有广泛的影响。在"气"说中，圣人同样处于特殊的地位，他不同于一般人和一般物，圣人是由"精气""和气""清气"等超常之气凝结而成的。

第四，圣人过"性"。在人性论中，虽有圣人与一般人同"性"之论，但更有超"性"之论。孟子说，圣人是出乎其类，拔乎其萃者。荀子认为圣人最伟大的功能和奇异之处就在于能"化性起伪"。圣人过性，同一般人不能同日而语，属于超人。

第五，圣人是先觉者，穷尽了一切真理，是认识的终结。①

这可以看作是时人对圣人内涵的普遍认同。总之，圣人具有超越一

---

① 参见刘泽华《王、圣相对二分与合而为一——中国传统社会与思想特点的考察之一》，《天津社会科学》1998年第5期。刘先生对"圣人"的这五个方面有具体论证，此处引文是摘引，不是原文照录，请有兴趣的读者查阅原文。

般常人的超越性，他具有特殊的智慧和道德水准，又和天、神相通，具有常人所不具备的神秘感。无怪乎诸子百家都对之由衷地崇拜，把治世之理想都寄托到圣人身上。但是，这样的人在哪里呢？现实中可以找到吗？估计这样的超人不好找，这样的帝王更不好找，所以，当诸子谈到圣人的时候，都是举过往的例子，特别是把传说中的先古帝王称为圣人。譬如《吕氏春秋·尊贤》篇，谈到历史上的十圣人、六贤者，其十圣人即是神农、黄帝、颛顼、帝喾、尧、舜、禹、商汤和西周文、武二王。

诸子们思圣心切！如何才能把他们幻想中的圣人，变换成现实中的君主？能不能促成现实中的各国诸王走上一条圣化的道路呢？他们呼吁圣与王的结合。荀子大声疾呼："圣也者，尽伦者也；王也者，尽制者也。两尽者，足以为天下极矣。"[1] 圣人是人伦之极，是最高道德的化身；而王者是法度之极，是一国制度、法则的设计者，掌控者；如果圣人与王者结合，合二为一，兼具圣人之德之慧和王者之力之法，就可以为天下之极则，就真的可以王天下了。诸子们多么希望有这样的王者——圣王出现呀！

《管子·法禁》中的一段话，可以看得出他们对圣王的出现是多么的向往：

> 圣王之身，治世之时，德行必有所是，道义必有所明。故士莫敢诡俗异礼以自见于国，莫敢布惠缓行、修上下之交以和亲于民，故莫敢超等逾官、渔利苏功以取顺其君。圣王之治民也，进则使无由得其所利，退则使无由避其所害，必使反乎安其位，乐其群，务其职，荣其名而后止矣。故逾其官而离其群者，必使有害；不能其事而失其职者，必使有耻。是故圣王之教民也，以仁错之，以耻使之，修其能，致其所成而止。故曰：绝而定，静而治，安而尊，举

---

[1] 王先谦：《荀子集解》，诸子集成本，上海书店1986年版，第271页。

错而不变者,圣王之道也。

圣王有大德,所以圣王治国的时候,德行和道义都有明确的准则,于是士人不违礼,官员不行私,臣民都按一定的道义准则行事;圣王有大智,所以圣王治国的时候,政治秩序井然,向上爬的人会使他无法得到好处,推卸责任的人不能逃避惩罚,人人都安于职守,尽心于自己的本职工作,乐其同人,珍惜名声;所以,圣王教化人民,是用仁爱来保护他们,用惩罚来警戒他们,使人们的道德和能力都得到提升,整个国家、社会、人民,都能在正常的良好的秩序中得到发展。坚决而镇定,安定而治理,国家安定而国君得到人们的尊敬和拥戴,有所举措、有所规划而不朝令夕改,这才是真正的圣王的治国之道啊!字里行间,我们可以看到《管子·法禁》篇的作者,对圣王之治国是怀着多么深切的期待。

像《管子·法禁》篇作者这样急切地期待圣王,可以说是当时社会的一种强大思潮,翻阅诸子,可以看到"圣王"一词出现的频率之高,几乎是到了言必称之的地步。笔者检索诸子书,《墨子》出现"圣王"一词111次,《荀子》39次,《管子》45次,《吕氏春秋》26次。这是一个极为值得重视的文化现象。

但是,光是把圣的光环戴在先古帝王的头上,无论把尧、舜、禹、汤、文、武诸王描绘得多么光彩照人,似乎都不能动摇现实中诸王逐鹿中原、兼并杀戮的决心,不能影响最高权力的独断、随意甚至邪恶。必须把圣化帝王的问题投向现实,促成现实王权走上圣化之路,才是他们发起造圣运动的真正用心。荀子提出了这个问题:"欲观圣王之迹,则于其粲然者矣,后王是也。彼后王者,天下之君也;舍后王而道上古,譬之是犹舍己之君而事人之君也。"[①] 荀子说,要说圣王之功德,还是后王更加粲然,后王或者说是当今王者的圣迹更加灿烂。但

---

① 王先谦:《荀子集解》,诸子集成本,上海书店1986年版,第51页。

问题是，这种说法和人们的经验不符，人们所看到的王者的作为，和他们所想象所认可的圣王之形象差之甚远。哪个后王有圣王之迹，荀子自己能报出名来吗？他生当其时的战国时代，相继称霸的几个大国之王，齐王是圣王吗？楚王是吗？秦王是吗？荀子还真的不敢指认。

诸子们并不情愿承认现实中的王者具有圣人的品德和资格，而这个"圣者王"转向"王者圣"的愿望，就只有靠政治家、确切地说靠王者们自己来完成了。但遗憾的是，王者并不是自觉而理性地向圣人靠近，用圣人的标准来要求自己，以促成自己向圣人转化，而是直接宣布自己就是圣王，他们仅仅靠着权力的神圣性，就实现了思想家们所愿望的"圣者王"到政治家"王者即圣"的转变。思想家们辛辛苦苦论证的一个"圣王"概念，轻而易举地被后世帝王所窃取。

（二）秦始皇开现世帝王圣化之端绪

从"圣者王"到"王者圣"的转变，是从秦始皇开始的。

公元前221年，秦始皇统一中国，建立了大一统的帝制王朝。对于中国历史的发展来说，秦始皇之功绩，确如他的几位心腹大臣所说，"兴义兵，诛残贼，平定天下，海内为郡县，法令由一统，自上古以来未尝有，五帝所不及"[①]。但他是否就可以称得上是"圣王"呢？建立了超越前人的武功，但是历史功业却并不能说明其智慧之高超、人格之高尚、道德之至纯至洁，功业本身是不能和道德与智慧之超人绝伦画等号的。也就是说，按照诸子们的圣王观念，秦始皇之功业，是不能称为圣王的。但是，秦始皇却不管这些，他在威临天下的同时，就把圣王的桂冠戴在了自己头上，使诸子们向往的"圣王"以他的面孔而出现了。

秦始皇统一之后，很快就开始了他巡行天下的活动，遍游全国，四处立石刻碑，以颂功德。根据《史记·秦始皇本纪》的记载：

---

① （汉）司马迁：《史记》，中华书局1959年标点本，第236页。

二十八年，始皇东行郡县……刻所立石，其辞曰："皇帝躬圣，既平天下，不懈于治。夙兴夜寐，建设长利，专隆教诲。训经宣达，远近毕理，咸承圣志。"

二十九年，始皇东游……登之罘，刻石。其辞曰："大圣作治，建定法度，显箸纲纪。外教诸侯，光施文惠，明以义理。……普施明法，经纬天下，永为仪则。大矣哉！宇县之中，承顺圣意。"

三十七年十月癸丑……上会稽，祭大禹，望于南海，而立石刻颂秦德。其文曰："秦圣临国，始定刑名，显陈旧章。初平法式，审别职任，以立恒常……圣德广密，六合之中，被泽无疆。"

这些碑石之文中，不乏对秦始皇"圣德"的称颂。"皇帝躬圣""咸承圣志""大圣作治""承顺圣意""秦圣临国""圣德广密"云云，显然一位活着的"圣王"了。历史上圣人与现实中活的帝王的合二为一，就从秦始皇这里开始了。

刘泽华先生曾分析过秦始皇称"圣"的逻辑：

秦始皇在同他的臣僚们总结自己胜利的原因时，说了这样和那样的原因，而其中富有理论意义的是如下十二个字："原道至明""体道行德""诛戮无道"。诸子喋喋不休地说"得道而得天下"，秦始皇的大业应该说已基本满足了这一理论要求。他把自己的胜利说成"道"的胜利，是顺理成章的。圣人是道的人格体现，作为"体道"者的秦始皇称圣是合乎逻辑的。于是，他被称为"大圣""秦圣"；他是圣的化身——"躬圣""圣智仁义"；他立的法是"圣法"；他的旨意是"圣意"；他做的事是"圣治"；他撒向人间的是"圣恩"。总之，圣与现实的帝王合为一体。①

---

① 刘泽华：《王、圣相对二分与合而为一——中国传统社会与思想特点的考察之一》，《天津社会科学》1998 年第 5 期。

其实这是刘先生还原的秦始皇君臣们自己的逻辑，也是他们编造的强词夺理的逻辑。因为，所谓"原道至明""体道行德""诛戮无道"，不过是他们的自我缘饰，是成王败寇的逻辑使然。汉初勃兴的过秦思潮，早已把秦王朝的暴虐无道揭得体无完肤，秦之道在哪里呢？《盐铁论·论诽》中，贤良文学曰："秦以武力吞天下，而斯、高以妖孽累其祸，废古术，隳旧礼，专任刑法，而儒、墨既丧焉。塞士之途，雍人之口，道谀日进而上不闻其过，此秦所以失天下而殒社稷也。故圣人为政，必先诛之，伪巧言以辅非而倾覆国家也。"这代表了汉人对秦之道的一般看法，从一般意义的道来说，秦不是有道，而是无道，秦道对于圣人之道是反其意而行之。圣王的桂冠应该说和秦始皇是没有关联的。然而，秦始皇还是给自己套上了圣王的光环。说穿了，他称"圣"的唯一根据就是他有了天下，掌握了对天下人杀伐诛戮的权力。也就是说，秦始皇"圣王"的光环，仅仅来自他靠战争、暴力、征服，所攫取的控制天下的至高无上的绝对权力。

秦始皇所以自命为"始皇帝"，就是想自他开始，"后世以计数，二世三世至于万世，传之无穷"，而永享天爵。历史真是滑稽，秦王朝短命而亡，不仅没有万世，二世都且不保，反倒是他所开创的"王者圣"的强盗逻辑，却传延下来，攫取他的皇位的刘姓帝王也都顺延而成了"圣王"。

刘邦出身农民而不事产业，《史记·高祖本纪》说他"及壮，试为吏，为泗水亭长，廷中吏无所不狎侮。好酒及色"。《史记·郦生陆贾列传》中骑士对刘邦其人的描述是："沛公不好儒，诸客冠儒冠来者，沛公辄解其冠，溲溺其中。与人言，常大骂。未可以儒生说也。"一个对儒生极其蔑视，拿儒生的帽子当便器的人，怎么会一旦做了帝王，就突然"圣化"了呢？刘邦之圣从何谈起？然而，刘邦才不管这些呢，不仅他这个开国之君是圣王，圣上，而且世袭其皇位的子孙们，作为继体之君也都无例外地是圣上，圣明。汉武帝时人徐乐上书中说："臣窃以为陛下天然之圣，宽仁之资，而诚以天下为务，则汤武之名不难倖，而成康之俗可复兴也。"① 这个"天然之圣"道出了问题的实质，就是武帝之圣不需外求，因为你是君王，圣也就是自然而然的了。帝王的身份是"圣"的唯一依据。

《白虎通义·圣人》中也集中表述了汉代人对圣人、圣王的理解：

"圣人者何？圣者，通也，道也，声也。道无所不通，明无所不照，闻声知情，与天地合德，日月合明，四时合序，鬼神合吉凶。""非圣不能受命。""圣人所以能独见前睹，与神通精者，盖皆天所生也。"

《白虎通义》的逻辑是，圣人是无所不通、无所不明的人，他与天地合其德，与日月同其明。这样的人既不是一般的凡人，甚至不是所谓超人，只能是神人，是上天赋予其德行与才能，所以，圣人是"天所生"。"非圣不能受命"，反过来说，就是受命者即是圣人。而所谓受命者，当然只是现世之帝王。推到最后，其逻辑的结论即是"王者即圣"。从这里我们也可以看到，王者圣的逻辑，最终是思想家们为其完成的。可以说，从先秦人们所期待的"圣者王"，到秦汉事实上的"王者圣"，这个转变，这个对现实中最高权力的"圣明"的肯定，最初来自权力者的蛮横，最后由思想家完成其理论论证。

确实，"王者圣"的强盗逻辑，不能都归罪于帝王的蛮横，对王者圣的认同，是有思想土壤和社会基础的，是思想家们内心深处很深厚的观念。像司马迁这样具有深刻历史思想的人，也不例外。他在《史记·太史公自序》中和壶遂的对话，就显示出对天子圣明的称颂至为虔诚，没有任何违心的成分：

汉兴以来，至明天子，获符瑞，封禅，改正朔，易服色，受命

---

① （汉）司马迁：《史记》，中华书局1959年标点本，第2957页。

于穆清，泽流罔极，海外殊俗，重译款塞，请来献见者，不可胜道。臣下百官力诵圣德，犹不能宣尽其意。且士贤能而不用，有国者之耻；主上明圣而德不布闻，有司之过也。且余尝掌其官，废明圣盛德不载，灭功臣世家贤大夫之业不述，堕先人所言，罪莫大焉。

从司马迁的遭遇看，他对当今圣上汉武帝应该是有认识的，甚至是有其个人恩怨的，但他口口声声"至明天子""圣德""主上明圣"，并且认为他如果不能忍辱负重完成其《史记》之作，就是"废明圣盛德不载"，把自己的历史著述看作是广明"盛德"的历史使命。像司马迁这般对帝王之圣的由衷认可，是今人所难以理解的。由此，秦始皇所开创的现世帝王英明绝伦、至圣无上的政治传统，在后世的传延，就是可以理解的了。

于是，秦汉以后，两千多年的中国帝制时代，"帝王的一切无不与圣结缘"。刘泽华先生总结说：

帝王的尊称为"圣上""圣皇""圣王""圣明""圣仪""圣驾""圣主""圣帝"等。

帝王的命令称为"圣旨""圣令""圣谕""圣策""圣诏""圣训""圣敕""圣诲"等。

帝王的决断称为"圣裁""圣断""圣决"等。

帝王的政事、功业称之为"圣政""圣文""圣武""圣德""圣勋""圣业""圣功""圣治""圣绪""圣统"等。[1]

以上论述已经表明，现世帝王与"圣"结缘，并非因为他们真的

---

[1] 刘泽华：《王、圣相对二分与合而为一——中国传统社会与思想特点的考察之一》，《天津社会科学》1998年第5期。

圣明,而仅仅是因为他们手中的权力。天子圣明,说穿了就是权力圣明,谁有了权力,谁做了皇帝,他就圣明。从圣明的本义去考察,这当然是一个莫大的骗局。这个骗局已经延续了二千年,人们已经习惯于在这个骗局中生存,不仅不去揭穿,而且深以为然,似乎这些绝对权力的拥有者就真的圣明一样。悲哉,这就是我们这个习惯于被专制的族群的历史状况!

我们现在为什么要来揭穿这个骗局呢?因为,天子圣明这个骗局,用心极深,所图极大,绝不仅仅是为自己套个光环而已,而是要以此来剥夺天下人思想的权利。帝王家企图用这种骗来的圣明,扼杀天下人的思考,让万民之众都以敬仰的眼光、崇拜的心理、奴隶般服从,去沐浴他们圣明的光环,而交出独立思考的权利,任其愚昧和奴役。专制,还是专制,是这些帝王家自我圣化的唯一目的。不过,在这里所表现出来的,不是用刀枪棍棒实现的专制,而是温柔的专制,是人们在无意之中就接受了的思想专制,因而也是最险恶的专制!

(三) 承接"天子圣明"使命的"以吏为师"

天子圣明,而天子直接面对的是那些官僚臣属,广大百姓是无缘面见圣上的,如何使天子圣明发挥其剥夺全体国民思想权利的作用呢?于是,皇权专制就创造了一个和天子圣明相衔接的制度设计——以吏为师。

关于"以吏为师",目前学术界倾向性的看法,仍是认为这是秦王朝推行的一项国家制度,即秦统一之后,李斯所上"焚书议"提出的:"若欲有学法令,以吏为师。"《史记·李斯列传》中的相关文字是"若有欲学者,以吏为师",略有差异。李斯的"焚书议"被秦始皇所采纳,便成为一项国家制度。不过,这里的"以吏为师",明显的是师其法令,老百姓要从官吏那里学习法令,统一行为规则。李斯的这一提议,从文字渊源上看,是源自韩非的相关论述。《韩非子·五蠹》篇说:"故明主之国,无书简之文,以法为教;无先王之语,以吏为师。"

其实，这是法家的一贯主张，早年的商鞅，就多次明确地讲过这个问题：

> 故圣人必为法令置官也，置吏也，为天下师，所以定名分也……故圣人为法，必使之明白易知，名正愚知遍能知之。为置法官，置主法之吏以为天下师，令万民无陷于险危。①

单就秦的"以吏为师"说，这样的理解或认识也并无差缪，秦王朝的确是要推行其法令，并通过官吏将其灌输到基层社会。但是，离开秦王朝的具体情况，向前追溯，或者向后延展，我们将会发现，以吏为师，则非秦之独有的历史现象，反倒是一个古老的制度或观念。它既是制度，又是观念，而且相对于皇权专制来说，它所产生的观念性意义，意识形态价值，要远远胜于其制度性价值。

关于"以吏为师"的向前追溯，清人章学诚就已经提出来了。他在《文史通义·内篇三·史释》中说：

> 以吏为师，三代之旧法也。秦人之悖于古者，禁《诗》《书》而仅以法律为师耳。三代盛时，天下之学，无不以吏为师。《周官》三百六十，天人之学备矣。其守官举职，而不坠天工者，皆天下之师资也。东周以还，君师政教不合于一，于是人之学术，不尽出于官司之典守。秦人以吏为师，始复古制。而人乃狃于所习，转以秦人为非耳。秦之悖于古者多矣，犹有合于古者，以吏为师也。

章学诚认为，以吏为师是三代时期的固有制度，秦的以吏为师，只不过是恢复古制，所不同者，仅仅在于改变了学习的内容，将学习

---

① 蒋礼鸿：《商君书锥指》，中华书局1986年版，第146页。

《诗》《书》改为学习法律。从广义的意识形态的角度出发，章学诚的看法是有道理的。夏商的情况不明，起码周代的学在官府，本质上就是以吏为师，它既是制度问题，也是意识形态问题。因为，这里反映的不仅仅是一个学习权利的问题，即不单单是一个只有贵族子弟享有受教育权利的问题，同时也是国家官府对知识和思想的垄断。但也有不同的认识，有学者不赞成将秦的以吏为师与周代的学在官府相提并论。如雷戈写道：

> 在"以吏为师"上，人们常有一个误解，认同章学诚所说三代本已如此，秦非反于古法，而是合于古制。其实二者完全有别。章氏的错误在于把学在官府与以吏为师混为一谈。所谓学在官府，是排斥、禁止百姓以任何方式求学；所谓以吏为师，是强制、规定百姓必须到官府受学。前者意味着民众与教育的完全绝缘，后者意味着民众只能以某一种官定的方式与教育结缘。前者是根本不让民众来学，后者是只让民众到官府学。概言之，学在官府与以吏为师之分殊有二：（1）以吏为师须以发达官僚制为基础。三代无之。它只是规模范围有限的贵族教育。无论是教者，还是学者，都是贵族内部的事情。（2）三代只有官学而无私学，故以吏为师与民众无关。秦代是官学私学并存，故以吏为师与民众直接有关。因为它取缔私学，迫使全民教育纳入国家体制，正像民众身份编入国家体制一样。①

雷戈所讲是有道理的，但他过于侧重于制度形式上的考虑了，如果进而分析制度的本质问题，制度的属性问题，学在官府，垄断学术和思想，把教育的权力仅仅把持在官府或曰王权手中，以他们的思想去控制社会，就和后世的以吏为师没有什么不同了。西周的学在官府，

---

① 雷戈：《秦汉之际的政治思想与皇权主义》，上海古籍出版社2006年版，第323—324页。

和秦的以吏为师，仅仅是被教育者的范围、对象上出现了差异，而这个差异并不影响对其专制属性的判断。贵族是上层社会，控制了贵族也就控制了整个社会。至于下层，虽说是剥夺了他们读书受教育的权利，但从思想控制的角度说，下层是没有思想或没有政治思想的人群，是否直接去控制他们，对于王权专制则并无大碍。所以学在官府，从思想控制的角度，从王权意志的角度，从国家意识形态的角度说，和后世的以吏为师是完全相通的。东周之后，学术下移，私学盛行，学术思想向基层民众传播，思想控制的范围自然有必要扩展到全体社会成员，于是，学在官府的知识、思想垄断，自然就要有新的形式，于是发展出以吏为师，就是一个合规律性的结果。如此说来，以吏为师只是学在官府的发展形式，将二者统一起来，可能更符合历史本质的真实。这样，我们可以说秦之以吏为师，是有历史传统的。

正因为以吏为师是一个思想控制的政治传统，所以，在以反秦为旗帜的汉代，以吏为师依然被继承下来。在汉史文献中，我们会看到很多非常直接的文字表述：

　　《史记·孝文本纪》："牧民而导之善者，吏也。"
　　《汉书·文帝纪》："三老，众民之师也。"
　　《汉书·景帝纪》："夫吏者，民之师也。"
　　《汉书·董仲舒传》："今之郡守、县令，民之师帅，所使承流而宣化也。"
　　《史记·太史公自序》："国有贤相良将，民之师表也。"

而这些官吏，如何去实践其师的职责呢？他们以"师"的面孔出现在民众面前，都教授些什么呢？

在这个问题上，人们首先会看到的，是深厚的"民之师"观念，激起官吏们强烈的教化民众的责任感，使命感，调动其传布文化的积极性，主动性。景帝时的文翁是常被人们称颂的最典型的例子：

文翁……景帝末，为蜀郡守，仁爱好教化。见蜀地辟陋有蛮夷风，文翁欲诱进之，乃选郡县小吏开敏有材者张叔等十余人亲自饬厉，遣诣京师，受业博士，或学律令……又修起学官于成都市中，招下县子弟以为学官弟子，为除更徭，高者以补郡县吏，次为孝弟力田。常选学官僮子，使在便坐受事。每出行县，益从学官诸生明经饬行者与俱，使传教令，出入闺阁。县邑吏民见而荣之，数年，争欲为学官弟子，富人至出钱以求之。由是大化，蜀地学于京师者比齐鲁焉。至武帝时，乃令天下郡国皆立学校官，自文翁为之始云。①

武帝之后，郡国官学逐渐普及。但其后，甚至到东汉，也还可以看到一些地方官创办学官、讲堂，亲自讲授的例子。

伏恭……迁常山太守。敦修学校，教授不辍，由是北州多为伏氏学。②

（刘梁）桓帝时，举孝廉，除北新城长。告县人曰："昔文翁在蜀，道著巴汉，庚桑琐隶，风移碨磼。吾虽小宰，犹有社稷，苟赴期会，理文墨，岂本志乎！"乃更大作讲舍，延聚生徒数百人，朝夕自往劝诫，身执经卷，试策殿最，儒化大行。③

官吏办学，甚至亲自讲授，固然是体现了"师"的职责，但这却不是"以吏为师"的基本含义，官吏做民之师，根本的任务并不是办学教人识字学文化，这样单纯而直接的文化传播，是另有人去担当的。不然，我们就不能理解，两汉之后，当帝制时代的各项社会文化制度

---

① （汉）班固：《汉书》，中华书局1962年标点本，第3626页。
② （南朝宋）范晔：《后汉书》，中华书局1965年标点本，第2571页。
③ （南朝宋）范晔：《后汉书》，中华书局1965年标点本，第2639页。

都逐步健全，府州县道都有了官学之后，在地方官没有必要去亲执教鞭的情况下，以吏为师的情况却并没有改变，吏的"师"之职责丝毫没有减弱或松弛。两汉之后的史书中，我们也经常看到关于以吏为师的文字，强调吏的这一功能。譬如：

《新唐书·褚遂良传》："刺史，民之师帅也，得人则下安措，失人则家劳。"

《宋史·儒林列传》："守令者，民之师帅，政教之所由出。"

《续资治通鉴》"宋纪"一百一十：郡守，"民之师帅，若不得人，千里受弊。"

《续资治通鉴》"宋纪"一百一十六："县令，民之师帅，刑罚之官，人命所系，不可轻以授人。"

两汉以后，国家层面有太学，太学里有博士官专职教授；州郡府县，也有官学，同样各有专职教授。在这样的体制下边，为什么还要强调以吏为师呢？这就说明，官吏"师"的职能不可能是教人识字的教师功能，以吏为师的主要职责并不是一般的文化教育问题，而只能是担负意识形态功能，政治教化功能，统一思想功能。学校的师是传道、授业、解惑，而官吏之"师"，则是教人服从政令，学做顺民。以吏为师之师，肩负的主要使命就是皇权意志、国家意识形态的贯彻问题。

从历史实情出发，两汉以后，以吏为师的主要内涵，是社会教化和依法教民两个方面，其主旨是用皇权意志统一民众思想，从而从根本上保障皇权专制的长治久安。

《后汉书·百官五》："凡郡国皆掌治民，进贤劝功，决讼检奸……每县、邑、道，大者置令一人……皆掌治民，显善劝义，禁奸罚恶。"

《旧唐书·职官志》："京畿及天下诸县令之职，皆掌导扬风化，抚字黎氓。"

《宋史·职官七》："诸府置知府……掌总理郡政，宣布条教，导民以善而纠其奸慝。"

《明史·职官四》："知府，掌一府之政，宣风化，平狱讼，均赋役，以教养百姓。"

历代关于官吏职责的规定，特别是郡守、知府、县令之类的地方主官，都直接肩负社会教化职责，"进贤劝功""显善劝义""导扬风化""宣布条教，导民以善""教养百姓"云云，说明教化是其最重要的职责。关于这一问题，余英时曾评论说："董仲舒从'教'观点出发，所以强调'郡守、县令，民之师帅'，即以'师'为地方官的第一功能，'吏'的功能反而居于次要的地位。"① 其实，余英时只说对了一半，他只看到了对吏之"师"的功能的强调，但却错误地将吏的职责分成"师"与"吏"而对立起来，好像吏的天职本不应该包括"师"一样，而事实是，我们讨论的是中国历史上的问题，在中国，教化民众就恰恰是吏的天职，"师"是吏的当然之身份。官吏不仅要管理社会秩序，规范人的行为，还要做人的思想工作，这的确是中国政治的一个突出特色，是中国历史的一个强大传统，影响之深远，至今依然。

本来，人的文明的开发是学校教育的任务，师者，传道、授业、解惑，这是学校教育的本职工作。而中国的帝王们，则在学校教育之外，开辟了人的教育的第二渠道。既然，学校教育已经肩负了传道、授业、解惑的文明开发的职能，社会教育就不再是文明开发的重复，而是另有特别的使命，那就是要管人的思想，要通过这个渠道把人的思想的发展，归到一个既定的统一的框架之中。所以，社会教育的根本使命，就是对人的思想的规范。由官吏来执行规范人的思想的使命，其目的

---

① 余英时：《士与中国文化》，上海人民出版社1987年版，第175页。

性就十分明确了。官吏是皇权所任命，其职责是受皇权所委托，当然就是要用皇权意志去规范人的思想，实现对全体国民的思想改造。

帝制时代的官吏多是有使命感、责任感的，因此，他们在受命规范人的思想，进行社会教化的时候，可以说都是尽职尽责，表现了相当的历史主动性，因此，也留下了许多生动的例证。譬如，《汉书·赵尹韩张两王传》记载：

> （韩延寿为左冯翊）行县至高陵，民有昆弟相与讼田自言，延寿大伤之，曰："幸得备位，为郡表率，不能宣明教化，至令民有骨肉争讼，既伤风化，重使贤长吏、啬夫、三老、孝弟受其耻，咎在冯翊，当先退。"是日移病不听事，因入卧传舍，闭阁思过。一县莫知所为，令丞、啬夫、三老亦皆自系待罪。于是讼者宗族传相责让，此两昆弟深自悔，皆自髡肉袒谢，愿以田相移，终死不敢复争。延寿大喜，开阁延见，内酒肉与相对饮食，厉勉以意告乡部，有以表劝悔过从善之民。延寿乃起听事，劳谢令丞以下，引见尉荐。郡中歙然，莫不传相敕厉，不敢犯。延寿恩信周遍二十四县，莫复以辞讼自言者。推其至诚，吏民不忍欺绐。

韩延寿任左冯翊时下县视察，碰到了兄弟为争田地而打官司的事。韩延寿认为是自己在社会教化方面做得不好，才出现了这样兄弟诉讼不光彩的事情，就闭门思过，结果弄得一个县里的大小属吏都惶恐莫安，一个个"自系待罪"，等待韩延寿的发落。最后，此事引起讼者宗族长者的不满，对其大加训斥，讼者悔悟，放弃诉讼。延寿这才接见讼者，并设酒款待，公告乡里，以表彰他们悔过从善的举动。这样的一个教化事件，在左冯翊所辖二十四县产生了巨大影响。这是一个郡守以自己的主动自责而引导人们认错悔过、实现社会教化的例子。

《后汉书·循吏列传》载：

（仇）览初到亭，人有陈元者，独与母居，而母诣览告元不孝。览惊曰："吾近日过舍，庐落整顿，耕耘以时。此非恶人，当是教化未及至耳。母守寡养孤，苦身投老，奈何肆忿于一朝，欲致子以不义乎？"母闻感悔，涕泣而去。览乃亲到元家，与其母子饮，因为陈人伦孝行，譬以祸福之言。元卒成孝子。

仇览做蒲亭长时，遇到一位母亲状告自己亲生儿子不孝之事。为教化不孝顺的陈元，仇览亲到陈元家里，与他们母子一起饮食，为之阐述人伦孝行，最后感化了母子二人，陈元终成孝子。这些例子说明，两汉时期的官吏，在履行社会教化之责时，是积极主动的，并因此创造了政治思想工作的生动范例。皇权通过他们实现了社会行为的规范管理，实现了对人们思想的有序疏导，将基层民众的思想统一到皇权意志或曰国家意识形态的要求上来。这些官吏的具体作为，使我们感受到了以吏为师的真正含义，看到了以吏为师对落实思想专制的极端重要性。

以吏为师的第二个含义是依法教民。帝制时代的法律，是皇权意志的集中体现，是专制皇权的主要工具。依法教民，是落实皇权意志的重要方面。也是在这一点上，汉以后的以吏为师，和秦代保持了高度的一致性。

《史记·孝文本纪》有一段文帝和臣下涉及"以吏为师"的对话，很清楚地表明了依法教民的要求：

（孝文帝元年十二月）上曰："法者，治之正也，所以禁暴而率善人也。今犯法已论，而使毋罪之父母妻子同产坐之，及为收帑，朕甚不取。其议之。"有司皆曰："民不能自治，故为法以禁之。相坐坐收，所以累其心，使重犯法，所从来远矣。如故便。"上曰："朕闻法正则民悫，罪当则民从。且夫牧民而导之善者，吏也。其既不能导，又以不正之法罪之，是反害于民为暴者也。何以禁之？朕未见其便，其孰计之。"

文帝坚持认为，民之犯法有两方面的原因，一是法不正，民动辄得咎；二是官吏的引导不善，没有进行很好的法的教育，实际上就是孔子批评的不教而诛的问题。从这则对话，可以看出，在文帝看来，以吏为师的一个重要方面，是要官吏对老百姓进行法的教育和引导。依法教民，既可使老百姓不过多地罹患违法的困境，又可以疏导百姓遵守皇权秩序，保持社会的稳定和皇权的长治久安。

实际上，汉代官吏对依法治民的职责，是有很清楚的认知的。《汉书·薛宣朱博传》记有这样一件事情：薛宣去陈留郡任太守，途径彭城。其时，他的儿子薛惠任彭城县令，便在彭城停留几日。薛惠的彭城令做得不够尽职，提心吊胆地等待着父亲的批评。但是，薛宣在彭城的几天时间，始终不问儿子为官的事情。薛惠让他的属吏进见父亲，"问宣不教戒惠吏职之意"，想摸摸父亲的底细。结果，薛宣笑曰："吏道以法令为师，可问而知。及能与不能，自有资材，何可学也？"没想到薛宣给了这样的回答，为吏之道是按法律从事，他自己学学法令自然知道该如何做好这个县令。《汉书》在记载这件事情的时候说："众人传称，以宣言为然。"就是说，薛宣"吏道以法令为师"的话得到了普遍认同。可见，在当时人们的观念中，官吏学习法律，依法教民，是其最本分的职责。以吏为师，民众首先得到的是国家王法的疏导。

依法教民要教的法，不单单是已经成文的法律条文，也包括朝廷的各项政策法令、皇帝最新的诏书敕令等，使国家最新的政策法令得到贯彻和落实。《汉书·贾邹枚路传》载贾山《至言》中说："臣闻山东吏布诏令，民虽老羸癃疾，扶杖而往听之。"《汉书·循吏传》载："上垂意于治，数下恩泽诏书，吏不奉宣。太守霸为选择良吏，分部宣布诏令，令民咸知上意。"这都是很宝贵的例子，使我们知道了以吏为师的一些具体形式，即地方官宣布诏令的情况。太守黄霸的做法是选择良吏，分部宣布，广而告之。由于黄霸治郡，广布诏令，力行教化，取得了优异的治绩，赢得宣帝的褒扬：

> 天子以霸治行终长者，下诏称扬曰："颍川太守霸，宣布诏令，百姓向化，孝子弟弟贞妇顺孙日以众多，田者让畔，道不拾遗，养视鳏寡，赡助贫穷，狱或八年亡重罪囚，吏民向于教化，兴于行谊，可谓贤人君子矣。"①

从宣帝的褒扬诏书中，也可以看到以吏为师的内容和效果。内容是"宣布诏令"，效果是"百姓向化"，后边所谓"田者让畔，道不拾遗"是百姓向化的具体表现。在这里，"百姓向化"是和"宣布诏令"连在一起的，并是其直接效果。这简单的一句话，便揭示了以吏为师的真实意图，就是把百姓的思想统一到帝王诏令的要求上来，以收百姓"向化"之效。

（四）以吏为师的历史评说

以上，我们对"以吏为师"做了事实层面的实证性分析，现在该从学理性的角度讨论一些问题了。

第一个要回答的问题是，以吏为师的根据何在？人们为什么要以这些官员们为师呢？其实，这个问题很简单，以吏为师从本质上说，就是天子圣明的衍生物，官吏是代圣上为师的，因为吏是帝王委派或任命的，所谓"朝廷命官"是也。既然人们对于"王者圣"笃信不疑，那么，对于帝王、圣王所委派的官吏还有什么怀疑的理由呢？你怀疑官员，不就是信不过圣王的委任了吗？圣王不会有错，他的委派当然也就不会有错。所以，只要你承认了帝王，就意味着你承认了他所委派的官吏。怀疑官吏，即是怀疑朝廷命官，怀疑圣上。当人们相信皇上圣明的时候，事实上就已经同时交出了怀疑官员的权利，以吏为师

---

① （汉）班固：《汉书》，中华书局1962年标点本，第3631页。

是天子圣明的必然逻辑。任何地方主官，都是圣上的代言人，以吏为师说到底就是以圣王为师，圣王为师这还有错吗？

第二个问题是，在以吏为师的制度性设计中，官员与老百姓的关系。其实，这个问题也已经被先在地决定了。师者，教人者也，他天生就是来教育人的，训导百姓就是他的天职，是圣上赋予他的权力。在官吏面前，老百姓无话可说，只有老老实实听他们训话。帝制时代，官吏的来源有许多渠道，即使在隋唐以后有了比较规范的科举取士，入仕也并非只有科举一途。像荫庇，靠先辈的功德而被封赏官职；像捐官，靠捐资纳粟而换取官帽，就是从秦汉以至明清，都一直存在的入仕途径。制度本身并不能保障所有的官员都聪颖、智慧或有治世之才。但不管他通过什么渠道做了官，不管他是真才还是庸才，只要有了官帽，他就成了圣上的代表，就获得了"师"的身份，就成了真理的化身，就有了训导别人的资格和权力。所以，在这样的制度下，是无所谓真理和是非可言的。他可以取消下级或百姓思想的权利，取消他人说话的权力，也就是对别人进行专政的权力。官员手握真理，不是靠他自己的知识、聪颖和智慧，其所依凭，仅仅是手中的权力，是皇权授予了他们对治下人民的生杀予夺之权，所以，他们的话也变成了真理。说穿了，中国自古以来，所谓的真理、说教，都来自权力。谁具有了权力，谁就掌握了真理，掌握了支配他人思想的权力。这就是以吏为师的本质。

第三个问题，对两千年以吏为师的历史结果，我们该如何评价。首先，这一制度设计，宣布了民众没有思想的权利，造成了官府话语垄断，社会、人生的一切问题，都要由官员说了算，真正落实了墨子"尚同"的思想专制主义。这样日复一日，年复一年的传延、累积，民众的个体自我意识几乎完全被泯灭，从思想到行为，一切都放弃了自我选择，都交由官府处理，以父母官的教导为思想行为的唯一准则。也就是说，以吏为师造就的的确是帝王的顺民。从这个角度说，皇权专制的目的达成了，民众的思想力丧失了，完全变成了没有思想也不会思想并从不提出思想要求的群氓。这样的民族,没有了思想,创造力从何谈起呢?其次,两千年以吏为师的直接后果,是造成了真理与权力相统一的深厚观念。虽然以吏为师仅仅是天子圣明的逻辑延伸,但如果仅仅是天子圣明,真理与权力相扭结的问题还不十分明显。因为,天子在帝制时代是被神化的对象,他的神秘感,使其丧失了现实人格。皇权在老百姓眼中不是权力,是神,是天,是不可思议的东西。他的权力至高无上,给人的不是权力感,皇帝之言的真理性,不是权力的问题,而是其神性。而以吏为师便不同了,吏是人,具有现实人格,他的权力是老百姓可以感知的东西,而他的"师"的资格,便是由其权力所赋予,真理是权力的利息,人们都可以看得清清楚楚。于是,老百姓对于真理的直接感知,就是它来自权力,谁有权,谁就掌握了真理。没有是非,没有对错,没有真理或差缪,一切以权力为转移,于是,权力崇拜就成了最为深厚的思想共识。

以吏为师的本质是以帝王为师,这样的制度设计是为了把天子圣明贯彻到底。当这种制度设计落实下来的时候,全天下人都整齐划一地拥有了一个思想,那就是帝王的思想。于是,一个偌大的民族,它的数以亿计的民众,就被一个独夫所专制。设置天子圣明的骗局,打出以吏为师的旗帜,他们费尽心机所要的实际上也就是"专制"二字。

三 思想专制首先是对思想者的专制

思想专制的目的在于控制思想,控制全社会的思想,使全部社会成员都心甘情愿地匍匐在皇权的脚下,成为皇权可以任意支配和宰割的对象。但是,就全体社会成员来说,其中绝大部分是没有思想的人,或者是不去、不会也无须思考政治问题的人,于是,一般人的思想都不会和皇权意志发生冲突或矛盾,并且在长期的皇权文化土壤中被驯化为在精神上对皇权无限依赖的良民,而真正对政治、对皇权有所思考的,只能是人群中的极少数个体——思想者。所以,皇权专制在思想领域的表现——思想专制，就首先是对思想者的专制，用权术、权力或暴力剥夺思想者思考的权利。

（一）焚书坑儒：消灭思想者的第一次尝试

中国历史上皇权专制第一次显示其无上权威与残暴的事件，就是这种体制的创建者秦始皇所创造的焚书坑儒壮举。焚书是对思想的掩埋，而坑儒则是对思想创造者的消灭，从根本上解决思想的统一和专断。自从《史记·秦始皇本纪》记载了这一骇人听闻的暴政之后，焚书坑儒就成了中国历史上文化专制主义的一个标志性事件。

对于焚书之事，历史上很少有争议，我们也不去赘述。而关于坑儒，则有诸多不同的说法，我们略作讨论。关于坑儒的最早记载，应是《史记·秦始皇本纪》，原文如下：

> 侯生、卢生相与谋曰："始皇为人，天性刚戾自用，起诸侯，并天下，意得欲从，以为自古莫及己。专任狱吏，狱吏得亲幸。博士虽七十人，特备员弗用。丞相诸大臣皆受成事，倚办于上。上乐以刑杀为威，天下畏罪持禄，莫敢尽忠。上不闻过而日骄，下慑伏谩欺以取容。秦法，不得兼方，不验，辄死。然候星气者至三百人，皆良士，畏忌讳谀，不敢端言其过。天下之事无小大皆决于上，上至以衡石量书，日夜有呈，不中呈不得休息。贪于权势至如此，未可为求仙药。"于是乃亡去。始皇闻亡，乃大怒曰："吾前收天下书不中用者尽去之。悉召文学方术士甚众，欲以兴太平，方士欲练以求奇药。今闻韩众去不报，徐市等费以巨万计，终不得药，徒奸利相告日闻。卢生等吾尊赐之甚厚，今乃诽谤我，以重吾不德也。诸生在咸阳者，吾使人廉问，或为妖言以乱黔首。"于是使御史悉案问诸生，诸生传相告引，乃自除。犯禁者四百六十余人，皆坑之咸阳，使天下知之，以惩后。益发谪徙边。始皇长子扶苏谏曰："天下初定，远方黔首未集，诸生皆诵法孔子，今上皆重

法绳之，臣恐天下不安。唯上察之。"始皇怒，使扶苏北监蒙恬于上郡。

单从这段文字说，坑儒这件事是没有异议的。首先，它事出有因，是秦始皇对侯生、卢生、韩众、徐福等方术之士的报复行为。这些文学方术之士，始皇待之甚厚，而得到的却是诽谤、欺罔和遁匿，始皇被激怒之后采取极端行为在情理之中。其次，被坑者达四百六十余人，数字具体明晰。最后，所坑之人的身份"诸生"，按秦始皇的说法包括了文学、方术之士，确实是有儒生在其中；而且扶苏谏言也说得明白，"诸生皆诵法孔子"，被坑者的身份是儒生无疑。这样，坑儒之事没商量，是可以确信的。

但古来便有争议，争议些什么呢？

首先是坑儒的目的，历史上有人认为秦始皇此举并非是为了消灭儒者，而只是要消灭那些"议论不合者"，或者是消灭了一些"乱道之儒"。这是自宋代以来就有的看法。

郑樵在《通志二十略·校雠略》"秦不绝儒学论二篇"中说：

> 陆贾，秦之巨儒也。郦食其，秦之儒生也。叔孙通，秦时以文学召，待诏博士。数岁，陈胜起，二世召博士诸儒生三十余人而问其故，皆引《春秋》之义以对，是则秦时未尝不用儒生与经学也。况叔孙通降汉时，自有弟子百余人，齐鲁之风亦未尝替。故项羽既亡之后，而鲁为守节礼义之国。则知秦时未尝废儒，而始皇所坑者，盖一时议论不合者耳。[①]

郑樵根据秦末汉初仍可看到儒生的活跃，秦始皇没有把儒者坑杀殆尽，还存留有叔孙通、陆贾、郦食其等通儒，以及鲁国故地仍有大量

[①] （宋）郑樵撰，王树民点校：《通志二十略校雠略》下，中华书局1995年版，第1803页。

的儒者活动，便认为秦始皇并不是真正的坑儒，所坑者只是一些议论不合时宜之人，这样的逻辑实在是荒谬得过分。难道只有把所有的儒学之士都坑杀无遗才能做出其坑儒的判断吗？

清人朱彝尊在《秦始皇论》中也有类似的说法：

> 李斯上言百家之说燔，而《诗》《书》亦与之俱烬矣。嗟乎，李斯者荀卿之徒，亦常习闻仁义之说，岂必以焚《诗》《书》为快哉？彼之所深恶者，百家之邪说，而非圣人之言；彼之所坑者，乱道之儒，而非圣人之徒也。特以为《诗》《书》不燔则百家有所附会，而儒生之纷纭不止，势使法不能出于画一。其悠然焚之不顾者，惧黔首之议其法也。彼始皇之初心，岂若是其忍哉！①

很显然，朱彝尊判断所坑者是"乱道之儒"，完全出自推测，并无任何事实性根据。郑樵和朱彝尊虽然判断秦始皇并非是要坑儒，并非是对儒者或儒学有什么特别的偏见，但他们却都没有直接否定秦始皇确实是坑了一些儒者，不管他们该不该坑，坑儒事件的存在则是确然无疑的。

其次，被始皇所坑之人的具体身份，究竟是儒者还是非儒的方术之士，抑或是二者兼而有之？从《秦始皇本纪》那段文字的语言逻辑看，所坑"诸生"显然是指"文学方术之士"，而不是纯粹的方术之士。但《史记·淮南衡山列传》中则说的是"杀术士，燔《诗》《书》"，同是司马迁的记载，其前后之差异就为后人留下了讨论的空间。司马迁之后，谈到秦始皇的焚书坑儒问题，说法相当混乱，仅《汉书》的说法就有诸多不同：

《汉书·儒林传》："燔《诗》《书》，杀术士。"

---

① （清）朱彝尊：《曝书亭集》卷五九《秦始皇论》，文渊阁四库全书本。

《汉书·五行志下之上》："燔《诗》《书》，坑儒士。"

《汉书·地理志下》："燔书坑儒。"

究竟是术士还是儒士，这当然是有差异的。但也有不少学者讲，司马迁讲的术士，本身就包含儒士，术士本也不是一个仅指方术、方技之流的概念。《史记·淮南衡山列传》中伍被曾有言曰："昔秦绝先王之道，杀术士，燔《诗》《书》，弃礼义，尚诈力。"杀术士，既然和燔《诗》《书》、弃礼义联系在一起，术士之为儒学之士也是可以得到证明的。可见，司马迁并没有把术士仅仅说成是方术之士，是可以指代儒学之士的。即使到了东汉班固的时代，也还是这样的理解。《汉书·儒林传》说：

> 仲尼既没，七十子之徒散游诸侯，大者为卿相师傅，小者友教士大夫，或隐而不见……天下并争于战国，儒术既黜焉，然齐鲁之间学者犹弗废，至于威、宣之际，孟子、孙卿之列咸遵夫子之业而润色之，以学显于当世。及至秦始皇兼天下，燔《诗》《书》，杀术士，六学从此缺矣。陈涉之王也，鲁诸儒持孔氏礼器往归之，于是孔甲为涉博士，卒与俱死。

很显然，班固是把秦始皇所杀的"术士"作为儒学传承系列中人去对待的。可见，不管是司马迁所处的西汉中期，还是班固所在的东汉时期，在人们的观念中，术士概念和儒士概念并没有明显的分野。由此可以判断司马迁在《史记·淮南衡山列传》中所说"杀术士，燔《诗》《书》"的"术士"，是包括儒士者流的。顾颉刚也曾做出这样的明确判断："当时儒生和方士本是同等待遇。""（秦始皇）把养着的儒生方士都发去审问，结果，把犯禁的四百六十余人活葬在咸阳：这就是'坑儒'的故事。"① 可以说，秦始皇所坑的四百六十余人，包含儒士甚或多是儒者是没有疑义的。

还有一个有争议的问题，就是秦始皇到底是坑了几次儒，一次还是两次。本来按照《秦始皇本纪》的说法，就是"犯禁者四百六十余人，皆坑之咸阳"，这就是臭名昭著的坑儒之举，也就是这一次。但是，东汉早期学者卫宏的《古文奇字序》和《诏定古文官书序》中，却又冒出一个坑儒七百人的说法，而且连所坑之地点都有所不同。这就给人以两次坑儒的想象。卫宏这两篇序已经失传，但可以看到此序的唐人孔颖达、颜师古则分别引述了卫宏的这两则序文。孔颖达疏曰：

> 三十五年，始皇以方士卢生求仙药不得，以为诽谤，诸生连相告引，四百六十余人皆坑之咸阳。是"坑儒"也。又卫宏《古文奇字序》云："秦改古文以为篆隶，国人多诽谤。秦患天下不从，而召诸生，至者皆拜为郎，凡七百人。又密令冬月种瓜于骊山硎谷之中温处，瓜实，乃使人上书曰：'瓜冬有实。'有诏天下博士诸生说之，人人各异，则皆使往视之。而为伏机，诸生方相论难，因发机，从上填之以土，皆终命也。"②

颜师古注《汉书·儒林传序》"及至秦始皇兼天下，燔诗书，杀术士"一语时，说：

> 今新丰县温汤之处号愍儒乡，温汤西南三里有马谷，谷之西岸有坑，古老相传以为秦坑儒处也。卫宏《诏定古文官书序》云："秦既焚书，患苦天下不从所改更法，而诸生到者拜为郎，前后七百人，乃密令冬种瓜于骊山坑谷中温处。瓜实成，诏博士诸生说

---

① 顾颉刚：《秦汉的方士和儒生》，上海古籍出版社1978年版，第12页。
② （汉）孔安国撰，（唐）孔颖达疏：《尚书正义》，十三经注疏整理本，北京大学出版社2000年版，第13页。

之,人人不同,乃命就视之。为伏机,诸生贤儒皆至焉,方相难不决,因发机,从上填之以土,皆压,终乃无声。"此则闵儒之地,其不谬矣。

单从文字材料上看,卫宏在两个地方谈到的坑儒事件,很不同于《秦始皇本纪》记载的在咸阳坑杀四百六十余人的坑儒事件,地点不同,骊山距咸阳百余里,人数相差二百余人,并且有具体的故事情节。如果卫宏所言为真,秦始皇的坑儒当认定是两次而不是一次。但卫宏所言的文献根据是什么,我们已经无从考知,没有其他材料可以佐证。所以,对卫宏的说法,我们既不可取信,也无法否定。当然也有学者据此判断秦始皇的坑儒应该是两次,卫宏所说可信。像李殿元先生就这样写道:

> 此记载倘若属实,那么七百多个儒生顷刻化为冤鬼,则是秦始皇更大规模的一次"坑儒"。只是因为是利用"机关"干的,手段极其诡秘,故而不为当时人知。直到二百五六十年后,才由卫宏揭露出来。卫宏是东汉光武帝时的著作家和训诂学家,写过《汉官旧议》《训旨》等著作,治学态度严谨。虽然他没有讲明二次坑儒的具体时间,也不知依据什么材料揭露这段秘闻,但他的说法不是信口开河。同时,颜师古、孔颖达也是著名的、严谨的学者,他们为《汉书》《尚书》作注时,选例非常严格,注释尤重考实。他们能将此事写入自己的注解,想必有所依据。①

以上所说关于焚书坑儒的几个方面的争议,其最终的结果都是无法否认坑儒事件是一个客观的历史事实,不管是一次还是两次,不管所坑的是部分的儒士还是大都是儒士,秦始皇坑儒大概是无法否认的。

---

① 李殿元:《关于"焚书坑儒"研究的几个问题》,《文史杂志》2007年第6期。

而且不少学者还都指出了焚书与坑儒在秦也是有历史传统的,并非不可思议。仅从关于焚书的记载来看,坑儒恐怕就是一个不可避免的结果。王子今先生曾说:

> 应当看到"焚坑"是体现出政策连续性的事件。"焚书"时已经有对违令儒生严厉惩处的手段,这就是所谓"有敢偶语《诗》《书》者弃市"和"以古非今者族"。
> "焚书坑儒"是中国政治史和文化史中沉痛的记忆。《秦不绝儒学论》对于"焚书"有"一时间事"的说法。现在看来,不注意"焚坑"事件的前源和后续,只是看作偶然的短暂的历史片段,可能是不符合历史真实的。①

的确,李斯"焚书议"中"有敢偶语诗书者弃市"一语,已经为坑儒埋下了伏笔,坑儒是焚书的可以预见的结果。可以说,争论秦始皇是否真的坑过儒士已经没有多大意义。② 在确认了秦始皇坑儒的事实之后,剩下的就是如何评价的问题了。历史上是没有什么人为秦始皇的焚书坑儒说好话的,焚书坑儒就是表征秦王朝暴政的一个标志性事件。焚书坑儒的真正意义,绝不是什么革命,就是不让人说话,不让人对政治持有不同的见解,不允许人们有不同的思想,是实施思想专制的极端性行为。思想家蔡尚思先生曾评论说:

> 焚书也是为了统"死"思想。具体地说,一要使"天下无异

---

① 王子今:《"焚书坑儒"再议》,《光明日报》2013年8月14日第011版。
② 近年也见到过一篇彻底否认秦始皇有坑儒之举的文章,作者是研究秦汉史的著名学者李开元先生。他认为:"坑儒是三重伪造的历史,其第一个版本是收入于《说苑·反质》的历史故事,第二个版本是《史记·秦始皇本纪》,其定本是《诏定古文尚书序》。焚书坑儒,是一个用真实的焚书和虚假的坑儒巧妙合成的伪史。编造者,是儒家的经师,编造的时间,在东汉初年,编造的目的,在于将儒家的经典抬举为圣经,将儒生们塑造为殉教的圣徒,为儒学的国教化制造舆论。"(李开元:《焚书坑儒的真伪虚实——半桩伪造的历史》,《史学集刊》2010年第6期)但在笔者看来,李开元先生的论述也还存有逻辑缺环,还不足以证明坑儒之事的完全虚妄,本文不予采纳。

意",二要使人们都以君主的是非为是非。那办法,对书是收、禁、烧,对人是杀头、灭族、罚做奴隶,或强制"以吏为师"。正如鲁迅所说,"但是结果往往和英雄们的豫算不同。始皇想皇帝传至万世,而偏偏二世而亡"。然而,尽管成效很少,却开了厉行封建文化专制主义的先例。①

焚书是为了统死思想,如果思想还不"死",还有"异议"产生,那就对准有可能提出异议的思想者,直接对其肉体消灭。著名史学家刘泽华先生就是这样评论的。他说:"秦始皇烧掉的不只是书,而是论述积累的知识,是人们思维的自由。因焚书没有达到预期的目的,于是第二年又借故搞了一次坑儒。""焚书坑儒是对文化的一次浩劫,是文化专制主义的空前强化。用暴力和行政手段来禁锢人们的思想,是对历史创造力最野蛮的打击。"② 坑儒和焚书是一个逻辑。思想专制首先要对思想者实施专制,这是专制主义的必然逻辑。可以说,秦始皇坑儒,是中国历史上第一次大规模消灭思想者的文化专制主义暴政。如果从历史长河中看,对于皇权专制的历史实践来说,它则是大规模消灭思想者的第一次尝试。

(二) 从选举到科举:把思想者纳入皇权体制之中

秦始皇大规模消灭思想者的尝试是失败的,秦以二世而亡宣告了此路不通。绝对的武力镇压不能最终解决问题,那就应该寻找最有效的途径,如何既保障皇权专制下的思想统一,又能使思想者心甘情愿地习惯于思想的被统一,甚至是欢呼雀跃地投奔到他们设置的统一体制之中呢?

在经过了汉初几十年的摸索之后,他们终于找到了对思想者实施思

---

① 蔡尚思:《关于秦始皇"焚书坑儒"问题》,《复旦学报》1979年第2期。
② 刘泽华主编:《中国古代政治思想史》,南开大学出版社1992年版,第252页。

想专制的最佳途径，那就是通过诱惑他们入朝做官的方式，把思想者引入体制之中，把他们的思想和皇权专制的根本利益连接起来。

汉代的选官制度主要是察举制度，安作璋先生在《秦汉官吏法研究》一书中，归纳汉代察举的主要科目有孝廉、茂财、贤良方正与文学、明经、明法、尤异、治剧、勇猛知兵法、阴阳灾异九种。[①] 其中的贤良方正与文学一科很有意思。此科最早在文帝二年开始出现，到武帝时渐成制度。但是，被举荐的贤良文学之士，除了获得了一个进身之阶之外，大多没有发挥其应有的作用，往往是像秦代的博士官一样"特备员弗用"，虚设而已。譬如那个被当作"倡优畜之"的东方朔，就是很好的例证。

东方朔是因缘"武帝初即位，征天下举方正贤良文学材力之士"而出仕朝廷的，或者说是选拔出来的优异才学之士。根据东方朔被征入朝后给武帝的第一次上书所言，其自我期待是"可以为天子大臣"的。而时人心中的"大臣"观念，可以用贾谊的定位来说明。贾谊《新书·官人》篇曰："王者官人有六等：一曰师，二曰友，三曰大臣，四曰左右，五曰侍御，六曰厮役。"何谓大臣？贾谊说："知足以谋国事，行足以为民率，仁足以合上下之欢；国有法则退而守之，君有难则进而死之；职之所守，君不得不阿私托者，大臣也。"谋国、率民、守国法、赴君难，大臣是有大的历史担当的。而后来的事实证明，东方朔在汉武帝心中的分量，与自己的期望差之远矣！

东方朔企图有所作为、影响武帝的第一件事，是他谏止武帝开上林苑。建元三年（前138），为满足骑射驰猎之需，武帝乃使太中大夫吾丘寿王谋划开辟上林苑，将阿城以南，盩厔以东，宜春以西，辟为皇家苑囿之地。"吾丘寿王奏事，上大说称善。时朔在傍，进谏"劝止。东方朔说：

[①] 参见安作璋《秦汉官吏法研究》，齐鲁书社1993年版，第44—48页。

故酆镐之间号为土膏，其贾亩一金。今规以为苑，绝陂池水泽之利，而取民膏腴之地，上乏国家之用，下夺农桑之业，弃成功，就败事，损耗五谷，是其不可一也。且盛荆棘之林，而长养麋鹿，广狐兔之苑，大虎狼之虚，又坏人冢墓，发人室庐，令幼弱怀土而思，耆老泣涕而悲，是其不可二也。斥而营之，垣而围之，骑驰东西，车骛南北，又有深沟大渠，夫一日之乐不足以危无堤之舆，是其不可三也。①

东方朔忘生触死，逆反圣意，一口气讲了三不可，正是履行他所崇尚的、贾谊定义的大臣职责。面对这样辞真意切的衷心耿直之言，武帝如何决断呢？结果是："是日因奏泰阶之事，上乃拜朔为太中大夫给事中，赐黄金百斤。然遂起上林苑，如寿王所奏云。"东方朔被武帝涮了。本来东方朔的奏章是得到武帝奖赏的，既加官又赐黄金百斤，所赏不可谓不厚，但其建言的核心问题，谏止开发上林苑之事，武帝则丝毫不予理睬。

后汉人荀悦在《汉纪》中对东方朔的身份定位，判断为"上颇倡优畜之"，还是比较准确的。这些所谓被举荐出来的贤良文学，虽自己踌躇满志，但帝王们并不把他们看在眼里，并不真正重视他们的作用。《盐铁论·相刺》篇中贤良文学们曾抱怨说："且夫帝王之道，多堕坏而不修，《诗》云：'济济多士。'意者诚任用其计，非苟陈虚言而已。"文学者在这里表达的是一种普遍性的感觉。在他们看来，国家把他们举荐出来，只是显示了一种虚假的"济济多士"的假象而已，而实际上他们的进谏献言，在大部分情况下只是徒"陈虚言"，并不能真正地发挥作用。

为什么会是这样？因为，在帝王或那些政治家眼里，这些作为思想者的贤良文学，在政治上多是迂腐而无用的。《盐铁论·相刺》篇中大

---

① （汉）班固：《汉书》，中华书局 1962 年标点本，第 2849 页。

夫桑弘羊对这些贤良文学们的看法，很能反映一般官僚或政治家的基本看法。

> 大夫曰："所谓文学高第者，智略能明先王之术，而姿质足以履行其道。故居则为人师，用则为世法。今文学言治则称尧、舜，道行则言孔、墨，授之政则不达，怀古道而不能行，言直而行枉，道是而情非，衣冠有以殊于乡曲，而实无以异于凡人。诸生所谓中直者，遭时蒙幸，备数适然耳，殆非明举所谓，固未可与论治也。"

在政治家眼中，这些所谓的贤良文学之徒，只不过是"遭时蒙幸，备数适然耳"。他们治国理政不行，言论思想也不行，"言直而行枉，道是而情非"，思想不能实践，除了在衣冠上和他人有些区别，实际上无异于寻常百姓。他们对贤良文学是极端地瞧不起。甚至到了独尊儒术近百年后的成帝时期，还有一些地方大员对儒士吏员极端地瞧不起。《汉书·薛宣朱博传》载：

> 博尤不爱诸生，所至郡辄罢去议曹，曰："岂可复置谋曹邪！"文学儒吏时有奏记称说云云，博见谓曰："如太守汉吏，奉三尺律令以从事耳，亡奈生所言圣人道何也！且持此道归，尧、舜君出，为陈说之。"

朱博为琅琊太守，他对于文学诸生所任职的议曹竟可以随意撤销，公然斥其无用，而这已经是经历了武、昭、宣、元几代帝王公开崇儒的历史熏陶之后的事情，足以见证儒生在官僚队伍中的真实地位。

在帝王眼中，贤良文学者的真实地位也大抵如此。前边谈到汉武帝对东方朔是倡优畜之，其实，就是对那个帮助他制定了意识形态国策的董仲舒，武帝也不是特别重视。董仲舒的"贤良对策"，帮助汉武帝确立了"罢黜百家，表章《六经》"的基本国策，但武帝在政治上是如何安置他的呢？"对既毕，天子以仲舒为江都相，事易王。"让他离开京师，给一个诸侯王做国相去了。董仲舒是什么分量，按照刘向的说法："董仲舒有王佐之材，虽伊、吕亡以加，管、晏之属，伯者之佐，殆不及也。"①刘向所谈"王佐之材"可是天子之王，而非诸侯王之王啊！不仅如此，当后来有人揭发董仲舒关于阴阳灾异的推断时，武帝还差一点将其下狱致死。《汉书》本传说："于是下仲舒吏，当死，诏赦之，仲舒遂不敢复言灾异。"对于汉武帝来说，董仲舒不啻为国师，并且以通儒驰名天下，然而也就是这样的待遇了。对于一般的贤良文学，他们在帝王心目中的地位又能如何呢？

汉宣帝对贤良文学的看法，就曾经说得更加明了直白，只不过是他不是公开讲，而是在家庭内部的私密空间中教训自己的儿子时吐露了真情。《汉书·元帝纪》载：

孝元皇帝，宣帝太子也……柔仁好儒。见宣帝所用多文法吏，以刑名绳下，大臣杨恽、盖宽饶等坐刺讥辞语为罪而诛，尝侍燕从容言："陛下持刑太深，宜用儒生。"宣帝作色曰："汉家自有制度，本以霸王道杂之，奈何纯任德教，用周政乎！且俗儒不达时宜，好是古非今，使人眩于名实，不知所守，何足委任？"乃叹曰："乱我家者，太子也！"

"何足委任？"这大概是武帝宣帝他们对贤良文学及其明经、博士们的一致看法。正因为如此，所以，尽管文帝以降，帝王们曾多次下诏求贤良方正直言极谏之士，武帝后更是变成制度化的规定，但在实际的政治实践中，对他们的谏言又多不理睬，合其意者用，不合意者不睬，用与不用完全由帝王的喜好而定。《史记·儒林列传》说："孝

---

① 《汉书·董仲舒传》"赞"引刘向语。

文时颇征用，然孝文帝本好刑名之言。及至孝景，不任儒者，而窦太后又好黄老之术，故诸博士具官待问，未有进者。"贤良文学就如同博士官一样，居官待问，摆设而已。武帝对董仲舒的"天人三策"倍加赞赏，那是贤良文学恰好说到了他的心上，而不是他对贤良文学者的重视。

帝王们并不看重贤良文学，而为什么还要有此之举？人们可以有各种解释，而在笔者看来，这不过是一种羁縻士人的策略而已。由此，把有学识的才学之士，纳入皇权体制之中，以官禄之诱惑，将自由思想者这种皇权专制的异己力量，变成皇权可以驾驭控制并为皇权所用的力量，最终将思想者捆绑到皇权专制的战车上。对于皇权来说，这确实是富有智慧的聪明之举。汉武帝时代，内部的各项改革，大兴土木的建设，反击匈奴，外事四夷，搞得国库亏空，民力耗竭，怨声载道，社会动荡，有识之士多有不满。《盐铁论·国疾》篇中，贤良文学们指斥武帝时期的政局国情，表现出极为不满。他们说：

> 建元之始，崇文修德，天下乂安。其后，邪臣各以伎艺，亏乱至治，外障山海，内兴诸利。杨可告缗，江充禁服，张大夫革令，杜周治狱，罚赎科谪，微细并行，不可胜载。夏兰之属妄搏，王温舒之徒妄杀，残吏萌起，扰乱良民。当此之时，百姓不保其首领，豪富莫必其族姓。圣主觉焉，乃刑戮充等，诛灭残贼，以杀死罪之怨，塞天下之责，然居民肆然复安。然其祸累世不复，疮痍至今未息。故百官尚有残贼之政，而强宰尚有强夺之心。大臣擅权而击断，豪猾多党而侵陵，富贵奢侈，贫贱篡杀，女工难成而易弊，车器难就而易败，车不累期，器不终岁，一车千石，一衣十钟。

看得出这些读书人积怨已久，早已对武帝的执政极为不满，但他们为什么就没有爆发呢？为什么没有在武帝的当朝就向政局发难呢？其实很简单，他们已经被纳入体制之中，他们身陷体制之中不便多说，也不敢多说，现在借着盐铁会议，当局给予他们说话权利的时候，才满腔愤怒地爆发出来。如果不是在体制之内，是完全的自由身，有像春秋战国时期的士人那样街谈巷议的自由，这些思想者是不可能隐忍不发的。在武帝时期，把读书人、思想者纳入体制之中的企图是很明显的。不光是举贤良文学这一途，大力扩大博士生员，安排儒士补充各级吏员，早在武帝执政的早期就已经开始了。前文所引元朔五年公孙弘关于建太学、扩充博士弟子员的上书反映了这一情况，问题是以往人们都不从这样的角度去思考问题，而被"独尊儒术"四个字遮挡了视线，以为他们还真是尊崇儒生儒术。关于这一问题，还是有分析的必要。

武帝接受公孙弘的建议为五经博士广置博士弟子，另举好文学、孝悌尤异者经过郡守考核认可的，送太常受学如博士弟子。这些受业者通过一年的学习，能通一经的即可补文学掌故，成绩尤异者可以为郎中。果能如此，则可以在很大程度上，改变官僚队伍的儒学修养和文化素质。《儒林传》说，这样做的确是收到了改善官僚队伍成分的效果，自此以后，"公卿大夫士吏彬彬多文学之士矣"。但是，从《汉书》中看，武帝以至宣帝时期，在各级官僚职员中，真正儒学出身的人却并不占多数，贤良文学出身或博士弟子员出身的官员更是寥寥无几。

汉宣帝朝是史书上盛赞其吏治清明也名臣辈出的时代。《汉书》中《公孙弘卜式儿宽传》《循吏传》《李广苏建传》三处集中谈到宣帝朝政绩尤异的名臣，计有霍光、张安世、韩增、赵充国、魏相、丙吉、杜延年、刘德、梁丘贺、萧望之、苏武、黄霸、朱邑、张敞、尹翁归、夏侯胜、赵广汉、韩延寿、严延年、王成、龚遂、郑弘、召信臣、于定国、韦玄成、严彭祖、尹更始、刘向、王褒，凡29人。我们根据这29人的《汉书》本传，查阅他们的仕进之路，因为举贤良文学、察举明经科、被征博士而走上仕途的，仅有9人，占比31%，不及三分之一，可见《儒林传》所说汉武之后"公卿大夫士吏彬彬多文学之士"的局面并没有形成，言过其实矣。这些儒生被举贤良，或做了博士弟子，被纳入体制中之后，都做些什么呢？武帝时期的兒宽是一个很好的例证。《汉书·张汤传》说："是时，上方乡文学，汤决大狱，欲傅古义，乃请博士弟子治《尚书》《春秋》，补廷尉史，平亭疑法。"兒宽就是在这样的背景下，被张汤选中，补为廷尉史：

> 兒宽，千乘人也。治《尚书》，事欧阳生。以郡国选诣博士，受业孔安国。贫无资用，尝为弟子都养。时行赁作，带经而锄，休息辄读诵，其精如此。以射策为掌故，功次，补廷尉文学卒史……时张汤为廷尉，廷尉府尽用文史法律之吏，而宽以儒生在其间，见谓不习事，不署曹，除为从史，之北地视畜数年。①

兒宽就是这样以儒者的身份被张汤塞进了廷尉府的属吏之中，补了个廷尉史。但兒宽虽满腹经纶，在廷尉府则无事可做，最后被打发到边塞之地放牧去了。而张汤所以要选一个博士弟子进廷尉府、补廷尉史，也是因为"上方乡文学"，他要做出一个姿态，说到底，缘饰而已！

独尊儒术之后官僚政治的实际状况，使得我们不能不怀疑帝王们举贤良、征博士的真实意图，怀疑他们确实有关起门来打狗的初衷。贤良文学也好，贤良方正直言极谏之士也罢，都是些有头脑有思考的人，也是对皇权专制真正可以构成威胁的人，如果能把他们引入皇权体制之中，就最终钝化了他们的锋芒，弱化了他们的思想，甚至可以把他们变成为自己摇旗呐喊、粉饰太平的积极力量。

事物的发展就是这样，越是后来，越是到事物发展的最后阶段，它的最初的本真的面目就可能更为清晰。马克思曾经说过："人体解剖对于猴体解剖是一把钥匙。"② 前一社会形式中还只是征兆或萌芽的东西，

---

① （汉）班固：《汉书》，中华书局1962年标点本，第2628页。
② 《马克思恩格斯选集》第2卷，人民出版社1995年版，第23页。

则可能在后一社会形式中得到充分发展。这就为我们利用对高级社会形式的解剖去对低级社会形式进行再认识提供了方便。对于汉武帝们举贤良、征博士、尊崇儒学儒士的本质，我们可以利用后代一些比较清晰的案例来说明。

清代康熙时期设了一个博学鸿词科，其性质就和从汉代开始的举贤良文学相类似，我们不妨来看一下康熙大帝设这个博学鸿词科的初衷。《清史稿》卷一百九《选举四》记载此事如下：

> 康熙十七年，诏曰："自古一代之兴，必有博学鸿儒，备顾问著作之选。我朝定鼎以来，崇儒重道，培养人才。四海之广，岂无奇才硕彦、学问渊通、文藻瑰丽、追踪前哲者？凡有学行兼优、文词卓越之人，不论已仕、未仕，在京三品以上及科、道官，在外督、抚、布、按，各举所知，朕亲试录用。其内、外各官，果有真知灼见，在内开送吏部，在外开报督、抚，代为题荐。"嗣膺荐人员至京，诏户部月给廪饩。明年三月，召试体仁阁。凡百四十三人，赐燕，试赋一、诗一，帝亲览试卷，取一等彭孙遹、倪灿、张烈、汪霦、乔莱、王顼龄、李因笃、秦松龄、周清原、陈维崧、徐嘉炎、陆葇、冯勖、钱中谐、汪楫、袁佑、朱彝尊、汤斌、汪琬、邱象随等二十人……俱授为翰林官……时富平李因笃、长洲冯勖、秀水朱彝尊、吴江潘耒、无锡严绳孙，皆以布衣入选，海内荣之。其年老未与试之杜越、傅山、王方毂等，文学素著，俱授内阁中书，许回籍。

清代在顺治二年（1645）就开始实行科举取士，同年还"令直省不拘廪、增、附生，选文行兼优者"送太学（国子监）深造，广揽人才，而为什么在30多年之后的康熙十七年（1678），还要再设一个博学鸿词科呢？其初衷、意图何在？康熙帝自己标榜的是"崇儒重道"，但崇儒重道哪有这样的做法，凡硕学鸿儒，想不去都不行，连诱骗带威逼，强行把人家押送京城？清人秦瀛的《己未词科录》中，辑录了这方面的许多案例。陕西盩厔大儒李颙就是典型一例：

> 陕督鄂君以隐逸荐，辞牍八上，时先生以病笃为解。得旨，俟病愈敦促入京。遂自称废疾，长卧不起。戊午，部臣以海内真儒荐，时词科荐章遍海内，而先生独以昌明绝学之目中朝。必欲致之，固称病笃。舁其床至行省，水浆不入口者六日，拔刀自刺，乃得予假治疾。①

两次举荐，两次坚辞，但都不去不行。第一次山西督抚以隐逸举荐，李颙连续八次上书告辞，才被恩准病愈后入京。第二次朝臣以海内真儒举荐，称病也不准，强行将其抬到省府西安，李颙为抗拒进京，连续六天不吃不喝，并拔刀自杀，才逼着督抚报请朝廷，准许他回家治病。像这样强行押解式的逼人进京应试博学鸿词科，像是崇儒重道的做派吗？

康熙大帝不遗余力地网罗天下鸿儒，通过各种方式把他们弄进京城，最后参加这次博学鸿词科考试的有143人。康熙对这批鸿儒可谓悉心关照，给足了面子，使出浑身解数来拉拢讨好他们，试题不管答得好与不好，态度不管对朝廷多么不满，甚至试题中出现一些平时认定为大逆不道的字句，也不予追究，最后区别等次，一律封官。特别是一二等的50人，统统给予翰林院编修的职衔，参与《明史》编纂。甚至一些以年老为名拒绝进京应试的，也给予一定的职衔。像上边引文中说的："其年老未与试之杜越、傅山、王方榖等，文学素著，俱授内阁中书，许回籍。"年老在家，也给予内阁中书的头衔，并享受其优厚待遇。康熙帝如此谦卑下士，究竟为什么呢？

其实，说穿了就是羁縻之策，就是要通过这种官禄之诱惑，把那些

---

① 秦瀛：《己未词科录》卷五，上海古籍出版社1995年影印本，第298—299页。

有着强大社会影响力的名儒贤达、明朝遗老，统统纳入清王朝的体制之中，以争取汉族知识分子的支持，从根本上削弱各种反清抗清的政治力量。一篇评论文章写道：

> "可见当时军情的紧急。当陕西王辅臣叛报到京，康熙一度打算御驾亲征。可以说，这时清王朝的政治局面已经危机四伏，弄不好就有垮台的危险。""只有进一步争取、分化汉族知识分子，才有可能缓和满汉之间深刻的民族矛盾，才有可能从根本上削弱和平息各种叛乱。就在十七年的正月，当战争还在激烈进行的时候，康熙毅然下了一道震动朝野的诏谕……这就是康熙为什么在兵荒马乱之中，在正常科举之外，又于己未年举行博学鸿词制科的政治背景。"①

由于是在清王朝立足未稳、危机四伏的形势下增开的特殊制科，因此其目的特别明显。它可以使我们由此联想历史上自汉代以来历朝帝王所谓举贤良、崇儒学的真实目的。

如果从异己力量体制化的角度看待问题的话，那么，从隋唐之后出现并行之千年的科举制度，是不是一个最为完美的体制化的羁縻知识分子运动呢？只有科举制度，才做到了比举贤良和察举更为广泛而彻底的弱化知识分子的效果。科举制度充分利用了中国读书人以天下为己任的政治情结，也调动了读书人心底深处追求功名利禄的无限欲望，吸引读书人置人格独立、尊严、脸面于不顾，义无反顾地跻身到皇权专制强大的政治体制之中。

中国的帝王们真的可以骄傲，是他们自己找到了科举制度这个奇妙的东西，并由此实现了消灭个体思想的最佳途径。唐太宗那句"天下英雄尽入吾彀"的名言真够豪迈，但时人所言"太宗皇帝真长策，赚

---

① 张宪文：《清康熙博学鸿词科述论》，《浙江学刊》1985 年第 4 期。

得英雄尽白头"却未免肤浅，帝王所设下的科举之局，岂止是"赚得英雄尽白头"那么简单！任何体制都有它运转的规则，当你拼死拼活地挤进皇权政治体制之中、成为这个体制中一分子的时候，士人就不能不按体制内的规则办事，就不得不把自己交给这个体制，交给授给官职的圣王天子，并自觉地肩负起维护这个体制的责任和使命。我们不能否认，能够通过科举进入皇权体制之中人，也是这个社会中最优秀的人，这些人的体制化，也就意味着这个社会中最具思想力群体的被消灭，意味着思想的被消灭！

神奇的科举制度，对于皇权来说，绝不仅仅是一个简单的选官制度，皇权体制的极端专制属性，也同时使它成为一个消灭思想者的制度。这一制度，对于皇权专制社会的思想专制，发挥着基础性的功能和作用。

（三）对个别思想者的专政

思想生存的基本形式是其个体性，任何思想的发生，都是个体性思想者创造的产物；思想专制的终极目标，就是消灭思想的个体性，追求思想的统一性。当然，它要保留一个思想的个体，那就是皇权的拥有者——皇帝本人。用皇帝的思想，去统一全社会的思想，这是专制思想的本质属性。

但是，无论皇权意志如何强大，它也无法完全达到自己的初衷，消灭思想个体性的终极目标总是难以彻底实现，历史中总是会有些与皇权意志不和协的声音发生出来，当然，这在皇权专制时代，是比较好对付的问题，那就简单的一个字"杀"，或者是两个字"镇压"！消灭单个的思想者个体，对于强大的皇权来说，不是什么难题。历史上这样的例子，虽说并不普遍，但也可说是代有其人。我们也举出几个例子来。

1. 汉宣帝时期盖宽饶的故事

汉宣帝时期的盖宽饶，是个有思想的人。初以明经为郡文学，以孝廉为郎，举方正，对策高第，迁谏大夫，后任司隶校尉。司隶校尉掌管京畿地区官吏的监察工作，他公正无私，刺举无所回避，小大辄举，劾奏众多，公卿贵戚及郡国吏至京师长安，皆恐惧莫敢犯禁，治绩优异。盖宽饶身居高位，刚直高节，公廉无私，自己的孩子也常和庶民一样步行到边塞戍边，应该说是一位专制时代不可多得的好官。然由于他执法太严，不畏强御，不仅得罪了同僚，也因为"好言事刺讥，奸犯上意"，惹得皇帝不快。终于在一次上奏之后，宣帝对他动了杀心。《汉书》本传载：

> 是时上方用刑法，信任中尚书宦官，宽饶奏封事曰："方今圣道浸废，儒术不行，以刑余为周、召，以法律为《诗》《书》。"又引《韩氏易传》言："五帝官天下，三王家天下，家以传子，官以传贤，若四时之运，功成者去，不得其人则不居其位。"书奏，上以宽饶怨谤终不改，下其书中二千石。时执金吾议，以为宽饶指意欲求禅，大逆不道。谏大夫郑昌愍伤宽饶忠直忧国，以言事不当意而为文吏所诋挫，上书颂宽饶曰："臣闻山有猛兽，藜藿为之不采；国有忠臣，奸邪为之不起。司隶校尉宽饶居不求安，食不求饱，进有忧国之心，退有死节之义，上无许、史之属，下无金、张之托，职在司察，直道而行，多仇少与，上书陈国事，有司劾以大辟，臣幸得从大夫之后，官以谏为名，不敢不言。"上不听，遂下宽饶吏。宽饶引佩刀自刭北阙下，众莫不怜之。

从上述有限的文字信息看，盖宽饶确实具有思想者的个性。他敢于直言当今"圣道浸废，儒术不行，以刑余为周、召，以法律为《诗》《书》"，对当今圣上进行严厉的政治批判，应该说是表现出了思想者的批判精神和独立思考的思想个性，他引《韩氏易传》中"五帝官天下"之语，确实能够给人要宣帝禅位的联想，实在是有非凡的政治勇气。无论从思想个性、批判精神、政治勇气哪个方面讲，都是值得赞赏的，在专制时代可谓是空谷足音,也极难为皇权所容忍。相信盖宽饶说出这些惊世骇俗之语的时候,是有付出生命代价的思想准备的。最后,当宣帝将其下吏治罪的时候,他就选择以自杀表达了对现实政治的抗议!

2. 唐代韩愈被贬官后交出思想的权利

和盖宽饶相比,韩愈是另外一种类型,先是因为有思想而被打压,然后,面对专制选择投降,交出思想的权利。这类人在古往今来的读书人中并不鲜见,因此也有典型性价值。

在传统的学术史认知中,韩愈是唐代历史上杰出的思想家、文学家和政治家。他出身寒门,一生坎坷而不屈不挠,最终官至吏部侍郎;他对孔孟之道有新的发掘,是高扬孔学道统之先驱,开理学之先河;倡导先秦两汉古文,反对六朝浮华文风,以古文运动之旗手,在文学史上占有独特地位。从本文的问题意识出发,我们看重的是他作为独立思想者的研究价值。韩愈为官,有两次被贬的经历,尤以第二次被贬,透露出独立思想者的思想锋芒和批评精神。

这次被贬,是韩愈在刑部侍郎任上,与其职务并不相干的一件事,表现为一个纯思想性事件。宪宗皇帝崇佛,搞出一个迎佛骨的闹剧,祸端因此而起。长安数百里之外的凤翔府有座法门寺,寺中藏有如来佛的一节指骨。依佛门规矩,佛骨每隔30年向大众开放一次,而佛骨开放之年,则有国泰年丰之吉祥。元和十四年(819)是佛骨开放之年,宪宗要利用这个难得的机遇迎佛骨入城入宫,并在京城各大寺院传送,于是就有了一场声势浩大的迎佛骨活动。一时间,长安城中从公卿大臣到平民百姓,无不奔走相告,施舍铺张,顶礼膜拜。而就在这个宪宗也想借机为自己祈福祷寿的兴头上,韩愈奋笔疾书,上了一道《论佛骨表》,对此事,也对宪宗的不理智做法,提出了严厉批判。《旧唐书·韩愈传》载:

> 愈素不喜佛,上疏谏曰:"……汉明帝时始有佛法,明帝在位

才十八年耳。其后乱亡相继，运祚不长，宋、齐、梁、陈、元魏已下，事佛渐谨，年代尤促。唯梁武帝在位四十八年，前后三度舍身施佛，宗庙之祭，不用牲牢，昼日一食，止于菜果；其后竟为侯景所逼，饿死台城，国亦寻灭。事佛求福，乃更得祸。由此观之，佛不足信，亦可知矣……今闻陛下令群僧迎佛骨于凤翔，御楼以观，异入大内，令诸寺递迎供养。臣虽至愚，必知陛下不惑于佛，作此崇奉以祈福祥也。直以年丰人乐，徇人之心，为京都士庶设诡异之观、戏玩之具耳。安有圣明若此而肯信此等事哉？"

疏奏，宪宗怒甚。间一日，出疏以示宰臣，将加极法。裴度、崔群奏曰："韩愈上忤尊听，诚宜得罪，然而非内怀忠恳，不避黜责，岂能至此？伏乞稍赐宽容，以来谏者。"上曰："愈言我奉佛太过，我犹为容之。至谓东汉奉佛之后，帝王咸致夭促，何言之乖剌也？愈为人臣，敢尔狂妄，固不可赦。"于是人情惊惋，乃至国戚诸贵亦以罪愈太重，因事言之，乃贬为潮州刺史。

按理说，佛事无论如何热闹都与韩愈刑部侍郎的身份无关，但他为什么不惜冒违逆龙鳞的生命风险而站出来抵制呢？韩愈此举是以思想家的身份出现的。他一向以儒家的传道者自居，视佛教为异端，于是，抵制如此嚣张的迎佛骨事件，就成了他捍卫儒家道统的义不容辞的责任。就此事件来说，韩愈是表现出了"不避黜责"的勇气，有着敢于指斥当今帝王的胆略。"安有圣明若此而肯信此等事哉！"此话，对宪宗明说是圣明，暗讥其荒谬，在无限尊贵而又专断威严的皇权面前，无疑有生命之虞。但韩愈却冒着生命危险来捍卫自己信仰的道统，的确是表现了一个思想家殉道的勇气和思想的坚定性。在这里，韩愈作为一个思想家无疑是合格的。

应该说，《迎佛骨表》的写作之初，韩愈是有献身的思想准备的。但在被贬潮州之后，却发生了变化。在潮州，他又给皇帝上了奏表说：

> 臣所领州，在广府极东，去广府虽云二千里，然来往动皆逾月。过海口，下恶水，涛泷壮猛，难计期程，飓风鳄鱼，患祸不测。州南近界，涨海连天，毒雾瘴氛，日夕发作。臣少多病，年才五十，发白齿落，理不久长。加以罪犯至重，所处又极远恶，忧惶惭悸，死亡无日。单立一身，朝无亲党，居蛮夷之地，与魍魅同群。苟非陛下哀而念之，谁肯为臣言者。
>
> ……四圣传序，以至陛下，躬亲听断，干戈所麾，无不从顺。宜定乐章，以告神明，东巡泰山，奏功皇天，使永永万年，服我成烈。当此之际，所谓千载一时不可逢之嘉会。而臣负罪婴衅，自拘海岛，戚戚嗟嗟，日与死迫，曾不得奏薄伎于从官之内、隶御之间，穷思毕精，以赎前过。怀痛穷天，死不闭目！瞻望宸极，魂神飞去。伏惟陛下，天地父母，哀而怜之。①

这就是明显地要低头认罪，悔过自新了。韩愈到潮州时间很短，为什么有了这么大的变化呢？笔者以为，有两个问题值得重视：一是他的《迎佛骨表》只是出于对儒家道统的捍卫，而不是对皇权的否定。从本质上说，他还是一个皇权派。所以，他并不是一个否定皇权专制的思想家，和帝制时代的所有思想家一样，心底里对于皇权本身是认同的，这使他很容易与皇权妥协。二是，促使他转变的直接原因，是他承受不了潮州恶劣环境条件的折磨，这一点在上边的文字中表达得很清楚。用传统的说法，这是知识分子的软弱性在作祟，这在很大程度上是读书人的通病，不是极为坚定的思想家，是难以克服的。其实，许多思想家被政治当局的高官厚禄所收买，被物质财富所诱惑而出卖自己的思想或灵魂，和经受不住苦难的折磨，是同一个性质的问题。突破这一点，要经受炼狱的考验，非一般思想者所能做到。韩愈就算是这样一种类型吧。上了这道奏表，韩愈的处境就有了一些改变，平

---

① （后晋）刘昫等：《旧唐书》，中华书局1975年标点本，第4201—4202页。

移为袁州刺史，虽然职级没有提升，但社会环境条件毕竟是有了明显的改善。专制皇权要消灭的是思想者的思想，当思想者愿意交出思想权利的时候，它还是会给你网开一面的。因为，它已经把要消灭的东西消灭了。

3. 明代李贽的异端思想

在整个帝制时代，思想被皇权所整合，真正有独立思想和独立人格，个性鲜明的思想家，的确是凤毛麟角，明代的李贽算是一个，而他的最终命运，也是被迫害而死。虽然死的形式是自杀，但自杀则是在被逮捕下狱之后发生的。李贽留下的著作《藏书》《焚书》《续焚书》等，证明他是帝制时代极其鲜见的帝王制度的叛逆者，是个人平等、人格独立、思想自由的追求者，是真正具有批判精神的思想家。

李贽对帝制社会的反叛具有根本的性质。他否定皇权时代基本的意识形态孔孟儒学，反对以孔子的是非为是非。他说：

> 人之是非，初无定质；人之是非人也，亦无定论。无定质，则此是彼非，并育而不相害；无定论，则是此非彼，亦并行而不相悖矣……前三代，吾无论矣；后三代，汉、唐、宋是也。中间千百余年，而独无是非者，岂其人无是非哉？咸以孔子之是非为是非，故未尝有是非耳。然则予之是非人也，又安能已！夫是非之争也，如岁时然，昼夜更迭，不相一也。昨日是而今日非矣，今日非而后日又是矣，虽使孔夫子复生于今，又不知作何如非是也，而可遽以定本行罚赏哉！①
>
> 夫天生一人，自有一人之用，不待取给于孔子而后足也。若必待取足于孔子，则千古以前无孔子，终不得为人乎？②

---

① （明）李贽：《藏书纪传总论》，《李温陵集》卷十四，明刻本。
② 张建业总主编：《李贽全集注》第一册，社会科学文献出版社2010年版，第40页。

在李贽看来，是非是没有定论的，它因人而异，每个人都有自己的看法；因时而异，不同时代有不同的认识。昨日是而今日非，今日非而后日又是，这都是正常的。而传统的说教都以孔子的是非为是非，为什么要用孔子的是非为标准呢？孔子所言不一定为是，人们为什么都读学孔子之书呢？天生一人，都有一个人的用处，不需要读了孔子的书才可以立身做人。如果非读孔子书才可以成就做人的人格，那么，两千年前没有孔子的时代，那些人都是如何为人的呢？这在尊孔崇儒、奉孔子为至圣先师的时代，真有振聋发聩之感！

李贽否定皇权专制社会的等级制基础，主张王侯与庶人平等。他说：

> 侯王不知致一之道与庶人同等，故不免以贵自高，高者必蹶，下其基也。贵者必蹶，贱其本也。何也？致一之理，庶人非下，侯王非高，在庶人可言贵，在侯王可言贱，特未知之耳……人见其有贵，有贱，有高，有下，而不知其致之一也。曷尝有所谓高下、贵贱者哉？
>
> 彼贵而不能贱，贱而不能贵，据吾所见，而不能致之一也。则亦璆璆、落落，如玉、如石而已矣。①
>
> 尧舜与途人一，圣人与凡人一。自今观之，文王非大圣人乎？羑里之囚，身几不保，虽文王亦有时而不知默之足以容也。②

李贽认为，天子、侯王与百姓、庶民，圣愚一律，他们生来就没有什么差别。侯王者不懂得这个道理，而以贵自高，其实，下是高的基础，贱是贵的根本，二者是相辅相成的，不能以贵贱高下区分之。所以，尧舜、圣人，与路途之人、凡人百姓是一样的，所谓的大圣人周

---

① 张建业总主编：《李贽全集注》第一册，社会科学文献出版社2010年版，第61页。
② 张建业总主编：《李贽全集注》第十四册，社会科学文献出版社2010年版，第260页。

文王，还不是被殷纣王囚禁在羑里吗？为什么像周文王这样的圣人也不能有先见之明而避免被囚禁的困境呢？其实，即使文王这样的圣人，和凡人也是没有什么不同的。王侯与庶人平等，就破除了帝王的神圣性，挖掉了天子圣明的根基，这种人的平等的思想，是对皇权专制主义的根本性否定。

李贽对当时道学家们的虚伪性进行了揭露和鞭挞。他说："无怪其流弊至于今日，阳为道学，阴为富贵，被服儒雅，行若狗彘然也。"①在他看来，那些满嘴仁义道德、满肚子男盗女娼的道学家，都是极其虚伪和做作的。他在《答耿司寇》书中，对耿定向的虚伪性的批判，可以看作是对一般道学家的批判。耿定向自比东廓先生，李贽批判他说：

> 且东廓先生（指邹守益），非公所得而拟也。东廓先生专发挥阳明先生"良知"之旨，以继往开来为己任，其妙处全在不避恶名以救同类之急，公其能此乎？我知公详矣，公其再勿说谎也！……公继东廓先生，终不得也。何也？名心太重也，回护太多也。实多恶也，而专谈志仁无恶；实偏私所好也，而专谈泛爱博爱；实执定己见也，而专谈不可自是。②

道学家们的实际行为和他们所标榜的东西实在是相去甚远。李贽对道学家的揭露和鞭挞，实际上也是对儒学本身的批判，在当时的确是发人深省的。

本文的目的不在于全面评述李贽的反叛思想，而在于说明皇权专制对这样的思想者的不容与镇压。所以，我们不能过多地在李贽思想本身铺张篇幅，而对李贽的叛逆行为，就以当局对他的指控来知其大

---

① 张建业总主编：《李贽全集注》第一册，社会科学文献出版社2010年版，第223页。
② 张建业总主编：《李贽全集注》第一册，社会科学文献出版社2010年版，第74页。

略吧。

《神宗实录》"万历三十年闰二月乙卯，礼科给事中张问达疏劾李贽：'壮岁为官，晚年削发，近又刻《藏书》《焚书》《卓吾大德》等书，流行海内，惑乱人心。以吕不韦、李园为智谋，以李斯为才力，以冯道为吏隐，以卓文君为善择佳耦，以秦始皇为千古一帝，以孔子之是非为不足据，狂诞悖戾，不可不毁。尤可恨者，寄居麻城，肆行不简，与无良辈游庵院，挟妓女，白昼同浴，勾引士人妻女入庵讲法，至有携衾枕而宿者，一境如狂。又作《观音问》一书，所谓观音者，皆士人妻女也。后生小子喜其猖狂放肆，相率煽惑，至于明劫人财，强搂人妇，同于禽兽而不之恤。迩来缙绅士大夫亦有诵咒念佛，奉僧膜拜，手持数珠，以为律戒，室悬妙像，以为皈依，不知遵孔子家法，而溺意于禅教沙门者，往往出矣。近闻贽且移至通州，通州距都下四十里，倘一入都门，招致蛊惑，又为麻城之续。望敕礼部，檄行通州地方官，将李贽解发原籍治罪。仍檄行两畿及各布政司，将贽刊行诸书，并搜简其家未刻者，尽行烧毁，无令贻祸后生，世道幸甚。'得旨：'李贽敢倡乱道，惑世诬民，便令厂卫、五城严拿治罪。其书籍已刻未刻，令所在官司尽搜烧毁，不许存留。如有徒党曲庇私藏，该科道及各有司访奏治罪。'已而贽逮至，惧罪不食死。"①

从文辞的前半段，我们可以看到李贽的"狂诞悖戾"，实在是难以为皇权意志所容忍，至于接下来所说的"游庵院，挟妓女，白昼同浴""勾引士人妻女"云云，则是专制当局搞臭思想者的惯用伎俩，完全是污蔑之词。因为他们知道，在所谓伦理至上的文明国度，最能引起人

---

① （清）顾炎武著，（清）黄汝成集释，栾保群、吕宗力校点：《日知录集释（全校本）》中，上海古籍出版社2006年版，第1069—1070页。

们蔑视而不容的,就是所谓的男女之事,无论是什么人,只要给你戴上一顶嫖娼之类的帽子,你就会陷入万劫不复之境地,无论对你怎么处置,你都无法得到世人的同情。朝廷最终给李贽一个"敢倡乱道,惑世诬民"的罪名,缉拿治罪,其已刊未刊之书,全部毁禁。最后,李贽自杀身亡。强大的皇权,对付一个手无寸铁的书生,不成任何问题,只要皇帝一句话,无论多么强大的思想力拥有者,都会即刻消失。

思想专制是对思想的专制,所以,皇权专制的矛头主要是对准思想者,这是思想专制的题中应有之义。在帝制时代的中国,没有头脑的人就是最幸福的人,有思想有个性,就难免会有性命之忧。所以,在帝制时代两千多年的历史中,就没有出现过几个有思想的人,但凡有点思想能力的人,也时刻警惕着尽可能与皇权保持一致,或者在碰壁之后向皇权虔诚地认罪投降,将自己驯化成行尸走肉,以此获得生命的保障。在思想的海洋里,永远看不到浪花,甚至没有涟漪。辽阔的思想世界,永远是一片沉寂的死海,而恰恰是这种场景,保障了皇权专制那艘不沉的巨舟。这就是专制者幻想的场景!他们胜利了!

总括全文,我们从"控制人心、统一思想的治国方略""从天子圣明到以吏为师""思想专制首先是对思想者的专制"三个方面,论证了秦至清两千多年间皇权专制对中国社会的思想控制。这三个方面的无论哪一个方面,都可谓是世界历史上的一个独一无二的创造。这种皇权在思想专制方面的创造最终达到了什么程度,我们引用雷戈的一段话来概括:

> 它把思想弄成一种规范式的东西,要求人们只能进行一种规范主义的思考。它把统一思想作为思想本身的目的。围绕这个目的,它建构和制定出一整套体制和标准,从而使得人们的正常思想成为专制制度可以强力控制的东西,即使思想成为一种可控的过程。①

---

① 雷戈:《秦汉之际的政治思想与皇权主义》,上海古籍出版社2006年版,第65页。

将人们的思想变为一种可控的东西，人类历史上任何一个国度，都不可能创造出这样的奇迹，任何专制都难以达到这样的深度。笔者在为雷戈写的书评中，也曾有过如下判断：

> 秦汉以后的中国思想史，是没有个性化思想的思想史。因为，在皇权主义意识形态的掌控之下，整个民族只能有一种思想，只能用一种方式去思想，只能沿着官方规定的思维路径去思想，只能围绕着维护皇权的绝对权威去思想。任凭再聪颖、再智慧的思想家，也必须牺牲自己的思维个性，牺牲自己思想的权利。在思想家的"思想"之前，就已经为你规定好了思维的路向，思维的内容，就连思维的最后结果也是在思维开始之前就已经给予。这是世界思想史上的怪事或奇迹，也是人类思想史上的壮丽风景：上亿乃至几亿人口的大国，竟然在最活跃的思维领域，保持着高度的整齐划一，出奇的平静沉默。所以能够如此，就在于专制皇权的过于强大，在于皇权体制的刻意设计。[①]

皇权或曰皇帝制度对人的思想的控制和规范，皇权对于思想的专制威力，实在令人叹为观止！这种专制的唯一的核心或特征，就是一个"一"字，全社会都必须与皇权意志或曰国家意识形态，保持绝对的统一。马克思在批判普鲁士专制政府的书报检查制度时，判定它的专制的特征，就是强求思想统一于官方色彩。他写道：

> 你们赞美大自然令人赏心悦目的千姿百态和无穷无尽的丰富宝藏，你们并不要求玫瑰花散发出和紫罗兰一样的芳香，但你们为什么却要求世界上最丰富的东西——精神只能有一种存在形式呢？我

---

① 李振宏：《天高皇帝近：一个重要的中国思想史命题》，《史学月刊》2007年第10期。

是一个幽默的人,可是法律却命令我用严肃的笔调。我是一个豪放不羁的人,可是法律却指定我用谦虚的风格。一片灰色就是这种自由所许可的唯一色彩。每一滴露水在太阳的照耀下都闪现着无穷无尽的色彩。但是精神的太阳,无论它照耀着多少个体,无论它照耀着什么事物,却只准产生一种色彩,就是官方的色彩!①

读者诸君,如果把马克思对普鲁士专制制度的批判移到中国的皇权专制上来,不是更为恰当或妥帖吗?从思想领域来考察中国的帝制时代,它不是皇权专制社会又能是什么呢?我们实在找不到更为恰当的称谓!

原载《清华大学学报》2016年第4期

---

① 《马克思恩格斯全集》第1卷,人民出版社1995年版,第111页。

两汉社会观念研究
——一种基于数据统计的考察

一 汉代思想史研究引入数据分析的可能性

现有的两汉思想史，多是以思想家为轴线的思想史，约等于是思想家的谱系。这是近代以来所形成的思想史的传统写法。但这样的思想史也是有弊端的，即思想发展的逻辑，特别是社会思想发展的内在线索，难以清晰。这样的思想史写法，如果转变为以思想为轴线的思想史，或谓观念思想史、概念思想史、问题思想史，那将是真正的思想的历史，而不再是思想家的历史。近代以来，西方的观念史、概念史方法都已经比较成熟，特别是观念史研究，已不啻为一个独立的学科，形成了以关键词、语言学、语义分析为主要手段的方法论体系。而观念史、概念史，说穿了也属于思想史的范畴，也只是区别于传统思想史的另一种书写形式。近年来，金观涛、刘青峰的《观念史研究》一书，又提供了一个通过数据库手段、以句子为单位进行观念史研究的典型范例。金观涛、刘青峰书中，关于观念史研究方法的说明，认为它与以往的思想史研究有如下差别：

第一，研究的基本单位不再是文章和人物，而是句子。以往思想史研究中，分歧最大的是如何选择代表人物的代表著作，以及正确解读文本，从中抽象出观念（思想）的理念形态。由于对代表人物的代表著作选择的差异，再加上文本解读本身的复杂性，使得研究者在如何理解历史文本方面有着极大的分歧，解释可以是比较任意的。也就是说，以往的研究方法带来了不可判定性。现在，我们的研究基本单位不是文章，而是文章中含有某一个关键词的句子。虽然，在很多时候判断某一关键词在某一句话中的意义时，必须去看上下文，但根据句子来判断某一关键词的意义，具有相当大的客观性；而且，从句子来区分关键词有多少种意义类型，比从代表人物的代表性文章来判断其观念形态要准确得多，这就使得以句子为中心的观念史研究的可靠性大为提高了。

第二，以往，以人物和代表著作为研究的基本单位，局限了讨论范围，很难提供对该观念如何起源、是否普遍、十分流行的检验。如果以句子为基本单位，就可以将数据库中某一历史时期使用该关键词的所有句子搜寻出来，在对数以千计甚至是数以万计的句子分析中，抽取关键词的意义类型，并分析这些意义类型中哪些、在哪一时段是普遍使用的以及如何变化的。由于分析对象是确定的句子，观念演变就成为可验证的[1]。

根据金观涛和刘青峰的说明，这种以句子分析为特征的观念史研究，在很大程度上是优越于传统的思想史研究的。但金观涛、刘青峰的观念史研究，主要考察的是文献资料丰富的中国近代思想史，而这种研究方法是否也适合中国古代思想史的研究呢？譬如两汉思想史研究，文献资料匮乏，文化传播的原始状态下，成熟的稳定的句子还并不通行，类似的观念史方法是否适合呢？换句话说，观念史研究的方法论，是否能够引入资料匮乏的两汉思想史研究中来呢？

根据笔者的初步考察，答案是肯定的。

---

[1] 金观涛、刘青峰：《观念义研究》，法律出版社2009年版，第5—7页。

两汉时期留下来的文献资料的确不多，而且，在思想观念的世界里，更多的意义表达还是通过一些仁、义、礼、智、信、忠、孝、道、德、刑、法单音节的字词概念来实现；但是，这些单音节的字词概念本身就有完整的思想内涵，具有关键词甚至句子的思想意义，而且这些字词概念的流行已经具有相当的普遍性，在有限的文献典籍中已经有了成百上千次的出现频率，有了可供进行数据分析的可能性。

更有幸的是，目前可供分析的汉代传统文献，还可以显示出不同的时代特征，可以大体上满足我们对思想的历程进行阶段性考察的要求，以显示思想观念发展的曲线和进程。目前，可供分析的汉代文献，属于西汉时期的有《新语》《新书》《韩诗外传》《淮南子》《春秋繁露》《史记》《盐铁论》等10种，属于东汉时期的也有《论衡》《汉书》《白虎通》《潜夫论》《申鉴》《汉纪》等10种。这些典籍依照作者的生活时代和大体可靠的著述年代，可以划分出较为明确的时代阶段：

西汉前期（前206—前140）有《新语》《新书》《韩诗外传》；

武帝中前期（前140—前100）有《淮南子》《春秋繁露》；

昭宣时期（前100—前50）有《史记》《盐铁论》；

西汉晚期（前50—公元20）有《新序》《说苑》《法言》；

东汉前期（20—105）有《论衡》《汉书》《白虎通》；

安帝至桓灵时期（105—180）有《潜夫论》《申鉴》《汉纪》；

东汉晚期（180—220）有《独断》《焦氏易林》《风俗通》《中论》。

有了相对明确的阶段划分，就可以显示出思想观念的发展曲线，分析出汉代不同时期社会观念的基本状况。在文献典籍数据库大量涌现的今天，诸如《文渊阁四库全书电子版》《中国基本古籍数据库》等，都为全面的文献检索提供了方便。我们分别以类似仁、义、礼、信这些具有基本意义内涵的词语为关键词，就可以统计出它们在不同文献中出现的频次（这种频次代表着它们传播的普遍性，亦即这些思想观念的社会性），并可以检索出包含这些关键词语的句子或段落，以分析这些词语所使用的语言环境，进而分析这些词语复杂的思想内涵，以及它们在不同时期的发展变化。

这样的数据统计，有着千差万别的复杂性。比如有些词语在作为人名用字、地名用字出现的时候，特别是人名或地名出现频率较高的时候，它所表示的意义内涵是不够精确的，因此这些数字统计本身是带有模糊性的。但是，一方面，人名、地名本身也并非毫无意义；另一方面，在面对成千上万的词语频次的时候，个别方面的因素是可以有所忽略的。无论如何，有了这样一种基本统计数据的考察，是可以为传统的思想史研究提供一种别样的参考的。而且本文的研究，也不过是利用数据统计方法研究古代思想史的一种尝试而已。

二 两汉社会观念研究的关键词、标的文献及其初步统计

进行一项新的研究，首要的工作是发凡起例，为我们的研究确定一些基本的原则，通过数据库方法进行观念史研究，确定最能够反映基本社会观念的概念词语，是首要的也是最主要的工作。社会观念涉及极其广泛，哪些是最基本的方面，从汉代文献的实际情况出发，选择哪些关键词语进行检索统计，是展开这项研究的前提和保障。笔者以为，就汉代的社会实际说，在一个稳定的大一统局面下的宗法制农业国度里，承接先秦思想文化的历史基础，有几个基本的方面，构成了该时期社会观念的主要面相，即维系社会稳定的社会伦理观念、维系社会存续的法观念、维系社会道义的公平公正观念、正当追求个人利益的财富观念，以及反映人的理想追求的精神观念。这几个方面，其实也是任何一个社会所赖以维系的必不可少的观念基础。

反映社会伦理观念的词语选择。先秦文化为汉代的社会伦理观念奠定了基础，培养了我们这个民族基本的伦理观念体系。在先秦各种思想学派中，最重视伦理思想建设也最有伦理思想建树的是儒家学派，

而事实是，汉代的社会伦理也基本上是反映的儒家的伦理思想。儒家伦理思想概念，大体说，就是仁、义、礼、忠、孝、恭、宽、信、敏、惠、知、勇、诚、敬、温、良、俭、让、刚、毅、木、讷，等等。一方面，一篇论文的规模局限，我们不可能对所有伦理词语的存在状况做全部考察，必须选择其中最重要最基本的概念词语；另一方面，根据文献的实际情况，有些概念的出现频率也确实很低，不足以构成考察的条件；所以，在这些概念词语中，我们最终选定了仁、义、礼、忠、孝、信、诚、敬8个词语作为检索考察的对象，以它们在文献中出现的频次为基本依据，分析两汉时期社会伦理观念的基本状况。

反映法观念的词语选择。法观念的中心词当然是"法"，但是，从历史的实际出发，中国古代的法是刑法，《汉书》没有"法律志"，而有《刑法志》，《刑法志》就是"法律志"。古汉语中，"刑"字本身就有法度之义，在很多情况下，"刑"即是法。所以，在概念词语上以"刑"代"法"是一个中国特色。

南朝宋人裴骃在注《史记·老子韩非列传》韩非"喜刑名法术之学"一语时，引刘向《新序》曰："申子之书言人主当执术无刑，因循以督责臣下，其责深刻，故号曰'术'。商鞅所为书号曰'法'。皆曰'刑名'，故号曰'刑名法术之书'。"[①] 按照刘向的说法，在汉代人的观念中，刑名法术是没有本质区别的，是具有高度同一性的概念，都是法思想的表达。现在传世的《新序》没有这段话，我们再来寻找另外的佐证。

《左传·隐公十一年》："许无刑而伐之，服而舍之。"杜预注："刑，法也。"[②] 这段材料说明，即使到了晋代，杜预也还是把刑直接解释为法。

《尚书·吕刑》篇："吕命，吕侯见命为天子司寇。穆王训夏赎刑，

---

① （汉）司马迁：《史记》，中华书局1959年标点本，第2146—2147页。
② （晋）杜预注，（唐）孔颖达疏：《春秋左传正义》，十三经注疏整理本，北京大学出版社2000年版，第146页。

吕侯以穆王命作书,训畅夏禹赎刑之法,更从轻以布告天下。"正义曰:"名篇谓之《吕刑》,其经皆言'王曰',知'吕侯以穆王命作书'也。经言陈罚赎之事,不言何代之礼,故序言'训夏',以明经是夏法。王者代相革易,刑罚世轻世重,殷以变夏,周又改殷。夏法行于前代,废已久矣。今复训畅夏禹赎刑之法,以周法伤重,更从轻以布告天下。以其事合于当时,故孔子录之以为法。经多说治狱之事,是训释申畅之也。"① 如果说《尚书·吕刑》原文"夏禹赎刑之法"之"法"还可以解释为"赎刑"的具体方法、条文而不作"法"之本意的话,那么,唐人孔颖达的"正义"则就讲得很明白了,他直接就把夏代的赎刑、周代的刑法,都叫作"夏法""周法"了。也就是说,在唐代人的观念中,刑、法也是不作区分的。

晋人杜预、唐人孔颖达的例子证明,即使到了两汉以后的时代,刑、法仍然是一个概念。所以,在选择关于汉代法观念的关键词时,是有必要考虑"刑"这个词语的。于是,我们就选择"法""刑"作为法观念的关键性词语,通过二者在文献中出现的频率情况,来讨论汉人的法观念状况。

反映财富观念的词语比较直观,我们选择财、富、利三个词语。这里需要简单说明的是"利"这个词。"利"即"利益",含义比较宽泛,不一定都表现为财富,所有自身有利性的东西,都可以归于"利"范畴。把"利"纳入财富范畴,多少有点扩大了财富观念的义阈,但在古人的语境中,有些物质利益的追求不是太露骨太直白的表达,模糊的自身有利性表达则是经常可以看到的,人们没有使用财富词语,但追求的确实是财富,如果我们舍弃"利"这个可能包含物质利益的关键词,就会大大缩小财富观念的考察场域。所以,尽管"利"的意义表达不一定都是属于物质利益的财富范畴,我们还是选择了它。

---

① (汉)孔安国撰,(唐)孔颖达疏:《尚书正义》,十三经注疏整理本,北京大学出版社2000年版,第627—628页。

反映维系社会道义的公平公正观念的关键词语,我们选择了"均""平"二字,这似乎有些简单,需要费一些笔墨做出解释。本来,反映公平公正观念的词语,应该是"公正"这个术语,但遗憾的是"公""正"这两个字都不适宜采用。单独一个"正"字,在古代更多的是正直之义,不适宜作为公正的关键词,不需多说。而这个"公"字则比较复杂。"公"字的基本含义有三个方面:一是表示人的身份的概念,像王公大臣之"公",公爵之公,这一含义的词频特别高,像《史记》中出现的"公"多数是这种情况;二是表示公共含义的"公",儒家的"公天下"观念、以天下为公的观念很重,文献中有相当一部分"公"字表达这样的含义;三是"公正公平"之"公",文献中的此类意义表达则是极为稀少。如果以"公"为关键词进行检索分析,根据其出现的频次来考察公正公平观念,则完全会南辕北辙,不可能反映这一观念的实际情况。作为复合词的"公正"是公平公正观念的规范用语,文献中也有,但是使用率非常低,几十万字的《汉书》中,也就出现十几次,不足以证明其普遍性,所以,考察公平公正观念,就必须考虑其他词语的可能性。均、平二字就这样进入了我们的视野。

均、平的现代意义主要在于数量上的平均,而实际事务中的公正公平,也多是要求分配方面的均匀、均平,所以,均、平二字即使在现代意义上也是和公正公平相近的观念词语。而经初步考察,在汉人观念中,均、平二字本身就有公平公正之意。如《淮南子·主术》篇曰:"衡之于左右,无私轻重,故可以为平;绳之于内外,无私曲直,故可以为正;人主之用法,无私好憎,故可以为命。"[①] 这段话的意思是说,秤对于它所称量之物,是不会凭私心而改变其轻重的,所以它是公平的。墨线对于它的所量之物,也不会凭私心改变它们的曲直,所以墨线是正直的。君主用法来治理国家也是这样,应不出于私心偏好而改变法律的尺度,对所有的人都一视同仁,在法律面前人人平等,这样

---

① 刘文典:《淮南鸿烈集解》上,中华书局1989年版,第276页。

才能实现社会的公平治理。这段明确表达社会公正思想的话,在公平用语上就是用的一个"平"字,这个"平"就是公平而不是平均。另如刘向《说苑·权谋》篇说:"夫权谋有正有邪,君子之权谋正,小人之权谋邪。夫正者,其权谋公,故其为百姓尽心诚。彼邪者,好私尚利,故其为百姓也诈。夫诈则乱,诚则平。"① "夫正者,其权谋公",就是要以权谋公众之利益,为百姓考虑,只有尽心诚意地为百姓考虑,才能达到社会公平,所以"诚则平"。从"谋公""为百姓尽心诚"到"诚则平",也完全表达的是社会公正和社会公平之意。又如汉文帝二年诏曰:"朕闻之,天生民,为之置君以养治之。人主不德,布政不均,则天示之灾以戒不治。"② 这里的"布政不均"就不可能是一般的数量不均,而只能解读为为政不公,不能做到公正公平的问题。所以,从汉人的观念出发,平、均二字,是可以作为反映社会公正公平观念的关键词使用的。

反映人的理想追求的精神观念,只有"道"这个词语,没有其他可以与之比肩的概念。"道"是中华文化中最古老的概念之一,先秦诸子的各家各派都讲道,并且也都是其核心术语。如果撇开各家学术赋予它的具体含义不说,它的最抽象的意义,就是人们在精神生活中的最高追求,人们所要实践的人生理念,人们判断事物真理性的标准,人们所认为的万事万物之理。所以,道与其他观念词语相比,它的基本属性就是抽象、空灵与无所不在。由于"道"的无所不在,无所不包,所以,它在文献中出现的频率最高。对它的检索与分析,可以帮助我们认识汉代人们的精神状况。

至此就完成了我们的关键词选择。接着要讲的是我们考察汉代观念的基本文献依据,汉代观念的载体,也就是要选定我们的文献标的。

在本文的第一部分,我们已经提出了两汉时期可供作为考察标的

---

① (汉)刘向:《说苑》,《百子全书》一,岳麓书社1993年版,第638页。
② (汉)班固:《汉书》,中华书局1962年标点本,第116页。

的20种传世文献，但读者也许会对我们选择的这20种文献提出一些疑问。譬如关于西汉文献的选择和时代划定，现在可以看到的汉初文献《皇帝书》、帛书《老子》等虽说是20世纪70年代出土的，不是传世文献，但的确是汉初的写本，研究汉代的社会观念为什么不纳入其中呢？再如《汉书》和《汉纪》，明明是关于西汉的历史记载，是西汉故事，为什么归入东汉呢？这里，我们要交代一下文献选择的逻辑依据。

笔者选择标的文献的基本原则是文献的写作年代，或者说是作者所处的时代。《皇帝书》是汉初抄本，但它的成书年代或者说是写作年代，学界一般认定是战国中晚期，不是汉人的作品，甚至没有汉人的大幅度修订改写，汉人的观念就不可能渗透其中。帛书《老子》的情况与此相同。所以，我们没有将之作为检索或统计的标的文献。同样的道理，相反的情况，我们选择了《说苑》和《新序》。这两种文献的作者是西汉晚期的刘向，尽管书中的内容多是先秦故事，但作为书的编辑者，刘向不可能不是从他的时代观念出发去编辑整理先秦故事，也不可能不把他的主体意识渗透在书中，所以，尽管《说苑》和《新序》反映的是先秦故事，我们依然将之作为汉代文献来处理。《汉书》写的是西汉历史，但却是东汉时期班固的作品，班固自然是以他那个时代的眼光来看待西汉历史，于是，反映西汉历史的《汉书》在历史观念和社会观念上，则不可能不反映东汉时期的思想观念，所以，它也只能作为考察东汉社会观念的标的文献。《汉纪》的情况与《汉书》相同。

读者还会注意到一个问题，就是我们在选择反映东汉时期的标的文献时，没有列入《后汉书》，这同样是基于我们所设定的原则。《后汉书》的作者范晔，是南朝宋人，他的写作年代晚了后汉二百年。范晔写《后汉书》不能不把他的时代观念渗透到书中，他观察问题的角度，所使用的概念术语，不可能是东汉历史的真实反映。虽然我们可以说在传统社会里，二百年的历史不至于引起观念的太大变化，但既然我们确定了文献的选择标准,既然班固写的《汉书》已经作为东汉的观念的反映,为什么在《后汉书》处理上要出现例外呢?笔者必须保持自身逻辑的一致性。《后汉书》是反映东汉时期的历史,所有研究东汉历史的人,都不能不把该书作为最基本的历史文献,而我们却将其舍弃了,这是一个遗憾,但为着研究的严谨和体例的纯正,我们也只好如此处理了。

在做了上边冗长的分析之后,我们关于两汉时期社会观念的考察,确定了20种传世文献。关键词语的选择,我们确定了反映社会伦理观念的仁、礼、义、忠、孝、信、诚、敬8个词语;反映法思想的法、刑两个词语;反映财富观念的利、财、富3个词语;反映平均和公平观念的均、平两个词语,以及反映人们在精神、思想、道德情操等方面最高追求的词语"道",一共5组16个词语。我们以这5组16个词语,在20种文献中进行检索,得到了以下两个表格:

表1　　　　　　　　　　西汉社会基本观念词语统计

	新语	新书	韩诗外传	淮南子	春秋繁露	史记	盐铁论	新序	说苑	法言	合计
仁	42	63	95	144	111	224	84	59	127	22	971
义	62	127	110	225	254	593	143	82	157	37	1790
礼	16	180	153	141	136	628	100	58	149	51	1612
信	9	88	46	68	29	773	40	69	98	17	1237
诚		30	25	55	10	146	19	25	48	1	359
忠	14	58	48	42	38	192	26	30	109	17	574
孝	4	27	40	21	32	640	39	42	59	14	918
敬	2	76	46	7	40	212	10	22	97	10	522
道	91	303	204	629	228	847	192	91	336	78	2999
法	25	89	60	166	125	520	120	44	83	50	1282

续表

	新语	新书	韩诗外传	淮南子	春秋繁露	史记	盐铁论	新序	说苑	法言	合计
刑	12	33	40	99	72	168	106	13	70	12	625
利	19	48	47	252	57	482	201	49	121	14	1290
财	7	23	22	54	22	180	60	12	48	2	430
富	7	42	30	51	11	239	116	25	76	10	607
均	0	4	8	20	14	34	35	3	13	0	131
平	8	25	36	102	54	1050	36	41	118	11	1481
合计	318	1216	1010	2076	1233	6928	1327	665	1709	346	16828

表2　　　　　　　　　东汉社会基本观念词语统计

	论衡	汉书	白虎通	潜夫论	申鉴	汉纪	独断	焦氏易林	风俗通	中论	合计
仁	93	329	28	55	18	86	6	137	15	55	822
义	304	747	145	95	36	229	12	39	66	47	1720
礼	283	889	327	43	27	251	29	49	113	41	2052
信	193	916	23	81	7	231	1	25	33	30	1540
诚	85	289	7	50	9	62	2	13	12	10	539
忠	42	353	27	64	12	103	1	23	13	5	643
孝	127	1089	55	41	2	238	35	26	57	9	1679
敬	38	344	47	30	1	84	9	16	22	17	608
道	601	1589	183	105	64	416	6	213	73	118	3368
法	197	1067	185	104	27	253	15	17	30	27	1922
刑	121	404	30	35	31	160		10	13	15	819
利	97	507	11	74	12	168	1	370	9	22	1271
财	45	242	11	28	6	61		17	9	4	423

续表

	论衡	汉书	白虎通	潜夫论	申鉴	汉纪	独断	焦氏易林	风俗通	中论	合计
富	186	314	6	58	6	76		79	6	13	744
均	43	103	4	6	0	20	1	10	14	5	206
平	254	1566	38	63	16	513	16	69	58	16	2609
合计	2709	10748	1127	932	274	2951	134	1113	543	434	20965

有了这两个表格中的374个基本数据，关于两汉时期社会观念的大致考察，就可以有分析地逐一展开了。本文关于两汉社会观念状况的诸多认识，都将从这些数据的各种排列组合中抽绎出来。

三 关于"汉以孝治天下"的认识

传统认为，汉代以孝治天下，是最重"孝"的时代。关于这个问题，前人研究很多，臧知非的《人伦本原——〈孝经〉与中国文化》一书中，用很大篇幅讨论这个问题，可为代表。臧知非的论述主要有几个方面：第一，汉代设置孝悌、力田、三老，教化百姓；第二，汉代尊养高年，有具体的政策规定；第三，在司法实践中，以《春秋》决狱，以忠孝为基本内容"原心定罪"；第四，汉代以孝选官，从文帝开始就制定了察举孝廉制度，对官员的基本要求是要有"孝悌廉公之行"；第五，把《孝经》官方化，从文帝开始就设立《孝经》博士；武帝之后立"五经博士"，《孝经》不再设博士，但《孝经》则成为各级官学的规定教材。[①] 臧知非的研究，代表了学界的一般看法，笔者也持这样的观点。但在做完了汉代基本社会观念的统计分析之后，我们还

---

① 参见臧知非：《人伦本原——〈孝经〉与中国文化》，河南大学出版社2005年版，第56—76页。

是有了一些新的认识。

首先，尽管从政府层面特别重视提倡孝道，以孝治国，但在社会观念层面，"孝"似乎还不是最重要的社会观念；在当时的社会伦理观念中，"孝"似乎还不具有很核心的地位。如果比较当时社会主要的伦理观念的话，"孝"的出现频次并不十分突出。我们根据上边两汉社会基本观念词语统计表，把"孝"的出现频次和其他诸如"仁""礼""义""信""忠"等词语相比较，分时期列出他们的比值的话，可以得到下表：

表3　　　　　　　　两汉时期孝与主要伦理概念频次比

	西汉前期（前206—前140）《新语》《新书》《韩诗外传》	武帝中前期（前140—前100）《淮南子》《春秋繁露》	昭宣时期（前100—前50）《史记》《盐铁论》	西汉晚期（前50—公元20）《新序》《说苑》《法言》	东汉前期（20—105年）《论衡》《汉书》《白虎通义》	桓灵时期（105—180）《潜夫论》《申鉴》《汉纪》	东汉晚期（180—220）《独断》《焦氏易林》《风俗通》《中论》	总频次比
孝频次	71	53	679	115	1271	281	127	2597
孝仁比	0.355	0.278	2.205	0.553	3.824	1.767	0.596	1.448
孝义比	0.237	0.111	0.923	0.417	1.063	0.781	0.774	0.740
孝礼比	0.203	0.191	0.933	0.446	0.848	0.875	0.547	0.709
孝信比	0.497	0.732	0.835	0.625	1.123	0.881	1.427	0.935
孝忠比	0.592	0.888	3.115	0.727	3.012	1.570	3.024	2.134
均值	0.3768	0.4400	1.6022	0.5536	1.8660	1.1748	1.2736	

在两汉七个时期孝与仁、义、礼、信、忠五个观念词语的35个频次比值数据中，比值小于1的有25个，占71.4%。也就是说，就两汉总的情况看，孝在不同时期的20种文献中，大部分情况下都处于弱势地位，特别是相比"义""礼""信"，弱势地位最为明显。在西汉武帝中期以前，孝与"义""礼"相比，比值都达不到0.25，是个比率极低的状况，甚至与"信""忠"相比也处于弱势地位（"忠"的观念，在两汉时期还远远没有确立起来，后文还要专门论述）。如果我们

以西汉时期最重要的儒学著作《春秋繁露》为例，那么，在该书中，"孝"出现了 32 次，而"仁"111 次，"义"254 次，"礼"136 次，"信"29 次，"忠"38 次，孝的出现频次远远低于仁、义、礼。这绝不是偶然的问题。

其次，从不同时期数据的比较看，孝观念在两汉时期有一个发展变化的过程。从表 3 的情况看，在我们设定的西汉前期、武帝中期以前、昭宣时期、西汉晚期、东汉前期、桓灵时期、东汉晚期七个时期中，孝与其他伦理观念词语频次比值的均值，西汉四个时期分别是 0.3768、0.4400、1.6002、0.5536，平均 0.7432；东汉三个时期分别是 1.8660、1.1748、1.2736，平均 1.4381。东汉时期孝的频次及其与其他伦理观念词语的比值明显高于西汉时期，并且高出将近 1 倍。统计表明，如果汉以孝治天下这个观点可以成立的话，也主要应该是指东汉而不是西汉。

最后，以上两点给人的感觉是，尽管汉代政府极其重视孝观念的培养，从政策上、制度上、思想导向上都给予了足够的重视，但在实际的社会观念中，孝观念则远远没有占据核心地位，皇朝的政策导向和实际的社会效果之间，存在着很大的差距。

一方面，有材料表明，汉代的孝行教育并没有完全落到实处。《后汉书·循吏列传》载，东汉桓灵时期，陈留考城人仇览任蒲亭长。初到任时，曾碰到一个母亲状告儿子不孝的事情：

> （仇）览初到亭，人有陈元者，独与母居，而母诣览告元不孝。览惊曰："吾近日过舍，庐落整顿，耕耘以时。此非恶人，当是教化未及至耳。母守寡养孤，苦身投老，奈何肆怒于一朝，欲致子以不义乎？"母闻感悔，涕泣而去。览乃亲到元家，与其母子饮，因为陈人伦孝行，譬以祸福之言。元卒成孝子。

关于这段故事，唐李贤注《后汉书》注引三国吴人谢承《后汉书》曰：

> 览为县阳遂亭长，好行教化。人羊元凶恶不孝，其母诣览言元。览呼元，诮责元以子道，与一卷《孝经》，使诵读之。元深改悔，到母床下，谢罪曰："元少孤，为母所骄。谚曰：'孤犊触乳，骄子骂母。'乞今自改。"母子更相向泣，于是元遂修孝道，后成佳士。

陈元凶恶不孝，并且严重到使其母亲不能忍受的地步，作为亭长的仇览亲自到百姓家里"与其母子饮，因为陈人伦孝行"，和陈元母子共同生活，详陈人伦孝道，终于使陈元悔过自新，成为佳士。这个故事在反映汉代地方官重视孝行教化同时，也说明汉代的以孝治天下，并非多么地落到了实处，深入人心。因为这个故事的时代已经到了东汉的晚期，到了桓灵时期，而一个居家生产都能很正常（能够做到庐落整顿，耕耘以时）的人，都还不懂得孝道，这对于一个已经实行以孝治天下国策三百余年的王朝来说，其孝道教育的成果的确算不上多么突出。

另一方面，也有不少材料可以说明，汉代的以孝治天下，由于是依靠政治力量的强行推进，动用了多种政治手段褒扬、刺激，而使得一种正常的文明教育走向了极端，出现了一些极端荒唐的事情。《后汉书·循吏列传》载：

> 许荆字少张，会稽阳羡人也。祖父武，太守第五伦举为孝廉。武以二弟晏、普未显，欲令成名，乃请之曰："礼有分异之义，家有别居之道。"于是共割财产以为三分，武自取肥田广宅奴婢强者，二弟所得并悉劣少。乡人皆称弟克让而鄙武贪婪，晏等以此并得选举。武乃会宗亲，泣曰："吾为兄不肖，盗声窃位，二弟年长，未豫荣禄，所以求得分财，自取大讥。今理产所增，三倍于

前，悉以推二弟，一无所留。"于是郡中翕然，远近称之。位至长乐少府。

已经被举为孝廉的许武，为了给两个弟弟创造出名的机会，在分家时强行占有肥田广宅，而两个弟弟却不和大哥计较，并因此博得"克让"的美名，获得选举的机会。待弟弟被举之后，许武再来说明自己背黑锅"自取大讥"的苦衷，并由此再获虚名。这种博取虚名的把戏，没有任何的自然真情，以这样的孝悌典范，能培养出什么样的孝观念呢？它只能走到虚伪做作的荒唐境地。

《后汉书·陈蕃传》也载有一个将孝行推到极端的荒唐例子。

> 民有赵宣葬亲而不闭埏隧，因居其中，行服二十余年，乡邑称孝，州郡数礼请之。郡内以荐蕃，蕃与相见，问及妻子，而宣五子皆服中所生。蕃大怒曰："圣人制礼，贤者俯就，不肖企及。且祭不欲数，以其易黩故也。况乃寝宿冢藏，而孕育其中，诳时惑众，诬污鬼神乎？"遂致其罪。

民人赵宣在亲人安葬之后不封闭墓道，并居住墓道之中为父母守孝，坚持了二十多年，被乡人称为孝子。陈蕃做乐安太守，有人向他举荐赵宣。陈蕃见了赵宣之后问其妻子情况，才知道赵宣在守丧期间生了五个孩子。陈蕃大怒，骂赵宣诳时惑众，诬污鬼神，并将其治罪。按照汉代丧服礼制，在守丧期间是不能娶妻生子的。汉代通行大丧三年，三年的守孝期间，不能有任何娱乐行为，不饮酒吃肉，不探亲访友，不娶妻嫁女，不能过正常的夫妻生活。而赵宣名为守孝，却在父母的魂灵之前生了五个孩子，这绝对是大不敬！本来三年之丧就已经有点不近人情，是难以守得住的；而赵宣还要守二十多年，并守于墓道之中，这不可能不是虚假的沽名钓誉！守孝本来是源于血缘亲情、发自内心的寄托哀思行为，结果被搞成了如此虚伪做作的表演秀，如此这般，以孝治天下如何能落实得下来呢？

所以，说汉代以孝治天下可以，但要说汉代是一个真正重孝的社会则不完全符合实际。孝是发端于血缘亲情的观念，是完全自然的真情流露。靠强行的政治教育和官位刺激去培植的东西，多是虚伪和做作的，是不真实的。历史证明，当强权政府把一种政策推向极端的时候，它未必就能收到合目的性的实际效果，甚至恰恰相反。

四 一个重信守义的时代

以上分析说明，认为孝观念最处于社会伦理体系的核心地位，并不符合汉代实际。那么，从思想观念上说，汉代人最重视的是什么观念，是什么东西控制着人们的思想或精神的领域？统计情况表明，信义才是这个时期最核心的思想观念。汉代是一个重信守义的时代。

利用表1和表2的数据，我们可以做出一个"义"与仁、礼、信、孝、忠诸伦理观念频次的比值表，以考察义在当时社会观念中的位置或地位。

表4　　　　　　　　　　义与其他伦理观念比值

	义、仁频次比	义、礼频次比	义、信频次比	义、孝频次比	义、忠频次比	平均值
新语	1.476	3.875	6.889	15.500	4.429	6.434
新书	2.016	0.706	1.443	4.704	2.190	2.212
韩诗外传	1.158	0.719	2.391	2.750	2.292	1.862
淮南子	1.563	1.596	3.309	10.714	5.357	4.508
春秋繁露	2.288	1.868	8.759	7.938	6.684	5.507
史记	2.647	0.944	0.767	0.927	3.089	1.675
盐铁论	1.702	1.430	3.575	3.667	5.500	3.175
新序	1.390	1.414	1.188	1.952	2.733	1.735
说苑	1.236	1.054	1.602	2.661	1.440	1.599
法言	1.682	0.725	2.176	2.643	2.176	1.880

续表

	义、仁频次比	义、礼频次比	义、信频次比	义、孝频次比	义、忠频次比	平均值
论衡	3.269	1.074	1.575	2.394	7.238	3.110
汉书	2.271	0.840	0.816	0.686	2.116	1.346
白虎通	5.179	0.443	6.304	3.537	5.370	4.167
潜夫论	1.727	2.209	1.173	2.317	1.484	1.782
申鉴	2.000	1.333	5.143	18.000	3.000	5.895
汉纪	2.663	0.912	0.991	0.962	2.223	1.550
独断	2.000	0.414	12.000	0.343	12.000	5.351
焦氏易林	0.285	0.796	1.560	1.500	1.696	1.167
风俗通	4.400	0.584	2.000	1.158	5.077	2.644
中论	0.885	1.146	1.157	5.222	9.400	3.638
平均值	2.090	1.204	3.261	4.479	4.281	

此表中，除了平均值之外的100个数据，比值小于1的只有19个，即在所统计的20种文献中，义与仁、礼、信、孝、忠五个重要伦理词语的频次比，义高出的比例占81%。并且在任何一本文献中，义与其他伦理词语的比值之平均值都大于1，也就是说，义出现的频次，在任何一种文献中都占有绝对的比较优势。尤其突出的是，在汉代最重要的思想史文献《春秋繁露》中，义出现的频次，是仁的2.288倍，礼的1.868倍，信的8.759倍，孝的7.938倍，忠的6.684倍。再具体统计，在20种文献中：

义与仁相比，义频次占优势的文献有18种，比率90%；

义与礼相比，义频次占优势的文献有10种，比率50%；

义与信相比，义频次占优势的文献有17种，比率85%；

义与孝相比，义频次占优势的文献有16种，比率80%；

义与忠相比，义频次占优势的文献有20种，比率100%。

"义"的频次之高，出乎我们的意料，甚至可以颠覆我们对汉代伦理体系的认识。以往，学界一般认为，汉代独尊儒术，确立儒学为国家意识形态之后，中国确立起来的社会形态是一个礼制社会，礼的核心是"仁"，仁、礼思想在国家思想、社会思想以及思想的观念形态中占据核心地位。虽然，我们也一般地说中国是礼义之邦，也将"义"看作是一个重要的伦理思想范畴，但对它却的确有所忽视。人们怎么也不会想到义观念的普遍性竟然大于"仁"，"义"的出现频次，竟高出"仁"1倍以上（2.09倍）。义观念的这种状况，将逼迫我们重新审视传统的理论体系，重新评估传统思想中"义"的地位和意义。

关于先秦时期的义观念，最近已经有人提出了问题，感觉到过去对义的认识存在重大偏差①。实际上，在先秦时期的文献中，已经可以明显地反映出"义"在社会伦理观念中的支配性地位。譬如《礼记·郊特牲》中关于礼、义关系的论述："礼之所尊，尊其义也。失其义，陈其数，祝史之事也。故其数可陈也，其义难知也。知其义而敬守之，天子之所以治天下也。"② 这段话所表述的思想是十分明确的。礼的规范，所要表达的，所要人们敬畏的，是礼之中所包含的"义"，是它的思想内涵。人们所以要守礼、尊礼，就是要在思想上谨守礼之义，谨守礼的思想内涵。在行礼的时候不问礼的内涵，不知道礼所表达的"义"，只陈述礼的仪节、形式，是祝官（祝史）们做的事情。而礼的仪节容易陈述，礼之中所蕴含的"义"内涵则不容易理解。弄懂礼的内涵（义）而谨慎地保持它，坚守它，天子才可以治理天下。换句话说，天子治理天下，是靠"义"的精神、思想和观念，而不是靠徒有形式的"礼"的仪节。或者从本质上说，天子是靠"义"治天下，而

---

① 最近河南大学青年教师桓占伟正在作题为"在思想与观念之间：先秦时期义范畴的历史考察"的博士学位论文。经初步研究，桓占伟发现，长期以来，学界多以"礼"为春秋时期的核心观念；孔子以"仁"代"礼"，"仁"又被视为春秋后期的核心社会观念，"义"在春秋观念史上的地位却被忽视了。实际上，"义"才是春秋时期最重要的社会观念，它具有统领性、共识性和普遍性三大属性，对其他伦理观念具有强大的统摄作用。以往对"义"的认识，需要重新审视。桓占伟的这一发现，对重新认识中国传统的伦理体系有重要意义。

② （清）孙希旦：《礼记集解》中，中华书局1989年版，第706—707页。

不是靠"礼"治天下。这段话已经明确了在礼、义关系中,"义"的内在性、主导性、灵魂性地位。相对于"义"来说,"礼"只是外在的形式和规范,而"义"则是"礼"的内核,在礼义关系中,人们最需要重视的是把握"义"的精神和内涵。

《礼记》这段话所表达的思想或观念,汉代是继承下来了,并变成了实实在在的观念。在汉代的政治观念中,"义"的确有至高无上的核心地位。汉武帝元朔元年的诏书中说:"公卿大夫,所使总方略,壹统类,广教化,美风俗也。夫本仁祖义,褒德禄贤,劝善刑暴,五帝、三王所由昌也。"① 东方朔的"非有先生之论"中说:"深念远虑,引义以正其身,推恩以广其下,本仁祖义……此帝王所由昌也。"② 这两段话中有一个共同的概念"本仁祖义",即帝王所以昌盛,最根本的指导思想是以仁为本,以义为根基。仁是爱人之情感,义是治国之大纲,是治国的指导思想,是一切思想的根基。这的确是把"义"强调到了至高无上的地位。东方朔希望帝王"引义以正其身",做实践"义"的典范,并认为这是自古帝王所以兴盛的根本原因。

正是在国家指导思想上确定了"义"的地位,义在汉代才有了推广、普及和发展,成为具有高度普遍性的观念。先秦时期的"义"就已经是一个相对于其他伦理观念的具有统摄性地位的观念,并出现了类似仁义、道义、礼义、德义、信义等复合词语。这些复合词语在汉代更为广泛的使用,更高频次的出现,譬如"仁义",在《史记》中48见,在《汉书》中41见;"礼义",在《史记》中32见,在《汉书》中53见,出现的频率都高于先秦时代。除此之外,汉代还产生了"忠义""孝义"等新的关于"义"的复合词语。如:

《后汉书》卷二十九《申屠刚鲍永郅恽列传》载,鲍永次子

---

① (汉)班固:《汉书》,中华书局1962年标点本,第166页。
② (汉)班固:《汉书》,中华书局1962年标点本,第2871页。

昂，"有孝义节行"。

《后汉书》卷七十六《循吏列传》载，刘矩"迁雍丘令，以礼让化之，其无孝义者，皆感悟自革"。

《后汉书》卷四《孝和孝殇帝纪》载，和帝永元三年十一月诏中说："忠义获宠，古今所同。"

《后汉书》卷三十一《郭杜孔张廉五苏羊贾陆列传》载："献帝即位，天下大乱，康蒙险遣孝廉计吏奉贡朝廷，诏书策劳，加忠义将军，秩中二千石。"

在传统观念中，对于这些和"义"相组合的复合词，一般都认为是以前者为中心的偏正结构，譬如"仁义""礼义"，多认为是以"仁"和"礼"为中心的偏正结构复合词，义是来补充"仁"或"礼"的。这种看法似乎应该修正。从东汉时期的某些情况看，与"义"形成的复合词，如果是偏正结构的话，大概是"义"作为中心词的，而与之组合的词则是修饰性词语。

"义"是国家、社会、群体、个人一切社会主体的行为准则，它贯彻于社会生活的各个方面，因此，义观念有许多层次。诸如下边的一些说法：

《汉书》卷七十三《韦贤传》："尊亲之大义，五帝、三王所共，不易之道也。"

《汉书》卷七十三《韦贤传》："王者祖有功而宗有德，尊尊之大义也。"

《汉书》卷五十七《司马相如传》："欲明天子之义。"

《汉书》卷七十四《魏相丙吉传》："天子之义，必纯取法天地，而观于先圣。"

《汉书》卷六十三《武五子传》："忠爱之义。"

《后汉书》卷八十九《南匈奴列传》："忠孝之义。"

这样，像"忠孝之义""忠爱之义"一样，仁义、礼义、德义、信义、道义等，也是仁之义、礼之义、德之义、信之义、道之义的意思，前者是后者的修饰或说明，"义"是这些偏正结构复合词的中心词。这一情况说明，在汉代的伦理体系中，"义"才是最核心的思想或观念。当然，这个可能会改变我们传统的伦理思想认知的观点，要真正确立起来，还需要进行更专门的探讨，本文算是借助统计数据中"义"的价值凸显，大胆地提出这个问题，以引起学界的注意。

下边，我们来看看与义观念相联系的"信"的问题。同义的研讨一样，我们也先来依据表1和表2，形成一个反映两汉时期信观念的信占比统计表。

表5　　　　　　　　　信占比统计

	仁	义	礼	信	诚	忠	孝	敬	合计	信占比（%）
新语	42	62	16	9		14	4	2	149	6.04
新书	63	127	180	88	30	58	27	76	649	13.56
韩诗外传	95	110	153	46	25	48	40	46	563	8.17
淮南子	144	225	141	68	55	42	21	7	703	9.67
春秋繁露	111	254	136	29	10	38	32	40	650	4.46
史记	224	592	628	773	146	192	640	212	3407	22.69
盐铁论	84	143	100	40	19	26	39	10	461	8.68
新序	59	82	59	69	25	30	42	22	388	17.78
说苑	127	157	149	98	48	109	59	97	844	11.61
法言	22	37	51	17	1	17	14	10	169	10.06
西汉合计	971	1790	1612	1237	359	574	918	522	7983	15.49
论衡	93	304	283	193	85	42	127	38	1165	16.57
汉书	329	747	889	916	289	353	1089	344	4956	18.48
白虎通	28	145	327	23	7	27	55	47	659	3.49

续表

	仁	义	礼	信	诚	忠	孝	敬	合计	信占比（%）
潜夫论	55	95	43	81	50	64	41	30	459	17.64
申鉴	18	36	27	7	9	12	2	1	112	6.25
汉纪	86	229	251	231	62	103	238	84	1284	17.99
独断	6	12	29	1	2	1	35	9	95	1.05
焦氏易林	137	39	49	25	13	23	26	16	328	7.62
风俗通	15	66	113	33	12	13	57	22	331	9.97
中论	55	47	41	30	10	5	9	17	214	14.02
东汉合计	822	1720	2052	1540	539	643	1679	608	9603	16.04
总计	1796	3510	3664	2777	898	1217	2597	1130	17586	15.79

信占比统计表透露出诸多信息。

首先，两汉总计，"信"出现2777次，占8种伦理观念词语总数17586次的15.79%，超过平均线（12.5%）26.4%，是仅次于"义"和"礼"，且高于"孝"（2597次）的伦理学观念。这在以往的汉代社会观念或汉代思想史上，是一个关注不够的问题。以往人们对"仁""忠""孝"的重视，远远超过对"信"的重视；而这个统计表明，"信"的出现频次，是"仁"的1.546倍，"忠"的2.282倍，"孝"的1.069倍。在汉代观念中，"信"高频次出现表现了信观念的普遍性。信观念是一个相对仁、忠、孝观念来说，更重要、更核心、更普遍的社会伦理观念。这在汉代思想史、汉代观念史研究中，也是一个需要引起新的注意的问题。

其次，在所考察的20种文献中，"信"出现频次最高的三种文献是：《史记》，该书中"信"占比达到22.69%，高出平均线81.52%；《汉书》书中"信"占比达到18.48%，高于平均线47.84%；《汉纪》中"信"占比达到17.99%，高出平均线43.92%。这也是一个值得注意的现象，是个有意思的问题。《史记》《汉书》《汉纪》都是历史文献，不同于《新语》《新书》《淮南子》一类的思想史文献。历史文献是记录人们的社会实践和社会行为的，是关于"行"的文献，而"信"占比最高的三本书都是此类文献，说明在人们的实际行为中，"信"观念的地位，要远远高于在纯粹思想史文献中的地位。如果单纯以思想家的著作作为思想史研究的文献依据，我们对思想史或观念史的认识，是会发生偏颇的。这也启发我们，思想史研究要突破传统的以思想家及其著作为主要研究对象的研究模式，把历史文献作为与思想文献同等重要的资料依据。

最后，如果把信与义看作是同质类伦理观念的话，二者之和则占8种伦理观念总频次的35.76%，在当时社会观念词语中占据绝对优势。

我们先来简单谈谈义观念与信观念的同质性问题。"义"的基本义是讲一种抽象的道德原则或价值原则，是规范人的社会行为的一种行为观念。人们社会行为、社会实践的各个方面都有"义"的贯彻，因此，义观念有多层次的思想内涵。在战国时期，由儒家"杀身成仁""舍生取义"的人生价值观，和墨家舍命不渝、赖力仗义的人格精神共同培育的侠士观念发展起来，并迅速普及。而这种侠士观念的义行、义信，多表现在社会交往之中；而人的社会交往所赖以维持的基本道德规范即是"信"，相互信任和守信是正常交往的前提。所以，信和为朋友两肋插刀、仗义互助的"义"，就发生了密切的思想关联。于是，重信守义就成为一种混合一体的行为规范。义观念和信观念是在规范人的社会交往行为方面联结为一体的。二者的同质性，是说它们在规范人的社会交往行为方面的一致性，在这方面它们是同一类概念。在汉代人们的社会生活中，重信守义超过了任何一种伦理观念的重要性。

在义和信的结合方面，"义"仍然是第一位的，是以义取信，信是以符合义为前提的。汉初陆贾的《新语》中说："百姓以德附，骨肉以仁亲，夫妇以义合，朋友以义信，君臣以义序，百官以义承。"[①] 朋友

---

① （汉）陆贾：《新语》，《百子全书》一，岳麓书社1993年版，第289页。

间的信是以"义"为准则的,这就是孔子说的"信近于义,言可复也",符合义的信约,就必须履行。《论语·卫灵公》篇:子曰:"君子义以为质,礼以行之,孙以出之,信以成之。君子哉!"君子把"义"作为做人的根本,以礼来实行它,用诚实的态度来完成它,礼与信都是来体现和完成"义"的。

义和信组成的复合词有"义信"和"信义",如:

> 使人左据天下之图而右刎喉,愚者不为也,身贵于天下也。死君亲之难,视死若归,义重于身也。天下,大利也,比之身则小;身之重也,比之义则轻;义所全也。《诗》曰:"恺悌君子,求福不回。"言以信义为准绳也。①

> 若冯、贾之不伐,岑公之义信,乃足以感三军而怀敌人,故能克成远业,终全其庆也。②

> 歆为人有信义,言行不违,及往来游说,皆可案复,西州士大夫皆信重之。③

义、信的频次高,主要是因为它们的行为观念属性,容易落实在行动上,是在日常生活中时时都会想到、都可能面对的问题。而"仁"是一种心理情感,是一种崇高的境界,需要有高度的道德自觉才可能去面对它。确如孔子所说,仁是只有君子才可能达到的道德境界。所以,从更广的社会层面说,信、义的影响,应该是会大于仁的。培育这个民族的基本伦理道德的,只能是义信之类更具普适度的观念。所以,判断汉代是一个重信守义的时代,或许并无不妥。

---

① 刘文典:《淮南鸿烈集解》下,中华书局1989年版,第685页。
② (南朝宋)范晔:《后汉书》,中华书局1965年标点本,第668页。
③ (南朝宋)范晔:《后汉书》,中华书局1965年标点本,第586页。

五　忠观念政治属性的初步确立

从历史上看，忠观念从最初的社会伦理观念，演变为一个彻底专制主义化、专属于君臣关系范畴的政治伦理观念，有一个发展的过程，而两汉时期，则是忠的政治伦理属性初步确立的重要阶段。

我们先来考察忠观念与所有伦理观念的比较情况，以显示该观念在汉代伦理观念体系中的状况和地位。根据表1和表2提供的基本数据，我们可以分别计算出忠、仁、义、礼、信、诚、孝、敬8个伦理词语在汉代伦理体系中所占的百分比，得到下表：

表6　　　　汉代20种文献8种伦理词语所占百分比统计　　　　单位:%

	忠	仁	义	礼	信	诚	孝	敬
新语	9.40	28.19	41.61	10.74	6.04		2.84	1.34
新书	8.94	9.71	19.57	27.73	13.56	4.62	4.16	11.71
韩诗外传	8.53	16.87	19.54	27.18	8.17	4.44	7.10	8.17
淮南子	5.97	20.48	32.01	20.06	9.67	7.82	2.99	1.00
春秋繁露	5.85	17.08	39.08	20.92	4.46	1.54	4.92	6.15
史记	5.64	6.57	17.38	18.43	22.69	4.20	18.78	6.22
盐铁论	5.64	18.22	31.02	21.69	8.68	4.12	8.46	2.17
新序	7.73	15.21	21.13	15.21	17.78	6.44	10.82	5.67
说苑	12.91	15.05	18.60	17.65	11.61	5.69	6.99	11.49
法言	10.06	13.02	21.89	30.18	10.06	0.59	8.28	5.92
论衡	3.61	7.98	26.09	24.29	16.57	7.30	10.90	3.26
汉书	7.12	6.64	15.07	17.94	18.48	5.83	21.97	6.94
白虎通	4.10	4.25	22.00	49.62	3.49	1.06	8.35	7.13
潜夫论	13.94	11.98	20.70	9.37	17.65	10.89	8.93	6.54
申鉴	10.71	16.07	32.14	24.11	6.25	8.04	1.79	0.89
汉纪	8.02	6.70	17.83	19.55	18.00	4.83	18.54	6.54

续表

	忠	仁	义	礼	信	诚	孝	敬
独断	1.05	6.32	12.63	30.53	1.05	2.11	36.84	9.47
焦氏易林	6.30	37.57	10.68	13.42	6.85	3.56	7.12	4.38
风俗通	3.93	4.53	19.94	34.14	9.97	3.63	17.22	6.65
中论	2.34	25.70	21.96	19.16	14.02	4.67	4.21	7.94
总比值	6.92	10.21	19.96	20.83	15.79	5.11	14.76	6.42

说明：表中数据反映的是各种文献中8种伦理词语在伦理概念体系中的比重。譬如，在《新语》一书所反映的伦理体系中，"忠"占9.40%，是用《新语》中"忠"字的词频42，除以《新语》中忠、仁、义、礼、信、诚、孝、敬8种词语的总词频149所得到的比值。以此种方法，我们得到了此表中20种文献中的160个数据。

此表反映出诸多信息。

第一，20种文献总体统计，两汉时期"忠"观念在全部伦理观念中的占比为6.92%，这个比值在8种伦理观念中，高于"诚"与"敬"，而低于"仁""礼""义""孝""信"，这说明，该时期的"忠"观念，还是个普通的社会观念，并不是当时最重要的伦理观念之一。

第二，八种观念的平均比值应该是12.5%，而这20种文献中，只有一种文献中的忠占比超过了这个均值，即《说苑》中的12.91%。这说明，两汉时期，95%的文献作者，都没有将忠观念放到比较重要的地位。

第三，在20种文献的比较中，"忠"频次高于总比值6.92%的文献有《新语》《新书》《韩诗外传》《新序》《说苑》《法言》《汉书》《潜夫论》《申鉴》《汉纪》等10种，其中思想性文献8种，历史记述文献2种，且历史记述性文献《汉书》和《汉纪》的比值7.12%和8.15%，也只是略略高出。这说明，对忠观念的重视，主要是出现在思想性文献中，而反映人们历史活动的文献中，忠频次偏低，特别是《史记》这样重要的较好反映人们历史创造活动的历史著作，"忠"的出现相对偏低，占比5.64%，远远低于总比值18.50%。忠观念在历史记述文献中频次较低，说明了一个很重要的问题，即忠观念还停留在思想家的思想和理论的层面，而并不在人们的实际历史活动中突出地反映出来，还不具有更广泛的普遍性，忠观念还没有真正控制人们的思想。

如果将忠放到当时整个社会观念体系中去看，也会有大致类似的结论。下边是忠观念在本文所设定的五组16种词语总词频中所占比例的统计：

表7　　　　　　　　　　忠观念在总词频中的比值

	忠	总词频	忠占比（%）
新语	14	318	4.40
新书	58	1220	4.75
韩诗外传	48	1011	4.75
淮南子	42	2077	2.02
春秋繁露	38	1233	3.08
史记	192	6950	2.76
盐铁论	26	1329	1.96
新序	30	665	4.51
说苑	109	1709	6.38
法言	17	346	4.91
论衡	42	2709	1.55
汉书	353	10748	3.28
白虎通	27	1127	2.40
潜夫论	64	932	6.87
申鉴	12	274	4.38
汉纪	103	2951	3.49

续表

	忠	总词频	忠占比
独断	1	134	0.75
焦氏易林	23	1113	2.07
风俗通	13	543	2.39
中论	5	434	1.15
总计	1217	37823	3.22

16种词语在总词频中的占比均值应该是6.25%，而统计显示，忠观念的占比则是3.22%，低于均值将近一半。这说明，忠观念不仅在伦理概念体系中不占优势，就是在整个社会观念体系中也并不突出。而且，它在20种文献中的占比情况比较，也和在伦理体系的情况非常一致，特点甚至更为突出。20种文献中，高于3.22%的10种文献有8种是思想性文献。在《史记》《风俗通》这些历史记述文献中，则远远低于它的总占比水平，这更加支持了我们关于忠观念在人们的实际生活中还不是一个重要观念的判断。我们还可以把忠的总频次比，与伦理观念体系之外的其他观念词语相比较，见下表：

表8　　　　　　　　　　　忠与其他观念词语比较

	忠	道	法	刑	利	财	富	均	平
词频	1217	6367	3204	1444	2561	853	1351	337	4090
总占比（%）	3.22	16.83	8.47	3.82	6.77	2.26	3.57	0.89	10.81

统计显示，在汉代，道、法、刑、利、富、平这些观念词语的频次比，都高于"忠"这个后世政治伦理体系中的核心观念。这说明，在汉代，"忠"的政治伦理属性，还远远没有确立起来，也就不可能在社会伦理体系中居于重要地位。如果我们把汉代史书中"忠"的词频情

况，和后世史书中的情况做比较，会看得更加明白。

表9　　汉、宋、清三代所纂史书文献中"忠观念"比较

	仁	礼	义	信	孝	忠	合计	忠占比（%）
史记	224	628	593	622	640	192	2899	6.62
汉书	329	889	747	916	1089	353	4323	8.16
汉纪	86	251	229	231	238	104	1139	9.13
汉代均值								7.97
资治通鉴	1937	2255	3720	2185	1889	3006	14992	20.05
新唐书	1179	2285	2143	886	1215	2240	9948	22.52
旧五代史	429	959	788	412	302	289	3179	9.09
新五代史	358	330	485	290	204	183	1850	9.89
宋代均值								15.89
明史	2093	5382	1926	1235	1707	3626	15969	22.71

此表统计了一般被认为最重要的6种伦理观念在汉、宋、清三代所纂修的史书中的频次频率情况。汉代纂修的史书中，忠观念词频所占的比例为7.97%，宋代为15.89%，清代所修的《明史》中是22.71%，越往后世，"忠"的频次越高，忠观念在伦理体系中的地位越重要。结合后世忠观念逐渐演化为绝对忠君的政治伦理概念的事实，这种越往后世忠观念越发展的情况，说明在社会观念范畴中，专制主义的日益强化，反映了政治伦理对人的观念的渗透和控制。

忠观念在历史上有一个发展演变的过程。本文不是关于"忠"的专题研究，所以也没有打算去追根溯源，而只是从它在先秦时期的一般状况谈起。在以孔子为代表的儒家伦理体系中，忠是一个具有普适

性的社会概念，是讲个人对待他人和社会的态度，而不是具有特定含义的政治性术语，不是后世强调的臣子对于国君或国家的无条件服从。

《论语》中"忠"字出现了17处，讲君臣关系的只有两处，一处是《八佾》篇讲"君使臣以礼，臣事君以忠"；另一处是《为政》篇讲"孝慈，则忠"，说国君要上孝于亲，下慈于民，才可能赢得臣民对他的忠诚。孔子要求在君臣关系中，君臣各守其道。如果君不守君道怎么办？《论语·季氏》篇，孔子引用古代史官周任的话说："陈力就列，不能者止。"臣子尽自己的才力去履行职责，如果行不通就辞职，不能对不道之君盲目遵从。《先进》篇孔子又说："大臣者，以道事君，不可则止。"大臣应该以正道事奉君主，如果行不通宁可辞职不干。在孔子认定的君臣关系中，臣对君的忠和君对臣的礼是相对待的范畴，不是单方面的臣对君的无条件忠诚、顺从。可以说，在孔子的时代，并没有形成绝对性的忠君观念。

战国时期的儒家学派，在君臣关系问题上，基本上是坚持孔子以道事君、君礼臣忠主张的。荀子讲忠比较多，但也没有越出这个藩篱，没有强调过无条件的忠君思想。战国诸子中，特别强调尊君的是法思想的集大成者韩非。韩非几乎是一个绝对的君权主义者，在君臣关系问题上，是着重强调臣忠的。《韩非子》有"忠孝"篇云：

> 天下皆以孝悌忠顺之道为是也，而莫知察孝悌忠顺之道而审行之，是以天下乱。皆以尧、舜之道为是而法之，是以有弑君，有曲父。尧、舜、汤、武或反君臣之义，乱后世之教者也。尧为人君而君其臣，舜为人臣而臣其君，汤、武为人臣而弑其主、刑其尸，而天下誉之，此天下所以至今不治者也……今尧自以为明而不能以畜舜，舜自以为贤而不能以戴尧，汤、武自以为义而弑其君长，此明君且常与而贤臣且常取也。故至今为人子者有取其父之家，为人臣者有取其君之国者矣……臣之所闻曰："臣事君，子事父，妻事夫，三者顺则天下治，三者逆则天下乱，此天下之常道也，明王贤

臣而弗易也。"

故人臣毋称尧、舜之贤，毋誉汤、武之伐，毋言烈士之高，尽力守法，专心于事主者为忠臣。①

韩非否定了儒家的汤武革命说，即便如夏桀、殷纣之暴虐，作为臣子的商汤、周武王也没有"弑其主"的权力，正是人们对商汤、周武王这些"为人臣而弑其主、刑其尸"行为不加讨伐而赞誉之，才导致了春秋以来的天下大乱。有鉴于此，韩非强调"臣事君，子事父，妻事夫"之三纲的绝对性，臣、子、妻对于君、父、夫的顺从具有绝对性，臣子在任何情况下都没有违逆君上的权利。本来，忠是对人尽己的一般社会伦理概念，而韩非则赋予了"忠"对国君绝对顺从的政治属性，使之开始向政治学观念演化。进而，韩非子还将"忠"分为"大忠"和"小忠"，大忠是臣下对君主的"忠"，小忠是私人主仆之间的"忠"；并认为"行小忠则大忠之贼也"②，私人主仆之间的小忠，必然会使臣下对国君的大忠受到伤害。这样，韩非子所讲的"忠"，也就进一步特指反映君臣大义的臣民对国君的绝对顺从。对此，有人评价说：

韩非子的看法实际上表现了作为普遍性道德规范的"忠"，在范围上逐步缩小为只适用于君臣关系，其他人际间的互助行为在价值上被贬到更低的层次。从此开始，韩非子及其以后的思想家无不鼓励人们以"忠君"为"忠"的唯一正确的价值选择。在现实中，伴随着秦汉以后中国封建君主专制政体的巩固，"忠"只限于君臣关系的思想受到了国家政权的大力提倡，并最终成为居主导地位的观念……其始作俑者也许正是韩非子。③

---

① 陈奇猷：《韩非子集释》下，上海人民出版社1974年版，第1107页。
② 陈奇猷：《韩非子集释》上，上海人民出版社1974年版，第164页。
③ 郑晓江：《"忠"之精神探源》，《江西师范大学学报》1991年第4期。

这个判断大体上是可靠的。将"忠"变成仅仅属于君臣关系范畴的政治性的观念，韩非子这里只是一个思想的开端，真正变成实际的观念，将其观念化、普遍化、社会化，是汉代才开始的事情。

在中国传统社会里，伦理观念体系中，最具普遍性社会性意义的观念是"义""信""忠""孝"。"仁"是思想性理论性偏强的观念，更多的是知识人的追求，是属于精神境界的范畴；"礼"是由制度性、行为规范性的刚性原则演化来的思想或观念，不具有更强烈的意识、意念属性，真正盘踞在人的观念或意念中，潜移默化地支配者人们社会行为的观念或意识，也就是"义""信""忠""孝"四字。四字之中，"义"和"信"属于一般人之间的伦理关系表达，"忠"和"孝"则是具有特定身份对象的伦理表达。"孝"专用于家庭伦理，"忠"则专属于君臣伦理。一提到"忠"，人们脑海里出现的就是对帝王绝对地无条件地臣服和顺从，是生命无条件的付出。君叫臣死臣不死不忠，父叫子亡子不亡不孝，就是对这种伦理观念的绝对性和专属性最通俗最直白的表达。而"忠"伦理观念的绝对性和专属性，在韩非子这里，是刚刚有了个萌芽，汉代也只是个过渡时期。

郑晓江的文章中说：

> 汉武帝时，君主专制政体已相当完备了。这种现实的历史进程反映在思想文化上的一个重要动向，就是"忠"的观念产生了重大变化。首先，"忠"由一个普遍性的道德，逐渐地被严格地限定在君臣关系的范围之内，人际相互间尽心竭力地帮助对方的道德要求已从"忠"的概念中游离出去了。其次，即使在君臣关系中体现出的"忠"，也逐渐地与早期的"忠"之观念有了很大的不同。最后，早期"忠"之观念主要是一种道德准则，斥诸个人的自觉，并不包含强制性。但在汉以后，表现于君臣关系上的"忠"则逐渐地具有了强制性，从"应该如此"上升为"必然如此"，或"必

须如此"。"忠"的这三方面的变化启端于汉代大儒董仲舒。①

笔者大体赞成这种判断,"忠观念"的三个方面的变化以及始于董仲舒的观点,也是很精到的,具体论证可以参阅作者原文。笔者所要指出的是,忠观念的这三方面变化,在汉代也仅仅是开始而已,或为有迹象而已;"忠"的使用对象的专属性和内涵的绝对性,都还没有真正确立起来,更没有形成全社会的普遍性共识。在汉代主要的普遍性的观念中,"忠"更多地仍执行着表达一般人际关系的传统职能。

除了郑晓江对董仲舒思想影响的分析之外,笔者更愿意以《白虎通》为蓝本,来认识汉代"忠"的观念属性。《白虎通》是东汉章帝时评议五经异同的白虎观会议留下的历史文献,是汉代经学的最大成果,是具有国家大法性质的政治思想性文献。《白虎通》对"忠"的解读,是代表着国家意志、皇权意志的。《白虎通·三教》篇曰:

> 王者设三教……夏人之王教以忠,其失野,救野之失莫如敬。殷人之王教以敬,其失鬼,救鬼之失莫如文。周人之王教以文,其失薄,救薄之失莫如忠。继周尚黑,制与夏同。三者如顺连环,周而复始,穷则反本……三教所以先忠者,行之本也……教所以三何?法天、地、人,内忠外敬,文饰之,故三而备也。即法天、地、人,各何施?忠法人,敬法地,文法天。人道主忠,人以至道教人,忠之至也;人以忠教,故忠为人教也。地道谦卑,天之所生,地敬养之,以敬为地教也。

《白虎通·诛伐》篇曰:

> 子得为父报仇者,臣子于君父,其义一也。忠臣孝子所以不能

---

① 郑晓江:《"忠"之精神探源》,《江西师范大学学报》1991年第4期。

已，以恩义不可夺也。

汉儒认为，三代之教，夏尚忠，殷尚敬，周尚文，而"忠"之教，乃"行之本也"，"人道主忠，人以至道教人，忠之至也"。所以，汉代统治者要致力于忠观念的培养；而这个"忠"，则是限于君臣关系中的臣子对于皇权的绝对的无条件尊崇。因为，在他们的理论中，臣子对于皇帝的"忠"，类似于孝子对于父亲的孝，是"恩义不可夺也"，是天经地义、无法改变的。在这里，忠的绝对性与对象限定都是很清楚的。

但是，《白虎通》中的某些论述又说明，"忠"的绝对性还没有肯定得那么彻底，在某些地方还有先秦时代的思想痕迹。如在《白虎通·社稷》篇中，仍然在复述着孔子"君使臣以礼，臣事君以忠"的主张。这些情况说明，在专制主义中央集权形成的初级阶段，政治意识形态建设还没有完全跟上政治实践的步伐，这和统计数据所显示的忠观念在伦理体系中不太显著的地位也是相对应的，打上绝对专制主义烙印的政治性忠观念的最终形成，还要经历一个漫长的过程。

六　公平公正观念

考察两汉时期的社会公正观念，对其做出基本判断，需要在与其他观念的比较中加以说明。对于一个宗法性礼制社会来说，社会伦理观念在全部社会观念中占据绝对优势，出现的词频最高，是无须置疑的，其他观念无法与之相比，也没有多少可比性。要认识该时期社会的公平公正观念，我们将之与财富观念、法观念这些同是基本观念的词频进行比较，将可能说明一些问题。根据表1和表2所提供的基本数据，我们可以制作出三者词频的比较和公平公正观念在两汉七个阶段的发展情况两个表格：

表10　　　　　　　财富、法、公平公正诸观念词频比较

	西汉频次	词频比（%）	东汉频次	词频比（%）	两汉合计	总词频占比（%）
财富观念	2327	13.82	2438	11.62	4765	12.60
法观念	1907	11.32	2741	13.20	4648	12.29
公平公正观念	1612	9.57	2815	13.56	4427	11.71

表11　　　　　　　公平公正观念两汉时期发展情况

	西汉前期（前206—前140）《新语》《新书》《韩诗外传》	武帝中前时期（前140—前100）《淮南子》《春秋繁露》	昭宣时期（前100—前50）《史记》《盐铁论》	西汉晚期（前50—公元20年）《新序》《说苑》《法言》	东汉前期（20—105）《论衡》《汉书》《白虎通义》	桓灵时期（105—180）《潜夫论》《申鉴》《汉纪》	东汉晚期（180—220）《独断》《焦氏易林》《风俗通》《中论》	总频次及比值百分比
公平公正频次	81	190	1155	186	2008	618	189	4427
总频次	2544	3309	8255	2720	14584	4157	2224	37793
百分比（%）	3.18	5.74	13.99	6.84	13.77	14.87	8.50	11.71

根据这两个表格，我们可以看到几个问题：

首先，在公平公正观念和财富观念、法观念的比较中，三者呈现基本均衡的状况。公平公正观念稍弱，但其频次比也相差不到一个百分点；而就两汉分别来看，则西汉弱，东汉强，东汉时期公平公正观念的词频比还略高出于财富观念和法观念。追求财富的欲望，是人的天性、本性；公平公正观念能够与之大体均衡，则意味着社会对于公平公正和正义的渴望，也类似人的天性、本性一样自然和强烈。然而，公平公正观念却不同于人的天性和本性，而是理性的反映。公平公正

观念的状况，说明汉代社会的健康和正常，说明人们对公平公正和社会正义有着某种程度的理性自觉。

其次，社会公正公平观念，在汉代不同时期有不同的反映，但基本上是构成一个发展的趋势。统计数据显示，东汉公平公正观念词频与总词频的比值（13.56%），比西汉（9.57%）高出4个百分点，是西汉的1.42倍。这说明，东汉时期的公平公正观念，明显重于西汉，比西汉时期有一个较大的发展。

两汉时期的社会公正公平观念，有几个方面的表现。

首先是在思想领域，提出了明确的实现社会公正公平的要求，有这方面的理性自觉。这主要是表现在思想家的著述里或官员的奏章里。如《淮南子·览冥训》写道：

> 昔者黄帝治天下，而力牧、太山稽辅之，以治日月之行律，治阴阳之气，节四时之度，正律历之数，别男女，异雌雄，明上下，等贵贱，使强不掩弱，众不暴寡。人民保命而不夭，岁时熟而不凶；百官正而无私，上下调而无尤；法令明而不闇，辅佐公而不阿。田者不侵畔，渔者不争隈；道不拾遗，市不豫贾；城郭不关，邑无盗贼；鄙旅之人相让以财，狗彘吐菽粟于路，而无忿争之心。

作者说，黄帝时，任用力牧、太山稽两个公直之臣治理天下，明上下贵贱之分，而"使强不掩弱，众不暴寡"，是时百官公正无私，法令严明而彰，辅佐者正直公正而不阿附。正是这样百官公正的政治治理，才出现了田不侵畔、道不拾遗、邑无盗贼、人人相让而无纷争的和谐局面。作者引黄帝以公正治天下的例子，来说明当政者以公正治天下的重要性，提出希望实现社会公正的政治主张。

刘向的《说苑》专门有"至公"篇，通过讲述先秦时期的一些案例，来阐述自己社会公正的政治主张。如他所讲楚国令尹子文坚持公平执法，不徇私情的故事，对当时社会就很有教益：

楚令尹子文之族，有干法者，廷理拘之，闻其令尹之族也而释之。子文召廷理而责之曰："凡立廷理者，将以司犯王令而察触国法也。夫直士持法，柔而不挠，刚而不折，今弃法而背令，而释犯法者，是为理不端，怀心不公也。岂吾营私之意也？何廷理之驳于法也？吾在上位以率士民，士民或怨，而吾不能免之于法。今吾族犯法甚明，而使廷理因缘吾心而释之，是吾不公之心明著于国也。执一国之柄而以私闻，与吾生不以义，不若吾死也！"遂致其族人于廷理……国人闻之曰："若令尹之公也，吾党何忧乎？"乃相与作歌曰："子文之族，犯国法程，廷理释之，子文不听，恫顾怨萌，方正公平。"

令尹子文的族人犯了法，廷理不予治罪，子文坚持以公法处置，并且明确提出了"吾在上位以率士民"，不能"怀心不公""弃法而背令"的问题。令尹子文认为，如果自己"执一国之柄而以私闻"，不能公正地处理族人违法事件，"不公之心明著于国"，则将对整个社会造成极坏的影响。结果，子文族人伏法，获得了很好的社会效果，国人歌之曰"方正公平"。刘向此例表达了主张社会公正的思想倾向。

东汉王符的《潜夫论》中说：

夫国君之所以致治者，公也。公法行，则寇乱绝。佞臣之所以便身者，私也。私术用，则公法夺……夫贤者之为人臣，不损君以奉佞，不阿众以取容，不惰公以听私，不挠法以吐刚，其明能照奸，而义不比党……正义之士与邪枉之人不两立之。[1]

---

[1] （汉）王符撰，（清）汪继培笺，彭铎校正：《潜夫论笺校正》，中华书局1985年版，第97—98页。

> 率土之民，莫非王臣也。将而必诛，王法公也。无偏无颇，亲疏同也，大义灭亲，尊王之义也①。

王符认为，国君达到天下大治，靠的是社会公正，没有公正就不会有社会的和谐，当然也不可能造就大治的局面。而实现社会公正，则靠的是"公法行"，行公法才可能杜绝奸宄和佞臣，使之不能危害公正的原则。"王法公也"，王法体现的是公正的原则。王法既是公正的体现，又必须为公众所遵守。公正就"无偏无颇，亲疏同也"；而无偏无颇、大义灭亲，就正是遵循了"公"的原则，是谓"尊王之义也"。

官员的奏章中主张公正公平，史书中也不乏其例。如《汉书·眭两夏侯京翼李传》中，哀帝时期李寻的奏疏中说："臣闻五行以水为本……水为准平，王道公正修明，则百川理，落脉通；偏党失纲，则踊溢为败。"同一篇传记中，翼奉对元帝的上疏也两次使用了"公正"一词。

其次，在国家治理的大政方针上，贯彻公正公平原则。把公正公平作为治国原则，在先秦时期就有不少这方面的主张。这方面最好的论述见于《吕氏春秋》：

> 昔先圣王之治天下也，必先公，公则天下平矣。平得于公。尝试观于上志，有得天下者众矣，其得之以公，其失之必以偏。凡主之立也，生于公，故鸿范曰："无偏无党，王道荡荡；无偏无颇，遵王之义；无或作好，遵王之道；无或作恶，遵王之路。"天下非一人之天下也，天下之天下也。阴阳之和，不长一类；甘露时雨，不私一物；万民之主，不阿一人。②

这里提出了一个治理社会的指导原则问题，就是要公正无私，公平

---

① （汉）王符撰，（清）汪继培笺，彭铎校正：《潜夫论笺校正》，中华书局1985年版，第328页。

② 陈奇猷：《吕氏春秋校释》，学林出版社1984年版，第44页。

无偏，应该建设"无偏无党，王道荡荡"的光明政治。作者观点的理论依据是，"天下非一人之天下也，天下之天下也"，天下是所有人的天下，所以，每一个社会成员都应该享受到公平的社会待遇，就像大自然"不长一类"，"不和一物"一样，国君也应该不私一人，对社会成员一视同仁，平均对待，将恩泽播于万家。

这样的以公正公平治国的理念，也为汉代统治者所继承，并在国家治理中有所体现。

西汉惠帝三年御史察三辅，以"九条"问事："察有词讼者，盗贼者，伪铸钱者，恣为奸诈者，论狱不直者，擅兴徭赋不平者，吏不廉者，吏以苛刻故劾无罪者，敢为逾侈及弩力十石以上者，作非所当服者凡九条。"① 此九条之中，涉及公正公平问题的就有"论狱不直者"和"擅兴徭赋不平者"两条。地方官如果断案不公造成冤情、擅征徭赋而使赋役不均不公平者，都要查处或问罪。

宣帝就曾说过："庶民所以安其田里而亡叹息愁恨之心者，政平讼理也。与我共此者，其唯良二千石乎！"②

东汉明帝中元二年十二月甲寅诏曰："今选举不实，邪佞未去，权门请托，残吏放手，百姓愁怨，情无告诉。有司明奏罪名，并正举者。又郡县每因征发，轻为奸利，诡责羸弱，先急下贫。其务在均平，无令枉刻。"③ 皇帝诏书中强调选举"务在均平"，当然是关于社会公正问题的明确主张。

最后想强调的是，汉代的社会公平公正观念最重要的表现是，较之先秦时期更为普及了，真正地变成了一种社会性的观念。笔者在将近十年前写的《两汉时期的社会公正思想》一文，对这一点有详细论述，可供参阅。在该文中，笔者主要论证了社会公正观念普遍化的三方面表现：首先是突出表现在该时期出现了一批反映社会公正思想的通用

---

① （宋）王益之：《西汉年纪》卷三引《汉仪》文，文渊阁四库全书本。
② （汉）班固：《汉书》，中华书局1962年标点本，第3624页。
③ （南朝宋）范晔：《后汉书》，中华书局1965年标点本，第98页。

术语。除了"公正"这一最为规范的概念之外，产生了诸如"公道""公义""公平""公直""公廉""公方""公清"等一批等同或类似于、接近于"公正"思想内涵的词语或概念，并且多是比较通用，在文献中出现的频率较高。其次是社会公正一类概念在两汉时期已经化作一般的道德评价性用语，广泛用于人物评价之中；并且由于公正观念的深入，人们多把具有公正之德看作是人的一种秉性。所以，在历史文献中，我们经常可以看到赞扬某某人"性公正"的说法。最后，社会公正观念的普遍化，还表现在公正之"公"字，被广泛地用于人名用字，类似杜诗字公君、仲长统字公理、史弼字公谦、襄楷字公矩的例子非常常见。① 公平公正观念的普遍化，反映了人们崇尚公正、以公心公正为理想追求的心理趋向。

还需要说明的是，本文是从社会公正的角度解读了两汉文献中均平、平均概念，但这并不排斥这两个概念，在某些语言环境中，的确也是反映了经济平均的思想。如董仲舒《春秋繁露·度制》篇云：

孔子曰："不患贫而患不均。"故有所积重，则有所空虚矣。大富则骄，大贫则忧。忧则为盗，骄则为暴，此众人之情也。圣者则于众人之情，见乱之所从生。故其制人道而差上下也，使富者足以示贵而不至于骄，贫者足以养生而不至于忧。以此为度而调均之，是以财不匮而上下相安，故易治也。

董仲舒这段话中的"调均之"，的确是一种经济平均思想，不是一个公正公平的问题。当然，平均本身在某些时候也是一个公平问题，但二者也确有区别。王符《潜夫论》说："君子小人各有所利，则虽欲令无往，弗能止也。此均苦乐，平徭役，充边境，安中国之要术也。"②

---

① 参见李振宏《两汉时期的社会公正思想》，《东岳论丛》2005 年第 3 期。
② （汉）王符撰，（清）汪继培笺，彭铎校正：《潜夫论笺校正》，中华书局 1985 年版，第 288 页。

这里被王符当作"安中国之要术"的均苦乐、平徭役，也是讲的经济平均问题。我们本文没有把均平观念纳入考察的范围，所以，对均平和平均的考察，主要是在公正公平的问题范围内来展开的。

七　追求利益与财富观念的初步考察

根据表1和表2，我们可以统计出人们追求财富、利益之观念在不同时期的表现。依照本文前边的两汉阶段划分，七个阶段出现的利、财、富词语频次，与其他词语观念比较及财富观念在总词频中的占比情况可汇总于下表：

表12　　　　　　　　　不同时期财富观念与其他观念词频比较

	西汉前期（前206—前140）《新语》《新书》《韩诗外传》	武帝中前时期（前140—前100）《淮南子》《春秋繁露》	昭宣时期（前100—前50）《史记》《盐铁论》	西汉晚期（前50—公元20）《新序》《说苑》《法言》	东汉前期（20—105）《论衡》《汉书》《白虎通义》	桓灵时期（105—180）《潜夫论》《申鉴》《汉纪》	东汉晚期（180—220）《独断》《焦氏易林》《风俗通》《中论》	两汉总频次
财富词频	245	447	1278	357	1419	489	530	4765
道词频	598	857	1039	505	2373	585	410	6367
法词频	259	462	914	272	2004	610	127	4648
公正词频	81	190	1155	186	2008	618	189	4427
伦理词频	1361	1353	3869	1400	6780	1855	968	17586
总词频	2544	3309	8255	2720	14584	4157	2224	37793
财富词频占比（%）	9.63	13.51	15.48	13.13	9.73	11.76	23.83	12.61

这个表格中蕴藏着丰富的历史信息。

首先，两汉时期中国人有着追求财富的强烈欲望。中国历史上的任何一个历史时代,伦理观念都是社会观念中最重要最基本的观念,在整个社会观念中的比重是其他观念所不可匹比的。除了伦理观念,把财富观念和其他社会观念相比较的话,它丝毫都不逊色。两汉总计,财富观念词频4765次,而法观念词频是4648次,公正观念是4427次,财富与这些基本社会观念相比,都高出其上。在传统的农业社会,特别是在儒学被提升为国家意识形态的时代,在以义为上、重义轻利的思想舆论环境中,人们追求财富、争取个人利益的欲望,并不亚于对公平正义的追求,胜过对严苛的法的畏惧,是一个值得思考的历史现象。

其次,在两汉之间进行比较,则西汉时期人们追求财富的欲望更为高涨。两汉财富观念词频占总词频的比值是12.61%,而西汉从武帝时代开始,财富观念的占比都高于两汉的平均值,尤以武帝中后期到昭宣时期为一高峰,比值达到15.48%。该时期财富观念词语的频次,不仅高于法观念和公正观念,而且也高过了道观念的频次,财富词语1278次,道观念词语1039次,词频高出道观念20%以上。这与传统文献中反映的具体社会状况完全相符合。这个结果印证了西汉社会发展的基本情况。武帝中晚期到昭宣时期,是西汉社会最繁荣的时期。经济的繁荣发展,激发了人们的求富意识和生命活力,追求财富的欲望被最大限度地调动起来,获得财富越来越成为最基本的社会观念。要更清晰地认识该时期的财富观念,还要结合文献中的相关材料来分析,来透视其以追求财富为表征的时代精神。

这里,最好的一个文献范本,就是司马迁《史记》所提供的《货殖列传》。可以说,《史记·货殖列传》是一首慷慨激昂的致富歌,是那个时代的高亢歌吟。从《货殖列传》看,如果说这个时代有什么突出的亮点的话,那就是致富,发财,采取一切手段、方式和途径!司马迁似乎把人的本性看透了:"天下熙熙,皆为利来;天下攘攘,皆为利往。"所有的人无不是为着求利求富而展开自己的人生活动。他写道:

贤人深谋于廊庙,论议朝廷,守信死节隐居岩穴之士设为名高者安归乎?归于富厚也。是以廉吏久,久更富,廉贾归富。富者,人之情性,所不学而俱欲者也。故壮士在军,攻城先登,陷阵却敌,斩将搴旗,前蒙矢石,不避汤火之难者,为重赏使也。其在闾巷少年,攻剽椎埋,劫人作奸,掘冢铸币,任侠并兼,借交报仇,篡逐幽隐,不避法禁,走死地如骛者,其实皆为财用耳。今夫赵女郑姬,设形容,揳鸣琴,揄长袂,蹑利屣,目挑心招,出不远千里,不择老少者,奔富厚也。游闲公子,饰冠剑,连车骑,亦为富贵容也。弋射渔猎,犯晨夜,冒霜雪,驰阬谷,不避猛兽之害,为得味也。博戏驰逐,斗鸡走狗,作色相矜,必争胜者,重失负也。医方诸食技术之人,焦神极能,为重糈也。吏士舞文弄法,刻章伪书,不避刀锯之诛者,没于赂遗也。农工商贾畜长,固求富益货也。此有知尽能索耳,终不余力而让财矣。①

在司马迁看来,社会上所有阶层所有人士的一切活动,无不是为着财富二字。无论是显贵于朝廷之上的官员、贤人,还是守信死节、隐居于岩穴的隐逸名士,最终都归宿于"富厚"二字。即使是廉洁自守的官吏,官做久了也变成了富翁;看似不贪,以薄利经营的廉贾,其目的是追求更大的财富。在战场上蒙矢石,冒生死,攻城陷阵,斩将搴旗,赴汤蹈火之英勇壮士,其激荡他们的仍然是重赏、富贵、爵禄之厚。闾巷少年,作奸犯科,不避法禁,看似亡命之徒,实则为求财富而铤而走险也。如赵女郑姬者,以貌美少女,而不择老少地媚眼侍奉,是赤裸裸地奔着钱财而去。医生方术之士,费心积虑,也是为了换取生活资料。至于那些舞文弄法之吏士,不避杀头之祸,贪污受贿,违纪乱法,就更是贪图财富之徒了。天下农工商贾,各行各业,都是

---

① (汉)司马迁:《史记》,中华书局1959年标点本,第3271页。

出于积累财富的目的，无不是求富益货也。司马迁把人们的一切社会活动的最终动机，都归结为发财致富，他说得真是太直白太真切了。

"富者，人之性也，所不学而俱欲者也。"不仅如此。求富不仅仅是人性的表现，而且完全是正当的，必需的。司马迁对人的求富本性给予了充分的正面肯定。他说：

> 故曰："仓廪实而知礼节，衣食足而知荣辱。"礼生于有而废于无。故君子富，好行其德；小人富，以适其力。渊深而鱼生之，山深而兽往之，人富而仁义附焉。①

他发挥《管子》"仓廪实而知礼节"的思想，认为只有富了，才会有礼，有德，有仁义，不是富而不仁，而是"人富而仁义附焉"。拥有雄厚的财富，是仁义的前提或基础，求富是推行仁义的必由之路。不仅如此，如果一个人，安于贫贱，而不去求富，则是应该蒙羞于世的。所谓"长贫贱，好语仁义，亦足羞也"②。

在列举了蜀卓氏、山东程郑、宛孔氏、鲁人曹邴氏、齐人刁间、周人师史、宣曲任氏等一大批富商巨富之后，司马迁写道："此其章章尤异者也。皆非有爵邑俸禄弄法犯奸而富，尽椎埋去就，与时俯仰，获其赢利，以末致财，用本守之，以武一切，用文持之，变化有概，故足术也。若至力农畜，工虞商贾，为权利以成富，大者倾郡，中者倾县，下者倾乡里者，不可胜数。"他对这些富敌王侯的豪富之人，充满了溢美和敬仰之情。这是对"权利以成富"者的热诚颂扬，也是对财富的赞美与讴歌。

《货殖列传》真是一篇奇文，无论从作者的立意说，还是那种对人们追求财富观念的热情讴歌，都是后世史家难以企及的。我们不

---

① （汉）司马迁：《史记》，中华书局1959年标点本，第3255页。
② （汉）司马迁：《史记》，中华书局1959年标点本，第3272页。

知道司马迁的这些观念是从哪里来的，是从皇家石室金匮的藏书之中，还是从当时各级官吏上计簿册透露的信息之中，抑或是来自他周游天下时的亲历亲闻和社会感受？我们实在无法窥知。但可以断言的是，这些观念绝不是空穴来风，一定是有现实的凭借，是对当时社会经济繁荣、人们追求财富的高涨情绪的真实反映，是那个时代所给予司马迁的启发和感染。可以判断，司马迁生活的时代，是一个张扬人的天性私欲的时代，是一个各行各业都醉心于求富逐利的时代，也是一个财富膨胀性发展的时代。司马迁笔下跳动着的是人们追求财富的贪婪、狂热和激情。可以说，汉人对财富的认知，追求财富的率真和狂放，是后世中国所少见的。西汉时期财富观念的高涨，是不是提醒我们要重新思考这样一个欲望横流、激情昂扬的时代呢？在这样的时代，那些由国家政治强行推行的重义轻利、重本抑末的意识形态说教，面对物欲横流的发财求富潮流，是不是都显得那样惨白无力或不堪一击呢？

  理论的发展总是落后于历史的进程，而思想理论也终归是要反映历史的进展。当西汉中期开始的强大的发财求富潮流发展到东汉初期，它便终于在思想理论的层面得到了反映。司马迁虽然对人们追逐财富的热情那样赞赏，并深知就致富门路或捷径来说"农不如工，工不如商，刺绣文不如倚市门"，但他终归还是把工和商都看作是末业，相对于农业来说居于次要的地位。他既肯定农业的本体地位，又赞赏工商致富的创造优势，表现出一定的矛盾性，以至于开出"以末致财，用本守之"的致富经。东汉初，在司马迁的时代过去百余年后，社会经历了财富的洗礼，终于促使人们对行业性质的认识发生了变化，本末观念有所改变，使人快速致富、在富民强国中具有举足轻重地位的行业的属性和地位，终于赢得了理论上的认可。其表现就是王符《潜夫论》中的本末观发生了变化。《潜夫论》"务本"篇说：

  夫富民者，以农桑为本，以游业为末；百工者，以致用为本，以巧饰为末；商贾者，以通货为本，以鬻奇为末；三者守本离末则民富，离本守末则民贫，贫则陁而忌善，富则乐而可教。

这显然已经不是传统的本末观了。在王符的笔下，不再是只有农才是本业，农、工、商都有同等的地位，只是在农、工、商各行业内部，再分出本与末。农工商各业都有自己的本和末，三者都是创造社会财富的重要途径，都可以富民强国。王符的思想，应该是整个社会上以工商致富成为普遍性的情况下，对工商地位的正视与肯定。在思想上、理论上扫除了对工商业的偏见之后，从事工商业而求富，就更获得了思想上观念上的有力支撑。

最后，需要对东汉晚期财富观念词频的突然提升给出解释。

东汉时期财富观念的整体情况弱于西汉，但在东汉后期，关于财富词语的统计数字则突然走高，词频比值达到 23.83% 的峰值，使人有点费解。这大概主要是两个方面的原因：一方面是，该时期商业活动确实高涨。当时的思想家仲长统说："汉兴以来，相与同为编户齐民，而以财力相君长者，世无数焉。而清洁之士，徒自苦于茨棘之间，无所益损于风俗也。豪人之室，连栋数百，膏田满野，奴婢千群，徒附万计。船车贾贩，周于四方；废居积贮，满于都城。"① 仲长统所描述的商业繁盛局面，反映的是他对当下社会的观感。不能将他所说的"汉兴以来"理解为是西汉的情况，如果不是当下的情景，他就不会在时评性著作中给予特别的关注。有材料说明，此前的灵帝时期，商业之兴盛确已达到了不可思议的地步。《后汉书·灵帝纪》载：光和四年，"帝作列肆于后宫，使诸采女贩卖，更相盗窃争斗。帝著商估服，饮宴为乐"。皇帝竟然在后宫列肆，令宫女们以贩卖为乐。自己以一国之尊，在饮宴之时，也穿着商贾之衣。可见，社会上商业活动的影响已经达到了什么样的极端性情景。

---

① （南朝宋）范晔：《后汉书》，中华书局 1965 年标点本，第 1648 页。

另一方面，此类概念词频的提高，是该时期"利"这个词的活跃频繁。在东汉晚期谋取利益和追逐财富诸观念词频中，"利"（"利"包含了各种具体利益与"有利"的价值选择，不仅是经济利益，甚至趋利避害心理都忝列其中）的频次远远高于"财"和"富"的频次，前者达到 401 次，"财"和"富"的频次合计才 128 次，也就是说，在社会黑暗和动荡之中，求利避险和谋求社会、人身利益的心理比其单纯地追求财富的欲望更强烈，这符合正常的社会心理趋向。

八　两汉法观念的考察

传统认为，中国古代是个礼制社会，人治社会，不是一个法治社会。礼是社会运转的调节器，也是社会观念的中枢。大体说，这个说法是靠得住的。但是，这样说的时候，却也往往意味着对传统社会中法观念的一定程度的忽视。法制史研究中，在认识中国社会中法的不彻底性的时候，不管是讲礼法并用，还是讲援礼入法，却也都肯定了一个基本的事实，即对于一个健全的社会来说，法毕竟是不可或缺的，法观念也是社会的基本观念。

因为人们对"礼"认识深刻，所以，我们就把两汉时期"法"与"礼"的词频情况作做一比较，以说明法观念的基本状况。

表 13　　　　　　　　两汉法、礼词频比较

	西汉	总词频	占比（%）	东汉	总词频	占比（%）	合计	总词频	占比（%）
法词频	1907	16828	11.33	2741	20965	13.07	4618	37793	12.30
礼词频	1612	16828	9.58	2052	20965	9.79	3664	37793	9.69

统计显示，法观念出现的频次或比率，比"礼"还要高。西汉法观念词语在总词频中所占的比率比"礼"高 1.75 个百分点，而在东汉

则高出 3.28 个百分点,这是出乎意料的。鉴于此,对汉代法观念的考察是一个应该引起重视的问题。

在以严刑峻法著称的秦王朝迅速崩溃之后,汉初的过秦思潮中,人们几乎都把秦亡的根源归结为它所执行的法家路线。于是到了两汉时期,法家的名声受到了极大的伤害。汉代在意识形态选择上,先有黄老之学,后有儒学独尊,法家作为一个学派却难觅其踪影。而历史的实际是,虽然人们都在诅咒法家,但却无例外地执行着法的遗嘱,没有一个帝王可以须臾离开法的辅佐。刘邦刚入关时,为争取民心,废秦苛法,约法三章,但到天下已定,便立刻"命萧何次律令"①,"于是相国萧何捃摭秦法,取其宜于时者,作律九章"②。法是任何一个社会共同体赖以生存的政治基础,一个完全没有法的社会共同体是不可想象的。即使在满目疮痍、残破凋敝的汉初,也不能例外,没有法是无法维持这个社会的存续的。汉武帝刚一执掌权柄便打出儒家的旗帜,"卓然罢黜百家,表章《六经》"③,但实际上武帝朝酷吏最多,制定的法律条文也最为繁多。史载:"及至孝武即位……招进张汤、赵禹之属,条定法令,作见知故纵、监临部主之法,缓深故之罪,急纵出之诛。其后奸猾巧法,转相比况,禁罔浸密。律、令凡三百五十九章,大辟四百九条,千八百八十二事,死罪决事比万三千四百七十二事。文书盈于几阁,典者不能遍睹。"④ 看来武帝时期法之繁密、严酷,比之秦始皇也并不逊色。事实上,在没有法家的时代,却实践着法的职能,保存着法的精神,继承着法的遗产。没有法家不等于没有法思想、法观念。于是,我们看到,在两汉时期,法观念仍然是社会的普遍性观念之一。

从文献材料看,两汉时期的法观念,有几点需要给予关注:

---

① (汉)班固:《汉书》,中华书局 1962 年标点本,第 81 页。
② (汉)班固:《汉书》,中华书局 1962 年标点本,第 1096 页。
③ (汉)班固:《汉书》,中华书局 1962 年标点本,第 212 页。
④ (汉)班固:《汉书》,中华书局 1962 年标点本,第 1101 页。

第一，关于法的正当性问题。即使在经历了暴秦的历史教训之后，汉人也没有完全否定法治的合理性，对法的认识有着一定的理性思考。问题只在于将法放在一个什么样的位置上，如何处理法治与礼治或者法治与教化的关系。在汉人看来，社会治理，关键在于人心教化，法只是起到一个辅助的作用。《汉书·礼乐志》载，刘向言"教化，所恃以为治也，刑法所以助治也"。《汉书·刑法志》说："仁、爱、德、让，王道之本也。爱待敬而不败，德须威而久立，故制礼以崇敬，作刑以明威也。圣人既躬明哲之性，必通天地之心，制礼作教，立法设刑，动缘民情，而则天象地。故曰：先王立礼，'则天之明，因地之性'也。刑罚威狱，以类天之震曜杀戮也；温慈惠和，以效天之生殖长育也。"刑法的作用，在于助治，在于明威，如果颠倒了法治与礼治或王道之本的关系，单纯地依法治国，则行不通也。《汉书·艺文志》说法家者流，"专任刑法而欲以致治"，批评的就是这一点。

法的作用既然是辅助性的，是为了明威，所以应该简约明了，使人们便于把握和遵循。《盐铁论》中文学与大夫关于刑德的一段对话，很鲜明地表达了儒者对待法的这一观点：

大夫曰："令者所以教民也，法者所以督奸也。令严而民慎，法设而奸禁。罔疏则兽失，法疏则罪漏。罪漏则民放佚而轻犯禁。故禁不必，怯夫徼幸；诛诫，跖、蹻不犯。是以古者作五刑，刻肌肤而民不逾矩。"

文学曰："道径众，人不知所由；法令众，民不知所辟。故王者之制法，昭乎如日月，故民不迷；旷乎若大路，故民不惑。幽隐远方，折乎知之，室女童妇，咸知所避。是以法令不犯，而狱犴不用也。昔秦法繁于秋荼，而网密于凝脂。然而上下相遁，奸伪萌生，有司治之，若救烂扑焦，而不能禁；非网疏而罪漏，礼义废而刑罚任也。方今律令百有余篇，文章繁，罪名重，郡国用之疑惑，或浅或深，自吏明习者，不知所处，而况愚民！律令尘蠹于栈阁，吏不能遍睹，而况于愚民乎！此断狱所以滋众，而民犯禁滋多也……故治民之道，务笃其教而已。"①

文学者把意思表达得很清楚，他们反对的仅仅是繁于秋荼、密于凝脂的法网律令，而非法的本身。法只有简明疏阔，才能昭乎如日月而民不惑。

在汉人看来，问题的根本不在于要不要法，而在于由谁来行法、执法。还是在《盐铁论·刑德》篇中，文学者说："辔衔者，御之具也，得良工而调。法势者，治之具也，得贤人而化。执辔非其人，则马奔驰。执轴非其人，则船覆伤。昔吴使宰嚭持轴而破其船，秦使赵高执辔而覆其车。"法是治理社会的工具，问题的关键在于它掌握在谁的手里。得贤人而化，而掌握在赵高之徒的手中，则只能使帝国倾覆。法者治之具，的确是个很好的比喻。

由以上可知，汉人并不从根本上否定法的正当性，他们只是强调法不可能是治国的根本，根本在教化，法只是辅助的手段；其次，法必须简明，使人能够遵循；最后，还在于执法之人。关于法的这些观念，是从秦亡的教训中得到的启示。

第二，深厚的无讼观念。无讼，是儒家社会治理的理想境界。《论语·颜渊》篇载，子曰："听讼，吾犹人也。必也使无讼乎。"孔子自言，他不以听讼为难，而以使民无讼为贵。通过礼乐教化，使民绝恶于未萌，从善避罪，争讼之事无由发生，是儒家所追求的社会和谐的理想境界。从汉代的情况看，汉人受儒家无讼观念的影响极深，为官从政之人，都称颂并极力追求这样的境界。

《汉书·贾谊传》中，贾谊《治安策》所描述的理想社会状况是"兵革不动，民保首领，匈奴宾服，四荒乡风，百姓素朴，狱讼衰息，大数既得，则天下顺治，海内之气清和咸理"。"百姓素朴，狱讼衰息"

---

① 王利器：《盐铁论校注》下，中华书局1992年版，第565—566页。

是其理想社会状态的基本要素。

为什么要追求无讼呢？因为，争讼之事必有虚诞之辞、不实之情，争讼也意味着有罪恶的发生。争讼就需要听讼、评判，就要动用法的职能。而在汉人看来，法的基本功能是惩恶。《大戴礼记·礼察》篇曰："夫庆赏以劝善，刑罚以惩恶。"《盐铁论·论菑》篇文学曰："故法令者，治恶之具也。"既然要动用法，也就意味着礼乐教化之事没有落到实处，也就意味着没有尽到做官的职责。所以，为官从政，必以无讼为所追求的目标。在两汉书的《循吏传》中，史家对循吏的评价，时常会用到"狱讼止息""无讼者"的判断。

汉代官吏追求无讼之执着，在今人看来，很有点不可思议。

（韩延寿）入守左冯翊……行县至高陵，民有昆弟相与讼田自言，延寿大伤之，曰："幸得备位，为郡表率，不能宣明教化，至令民有骨肉争讼，既伤风化，重使贤长吏、啬夫、三老、孝弟受其耻，咎在冯翊，当先退。"是日，移病不听事，因入卧传舍，闭阁思过。一县莫知所为，令丞、啬夫、三老亦皆自系待罪。于是讼者宗族传相责让，此两昆弟深自悔，皆自髡肉袒谢，愿以田相移，终死不敢复争。延寿大喜，开阁延见，内酒肉与相对饮食，厉勉以意告乡部，有以表劝悔过从善之民。延寿乃起听事，劳谢令丞以下，引见尉荐。郡中歙然，莫不传相敕厉，不敢犯。延寿恩信周遍二十四县，莫复以辞讼自言者。推其至诚，吏民不忍欺绐。[①]

（许荆）和帝时，稍迁桂阳太守。郡滨南州，风俗脆薄，不识学义。荆为设丧纪婚姻制度，使知礼禁。尝行春到耒阳县，人有蒋均者，兄弟争财，互相言讼。荆对之叹曰："吾荷国重任，而教化不行，咎在太守。"乃顾使吏上书陈状，乞诣廷尉。均兄弟感悔，

[①] （汉）班固：《汉书》，中华书局1962年标点本，第3213页。

各求受罪。在事十二年，父老称歌……桂阳人为立庙树碑。①

（吴祐）祐政唯仁简，以身率物。民有争诉者，辄闭阁自责，然后断其讼，以道譬之。或身到闾里，重相和解。自是之后，争隙省息，吏人怀而不欺。②

（刘矩）迁雍丘令，以礼让化之，其无孝义者，皆感悟自革。民有争讼，矩常引之于前，提耳训告，以为忿恚可忍，县官不可入，使归更寻思。讼者感之，辄各罢去。其有路得遗者，皆推寻其主。③

汉代官吏对无讼的追求，不可理解为今人之作秀。他们是真诚的，遇到有争讼之事的发生，便从自己身上找原因，认为是自己未能尽到教化的责任，或者自请受罚，而感化了讼者；或者以极度的耐心提耳训告，行春风化雨般的教化之责，使"讼者感之"。不能把他们的这些做法看作是"愚"，他们是要实现真正的无讼，是想从根本上从人心上解决问题。"无讼"并不是对问题的掩盖，非今人维稳之思路。《后汉书》卷六十二《荀韩钟陈列传》载：

（陈寔）除太丘长。修德清静，百姓以安。邻县人户归附者，寔辄训导譬解，发遣各令还本司官行部。吏虑有讼者，白欲禁之。寔曰："讼以求直，禁之理将何申？其勿所拘。"司官闻而叹息曰："陈君所言若是，岂有怨于人乎？"亦意无讼者。

陈寔懂得"讼以求直"的道理，不是通过强制性地压制诉讼，不是掩盖问题而求无讼之虚誉，而是要达到真正的无冤、无怨可讼。

第三，契约观念与法的意识。

---

① （南朝宋）范晔：《后汉书》，中华书局1965年标点本，第2472页。
② （南朝宋）范晔：《后汉书》，中华书局1965年标点本，第2101页。
③ （南朝宋）范晔：《后汉书》，中华书局1965年标点本，第2476页。

"无讼"是为官从政所追求的一种法的境界。而在实际的社会生活中，完全的无讼是不可能的。在实实在在的利益面前，人们还是需要捍卫或主张属于自己的权利的。所以，通过法律渠道追回自己的利益，维护自己的权利，也是汉代人解决社会、财产纠纷的主要途径。

在文献材料中，日常百姓到官府告状的例子也很常见：

> 鲁相初到，民自言相，讼王取其财物百余人。①
> 尊出行县，男子郭赐自言尊："许仲家十余人共杀赐兄赏，公归舍。"②
> （朱博）为刺史行部，吏民数百人遮道自言，官寺尽满。③
> 鸿嘉元年春二月，诏曰："朕承天地，获保宗庙，明有所蔽，德不能绥，刑罚不中，众冤失职，趋阙告诉者不绝……"④。

汉代的契约关系比较发达，几乎遍及民法责权的各个领域；而契约关系的发展，必然要诉诸一定的法律法规来保护契约的有效性。于是，契约关系的发展也在一个方面反映或培养着人们的法律意识或法观念。《风俗通》载有一个通过遗产继承类契约，争取自己合法财产的案例：

> 沛中有富豪，家赀三千万。小妇子是男，又早失其母。其大妇女甚不贤。公病困，恐死后必当争财，男儿判不全得，因呼族人为遗令云："悉以财属女，但以一剑与男，年十五以付之。"儿后大，姊不肯与剑，男乃诣官诉之。司空何武曰："剑，所以断决也。限年十五者，智力足也。女及婿温饱十五年，幸矣。"议者皆服，谓武原情度事得其理。⑤

---

① （汉）司马迁：《史记》，中华书局1959年标点本，第2777页。
② （汉）班固：《汉书》，中华书局1962年标点本，第3233页。
③ （汉）班固：《汉书》，中华书局1962年标点本，第3399页。
④ （汉）班固：《汉书》，中华书局1962年标点本，第315页。
⑤ 《太平御览》卷八三六引应劭《风俗通》，文渊阁四库全书本。

沛郡富豪有一子一女是异母所生,长女性格刁钻,不很贤惠,小儿子年幼丧母。富豪知道自己死后,两个孩子必定争夺财产,担心男孩不能得到全部财产,就约来族人,立下遗嘱:以家产全归长女,以一剑留给男儿。待男孩长大之后,姐姐不肯把剑交还,男孩便诣官诉讼。司空何武判案,深得富翁苦心,说:剑,有决断之意;限年十五,是说男儿有了充足的智力,可以自立。姐姐享用家产十五年应该知足了。便把全部家产判给了弟弟。众人皆很钦佩司空何武的判决。这则故事中,从富翁对未来的寄托,到男儿的诣官诉讼,都很好地反映了汉代人寄望于通过司法解决问题的法观念。

《汉书》卷三十七《季布栾布田叔传》载:

> 相初至官,民以王取其财物自言者百余人。叔取其渠率二十人笞,怒之曰:"王非汝主邪?何敢自言主!"鲁王闻之,大惭,发中府钱,使相偿之。相曰:"王自使人偿之,不尔,是王为恶而相为善也。"

田叔为鲁王国相,刚到任,就碰到了百余人来状告鲁王取民财物而不偿还的事情。田叔巧使小计,佯装斥责自言告王偿还财物的领头人,使鲁王感到难堪而自觉惭愧,最后偿还了民人财物。这个案例也说明,西汉时期也确有平民面对强权,通过法律渠道主张、捍卫自身利益的事情,反映了一种较高的法律意识。

九　简短的结语

在所有汉代观念词语的统计中,道观念与礼观念的频次是最高的,但本文则没有单独分析这两种观念。这是因为,道是一个最具超越性的观念,使用的范围最广,出现的频次最高,完全合乎人的正常思维;

礼是传统社会的基本规范，人们的视听言动、一言一行都须臾不能离开，出现的频次高也是必然；对它们的分析，难以提出新的富有启发性的见解。而对于我们所分析的社会观念，几乎无一例外地对我们的传统认识，都或多或少地有所启发，甚至有所冲击，发散出新的信息。无论是对"孝"的核心地位的动摇，还是对"义"的重要性的发现；无论是财富观念的活跃，还是公正观念的不可忽视，抑或是在失去法家之后法观念的基础性遗存，都提示我们在认识汉代思想史状况时，务必要超越传统的以儒家思想研究代替思想观念史认识的思维框架，把思想史研究的触觉，真正地延伸到整体性的社会层面。用数据统计的方法研究汉代思想史，本文只是个初步的尝试，如果本文的示范有效，能够得到学界的认可，研究的领域或视野还可以进一步打开。一个历史时代的思想和观念，哪能是本文设定的5组16个词语所能涵盖？我们可以提出更加广阔得多也更加细密得多的关键词设定思路，从各个不同的思想层面，对汉代思想史、观念史进行新的考问。果能如此，两汉思想史研究，将会显示出多么宽广的前景啊！

笔者深深地期待着学界同人对本文的评估，无论是毁是誉！

原载《史学月刊》2014年第1期

东汉社会教育中的"孝行"问题

传统所谓"汉以孝治天下"至今也找不到确切的文字依据，即我们弄不清楚这句话究竟是从哪里来的①，但汉代以孝治天下则是确然的事实，特别是东汉。无论是汉代帝王诏令对年长孤老、孝子顺孙的优抚，还是绵延四百年而不绝的举孝廉制度；无论是从中央到地方各级政府对孝行的推崇表彰，还是把《孝经》地位的无限拔高；抑或是见于文献记载中不胜枚举的至孝典范，都在证明东汉社会对孝行的极端性推崇。对于这一事实，已经没有辩驳或复述的必要。但是，人们不禁要问，东汉王朝的社会教育为什么要如此看重孝行问题？为什么要把孝道教育推到如此极端的甚至是反人性的地步？这样的教育究竟该如何去分析、评判？对东汉的孝行教育，的确还需要有新的认识。

一 孝行教育是东汉社会教育的核心内容

"汉以孝治天下"，其社会教育自然是要在"孝行"教育上做文章。

---

① "汉以孝治天下"是一个可以认定的历史事实，但是，作为一个规范的命题性术语出自哪里，查遍相关研究文献，也无法得出结论，似乎只是一个人云亦云的说法。所有研究"汉以孝治天下"的论文，也都没有注出其明确出处。在传统汉史文献中，只有《后汉书·班梁列传》中班昭对和帝所说"陛下以至孝理天下"一语，与之最为接近，然语词上的差别也还是不小。推测，"汉以孝治天下"，应该是由《孝经·孝治章》中的"昔者明王之以孝治天下"演变而来。汉代推崇孝道教育，而《孝经》在汉代也的确是广为传播，人们摘取《孝经》之语来指涉汉代的现实，就是很自然的了。唯一的遗憾是，不知道是谁最早将《孝经》之语戴在了汉人的头上。

这一点，大概是在西汉初期就已经奠定了。汉文帝十二年三月诏："孝悌，天下之大顺也；力田，为生之本也；三老，众民之师也；廉吏，民之表也……以户口率置三老、孝、悌、力田常员，令各率其意以道民焉。"这个"各率其意以道民"要做的就是社会教育，要提升社会民众的道德文明，引导民风民俗及民众思想的走向。这里讲的孝悌、力田、三老、廉吏，其核心是一个孝的问题。臧知非曾有论曰：

> 根据《汉书》和《后汉书》诸帝本纪的不完全统计，两汉四百余年历史，皇帝下诏在全国范围内统一赏赐孝悌、力田、三老衣物酒食予以褒奖的有34次以上，在各个人物传记中记载的地方性奖励几乎每年都有。按当时制度，三老基本上按乡设置，每乡一人，用汉文帝的话说，是"民众之师也"。《后汉书·百官志五》记载三老的职责是"凡有孝子顺孙，贞女义妇，让财救患，及学士为民法式者，皆扁表其门，以兴善行"。无论是孝悌，还是力田、三老，目的都是以孝为中心教育民众维护家族血缘关系。这儿的力田看上去和孝道无关，其实这正是孝道的物质基础。[①]

知非先生的分析是有道理的。文帝开始所奠定的汉代社会教育的核心就是孝道教育。孝道教育既是社会稳定的核心，也是巩固政治统治的基石，从维护皇权专制的角度说，这绝对是一个清醒的选择。

汉代推行孝道、孝行教育，或者说以孝治天下，从两汉的比较说，东汉比西汉更为突出。笔者在题为"两汉社会观念研究"的论文中，通过具体的统计数据分析，曾做出这样的判断：

> 从不同时期数据的比较看，孝观念在两汉时期有一个发展变化的过程。从表三的情况看，在我们设定的西汉前期、武帝中期以

---

① 臧知非：《人伦本原——〈孝经〉与中国文化》，河南大学出版社2005年版，第58页。

前、昭宣时期、西汉晚期、东汉前期、桓灵时期、东汉晚期七个时期中，孝与其他伦理观念词语频次比值的均值，西汉四个时期分别是 0.3768、0.4400、1.6002、0.5536，平均 0.7432；东汉三个时期分别是 1.8660、1.1748、1.2736，平均 1.4381。东汉时期孝的频次及其与其他伦理观念词语的比值明显高于西汉时期，并且高出将近 1 倍。统计表明，如果汉以孝治天下这个观点可以成立的话，也主要的应该是指东汉而不是西汉。[①]

东汉孝道、孝行教育的突出，主要表现在三个方面。

第一个方面，是落实教育措施，对民众普遍诵读《孝经》做出制度规定。桓帝时人荀爽曾有言曰："故汉制使天下诵《孝经》，选吏举孝廉。"[②] 从字面上看，荀爽并没有说明这是前朝还是当朝之制，但从西汉文献上看，确实没有使天下普遍诵读《孝经》的记载，而东汉则有具体的例证可以证明。所以，判断在全国以行政命令的方式强制性要求学习《孝经》，则是东汉的事情。

据《后汉书·儒林列传》，明帝时曾对期门羽林之士诵读《孝经》提出明确要求：

> 明帝即位……为功臣子孙、四姓末属别立校舍，搜选高能以受其业，自期门羽林之士，悉令通《孝经》章句，匈奴亦遣子入学。

《后汉书·百官志四》在讲司隶校尉的设置时，谈道"假佐二十五人。本注曰：主簿录阁下事，省文书。门亭长主州正。门功曹书佐主选用。《孝经》师主监试经"[③]。就是说，在司隶校尉的属吏中，设置有一个专门负责讲授推广《孝经》的职位。西汉平帝元始三年，曾令全

---

① 李振宏：《两汉社会观念研究——一种基于数据统计的考察》，《史学月刊》2014 年第 1 期。
② （南朝宋）范晔：《后汉书》，中华书局 1965 年标点本，第 2051 页。
③ （南朝宋）范晔：《后汉书》，中华书局 1965 年标点本，第 3613 页。

国地方乡间学校设《孝经》师①，东汉或许是延续了西汉晚期王莽执政时期的这一制度。总之，设置《孝经》师以推广《孝经》而进行孝行教育，可以看作是东汉社会教育方面的一个制度性安排。

第二个方面，是东汉从中央到地方各级官员，对孝道、孝行教育普遍给予重视并落在了实处。在观念上，他们能够充分认识孝行教育的重要性。章帝元和中的诏书中说"夫孝，百行之冠，众善之始也"。安帝时，陈忠曾在上书中说："臣闻之《孝经》，始于爱亲，终于哀戚。上自天子，下至庶人，尊卑贵贱，其义一也。"②无论尊卑贵贱，行孝之道都是很重要的事情。桓帝时的大臣延笃曾有论曰：

> 夫仁人之有孝，犹四体之有心腹，枝叶之有本根也。圣人知之，故曰："夫孝，天之经也，地之义也，人之行也。""君子务本，本立而道生，孝悌也者，其为仁之本与！"③

正是他们对孝的问题有极其明晰的认识，所以，在贯彻孝行教育中，才会尽职尽责，竭其所能。桓帝时人刘宽任南阳太守。"每行县止息亭传，辄引学官祭酒及处士诸生执经对讲。见父老慰以农里之言，少年勉以孝悌之训。人感德兴行，日有所化。"④

袁宏《后汉纪》记载，和帝时广陵人王涣为洛阳令，就很重视对属吏读《孝经》的督促和要求。载曰：

> 广陵人王涣为洛阳令，治有异迹。初，涣游侠尚气，晚节好儒术。为治修名责实，抑强扶弱，并官职，吏辄兼书佐，小史无事，

---

① 《汉书·平帝纪》记载：元始三年夏，"安汉公奏车服制度，吏民养生、送终、嫁娶、奴婢、田宅、器械之品。立官稷及学官：郡国曰学，县、道、邑、侯国曰校，校、学置经师一人；乡曰庠，聚曰序，序、庠置《孝经》师一人"。
② （南朝宋）范晔：《后汉书》，中华书局1965年标点本，第1560页。
③ （南朝宋）范晔：《后汉书》，中华书局1965年标点本，第2104—2105页。
④ （南朝宋）范晔：《后汉书》，中华书局1965年标点本，第887页。

皆令读《孝经》。①

东汉桓灵时期，陈留考城人仇览任蒲亭长。仇览初到任时，碰到一个母亲状告儿子不孝的事情：

> 览初到亭，人有陈元者，独与母居，而母诣览告元不孝。览惊曰："吾近日过舍，庐落整顿，耕耘以时。此非恶人，当是教化未及至耳。母守寡养孤，苦身投老，奈何肆忿于一朝，欲致子以不义乎？"母闻感悔，涕泣而去。览乃亲到元家，与其母子饮，因为陈人伦孝行，譬以祸福之言。元卒成孝子。②

关于这段故事，唐李贤注《后汉书》注引三国吴人谢承《后汉书》曰：

> 览为县阳遂亭长，好行教化。人羊元凶恶不孝，其母诣览言元。览呼元，诮责元以子道，与一卷《孝经》，使诵读之。元深改悔，到母床下，谢罪曰："元少孤，为母所骄。谚曰：'孤犊触乳，骄子骂母。'乞今自改。"母子更相向泣，于是元遂修孝道，后成佳士也。③

陈元的凶恶不孝，使其母亲达到难以忍受的地步，竟至于告状到亭长这里。而作为亭长的仇览，则亲自到陈元家里，"与其母子饮，因为陈人伦孝行"，和陈元母子共同生活，送陈元一册《孝经》，为之讲解人伦孝道，帮助陈元悔过自新。一个基层官员，为了孝道教育，深入百姓家中，教其子弟诵读《孝经》，最终将一个凶恶不孝之

---

① 张烈点校：《两汉纪》下册《后汉纪》，中华书局2002年版，第286页。
② （南朝宋）范晔：《后汉书》，中华书局1965年标点本，第2480页。
③ （南朝宋）范晔：《后汉书》，中华书局1965年标点本，第2480页。

人，改变成为因孝道而闻名的佳士。东汉地方官员的孝行教育可谓细致入微。用今天的话说，这样的政治思想工作真是做到家了。

灵帝时，凉州刺史宋枭曾想在凉州全境推广《孝经》，令每个家庭都要诵习：

> 枭患多寇叛，谓勋曰："凉州寡于学术，故屡致反暴。今欲多写《孝经》，令家家习之，庶或使人知义。"勋谏曰："昔太公封齐，崔杼杀君；伯禽侯鲁，庆父篡位。此二国岂乏学者？今不急静难之术，遽为非常之事，既足结怨一州，又当取笑朝廷，勋不知其可也。"枭不从，遂奏行之。果被诏书诘责，坐以虚慢征。①

宋枭幻想以《孝经》教育改变当地人多寇叛的强悍之风，虽然最后因为凉州治理寇叛问题的紧迫没有得到朝廷批准，但宋枭的想法也足以反映了东汉官员推广《孝经》教育的普遍性。

如果说宋枭的做法是有点幻想色彩的话，则还有更甚之者，对《孝经》的教育作用达到了迷信的程度。灵帝时期，曾经有一个名叫向栩的官员，建议朝廷用《孝经》去平息张角的黄巾起义。《后汉书·独行列传》载曰：

> （向栩）征拜侍中，每朝廷大事，侃然正色，百官惮之。会张角作乱，栩上便宜，颇讥刺左右，不欲国家兴兵，但遣将于河上北向读《孝经》，贼自当消灭。中常侍张让谗栩不欲令国家命将出师，疑与角同心，欲为内应。收送黄门北寺狱，杀之。

第三个方面，是东汉王朝尽力抬高孝道经典《孝经》的地位，以吸引人们的阅读兴趣。本来，在汉武帝罢黜百家只设立五经博士的情

---

① （南朝宋）范晔：《后汉书》，中华书局1965年标点本，第1880页。

况下,《孝经》是失去了一定的地位的,但东汉王朝则有意在五经之外抬高《孝经》。当他们规定《孝经》为全社会的必读书的时候,是书就具有了超越《五经》的地位。后来,东汉经书又有七经之说,而这七经,就有一种说法包括了《孝经》。《孝经》获得儒家经典地位就始于东汉。从东汉所流行的童蒙读本《急就篇》看,《孝经》还是做官的必读教材。《急就篇》中云:

宦学讽《诗》《孝经》《论》,
《春秋》《尚书》律令文,
治礼掌故砥砺身。①

阅读《诗经》《孝经》《论语》《春秋》《尚书》,掌握基本的礼仪、掌故,是入仕为宦的基本功。当然,《急就篇》相传是西汉元帝时人史游所作,不能看作是东汉的作品,不过,它在东汉的流行,也反映了东汉的社会现实。

以上分析说明,在东汉时期的社会教育方面,专制政府紧紧抓住孝道、孝行这个核心,将其推到极端重要的地位。"使天下诵《孝经》",是这个时代的思想性标志。

二 东汉的孝行教育倡导"至孝"

但是,东汉王朝提倡的却不是一般的孝行、孝道,而是一种追求极端性的孝行,名曰"至孝"。"至孝"这个词语,在西汉文献中很少出现,仅有的几次也是用来称颂帝王的美德:

---

① (汉)史游:《急就篇》,四部丛刊续编景明钞本。

> 建久安之势，成长治之业，以承祖庙，以奉六亲，至孝也。①
> 陛下躬至孝，承天心……
> 皇帝至孝肃慎，宜蒙祐福。②

称一般臣民之孝行者，仅见有一例，也还是一般性称谓，并非是具体的孝行行为：

> 元鼎五年，丞相赵周坐酎金免，制诏御史："万石君先帝尊之，子孙至孝，其以御史大夫庆为丞相，封牧丘侯。"③

这一例中的"至孝"，还可以不作名词解，更像是形容词，谓万石君子孙孝到极致，达到了孝的最高境界。可以说，西汉文献中没有记载一个具体的"至孝"实例。但是，在东汉文献中，"至孝"一词却频率极高，并且涌现了大量的"至孝"典型：

> 《后汉书》卷二十九《申屠刚鲍永郅恽列传》："鲍永……少有志操，习欧阳《尚书》。事后母至孝，妻尝于母前叱狗，而永即去之。"
> 《后汉书》卷二十《铫期王霸祭遵列传》："（祭）肜字次孙，早孤，以至孝见称。遇天下乱，野无烟火，而独在冢侧。每贼过，见其尚幼而有志节，皆奇而哀之。"
> 《后汉书》卷三十二《樊宏阴识列传》："（樊）儵字长鱼，谨约有父风。事后母至孝，及母卒，哀思过礼，毁病不自支，世祖常遣中黄门朝暮送馔粥。"
> 《后汉书》卷三十九《刘赵淳于江刘周赵列传》："蔡顺，字君

---

① （汉）班固：《汉书》，中华书局1962年标点本，第2231页。
② （汉）班固：《汉书》，中华书局1962年标点本，第3121—3122页。
③ （汉）班固：《汉书》，中华书局1962年标点本，第2197页。

仲，亦以至孝称……母年九十，以寿终。未及得葬，里中灾，火将逼其舍，顺抱伏棺柩，号哭叫天，火遂越烧它室，顺独得免。太守韩崇召为东阁祭酒。母平生畏雷，自亡后，每有雷震，顺辄圜冢泣，曰：'顺在此。'崇闻之，每雷辄为差车马到墓所。后太守鲍众举孝廉，顺不能远离坟墓，遂不就。"

《后汉书》卷三十九《刘赵淳于江刘周赵列传》："安帝时，汝南薛包孟尝，好学笃行，丧母，以至孝闻。及父娶后妻而憎包，分出之，包日夜号泣，不能去，至被殴杖。不得已，庐于舍外，旦入而洒扫，父怒，又逐之。乃庐于里门，昏晨不废。积岁余，父母惭而还之。后行六年服，丧过乎哀。"

《后汉书》卷七十六《循吏列传》："上虞有寡妇至孝养姑。"

《后汉书》卷八十《文苑列传》："黄香……江夏安陆人也。年九岁，失母，思慕憔悴，殆不免丧，乡人称其至孝。"

《后汉书》卷八十四《列女传》："广汉姜诗妻者，同郡庞盛之女也。诗事母至孝，妻奉顺尤笃。母好饮江水，水去舍六七里，妻常溯流而汲。后值风，不时得还，母渴，诗责而遣之。妻乃寄止邻舍，昼夜纺绩，市珍羞，使邻母以意自遗其姑。如是者久之，姑怪问邻母，邻母具对。姑感惭呼还，恩养愈谨。"

鲍永仅仅因为妻子在母亲面前大声呵斥家犬，就将其以厌母之嫌而休去；祭彤在天下大乱之时，孤身一人在野无烟火的父母墓冢之侧栖身，常年护坟；樊儵为母守孝哀痛之至，以至于身体严重损毁；蔡顺在大火中不顾性命之忧而守护母亲的灵柩；薛包在父亲再婚后被父亲与后母嫌弃，在被用棍棒赶出家门的情况下，而没有丝毫计较，仍坚持为父亲和后母尽孝，甚至还超乎常人地行六年之孝；姜诗之妻在被丈夫误解而赶出家门的情况下，寄身在外而孝心不减，并掩人耳目地偷尽孝心。这些所谓"至孝"，已经到了非常极端甚至是反人性的地步。还有一些未被冠以"至孝"之名的大孝、巨孝，其孝行表现也很极端。

《后汉书·韦彪传》载,韦彪"孝行纯至,父母卒,哀毁三年,不出庐寝。服竟,羸瘠骨立异形,医疗数年乃起"。韦彪为父母守孝,能达到"羸瘠骨立异形"的地步,三年间哀痛不止,寝食难安,以至于身体严重亏损变形,经过几年时间的治疗才得以恢复。这种所谓守孝,是对人的严重摧残。

《后汉书·冯衍传》载,冯衍子冯豹,在十二岁的时候,母亲被父亲"所出",又娶后母。后母对冯豹非常不好,曾趁其晚上熟睡之时害其性命,冯豹察觉逃走才免于大难。但是,面对这样歹毒的后母,冯豹不仅不报以恶感,而且愈加恭谨。冯豹"敬事愈谨,而母疾之益深,时人称其孝"。这样的孝行真的使人无法理解,不知冯豹对后母的感情从何而来。孝本是源自人的血缘亲情由衷而发的情感,而面对没有任何血缘关系、抚养之恩并且还要置自己于死地的后母,这冯豹到底是"孝"还是人性的扭曲呢?

《后汉书·鲍永传》载,鲍永玄孙鲍昂,有孝义节行。父亲抱病数年,鲍昂一直服侍左右,"衣不缓带"。父亲死后,鲍昂"毁瘠三年",把自己折磨到走不成路的地步。不仅如此,在守丧三年期满除服之后,还不肯事事,一直守于墓室旁边,史书说他"服阕,遂潜于墓次,不关时务"。这样的人生还算正常吗?

《后汉书·列女传》载:"孝女叔先雄者,犍为人也。父泥和,永建初为县功曹。县长遣泥和拜檄谒巴郡太守,乘船堕湍水物故,尸丧不归。雄感念怨痛,号泣昼夜,心不图存,常有自沉之计。所生男女二人,并数岁,雄乃各作囊,盛珠环以系儿,数为诀别之辞。家人每防闲之,经百许日后稍懈,雄因乘小船,于父堕处恸哭,遂自投水死。"这个所谓的孝女,在父亲死后心不图存,多次产生自杀以殉父的念头。即使在生了儿女之后,也还是不顾念自己的亲生儿女,而跑到父亲的殉难处投水而死。这是一种怎样的被扭曲的情感?为父亲殉身而绝情于亲生儿女,难道还是正常的人之情感?完全是病态!

而东汉社会的孝道教育，怎么会发展到如此病态的地步呢？揆之史实，这完全是专制王朝进行极端性孝道教育的结果，是社会教育的一个怪胎。

传统上人们都知道汉代是以孝治天下，但却很少有人知道东汉所推崇的所谓孝，完全是一种超出常理的反人性的病态之"孝"，而不是源自血缘亲情的自然之孝。在西汉，以孝治天下的途径，主要是通过举孝廉，对社会进行榜样示范，通过颁布存问长年孤老的优抚措施，以示政府的尊老敬老倾向。这种导向还是一种正常的孝道示范或孝道教育。然而，到了东汉，政府的导向本身就发生了改变，除了举孝廉和存问长年孤老的正常途径或措施仍被沿袭之外，它所提倡的孝溢出了正常的自然亲情，要求人们去追求孝行的"奇"和"至"，要求人们要孝得出奇，孝到极端。

《后汉书·班超传》中，班昭在给和帝的上书中说"陛下以至孝理天下"。这句话说出了东汉王朝以孝治天下的理念或追求，它超越了以孝治天下的一般含义，而是以"至孝"治天下。何谓"至孝"，至者极也，那就是极端之孝，奇异之孝。我们在东汉帝王的诏书中看到了很多这样的诏令条文：

（安帝永初五年）诏曰："……思得忠良正直之臣，以辅不逮。其令三公、特进、侯、中二千石、二千石、郡守、诸侯相举贤良方正、有道术、达于政化、能直言极谏之士，各一人，及至孝与众卓异者，并遣诣公车，朕将亲览焉。"①

（建和元年）夏四月庚寅，京师地震……又诏大将军、公、卿、郡、国举至孝笃行之士各一人。②

桓帝初，诏公卿郡国举至孝独行之士。③

---

① （南朝宋）范晔：《后汉书》，中华书局1965年标点本，第217页。
② （南朝宋）范晔：《后汉书》，中华书局1965年标点本，第289页。
③ （南朝宋）范晔：《后汉书》，中华书局1965年标点本，第1725页。

（延熹）九年春正月辛卯朔，日有食之。诏公、卿、校尉、郡国举至孝。①

建安五年　九月庚午朔，日有食之。诏三公举至孝二人，九卿、校尉、郡国守相各一人。②

材料说明，东汉王朝提倡的"至孝"，是"与众卓异"，是要孝得出奇；是"至孝独行"，要求在孝的行为方式上，有特色，出奇招。如果一种情感表现也需要出奇的话，那还是情感吗？就只能是表演了。而如果不表演，不出奇，就不可能被举荐，或不可能扬名。而事实上，也确实有被举"至孝"的例子，说明奇异至孝之人还真的能被举荐做官，说明举"至孝"是被落实了的：

（赵咨）少孤，有孝行，州郡召举孝廉，并不就。

延熹元年，大司农陈奇举咨至孝有道，仍迁博士。③

延熹九年，太常赵典举爽至孝，拜郎中。④

其实，在原始儒家那里，孝完全不是这样的东西。在孔子的理论中，孝就是一种很自然的情感，是根源于血缘联系的自然亲情。在《论语·为政》篇中，孔子说："今之孝者是谓能养，至于犬马皆能有养，不敬，何以别乎？"⑤孝不是一个简单的形式上的供养问题，如果是供养，就是狗马也能得到饲养。如果内心深处没有对父母的孝敬之情，那么，供养父母和饲养狗马就没有区别了。这里，孔子强调的孝，是发自内心深处的自然亲情，而不是外在的形式。有一副古联说：

---

① （南朝宋）范晔：《后汉书》，中华书局1965年标点本，第316页。
② （南朝宋）范晔：《后汉书》，中华书局1965年标点本，第381页。
③ （南朝宋）范晔：《后汉书》，中华书局1965年标点本，第1313页。
④ （南朝宋）范晔：《后汉书》，中华书局1965年标点本，第2051页。
⑤ 金良年：《论语译注》，上海古籍出版社2004年版，第11—12页。

> 百善孝为先，原心不原迹，原迹天下无孝子；
> 万恶淫为首，论迹不论心，论心世上少完人。

孔子的孝即是原心不原迹，重心诚情真，而不重外在形式。而东汉王朝提倡的至孝，提倡的"与众卓异"，提倡的"至孝独行"，却恰恰重视的是孝的形式，是对孔子所谓孝道的完全扭曲。正是有统治者的提倡和引导，才有了东汉社会那种极端的孝，有了人们在孝的形式上的奇异追求。而那些与众卓异的做法，则在很大程度上是对人的心理的扭曲，是对人性的扭曲。

三 东汉极端性孝行教育的本质及其影响

孝源自血缘亲情，是一种类本能的自然情感，原本是用不着统治者用政治的力量来提倡或干涉的；而东汉帝王为什么却要对之如此感兴趣，并且还要一再强调要人们孝得与众卓异、孝得出奇呢？事出反常必有妖。东汉王朝追求与众卓异的反常之孝，一定是有其不可告人之目的。其实，说白了，他不是要培养人们孝的情感，而是要借助孝道来培养人们忠的品质，要移孝于忠，要培养人们对皇权专制的无条件忠诚，要实现对人心甚至人的情感的绝对控制。东汉王朝所看重的《孝经》中，已经把忠孝关系讲得十分明白：

> 子曰："孝子之事亲也，居则致其敬，养则致其乐，病则致其忧，丧则致其哀，祭则致其严。五者备矣，然后能事亲。事亲者，居上不骄，为下不乱，在丑不争。"[①]
>
> 子曰："君子之事亲孝，故忠可移于君。事兄悌，故顺可移于

[①] 汪受宽：《孝经译注》，上海古籍出版社2004年版，第53页。

长。居家理，故治可移于官。"①

故以孝事君则忠，以敬事长则顺。②

东汉时期的帝王和政治家们是深谙孝的本质的。韦彪上书中说："夫国以简贤为务，贤以孝行为首。孔子曰：'事亲孝故忠可移于君，是以求忠臣必于孝子之门。'"③ 他们很懂得孝可移忠的道理。他们提倡极端的孝道以愚弄人民，就是要利用人们朴素的孝亲情结，去实现其稳固王朝统治的目的。所谓"以至孝治天下"，最本质的东西就是控制人心。

追求所谓"至孝"，是反人性的。而违背人的性情的东西，是无法正常落实的。几乎没有什么精神正常的人，愿意去违反自己的性情。《后汉书·刘恺传》中记载：

> 旧制，公卿、二千石、刺史不得行三年丧，由是内外众职并废丧礼。元初中，邓太后诏长吏以下不为亲行服者，不得典城选举。时，有上言牧守宜同此制，诏下公卿，议者以为不便。

按照孔子以来的传统，行三年之丧还是正常的，而当邓太后要求各级长吏恢复行三年之丧的时候，这些公卿们却都以为不便。原因何在？三年之丧已经行之千年，如何又有不便之说呢？其实，这些官员们是不想为行服而丢了官职，失去手中的权力。可见，顺着一般人的真实性情，三年之丧都未必能坚持得了，或者说是未必情愿的。而现在王朝的统治者却要求人们去追求至孝，去孝得出奇、出彩，那如何能做得到呢？

明人杨慎的《古今风谣》中收录后汉桓灵帝时的风谣："举秀才，

---

① 汪受宽：《孝经译注》，上海古籍出版社2004年版，第68页。
② 汪受宽：《孝经译注》，上海古籍出版社2004年版，第22页。
③ （南朝宋）范晔：《后汉书》，中华书局1965年标点本，第917—918页。

不知书。举孝廉,父别居。寒素清白,浊如泥。高第良将怯如鸡。"可见,即使在以孝治天下,甚至以至孝治天下的东汉,所谓的孝道也未必能真的落到实处。"举孝廉,父别居"依然是较为普遍的现象。那些高调的所谓高尚,一般人是做不来的。做不来就不能做官,做不来就要受到责难或批评,于是,人们就只能装出个样子给人看,就只能把自己伪装起来,变得矫饰和虚伪。《后汉书》中也不乏这样的例子:

> 许荆字少张,会稽阳羡人也。祖父武,太守第五伦举为孝廉。武以二弟晏、普未显,欲令成名,乃请之曰:"礼有分异之义,家有别居之道。"于是共割财产以为三分,武自取肥田广宅奴婢强者,二弟所得并悉劣少。乡人皆称弟克让而鄙武贪婪,晏等以此并得选举。武乃会宗亲,泣曰:"吾为兄不肖,盗声窃位,二弟年长,未豫荣禄,所以求得分财,自取大讥。今理产所增,三倍于前,悉以推二弟,一无所留。"于是郡中翕然,远近称之。位至长乐少府。①

已经被举为孝廉的许武,为了给两个弟弟创造出名的机会,在分家时强行占有肥田广宅,而两个弟弟却不和大哥计较,并因此博得"克让"的美名,获得选举的机会。待弟弟被举之后,许武再来说明自己背黑锅"自取大讥"的苦衷,并由此再获虚名。这就是所谓"以孝治天下"或"以至孝理天下"培养出来的孝悌成果。许武完全是以博取虚名的把戏来成就其孝悌典范的,哪里有一丝一毫的自然真情?《后汉书·陈蕃传》也载有一个将孝行推到极端的荒唐例子:

> 民有赵宣葬亲而不闭埏隧,因居其中,行服二十余年,乡邑称孝,州郡数礼请之。郡内以荐蕃,蕃与相见,问及妻子,而宣五子

---

① (南朝宋)范晔:《后汉书》,中华书局1965年标点本,第2471页。

皆服中所生。蕃大怒曰："圣人制礼，贤者俯就，不肖企及。且祭不欲数，以其易黩故也。况乃寝宿冢藏，而孕育其中，诳时惑众，诬污鬼神乎？"遂致其罪。

民人赵宣在亲人安葬之后不封闭墓道，住在墓道之中为父母守孝，坚持了二十多年，乡人称孝。陈蕃做乐安太守，有人向他举荐赵宣。陈蕃见了赵宣之后问其妻子情况，才知道赵宣在守丧期间生了五个孩子。陈蕃大怒，骂赵宣诳时惑众，欺诬鬼神，将其治罪。按照丧服礼制，在守丧期间是不能娶妻生子的。在大丧三年的守孝期间，不能有任何欢娱行为，不饮酒吃肉，不探亲访友，不娶妻嫁女，不能过正常的夫妻生活。而赵宣名为守孝，却在父母的魂灵之前生了五个孩子，这绝对是大不敬！本来三年之丧就已经有点不近人情，是难以守得住的；而赵宣还要守二十多年，以此去追求至孝的最高境界，这不可能不是虚假的沽名钓誉！守孝这种源于血缘亲情、发自内心的寄托哀思行为，结果被搞成了虚伪做作的表演秀！

培植虚伪，是东汉极端孝行教育造成的第一个恶果。

极端的孝行教育所造成的另一个恶果，也是最大的隐性恶果，是对民族创造力的扼杀。这一点，是由孝的本质所决定的。从孔子开始，孝的本质意义就已经被确定了，那就是顺从和无违。《论语》所讲到的孝，几乎无例外地都在强调孝的这一属性。

> 有子曰："其为人也孝弟，而好犯上者，鲜矣；不好犯上而好作乱者，未之有也。君子务本，本立而道生。孝弟也者，其为仁之本与！"[①]
>
> 子曰："父在，观其志；父没，观其行。三年无改于父之道，

---

① 金良年：《论语译注》，上海古籍出版社2004年版，第1—2页。

可谓孝矣。"①

　　孟懿子问孝。子曰:"无违。"②

　　子曰:"三年无改于父之道,可谓孝矣。"③

　　曾子曰:"吾闻诸夫子,孟庄子之孝也,其它可能也,其不改父之臣与父之政,是难能也。"④

　　按照这些解释,孝的一般表现就是孝顺、孝敬,子女必须无条件地遵从父母的指点和命令,按照父母的意愿行事。成语"忤逆不孝",用"忤逆"对孝作反向训释,是对"孝"的很准确的反向诠释。所以,孝的核心义项是"顺"。正是这个顺,无原则的绝对的顺,使人养成因循守旧、遵守成说、逆来顺受、安于名分、绝对服从的行为模式,并逐渐沉淀为一种惰性观念和思维定式。这种浸透在骨子里的普遍民族观念,泯灭了个体人的独立人格和创造性冲动。

　　东汉"以孝治天下"或"以至孝理天下"对后世影响极大。几乎可以说,汉以后各代帝王无不仿效,他们都竭力以孝道、孝行教育来培养忠臣顺民,在巩固其皇权专制的同时,扼杀民族的创造力。在后世史书中,新旧《唐书》、《元史》都有《孝友传》,《宋史》《明史》都有《孝义传》,从中可以看出历代王朝对孝的推崇,可以窥见他们进行孝行教育、以孝移忠的历史成果。当然,其孝道、孝行教育的目的也昭然若揭:

　　《旧唐书·孝友传序》曰:"善父母为孝,善兄弟为友。夫善于父母,必能隐身锡类,仁惠逮于胤嗣矣;善于兄弟,必能因心广济,德信被于宗族矣!推而言之,可以移于君,施于有政,承上而

---

① 金良年:《论语译注》,上海古籍出版社 2004 年版,第 6 页。
② 金良年:《论语译注》,上海古籍出版社 2004 年版,第 11 页。
③ 金良年:《论语译注》,上海古籍出版社 2004 年版,第 37 页。
④ 金良年:《论语译注》,上海古籍出版社 2004 年版,第 234 页。

顺下，令终而善始，虽蛮貊犹行焉，虽窘迫犹亨焉！"①

《宋史·孝义传序》曰："冠冕百行莫大于孝，范防百为莫大于义。先王兴孝以教民厚，民用不薄；兴义以教民睦，民用不争。率天下而由孝义，非履信思顺之世乎。"②

这两段话中，除了说明以孝移忠之外，就是都表达了一个"顺"字。顺父母，顺长辈，顺圣人，顺皇上，顺社会，顺传统，一切都不能怀疑，更不能违抗。中国人讲孝讲了两千年，很少有人从思维方式的角度去分析过它的危害性影响。当一个民族，他的全体社会成员，都丧失了思考的权利和能力，对历史，对传统，对古圣先贤，对一切已经形成的前辈的经验，都只会顺从而不作反向思考，民族的创造力还从何谈起呢？汉人以孝治天下所造成的影响，害莫大焉！

---

① （后晋）刘昫等：《旧唐书》，中华书局1975年标点本，第4918页。
② （元）脱脱等：《宋史》，中华书局1985年标点本，第13385页。

絜矩：一个已消亡的文化概念

提起"絜矩之道"，今天的人们甚至学人，也都很少有人知道了；但它却是儒家经典中关于道德修养的一个重要命题。《礼记·大学》篇首次提出这个概念，此后晦而不彰；直到宋儒才将它再度提起，甚至抬到君子之德、治天下之要道的高度；但其后，特别是近代以后，它又再次湮灭不闻。今天研究这个命题，一方面，可以弄清儒家思想的一些基本范畴，对中国传统思想文化有更清晰的认识；另一方面，从思想发展的历史说，我们也可以窥见一些范畴、概念或术语，被历史所筛选或淘汰的情景，对思想史的认识或可有所启发。[①]

一 何谓絜矩

《礼记·大学》篇云："所谓平天下在治其国者，上老老而民兴孝，上长长而民兴弟，上恤孤而民不倍，是以君子有絜矩之道也。所恶于

[①] 关于"絜矩之道"，近代以来的学术界很少有人研究。在最近几年来的学术研究中，个别讨论《礼记·大学》篇的文章，在介绍《大学》内容时自然会有所涉及，如贾艳红的《〈大学〉主旨对后世的影响》（《山东师范大学学报》2002 年第 5 期）一文，就对有关的内容有所介绍，但谈不上对这个问题的专门研究。对"絜矩之道"做过专题研究的是吴长庚先生，他先后就此发表了两篇文章：《试论儒家絜矩之道的理论意义》（《上饶师专学报》1998 年第 1 期）和《儒家絜矩之道的现代诠释》（《南昌大学学报》2002 年第 2 期）。吴长庚先生的这两篇文章都偏重朱熹絜矩思想的考察，并侧重对"絜矩之道"现代意义的揭示，但对它的思想史意义，它作为一种文化现象的意义，则不涉及；而这一点，正是本文的侧重点。尽管如此，吴长庚先生的文章，对本文的写作也还是很有启发。

上，毋以使下；所恶于下，毋以事上；所恶于前，毋以先后；所恶于后，毋以从前；所恶于右，毋以交于左；所恶于左，毋以交于右；此之谓絜矩之道。"① 这段话是对"修身齐家治国平天下"大学之道思想内涵的阐扬。意思是说，大学之道强调平天下在于治理好自己的国家，是讲的一个上行下效的问题。国君尊敬老辈，民众就会兴起孝道；国君尊敬长辈，民众就会兴起悌道；国君同情、抚恤鳏寡孤独之人，民众就不会互相背弃。所以，国君对人民大众的行为有示范表率的作用。对于上级所做的令自己厌恶的事情，就不要用来对待下级；对于下级所做的令自己厌恶的事情，也不要用来对待上级；对于前辈所做的令自己厌恶的事情，不要用来对待后辈；对于后辈所做的令自己厌恶的事情，也不要用来对待前辈；对于身右的人所做的令自己厌恶的事情，不要用来对待身左的人；对于身左的人所做的令自己厌恶的事情，也不要用来对待身右的人。这就是君子应具备的基本品德，是谓"絜矩之道"。

《礼记·大学》篇所阐述的这个"絜矩之道"，在儒家思想体系中无疑具有重要的意义，"絜矩之道"应作为一个重要的思想范畴去对待。但是，在《礼记·大学》篇创造了这个范畴之后长达千余年的时间里，除了注释家由于文字注释的原因不得不对之进行释义训诂之外，思想家们几乎没有人给予关注，这个思想范畴遭到了不可思议的冷漠。自汉至唐，注释家的解释，目前可以看到的也只有郑玄和孔颖达二家之说。

    郑玄注"絜矩之道"曰："絜犹结也，挈也；矩，法也。君子有挈法之道，谓当执而行之，动作不失之。""絜矩之道，善持其所有以恕于人耳，治国之要尽于此。"②

---

 ① 杨天宇：《礼记译注》，上海人民出版社1997年版，第1042页。
 ② （汉）郑玄注，（唐）孔颖达疏：《礼记正义》，十三经注疏整理本，北京大学出版社2000年版，第1869页。

> 孔颖达曰:"所恶于上,毋以使下"者,此以下皆是"絜矩之道"也。譬诸侯有天子在于上,有不善之事加己,己恶之,则不可回持此恶事,使己下者为之也。"所恶于下,毋以事上"者,言臣下不善事己,己所有恶,则己不可持此恶事,回以事己之君上也。"所恶于前,毋以先后"者,前,谓在己之前,不以善事施己,己所憎恶,则无以持此恶事施于后人也。"所恶于后,毋以从前"者,后,谓在己之后,不以善事施己,己则无以恶事施于前行之人也。"所恶于右,毋以交于左"者,谓与己平敌,或在己右,或在己左,以恶加己,己所憎恶,则无以此恶事施于左人。举此一隅,余可知也。①

这是注释家的语义上的解释,而非重在阐释其思想内涵,不是将"絜矩之道"放在思想史的范畴中加以解说。从思想内涵上加以解说,真正对"絜矩之道"作为一个思想范畴给予重视并阐释其意义,则是到了宋代特别是南宋以后。

根据宋卫湜撰《礼记集说》中的记载,范祖禹是较早关注"絜矩之道"的思想内涵的人。该书卷一百五十二载:

> 范氏曰:汉书云度长絜大,注曰:絜,围束之也。《庄子》絜之百围,亦谓围而度之也。矩,所以为方。絜矩,言度之以求其方也。既度其上,又度其下,既度其下,又度其上,于前于后,于左于右,莫不皆然,不使少有大小长短之差焉。是以物我各适其适,无径而不得其方也。天下者,国之积耳,以此推之,则自一国以至于万国,一理而已。

---

① (汉)郑玄注,(唐)孔颖达疏:《礼记正义》,十三经注疏整理本,北京大学出版社2000年版,第1876—1877页。

宋卫湜《礼记集说》载，南宋时人蓝口吕氏释"絜矩之道"曰：

> 孟子曰：道在迩而求诸远，事在易而求诸难，人人亲其亲，长其长，而天下平。盖所谓平者，合内外、通彼我而已。天下同归而殊涂，一致而百虑。天下虽广，出于一理，举斯心以加诸彼，推而放诸四海，而准无往而斯心也，犹五寸之矩足以尽天下之方，此絜矩之首也。上下也，左右也，前后也，彼我之别也，通乎彼我，交见而无蔽，则民也，君也，将何间哉？此所以为民父母而天下瞻仰之矣，故所以得国以得众也，所以得众以有德也。

稍晚于朱熹的南宋学人毛居正在《六经正误》卷四中说：

> 《大学》有絜，音结，当音栔。《庄子》絜之百围，谓周围而量之也；贾谊《过秦论》度长絜大，谓比量小大也；皆音栔，朱文公《大学章句》依此音。所谓絜矩之道者，矩正方之器也，絜方方比量也，方方皆合乃为正，方已之于人，上下、左右、前后，皆揆量其情理，而无不合者，絜矩之道也。

在儒学思想史上，第一次全面发挥"絜矩之道"思想内涵的是朱熹。他在《四书或问》卷二中说：

> 盖人之所以为心者，虽曰未尝不同，然贵贱殊势，贤愚异禀，苟非在上之君子真知实蹈，有以倡之，则下之有是心者，亦无所感而兴起矣。幸其有以倡焉，而兴起矣。然上之人，乃或不能察彼之心，而失其所以处之之道，则彼其所兴起者，或不得遂而反有不均之叹。是以君子察其心之所同，而得夫絜矩之道，然后有以处此，而遂其兴起之善端也。曰：何以言？絜之为度也，曰：此庄子所谓絜之百围，贾子所谓度长絜大者也。前此诸儒，盖莫之省，而强训

以絜，殊无意味。先友太史范公，乃独推此以言之，而后其理可得而通也。盖絜度也，矩所以为方也，以己之心度人之心，知人之所恶者不异乎己，则不敢以己之所恶者施之于人。使吾之身一处乎此，则上下四方，物我之际，各得其分，不相侵越，而各就其中校其所占之地，则其广狭长短又皆平均如一，截然方正，而无有余不足之处，是则所谓絜矩者也。夫为天下国家而所以处心制事者，一出于此则天地之间将无一物不得其所，而凡天下之欲为孝弟不倍者，皆得以自尽其心而无不均之叹矣！天下其有不平者乎？然君子之所以有此，亦岂自外至而强为之哉？亦曰：物格知至，故有以通天下之志，而知千万人之心即一人之心，意诚心正，故有以胜一己之私，而能以一人之心为千万人之心，其如此而已矣。一有私意存乎其间，则一膜之外，便为胡越，虽欲絜矩，亦将有所隔碍而不能通矣。

从《大学》篇提出"絜矩之道"，到后儒的释义和发挥，我们可以从中窥见"絜矩之道"的几层基本含义：

从简单的语义上说，"絜矩"即度量的意思。絜为"围而度之"；矩，所以为方；絜矩，言度之以求其方也。"矩正方之器也，絜方方比量也。"引申为以己之心度人之心，使上下四方，物我之际，各得其分，如矩之方，无大小长短之差，无多少不均之叹，至正至公。是则所谓絜矩。

"絜矩之道"即是恕道，强调以己之心度人之心，表现为一种推己及人的思维方式。《大学》原文"所恶于上，毋以使下；所恶于下，毋以事上；所恶于前，毋以先后；所恶于后，毋以从前；所恶于右，毋以交于左；所恶于左，毋以交于右；此之谓絜矩之道"已说得很明白，后儒的阐释更有所强调。郑玄注曰"絜矩之道，善持其所有以恕于人耳"；蓝田吕氏所谓"举斯心以加诸彼，推而放诸四海……犹五寸之矩足以尽天下之方，此絜矩之道也"说的很是精辟；朱熹的论说更为推己及人找到了理论根据，认为"千万人之心即一人之心"，这样以己度人，实行恕道，"己所不欲，勿施于人"，就可以创造儒家和谐的社会局面。

"絜矩之道"的根本在于"均平"。从后儒的解释看，所谓"絜矩之道"就是要达到均平的社会境界。范祖禹明确提出，絜矩就是要使上下前后左右"莫不皆然，不使少有大小长短之差焉"；朱熹更强调，有了"絜矩之道"，"使吾之身一处乎此，则上下四方，物我之际，各得其分，不相侵越，而各就其中挍其所占之地，则其广狭长短又皆平均如一，截然方正，而无有余不足之处"，"天地之间将无一物不得其所"，"皆得以自尽其心而无不均之叹矣"。他认为，行"絜矩之道"的根本目的，就是要使天下无不均之叹，人人各得其所，平均如一。从均平的角度去解释"絜矩之道"，是后儒对《大学》"絜矩之道"内涵的发挥或充实。

"絜矩之道"的终极关怀在于"治国平天下"。"平天下在治其国者……是以君子有絜矩之道也。"君子要行"絜矩之道"，是从治国平天下的角度提出的问题，强调通过"絜矩之道"去达到治国平天下的政治理想。范祖禹说"天下者，国之积耳，以此推之，则自一国以至于万国，一理而已"，君子行"絜矩之道"，一国治则天下平，"絜矩之道"的落脚点就在于万国或天下；朱熹所谓"夫为天下国家而所以处心制事者，一出于此则天地之间将无一物不得其所，而凡天下之欲为孝弟不倍者，皆得以自尽其心而无不均之叹矣！天下其有不平者乎"，平天下的目标与关怀也极为明确。最早看到这一点的是郑玄，他所谓"治国之要尽于此"，就直白地道出了"絜矩之道"的这一功能和作用。

"絜矩之道"是一种君子之道，强调君子、在上位者的表率作用，通过上行下效实现平天下的终极目标。《大学》引文开宗明义，就是讲的这个君子对人民大众的示范表率作用。"上老老而民兴孝，上长长而民兴弟，上恤孤而民不倍，是以君子有絜矩之道也"，正是有感于这种客观存在的示范表率作用，才提出了"絜矩之道"的问题。

以上是对"絜矩之道"思想内涵的简单抽象。为着更深入地认识其思想意义,我们还需要对它做更广泛更细密的讨论,这就是本文后边将要展开的工作。

二 "絜矩":均平概念的另一种表述

尽管"絜矩之道"如上所述有着丰富的思想内涵,但它却不是一个独立的思想文化概念。大量思想资料证明,它只是中国古代"均平"观念的另一种表述,而缺乏作为一个思想文化概念的独立性品格。这一部分,我们就来讨论它和均平观念的思想关系。

(一)以"平均"释"絜矩"

《礼记·大学》篇谈到的"絜矩之道",从其原文看只是两层含义,一是强调君子、在上位者的表率作用,二是阐述了一个"恕"的观念。此后千余年间,《大学》的"絜矩之道"几乎成为绝响,无人问津,直到南宋朱熹的时代才被人重新提起,并赋予了诸多含义。从某种程度上说,中国文化中的"絜矩之道",是朱熹所发明的一个概念。而朱熹的"絜矩之道"概念,则是一个均平概念的别称;并且在朱熹之后,对"絜矩之道"的理解,基本上都是沿袭了朱熹的说法。

前引朱熹的话中已讲明他对"絜矩之道"的基本理解:"使吾之身一处乎此,则上下四方,物我之际,各得其分,不相侵越,而各就其中校其所占之地,则其广狭长短又皆平均如一,截然方正,而无有余不足之处,是则所谓絜矩者也。"《朱子语类》中还载有他另外一处的解释:"平天下谓均平也……俗语所谓将心比心,如此则各得其平矣。"[1] 朱熹用均平或平均释"絜矩"的思想是很明确的。

和朱熹几乎同时代的邵氏也讲过类似的话:"矩所以为方也,上下

---

[1] (宋)黎靖德编,王星贤点校:《朱子语类》二,中华书局1986年版,第362—363页。

四旁，长短广狭，均齐若一，而后成方。所谓絜矩者，犹言揣量忖度，举斯加彼，使之均平也。"① 这位不知名的邵氏也表明了"絜矩"就是平均的思想。

朱熹之后，解释"絜矩之道"者，几乎都将之与平均思想相联系，或直接以平均释"絜矩"。解释最清晰者是元代的何异孙。他在《十一经问对》卷二说："问絜矩之道如何，对曰：絜，度也；矩，所以为方者，今木匠曲尺是也，匠之造屋室器用也。上下四方，必使之均齐平正，所贵乎治天下国家者，与民同其好恶，使万物各得其所，相安于愿分之中，以己之心度人之心，如以矩而度物，使上下、左右、前后均齐平正也。"

明代人吕柟更是将"絜矩"直接当作平均去解说。他说：

> 大学一部书极广大，而絜矩之道只在散财，则夫子所谓足食者，岂止仓廪充、府库实而已哉！盖欲使匹夫匹妇各得其所，无颠连饥寒者也。②

> 聂蕲问絜矩，先生曰，矩是个为方的器，大之而及四海，要之只在方寸，谓之絜矩，只是个无不均平意思。且如天下有样有权势的是一等，有样鳏寡孤独颠连无告者又是一等，天下之人便有这几等，怎么便得均平？故尧典称尧，则曰平章，百姓黎民于变时雍此，便是能絜矩的。象先因问天下亦大着，怎么便得均平如一？先生曰，此亦无大异术，亦只是把这些财散与百姓便能。得问百姓亦多着，怎么便能人人与他财也？先生曰，亦无大难事，亦只是要有个不要钱的官人便能得也。③

吕柟讲"絜矩之道只在散财"，又讲"谓之絜矩，只是个无不均平

---

① （宋）卫湜：《礼记集说》卷一五二，文渊阁四库全书本。
② （明）吕柟：《四书因问》卷四，文渊阁四库全书本。
③ （明）吕柟：《四书因问》卷一，文渊阁四库全书本。

意思"，均平如一，"只是把这些财散与百姓"，所有解释都在于说明"絜矩之道"即经济、财富方面的平均而已。

中国古代的均平或平均，是一种内涵丰富的概念，不光是具有今天人们所理解的财富的绝对平均，甚至主要的基本的含义并非如此。古代平均或均平的基本含义是意味着公平或公正的等级秩序上的确定。只要人们都能尊奉礼所规定的社会秩序，使社会有条不紊地进行运转，那就是一个平均或均平的社会状态，就是实现了"均平"。如：

《荀子·王霸》篇："传曰：农分田而耕，贾分货而贩，百工分事而劝，士大夫分职而听，建国诸侯之君分土而守，三公总方而议，则天子共己而已。若出若入，天下莫不平均，莫不治辨，是百王之所同也，而礼法之大分也。"

宋遗民无名氏《周礼集说》卷二："东莱曰：冢宰均邦国者，是使若贵、若贱、若小、若大，各得其平尔。古之称宰相者，多以平为主。若商则谓之阿衡，阿衡平之之谓也。天之所以立君命相者，不过欲平天下之所不平者尔，使四海之内，贵者贵，贱者贱，耕者耕，织者织，士农工贾、鳏寡孤独、事事物物咸适其宜，是宰相均平天下之道。均之一字，是宰相之大纲。大抵天下本无事，须是识得简易道理，能行其所无事，方尽得宰相均平之职，不是要作聪明之谓。"

这两段引文对均平思想表述得十分明确。荀子认为只要人们各安其分，人们所从事的职业符合"礼法之大分"，各尽其职乐其业，就是所谓"天下莫不均平"的状态了。说得最明白的是那位无名氏，他认为只要是贵贱各得其分，百业各得其宜，人们都能够做自己该做的事情，都能够在礼所规定的范围内找到自己的位置，贫富贵贱、士农工商、鳏寡孤独都有所归，"咸适其宜"，就是人们所追求的平均之道，而不是不分贵贱、贫富、强弱一律平等平均。这是研究古代平均思想应该注意的古今平均思想的一个差异。

公平公正各得其分的平均思想，在"絜矩"观念中也有体现。如清人陆陇其在《四书讲义困勉录》卷一中说："矩字从巨字生，盖巨者，均平也，有一夫之不获非平也。矩者所以为方也，方即平意。又曰絜矩字是借字，不是譬喻，作文亦不可言如。又曰，絜矩不但是以己之心度人之心，须云以己之心度尽亿万人之心，盖度尽天下人之心，使各得分愿，才是所以为方。"陆陇其所讲的均平和絜矩，就是要使天下人各得分愿，人人都得到自己所应该得到的东西。所应得到，就不是一种绝对平均的状态，而是一种公平合理的状态。古代平均的这一基本含义，也同样赋予了"絜矩"一词。

古代均平的另一种含义，是均衡或平衡。汉代元帝时翼奉上疏中的一段话，讲用人的平衡问题，而他用的就是"平均"概念。他说："古者朝廷必有同姓以明亲亲，必有异姓以明贤贤，此圣王之所以大通天下也。同姓亲而易进，异姓疏而难通，故同姓一，异姓五，乃为平均。今左右亡同姓，独以舅后之家为亲，异姓之臣又疏，二后之党满朝，非特处位，势尤奢僭过度，吕、霍、上官足以卜之，甚非爱人之道，又非后嗣之长策也。阴气之盛，不亦宜乎？"[①] 在今人看来，翼奉讲的显然是一个用人应该保持亲疏平衡、均衡的问题，但他却用了"平均"二字。

宋代司马光的一封奏议，对英宗时科举取士名额地域分配上的不均衡提出疑义，使用的却也是均平概念。司马光的奏折中说：

> 在京及诸路举人得失多少之数，显然大段不均……孔子曰："十室之邑，必有忠信如丘者焉。"言虽微陋之处，必有贤才不可诬也。是以古之取士，以郡国户口多少为率，或以德行，或以材能，随其所长，各有所取，近自族姻，远及夷狄，无小无大，不可遗也。今或数路之中全无一人及第，则所遗多矣……《书》曰：

[①] （汉）班固：《汉书》，中华书局1962年标点本，第3173—3174页。

"无偏无党,王道荡荡。"国家设贤能之科,以俟四方之士,岂可使京师诈妄之人独得取之。今来柳材所起请科场事件,若依而行之,委得中外均平,事理尤当,可使孤远者有望进达,侨寓者各思还本土矣。①

司马光在奏议中还详细列举了各路州军取士名额的严重失衡状况,强调无论地之远近,无论京师还是偏远之南省,名额均平分配,才有益于人才的选拔。司马光用的均平概念,显然是均衡的意思。

从均衡、平衡角度理解的平均的意义,在宋以后的"絜矩"概念中也可以窥见。《江西通志》卷一百一十九载有明人海瑞的《兴国县八议》,其中云:

> 一均赋役。古先圣人,九两定民业,九职厚民生,而其取诸民也又定为九赋之法,盖别内外、远近、多寡、轻重,使各相均称也……县中又以失额不理所诉,其遍有轻重犹甚,奈之何民不穷而盗,盗而逃也哉?乃知前日之言,皆不得其平,而鸣疾痛则呼父母,穷困则呼天,真情率心闲有过当之言,而非全私己也。窃谓君子大心体天下之物,举凡天下之人,皆不当分为彼此,况在一省一府,自笃近举远之道论之,情尤切也。今后当粮役之先,伏望批行司府查议,清查各县之丁粮虚寔,各县之人户富贫,将各县实征丁粮并原赋役,委官磨算,要见某县止当尽某县差粮,某县差粮当取某县津贴若干,又某县当津贴某县若干,上下四旁均齐方正,君子有絜矩之道,而天下之情无不平矣。

海瑞的这段议论,一方面说明了古圣先王定赋役之法,别内外、远近、多寡、轻重而制定不同的赋役征收摊派标准,是出于均平的原则;

---

① (明)杨士奇辑:《历代名臣奏议》卷一百六十五,文渊阁四库全书本。

另一方面也说明，他主张清查各县之丁粮虚实，均平各县差粮定额，其目的也在于使"上下四旁均齐方正，君子有絜矩之道，而天下之情无不平矣"，都是出于贯彻均平原则的考虑，是要符合人们的平均心理。海瑞这里显然讲的是赋役征收摊派的均衡问题，是平均赋役的问题，而使用的却是"絜矩之道"的概念，足可见其所谓"絜矩之道"就是一个均平的理念，其本意就是以均平而达到社会的平衡。

南宋时期是中国古代平均思想比较发展的时期，"絜矩"概念的使用和流传也因之而比较广泛。不少士人或官员之家，将自己的堂舍取名为"絜矩堂"，以表示自己贯彻大学之道的志向。南宋孝宗时人刘爚撰有《絜矩堂记》一篇：

> 予友祝君士表，取大学絜矩之义名其堂，而属予以记。……有志于仁者，当知穹壤之间，与吾并生，莫非同体。体同则性同，性同则情同，公其心，平其施，有均齐而无偏畸，有方正而无颇邪。帅是以往，将亡一物不获者，此所谓絜矩之道也。然大学既言絜矩，而继以义利者，岂异指哉？利则惟己是营，义则与人同利，世之君子平居论说，孰不以平物我公好恶为当，然而私意横生，莫能自克者，以利焉尔。利也者，其本心之螟螣，正涂之榛莽欤。大学丁宁于绝简，孟子恳激于首章，圣贤深切为人未有先乎此者。然则士之求仁，当自絜矩始。而推其端又自利义之分始，吾子以谓如何？祝君曰然，请以是为记。[①]

朱熹的学生黄干也撰有一篇《袁州萍乡县西社仓絜矩堂记》，记云：

> 晦庵先生初创社仓以惠其乡人，欲以闻于朝，颁之州县。江淛

[①]（宋）刘爚：《云庄集》卷四，文渊阁四库全书本。

间好义者争效焉。袁州萍乡社仓九县西其一也。钟君唐杰为之记，有堂焉未名。胡君叔器谋于干，以絜矩名之。叔器归，以语唐杰。唐杰曰：可乎哉！以书来曰，子为我记之。干闻之师曰：絜，度也；矩，所以为方也。处己接物，度之而无有余不足，方之谓也。富者连阡陌而余粱肉，贫者无置锥而厌糟糠，非方也。社仓之创，辍此之有余济彼之不足，絜矩之方也……质之圣贤之训，君子之道，孰有大于絜矩者乎！若夫横目自营，拔一毛不以利天下，充其小己自私之心，虽一家之内父子兄弟，尚有彼此之分，而况推之人物乎！故不能以絜矩为心者，拂天理逆人心，帝王之所必诛，圣贤之所必弃也。然则知社仓之为义而置者，絜矩者也。不知社仓之为义而不置者，不絜矩者也。既不知之又欲坏之，是自不能絜矩而又恶人之絜矩，贤不肖之分晓然矣。[1]

这两篇"絜矩堂记"，前者是祝君为表示自己的志向，将堂舍以"絜矩"命名。这位祝君是位"有志于仁者"，他要"公其心，平其施，有均齐而无偏吝，有方正而无颇邪"，以均平之德来要求自己。其取名"絜矩"实为均平之志。后者是为义仓取名，选用了"絜矩"，而义仓之设，也是为了扶危救贫，实现社会贫富的相对均衡或均平。

以上几个方面的分析都有一个共同的指向，那就是说，"絜矩"与"均平"这两个概念有着相当大成分的同一性；或者说，"絜矩"即是"均平"的一个别名。

(二) "絜矩"：平均天下的根本途径

"絜矩之道"最初出现在《大学》"平天下"章中并非偶然，从后来大量关于"絜矩之道"的论述中，可以看出，正是这个"絜矩之道"充当着儒家"平天下"手段或途径的重要功能。或者说，所谓"絜矩

---

[1] (宋) 黄干:《勉斋集》卷一九, 文渊阁四库全书本。

之道"，其终极目标，就在于实现儒家"治国平天下"的政治理想。

首先，思想家们认为，如果人人都实行"絜矩之道"，就可以达到儒家平治天下的政治理想。朱熹说："老老所谓老吾老也，兴谓有所感发而兴起也，孤者幼而无父之称。絜，度也；矩，所以为方也。言此三者，上行下效，捷于影响，所谓家齐而国治也。亦可以见人心之所同，而不可使有一夫之不获矣。是以君子必当因其所同推以度物，使彼我之间各得分愿，则上下四旁均齐方正，而天下平矣。"①

元人金履祥对此有更详细的解说：

> 夫老老长长恤孤之事行于上，而兴孝兴弟不倍之心作于下，于此焉可以见人心之同然者矣。夫人之心本无以异于己，则己之心当推以处乎人，使为人上者不能以己之心度人之心，所欲而不与之聚，所恶而或以施之，则天下之人将不得获其所处之分，而无以遂其所兴之志矣。是以君子于此有絜矩之道焉。所谓絜矩者，图度取方之谓也。所谓絜矩之道者，即其在我，度其在人，必使物我之间，上下四旁，不相侵越，面面得其所取之方，人人得其所有之分，概而视之，累而观之，皆截然方正，无高低广狭长短不均之处，此之谓絜矩之道也。以絜矩之心，行絜矩之政，天下之大将无一人之不得其分，无一人之不获其所者，所以人人得亲其亲，长其长，恤其孤，而天下平矣。②

> 天下至广也，天下之人至众也，孰为经制之方，孰为统驭之略，传不一言焉，而惟谆谆絜矩之义反复言之，何也？天下虽大，亿兆虽众，然皆一人之积耳。夫乾始坤生体率性而为人，人情固不相远也。平天下者，惟以一人之心体天下人之心，以天下人之心为一人之心，推而广之，概而处之，则各得其所，而天下平矣。③

---

① （宋）卫湜：《礼记集说》卷一五二，文渊阁四库全书本。
② （元）金履祥：《大学疏义》，文渊阁四库全书本。
③ （元）金履祥：《大学疏义》，文渊阁四库全书本。

从朱熹到金履祥都认为，行"絜矩之道"，一方面可以使天下均平，物我之间，不相侵越，上下四旁，均齐方正，人人各得其分，这样就不会出现不满和纷争，达到天下大治的理想局面；另一方面，人人都可以以己之心度人之心，"以一人之心体天下人之心，以天下人之心为一人之心"，人人得以"亲其亲，长其长，恤其孤"，达到社会的充分和谐，而这就正是儒家所倡导仁政理想，追求的王道乐土。在思想家们看来，"絜矩之道"的作用就是如此强大。所以，主张"絜矩之道"的思想家们，无例外地都把推行"絜矩之道"看作是平天下的唯一途径，目之为"平天下之要道"。

朱熹说："絜矩二字之义，如不欲上之无礼于我，则必以此度下之心而亦不以此使之；不欲下之不忠于我，则必以此度上之心而亦不以此事之；至于前后左右，无不皆然。则身之所处，上下四旁，长短广狭，彼此如一，而无不方矣。彼同有是心而兴起焉者，又岂有一夫之不获哉！所操者约，而所及者广，此平天下之要道也。"[①]

明人丘浚在《大学衍义补》卷一百五十九对"絜矩"为平天下之要道有最好的阐述：

> 平天下之道，不外乎化之、处之二者而已。盖人君以一人之身而临天下之大，地非一方不能处处而亲履之也，人非一人不能人人而亲谕之也，必欲治而平之，岂能一一周而遍之哉！夫我有此本然之性，而人亦莫不有此本然之性；我尽我本然之性使之观感兴起，而莫不尽其本然之性皆如我性之本然者焉，是则所谓化之也。夫我有此当然之理，而彼亦莫不有此当然之理，我以当然之理推之以量度处置，使彼各得其当然之理，皆如我理之当然者焉，是则所谓处之也。盖化之以吾身，处之各以其人之身，其人所有之理，即吾所

[①] （宋）卫湜：《礼记集说》卷一五二，文渊阁四库全书本。

有之理是理也。具于心而为性，人人皆同，以吾之心感人之心，上行下效各欲以自尽，以己之心度人之心，彼此相方各得其分愿矣。必使物我之间，上下四旁，不相侵越，前后左右不相违背，面面得其所处之方，人人得其所有之分，概而视之，累而观之，皆截然方正，无高低广狭长短不均之处。是则所谓絜矩也，以絜矩之心行絜矩之政，天下之大将无一人不得其分，无一事不得其理，无一地之不从其化，人人亲其亲，长其长，恤其孤，由家而国，国无不然；由国而天下，天下无不然。所谓王道平平，王道荡荡，王道正直，端有在于斯矣。

明人赵南星的《学庸正说》卷上说：

君子察其心之所同而有絜矩之道，使远近大小平均如一，而咸遂其兴起之愿也……夫上下四旁人虽至众，而因心推己之中，即尽均调剂量之，法所操者约，而所及者广，此之谓絜矩之道也。君子非此，何以平天下哉！

清代《日讲四书解义》卷一"大学"篇说：

曾子曰，人之制器，必度之以矩；而君子处物，则度之以心。盖一人之心，无殊于千万人之心也。如上下四旁，位虽不一，其心则同……盖以人比己，以己度人，故上下四旁，均齐方正，此乃谓之絜矩之道也。人君诚用此道以治天下，以一己之心度人之心，则天下无不各得其所，而无有余不足之憾矣。平天下之道，宁外此与！

为什么"絜矩之道"有如此重大的意义，平天下何以会非此不行？其根本的问题在于有个"均平"二字起着中介作用。

这要从"平天下"的基本含义说起。何谓平天下,传统的理解都把它作为治理天下,达到天下太平;儒家倡导"平天下"之政治道德,就是要人们以天下为己任,积极参与社会,改造社会。其实,这样的理解是很片面的,甚至没有触到其本质的含义。中国古代的"平天下",实际含义是"平均天下"或"均平天下",它不光是要治理天下,还有个如何治理和治理到什么状态的问题。在传统文献中,不少地方都是把"平天下"直接表述为"平均天下"或"均平天下"。

《礼记·乐记》篇载:"魏文侯问于子夏曰:'吾端冕而听古乐,则惟恐卧。听郑卫之音,则不知倦。敢问古乐之如彼何也?新乐之如此何也?'子夏对曰:'今夫古乐,进旅退旅,和正以广,弦匏笙簧,会守拊鼓,始奏以文,复乱以武,治乱以相,讯疾以雅,君子于是语,于是道古,修身及家,平均天下,此古乐之发也。'"

朱熹《诗经集传》原序中说:"此《诗》之为经,所以人事浃于下,天道备于上,而无一理之不具也。曰:'然则其学之也,当奈何?'曰:本之二南以求其端,参之列国以尽其变,正之于雅以大其规,和之于颂以要其止。此学诗之大旨也。于是乎章句以纲之,训诂以纪之,讽咏以昌之,涵濡以体之,察之情性隐微之间,审之言行枢机之始,则修身及家平均天下之道,其亦不待他求而得之于此矣。"

明人邱浚《大学衍义补》卷七十七说:"是则《易》也,《书》也,《诗》也,《春秋》与《礼》也,论《孟子》与《中庸》也,皆所以填实乎《大学》一书,今日在学校则读之,以为格物致知之资,他日有官守,则用之以为齐治平均之具。"

这些文献中都把《大学》篇的修齐治平说明确地表述为"修身及家,平均天下",特别是明人邱浚更直接讲明他所说的"齐治平均之具"即是所谓《大学》之道。在这些文献中,"平天下"就意味着"平均天下"。在另外一些文献中,"平均天下"则直接被置换为"均平天下",二者具有完全相同的意义。如:

明人姚舜牧《重订诗经疑问》卷五："国均者，国所赖以均平者也。秉国之均，言其所执持是均平天下之任，不可以不平者。"

清人方苞《礼记析疑》卷二十："卜子在圣门，不过文学之科，曾子且罪以不能推崇夫子之道。然观其对文侯，则春秋中国侨羊舌肸无此语言气象也。文侯自言，听古乐则惟恐卧，而正告以古乐和正以广，文武具备，可以修身及家，均平天下，受祉于上帝，施及于子孙。文侯自言，听郑卫之音则不知倦，而正告以是谓溺音，推其害至于父子，聚麀人纪，无存臣民，殉欲国维尽丧，故为人君者，不可不谨其好恶。"

《礼记·乐记》中魏文侯和子夏的对话，在方苞的引述中内容没有丝毫改变，只是"平均天下"变成了"均平天下"。可见，"平均天下"和"均平天下"完全是一个概念，它们都是对"平天下"思想的具体的或者说强调性的说明。总之，儒家的平天下思想，不仅仅表达了一种强烈的社会参与意识，是对人们参与社会改造的激励，更是表达了他们如何治理社会的政治理念，也蕴含着对创造人间至公至正、均平合理的美好社会的期待。"平天下"思想的灵魂在于"平均"或"均平"，而"絜矩之道"也要在"均平"，"絜矩之道"即是"均平之道"，所以，如果真正实行"絜矩之道"的话，也就可以不折不扣地实现平天下的政治理想了。这就是为什么思想家们把"絜矩之道"看作"平天下之要道"的原因所在。

（三）以"恕"释"絜矩"与均平思想之关系

从前边的大量引文中，可以明显地看出，"絜矩之道"的思维方式即是推己及人，以己之心度人之心，己所不欲，勿施于人，即中庸之道所讲的一个"恕"字。以"恕"释"絜矩之道"，是"絜矩"思想阐释中区别于直接以"均平"释之的一个显著特点。除了以上引文可以显示这一点之外，还有不少论说在解说"絜矩之道"时，即是直接使用一个"恕"字。特征引如下：

朱熹《朱子语类》卷四十五："问终身行之，其恕乎？絜矩之道，是恕之端否？曰：絜矩正是恕。"

王申子《大易缉说》卷十："唯君子有絜矩之道，度诸己而安者然后动，故动不失其宜；度诸心而可者然后语，故语必得其当；度其交之可求者然后求，故无悔吝之愆。是能以己之心度人之心，以人之心为己之心，故能与众同其利，而人亦与之也。若但知有己不知有人，徒知有利不知有义，则其动也必危，其语也必惧，而人亦莫之与；不但不与之，且有起而击之者矣。圣人举此，以为偏于利己者之戒。"（这段话集中表述、阐释的即是一个"恕"字）

胡广《礼记大全》卷二十三："以己之心度人之心，即大学絜矩之道。"

高拱《问辨录》卷一："问齐治之言恕，何也？曰，不止齐治，其平天下之道，止是絜矩。絜矩即恕也。"

魏荔彤《易通解》卷三："絜矩之道，无非以心絜心，内忠外恕之道也。"

《日讲书经解义》卷十："究极絜矩之道，不过于恕而已。"

《钦定礼记义疏》卷七十三："能持其所有以待于人，恕己接物，即絜矩之道也。"

毛奇龄《四书剩言》卷四："圣贤无异学，千圣百王无异道，夫子、曾子与门人无异心，乃谓一贯之道，借尽己推己之目以着明之，曾有丝毫见道者而肯作如是语乎？毋论夫子一生，只此忠恕。《论语》二十篇，教人只此忠恕。即《大学》《中庸》《孟子》三书，亦只此忠恕也。《大学》以明德新民为一贯，而务絜矩以该之；《中庸》以成己成物为一贯，而提忠恕，违道不远，以综统之。然且忠恕二字，要归在恕，以平天下育万物，非恕不为功。《大学》以藏恕喻人为絜矩，而《中庸》以求人先施为庸德，是以

《论语》两一贯，一是曾子，一是子贡，曾子是忠恕，子贡只是恕，一言而终身行之。

以"恕"释"絜矩"确实符合《大学》平天下章的本义，但它和平均思想又有什么关系呢？回答这个问题，还需要再次回到古代平均观念的解释上来。中国古代的"平均"或"均平"，含义极为丰富。除了我们前边讲到的它有公平公正和平衡、均衡的意义之外，合理和谐也是其基本的含义，建设公平公正、安乐祥和、秩序规范的和谐社会，正是平天下的最终目标。

宋卫湜《礼记集说》卷一百中载："又乐书曰：乐合生气之和，道五常之行，使主敬主亲主顺之道，皆会归于和。父子兄弟和亲于闺门，乐之化行乎一家也；长幼和顺于族长乡里，乐之化行乎乡遂也；君臣上下和敬于宗庙，乐之化行乎一国与天下也。古乐之发，修身及家平均天下，如此而已。"

同样是这一段话，清乾隆十三年钦定的《礼记义疏》卷五十二记曰："陈氏旸曰：父子兄弟和亲于闺门，乐之化行乎一家也；长幼和顺于族长乡里，乐之化行乎乡遂也；君臣上下和敬于宗庙，乐之化行乎一国与天下也。古乐之发，修身及家平均天下，如此而已。"

这两段话都是在讲乐的社会功能和作用。乐之教化，可以使家族亲睦，乡里和顺，国家天下祥和安乐。古代思想家把这种家族亲睦、乡里和顺、天下祥和的和谐状态，视之为平均或均平。和谐是"恕"所追求的境界，也是平均的基本内涵。从这个角度讲，以"恕"释"絜矩"，是不是又把"絜矩之道"纳入了含义广泛的"均平"思想的范畴呢？

其实，上边的例子中思想家们把和谐的状态归为"均平"，而在关于"絜矩之道"的资料中，也有直接把"絜矩"解为和谐的例子。明人项霦在《孝经述注》中写道：

故礼备于家而治成于国矣。在家之严父严兄,即在国之尊君敬长也;在国之抚百姓,即在家之爱妻子,恤其饥寒也;在国之御徒役,犹在家之有仆妾供使,知其劳困也。然其敬爱之施,虽有亲疏先后之伦,而无彼我远近之间,故上下能相亲睦,以致天下和平,后世治家国者,不达絜矩之道,胶蔽亲疏,妄分彼我,昵爱于闺门以恩掩义,敛怨于士庶以暴胜恩,故常乱多治少,可胜叹哉![1]

在这段关于"絜矩之道"的论述中,"絜矩"指的就是"虽有亲疏先后之伦,而无彼我远近之间,故上下能相亲睦,以致天下和平"的状态,那么,"絜矩"自然就是"和谐"之义。这个实例更证明了我们把"絜矩"划入"均平"范畴的正当性。

三 "絜矩"概念消失的原因

"絜矩之道"这个源自《大学》、并被朱熹等南宋思想家重新发掘的思想文化概念,自朱熹之后,在长达六七百年的时间里,曾广泛流行。它不仅出现在思想家们的著作里,也出现在诗人的吟诵中:"民病盍知渠即我,郡贫应念昔非今。圣门絜矩真良法,彼此秤停要尽心。"[2] "絜矩思为政,淳风个里寻。"[3] "藕花香里漾舟来,山榭登临万锦开。底事低徊看不足,吾因絜矩爱贤材。"[4] 甚至,文人学士、乡绅大户人家,还以此为自己的堂舍取名,其影响可谓深远。但遗憾的是,历史进入近代,"絜矩之道"突然销声匿迹,几成绝响。特别是在今天人们的意识中,似乎已根本不知"絜矩"为何物。这在思想发展史上,并不是一个特别常见的现象。尽管历史上的思想概念,到如今消失、湮

---

[1] (明)项霦:《孝经述注》,文渊阁四库全书本。
[2] (宋)林希逸:《送子晦宰南安》,《竹溪鬳斋十一藁续集》卷五,文渊阁四库全书本。
[3] (清)《御制诗三集》卷二九,文渊阁四库全书本。
[4] (清)《御制诗三集》卷五八,文渊阁四库全书本。

没而不彰者也有不少，但像"絜矩之道"这样消失的例子也还是有些罕见。个中原委，着实值得探讨。

首先，从"絜矩之道"的基本含义上说，我们看到它缺乏独立性的品格。"絜矩之道"的所有思想内涵，几乎都是其他思想文化概念所阐明了的，从而失去了作为一个独立概念的价值和意义。

《礼记·大学》篇最初提出这个概念的时候，所谓"絜矩之道"就是两层含义，即提倡君子、国君对人民大众行为的示范表率作用和对待上下左右关系的忠恕之道；南宋以后，经过朱熹等人的发明和阐发，又增加了一个突出的平均思想；"絜矩之道"在思想方法上，强调的是一种推己及人的思想行为方式。这就是"絜矩之道"的全部思想内涵。而这些东西有什么独立的思想价值或意义呢？

我们先来说君子、国君对人民大众行为的示范表率作用问题。提到这一点，我们马上就会想到孔夫子"君子之德风，小人之德草，草上之风，必偃"[1]的名言，也就是说，这是一个在先儒思想文献中早已解决的问题。关于这一点，仅在《论语》中就有非常丰富的论述：

> 季康子问政于孔子。孔子对曰："政者，正也。子帅以正，孰敢不正？"（《颜渊》）
> 其身正，不令而行；其身不正，虽令不从。（《子路》）
> 苟正其身矣，于从政何有？不能正其身，如正人何？（《子路》）
> 君子笃于亲，则民兴于仁。（《泰伯》）
> 上好礼，则民莫敢不敬；上好义，则民莫敢不服；上好信，则民莫敢不用情。（《子路》）

在这些论述中，孔夫子已经把统治者行为的示范表率作用强调得十

---

[1] 杨伯峻：《论语译注》，中华书局1980年版，第129页。

分清楚了,《礼记·大学》篇所谓"上老老而民兴孝,上长长而民兴弟,上恤孤而民不倍"的"絜矩之道",对之又有什么新的发挥呢?

再说"絜矩之道"中的"恕"道。而这何尝不是被孔夫子讲得烂熟的一个概念呢?孔子在对自己的学生阐述自己的思想体系的时候,曾分别对曾参、子贡两次谈到"吾道一以贯之"的话,而孔子思想的这个"一以贯"的东西,按照曾参的解释,就是"忠恕"[①]二字。《论语》中关于"恕"的论述也很丰富:

> 子贡问曰:"有一言而可以终身行之者乎?"子曰:"其恕乎!己所不欲,勿施于人。"(《卫灵公》)
> 己欲立而立人,己欲达而达人。(《雍也》)
> 以直报怨,以德报德。(《宪问》)
> 躬自厚而薄责于人。(《卫灵公》)
> 既往不咎。(《八佾》)

这些都是关于"恕"的论述。最值得关注的就是孔夫子答子贡的话,他认为一个人一生可以奉为座右铭的东西,就是一个"恕"字;而"絜矩之道"中所谓"所恶于上,毋以使下;所恶于下,毋以事上;所恶于前,毋以先后;所恶于后,毋以从前;所恶于右,毋以交于左;所恶于左,毋以交于右"的处理上下前后左右关系的准则,相对于孔夫子的一个"恕"字,又增加了什么新的含义呢?

至于宋儒朱熹等人所附加给"絜矩之道"的平均思想,在中国传统思想文化中更是一个古老而深厚的思想观念。中国文化,从某种意义上说,就是一种"均平文化"。人们都知道孔夫子的名言:"不患寡而患不均,不患贫而患不安。盖均无贫,和无寡,安无倾。"[②] 虽然孔

---

① 杨伯峻:《论语译注》,中华书局1980年版,第39页。
② 杨伯峻:《论语译注》,中华书局1980年版,第172页。

夫子这里的"均"并非今天的绝对平均之义，但却的确是一种平均思想。[①] 除了孔子的均平思想之外，先秦典籍中关于平均有许多论述：

《周易》谦卦的象辞曰："地中有山，谦，君子以裒多益寡，称物平施。"[②] 唐代人史征《周易口诀义》卷二中解释这句话说："君子以裒多益寡，称物平施者，裒，聚也，寡，少也，谓人资财此多者行谦，即物益裒聚。故曰：裒多也，比寡少，行谦，即物渐增益，故曰益寡也。称量事物，随其多少，均平而施给，故曰称物平施也。"《周易》象辞中的这个"称物平施"就是一个明确的平均概念。

《周礼》中周官的设置，也很明确地体现着古老而鲜明的平均思想。《周礼》关于天官冢宰职责说："乃立天官冢宰，使帅其属而掌邦治，以佐王均邦国。"[③] 这个"均邦国"就是要使天下邦国，无论上下、尊卑、贫富、远近都各得其平，各得其分，就是一个很明确的平均思想。

《周礼·地官司徒第二》关于大司徒之职规定曰："以土均之法，辨五物九等，制天下之地征，以作民职，以令地贡，以敛财赋，以均齐天下之政。"就是说，大司徒的职责之一，就是要按土地情况，运用征收赋税的合理法则，使天下赋税的征收均平、合理，这就明确贯彻了一种均平思想。

可以说，中国古代就是以均平治天下的，在我们的先民那里，并不缺乏明确的均平思想。而朱熹"上下四方，物我之际，各得其分，不相侵越，而各就其中挍其所占之地，则其广狭长短又皆平均如一，截然方正，而无有余不足之处"的所谓"絜矩之道"，相对于"裒多益寡，称物平施""以均齐天下之政"的传统思想来说，又增加了什么新

[①] 关于孔子"不患寡而患不均"一语的理解，笔者专门写有《关于"不患寡而患不均"的解说》（《二十一世纪》2005年6月号）一文，可供参阅。

[②] （魏）王弼注，（唐）孔颖达疏：《周易正义》，十三经注疏整理本，北京大学出版社2000年版，第96页。

[③] （汉）郑玄注，（唐）贾公彦疏：《周礼注疏》，十三经注疏整理本，北京大学出版社2000年版，第6页。

的思想要素呢？

最后，就连"絜矩之道"的推己及人的思维方式，也消解在孔子"己所不欲，勿施于人"的"恕"道论说中。如此这般，从思想史或人类认识发展史的角度说，"絜矩之道"还有什么独立存在的价值和意义呢？它被遗忘是个极其正常的文化现象。

就包含有以上所分析的三重思想内涵说，"絜矩之道"可以算上是一个内涵丰富的思想概念。但它的三重内涵，都重复了其他已经发展成熟且影响更为深远的文化概念，这样它就势必被他者所消解，失去作为一个独立文化概念的个性品格。"絜矩之道"最终无法逃脱被思想的历史所抛弃的命运。

其次，从词性上说，所谓"絜矩"并不是一个实词性概念，而只是一个比喻性的说法。按范祖禹的解释，絜，围束也，亦谓围而度之也。矩，所以为方；絜矩，言度之以求其方也。元代的何异孙说，絜，度也；矩，所以为方者，今木匠曲尺是也，匠之造屋室器用也。清人陆陇其在《四书讲义困勉录》中认为絜矩不是譬喻，但却说是借字。（此三人的原话，都已见前引）总之，所谓"絜矩"，并不是一个具有明确的思想意义的概念，它的所谓思想意义的内涵，是后人附加上去的，是借用来说明问题的。"絜矩"不具备一个思想概念之基本要素，这大概也是它不能流传、缺乏生命力的原因之一。

鉴于以上分析，"絜矩之道"的悲惨命运是一个很正常的文化现象。朱熹是中国思想史上少数几位最具影响的思想家之一，他的《四书集注》影响中国八百年之久，其思想不可能不被后人所重视。但他所极力推崇的"絜矩之道"却这样地被湮灭了，他对"絜矩之道"的解释、阐发和重新张扬，在近代落了个无人问津甚至被抛弃的悲惨下场，这是一个无可奈何的结局。思想的历史就是这样，思想概念的生命力，永远属于那些新生的富有活力的东西！

原载《史学月刊》2005年第3期

黄河文化论纲

一　何谓黄河文化

　　文化是一个很有歧义的概念。有人说，文化是人类创造的物质文明和精神文明的总和，它等同于"总体的人类社会遗产"；有人认为，文化仅指人们的精神生活的产品及其有关的设施，它是人们精神生活领域的社会现象；有人把文化定义为各种意识形态的总和，说它是文学、艺术、宗教、哲学、法律、伦理等具体意识形态的结合体；也有人认为，任何具体的意识形态及其结合体都不是文化，文化只是寓含于其中的一个民族的心理结构、思维方式、价值体系；有人更抽象地把文化定义为人类在社会生活中所获得的能力；有人则把文化具体划为几个层次、描述成一个立体的系统。这些是文化研究中略具代表性的观点。笔者认为，所谓文化，主要是指一个民族的精神生活的内容、方式和特点。它既表现为各种具体的显而易见的意识形态，如哲学、法学、宗教、史学、科技、文学、艺术、语言文字、风俗习惯等，又表现为支配民族生活的那些不易直接体察的民族的深层心理素质，如价值观念、道德意识、思维方式、民族性格等。前者是后者的外在形式或具体展现，后者是前者的内核或根基，二者相互渗透，有机结合，构成文化的整体。

　　文化是人类历史活动的产物，是人的创造。生活在不同的自然条件下、有着不同的历史经验和心理结构的人们，实际上面对的是各个不同的世界，他们的社会实践也不尽相同，他们各自面临的问题以及对此做出的回答——文化——当然也就不同。于是，不同的人类共同体，不同的国家和民族，都有各自独特的文化传统。即使在同一民族内部，也会因地理环境的不同而形成风格各异的文化传统。特别是像中华民族这样在960万平方千米的广袤地域上形成的民族，文化面貌就更因地理环境的千差万别而更复杂、丰富，多彩多姿。于是，在民族文化的范畴中，又可依据不同的地域特征及这一特征所造成的文化面貌的差异，提出区域文化的概念。所谓黄河文化，就是一个区域文化层次上的文化概念。

黄河，这条举世闻名的大河，千曲百回，奔腾驰驱万余里，中游流过面积达30万平方千米的黄土高原，中下游是它辽阔无垠的冲积扇——华北平原。整个流域水系交错，气候温和，土质肥沃，水热条件极宜农作物生长，具备了古代人类文化滋生、发展的最佳条件。居住在黄河两岸的先民们，没有辜负大自然的恩赐，用勤劳智慧的双手，在这条大河流域创造出一种独具特色的灿烂的古代文化，亦即以旱地农业为特征的农耕文化系统。黄河文化带着黄河的本色，它像黄河一样具有博大雄浑的气魄，凝重深沉的性格，质朴无华的品质，化育众生的胸怀。黄河文化，就是缘黄河而起的打上了黄河水文地理特征的一种旱地农业文化，是黄河流域人民在黄河岸边生息、繁衍、奋斗、发展的历史过程中形成的民族性格、文化观念、思想风尚、风俗习惯，是黄河流域人民精神生活的内容、方式和特点。黄河文化是一种大河文化，然而，在众多的大河文化类型中，它独具特色。它既不同于尼罗河流域的埃及文化，也不同于印度河流域的印度文化、幼发拉底和底格里斯两河流域的巴比伦文化，甚至也不同于同是中华文化的长江文化。它最早把中国推进到文明时代，最早孕育出世界上最伟大最强盛的统一国家，也是世界上唯一在数千年间文化统绪绵延不断、最具生命力的文化系统。黄河文化，在文化史、文化类型学上，无疑具有迷人的魅力。

二　黄河文化的重要特色

无论与世界上其他众多的文化类型相比，还是相对于中国民族文化中的其他区域文化来说，黄河文化都有许多明显的特点。其荦荦大端，择其要者，有以下几点：

(一) 起源早，成熟快

黄河文化是在黄河流域的黄土地带上滋生发展起来的一种旱地农业文化。它的发生成长，都是与黄土、黄河的土质、水文条件紧密相连的。据统计，中国的黄土地带，面积可达100万平方千米，主要由黄河中游的黄土高原和黄河中下游的华北平原组成。黄土高原是风成的，由西北方沙漠和戈壁地区吹来的尘土堆积而成。华北平原是水成的，它本来是一个大海湾，在缓慢的地质年代里，由黄河冲积而成。黄河从中上游裹挟下来的泥沙、黄土，决定了这个大冲积扇和中游黄土高原有着大体相同的土质。黄土的特质，黄河的血液，使这个广袤的大河流域具备了人类文化最早发育滋长的先决条件。

根据考古发现，黄河流域的先民们早在距今8000年前，就发展了比较稳定的农业经济。20世纪70年代中期，在黄河流域相继发现了一些重要的新石器文化遗址，特别是1973年在河北省武安县磁山发现的磁山文化和1977年在河南省新郑县裴李岗发现的裴李岗文化，都是距今7500年左右的新石器文化，而在这些古文化遗址中，发现了大量已经碳化了的粟类粮食作物。从这些遗址中都可以清楚地看出，当时的人们已开始饲养猪、狗、鸡等家畜、家禽，生产工具已有石斧、石刀、石镰、石铲等众多种类。可以说，黄河流域的先民们最早驯化了野生植物，培养出粟类粮食品种，开辟了稳定的生活资料来源，解决了人们最基本的生存需要问题，进入定居农耕生活，最早创造出一种先进的农业文化。

黄河文化起源早的另一证明，是它最早发展出纺织业和丝织业，使之成为中国农业文化的一个特殊组成部分。在裴李岗和磁山文化遗址中，都发现了用陶片加工的纺轮。黄河中游文化区的仰韶文化遗址（距今7700年）中已看出，当时的纺织、编织工艺已比较发达，在遗物上见有布纹、绳纹、篮纹和席纹，工具则有纺轮、骨针和骨锥等。黄河上游文化区的马家窑遗址（距今5300年）中发掘的纺织工具有石纺轮和陶纺轮。马家窑文化的柳湾遗址墓葬中，在人骨附近有布纹痕迹，当是麻布一类的衣着。黄河下游文化区的大汶口文化遗址中，也可以看到清晰的布纹。中国的桑蚕生产也是最早在黄土高原发展起来，至迟到殷商时代，蚕丝纺织已达到较高的水平。殷代卜辞中，屡见桑、丝、帛等字。耕织并重这一重要的农业文化特点，早在黄河文化的起源阶段已经奠定了。

在中国文化范围内的比较中，长江流域文化区也是起源较早的。1973年发掘的浙江余姚河姆渡遗址中，发现了大量稻谷遗存。遗址年代距今7000年，是世界上最古老的人工栽培稻。河姆渡遗址发掘的手工艺品，如玉石、骨角的加工，陶器的制作，以及房屋建筑等方面，也都可以与黄河流域的新石器文化相媲美，这是两个平行发展、并驾齐驱的原始文化系统。然而，黄河流域文化却最先跨入了文明的门槛，并因而使之成为中华文化的主导形态。因此，黄河文化与其他文化类型相比，还具有成熟快的特点。

文明时代的主要标志之一，是文字的产生。有人认为，中国的文字已有6000多年的历史。如著名古文字学家唐兰先生，就认为大汶口文化中陶器上的意象符号是最早的意符文字。这是关于汉字起源的一家之言，也很带有臆猜的成分。但是，在河南安阳殷墟出土的甲骨文，则确凿无疑地把汉字的起源，定到了3000年前。而且甲骨文，从它的造字方法、单字数量以及笔法的工整诸方面来看，已是一种进步的文字，绝不是最原始的文字。从甲骨文可以推知，汉字的起源，至少应始自夏代。关于文字起源的这几种推断，都说明汉字是中原地区黄河文化的产物。自从有了文字，黄河文化就最先发展到了文明时代。

黄河文化成熟快的另一根据，是黄河文化区最早发展出国家形态，在中国率先实现了由原始社会向奴隶社会的过渡。

夏、商、周是中国早期国家形态发展的三个阶段。夏人活动的区域，在黄河中游河南嵩山及伊、洛河流域。夏建国后，都城几经迁徙，但大都不出河南省境，都在黄河文化的中心区域。商族是在黄河下游发展起来的。成汤灭夏之后，都于亳，成汤以后，商王朝的国都有五次迁徙，仲丁迁于嚣（今河南荥阳东北），河亶甲迁于相（今河南内黄东南），祖乙迁于耿（今河北邢台），南庚迁于奄（今山东曲阜），盘庚迁于殷（今河南安阳）。商代政治、文化的中心，也不外大河南北。周族兴起于黄河重要水系之一的渭水中游流域，灭殷后建都于镐京（今陕西长安西南），又建立东方重镇雒邑（今洛阳东30里）。周王朝立足黄河流域，其统治势力已扩及江汉流域。夏、商、周三代，是黄河文化的产物，是黄河文化早熟性把中国历史推进到文明阶段。

（二）鲜明的政治色彩

黄河文化区最早发展出国家形态，这同时也表征了这种文化具有鲜明的政治色彩。黄河文化的这一特征，是与黄河流域旱地农业经济的特点相联系的。马克思在讲到古代东方社会的特点时说："气候和土地条件，特别是从撒哈拉经过阿拉伯、波斯、印度和鞑靼区直至最高的亚洲高原的一片广大的沙漠地带，使利用渠道和水利工程的人工灌溉设施成了东方农业的基础。无论在埃及和印度，或是在美索不达米亚和波斯以及其他国家，都是利用河水的泛滥来肥田，利用河流的涨水来充注灌溉渠。节省用水和共同用水是基本的要求，这种要求，在西方，例如在弗兰德和意大利，曾使私人企业家结成自愿的联合；但是在东方，由于文明程度太低，幅员太大，不能产生自愿的联合，所以就迫切需要中央集权的政府来干预。因此亚洲的一切政府都不能不执行一种经济职能,即举办公共工程的职能。"① 这段话很好地揭示了黄河文化区最早发展出国家形态的经济原因。

像黄河流域这样的旱地农业经济,以农为本,以水为生,水利灌溉事业是农业的命脉。而水利设施的修建,水患的治理,都不是任何一个氏族部落、更不是单个的小农家庭所能胜任的。因此,这种经济的特点,共同的生存利益,治水斗争,将人们紧紧联系在一起。它一方面,要求人们共同关心、治理与他们的生存需要休戚相关的水利问题,以养成关心共同社会问题的文化心理,另一方面,治水斗争和水利灌溉事业,也要求形成集中的社会权力,从而提出国家产生的客观要求。

生活在黄河流域旱地农业文化圈的先民们,早在4000多年前,就开始发展农田灌溉事业。原始社会晚期的氏族首领和早期的国家权力,都是与治水和开发水利事业相联系的。大禹治水是这方面最悠久的传说。大禹因治河的功德,成为天下共主,建立了中国历史上第一个奴隶制王朝。由禹领导的治水机构,演变成我国第一个奴隶制国家政权;周朝王室的先祖、周氏族的早期首领公刘,也是一位在水利灌溉方面有突出才能的人。《诗·大雅》"公刘"篇云:"笃公刘,既溥既长。既景乃冈,相其阴阳,观其流泉,其军三单。度其隰原,彻田为粮。"这里说他"观其流泉",即看泉源和流向是否便于灌溉和排水,他在选择田地位置时,首先注意的是水源情况。

治水和灌溉方面的原因,使黄河文化区的先民们,特别重视社会政治组织问题。也因为治水和灌溉是整个社会的共同利益之所系,联系着每一个人的生存需要,于是养成了人们关心社会公共事务亦即关心政治的文化心理,使黄河文化传统自古至今,政治色彩都非常鲜明。儒家学说就是在黄河农业文化的背景上形成的一种思想体系。它突出地显示了黄河文化的政治色彩。

学术界一般都认定儒家学说是一种社会伦理体系。它强调人的社会

---

① 《马克思恩格斯选集》第2卷,人民出版社1972年版,第64页。

义务，要求社会成员关心社会，关心政治，有所作为，是一种积极进取的入世哲学。儒家经典《大学》中所讲的"正心""修身""齐家""治国""平天下"的大学之道，可谓儒学的特质。重视社会伦理，实际上就是政治色彩突出的反映。儒家学说的奠基人孔子，几乎把一切问题都看作是政治问题。有人问他为什么不参与政治，孔子说："《书》云；'孝乎为孝，友于兄弟，施于有政。'是亦为政，奚其为为政？"[1] 在孔子看来，孝顺父母，友爱兄弟，把这种精神推广到政治上去，也就是参与了政治。换句话说，个人的修养问题也是一个政治问题。他的学生有子说："其为人也孝弟，而好犯上者鲜矣；不好犯上，而好作乱者，未之有也。君子务本，本立而道生。孝弟也者，其为仁之本与！"[2] 孝悌伦理是治国的根本。在孔子的观念中，治学也都是为了参与政治。他曾说过："诵《诗》三百，授之以政，不达；使于四方，不能专对；虽多，亦奚以为？"[3] 他认为，熟读《诗经》三百篇，而不会处理政务，不能充当合格的外交使节，就等于是白读，学问不能用到政治上去，就没有了任何意义。政治问题在人们的一切社会生活、精神生活中占有最重要最突出的位置。这就是儒家精神、黄河文化的最重要的特色。有人曾提出过这样的论断，说在春秋战国时期的百家争鸣中，儒家的孔子、孟子代表了黄河流域的华夏文化，而道家的老子、庄子，则代表了长江流域的荆楚文化，形成哲学思想领域内南北两大体系。华夏文化以偏重伦理纲常、政治实用为特征；而荆楚文化则重在人与自然的关系，具有尚虚无、好玄想等浪漫色彩。这种论断的可靠性当然还需要探讨，但黄河文化与长江文化相比，政治色彩的鲜明，则是显而易见的。

（三）强大的同化能力

黄河文化绵延发展数千年，保持着一以贯之的文化统绪，虽然也不

---

[1] 杨伯峻：《论语译注》，中华书局1980年版，第20—21页。
[2] 杨伯峻：《论语译注》，中华书局1980年版，第2页。
[3] 杨伯峻：《论语译注》，中华书局1980年版，第135页。

断面临其他文化的挑战和侵入，但它始终没有失去自己的文化特色，反倒一次次以它强大的同化能力，同化了入侵的异质文化，并使自己更加充实和完善，增强了生命活力。强大的同化能力，是黄河文化区别于其他文化传统的突出特点。在中国古代，黄河文化受到的最严重的考验，是在春秋战国和魏晋南北朝时期。在这两段长达数百年的时间里，黄河文化一方面受到中国北方游牧文化的冲击，同时又面临来自南方长江文化圈的挑战。而黄河文化则以它博大的胸怀，接纳了两种不同的文化形态，在这两种异质文化的冲击中得到了充实和发展，并锻炼、增强了对待异质文化的同化能力。之后，黄河文化虽然也曾面临过其他文化入侵的灭顶之灾，但这一文化传统则不曾发生大的动摇，反倒很快就同化了那些异族文化。最突出的例子是辽、金、元、清时期，北方游牧文化对黄河文化的侵入。

蒙古族初入中原，实行残暴屠杀政策，想将汉人不问男女老幼，贫富逆顺，一律杀尽。马克思曾指出，蒙古统治者实行使被征服地区荒芜的政策，是受他们的游牧生产方式所决定的，"因为大块无人居住的空地对于畜牧是主要的条件"①。窝阔台初即位时，中使别迭就曾提出将中原变成蒙古一样的牧地的主张。事实上他们也这样做了。然而，游牧文化却不具备战胜或同化黄河农业文化的能力；他们的做法造成了社会生产力的严重破坏，并最终危及自身的统治。忽必烈建元之初，不得不改变以前那种变农田为牧地的游牧生产方式，重视发展农业生产。入侵中原的蒙古统治者及其游牧文化终于被黄河文化所同化。类似的情况在清兵入关之后也出现过，满族文化在中原地区也没有逃脱被同化的命运。

三　黄河文化的历史发展过程

大体说，黄河文化的发展过程，可以粗疏地划分为五个阶段：

---

① ［德］马克思：《政治经济学批判》，人民出版社1956年版，第160页。

（一）黄河文化的原始发展时期

原始社会晚期，是黄河文化的起源阶段。在这一阶段，黄河文化经历了从磁山—裴李岗文化经过仰韶文化发展到河南龙山文化的发展序列。磁山—裴李岗文化，发端于大约距今8000年前，这一时期黄河流域人们的精神文化生活，已显示出了具体内容。在裴李岗遗址中发现了陶塑的人头、猪头和羊头等艺术品。距今7000年的仰韶文化遗址中，出现了彩陶艺术，许多陶器注重外观装饰，注重器物的造型艺术。彩陶艺术中表现出多角度的设计意图，既反映了人们的经济生活内容，也反映了人们的审美观念和原始宗教观念。这一时期还出现了中国最早的雕塑艺术，出土的陶雕骨雕，都形象逼真，栩栩如生。在仰韶文化的西安半坡遗址和临潼姜寨遗址中，还发现了几十种刻划符号，有的符号反复出现五六次之多，有固定的含义，可以看作是文字的起源。可以说，仰韶文化时期黄河文化圈的先民们，已经有了内容丰富的精神生活。

河南龙山文化，是黄河文化原始发展时期的最高阶段，时间阈限在距今4500年到4000年。伴随着农业经济进一步的发展、城堡的出现以及文明时代的开始，这一时期人们的精神文化生活也有较大的发展，最突出的是占卜习俗的普遍流行，在许多遗址中都发现了卜骨。人们以猪、牛、羊、鹿的肩胛骨为材料，通过烧灼，观察兆文以解释吉凶。这既是原始的宗教神学思想，也是人们对于自然关系、人生、命运等问题进行的探索，是原始精神文化发展的一个新阶段。

黄河文化在原始发展时期的特点是，由于文字没有产生，社会分工没有形成，精神文化不能作为一个独立的系统得到发展，精神文化活动只能体现在物质生产的活动中，不能以意识形态的形式表现自己。不过，这是任何一种文化体系在它的原始发展时期，都无法摆脱的局限。

(二) 独立文化系统的形成时期

夏、商、周三代，是黄河文化发展的一个重要时期。这一时期，发生了文化发展史上最具决定意义的事件，即文字的产生。因为有了文字，人们便可以对生产和社会活动中的经验教训进行总结，整理，人们日常精神生活的内容和方式也有了记述和表达的可能。因此，文化便作为社会生活的一个单独系统，从经济、生产活动中独立出来，开始自身相对独立的发展历程。

总结夏、商、周三代黄河文化的发展，有几点显得十分明显。

一是农业文化的特征比较鲜明。

在夏、商、周三代，科技文化最突出的成就是天文学和历法的发展。传说夏代已经有了历法。商代的历法已设置了闰月。我国的天文观测也起源于三代时期。商代殷墟卜辞中有许多关于天象观测的记录。周代人们观测恒星，在黄道带和赤道带的两侧，确定了二十八个星座作为标志，称为二十八宿。依据这些星座，来确定天体的位置和许多天象，如日食、月食发生的位置，这在古代天文学上是很大的进步。天文学和历法的发展，是与农业生产发展的实际需要相联系的。农业生产与季节、天象有着极密切的关系，农业文化不能不把它的关切点放在与农事密切相关的方面。

二是蕴含了黄河文化成熟时期的基本特质。

三代时期的黄河文化，虽然只是初步发展的阶段，但它已经蕴含了后世文化发展的一些重要特质。如黄河文化居民的务实心理，是由农业社会导致的一种心理趋向，是黄河文化的基本精神之一。而这种民族精神，在三代时期的文化中已可以看出来。《周易》这部周代的哲学著作，实际上是一部卜筮之书，是周人关于占卜的记录。占卜，这种从河南龙山文化时期一直延续发展下来的文化心理，一方面是出于对自然现象无法把握而产生的迷信，而另一方面，也反映了人们对现实人生中具体问题的重视。《尚书·洪范》这部周初的哲学著作，就开始用水、火、木、金、土五种物质元素来解释万物的生成和发展，而不是把一切都归之于人类生活经验之外的玄妙莫测的上帝。虽然在那个时代人们还无法真正摆脱对"天命"的依恃，但周人已从殷亡的教训中动摇了对"天命"和上帝、鬼神的迷信，把治国的立足点确定为现实中人事的治理。重人事而轻鬼神、重实际而黜玄想的传统文化精神，即发端于此。

黄河农业文化土壤所培育的"民为邦本"观念，是中国传统文化的基本精神之一。而这一思想也发端于三代时期。周初的最高统治者周王，虽然自认为是受天命而王天下的"天子"，但"汤、武革命"的事实，使他们感到"天命靡常"，要维持自己的天命，还必须顺从民心，因此，周公说："天惟时求民主"；"民之所欲，天必从之"①。他把天意和民心直接联系起来，形成"敬天保民"的政治思想。这就是民为邦本思想的发端。其实，这种"敬天保民"思想，是农业社会的必然产物。农业社会存在和发展的前提，是农业劳动力——农民的安居乐业。一旦这种格局遭到破坏，民不聊生，民怨沸腾，便有可能导致王朝的崩溃。因此，"敬天保民"，"民为邦本"等民本思想，便成为中国这个农业社会的一种传统观念，成为黄河农业文化的基本精神之一。

三是初步显示了黄河文化的创造力。

三代时期也是黄河文化初步显示其创造力的时代。其伟大的创造力主要表现在三个方面的巨大成就：其一是在文字创造方面所达到的成就，其二是在国家建设上的成就，其三是青铜文化的繁盛。这些巨大的政治、文化业绩，初步显示了黄河文化所蕴含的创造能力。

（三）黄河文化的鼎盛时期

从春秋战国时期到宋代，是黄河文化发展的鼎盛时期。这一时期，不仅文化自身的发展达到了繁盛的阶段，文化形态齐备，内容、形式

---

① 李民、王健：《尚书译注》，上海古籍出版社2004年版，第338、195页。

多彩多姿，在世界上居于无与匹敌的领先地位，而且更重要的是，黄河文化在这一时期充分发挥了它的创造能力。中国历史上最强大的封建王朝，最为人称道的封建盛世，中国人的许多带有世界性的伟大创造，都产生于这一时期。也是在这一阶段，黄河文化的基本素质，通过各种方式融合于中华民族的民族心理结构之中，塑造了中华民族的民族精神、民族性格以及民族的思维方式，并形成了以黄河文化为基本内核的中华文化传统。黄河文化在这一时期的具体文化成就，特别是它所造就的汉、唐时代的政治、经济、文化的繁荣，都为人们所熟知，无须赘述。这里，我们只来探讨这一时期黄河文化所以能创造这些伟大成就的原因。

1. 黄河文化不断吸收异质文化而增强了自身的生命活力

从历史上看，黄河文化就像一座大熔炉，许多异质文化与之接触之后，都被它熔化了。春秋战国时期是一次民族大融合，也是一次文化的大融合。北方的游牧文化，南方长江文化圈的吴越文化、荆楚文化，都向黄河文化圈的中原地区汇集。随着秦始皇统一中国，各种不同的文化类型也融为一体，而黄河文化就是这种统一的文化体系的内核或主体。也可以说，黄河文化融汇了其他文化的优秀成分而发展到一个新的阶段，并且以儒学正统文化地位的确立为标志，成为秦汉以后中华民族的传统文化。魏晋南北朝时期，又是一次文化的大融合。这次融合，黄河文化又吸收了北方匈奴、鲜卑、羯、氐、羌诸族的民族文化和江南地区的优秀文化。继之而来的唐代，在文化上是一个充分开放的时代，黄河文化不仅大量地接触西域文化，而且通过西域传来的印度文化、中亚文化、西亚文化，和通过南海传来的南亚文化，都为黄河文化吸收异质文化提供了条件，使它兼容并包地摄取外来的文化营养，以提高自身的创造能力。

2. 黄河文化的伦理型色彩提高了全民族的文化素质和文明程度

我们前边已经讲过，以儒家学说为其理论形态的黄河农业文化，是一种社会伦理型文化，它在传播方式上不同于西方的宗教文化。西方的基督教文化，其文化成员仅限于僧侣神职人员，而一般教徒只需要听从神职人员的教化。所以，西方的中世纪，几乎没有什么文化科学可言，甚至有些贵族都可以一字不识。黄河文化则大相异趣，它的伦理型色彩，要求向全体社会成员最大限度地传播文化知识，以增强社会成员遵守伦理原则的自觉性。因此，就世界范围内的中世纪史相比，中国古代社会的文化、文明程度是最高的，而这就正是社会政治、经济、文化繁荣发展的最重要的条件。

3. 儒家学说塑造了大有作为的封建知识分子

刚健有为，自强不息，是儒家思想的基本精神之一。孟子曰："居天下之广居，立天下之正位，行天下之大道，得志与民由之，不得志独行其道。富贵不能淫，贫贱不能移，威武不能屈。此之谓大丈夫。"[①]这样的人格精神，成为历代封建知识分子的行为准则。因此，古代正直的知识分子大都有一种任重而道远的责任感、使命感，都保持着大有作为、积极进取的精神风貌。这是黄河文化达至繁盛阶段的重要的主体条件。

4. 强大的政治统一局面，提供了文化发展的良好社会环境

黄河文化区域旱地农业经济的特点，促成了政治的早熟性，使黄河流域最早发展出国家形态，并最早形成专制主义的中央集权制度，造就了强大的统一的封建政治局面。而反过来，政治上强大的封建统一局面，又成为文化事业繁荣发展的可靠保障。

（四）黄河文化的迟滞与衰落时期

从元至清，是黄河文化的迟滞与衰落时期。这一时期，黄河文化的某些方面、某些文化领域仍然在发展，也有不少新的文化因素产生，但就其重要方面来说，文化模式已基本定型，它所塑造的人们的思维方式、价值观念、心理习俗，已经形成了固定的传统，它的儒家学说

---

① 杨伯峻：《孟子译注》，中华书局2005年版，第141页。

的理论形态再没有突破性的发展。于是,黄河文化便进入了缓慢发展、迟滞不前以至于衰落的阶段。

在这一时期,造成黄河文化迟滞与衰落的重要原因,大体说有以下几点:

1. 黄河文化区政治、经济优势的丧失

自从进入文明时代,中国政治、经济的重心,一直是在黄河文化圈。这一方面是与黄河流域旱地农业经济的特点有关,与黄河文化的早熟性有关,另一方面,也反过来促进了黄河文化的发展。文化中心与政治、经济中心的一致性,是中国古代历史的一个特点。东晋时曾发生过政治中心的南移,并有后来南朝的宋、齐、梁、陈;但这次政治重心的南移,并不是中国经济发展的必然产物,是由当时的政治局势和民族斗争造成的。所以,这次政治重心的南移,并没有造成黄河文化的衰落;相反,它倒为黄河文化的传播带来了契机。从唐代中期安史之乱开始,中经唐末农民战争、五代时期的军阀争战,到后来金、元异族的侵犯,黄河文化区的中原地区,屡遭战火蹂躏,经济上受到严重摧残。加之宋、元以后,黄河流域黄土高原森林植被遭到严重破坏,水土流失加剧,黄河下游河道一再决徙泛滥,使华北平原的地貌发生变异,原有的支津湖泊多为泥沙所淹,汉、唐以来的水利工程圮毁殆尽。所以,宋代以后,整个黄河流域文化区的经济处于一种日渐衰落的境况。与之形成鲜明对照的是长江流域的经济发展,日益显示出重要的地位。特别是随着宋室南迁,中国的政治、经济重心则从黄河流域转移到长江流域。从南宋至晚清,长江流域的经济发展,一直高出于北方黄河流域,即使明清时期的资本主义萌芽,也大都产生或形成于东南沿海一带。随着黄河流域经济重心地位的丧失,黄河文化也失去了昔日蒸蒸日上的生命活力。

2. 理学的发展,把农业文化的基本精神推向了极端

在封建社会前期,作为黄河文化理论形态的儒学,只是一种官方意识形态,列为官学而已,而在民间,并没有完全排斥其他思想的存在,

以至于后世竟出现了魏晋玄学和隋唐佛、道对儒学的强烈冲击。至唐末五代，社会长期分裂、混战，伦常、道德遭到严重破坏，重整伦理纲常、道德名教，是黄河文化统绪保持自身机制、恢复社会秩序的一个严重课题。于是，宋代的理学便应运而生了。理学亦称道学，以恢复儒学的道统为宗旨。从理论形态上看，理学确是儒学的较高阶段，它增加了儒学的哲学色彩，思辨色彩，把儒学真正提高到哲学的水平，而这样一来，却也把儒学的纲常名教、伦理道德固定化、绝对化了，以至推向了极端，使之失去发展的活力。特别是元代以后，理学造成了全社会性的思想僵化：读书人墨守师说，陈陈相因；论学空谈义理，不注意实际事物的观察与分析；修身追求的是明心见性，对一切身外之物采取消极、观望、因循、保守的态度；科学思维受到长期遏制，创新精神销蚀殆尽于令人窒息的思想氛围之中。一般国民也必须遵守"存天理，去人欲"的行为准则，泯灭一切感性冲动，压抑一切生命欲望，严格束缚于"三纲五常"的律条之中。整个社会的创造力，都被这个"理学"戕灭了。

3. 文化传统的定型及其僵化，削弱了文化的创造能力和应变能力

以宋代理学的产生为标志，黄河文化这种文化模式基本上已经定型。政治上的大一统集权统治，经济上的以农立国，思想上严格的独尊儒术，科学发展上的务实致用，基本上已成为这一文化传统一以贯之的社会文化模式。在这一文化模式中生活的社会成员，在思维方式上表现出几种顽强的惰性特征：首先是长期大一统政治局面与意识形态上的儒学独尊地位，熏染出人们思维方式上强烈的求同求一倾向，强调共性，抹杀个性，强调理性，戕灭感性，习染成民族心理的重要成分，产生对新事物、新思想的抗拒心理；其次，农业社会汪洋大海般的小农经济，使人们形成了极其深厚的平均主义心理意识，强调平均，反对差别，成为阻碍社会经济发展的历史惰力；最后，封建政府长期奉行的"重本抑末"政策，造成了人们对工、商、科技诸业的极端忽视或鄙视。在人们的心理意识中，科学发明被视为奇技淫巧，行

商坐贾被看作末业邪途，遏制了新的经济成分的滋生发展。这些文化心理的形成及其固化，熄灭了黄河文化形态内部任何新文化成分的火种。元代以后，西方基督教文化开始传入中国。由于宗教宣传的需要，传教士们也带来了不少西方的科学文化，开始了一个西学东渐的缓慢过程。这种新的文化因素，也无例外地受到了中国传统文化心理的强烈抵制。这一时期的黄河文化，再也没有盛唐时代那种对异域文化宽容大度的气魄了，基督教文化在黄河文化土壤上始终没能获得像佛教文化那样的礼遇。黄河文化已失去了昔日吸收、消化异质文化的同化能力。

（五）挑战与再生

鸦片战争以后，伴随着西方帝国主义的军事、经济侵略而渗透进来的西方文化，第一次向黄河文化提出了严峻的挑战。以往，黄河文化曾多次面临过不同文化面貌的侵入或挑战，并都以博大的胸怀接纳了它们，融化了它们。而现在不同了，一方面，这时的黄河文化已到了它的衰落期，已失去了往日的信心、勇气和生命活力；另一方面，来自西方的这种异质文化，已不是一般地高于黄河文化，而是以近代大工业的发展为基础、以民主科学为特征的资本主义文化，它从本质上比黄河文化要高出一个时代。黄河文化已没有能力接受这种异质文化。于是，我们看到，在整个近代历史中，以黄河文化为代表的中国传统文化与西方文化发生了激烈的冲突。这种冲突，一方面是由于西方文化伴随着侵略而来，引起了中国民族的本能的敌视；另一方面，也由于弱者文化的恐惧和戒备心理；而更重要的则是，黄河文化赖以生存的社会经济条件，没有提供西方文化植根的土壤。黄河文化的再生，期待着中国社会政治、经济环境的根本性变革。

1978年年底中国共产党的十一届三中全会以后，中国真正开始了工业化的进程。黄河流域旱地农业文化圈，经济成分也开始发生根本性的变革。星罗棋布的乡镇企业，商品经济的迅速发展，日益改造着农业文化的传统观念，改变着人们衣食住行的生活习惯，当然也影响着人们精神面貌、思维方式的改变。这一伟大的变革过程，为黄河文化接受现代工业文化以改造自身、走向复苏和再生，创造了良好的社会经济环境。

当然，黄河文化的复苏和再生，已不可能再是原来的以旱地农业经济为基础的一种典型农业文化的再生，而是与黄河流域的地貌特征相联系的、并有别于沿海工业文化的一种新的现代文化面貌。这种再生的黄河文化，一方面以现代工业、现代农业和现代科学技术的发展作为它坚实的基础，另一方面，又保持着古老的黄河文化传统的精髓和其中一切有益的成分。可以相信，黄河文化传统中维护国家安定统一的思想，刚健有为、自强不息的精神，关心社会、关心他人、以天下为己任的入世哲学，取验务实、重视实效的求实原则，正心修身、重视自身人格修养的纯厚品质，宽容大度、兼容并蓄、善于借鉴异质文化的开放性格等，这一切黄河文化传统的基本特点，都将成为黄河文化再生的生命细胞。改革开放的现代化建设，给黄河文化的再生注入了新的生命活力。一个继承了黄河文化传统的基本特质、又反映着当代黄河人民新精神风范的文化系统，正在迅速形成。黄河文化又面临了一个新的大有希望的历史阶段。

原载《史学月刊》1997 年第 6 期

谈黄河文明的变革精神

黄河文明是人类文明史上和两河流域文明、尼罗河文明、印度河文明一样齐名于世的大河文明或农业文明。而其古老而绵延不绝的生命力，求新求变的文化精神，却使它在人类古文明史的比较中，独树一帜，分外靓丽。而以往，变革精神这个黄河文明的显著特色，则被一种顽固的偏见遮蔽了，即人们总是给这种平原流域文明冠以保守性的特征，这种认识的积习，在确凿的历史事实面前，应该得到扭转。

过分强调大河流域文化、平原文化或农业文明的保守属性，主要是源自黑格尔的影响。黑格尔在其名著《历史哲学》中提出了一个"历史的地理基础"概念，并按照地理特征把世界区分为三种类型：一种是干燥的高地同广阔的草原和平原；一种是平原流域，是巨川大江流过的地方；另一种是跟海相连的海岸区域。在这三种不同地域生活着的人们，塑造了不同的文化精神：高地居民的性格是好客和掠夺，平原上居民的特性是守旧、呆板和孤僻，海岸居民的性格是勇敢、沉着和机智。"平凡的土地、平凡的平原流域把人类束缚在土壤上，把他卷入无穷的依赖性里边。"[1] 这便是将平原流域的农业文化或农业文明打上保守性特征的基础性论证。

人类早期文明过多地受到地理环境的影响，这是没有异议的；平原流域文化或文明有其保守性的一面，也可以找到不少例证。但是，我

---

[1] ［德］黑格尔：《历史哲学》，生活·读书·新知三联书店1956年版，第134页。

们也必须明白一个道理，地理环境的影响作用不是绝对的；在类似地理环境中生存发展的不同民族，其文明道路也不是千篇一律的。对一种文化或文明的研究，对其历史属性的判断，最根本的还是要回到实证的历史中。而一旦回到实证的研究领域，我们就会发现一个明显的事实，那就是在中国黄河文明的古老基因中，持续活跃着一个求新求变的思想要素。

黄河文明的经典之作《周易》六十四卦中，第四十九卦是"革卦"，经文曰："革：巳日乃孚，元亨，利贞，悔亡。"意思是说，革卦象征变革，在"巳日"（祭祀的日期）推行变革并取信于民众，前景就至为亨通。革卦的《象传》曰："天地革而四时成；汤武革命，顺乎天而应乎人：革之时大矣哉！"不仅求变，而且倡导顺乎天而应乎人的革命性变革。

后世对"革卦"及其传文的阐释，也都强调了变革、革命的正当性和合法性。《周易正义》说："'汤武革命，顺乎天而应乎人'者，以明人革也。夏桀、殷纣，凶狂无度，天既震怒，人亦叛亡。殷汤、周武，聪明睿智，上顺天命，下应人心，放桀鸣条，诛纣牧野，革其王命，改其恶俗，故曰'汤武革命，顺乎天而应乎人'。计王者相承，改正易服，皆有变革，而独举汤、武者，盖舜、禹禅让，犹或因循，汤、武干戈，极其损益，故取相变甚者，以明人革也。'革之时大矣哉'者，备论革道之广讫，总结叹其大，故曰'大矣哉'也。"① 《周易正义》的阐释强调了革命、变革的重大意义，释"革之时大矣哉"是"备论革道之广讫"。《周易正义》创造了"人革"和"革道"概念，以强调历史的变革之道。

朱熹解释革卦时也说："革，是更革之谓，到这里须尽翻转更变一番"；"须彻底从新铸造一番，非止其苴罅漏而已。"② 朱熹的话也强调

---

① （魏）王弼注，（唐）孔颖达疏：《周易正义》，十三经注疏整理本，北京大学出版社2000年版，第238页。

② （宋）黎靖德编纂：《朱子语类》第五册，中华书局1986年版，第1847页。

了"革卦"所隐喻的激烈变革意义。

不仅社会的变革如此，对于人的基本素质的培育也是如此，也要求个体的修养、成长要日日求新。同是黄河文明基本典籍的《大学》，就反复教诲人们要去创造，去求新。《大学》云："汤之盘铭曰：'苟日新，日日新，又日新。'《康诰》曰：'作新民。'《诗》曰：'周虽旧邦，其命惟新。'是故君子无所不用其极。"汤盘的铭文说，假如一天自新，就能天天自新，每天自新；《康诰》说，鼓舞人们自新；《诗》说，周虽然是个旧邦国，国运则是新的；因此，君子应该无处不竭力自新。

这样一种强调求新求变的思想，既是历史本身的观念反映，也反过来催生历史的变革和发展。中国早期文明史道路，就证实了这个历史的变革。三代文明的发展就是如此。夏商周（西周）三代只有千余年的历史，这对于早期文明的历史过程来说，并不算长，但却经历了多次重大的变迁。首先就三代的历史沿革说，就具有明显的文明变迁意义。

《礼记·表记》中有一段话集中表述了夏商周三代文化精神的重大变迁。是篇云："子曰：夏道尊命，事鬼敬神而远之，近人而忠焉，先禄而后威，先赏而后罚，亲而不尊。其民之敝，蠢而愚，乔而野，朴而不文。殷人尊神，率民以事神，先鬼而后礼，先罚而后赏，尊而不亲，其民之敝。荡而不静，胜而无耻。周人尊礼尚施，事鬼敬神而远之，近人而忠焉，其赏罚用爵列，亲而不尊，其民之敝，利而巧，文而不惭，贼而蔽。"夏道尊命，殷人尊神，周人尊礼，夏商周不仅是王朝的变革，同时也是文化精神的变革，三代文明各有特点。夏代的核心观念是尊崇君主，殷代的观念是尊崇鬼神，周代的观念是尊崇礼法，三代各有不同的治国原则，文化观念的变迁也清晰可见。这反映着历史本身的深刻变化。

黄河文明的变革精神，在同人类早期文明史上著名的几大文明相比是较为突出的。譬如最早进入文明时代的尼罗河文明，大约在公元前

4000年代中叶，就建立了国家，出现了文明古国埃及。但是，我们看到一些讲述古代文明的著作，在谈到古埃及文明时，却只能以早期王朝时期、古王国时期、中王国时期、新王国时期，来讲述两千多年间的古埃及文明，而难以抽象出期间古埃及历史的本质变化。① 又譬如古埃及文明的基本标志之一，它的象形文字，在长达数千年的历史中都没有大的进展。一篇论文说："古埃及的象形文字从公元前4000年代后半叶开始出现，是世界上最古老的文字之一，一直使用到公元4世纪末，大约流行了三四千年。"② 由多名美国历史学家集体撰写的《世界文明史》一书，在谈到古埃及象形文字时说："早在古王国时期，埃及象形文字就以三种书写符号为基础：象形、音节，以及字母。前两种已是楔形文字的组成部分，后一种却是一个极其重要的发明。假如埃及人采取措施把其字母符号——24个音符，每一个代表人类语声的辅音——与非字母符号区分开来，在其文字交流中只使用字母符号，那么他们就会发明一种完全现代的文字体系。遗憾的是，保守性阻碍了埃及人，以致第一种单一的字母体系要等到公元前1400年左右由地中海东岸的一支闪族语系人即腓尼基人去发明。"③ 而与此不同，作为黄河文明主要标志的文字汉字，从殷商的甲骨文，经过金文、大篆、小篆到隶书，即从类似象形文字的甲骨文，发展到接近今天汉字形态的隶书，也只是有千余年的时间。黄河文明文化形态中文字的变化、沿革，成为这种文明变革精神、创造精神的又一个鲜明例证。

黄河文明的变革精神，深深影响了政治文明的进程及其特点，春秋战国时期的历史变革，就是这种文明内生性的历史巨变。中国历史的这场深刻变革，既是黄河文化区域内的政治变革，也在思想层面上受到"天地革而四时成"变革精神的支撑。春秋战国时期各诸侯国内的

---

① 参见马克垚主编《世界文明史》上，北京大学出版社2004年版，第52页。
② 刘文鹏、令狐若明：《论古埃及文明的特性》，《史学理论研究》2000年第1期。
③ ［美］菲利普·李·拉尔夫等：《世界文明史》上卷，赵丰等译，商务印书馆1998年版，第95页。

变法运动，大都继承这样清晰的变革思想。《商君书·更法》中关于变法的名言："三代不同礼而王；五霸不同法而霸。""礼法以时而定；制令各顺其宜。""汤、武之王也，不循古而兴；殷、夏之灭也，不易礼而亡。"都是"天地革而四时成"变革思想的展开和实践。正是这样强烈的变革思想，支撑了长达数百年的变法运动，终于把行之千余年的贵族制推进到专制主义的中央集权制度，完成翻天覆地的历史巨变。时人用"高岸为谷，深谷为陵"来形容这场历史剧变，是对这个大变革时代的真切感受。

即使在秦统一中国开辟了新的历史时代之后，中国的政治体制也不是一成不变，不管是其政治体制的核心官僚制度，还是经济制度、选官制度、文化思想等各个方面，从秦到清发展变化的脉络也清晰可循。以往有一个所谓"中国封建社会长期延续"的说法，说中国古代社会长期迟滞或停滞不前，较之欧洲的封建时代要显得特别漫长，这可以看作是黄河文明保守性的例证。其实，这完全是一个认识误区，而且也是一种并不恰当的历史比较。这种比较首先假设了欧洲封建社会的典型性、普遍性或代表性；其次毫无分析地把中国秦至清的帝制时代类同于欧洲的封建社会，缺乏对中国帝制时代社会形态的具体分析；最后，严重忽略了中国这两千年社会的重大变迁。这种所谓中国封建社会长期延续、超级稳定、迟滞发展的说法，完全无法解释中国在长达千余年的时间里毫无争议地走在世界前列的历史事实。事实上，中国既无长期延续的封建社会，也没有传统所理解的农业社会那种无限依赖于土地所造成的孤僻、呆板和保守，而是在平原流域丰厚的土壤条件上，创造了早于西方千余年的中央集权制度，创造了使西方难以理解的体现社会公平的选拔人才的科举制度，创造了取代贵族世袭的官僚制度，更是创造了直接影响西方政治进程的举世闻名的三大发明。人们不会忘记，马克思曾在《1862—1863年经济学手稿》中说："火药、罗盘针、印刷术——这是预兆资产阶级社会到来的三项伟大发明。火药把骑士阶层炸得粉碎，罗盘针打开了世界市场，并建立了殖民地，而印刷术则变成新教的工具。并且一般地说,变成科学复兴的手段,变成创造精神发展的必要前提的最强大的推动力。"这无疑是对黄河文明求新求变及其创造能力的最高褒扬!在这样的历史基础上,给黄河文明无分析地扣上保守性的帽子就有点不合时宜了。

黄河文明作为一种农业文明,相对于工业文明和商业文明来说,没有保守性的文化因素是不可能的,但一种显示了巨大创造力的文化,只注意到它的保守性的一面,显然是不客观不公允的。黄河流域历史、进而整体中国历史的文明进程,提示我们要特别重视黄河文明中求新求变的思想要素。这是这种具有鲜明地域特色的大河文明的独特之处,也是身处新的大变革时代的当代国人,需要从先民身上汲取的思想营养和宝贵品格。

原载《光明日报》2017年12月4日理论版"文史哲周刊"

富贵之畏人，不如贫贱之肆志
——四皓文化性格中最可宝贵的精神

"富贵之畏人，不如贫贱之肆志"，是皇甫谧《高士传·四皓》篇中，商山四皓避秦之暴政逃进蓝山吟诗而歌的歌词，而它却道出了中国古代隐逸文化中最可宝贵的文化性格，也是今天挖掘隐逸文化最需重视的一个问题，试作小文以抒其意。

自古隐士多矣。《后汉书·逸民列传》将隐士行为分为六种情况："或隐居以求其志，或回避以全其道，或静己以镇其躁，或去危以图其安，或垢俗以动其概，或疵物以激其清。"当代学者高敏先生的《我国古代的隐士及其对社会的作用》一文，将隐士划分为抗议型或不合作型隐士、淡泊型隐士、老庄型隐士、清高型隐士、虚伪型隐士等诸种类型。[①] 而有隐士就有隐士文化，有隐士文化性格的凸显。对于各种不同类型的隐士做文化性格分析，在诸多类型中都有一种共同的东西，那就是他们都特别看重人格的独立；为了保持独立之人格，宁可放弃俗世中一切功名利禄，富贵尊荣；不为浮名浮利所诱惑，不向权贵示媚骨。"隐居以求其志"是这种文化性格最鲜明的写照，抗议型或不合作型隐士是其突出的反映，甚至"回避以全其道""去危以图其安"的老庄型、清高型隐士，也具有这样的文化性格。

这种文化性格最早奠基于文化元典著作《周易》。《后汉书·逸民

---

① 高敏：《我国古代的隐士及其对社会的作用》，《社会科学战线》1994年第1期。

列传》"序"说：

> 《易》称"《遯》之时义大矣哉"。又曰："不事王侯，高尚其事。"是以尧称则天，不屈颍阳之高；武尽美矣，终全孤竹之洁。自兹以降，风流弥繁。

从思想源头上说，范晔将逸民、隐士思想的滥觞或发端，追溯至《周易》的"遯卦"和"蛊卦"。《周易·遯卦》曰：

> 遯，亨，小利贞。正义曰："遯亨"者，遯者，隐退逃避之名。阴长之卦，小人方用，君子日消。君子当此之时，若不隐遯避世，即受其害。须遯而后得通，故曰"遯亨"。"小利贞"者，阴道初始浸长，正道亦未全灭，故曰"小利贞"。
>
> 《象》曰"遯亨"，遯而亨也……遯之时义大矣哉！

《周易·遯卦》爻辞曰：

> 九四：好遯，君子吉，小人否。《象》曰：君子"好遯"，"小人否"也。
>
> 九五：嘉遯，贞吉。《象》曰："嘉遯，贞吉"，以正志也。
>
> 上九：肥遯，无不利。《象》曰："肥遯，无不利"，无所疑也。

根据"遯卦"释义及其爻辞，遯，亨，隐退则亨通。喜好退隐，君子吉祥，小人不吉；善于退隐，守正则吉；远走高飞，没有什么不利。

"不事王侯，高尚其事"是《周易》"蛊卦"的上九爻辞。《象》

曰："不事王侯"，志可则也。[①] 据此，"高尚其事"，也就是高尚其志，高尚其道，是看重、坚守自己的志向，重于道的追求。

从行为样本上说，范晔将逸民和隐士的出现，追溯至传说中帝尧时代隐居于颍阳的巢父、许由，和殷周之际孤竹国逸民伯夷、叔齐。巢父、许由、伯夷、叔齐，就其文化性格说，确实也都是"不事王侯，高尚其事"的典型或样板。

古来研究逸民或隐士及其思想者，多把隐士分为儒家之隐和道家之隐，其实，二者在高尚其志这样的文化性格方面，则是相通的。就儒家说，孔子的隐逸思想，《论语》中所保存的相关主张，几乎都体现了这一点。

> 子曰："道不行，乘桴浮于海。"（《论语·公冶长篇》）
> 孔子曰："……隐居以求其志，行义以达其道。"（《论语·季氏篇》）
> 子曰："笃信好学，守死善道。危邦不入，乱邦不居。天下有道则见，无道则隐。"（《论语·泰伯篇》）
> 子曰："君子哉蘧伯玉！邦有道则仕，无道则可卷而怀之。"（《论语·卫灵公篇》）
> 逸民：伯夷、叔齐、虞仲、夷逸、朱张、柳下惠、少连。子曰："不降其志，不辱其身，伯夷、叔齐与！"（《论语·微子篇》）
> 曰："伯夷、叔齐何人也？"曰："古之贤人也。"（《论语·述而篇》）

儒家是主张大有作为、以治国平天下为理想追求的一个学派，但孔子却不是一味地追求出仕入世，而是主张"有道则见，无道则隐"，为

[①] （魏）王弼注，（唐）孔颖达疏：《周易正义》，十三经注疏整理本，北京大学出版社2000年版，第111页。

士人设计了"无道则隐","道不行,乘桴浮于海"的第二条道路。在孔子这里,仕与不仕,隐与不隐,都根据政治状况和如何有利于坚守自己的"道"或"志"来决断、取舍。入世是为了行道,隐居是为了守道,进退之间都是围绕一个"道"字。所以"无道则隐",是因为只有隐才可能"守死善道";蘧伯玉所以是君子,就在于他懂得进退之道,在无道之时能够退隐,做到"卷而怀之";伯夷、叔齐所以为"古之贤人",是因为他们隐居避世而"不降其志,不辱其身"。孔子最欣赏的弟子颜回,也是一个懂得"隐居以求其志"的人。《论语·雍也篇》载,子曰:"贤哉回也!一箪食,一瓢饮,在陋巷,人不堪其忧,回也不改其乐。贤哉回也!"孔子对颜回处陋巷而能安贫乐道、保持坚定志向的精神品格持高度赞赏的态度。孔子的隐逸思想,和《周易》"高尚其事"的隐逸精神,保持了高度的一致性。

就传统道家来说,一般认为其隐逸思想的主要主张在于避祸存身,保全生命,但道家也的确有关于坚守道德、追求个性独立的一面,即所谓道家之隐也有"高尚其事"的一面。青年学者陈斯怀在《先秦隐逸思想与士人心态》[①] 一文中说:"与儒家侧重于隐逸以持守道德人格、又不乏追求自由的心态相通,道家在侧重于隐逸以追求个体自由的同时,也带有道德持守的自觉。"他列举了《庄子·列御寇》中关于宋人曹商与庄子的一段对话:

> 宋人有曹商者,为宋王使秦。其往也,得车数乘;王说之,益车百乘。反于宋,见庄子曰:"夫处穷闾厄巷,困窘织屦,槁项黄馘者,商之所短也;一悟万乘之主而从车百乘者,商之所长也。"
> 庄子曰:"秦王有病召医,破痈溃痤者得车一乘,舐痔者得车五乘,所治愈下,得车愈多。子岂治其痔邪,何得车之多也?子

[①] 陈斯怀:《先秦隐逸思想与士人心态》,《河北师范大学学报》2008 年第 4 期。

行矣！"①

曹商出使秦国得到丰厚馈赠，向庄子炫耀。庄子回应说，子之所得，就像秦王的侍医为秦王破痈溃痤、舐痔而获得的赏赐，有什么值得炫耀！陈斯怀说："降低自己的道德人格以求仕宦之利，显然是庄子所鄙夷不顾的，他的坚持隐逸、安于困顿，其实也是含有持守道德人格的心态。"换句话说，庄子之隐，实际上是有追求独立人格之义的。其实，陈斯怀此文评论道家之隐以追求个体自由时，举到的《史记》中庄子所言，也是可以从高尚其志的角度去解读的。《史记·老子韩非列传》关于庄子行事写道：

> 楚威王闻庄周贤，使使厚币迎之，许以为相。庄周笑谓楚使者曰："千金，重利；卿相，尊位也。子独不见郊祭之牺牛乎？养食之数岁，衣以文绣，以入大庙。当是之时，虽欲为孤豚，岂可得乎？子亟去，无污我。我宁游戏污渎之中自快，无为有国者所羁，终身不仕，以快吾志焉。"

庄周不仕，不接受楚威王的厚币和相位，蔑视所赐之重利和尊位，是为了追求个体的自由；而这个个体自由的向往，何尝不能看作独立之志向呢？"以快吾志"，和后世四皓的"贫贱之肆志"是完全一致的，即为独立志向、独立人格之坚守。应该说，在这一方面，道家之隐和儒家之隐保持着相当的一致性、相同性，起码在视王侯、功名如粪土而坚守个性独立方面是如此。坚守士人个体的独立性品格，不为功名利禄所动，不是哪一家的操守，是继承了《周易》"不事王侯，高尚其事"之隐士精神的士人的基本品格，是隐士文化性格的基本要素。

秦汉之际的商山四皓，实际上就是这样一类隐士，他们所歌的

---

① 陈鼓应：《庄子今注今译》，中华书局1983年版，第938页。

"富贵之畏人，不如贫贱之肆志"，既是他们心声的抒发，也是他们切身行事的写照。《汉书·叙传》说"四皓遁秦，古之逸民"。如果说商山四皓"遁秦"是为了避祸全身的话，那么，他们在汉初拒绝汉高祖的征聘，则是真正体现了"富贵之畏人，不如贫贱之肆志"的理性选择。《汉书·外戚恩泽侯表》"序"说："自古受命及中兴之君，必兴灭继绝，修废举逸，然后天下归仁，四方之政行焉。传称武王克殷，追存贤圣，至乎不及下车。世代虽殊，其揆一也。高帝拨乱诛暴，庶事草创，日不暇给，然犹修祀六国，求聘四皓。"刘邦要兴灭继绝，修废举逸，而求聘四皓，此时的四皓如果应聘出仕，当不可能再有性命之虞，然四皓拒绝征聘而选择隐居，就不是出于避祸全身的考虑了。四皓为何拒绝高祖的征召，张良在向吕后推荐四皓时所言，才真是一语中的："四人者年老矣，皆以为上慢侮人，故逃匿山中，义不为汉臣。"[①] 据此可知，四皓所以不应高祖的征聘，是因为他们知道高祖"慢侮人"，高祖之本性轻慢儒士，他们不愿面对王侯失去做人的尊严，即不愿意处于"富贵之畏人"的境地，而宁愿选择虽然贫困却能张扬独立个性的生活场景。保持个性之独立，是四皓文化精神的基点和精髓。

四皓还真是有"不事王侯，高尚其事"的精神气质。《史记·留侯世家》中他们和高祖刘邦的对话，很可以说明这一点：

> 汉十二年……及燕，置酒，太子侍。四人从太子，年皆八十有余，须眉皓白，衣冠甚伟。上怪之，问曰："彼何为者？"四人前对，各言名姓，曰东园公，甪里先生，绮里季，夏黄公。上乃大惊，曰："吾求公数岁，公辟逃我，今公何自从吾儿游乎？"四人皆曰："陛下轻士善骂，臣等义不受辱，故恐而亡匿。窃闻太子为人仁孝，恭敬爱士，天下莫不延颈欲为太子死者，故臣等来耳。"

[①]（汉）司马迁：《史记》，中华书局1959年标点本，第2045页。

他们直面刘邦的质疑，没有丝毫的畏惧，且直指刘邦"轻士善骂"的人格劣性。这已经不单是"不事王侯"的问题，而是不畏王侯，是很有人格尊严和独立个性的表现。他们所以这个时候站出来帮助太子，也是出于理性的分析和思考而做出的选择，即"太子为人仁孝，恭敬爱士"，值得辅佐。这也说明，四皓之仕与不仕，隐与不隐，都是出于清醒的理性判断，这个判断的唯一标准，就是保持自己的人格独立，就是是否有利于自己志向的坚守。人格的独立和尊严，个体志向的自由抒发，是商山四皓类隐士的基本品格。

不为富贵所曲，不为贫贱所移，一切为着坚守个人志向、人格之独立，商山四皓这样的隐士品格，对后世影响极大。以下就汉代的逸民隐士略举几例。

皇甫谧的《高士传》中，记载有成帝时人成公的事迹：

> 成公，成帝时人，自隐姓名，常诵经不交世利，时人号曰成公。成帝出游，问之，成公不屈节。上曰："朕能富贵人，能杀人，子何逆朕？"成公曰："陛下能贵人，臣能不受陛下之官；陛下能富人，臣能不受陛下之禄；陛下能杀人，臣能不犯陛下之法。"上不能折。①

这个成公，隐居以保其志，常诵经不交世利，甚至连官府、皇帝也不屑于交往。成帝出游，见之而不与帝礼，"不屈节"可以理解为不为之施跪拜之礼。这的确是有先秦士人之遗风，犹如先秦士人与王侯的分庭抗礼。汉成帝以他能让成公富贵、也能要了成公的性命而相威逼利诱，成公则凛然以对，你能使我富贵但我却不求富贵，能夺我性命但我却不犯朝廷王法，最后使得成帝也无法使之屈服。

---

① （西晋）皇甫谧：《高士传》卷中，四部丛刊第四十六册，中华书局 1989 年影印本，第 15 页。

《后汉书·郭陈列传》记载了陈宠曾祖父陈咸的故事：

> （陈咸）平帝时，王莽辅政，多改汉制，咸心非之。及莽因吕宽事诛不附己者何武、鲍宣等，咸乃叹曰："《易》称'君子见几而作，不俟终日'，吾可以逝矣！"即乞骸骨去职。及莽篡位，召咸以为掌寇大夫，谢病不肯应。时，三子参、丰、钦皆在位，乃悉令解官，父子相与归乡里，闭门不出入，犹用汉家祖腊。人问其故，咸曰："我先人岂知王氏腊乎？"其后莽复征咸，遂称病笃。

平帝时，陈咸任尚书，不满于王莽辅政多改汉制而辞位归隐。后来王莽新朝时，莽又召陈咸做官，咸托病拒绝，并要求尚在官位的三个儿子解官归田，和自己一起隐居乡里。从王莽辅政到王莽新朝，汉家天下已经是大势已去，以陈咸之力是无法改变这样的政局。但他对汉家天下抱有坚定信念，不仕新朝。陈咸是"有道则见，无道则隐"的一个样板。但从另一个角度说，如果把仕汉看作一种志向选择的话，这也同样是一个高尚其事的典型。

《后汉书·独行列传》所载谯玄事迹，也是一个很好的个案：

> 大鸿胪左咸举玄诣公车对策，复拜议郎，迁中散大夫。四年，选明达政事能班化风俗者八人。时并举玄，为绣衣使者，持节，与太仆王恽等分行天下，观览风俗，所至专行诛赏。事未及终，而王莽居摄，玄于是纵使者车，变易姓名，间窜归家，因以隐遁。
>
> 后公孙述僭号于蜀，连聘不诣。述乃遣使者备礼征之；若玄不肯起，便赐以毒药。太守乃自赍玺书至玄庐，曰："君高节已著，朝廷垂意，诚不宜复辞，自招凶祸。"玄仰天叹曰："唐尧大圣，许由耻仕；周武至德，伯夷守饿。彼独何人，我亦何人。保志全高，死亦奚恨！"遂受毒药。玄子瑛泣血叩头于太守曰："方今国家东有严敌，兵师四出，国用军资，或不常充足，愿奉家钱千万，

以赎父死。"太守为请,述听许之。玄遂隐藏田野,终述之世。

王莽居摄期间,身为绣衣使者的谯玄因不满于王莽的篡汉之举,借驱车观览风俗之机,变易姓名,间窜归家,隐于乡间。后来,公孙述在蜀地称帝,遣使备礼征谯玄出仕,玄不应征,公孙述赐毒药以死相逼,玄仍坚守不仕,并曰:"保志全高,死亦奚恨!"他非但不惧威逼,而且以古之隐逸贤者许由、伯夷自况,认为能像他们那样"保志全高",当死无遗恨!后因其子出资为其赎死,终老于乡间。谯玄的"保志全高",既是继承了《周易》"高尚其事"的隐者之志,也张扬了商山四皓"贫贱之肆志"的隐士精神。

"富贵之畏人,不如贫贱之肆志",商山四皓追求个性独立的隐者文化性格,即是在今天也有其值得倡导之处。在当代社会,我们不可能再去提倡隐逸避世,一切人都应该投入现实的社会建设中去。但是,不为利禄所诱,不为强权所曲,不为高官尊荣而动心,保持、张扬自己独立的人格尊严,捍卫自己独立思考之权利,这样的思想品质和文化性格,则是在当今社会应该大力提倡的。

倡优畜之：从东方朔之身份定位看钱穆的"士人政府"说

在当代中国的学术界和文化界，钱穆先生以国学大师之尊备受尊崇，其《国史大纲》《国史新论》等书也很受追捧，然而，这位大师对中国历史的某些基本判断，却与历史的实情相去甚远。诸如他关于中国古代没有君主专制的论断，他所提出的秦汉以后是"士人政府"的论断，都是其论著的核心观点，而这些观点却那样地远离了中国历史的实际国情。这篇小文不想去对钱穆的论断展开系统批评，而仅以与会议主题稍有关联的（即涉及东方朔问题）的一面，即他的"士人政府"论谈一点看法，以就教于与会群贤。

钱氏的"士人政府"说，首见于《国史大纲》，后在《国史新论》中有更系统的阐发。他说：

> 纵观国史，政体演进，约得三级：由封建而跻统一，一也。（此在秦、汉完成之）由宗室、外戚、军人组成之政府，渐变而为士人之政府，二也。（此自西汉中叶以下，迄于东汉完成之）……①

> 朝廷内外官僚，皆由士充之。故汉代政府，由武帝以下，乃确然成为一士人政府……

---

① 钱穆：《国史大纲（修订版）》上册，商务印书馆2008年版，第14页。

中国自秦以下，传统政治，论位则君最高，论职则百官分治，论权则各有所掌，各自斟酌。如汉代之选举，唐代以下之考试，皆有职司，其权不操于君。朝廷用人，则以依选举考试之所得。故中国自秦以下之传统政府，仅可称之曰："士人政府"，或可称为"官僚政府"，官僚即由士人为之……百官分职，皆有规定，不由君权，又焉得目此政府为君权专制之政府。

秦始皇帝时代之政府，早已具一士人政府之雏形。汉高祖以平民为天子，至汉武帝则士人政府乃确然正式确立。①

而中国的中古历史确然如此吗？士人在帝制时代真的有这样显赫的地位吗？揆之古今，中国的读书人，还真没有享受过这样的待遇！既然钱氏是从秦汉谈起的，那我们就先来看看汉代政府中的读书人，那些士大夫们在皇权体制中，到底有些什么样的政治权力，看看他们对于皇权究竟处在一个什么样的悲剧性地位！

钱氏判断汉代"确然成为一士人政府"的根据，是"朝廷内外官僚，皆由士充之"，这是不假，但问题是，朝廷任用士人就是"士人政府"了？政府的行政权力就由士人所主导了？烂熟中国历史的钱氏怎么如此天真呢？任用士人，士人为什么不能仅仅只是充当了皇权的工具，为什么不能仅仅是皇权的奴仆？工具或奴仆，不是被拿来用的吗？问题的关键是谁、是什么力量在主导着政府的权力运作，政府的权力运作体现着谁的意志！汉代在武帝之后，特别是在任用公孙弘为相之后，的确是"公卿大夫士吏彬彬多文学之士"，但是这些文人学士、士大夫官吏，对于皇家政权来说，有些什么实质性的影响力呢？

据《汉书·百官公卿表》统计，西汉武帝朝三公（丞相、太尉、御史大夫）被杀（当然，有些是所谓有罪，被逼自杀）者有十例：

建元元年，御史大夫赵绾，有罪自杀。

---

① 钱穆：新校本《国史新论》，九州出版社2013年版，第50页。

元狩元年，廷尉张汤为御史大夫，六年有罪自杀。

元狩五年，丞相李蔡有罪自杀。

元鼎元年，丞相庄青翟有罪自杀。

元鼎五年，丞相赵周下狱死。

天汉元年，济南太守王卿为御史大夫，二年有罪自杀。

太始三年，光禄大夫河东暴胜之公子为御史大夫，三年下狱自杀。

征和元年，丞相公孙贺下狱死。

征和元年，大鸿胪商丘成为御史大夫，四年坐祝诅自杀。

征和三年，丞相刘屈氂下狱腰斩。

这十个三公有罪死案例中，元鼎五年丞相赵周的下狱死，几乎完全是个随意性很强的案例。从《汉书·武帝纪》所载此事及相关注文中可知，丞相赵周之罪，实际上是个失察、失职的罪名。在元鼎五年的诸侯献酎祭宗庙活动中，诸侯所献酎金成色不足，缺斤少两，有106个诸侯因此而受到削减土地或夺去侯爵的处罚。赵周之罪在于知道诸侯所献酎金存在问题而不予纠举揭发。本来，汉武帝的这次大规模整肃诸侯王，就是其一种削弱诸侯王势力、强化君主集权的举措，所谓酎金成色问题，只不过是个借口而已，而丞相赵周反倒也还因此坐了个"知其轻而不纠擿"的罪名，下狱致死。对重臣如丞相的处置，就是如此随意！

赵周因酎金案负有失察责任而被下狱致死，有点躺着中枪的味道；而张汤的被自杀，则完全是出于一场诬陷。据《汉书·张汤传》所载，御史大夫张汤行丞相事，得罪了长史朱买臣、右内史王朝、长史边通三位长史，被三长史所诬陷而失去了武帝的信任。武帝要致其死地却不好意思直说、明判，而命赵禹去转达、暗示圣意，要张汤自我裁决，自杀而死。最后的事实证明，张汤死后家无余财，家产五百金也都是平时奉赐所得，三长史的诬陷绝对是子虚乌有。然而，没有经过任何庭审案验，就依照武帝的旨意，逼其自杀身亡。一个御史大夫，就这样轻易地消逝了生命。

就此两个案例说，一个是过分处置，近乎是一个莫须有的罪名，毫不顾忌丞相之地位；一个是被诬陷致死，还要暗示其以自杀的方式。所谓丞相、御史大夫，这是士大夫们在皇权体制中的最高职掌，在专制皇权面前，他们是什么分量！皇帝杀死一个丞相，就如捻死一只蝼蚁，甚至不用动一根小指头就可以将其打倒。这样的士大夫官吏，还能主导什么呢？这个政府能说是他们的政府吗？

笔者以为，以钱氏之洞悉国学，绝不会不熟悉司马迁《报任安书》中那句悲凉的名言："仆之先人非有剖符丹书之功，文史星历近乎卜祝之间，固主上所戏弄，倡优畜之，流俗之所轻也。"[①] 司马谈、司马迁父子为太史公，如淳注曰："《汉仪注》：太史公，武帝置，位在丞相上。天下计书先上太史公，副上丞相，序事如古《春秋》。"[②] 如淳把太史公的地位抬升到丞相之上，未必为确，但太史公在汉代士大夫群体中有相当之地位则确然无疑。尽管如此，司马迁也还是有"倡优畜之"的悲凉。这是当事人的真切感受，今人读来也还为之心酸。这是在中国皇权专制时代士大夫阶层地位的真实写照，绝不是司马迁独自的人生体验，不是个别性的特殊感悟。东方朔就是被汉武帝以"倡优畜之"的一个典型。

《汉书》卷六十四《严助传》中，班固说，武帝诸臣中，"其尤亲幸者，东方朔、枚皋、严助、吾丘寿王、司马相如。相如常称疾避事。朔、皋不根持论，上颇俳优畜之"。俳优即指演滑稽戏杂耍之艺人。"俳优畜之"亦同"倡优畜之"。班固之后，荀悦在《汉纪》中谈到东方朔时亦说："朔对问响应，权变锋出，文章辞令纵横无穷。上颇倡优畜之，然而时发忠直之言极谏，尤亦以此异焉。"[③] 何谓倡优？《汉书·灌夫传》田蚡自言："所好音乐狗马田宅，所爱倡优巧匠之属。"颜师古注曰："倡，乐人也。优，谐戏者也。"师古说是，倡优乃称以音乐

---

① （汉）班固：《汉书》，中华书局1962年标点本，第2732页。
② （汉）司马迁：《史记》，中华书局1959年标点本，第3287页。
③ 荀悦：《汉纪》卷一，《两汉纪》，中华书局2002年版，第161页。

歌舞或杂技戏谑而取悦于人者也,是地位卑贱之艺人。

虽然班固、荀悦多是因为东方朔善于辞令、言谈滑稽诙谐赢得武帝宠幸而使用了"俳优畜之"或"倡优畜之"判断,但此也不应看作是对东方朔一人的评价。联系到司马迁也以"倡优畜之"而自况,则完全可以说,这是对司马迁、东方朔这一士大夫群体,或曰是对汉代士人整体真实地位的判断。

东方朔是因缘"武帝初即位,征天下举方正贤良文学材力之士"而出仕朝廷的,或者说是选拔出来的优异才学之士。根据东方朔被征入朝后给武帝的第一次上书所言,其自我期待是"可以为天子大臣"。而时人心中的"大臣"观念,可以用贾谊的定位来说明。贾谊《新书·官人》篇曰:"王者官人有六等:一曰师,二曰友,三曰大臣,四曰左右,五曰侍御,六曰厮役。"何谓大臣?贾谊说:"知足以谋国事,行足以为民率,仁足以合上下之欢;国有法则退而守之,君有难则进而死之;职之所守,君不得不阿私托者,大臣也。"谋国、率民,守国法、赴君难,大臣是有大的历史担当的。而后来的事实证明,东方朔在汉武帝心中的分量,与自己的期望差之远矣!

东方朔企图有所作为、影响武帝的第一件事,是他谏止武帝开上林苑。建元三年,为满足骑射驰猎之需,武帝乃使太中大夫吾丘寿王谋划开辟上林苑,将阿城以南,盩厔以东,宜春以西,辟为皇家苑囿之地。"吾丘寿王奏事,上大说称善。时朔在傍,进谏"劝止。东方朔说:

> 故酆镐之间号为土膏,其贾亩一金。今规以为苑,绝陂池水泽之利,而取民膏腴之地,上乏国家之用,下夺农桑之业,弃成功,就败事,损耗五谷,是其不可一也。且盛荆棘之林,而长养麋鹿,广狐兔之苑,大虎狼之虚,又坏人冢墓,发人室庐,令幼弱怀土而思,耆老泣涕而悲,是其不可二也。斥而营之,垣而围之,骑驰东西,车鹜南北,又有深沟大渠,夫一日之乐不足以危无堤之舆,是

其不可三也。①

东方朔忘生触死，逆反圣意，一口气讲了三不可，正是履行他所崇尚的、贾谊定义的大臣职责。面对这样辞真意切的衷心耿直之言，武帝如何决断呢？结果是："是日因奏泰阶之事，上乃拜朔为太中大夫给事中，赐黄金百斤。然遂起上林苑，如寿王所奏云。"本来东方朔的奏章是得到武帝奖赏的，既加官予爵，又赐黄金百斤，所赏不可谓不厚，但其建言的核心问题，谏止开发上林苑之事，武帝则丝毫不予理睬。

另一件大事，是东方朔建言重治馆陶公主的近幸董偃。《汉书·东方朔传》载曰：

> 于是上为窦太主置酒宣室，使谒者引内董君。是时，朔陛戟殿下，辟戟而前曰："董偃有斩罪三，安得入乎？"上曰："何谓也？"朔曰："偃以人臣私侍公主，其罪一也。败男女之化，而乱婚姻之礼，伤王制，其罪二也。陛下富于春秋，方积思于六经，留神于王事，驰骛于唐虞，折节于三代，偃不遵经劝学，反以靡丽为右，奢侈为务，尽狗马之乐，极耳目之欲，行邪枉之道，径淫辟之路，偃为淫首，其罪三也。昔伯姬燔而诸侯惮，奈何乎陛下？"上默然不应，良久曰："吾业以设饮，后而自改。"朔曰："不可。夫宣室者，先帝之正处也，非法度之政不得入焉。故淫乱之渐，其变为篡，是以竖貂为淫而易牙作患，庆父死而鲁国全，管蔡诛而周室安。"上曰："善。"有诏止，更置酒北宫，引董君从东司马门。东司马门更名东交门。赐朔黄金三十斤。

东方朔的这次建言，武帝有所采纳，即变更了宴请的地点，而关于他建言的重治董偃之罪这个核心问题，则不予理睬。事实证明，像东

---

① （汉）班固：《汉书》，中华书局1962年标点本，第2849—2850页。

方朔这些士大夫官员，要影响帝王的意志或决策，是根本不可能的。

当然，武帝对东方朔的谏言也不是没有言听计从的时候，但听与不听是取决于武帝，东方朔是没有主动权的。《东方朔传》载，汉武帝时，工商业发达，时天下侈靡趋末，百姓多离农亩。武帝问东方朔化民之道，东方朔劝武帝禁淫侈，去奢靡，"以道德为丽，以仁义为准"，天子为万民做出表率，天下就可以"望风成俗，昭然化之"。对于这次武帝自己的主动问政，东方朔的意见还是得到了肯定。就是在这次问对之后，班固写道："朔虽诙笑，然时观察颜色，直言切谏，上常用之。"这是仅有的关于武帝对东方朔之言"用之"的记载。而这仅仅是武帝主动问政的情况，对于有违圣意的奏言，武帝一般是不将其放到眼里的。班固也说："朔尝至太中大夫，后常为郎，与枚皋、郭舍人俱在左右，诙啁而已。久之，朔上书陈农战强国之计，因自讼独不得大官，欲求试用。其言专商鞅、韩非之语也，指意放荡，颇复诙谐，辞数万言，终不见用。""终不见用"四字，说明了士大夫官员在皇权观念中的位置和分量。可以说，东方朔之类士人，在武帝那里是无足轻重的卒子。《东方朔传》中的大量记载说明，武帝对其确实是仅当俳优或倡优而畜养，逗乐解闷而已。

东方朔在皇权体系中的地位，不是他个人的悲剧，也不仅仅是武帝时期士大夫官员的悲剧，即是在整个的帝制时代，士大夫们都是这样的命运。他们附庸于皇权，仰仗于皇权，又如何去与皇权相抗衡呢？自主朝纲，建成所谓的"士人政府"无异于痴人说梦。

宋代人刘敞，仁宗、英宗时期两朝为官，仕宦生涯20余年，遍历朝官、地方官多种职位，并曾做过英宗的侍读，也应该是钱穆所谓真正的士大夫了，而刘敞对皇权体制中的为官之道有何感想呢？他说："为人臣者，不可以不自重也。食而废事，君虽弗诛，则犬豕畜之；媚而废节，君虽弗诛，则倡优畜之；妒而废能，君虽弗诛，则婢妾畜之；

巧而侥幸，君虽弗诛，则寇窃畜之。此四者，非君予其名也，自予之也。"① 这是刘敞为官20余年刻骨铭心的体验。皇权对官员，也就是这样四种境况：犬豕畜之，倡优畜之，婢妾畜之，寇窃畜之。读来令人心酸！在这样的体制中为官，刘敞们会感到这是他们自己的政府吗？

倡优畜之，绝不仅仅是为官者的体验，不仅仅是发自他们自身的主观感悟；而就皇权本身来说，这些帝王们也的确是这样来看待他们所驾驭的群臣的。只不过是，他们需要利用这帮士大夫们，平时不便把自己的真实想法说出来。还好，一旦皇帝到了怒火中烧、不管不顾的时候，内心的真实想法还是会无法遏制地吐露出来，文献中还的确有这样的例子。

清代康熙朝，曾有六度南巡之举。至乾隆时，循其旧例，南巡者亦六度。后来又东巡、西巡，四处扰民，致使"供亿烦苛，居民已不堪其苦"。朝中士大夫官吏便纷纷上奏章劝阻皇帝的出巡。黄鸿寿的《清史纪事本末》载曰：

其时朝臣中，亦未始无呼戏阻驾力请回銮者，然一经抗论，斯严谴随之。编修杭世骏疏论时事中，有谓巡幸所至，有司一意奉承，其流弊皆及于百姓。高宗大怒，命置重典，赖侍郎观保谏，免，赦回里。尹会一视学江苏，还奏言：上两次南巡，民间疾苦怨声载道，严谕诘之曰：汝谓民间疾苦，试指出何人疾苦，怨声载道，试指明何人怨言，坐谪戍。侍读学士纪昀尝从容为帝言，东南财力竭矣，上当思所以救济之。怒叱之曰："朕以汝文学尚优，故使领四库书馆，实不过以倡优蓄之。汝何敢妄谭国事！"内阁学士尹壮图疏言，督抚藉词办差，勒派属吏，遂致仓库亏耗。降旨询问，蹙额兴叹，究属何人。壮图回奏，系下吏怨及督抚，小民怨及牧令，怒乃稍解，仍命革职。自是而后，朝臣皆相与结舌吞声，无

---

① （宋）刘敞：《公是先生弟子记》卷三，清武英殿聚珍版丛书本。

复有为民请命者矣。①

在这段文字中，杭世骏因疏论时事、劝阻巡幸被置重典；尹会一奏言劝阻巡幸被谪戍；尹壮图疏言被革职，都是因言获罪，完全是非颠倒，哪能看到一丝士人政府的影子！纪晓岚官至礼部尚书，出任四库全书总纂修官，地位不可谓不高，然乾隆帝也还是怒斥其妄谈国事，说皇家看重他，也不过是"倡优蓄之"。政府是皇家的政府，是帝王家的基业，这是传之千古的确定不疑的事实与观念，怎么可能会是士人之政府！"士人政府"说，真是读书人妄自尊大之辞！

原载卜宪群、张法利主编：《雄节迈伦　高气盖世——2015届东方朔文化国际学术论坛论文集》，华夏出版社2017年版

---

① 黄鸿寿：《清史纪事本末》卷36，民国三年石印本。

地域文化研究需要重视学理性思考

这个问题是国内地域文化研究普遍忽略、没有引起足够重视的问题。笔者曾经在几个场合或者是在某些文章中反复谈到这个问题，但就学术界的情况看，这几十年间，这个问题从来没有得到解决，所以，我今天在这里还是要强调这样一个地域文化研究的基础性理论。也尝试着把它尽可能讲得深入一些。

何谓学理性？笔者个人的理解，所谓学理性问题，就是支撑一项学术研究所以能够成立的基础性理论问题，也是学术研究所以成为学术的理论前提。譬如，我们讨论某一个地方的地域文化，支撑这一研究或者说这一研究能够成立的理论支柱，那就是你要证明，你所研究的地域文化必须是只有在这块土地上才可能产生的文化，换成另一块土地，它就不可能产生这样的文化。所以，地域文化研究的最基础的学理性问题，就是地域文化的地域性。我们要着力去揭示，你所面对的文化形态或文化样式，和这块土地的内在联系是什么，是这块土地的什么样的地形、地貌、水文、土壤特色，赋予了这种文化独立的文化个性。

从文化概念上说，地域文化是指在特定的地域范围内长期形成的历史遗存、文化形态、心理特征、社会习俗、生产生活方式等，因此，地域文化的第一个也是它的最突出的特征就是其地域性，即本地区与其他地区在自然环境、语言习惯、心理特征、社会习俗、生产生活方式等方面的差异与区别，亦即本地区独具的地域特色。而这种地域特色，在很大程度上是与本地区独特的自然地理环境相联系的。研究一种地域文化，如果不在这种文化形态与该地区独特的自然地理环境的关系上下功夫，不去揭示这种文化中所蕴含的特殊的地理环境因素，这种地域文化最终是站不起来的。而从事这样的研究，正是这种地域文化所以能够成立的学理性基础。重视地域文化的学理性研究，也才能真正把握一种地域文化的文化个性。

现在我们看到的地域文化研究，大多是忽视这个学理性的思考或研究的。人们把地域文化研究，变成了特定地域范围内的文化研究，只要是研究在这块土地上发生的人和事，在这块土地上表现出来的文化现象，就是在执行地域文化研究的使命。其实，地域文化研究，和特定地域内的文化研究是两个完全不同的概念。地域文化研究是有内在逻辑要求的，是有内在逻辑体系的文化研究，是有特定的文化内涵的文化研究；而特定地域内的文化研究，则不一定需要有逻辑的要求，只要描述同一块土地上的历史或文化，则都符合论题的要求。也就是说，地域文化研究，是对特定文化现象的研究，而这种文化现象是有体系有内在逻辑的文化现象，是有特定的文化精神贯彻其中的文化体系。不思考或研究特定地域文化的由于特殊的地理历史环境所建构起来的文化精神，文化个性，是不可能建构起地域文化的文化体系的。所以，地域文化研究的第一个任务，最基础性的理论性的任务，就是寻找由于特殊历史地理环境作为基础的地域文化个性。

其次，地域文化的文化个性，是由特殊的地理环境所引导建构起来的，但却不仅仅是由于特殊的地理环境这一单方面的原因所决定，还要考虑由地理环境所引发的特殊的历史创造方式所经历的历史积淀，亦即逐渐积累起来的历史因素。由于特殊的地理环境，导致了独特的历史发展道路或历史路径，这样的历史道路的特殊性，也就培育了文化性格的特殊性。于是，总括起来说，地域文化的文化个性，是综合的历史环境因素的产物，要从地理环境和历史道路两个方面去考察地域文化的文化个性问题。

几年前，我曾经在一篇关于河洛文化的文章中，谈到这个问题：

> 河洛文化毕竟是一个地域文化概念，应该把它的地域性文化特色研究放在基础性的地位。然而，以往的研究，总是过多关注它的超越性的方面，它的中华文化之根的方面，而河洛地区的地理环境面貌给这种文化打上了什么样的地域性特征，则思考很少……我们在河洛文化研究中看到的是中国文化，而不是有明显地域特色的河洛地区的文化。譬如最近几年出版的几本河洛文化专著，总是给人一种与讲整个中原文化甚至中国文化、中国历史没有太多区别的感觉，人们所讲的河洛地区的物质文化、制度文化、思想学术、宗教、文学艺术、科学技术等，我们在一般的中国历史和中国文化读本中都可以看到。也就是说，这些所谓河洛文化的具体内容，缺乏"河洛"的地域规定性，只是和整个的中国文化相比，显得略微瘦身而已。对河洛文化的内涵揭示、河洛文化所以为"河洛文化"的特殊规定性、地域性特征等问题，如果没有清晰的认识，我们就不能把河洛文化的特殊性和中国文化的一般共性相区分，河洛文化概念就不能成立，河洛文化研究就最终不能确立起来。[①]

当然，研究地域文化的地域性，解决这个地域文化研究的学理性问题，并不是容易的事情，远非是描述、累积文化现象而可以奏效。而这正是考验着我们的学术智慧和研究功力，首先需要我们去用力气，下功夫，深思考，去提升我们的理论修养。

贯彻地域文化研究的学理性，要求有整体性的眼光，有整体性的理性自觉，要把具体的地域文化现象与该地域历史文化的整体精神联系起来，真正将其描述为是该地域文化整体精神的具体表现，将具体历史文化现象的解读，当成整体区域文化的一个细胞去对待，力求使任

[①] 李振宏：《大陆学界河洛文化研究的现状及问题》，《中原文化研究》2013年第2期。

何一个具体历史文化现象的研究，都全息性地反映出区域整体历史文化的特征和风貌。就河洛文化的研究来说，重视区域历史的整体性，就是要发现河洛文化的整体联系性，发现河洛文化在中国文化整体中的特殊性，它的地域文化个性。用这个文化特性和文化个性作为核心，把整个河洛地区历史上的历史事件、历史人物、历史现象以及河洛地区的风俗习惯、风土人情等，统摄起来，使我们的河洛文化研究，成为一个有着内在逻辑联系的文化整体。也就是说，我们要找到一个属于我们河洛地区文化的核心的东西，一切历史文化要素都围绕着这个核心去展开。河洛文化研究能否取得突破性进展，就取决于我们对河洛文化的整体属性，它的地方文化特殊性的认识，能够达到怎样的深度。

贯彻地域文化研究学理性的第二点要求，是打破现代行政区划的限制，真正的以自然地域为研究场域。改革开放以来的地域文化研究，很多是由于政治的原因，即由地方政府来推动的，前些年的所谓"文化搭台，经济唱戏"，就是这么一种地方文化研究的目标追求。这种强烈的功利性特点，背弃了地域文化研究的学术性追求，把地域文化研究变成了挖掘行政文化资源，这样是不可能做出真正的地域文化研究的。

中国古代社会思潮研究应引起重视

社会思潮是一定时期所形成的带有趋势性的思想观念。任何一种社会思潮的形成，都与特定的社会政治环境、社会问题、社会心理趋向相联系。在特定时期形成的社会思潮，是认识该历史时代的重要窗口，因此，研究社会思潮对于深入认识一个时代的历史特点具有特殊意义。譬如春秋战国时期所兴起的一些社会思潮，就很有研究之必要。以笔者浅见，春秋战国时期可以称之为思潮的思想趋势有二，一是原始民主思潮；二是圣王思潮。

原始民主思潮[①]，主要由当时所盛行的禅让说、汤武革命论、君位可易论、择贤立君论、立君为民论诸种学说汇流而成。这些思想的共同之处就是对绝对君主专制的否定，是一种粗放的非君思想。它们相互影响，互相促进，在战国思想界形成了强烈共振。这种原始民主思想思潮，是春秋战国时期的先贤们，在中国文化的创生期探讨未来社会政治体制的可贵探索，是在为中国历史的未来发展设计基本的政治路径，并展示了中国文化在其创生期的丰富多彩及其理论深度。笔者曾经在前引《"禅让说"思潮何以在战国时代勃兴——兼及中国原始民主思想之盛衰》一文中，对战国时期的原始民主思潮有过初步探讨，

[①] "原始民主"这个提法，笔者曾经作过界定。它是一个特定概念，既不是政治学范畴中的民主集中制的民主，也不能理解为强调公民权利的现代民主，是指与主张君主专制相对立的一种社会思想，或曰是一种粗放的非君思潮，参见李振宏《"禅让说"思潮何以在战国时代勃兴——兼及中国原始民主思想之盛衰》，《学术月刊》2009年第12期。

可资参考，此不赘言。

　　战国时期，另一个值得重视的社会思潮，是人们对圣王的普遍期待，是谓圣王思潮。在先秦文献中，圣人、圣王概念频繁出现，可以说百家讲圣人，人人盼圣王，希望有圣王出世，形成了强大的思想潮流。根据笔者的检索：

《尚书》中"圣"字出现22次；

《老子》中"圣"字出现31次，其中"圣人"30次；

《庄子》中"圣"字出现148次，其中"圣人"114次；

《论语》中"圣"字出现8次，其中"圣人"4次；

《周易》中"圣"字出现40次，其中"圣人"38次；

《关尹子》中"圣"字出现106次，其中"圣人"96次；

《列子》中"圣"字出现50次，其中"圣人"20次；

《墨子》中"圣"字出现191次，其中"圣人"50次，"圣王"122次；

《孟子》中"圣"字出现48次，其中"圣人"29次，"圣王"1次；

《左传》中"圣"字出现27次，其中"圣人"12次，"圣王"3次；

《韩非子》中"圣"字出现108次，其中"圣人"73次，"圣王"8次；

《荀子》中"圣"字出现157次，其中"圣人"83次，"圣王"39次；

《管子》中"圣"字出现179次，其中"圣人"94次，"圣王"46次；

《商君书》中"圣"字出现50次，其中"圣人"37次，"圣王"4次；

《礼记》中"圣"字出现75次，其中"圣人"43次，"圣王"10次；

《战国策》中"圣"字出现38次,其中"圣人"16次,"圣王"2次;

《国语》中"圣"字出现34次,其中"圣人"17次,"圣王"9次;

《鹖冠子》中"圣"出现82次,其中"圣人"36次,"圣王"6次;

《文子》中"圣"字出现165次,其中"圣人"143次,"圣王"7次;

《尹文子》中"圣"字出现20次,其中"圣人"10次,"圣王"1次;

《吕氏春秋》中"圣"字出现116次,其中"圣人"69次,"圣王"27次;

《晏子春秋》中"圣"字出现46次,其中"圣人"17次,"圣王"17次。

总计检索文献22种,出现"圣"字1741次,其中"圣人"1031次,"圣王"302次。圣、圣人、圣王使用的频率之高,超出了我们的想象。可以说,不分家不分派,各家学说都有自己的圣人渴望,都在圣人、圣王概念上寄托了他们的政治理想。

那么,为什么在这个时期,突然会形成这样强烈的圣人思潮呢?这个圣人思潮的出现,与当时的社会历史环境有什么必然性的联系?同时并存的原始民主思潮与强大的圣人思潮,有没有什么逻辑关联?这些都是面对圣人思潮的突然涌动,值得深入思考的问题。

应该说,非君思潮和圣人思潮,都是当时社会历史运动的产物,其形成的根源就深埋在历史的土壤之中。是否可以这样认为,原始民主思潮(或曰非君思潮)是春秋以来巨大的历史动荡所引发的对传统君主世袭制度的质疑。在这个时代,三代以来的王权世袭制度瓦解,暴露了王权专制政体的诸多弊端,君主的神圣性受到亵渎,"社稷无常奉,君臣无常位,自古以然"成为普遍性的思想观念。既然如此,君主的权力及其神圣，为什么不可以质疑、怀疑甚至改变呢？非君思潮的形成应该是十分自然的事情。而圣人思潮反映的则是人们对未来政治的探索。君主专制体制的动摇以及一些诸侯国的崩溃，自然推动人们对新体制的探索。由专制君主主导的国家要如何才会好，在无法制约君主专权的情况下，君主形象应该如何塑造，什么样的君主才是理想的治国人选？站在不道之君的对立面，人们自然对理想的君主形象充满期待或幻想。非君思潮是质疑，圣人思潮是探索，二者都来自大变革时代的历史驱动。加强这两个社会思潮的研究，是重新认识春秋战国时期历史发展趋势的重要路径。

两汉历史上也有一些值得重视的社会思潮。人们普遍关注到的是汉初的过秦思潮，这个思潮的兴起有重大的时代印记，是很好理解的。还有一些思潮不多为人们所关注，或者是没有将其当作思潮去看待。如西汉昭宣以后出现的易姓改命思潮，东汉桓灵二帝时期反对宦官专权的党人思潮，都是值得研究，并确有其重大意义。

相对于东汉桓灵二帝时期的党人思潮，西汉中晚期的易姓改命思潮，学界还是有较为普遍的思想共识的，有不少学者从思潮的角度加以论说。如田昌五、安作璋先生就说"汉代中期以后，在朝野一部分人中便产生了'改制'的思潮。这种思潮与战国以来开始流行、中经董仲舒加以系统完善的'天人感应说''五德终始说'和'三统三正说'结合起来，在舆论上产生了越来越大的力量和影响"[1]。他们将其命名为改制思潮。另外还有"议禅思潮"说[2]、"禅让思潮"说[3]等。这些不同的社会思潮说和本文所论易姓改命思潮，所论都是同样的思想史事实。论者普遍关注到的事实是：

《汉书·眭两夏侯京翼李传》载：昭帝元凤三年正月，山东泰山、

---

[1] 田昌五、安作璋主编：《秦汉史》修订版，人民出版社2008年版，第258页。
[2] 杨永俊：《西汉议禅思潮及王莽禅汉的儒家仁政礼治文化背景》，《甘肃社会科学》2009年第5期。
[3] 袁青：《西汉中后期的禅让思想探析——兼论所谓"王莽篡汉"》，《江汉学术》2014年第5期。

莱芜等地出现了大石自立枯木复生虫食树叶成文字等怪异现象,眭弘以《春秋》之意推断将会发生王者易姓禅代、匹夫为天子的大事,于是上疏曰:"先师董仲舒有言,虽有继体守文之君,不害圣人之受命。汉家尧后,有传国之运。汉帝宜谁差天下,求索贤人,禅以帝位,而退自封百里,如殷、周二王后,以承顺天命。"

宣帝时,盖宽饶上疏批评时政:"方今圣道浸废,儒术不行,以刑余为周、召,以法律为《诗》、《书》。"又引《韩氏易传》言:"五帝官天下,三王家天下,家以传子,官以传贤,若四时之运,功成者去,不得其人则不居其位。"盖宽饶否认"三王家天下"的正当性,推崇"五帝官天下""不得其人则不居其位","指意欲求禅"。①

元帝时,宗室刘向上疏曰:"王者必通三统,明天命所授者博,非独一姓也……虽有尧、舜之圣,不能化丹朱之子;虽有禹、汤之德,不能训末孙之桀、纣。自古及今,未有不亡之国也。"②作为汉家皇姓后裔的刘向,亦从思想上认同易姓换代的正当性。

《三国志》卷二《魏书二》载,元帝时人京房作《易传》曰:"凡为王者,恶者去之,弱者夺之。易姓改代,天命应常,人谋鬼谋,百姓与能。"

《汉书》卷八十五《谷永杜邺传》,成帝时人谷永上疏说:"臣闻天生蒸民,不能相治,为立王者以统理之,方制海内非为天子,列土封疆非为诸侯,皆以为民也。垂三统,列三正,去无道,开有德,不私一姓,明天下乃天下之天下,非一人之天下也。王者……失道妄行,逆天暴物,穷奢极欲……百姓短折,万物夭伤。终不改寤,恶洽变备,不复谴告,更命有德。"

《汉书》卷七十二《王贡两龚鲍传》载,哀帝时鲍宣上疏曰:"天下乃皇天之天下也……夫官爵非陛下之官爵,乃天下之官爵也。陛下

---

① (汉)班固:《汉书》,中华书局1962年标点本,第3247页。
② (汉)班固:《汉书》,中华书局1962年标点本,第1950—1951页。

取非其官，官非其人，而望天说民服，岂不难哉！"

这些材料所反映的易姓改命思想极其鲜明，但还不能证明其普遍性。能够证明其为一种社会性思潮的，是王莽逐步代汉过程中所赢得的群体性支持。《汉书》卷九十九《王莽传上》载，平帝元始四年，"吏民以莽不受新野田而上书者前后四十八万七千五百七十二人，及诸侯、王公、列侯、宗室见者皆叩头言，宜亟加赏于安汉公。"此后又有"公卿大夫、博士、议郎、列侯张纯等九百二人"联署为王莽请功。这个将近五十万人的上书，几乎可以说是覆盖了当时整个天下的读书人；而九百二人的公卿大夫、博士、议郎和列侯，也基本上覆盖了整个的官僚队伍。虽然这并不是要王莽来实现代汉改命，但对王莽的拥戴，要求王莽"加九锡""摄皇帝""行天子事"，无疑带有希望王莽对汉天子取而代之的印记，和易姓改命观念有着深刻的一致性，是易姓改命思潮普遍性的反映。王莽后来所以能顺利地登上皇帝宝座，风靡整个社会的易姓改命思潮无疑起了关键性的作用。前引袁青的文章曾有结论说："王莽所谓的'篡汉'是西汉中后期禅让思潮的必然结果，王莽正是顺应了这一思潮，所以才得到当时人们尤其是儒家的拥护。"[①]

易姓改命说的兴起证明，在昭宣时期，当西汉皇朝走过了百余年历史的时候，刘姓皇权的绝对性尚没有牢固地确立起来，还是面临了被取代的窘境。当代学者的研究，已经普遍看到了易姓改命思潮与董仲舒五德终始说的思想联系，看到了汉代诸儒利用"汉家尧后"论证当朝皇权合法性的理论局限，这方面已经有一些论文，不需赘述。

与西汉中后期强大的易姓改命思想相较，东汉桓灵时期的党人议政思潮，则有点耐人寻味。现在人们都习惯于讲"党锢之祸"，而很少有人从思潮的角度来看待该时期的党人运动。桓灵时期的党人运动，主要面对的东汉中晚期的宦官专政。宦官这个特殊群体，其心理扭曲所

---

① 袁青：《西汉中后期的禅让思潮探析——兼论所谓"王莽篡汉"》，《江汉学术》2014年第5期。

造成的极端性行为,凭借近身皇权而窃取专制大权,把此时的东汉政治搞得乌烟瘴气。桓灵时期的政治黑暗,不知比西汉中晚期政局要糟糕多少倍。然而,这一时期反抗宦官专权的党人们,打出了什么样的政治旗帜和政治口号呢?他们所造成的强大的社会运动,其目标是要实现什么样的政治诉求呢?

在党锢之祸的前奏阶段,亟欲改变宦官专权、恢复清明政治的党人议政思潮已经形成。桓帝永兴元年(153)正直官僚朱穆因得罪宦官而被捕入狱,输作左校,太学生刘陶等数千人诣阙上书,要求桓帝赦免朱穆。《后汉书》卷四十三《朱乐何列传》记载,太学生在上书中指斥朝政:"当今中官近习,窃持国柄,手握王爵,口含天宪,运赏则使饿隶富于季孙,呼嚧则令伊、颜化为桀、跖。而穆独亢然不顾身害。非恶荣而好辱,恶生而好死也,徒感王纲之不摄,惧天网之久失,故竭心怀忧,为上深计。"这完全是站在当今皇上的立场上对宦官专权的斥责,其出发点是"为上深计"。

朱穆深疾宦官专权,多次给桓帝上疏。曾曰:"案汉故事,中常侍参选士人。建武以后,乃悉用宦者……愚臣以为可悉罢省,遵复往初。"桓帝不予采纳。朱穆又因进见之机当面陈说:"臣闻汉家旧典,置侍中、中常侍各一人,省尚书事,黄门侍郎一人,传发书奏,皆用姓族。自和熹太后以女主称制,不接公卿,乃以阉人为常侍,小黄门通命两宫。自此以来,权倾人主,穷困天下。宜皆罢遣,博选耆儒宿德,与参政事。"朱穆之愿仅在于罢黜宦官,收回皇权。结果遭致的是"帝怒,不应"。而朱穆则从没有从其他方面思考过问题的症结。

田昌五、安作璋主编的《秦汉史》也认为,桓灵时期的官僚士大夫在反对黑暗专权势力的过程中,主要是"从维护皇权、整顿吏治、安抚人民、稳定边疆等几个方面发表自己的改良意见"。这些官僚士大夫们认为,改善当局政治混乱局面的根本问题是收回皇权,"收回皇权是改良主张中的最强音"。①

　　阅读《后汉书·党锢列传》，我们可以深切地感受到党人非议朝政之激切。正直的士大夫官僚，热血沸腾的太学生，追求名节的读书人，他们心系国家社稷，指斥阉宦恶行，鞭挞黑暗政治，相互激荡，激扬正气，面对严酷的镇压而没有丝毫退缩，直至走上刑场。党人议政影响之大，可谓形成了强大的社会性思潮。而令人遗憾的是，这些勇于表达政治立场的党人，始终没有提出改朝换代的问题，没有了西汉时期那种豪爽淋漓的易姓改命呼声。无论朝政多么黑暗，他们还是要坚持刘家一姓之天下，所有的问题都要宦官来背锅，而宦官只不过是依附在刘姓皇权躯体上的赘瘤而已。不顾身家性命而奋起抗争之时，也不能面对刘姓皇权本身的问题，这使得后汉的党人议政思潮相对于前汉读书人的易姓改命思潮，其思想光泽暗淡了许多。

　　两汉时期的这两次社会思潮，都是知识分子的思想运动，其差异为什么这样大呢？前汉人可以公然提出改朝换代这样颇具彻底性的问题，而后汉人则虽死也不放弃对刘姓皇权的期望，易姓改命观念荡然无存。认真研究这两次社会思潮的背景条件，我们会感受到东西汉历史的巨大差异，纠正以往对两汉历史的诸多认识。

　　司马光看到了两汉这方面的巨大差异，并把它归之为东汉风华之美。《资治通鉴》卷六十八"臣光曰"：

　　　　自三代既亡，风化之美，未有若东汉之盛者也。及孝和以降，贵戚擅权，嬖倖用事，赏罚无章，贿赂公行，贤愚浑殽，是非颠倒，可谓乱矣。然犹绵绵不至于亡者，上则有公卿、大夫袁安、杨震、李固、杜乔、陈蕃、李膺之徒面引廷争，用公义以扶其危，下则有布衣之士符融、郭泰、范滂、许邵之流，立私论以救其败。是以政治虽浊而风俗不衰，至有触冒斧钺，僵仆于前，而忠义奋发，

―――――――――
① 田昌五、安作璋主编：《秦汉史》，人民出版社2008年版，第413页。

继起于后，随踵就戮，视死如归。夫岂特数子之贤哉，亦光武、明、章之遗化也！当是之时，苟有明君作而振之，则汉氏之祚犹未可量也。不幸承陵夷颓敝之余，重以桓、灵之昏虐：保养奸回，过于骨肉；殄灭忠良，甚于寇雠；积多士之愤，蓄四海之怒。于是何进召戎，董卓乘衅，袁绍之徒从而构难，遂使乘舆播越，宗庙丘墟，王室荡覆，烝民涂炭，大命陨绝，不可复救。然州郡拥兵专地者，虽互相吞噬，犹未尝不以尊汉为辞。以魏武之暴戾强伉，加有大功于天下，其蓄无君之心久矣，乃至没身不敢废汉而自立，岂其志之不欲哉？犹畏名义而自抑也。由是观之，教化安可慢，风俗安可忽哉！

司马光的评论有几点非常鲜明：一是，李膺、陈蕃、郭泰、范滂等著名党人，都是东汉皇权的忠实拥戴。虽皇权当局对他们残酷弹压，但他们仍是"用公义以扶其危"，"立私论以救其败"，为刘家江山虽"触冒斧钺"，亦视死如归，竭尽忠诚而不生易姓改命之心。二是在东汉时代，易姓改命说已不能流行，不仅党人对刘姓皇权至死不悔，就是那些"州郡拥兵专地者"，也无不"以尊汉为辞"，甚至以"魏武之暴戾强伉"，也不敢废汉而自立。东汉皇权绝对性观念之强大，已远非西汉时代可比。三是司马光将东汉皇权意识之强固，归之为教化和风俗的力量。倘若是，那么东汉的教化和风俗又是如何形成的呢？

无论怎么说，东西汉社会思潮的对比研究，使我们看到了两汉历史的巨大差异。继而追寻这些差异的产生和形成，无疑是重新认识两汉历史的重要路径。

附录　让学术执行批判的使命
——李振宏教授访谈

●李振宏

○徐莹

○李老师，您好。1977年国家恢复高考后，您虽然是以中学数学教师的背景考入河南大学历史系，但在本科阶段就发表了两篇颇有影响的学术论文。您能否就此谈谈，您是如何快速进入学术研究领域的？

●你所说的这两篇文章，第一篇是大学二年级时在《文史哲》1980年第1期发表的关于封建时代农民思想的属性问题的文章，文章发出来后，《光明日报》《解放军报》《新华月报》等报刊做了摘录或报道，在当时产生过一些影响。第二篇文章是四年级时在《中国史研究》1981年第2期发表的关于汉代地价问题的论文。用别人的话说，我这个人是出道早一点。这其中大概有几方面的原因吧：一个是过去的确有过一些写作方面的训练，上大学之前曾经自学过文学创作，写过小说、电影剧本和戏剧等文学作品。当时在"文化大革命"中，没有机会学习，在农村只有自学创作这一条路可以尝试。虽然没有写出什么成绩，但通过大量的写作实践，还是积累了一些写作方面的基础。第二点是上大学时选择了一条可以使自己快速成长的道路。接到大学录取通知书，还未入学，就为自己设计了一条"读书与写作"相结合的学习道路，并要求自己把创作兴趣转移到历史写作方面。入学后的第一个月，结合老师的讲课和各种不同的讲义，以及恩格斯的《家庭、国家和私有制的起源》，我写作了两万多字的原始社会学习小结。这样一种深入的学习，可以使你尽快地进入一种研究的状态。大学期间，大概写了十几篇文章，后来发表出来的有五六篇。第三个是更重要的原因，就是时不我待的紧迫感，说得大一点，就是有一种历史使命感在激励着自己。与你们现在不同，我进入大学时已经26岁了，当30岁毕业时就是应该出成果的时候了，而一个一般的本科毕业生是不可能具备一个成熟的史学工作者的创造能力的，但你的年龄已经到了。30岁了难道不应该做些什么，不应该有所作为吗？所以，不尽快地提升自己，将来何以承担起一种责任，填补由于"文化大革命"的荒废而造成的史学人才断层？不能当我们必须站在史学研究舞台上的时候，自己还什么也不懂、什么也不会！当时就是想尽快地进入史学研究领域，有这样一种只争朝夕的精神一直在激励着自己尽快成长，好去适应未来工作的需要，担当起历史的责任。

　　说到这里，我还想谈一点对这种学习道路看法。其实，当时有很多人不认同我这种"读书与写作"相结合的学习方法，觉得学生阶段就是读书，打基础，把该读的书读完了再写作。但是我不这样认为。第一，书是读不完的，一辈子不写作也读不完；第二，你的研究能力绝不是仅仅通过读书就可以解决的。读书只是一个基础，研究能力还是要在写作实践中训练和培养。况且，有没有基础也是相对的。读了多少书，就写多少东西。成熟的时候写成熟的东西，不成熟的时候写不成熟的东西，但是一定要写。写作不是为了发表，而是为了训练自己，是锻炼和成长。打基础，这个基础里应该包括写作和研究的能力。

　　○看来您在学生时代就有着清醒的、自觉的意识，要自我培养。

　　●是的。其实一个真正头脑清醒的人，就是要懂得自己培养自己，自己成长自己。任何时候，主动性都是一个人获得进步或成绩的最重要的要素，也是人的最可宝贵的品格。这种主动性表现在你所有的思考、思维和行动上。

　　○您毕业后走入史学研究领域，首先是在史学理论研究中做出了成绩。1982 年 1 月您毕业留校时，还处于"文化大革命"结束的初期，人们在心理上普遍存在着对理论的逆反。您为什么选择离开已经有所介入的秦汉史研究，转而研究史学理论？

●我自己并非天生喜欢理论，之所以走到这条路上来，最初主要还是工作需要。大学毕业后，系里安排由黄元起老先生带我，担负"史学理论"课教学任务，搞史学理论最初对于我是别无选择的。当然，系里分配我教"史学概论"，大概也是认为我有一些理论方面的素养和基础。因为在《文史哲》发表的那篇论文就是理论文章，这可能成为他们选择我搞理论的最初动因。就我自己说，研究理论，也不是毫无兴趣。大概在十三四岁的时候，我就开始接触理论书籍，读到了艾思奇的《辩证唯物主义纲要》。那是我第一次接触马克思主义哲学，并从那里获得了辩证法。后来在"文化大革命"期间又读了《路德维希·费尔巴哈和德国古典哲学的终结》《反杜林论》《唯物主义和经验批判主义》等马克思主义哲学基本著作，有了一些初步的理论学习的积累。同时，从"文化大革命"年代走过来的人，你个人的命运和国家的前途与命运，是紧密联系在一起的，这就促使你时刻关注理论动态，注意从那些"两报一刊"社论中窥测政治动向，这当然也养成了理论学习的习惯，培养了理论的素质和兴趣。当工作需要你从事理论研究时，这几方面就统一在一起。

○刚才您提到您是比较早地接触到并研读了马克思主义著作。那么，作为一名史学理论工作者，您如何看待马克思主义唯物史观的指导意义？

●这个问题是从事理论研究者都要思考的问题，至少是在自己心里面给予过回答的问题。在我的成长过程中，给予我最大影响的是马克思恩格斯他们的思维方法。马克思主义在我这里，实际上就是一种方法论。恩格斯在去世前的最后一篇文章中说，马克思的整个世界观不是教义，而是方法。这可以看作是恩格斯的理论遗嘱。列宁在《唯物主义与经验批判主义》中总结马克思恩格斯的思维方法说，在他们的著作中特别强调的是辨证唯物主义，而不是辨证唯物主义；他们特别坚持的是历史唯物主义，而不是历史唯物主义。这几个着重号突出了他们的学说的方法论本质，那就是要辩证地历史地看问题。这种方法论有一种震撼人心的力量，而这种震撼人心的力量只有当你把这样一种思想方法和他们历史著作中的具体分析融在一起的时候，或者当你把这样一种思维用于自己的历史考察，并真切感受到历史本身的辩证性质的时候，才能体会到它的分量。这种方法论的力量不是具体的物质的力量，而是创造物质的力量，是历史学家创造历史的力量！

○今年是新中国成立60周年，中国的马克思主义史学也走过了近百年的历史，中间有过许多弯路或曲折，在新世纪的史学发展中，你对这种史学的未来是如何看待的？

●你问的是中国马克思主义史学的前途和命运？

○对。十年前的世纪之交，我看到学界在总结百年史学的时候，很多人都提到这个问题。马克思主义史学发展中遇到了教条主义和本本主义，还在"文化大革命"中沦为影射史学，使得这种史学声誉不佳。新时期史学研究中，许多人都尝试用其他方法研究历史，中国的马克思主义史学是不是在未来的发展中会有些命运不济呢？

●是的，十年前的世纪之交，人们谈论很多的就是这个问题，我还写过一篇有关的综述文章。我个人的看法是：第一点，可以肯定地说，中国的马克思主义史学在与世界各种史学流派的比较中，是一个很有特色的学派。马克思主义本身的历史穿透力，它以人们的经济活动为基础去观察人类的一切社会活动的特有的思维角度，如此鲜明的学术特色，其生命力是不必怀疑的，它在21世纪顽强地生存与发展是没有疑义的。我们所担心的是，过去把马克思主义史学封死了，把它封得太高，缺氧而窒息了，它自然就不能发展了。所以，问题只在于中国的马克思主义史学应该将自己放在一个什么样的位置上，在于它应该采取什么样的形式使自己发展。

所以，第二点就是它的发展形式问题。对此，我有两点想法。一是它要逐渐脱去意识形态外衣而向纯学术的属性回归，并作为一种普通的史学派别和其他历史学派，和中国自己的其他学派处于平等的地位；这样它就获得了和其他史学派别对立和争鸣的条件和可能，并通过和其他学派的对立和争鸣来发展自己。所以，仅仅为着自己的发展或前程，它也应该以博大的胸怀去接纳不同的声音，不同的学派，从原来君临天下的地位走下来。二是，要允许他自身内部形成不同的学派，允许人们对马克思主义有不同的理解，用不同的马克思主义理解去解释历史。学术的分化，是学术发展的规律。《汉书·艺文志》说："昔仲尼没而微言绝，七十子丧而大义乖。故《春秋》分为五，《诗》分为四，《易》有数家之传。"这段话道出了一个很朴素的真理，即学术的分化是一种不可避免的趋势。任何一种学术理论，要发展就会有分化，演化出新的众多的派别；而学术就在这种演化中得到了深化和发展。中国的马克思主义史学走过了近百年的历史，但没有分化，没有形成不同的学术流派，这是一个不很正常的现象。其原因就在于马克思主义理论的不可质疑及其独尊地位，史学工作者对马克思主义失去了独立思考和独立解释与发展的权利。如果能够允许每一个愿意坚持用马克思主义理论指导自己的研究工作的人来独立地阐释马克思主义，来创造性地运用马克思主义研究中国的历史问题，那么，人们就自然会提出各种各样的解释，并逐渐形成众多的不同的学术派别。而不同马克思主义史学流派的对立和争鸣，就正是这种史学的生命力之所在。

○从1981年至1989年的史学理论研究阶段，您在《历史研究》《史学月刊》等刊物发表了多篇文章，就历史认识论等史学理论的重大问题进行了深入探讨。1989年初版，后经两次修订的《历史学的理论与方法》一书，是您在这一领域的主要成果。您认为自己在史学理论研究中所做的工作，哪些最具有意义？

●总结起来，大概在三个方面做了一些工作：第一，是《历史学的理论与方法》一书在国内学者中，首次构建了一个在我看来比较合理的史学理论体系,用史学本体论、历史认识论和史学方法论去结构史学理论的核心体系。当然,这些思想也并非凭空而来。对史学本体论的认识曾受到蒋大椿先生的启发;在历史认识论方面,是受惠于刘泽华先生的讲课录音。第二,在历史认识论方面我集中发表了几篇文章,企图建构一个以认识主体为核心的历史认识论体系。没有主体就没有认识,认识就是以主体为核心,这似乎是没有异议的常识,而在20世纪80年代,中国学术界的主流观点则并非如此。那个时候的人们天真地认为,史学研究只要遵循"从客观历史实际出发"的唯物主义认识路线,排除研究者主观因素的渗透,就可以或者说只有如此才可以获得客观的、符合历史实际的结论,人们完全无视并极端排斥主体意识的渗透问题。所以,在当时要建构以认识主体为核心的历史认识论体系是个迫切的理论问题。不过,当初想写出一本历史认识论专著的想法并没有实现,自己的建构是不完善的。第三点是我对历史学自身方法论的强调,即对历史主义方法的强调。历史主义是从历史联系性的角度看待历史问题的思想方法,历史本身的性质,决定了历史主义原则是历史学方法论体系中最本质的东西。我的方法论研究和教学,主要是突出这个问题。我认为,一个学科的方法论应该是一个体系,而这个体系中有一个灵魂的核心的东西,历史学方法论的灵魂或核心就是历史主义方法,就是历史地看问题。对历史主义的强调,是我的理论研究中很重要的一个方面。

○从1990年开始,您有五六年的时间回归到大学时代所热爱的秦汉史研究上。此后至今,您一直从事思想文化史的研究。那么,您为什么从理论研究转入具体的实证研究?

●这大概也是有几方面的原因。一个是自身缺乏哲学基础,很难把理论研究进一步推向深入。另一个原因是1989年之后,国家政治形势出现了一些转向,搞理论研究就很艰难了,因为理论研究是很敏感的。这时候我就很想把上大学时候做过的工作再拿起来,关于汉代的物价问题、贵族官吏立法问题等,我已经做过一些基础性的工作,有进一步发挥的可能。在这些工作进行中,又对居延汉简发生了兴趣,所以,从 1990 年到 1992 年的几年,主要精力集中在居延汉简研究方面,后来出版的《居延汉简人名编年》《居延汉简与汉代社会》两本书,就是那一时期的研究结果。但真正从理论研究转入实证研究并一直坚持下来的,是其后的文化史研究。我选择文化史研究不完全是由兴趣决定的,还是出于历史的责任感和使命感。90 年代初,适应那种缅怀过去的社会潮流,社会上传统文化读物取得了相当的市场,各种经典文献的白话、今译读本风靡一时。但是我想,要想使今天的年轻人真正了解,哪怕仅仅是了解传统文化,也不能从这些失去历史信息的"白话"中去了解,我们首先要对过去的文化传统进行清理,进行批判性的分析。出于一种这样的思考,1993 年开始,我提出了一个选题,做一套书,后来命名为《元典文化丛书》。这套书的立意就是进行文化清理的工作。比如《论语》,这本书是干什么的,它的基本内容是什么,它对中国历史、中国文化、中国国民性格产生了什么样的影响,中国人现在的思维、心理素质、价值观念,哪些是从《论语》来的?我们通过弄清这些问题,来认识中国的文化国情。这个立意即使现在看也是很好的,但这套书最后是否达到了这样一个效果,也很难说。所以我想,从理论研究转向实证研究,既有一些具体的社会政治方面的原因,同时也是为历史的责任感所激励,想用理论的眼光来解读一些实证的历史,这样更能对社会产生一些影响。

○在思想文化史的研究工作中,除了主编 30 册的《元典典文化丛书》,并撰写了其中的《圣人箴言录:〈论语〉与中国文化》之外,您还就中国古代"均平文化"、中国传统文化的属性、生成等问题发表了系列论文。在您看来,您在文化研究领域有哪些思想建树?

●你说的这些研究,目前来说还谈不上建树,我只能说说自己提出了哪些自认为还有些价值的问题。这主要表现在这几个方面:一个是明确提出了中国传统文化的基本属性是专制主义。中国传统文化是个很博大的体系,里面有很多精华的东西,这一点不可否认,但它的灵魂是专制主义的。今天的新文化建设，必须抓住这个基本点进行批判。于是我就写了一篇题为"中国文化的专制主义属性论纲"的文章。文章是给我的老师朱绍侯先生祝贺 80 大寿时写的，收录在贺寿的文集中，在学术界传播不广。文章的主题思考已久，对中国文化的专制主义属性我有很深的感受，并认为只有这样去认识问题，才有助于我们的文化批判工作，有利于今天的新文化建设，意义很重要。但当时积累不够，很多东西是借助别人的，以我自己的解释先凑成了一篇文章，等于是先拿出了一个思想提纲。文章是不成熟的，但我觉得它是一个思想的果实，对我来说还是一个很重要的果实，拿出来献给我的老师。

再一个是与此相关，顺着这条思路想下来，就是这个专制主义的思想传统是什么时候形成的？先秦时期的文化显然不是这样的。实际上，这样一种文化就是适应着专制主义政治体制的确立而确立起来的。于是，这样一种文化传统就只能形成于秦汉时期。所以我就接着提出来，中国传统文化最根本的奠基是在秦汉时期。这就不同于传统学术界所认为的，讲到传统文化奠基，一说就是春秋战国。其实春秋战国是中国传统文化的创生期，但并不是我们今天所继承的传统文化的形成期。春秋战国时代生成的是丰富多彩的文化，后来汉代人将其丢掉了很多，只抓住了其中的某些部分，譬如专制主义精神。不必否认，先秦诸子学说中，是有一些属于专制主义的文化要素的，但并没有形成专制主义思想体系。秦汉专制主义政体确立以后，就把这些东西挖掘出来，把它完善、确立起来，形成专制主义的文化体系，并成为国家意识形态。这样，秦汉文化就和诸子文化明显区分开来，后来看到其他学者也特别强调秦汉文化的独立性，和自己的想法很吻合。其实这些观点在先前的学术界都有过一些类似的说法，但不是旗帜鲜明。2007 年 12 月，我需要有篇关于汉代文化的文章在《光明日报》发表，我就想了个题目：《汉代文化研究需要引起新的重视》。在这篇文章中我提出了三个问题：一个是两汉文化的历史地位需要重新认识，就是我刚才说的汉代是中国传统文化的奠基期；第二个问题，两汉文化对先秦文化其实是一种断裂式的改造，这种改造形成了文化的断裂。其中最基本的改造表现在它给我们构造了一个先秦的学术体系。从司马谈的《论六家要旨》到《汉书·艺文志》，对先秦学术体系给出了一个框架性的解释。这种解释影响了其后两千多年。我们现在一讲到先秦诸子，就是儒、墨、阴阳、名、法、道，实际上先秦时期是这样吗？我看未必。就是说，我们现在所知道的先秦诸子的学派体系是汉代人给予我们的。但是两千年来，我们习惯于承受这样一种结论，很少有人去思考先秦文化的本来面目。这样一来问题就比较大了，如果我们一直信奉汉代人塑造的先秦诸子体系，就很难挖掘诸子文化的精髓。所以我们必须鲜明地提出这样一个问题：即先秦学术体系的汉代生成说。明确地告诉你，现在这个先秦学术体系不是真的，是汉代人搞出来的。我们应该从先秦诸子中挖掘新的思想元素，而不能局限于汉人给我们的东西。那么这就需要我们做一项巨大的文化工程，去清理汉代以来我们所理解的先秦诸子，哪些是比较接近真实的，哪些是被汉代人阉割的，看看能不能从其中挖掘出有益于今天文化建设的东西。这项浩大的文化工程是需要学术界群体去完成的，从我个人来说，今后要尽可能地去在这方面做些工作。第三个问题是汉代经学研究需要有新的思路。在我看来，经学两千年来经历了三个发展阶段，一个是清以前，以明物训诂、文字考辨和文献整理为主，就是解经、释经和注经，经是权威性的、神圣性的、不可改变的东西，研究者只能去注释它，不能去超越它，更不能去批判它。所以，以前的经学就是一个章句之学。清代章学诚提出"六经皆史"说，这是一个很卓越的见解，但只是从近代开始，人们才真正接受了这个观点，开始把经学文献作为历史资料去利用，用以探究它所反映的本真的历史。当然，同时也有人在做经学的文献整理工作。这是第二个阶段。我认为，今天应该提出经学研究的第三个阶段，把经学当作一种思维去研究，研究经学提供给中国人的一种思维素质，一种价值观念，从文化的角度研究经学对中华民族的培育与塑造。为什么要提出这个问题呢？我觉得我们中国人的思维实际上至今还笼罩在经学的氛围中。一方面是经学对我们思想上的影响，我们很多观念是来自五经四书；另一方面，也是最重要的，经学思维本身的这种特点，就是思想崇拜，权威崇拜，圣人观念，这是经学最根本的东西。所以我想今天我们研究经学，从研究经学的思维、经学的价值观着手，会走出一个新的阶段。当然，历史学家把它作为一种历史资料也是可以的。但最主要的是提出这样一个问题，提出一个新的研究角度来，只有这样才有利于我们今天的文化建设。这个民族往哪里走？这个民族培养什么样的思维才能应对一个新的世界。我们现在搞市场经济，经学上那一套东西已经完全不适应了。所以我想，我这篇文章提出的三个问题像是一个文化纲领，都是很大的，也是我自己无力解决的问题。我只是提出了问题，而把这些问题真正解决了才是有所建树，看来我这一辈子是难有建树了，这些问题太大太艰巨了。

另外，可能学术界这两年对我还有些误会，主要是在均平文化的问题上。关于均平文化和社会公正思想我前后写了十来篇论文，其实，这个问题我并没有研究完，中间被各种各样的事情打断就放在那里了，问题并没有说清楚。我为什么要研究古代的均平思想？主要是感觉到中国文化中有着根深蒂固的均平意识，非常古老，非常具有诱惑力，同时也具有非常巨大的危害性。中国很大的文化惰性，中国人很大的心理惰性都来源于这里。它禁锢着中国人的思维，一切都要求平均。但世界本来就是不平均的，万事万物是不相同的。不相同就是不平均，都平均了万物怎么生长，如何争奇斗艳？如果千姿百态的事物是一样的颜色，一样的高低，也是一样的毫无生气。这个民族还怎么发展？所以，均平意识是一个非常要害的问题。我现在研究它才只是做了第一步，就是清理中国古代的均平思想是从哪里来的，然后是进行文化批判。文化批判这一步我还没有做，目前做出来的部分看起来好像我很推崇这个均平观念一样，这其实是一个误会。

其实，我所做的事情都是文化清理工作，引起人们对传统文化、对中国文化国情的理解和警醒，然后反思我们应该接受什么样的文化观念。我对传统文化所持的是一种批判的态度，但批判并不是抛弃，批判即是分析和思考，让人有一种清醒的认识。

○从谈话的开始您就多次讲到"批判"，"批判"一词在您这里是个中性词，对吗？

●对。其实"批判"这个词的意思就是分析。在中国传统文化的古文献中，就有这方面的记载，批判就是评断。譬如判案，批一个案卷之类的，就是给一个评判。这个评判并不一定是否定的。近代以来引入的"批判"一词是一个哲学概念，这个批判就是分析。譬如康德有著名的三大批判，纯粹理性批判，实践理性评判，判断力批判。判断力批判就是判断力分析，而不是否定判断力。因为"文化大革命"搞了十年大批判，所以现在一说到这个词，人们就觉得是人斗人，就是斗争，就是打人，把"批判"这个词糟蹋了。

○从您的谈话中，我感受到几个关键词：历史主义、社会责任、批判精神以及对现实的密切关注。这是否是您一贯的思维品质和学术追求，是您的"一以贯之"之道？

●是啊，人总是"一以贯之"的，一个人说话做事，不管看起来他有时候多么矛盾，其实他都是有个"一以贯之"的东西贯穿于其中的，不光孔夫子是这样，普通人也是有他的一以贯之之道的。贯穿于我的思考和研究中的主要是三个东西。

一个是社会责任感和历史使命感意识。我在毛泽东时代的最大收获，是记住了毛泽东人是要有点精神的这句话。那时培养起来的人就是要去做些什么，对社会要有一种责任、一种担当。到现在我还经常讲：我不一定要干成些什么，但一定要干些什么。过去在家乡自学创作时，我并不知道那条路走不走得通，但当时只有那一条路可走，那就做吧。人来世上几十年，不能什么也不干。我不一定搞文学，也不一定搞历史，就是做工也可以，但总要去做些什么，这是一个人对历史的责任。我既然走到了历史研究的领域，那就要肩负起历史批判的责任，在对祖国历史的研究和清理中，在对思想文化的研究和清理中，找到对文化建设，对今天发展有益的东西。从我写的第一篇文章起，我就很明确地意识到这一点。那是一篇和人商榷的文章，而在我的脑海里就不是和某某先生一个人在讨论，而是和整个学术界来谈论。当时激励我的就是一种历史责任感。包括现在做史学理论，做文化研究，一直贯穿其中，总觉着自己在肩负着什么。这就是很清醒地意识到自己对祖国、对历史的这种责任和情感。

第二点，在我的研究中贯穿的就是辩证地历史地看问题的思想方法，对任何事物的评判都不走极端。我经常讲，最伟大的力量就是逻辑的力量，逻辑的力量是不可战胜的。而我们讲的辩证地历史地看问题，就是在发挥一种逻辑的力量。另外，最近几年我还越发意识到，我的思想方法除了历史主义，还有孔子所说的"中庸"，带有很多中庸的色彩，执两而用中，不极端。那些好多说我激进的人，实际不是因为我激进，而是他们太保守，连我这样中庸的人都接受不了。"中庸"并不是和稀泥，而是一种强大的辩证法，发现事物的基本价值。把中庸达到一种极致的状态，是我想达到的一种思维状态，我是虽不能之，心向往之啊！

第三点是批判意识。的确我的文章，从第一篇文章到前几天刚发表出来的《新中国60年来的民族定义研究》，都充满着强烈的批判意识。我总结60年的民族定义研究学术史，就抓住"斯大林民族定义"这条主线，用以说明我们60年间，是怎样地围绕着一个斯大林的民族定义在打转转，数以百计的学者，我们中国人特有的聪明和才华，如何被浪费在一个人的几句话上，这就是我刚才说的我们民族的经学思维。一个权威的东西放在这，无论如何都冲不破，这怎么能行？其实，这种批判精神的贯穿与我自己对历史学科以至整个社会科学的性质和功能的理解相联系。我认为，社会科学的功能就在于执行社会批判。社会科学研究应该成为政治家、社会活动家的向导，通过我们的批判性研究，清理出社会发展的方向，这就是社会科学工作者的责任和使命。

如果一个社会科学工作者、一个历史学家老是跟在政治家的背后亦步亦趋，那你还有存在的意义吗？我们要做的是批判，让政治家在学者们的批判中看到存在的问题，看到历史发展的方向，从而推动历史向前发展。毛泽东就明确说过要以历史研究和社会研究"作为我们行动的向导"，没有批判意识，怎么去发挥向导的作用呢？我的思想基点是，学术应该执行评判的使命，并尽可能将之贯穿到自己的研究实践中。

其实，以上这三点也是相互联系、融为一个整体的。要担当起历史的责任和使命，就要去执行历史的评判，而辩证地历史地看问题，就是通向批判的方法或途径。

○那么，您今后的研究方向就是继续对中国传统思想文化的清理与批判吗？

●是这样的。今后主要是通过一些具体研究，把我前面提出来的问题填充、充实、确立起来。传统文化的专制属性、先秦学术体系的汉代生成，这都是需要做大量的具体研究的。一方面需要做传统文献的挖掘清理，另一方面也寄托于新的出土文献材料的发掘。这是一项浩繁的工作，很难有所成效，但不管怎样，现在还是能做一些工作的。至于做到什么程度，自己也不敢有太大的期许。

原载《学术月刊》2009年第11期。

后　　记

踏入史学门槛，从发表第一篇文章算起，整整40年了。但是，虽酷爱学术，却夙无宏愿，从没有想着要写出什么鸿篇巨制，藏之名山。一路走来，也就是兴趣所至，写篇小文，留下思考的轨迹。初涉史坛，是为应对教学之需而讨论史学理论问题，并编著教材类书稿，出版了《历史学的理论与方法》一书。40岁之后，兴趣慢慢转移到文化问题上来。

2006年在中华书局出版《历史与思想》一书，对之前20多年的研究状况做了一个阶段性总结，所选论文包括史学理论、秦汉简牍和思想文化三个部分。这次所结集的，大都是在2006年之后的所思所写（之前的有寥寥几篇），且集中在思想文化史方面。关于史学理论方面的文章，已经在2015年出版了《当代史学平议》。和《历史与思想》不同的是，这两个集子可以充数为专题文集。

说是专题文集，也并不很专，都是些散乱的题目，是平时的随感而发。现在结集，大体按几个板块排列。第一组六篇论文，是关于先秦两汉思想史上一些较宏观性问题的思考；第二组六篇，是关于单个思想家的讨论，其中一篇谈思想史研究的方法论，也主要是关于个体思想研究问题；第三组六篇，是一般性的思想文化问题和一些文化观念的讨论；第四组五篇，是些杂谈性的短文。其实，这些分组也没有什么特别的意义，没有很严谨的逻辑。

还有两点情况需要说明：由于是论文结集，各篇在写作时单独成篇，而有些内容有交叉的课题，结集在一起的时候，就显示出某种重复，但为了保持论文的完整性，对某些重复之处没有做删节处理；论文写于不同时期，特别是上世纪九十年代的几篇，在学术思想和学术用语上现在看已经有些陈旧，但从新生历史的角度出发，都没有做大的改动，尽可能地保留了发表时的原貌，并在文后注明发表的年代和刊期。

  本文集由河南大学历史文化学院资助出版，感谢历史文化学院张礼刚院长、祁琛云副院长的热心支持！23篇论文中，有三篇是和我的博士生合写的，征得他们同意收入文集，谢谢他们的支持！中国社会科学出版社宋燕鹏先生为本书的出版付出了大量心血，由于她的细心减少了不少讹误，一并致谢！

  时值新冠疫情，时局维艰，颇多感慨！和以前出书写后记不同的是，之前待到一本书完成，多有几分冲动，而现在却似乎没有了说话的欲望，没有了对未来的激越憧憬。就写这么几句，算是对本书的情况，有个粗略的交代吧！

李振宏
2020年10月26日